Rechnungswesen für Großhandelskaufleute

Finanzbuchhaltung
Betriebswirtschaftliche Auswertungen
Kosten- und Leistungsrechnung
Wirtschaftsrechnen

W0210023

Einführung und Praxis

von
Dipl.-Kfm. Dipl.-Hdl. Manfred Deitermann
Dipl.-Hdl. Wolf-Dieter Rückwart

Neue Rechtschreibung

ISBN 3-8045-
6464-X

3., überarbeitete und erweiterte Auflage, 1998

Winklers Verlag
Gebrüder Grimm
Darmstadt

64641

Vorwort zur 3. Auflage

Das vorliegende Lehrbuch **„Rechnungswesen für Großhandelskaufleute"** entspricht grundlegend dem **neuen KMK-Rahmenlehrplan** für den Ausbildungsberuf **Kaufmann/Kauffrau im Groß- und Außenhandel** vom 14. März 1997. Es liegt der **Kontenrahmen für den Groß- und Außenhandel** zugrunde.

Die Lerninhalte der Finanzbuchhaltung sowie der Kosten- und Leistungsrechnung werden am **Beispiel** eines **Großhandelsunternehmens** praxisnah und anschaulich dargestellt. **Einführende Situationsschilderungen, ausführliche Erläuterungen** und **viele Belege** sollen Zusammenhänge deutlich machen und **eigenständiges Lernen** ermöglichen. **Zusammenfassungen** am Ende eines jeden Kapitels und **zahlreiche Aufgaben unterschiedlicher Art** tragen zur **Sicherung der Lernergebnisse** bei.

Zwei Beleggeschäftsgänge, die sowohl **konventionell** als auch unter Verwendung einer entsprechenden **FIBU-Software** bearbeitet werden können, vermitteln Einblick in die buchhalterische Praxis und erfüllen die Forderung nach praktischem **Einsatz der EDV im Unterricht.**

Die Vermittlung **beruflicher Handlungsfähigkeit** erfüllen die Autoren durch

- **komplexe, praxisgerechte Aufgabenstellungen,**
- **Bearbeitung realistischer Belege im Beispielunternehmen,**
- **Darstellung der Inhalte anhand durchgehender Situationen,**
- **umsatzsteuer- und EDV-gerechte Buchungen** (Umsatzsteuerverprobung).

Im Kapitel **„9 Grundlagen des Wirtschaftsrechnens"** werden die für den Ausbildungsberuf erforderlichen Rechengebiete **zusammenfassend** behandelt. Zur Bewältigung komplexer Situationen werden die Rechentechniken jeweils den Bereichen des Rechnungswesens zugeordnet, in denen sie sinnvolle Anwendung finden. Zusätzlich enthalten die Kapitel der Finanzbuchhaltung und der Kosten- und Leistungsrechnung jeweils Hinweise auf die entsprechenden Rechenoperationen im Kapitel 9.

Das Lehrbuch enthält im **Kapitel 11** wichtige **allgemeine Rechnungslegungsvorschriften nach HGB,** die als sinnvolle Ergänzung und Vertiefung im Unterricht eingesetzt werden können.

Die **3. Auflage** wurde durchgehend aktualisiert und berücksichtigt den seit 1. April 1998 geltenden **Umsatzsteuersatz von 16 %.** Das Stoffgebiet **„Controlling"** wurde wegen seiner besonderen Bedeutung **erweitert** und als **eigenständiges Kapitel 5** behandelt. Die als **Exkurs** bezeichneten Abschnitte sind zwar im Rahmenlehrplan nicht enthalten, wurden jedoch auf vielfachen Wunsch aufgenommen. Das Lehrbuch enthält nunmehr auch im **Kapitel 10 Aufgaben zur unmittelbaren Prüfungsvorbereitung.**

Das Arbeitsheft (ISBN 3-8045-**6466**-6) erleichtert die Arbeit des Lernenden.

Zu diesem Lehrbuch sind **Zusatzmaterialien** und **Software** erhältlich. Nähere Informationen senden wir Ihnen gern auf Anfrage.

Im Sommer 1998 *Die Verfasser*

64642

Inhaltsverzeichnis

1 Einführung in das System der Buchführung

1.1 Buchführung und Kosten- und Leistungsrechnung als Grundlagen des Rechnungswesens

In den folgenden Ausführungen wollen wir Sie mit den wesentlichen Bereichen des Rechnungswesens bekannt machen. Aus der Überschrift können Sie ersehen, dass die **Buchführung** sowie die **Kosten- und Leistungsrechnung** zu den bedeutenden Bereichen des Rechnungswesens gehören. Der Name **„Rechnungswesen"** ist also eine zusammenfassende Bezeichnung für „Buchführung" und „Kosten- und Leistungsrechnung". Die Buchführung wird auch als „Finanzbuchhaltung" bezeichnet. Weil es einfacher ist, kürzen wir vielfach die Bezeichnung „**F**inanz**b**uchhaltung" mit **FB** und „**K**osten- und **L**eistungs**r**echnung" mit **KLR** ab.

Um Ihnen die wesentlichen Inhalte der Buchführung bzw. Finanzbuchhaltung sowie der Kosten- und Leistungsrechnung näher zu bringen, gehen wir folgendermaßen vor:

- Zunächst stellen wir Ihnen das Unternehmen kurz vor, das Sie bei Ihren Lernschritten durch die FB und die KLR begleiten soll.
- Danach verdeutlichen wir Ihnen an typischen Beispielen die wichtigsten Aufgaben der FB und der KLR.
- Jedes Kapitel schließen wir mit einer Zusammenfassung und mit kurzen Aufgaben zur Übung und Wiederholung ab.

1.1.1 Das Beispielunternehmen „Papiergroßhandlung Kern"

Im Folgenden beschreiben wir in groben Umrissen das Unternehmen, an dem wir typische Situationen des Rechnungswesens darstellen wollen. Wir geben Ihnen damit die Möglichkeit sich die Vorgänge besser vorstellen zu können, die in einem Unternehmen ablaufen und die in der Finanzbuchhaltung und/oder in der Kosten- und Leistungsrechnung erfasst werden müssen.

Ausgangssituation

Frau Kern ist alleinige Inhaberin einer Papiergroßhandlung.

Die Anschrift dieses Unternehmens lautet: „Katja Kern, Papiergroßhandlung, Bonner Wall 45–55, 50677 Köln"; Tel. (02 21) 54 33 75-0.

Das Unternehmen hat ein Geschäftskonto bei der Stadtsparkasse Köln, Kontonummer 723 544 32 (Bankleitzahl 370 501 98).

Frau Kern beschäftigt 7 Angestellte in den Abteilungen Einkauf, Verkauf, Lager, Verwaltung und 12 Arbeiter/Kraftfahrer in den Abteilungen Lager, Fuhrpark, Versand.

Hauptzweck des Unternehmens sind der **Einkauf,** die **Lagerung** und der **Verkauf** von zurzeit drei Warengruppen:

- **Druckpapier,** das vor allem von Zeitungs- und Buchverlagen benötigt wird,
- **Kopierpapier,** das von Industrie- und Handelsbetrieben, aber auch von Schreibwaren-Einzelhändlern verlangt wird,
- **Umschlagkarton,** der an weiterverarbeitende Betriebe verkauft wird.

Von folgenden **Lieferanten** erhält die Papiergroßhandlung Kern ihre Waren:

Lieferant für Druckpapier ist die Druck und Papier GmbH, Hagen,
Lieferant für Kopierpapier ist die Hein OHG, Köln,
Lieferant für Umschlagkarton ist die Deutsche Papier AG, Leipzig.

An folgende **Großkunden** liefert das Unternehmen Katja Kern Waren:

Druckpapier an:	O. Reichenbach GmbH, Druckerei, Duisburg, Druckcenter GmbH, Leipzig;
Kopierpapier an:	Kaufkette AG, Köln, H. Schöner KG, Aachen;
Umschlagkarton an:	IMPAK-Verpackungsgesellschaft m. b. H., Essen, Schneider OHG, Würzburg.

„Verkaufsschlager" sind die Druckpapiere, die einen Anteil von 50 % des vorjährigen Umsatzes ausmachten; die Kopierpapiere hatten einen Anteil von 30 % und die Umschlagkartons einen Anteil von 20 %.

Der vorjährige Umsatz betrug 15.000.000,00 DM.

Am Ende des letzten Geschäftsjahres gehörten zum Unternehmen Kern folgende **Vermögensgegenstände:**

Grundstücke und Gebäude	1.255.500,00 DM
Betriebs- und Geschäftsausstattung	494.500,00 DM
Warenvorräte insgesamt	2.550.000,00 DM
Forderungen aus Lieferungen und Leistungen (= **a. LL**)	366.250,00 DM
Guthaben bei der Stadtsparkasse	316.800,00 DM
Kassenbestand	16.950,00 DM

An **Schulden** waren zu verzeichnen:

Langfristige Verbindlichkeiten	1.474.000,00 DM
Kurzfristige Verbindlichkeiten	526.000,00 DM

Aufgabe

1 Bearbeiten Sie die folgenden Aufgaben mithilfe der obigen Situationsschilderung zum Unternehmen Kern:

1. *Benennen und beschreiben Sie die wesentlichen Aufgaben eines Großhandelsbetriebes.*
2. *Nennen Sie die Abteilungen, in die das Unternehmen Kern aufgeteilt ist.*
3. *Überlegen Sie, welche Tätigkeiten in den einzelnen Abteilungen anfallen könnten.*
4. *Berechnen Sie das Gesamtvermögen, über das die Papiergroßhandlung Kern am Ende des letzten Geschäftsjahres verfügt hat, sowie die Gesamtschulden, die auf dem Unternehmen lasten.*
5. *Berechnen Sie, wie viel DM Umsatz im vorhergehenden Geschäftsjahr auf jede der drei Warengruppen Druckpapiere, Kopierpapiere sowie Umschlagkarton entfielen.*
6. Nach einer Statistik entfällt im Großhandel auf jeden Mitarbeiter durchschnittlich ein Umsatz von 660.000,00 DM. *Wie viel DM je Mitarbeiter sind es bei Katja Kern? Was schließen Sie daraus?*

1.1.2 Die Finanzbuchhaltung als System zur planmäßigen Aufzeichnung der Geschäftsfälle

1.1.2.1 Vorgänge im Großhandelsunternehmen Kern, die in der Finanzbuchhaltung aufgezeichnet werden müssen

Situation 1 Die Einkaufsabteilung der Papiergroßhandlung Kern hat bei der Hein OHG, Köln, 100 Paletten (= 2 000 Kartons) Kopierpapier im Gesamtwert von 160.000,00 DM bestellt. Nach 10 Tagen erhält die Papiergroßhandlung Kern die Ware und zugleich die Rechnung über 160.000,00 DM.

Wie wirken sich diese Vorgänge in der Finanzbuchhaltung Kern aus?

HEIN OHG
FEINPAPIERE
KÖLN

HEIN OHG Feinpapiere · Bergerstraße 48 · 51143 Köln

Katja Kern
Papiergroßhandlung
Bonner Wall 45 - 55

50677 Köln

Ihr Zeichen, Ihre Nachricht vom	Unser Zeichen, unsere Nachricht vom	Telefon, Name (02 21) 7 22 14-	Datum
		12	..-11-07

Rechnung 34 579

Ihre Bestellung vom 24. Okt. ..

Wir lieferten durch unseren LKW, frachtfrei

100 Paletten Kopierpapier, holzfrei 160.000,00 DM[1]
(= 2 000 Kartons) ============

Zahlungsbedingungen: Der Rechnungsbetrag ist nach spätestens 40 Tagen ohne Abzug zu zahlen.

Deutsche Bank AG, Köln, Konto 234 977 54 (BLZ 370 700 60)

Durch die **Bestellung** hat sich das Unternehmen **verpflichtet** die Ware anzunehmen und zu bezahlen. Dies hat **kein Aufzeichnen** in der Finanzbuchhaltung zur Folge.

Erst durch die **Rechnung des Lieferers (= Eingangsrechnung)** wird belegt, dass das Unternehmen Waren (Kopierpapiere) im Wert von 160.000,00 DM erhalten hat. Die **Vorräte an Waren haben** also um 160.000,00 DM **zugenommen.** Dies muss in der Buchhaltung aufgezeichnet werden.

Zugleich hat das Unternehmen Kern den Gegenwert (vgl. Rechnungsbetrag) für die erhaltenen Waren noch zu bezahlen. Solange es nicht bezahlt hat, hat es **Schulden (= Verbindlichkeiten aus Lieferungen und Leistungen [= a. LL])** gegenüber der Hein OHG, Köln. Auch dies muss in der Buchhaltung verzeichnet werden.

Durchschrift 370 501 98
Stadtsparkasse Köln

Empfänger: Hein OHG, 51143 Köln
Konto-Nr. des Empfängers: 234 977 54 — Bankleitzahl: 370 700 60
bei (Kreditinstitut): Deutsche Bank AG, Köln
* Bis zur Einführung des Euro (= EUR) nur DM; danach DM oder EUR. — DM od. EUR*: DM — Betrag: 160.000,00-------------
Kunden-Referenznummer – noch Verwendungszweck, ggf. Name und Anschrift des Auftraggebers – (nur für Empfänger):
Rechnung vom 7. Nov. ..
Rechnung Nr. 34 579
Kontoinhaber: Katja Kern, Papiergroßhandlung, 50677 Köln
Konto-Nr. des Kontoinhabers: 723 544 32

..-12-05 Katja Kern
Datum Unterschrift

Die Rechnung der Hein OHG wird kurz vor Ablauf der Zahlungsfrist **durch Banküberweisung beglichen.** Der Kontoauszug und die **Durchschrift** des Überweisungsvordrucks bilden in der Buchhaltung der Großhandlung Kern die **Belege** für die termingerechte Bezahlung der Liefererrechnung. Es muss aufgezeichnet werden, dass sich die Liefererschulden und das Bankguthaben um 160.000,00 DM vermindert haben.

1 Die Umsatzsteuer wird in den Belegen aus methodischen Gründen erst nach Behandlung des Abschnitts 1.11 (siehe S. 68 ff.) ausgewiesen.

Situation 2 Die Verkaufsabteilung der Papiergroßhandlung Kern erhält von der Druckcenter GmbH, Leipzig, eine Bestellung über 50 Paletten (= 500 000 Bogen) Druckpapier im Gesamtwert von 203.000,00 DM. Der zuständige Sachbearbeiter beauftragt die Versandabteilung mit der Auslieferung der Bogen mit eigenem LKW und schickt dem Kunden eine Rechnung über 203.000,00 DM.

KATJA KERN KÖLN *Papiergroßhandlung*

Katja Kern Papiergroßhandlung · Bonner Wall 45–55 · 50677 Köln

Druckcenter GmbH
Siebenbürger Straße 36

04279 Leipzig

Ihr Zeichen, Ihre Nachricht vom	Unser Zeichen, unsere Nachricht vom	Telefon, Name (02 21) 54 33 75-	Datum
		27	..-11-11

Rechnung 4 711

Ihre Bestellung vom 7. Nov. ..

Wir lieferten durch unseren LKW frei Haus:

50 Paletten Druckpapier 203.000,00 DM

Der Rechnungsbetrag ist innerhalb von 10 Tagen mit 2 % Skonto oder nach 30 Tagen ohne Abzug zu zahlen.

Stadtsparkasse Köln, Konto 723 544 32 (BLZ 370 501 98)

Durch die **Rechnung an den Kunden** (= **Ausgangsrechnung**) wird belegt, dass ein Verkauf von Waren stattgefunden hat, d. h., es ist ein Umsatz getätigt worden, der zu **Umsatzerlösen** führt. Dies muss in der Buchhaltung vermerkt werden.

Zugleich hat die Großhandlung Kern den Gegenwert (= Rechnungsbetrag) für die an den Kunden gelieferten Waren noch nicht erhalten. Solange sie das Geld nicht bekommen hat, hat sie **Forderungen a. LL** an die Druckcenter GmbH, Leipzig. Auch dies muss in der Buchführung vermerkt werden.

Zahlt der Kunde den Rechnungsbetrag z. B. nach 30 Tagen durch Überweisung auf das Sparkassenkonto der Großhandlung Kern, so müssen der **Zahlungseingang** auf dem Bankkonto und das dadurch bedingte **Erlöschen der Forderung** wiederum in der Buchhaltung aufgezeichnet werden.

Situation 3 Zum Ende des Monats November sind **Lohn- und Gehaltszahlungen** an die 19 Mitarbeiter auf deren Bankkonten zu überweisen. Hierzu erstellt die Sachbearbeiterin im Lohnbüro eine **Sammel-Überweisung** im Gesamtbetrag von z. B. 72.000,00 DM mit anhängenden Einzelüberweisungen für jeden Mitarbeiter. Sie leitet diese Überweisungen an die Stadtsparkasse Köln weiter.

Sobald die Stadtsparkasse die Überweisungen ausgeführt hat, erhält die Großhandlung Kern einen **Kontoauszug,** aus dem hervorgeht, dass 72.000,00 DM abgebucht wurden. Diese **Verringerung des Guthabens** bei der Stadtsparkasse muss in der Buchhaltung aufgezeichnet werden.

Kontoauszug Stadtsparkasse Köln

Konto-Nr.	Datum	Ausz.-Nr.	Blatt	Buchungstag	PN-Nr.	Wert	Umsatz
723 544 32	..-11-28	321	1				
SAMMELÜBERWEISUNG				11-25	8744	11-25	72.000,00 S

KATJA KERN
PAPIERGROSSHANDLUNG
BONNER WALL 45 - 55

50677 KÖLN

Alter Saldo: H 296.500,00
Neuer Saldo: H 224.500,00

Zusätzlich sind die **Gründe dieser Verringerung** (= **Löhne und Gehälter**) aufzuzeichnen: Die Großhandlung Kern hat die Leistungen ihrer Mitarbeiter in Anspruch genommen, um Umsatz zu erzielen; dafür erhalten die Mitarbeiter eine Vergütung in Form von Löhnen und Gehältern.

Zusammenfassung

- **Geschäftsfälle.** Aus den vorhergehenden Beispielen wird deutlich, dass in der Finanzbuchhaltung alle Vorgänge **aufgezeichnet** bzw. **gebucht** werden, die **das Vermögen und/oder die Schulden einer Unternehmung verändern.** Diese Vorgänge heißen **Geschäftsfälle.**
- **Belege.** Das **Aufzeichnen** bzw. **Buchen der Geschäftsfälle** geschieht **immer** aufgrund von Unterlagen, die im Unternehmen selbst erstellt werden (z. B. Rechnung an einen Kunden) oder von Geschäftspartnern zugeschickt werden (z. B. Kontoauszug der Bank, Rechnung eines Lieferers). Solche Unterlagen heißen in der Finanzbuchhaltung **Belege.**
- **Ordnung der Buchungen.** Das Buchen der Geschäftsfälle geschieht nicht willkürlich und zufällig, sondern zum einen in der **zeitlichen Reihenfolge,** in der die Belege eintreffen oder erstellt werden, und zum anderen in **sachlicher Ordnung,** d. h., gleiche Vorgänge gehören zusammen (z. B. Forderungen zu Forderungen/Verbindlichkeiten zu Verbindlichkeiten usw.).
- **Zweck der Buchungen.** Durch das geordnete Aufzeichnen bzw. Buchen aller Vermögens- und Schuldenänderungen verschafft sich der Unternehmer eine **Übersicht über seine Vermögens- und Schuldenlage** und kann kritische Entwicklungen (z. B. Zahlungsunfähigkeit, nachlassende Wirtschaftlichkeit und Rentabilität) rechtzeitig erkennen.
- Das geordnete Buchen ermöglicht es dem Unternehmer, den **Monats- oder Jahreserfolg** seines Unternehmens (= **Gewinn oder Verlust**) schnell und richtig zu ermitteln. Hierzu ist es erforderlich, dass die Finanzbuchhaltung jeweils nach einer bestimmten Zeitperiode (z. B. Monat oder Jahr) **abgeschlossen** wird.
- Durch das geordnete Buchen der Geschäftsfälle erfüllt der Unternehmer auch die **gesetzlichen Vorschriften** zur Buchhaltung, wie sie z. B. im **Handelsgesetzbuch (HGB)** und in der **Abgabenordnung (AO)** verankert sind. Die Buchhaltung ist damit auch die **Grundlage zur Berechnung der Steuern.**

Aufgabe

2

1. *Erläutern Sie, wie in den drei Situationen aus Kapitel 1.1.2.1 das Vermögen und/oder die Schulden verändert werden und aufgrund welcher Belege aufgezeichnet bzw. gebucht wird.*
2. In der obigen Zusammenfassung wird auf die gesetzlichen Grundlagen verwiesen. *Lesen Sie hierzu die §§ 238, 239 HGB sowie § 145 AO (die entsprechenden Gesetze sind in Ihrer Schule vorhanden. Siehe auch Kapitel 11).*
3. *Denken Sie sich weitere Situationen oder Vorgänge im Unternehmen Kern aus, durch die das Vermögen oder die Schulden verändert werden und die deswegen in der Finanzbuchhaltung aufgezeichnet bzw. gebucht werden müssen.*
4. *Welche Posten des Vermögens und der Schulden eines Großhandelsunternehmens werden durch folgende Geschäftsfälle wie verändert?*
   a) Waren werden für 1.500,00 DM gegen Bankscheck eingekauft.
   b) An den Kunden Schneider werden Waren im Wert von 5.600,00 DM mit einem Zahlungsziel von 30 Tagen verkauft.
   c) Der Kunde Schneider (Fall b) begleicht die Rechnung termingerecht durch Banküberweisung.

1.1.3 Die Kosten- und Leistungsrechnung (KLR) als Instrument zur Preisberechnung und zur Kostenkontrolle

1.1.3.1 Vorgänge im Großhandelsunternehmen Kern, die in der KLR bearbeitet werden

Beispiel 1 Die Papiergroßhandlung Kern erhält von einem Kunden die Anfrage, ob sie Druckpapier einer bestimmten Sorte, z. B. „holzfreie Qualitäten", liefern könne.

Um diese Anfrage so beantworten zu können, dass dem Kunden ein **verbindlicher Preis** genannt werden kann, muss der Sachbearbeiter in der KLR eine **Preisberechnung (= Kalkulation)** durchführen. Diese Berechnung hat ein bestimmtes Schema und umfasst alle Kosten, die dieser Artikel verursacht, zuzüglich eines angemessenen Gewinns.

Beispiel 2 Die eigentlichen, dem **Betriebszweck** dienenden Tätigkeiten im Großhandelsunternehmen Kern, nämlich **der Einkauf, die Lagerung und der Verkauf von Papieren,** verursachen **Kosten** (z. B. Miete, Löhne, Gehälter, Frachtkosten, Reisekosten, Werbung, Versicherungsprämien usw.). Diese Kosten fallen in den einzelnen Abteilungen von Monat zu Monat unterschiedlich hoch an.

Eine Aufgabe der KLR ist es nun, die **Höhe der Kosten in den einzelnen Abteilungen** von Monat zu Monat festzustellen, zu vergleichen und zu prüfen, ob eine „Verschwendung" stattgefunden hat (= **Kostenkontrolle**).

Eine andere Aufgabe der KLR in diesem Zusammenhang ist es, die für **jede Warengruppe** (z. B. Druckpapier) entstandenen Kosten zu berechnen und diese Kosten von den Umsatzerlösen der Warengruppe zu subtrahieren. So kann festgestellt werden, wie hoch der Gewinn (oder Verlust) bei jeder Warengruppe und insgesamt gewesen ist (= **Ermittlung des Betriebserfolges**).

	Erlöse der im Januar verkauften Warengruppe „Druckpapier"	650.000,00 DM
–	**Kosten** der im Januar verkauften Warengruppe „Druckpapier"	580.000,00 DM
	Gewinn der Warengruppe „Druckpapier" im Januar	**70.000,00 DM**

Zusammenfassung

- **Inhalt der Aufzeichnungen in der KLR.** In der KLR wird im Wesentlichen mit **Kosten** und **Umsatzerlösen** gearbeitet. Hierzu ist es erforderlich, die Kosten und Umsatzerlöse geordnet zu sammeln und für die jeweiligen Aufgaben der KLR umzugruppieren.
- **Aufgaben der KLR.** Die wichtigsten Aufgaben der KLR bestehen darin,
  - die Kosten nach **Art** (z. B. Löhne, Miete u. a.), **Zeit** (z. B. Monat) und **Höhe** zu sammeln und zu kontrollieren,
  - **Preise** zu kalkulieren,
  - den **Betriebserfolg** zu berechnen.
- **Quellen für die Zahlen,** mit denen in der KLR gearbeitet wird. Im Wesentlichen greift die Kosten- und Leistungsrechnung auf die Zahlen der Finanzbuchhaltung zurück. So leitet z. B. der Sachbearbeiter im Lohnbüro (= Abteilung innerhalb der FB) die errechneten Löhne an den Sachbearbeiter in der „Kalkulation" (= Abteilung in der KLR) weiter, damit er Warenpreise berechnen kann.

646414

1.2 Die Ermittlung der Vermögenswerte und Schulden durch Inventur

Jedes Unternehmen verfügt über **Vermögen und Schulden.**

Nach dem **Handelsgesetzbuch** (§ 240 HGB) und der **Abgabenordnung** (§ 140 und § 141 AO) ist jedes Unternehmen verpflichtet zu bestimmten Anlässen die Höhe seines Vermögens und seiner Schulden zu ermitteln. Die hierzu erforderliche **Tätigkeit der Bestandsaufnahme** nennt man **Inventur** (lat. invenire = vorfinden).

Die Inventur, also die **Bestandsaufnahme aller Vermögensteile und Schulden,** ist stets erforderlich

- bei **Gründung** oder **Übernahme** (Kauf) eines Unternehmens,
- regelmäßig zum **Schluss des Geschäftsjahres** (meist zum 31. Dezember) und
- letztlich bei **Auflösung** oder **Verkauf** des Unternehmens.

1.2.1 Woraus setzen sich Vermögen und Schulden zusammen?

Das Vermögen besteht aus Anlagevermögen und Umlaufvermögen. Die **Schulden** bilden das Kapital, das dem Unternehmen von „Fremden", also in der Regel von den Banken und Sparkassen sowie den Lieferern, zur Verfügung gestellt wird. Die **Schulden** bezeichnet man deshalb auch als **Fremdkapital.**

Zum Anlagevermögen der Papiergroßhandlung Kern rechnen alle Güter, die dem Unternehmen **dauernd oder für längere Zeit** zur Verfügung stehen und somit die **Grundlage der Geschäftstätigkeit** bilden. Grundstücke dienen dem Unternehmen ständig, sie nutzen sich jedoch nicht ab. Die Geschäftsgebäude unterliegen dagegen der Abnutzung und haben deshalb für das Unternehmen auch nur eine begrenzte Nutzungsdauer von 30 bis 40 Jahren. Gegenstände der Betriebs- und Geschäftsausstattung, wie z. B. Büro- und Lagereinrichtungen, dienen dem Unternehmen 4 bis 10 Jahre. Bei Geschäftsfahrzeugen geht man meist von einer Nutzungsdauer von 5 Jahren aus. Allgemein ist somit zu sagen: Vermögensteile, die **langfristig** im Unternehmen „angelegt" sind, gehören stets zum **Anlagevermögen.**

Zum Anlagevermögen des Großhandelsunternehmens Katja Kern rechnen lt. Inventur vom 31. Dezember 01:

Grundstücke und Gebäude lt. Anlagenverzeichnis AV 1		
Bebaute Grundstücke, Bonner Wall 45-55	83.500,00 DM	
Geschäftsgebäude lt. AV 1		
Verwaltungsgebäude, Bonner Wall 45-49 ...	740.000,00 DM	
Lagergebäude, Bonner Wall 50-52	400.000,00 DM	
8 Garagen, Bonner Wall 53-55	32.000,00 DM	1.255.500,00 DM
Betriebs- und Geschäftsausstattung lt. AV 2		
Lagereinrichtung	115.100,00 DM	
Automatische Verpackungsanlage	119.400,00 DM	
4 Gabelstapler	31.000,00 DM	
Fuhrpark: 5 LKW und 4 PKW	157.000,00 DM	
Geschäftsausstattung	72.000,00 DM	494.500,00 DM
Summe des Anlagevermögens		**1.750.000,00 DM**

Umlaufvermögen. Dazu zählen alle Vermögensteile der Großhandlung Kern, die sich in ihrer Höhe **kurzfristig** verändern, wie die Warenvorräte, die Kasse (= Bargeld) und das Bankguthaben. Auch die Forderungen an Kunden, die Ware „auf Kredit" bzw. „auf Ziel", also mit einem Zahlungsziel von beispielsweise 30 Tagen, geliefert bekommen haben, gehören zum Umlaufvermögen des Unternehmens. Die Vermögensposten des Umlaufvermögens werden somit **ständig umgesetzt.** Sie befinden sich „im Umlauf". So werden die Waren zunächst auf Kredit (auf Ziel) an die Kunden verkauft, wodurch sich die Warenvorräte vermindern und sich gleichzeitig der Vermögensposten „Forderungen aus Lieferungen und Leistungen" (= Forderungen a. LL) erhöht. Wenn die Kunden zum Ende der Zahlungsfrist den Rechnungsbetrag auf das Bankkonto der Großhandlung Kern überweisen, erhöht sich das Bankguthaben. Mit diesem Geld können dann wiederum Waren eingekauft und bezahlt werden.

Die Posten des Umlaufvermögens befinden sich „im Umlauf":

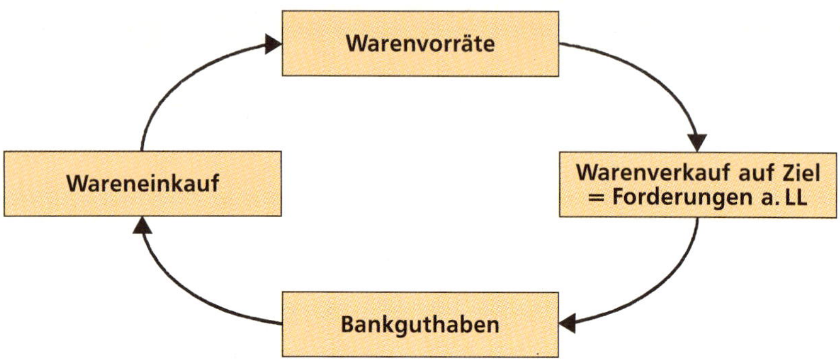

Zum Umlaufvermögen des Großhandelsunternehmens Katja Kern rechnen lt. Inventur vom 31. Dezember 01:

Warenvorräte lt. Warenliste		
574 Paletten Druckpapier je 2.800,00 DM ...	1.607.200,00 DM	
458 Paletten Kopierpapier je 1.600,00 DM ..	732.800,00 DM	
80 Paletten Umschlagkarton je 2.625,00 DM	210.000,00 DM	2.550.000,00 DM
Forderungen aus Lieferungen und Leistungen		
Kunde Schneider OHG, Würzburg	115.000,00 DM	
Kunde Kaufkette AG, Köln	86.250,00 DM	
Kunde Druckcenter GmbH, Leipzig	165.000,00 DM	366.250,00 DM
Kasse (= Bargeld)		16.950,00 DM
Guthaben bei der Sparkasse		316.800,00 DM
Summe des Umlaufvermögens		**3.250.000,00 DM**

Die Schulden, also die Verbindlichkeiten oder das **Fremdkapital** eines Unternehmens, können kurzfristig oder langfristig sein.

Langfristige Verbindlichkeiten bestehen meist gegenüber Kreditinstituten, also Banken bzw. Sparkassen. Sie haben eine **Kreditdauer von mindestens einem Jahr.** So muss die Großhandlung Kern beispielsweise zur Bezahlung (= Finanzierung) eines neuen Lagergebäudes bei den Banken **Hypotheken** aufnehmen, die erst im Laufe von 5, 10 oder 20 Jahren getilgt werden. Zur Sicherung des Gläubigers wird die Hypothek im Grundbuch eingetragen, das bei dem für das Grundstück zuständigen Amtsgericht geführt wird. Darüber hinaus können bei den Kreditinstituten auch **Darlehen** aufgenommen werden, die in der Regel nach 1, 3 oder 5 Jahren zurückgezahlt werden müssen.

646416

Kurzfristige Verbindlichkeiten haben lediglich eine **Kreditdauer von höchstens einem Jahr.** Sie entstehen meist gegenüber den Lieferanten der Großhandlung Katja Kern, wenn sie bei ihnen Waren auf Ziel, also mit einem Zahlungsziel von 30, 60 oder gar 90 Tagen, einkauft. Durch diesen Zieleinkauf erhöhen sich ihre Warenvorräte und zugleich auch ihre „Verbindlichkeiten aus Lieferungen und Leistungen" (= **Verbindlichkeiten a. LL**), wie man die Schulden bei den Lieferern bezeichnet. Kurzfristig sind natürlich alle Kredite, die Kreditinstitute für wenige Monate, also in der Regel bis zu einem Jahr, einräumen. Sie entstehen auch oft, wenn die Unternehmen kurzfristig ihre Bankkonten im vorher vereinbarten Rahmen „überziehen".

Zu den Schulden des Großhandelsunternehmens Katja Kern rechnen zum 31. Dezember 01:

Langfristige Verbindlichkeiten:		
Hypothekenschulden bei der Sparkasse	975.000,00 DM	
Darlehen der Deutschen Bank, Köln	499.000,00 DM	1.474.000,00 DM
Kurzfristige Verbindlichkeiten:		
Verbindlichkeiten aus Lieferungen und Leistungen:		
Lieferer Deutsche Papier AG, Leipzig	135.000,00 DM	
Lieferer Druck und Papier GmbH, Hagen	247.250,00 DM	
Lieferer Hein OHG, Köln	143.750,00 DM	526.000,00 DM
Summe der Schulden		**2.000.000,00 DM**

1.2.2 Wie wird die Inventur durchgeführt?

Das Geschäftsjahr eines Unternehmens deckt sich in der Regel mit dem Kalenderjahr. Es ist nun Aufgabe der Inventur, regelmäßig zum Schluss eines Geschäftsjahres, also zum 31. Dezember, die Höhe des Vermögens und der Schulden des Unternehmens zu ermitteln.

Körperliche Inventur. Bei einer Reihe von „körperlichen" Vermögensposten, also Waren, Bargeld u. a., muss man zunächst einmal die **Menge feststellen,** bevor man den Wert des jeweiligen Postens errechnen kann. Diese **„körperliche Inventur" geschieht** je nach Art des Vermögensgegenstandes **durch Zählen, Messen oder Wiegen.**

Anlagenkartei. Die körperliche Bestandsaufnahme kann bei allen **beweglichen** Anlagegütern (z. B. Maschinen, Fahrzeuge, Schreibtische u. a.) entfallen, wenn man für jeden Anlagegegenstand in einer Anlagenkartei eine besondere **Anlagenkarte** führt, die den Anschaffungswert, den Zeitpunkt der Anschaffung, die voraussichtliche Nutzungsdauer in Jahren sowie die jährliche Wertminderung, also die Abschreibung, und damit den „Buchwert" des Anlagegutes zum 31. Dezember des jeweiligen Geschäftsjahres ausweist. Der Wert des Anlagegutes wird somit buchmäßig korrekt nachgewiesen.

<table>
<tr><td colspan="2">Inventar-Nr.
0330/567</td><td colspan="1">Bezeichnung der Anlage
EDV-Anlage 486 S</td><td>Standort (Kostenstelle)
Finanzbuchhaltung</td></tr>
<tr><td colspan="2">Anschaffungszeitpunkt
15. Jan. 01</td><td>Anschaffungskosten
20.000,00 DM</td><td>Instandhaltungen
–</td></tr>
<tr><td colspan="2">Nutzungsjahre: 4</td><td colspan="2">Jährlicher Abschreibungsbetrag: 5.000,00 DM</td></tr>
<tr><td>Datum</td><td>Zugang</td><td>Abschreibung</td><td>Buchwert (Restwert)</td></tr>
<tr><td>15. Jan. 01</td><td>20.000,00 DM</td><td>–</td><td>–</td></tr>
<tr><td>31. Dez. 01</td><td>–</td><td>5.000,00 DM</td><td>15.000,00 DM</td></tr>
<tr><td>31. Dez. 02</td><td>–</td><td>5.000,00 DM</td><td>10.000,00 DM</td></tr>
<tr><td>usw.</td><td></td><td></td><td></td></tr>
</table>

Bewertung der Menge. Im Unternehmen Kern wurden im Rahmen der körperlichen Inventur der Warenvorräte (siehe S. 16) zuerst die Paletten für Druckpapier (574 Paletten), Kopierpapier (458 Paletten) und Umschlagkarton (80 Paletten) gezählt. Danach musste die jeweilige Anzahl der Paletten, also die Warenmenge, bewertet, d. h. in DM ausgedrückt werden. Dabei ist zu beachten, dass man **von zwei zur Verfügung stehenden Werten,** nämlich den **ursprünglichen Anschaffungskosten** der Palette und dem **Tageswert** am 31. Dezember, **den niedrigsten Wert einsetzt.** Das Handelsgesetzbuch (§ 252 HGB) verlangt von allen Unternehmern eine **niedrige und damit vorsichtige Bewertung der Vermögensteile** (= Niederstwertprinzip).

Beispiel Die Großhandlung Kern hat zum 31. Dezember des Geschäftsjahres noch 574 Paletten Druckpapier auf Lager. Die Anschaffungskosten der einzelnen Palette betrugen 2.800,00 DM. Am 31. Dezember ist der Anschaffungswert auf 2.890,00 DM gestiegen. Nach dem **Niederstwertprinzip** sind die Paletten mit 2.800,00 DM je Stück zu bewerten. **Der Wertansatz beträgt somit:**

574 Paletten Druckpapier · 2.800,00 DM = 1.607.200,00 DM

Buchinventur. Die Werte aller **nicht körperlichen** Vermögensposten und der Schulden ergeben sich zum 31. Dezember aus den entsprechenden **Belegen oder buchhalterischen Aufzeichnungen.** So ergibt sich der Wert des Bankguthabens zum 31. Dezember aus dem vorliegenden **Kontoauszug der Bank.** Die Höhe der Forderungen an unsere Kunden sowie die Höhe der Verbindlichkeiten gegenüber unseren Lieferern wird anhand der **Kunden- bzw. Liefererkartei** ermittelt, in der **für jeden einzelnen Kunden und Lieferer** die Geschäftsbeziehungen kartei- bzw. kontomäßig festgehalten werden. Der Stand der langfristigen und kurzfristigen Bankschulden ergibt sich aus den entsprechenden Kontoauszügen. Der Arbeitsaufwand der buchmäßigen Inventur ist daher im Vergleich zur körperlichen Inventur, wie z. B. bei den Waren, gering.

Kundenkonto-Nr.: 10002 **Kaufkette AG,** Aachener Straße 4-10, 50674 Köln
Zahlungsbedingungen: 10 Tage: 2 % Skonto oder 30 Tage: netto Kasse

Datum	Beleg	Buchungstext	Zugang (DM)	Abgang (DM)	Stand (Saldo)
1. Jan. 02	Inventar v. 31. Dez. 01	Anfangsbestand	–	–	87.000,00 DM
5. Jan. 02	Kontoauszug 02	Überweisung der Ausgangsrechnung 456	–	75.400,00	11.600,00 DM
10. Jan. 02	Ausgangsrechnung 68	Verk. v. Kopierpapier	23.200,00	–	34.800,00 DM

Hypothekendarlehen-Kontoauszug Stadtsparkasse Köln

Konto-Nr.	Datum	Ausz.-Nr.	Blatt	Buchungstag	PN-Nr.	Wert	Umsatz
723 544 32	01-12-31						

Darlehensstand als Nachweis für das Finanzamt

KATJA KERN
PAPIERGROSSHANDLUNG
BONNER WALL 45 - 55

50677 KÖLN

Alter Kontostand
00-12-31 1.140.000,00

Neuer Kontostand
01-12-31 975.000,00

646418

1.2.3 Möglichkeiten der Vereinfachung der Wareninventur

Organisation der Inventurarbeiten. Das Warensortiment eines Großhandelsunternehmens ist in seiner Vielschichtigkeit und Größe von Branche zu Branche sehr unterschiedlich. So hat beispielsweise ein Elektro- oder Lebensmittelgroßhandel ein vielschichtigeres Sortiment als ein Tuchgroßhandel. Die mengenmäßige (körperliche) **Bestandsaufnahme der unterschiedlichen Warengruppen** ist dann mit einem erheblichen Arbeitsaufwand verbunden und bedarf deshalb auch einer **sorgfältigen Vorbereitung des organisatorischen Ablaufs.** In der Regel wird zunächst ein **Inventurleiter** ernannt, der für die praktische Durchführung der Inventurarbeiten einen genauen **Aufnahmeplan** erstellt. Dieser Plan legt zunächst die einzelnen **Inventurbereiche** (z. B. nach Warengruppen) fest, benennt die **Personen** der Aufnahmegruppen und die zu verwendenden **Aufnahmeformulare** und **Hilfsmittel** (z. B. Diktiergeräte) sowie den jeweiligen **Zeitpunkt** für die Durchführung der Inventur. Wichtig ist, dass auch Aufsichtspersonen benannt werden, die durch Stichproben die **Bestandsaufnahmen überprüfen.**

Zur Vereinfachung der Inventur der Warenvorräte sind nach § 241 HGB und Abschnitt 30 EStR (Einkommensteuerrichtlinien) **folgende Verfahren erlaubt:**

Stichtagsinventur = zeitnahe körperliche Bestandsaufnahme

Die körperliche Bestandsaufnahme der Warenvorräte muss nun nicht gerade am Abschluss-Stichtag (31. Dezember) erfolgen, sondern kann **zeitnah** durchgeführt werden, und zwar innerhalb einer Frist von

10 Tagen vor oder nach dem Abschluss-Stichtag.

Dieses Verfahren setzt aber voraus, dass **alle Warenzu- und -abgänge** zwischen dem Tag der Inventur, also z. B. 21. Dezember bzw. 10. Januar, und dem 31. Dezember als Abschluss-Stichtag anhand von Belegen (Rechnungen) **mengen- und wertmäßig** auf den 31. Dezember **fortgeschrieben oder zurückgerechnet** werden. Auch wenn die Abschluss-Stichtagsinventur zeitnah in einer 10-Tagesfrist vorgenommen werden darf, sind bei manchen Unternehmen wegen des großen Warensortiments **Betriebsschließungen erforderlich.**

Verlegte Inventur = vor- oder nachverlegte körperliche Bestandsaufnahme

In diesem Fall darf die Inventur an beliebigen Tagen innerhalb der letzten

drei Monate vor oder der ersten zwei Monate nach dem 31. Dezember

erfolgen. Ein großer Vorteil besteht nun darin, dass der am Inventurtag ermittelte Bestand an Waren nur noch **wertmäßig,** also nicht mengenmäßig, auf den 31. Dezember fortgeschrieben oder zurückgerechnet werden muss.

Vorverlegte Inventur am 15. Nov. 00		**Nachverlegte Inventur am 8. Jan. 01**	
Wert der Waren am 15. Nov. . .	125.000,00	Wert der Waren am 8. Jan. . .	200.000,00
+ Wert der Zugänge 15. Nov. - 31. Dez.	45.000,00	– Wert der Zugänge 1. Jan. - 8. Jan.	80.000,00
– Wert der Abgänge 15. Nov. - 31. Dez.	60.000,00	+ Wert der Abgänge 1. Jan. - 8. Jan.	50.000,00
Warenwert am 31. Dez.	**110.000,00**	**Warenwert am 31. Dez. . . . .**	**170.000,00**
Wertfortschreibung		**Wertrückrechnung**	

Permanente Inventur = laufende Buchinventur anhand der Lagerkartei

Der **mengenmäßige Bestand** eines Warenartikels kann **jederzeit buchmäßig,** also ohne körperliche Inventur, nachgewiesen werden, wenn man die Menge des jeweiligen Zugangs und Abgangs eines Artikels anhand der Lieferscheine oder Rechnungen auf einer Lagerkarte oder EDV-mäßig erfasst. So ist man in der Lage aufgrund der Aufzeichnungen täglich den Mengenbestand „buchmäßig" zu erfahren. Allerdings muss der

Buchbestand wenigstens einmal im Geschäftsjahr überprüft

und gegebenenfalls korrigiert werden. Die hierzu erforderliche körperliche Bestandsaufnahme kann **an jedem beliebigen Tag des Jahres** durchgeführt werden. Über die Durchführung dieser Inventur ist ein **Protokoll** (= Beleg!) anzufertigen.

Lagerkarte der Papiergroßhandlung Katja Kern					
Artikel: Kopierpapier **Artikel-Nr.:** 2281	**Lieferer:** Deutsche Papier AG		**Mindestbestand:** 120 Paletten **Höchstbestand:** 600 Paletten		
Datum	**Beleg**	**Preis je Palette**	**Zugang**	**Abgang**	**Bestand**
1. Jan. 00	Anfangsbestand	1.550,00 DM	–	–	**150**
6. Jan. 00	Eingangsrechnung ER 12	1.550,00 DM	80	–	**230**
7. Jan. 00	Ausgangsrechnung AR 16	–	–	40	**190**
8. Jan. 00	Eingangsrechnung ER 18	1.600,00 DM	100	–	**290**
9. Jan. 00	Ausgangsrechnung AR 22	–	–	60	**230**
usw.					

1.2.4 Wie wird das Inventar aufgestellt?

A. Vermögen
- I. Anlagevermögen
- II. Umlaufvermögen

B. Schulden
- I. Langfristige Schulden
- II. Kurzfristige Schulden

C. Eigenkapital (= Reinvermögen)

Die Ergebnisse der Inventur als Bestands**aufnahme** werden in einem besonderen Bestands**verzeichnis,** dem **„Inventar",** zusammengestellt und übersichtlich gegliedert. **Das Inventar besteht aus drei Teilen:**

Die Posten des Anlage- und Umlaufvermögens werden nach ihrer **Geldnähe oder Flüssigkeit** geordnet, also nach dem Grad, wie schnell sie in Geld umgesetzt werden können. So sind die weniger „flüssigen" (liquiden) Vermögensposten, wie z. B. Grundstücke und Gebäude, im Inventar zuerst und die bereits **liquiden** Mittel, wie Kassenbestand und Bankguthaben, zuletzt aufzuführen.

Die Schulden, also das im Unternehmen arbeitende Fremdkapital, werden nach ihrer **Fälligkeit** in langfristige und kurzfristige Verbindlichkeiten gegliedert.

Das Eigenkapital, das auch als „Reinvermögen" bezeichnet wird, ergibt sich, wenn man die Schulden, also das Fremdkapital, vom Vermögen abzieht. Das Eigenkapital gibt den Betrag an, den der Unternehmer an eigenen Mitteln in das Unternehmen eingebracht hat.

A. Vermögen – B. Schulden = C. Eigenkapital

Aufbewahrung. Inventare sind **10 Jahre** aufzubewahren. Die Aufbewahrung kann auch auf einem **Bildträger** (Mikrofilm) oder auf einem anderen **Datenträger** (Diskette, Magnetband) erfolgen. Die Daten müssen jedoch **jederzeit lesbar** gemacht werden können (§ 257 HGB).

646420

INVENTAR

der Papiergroßhandlung Katja Kern, Köln, zum 31. Dezember 01

	DM	DM
A. Vermögen		
I. Anlagevermögen		
1. Grundstücke und Gebäude lt. Anlagenverzeichnis AV 1		
Bebaute Grundstücke	83.500,00	
Gebäude		
Verwaltungsgebäude, Bonner Wall 45-49	740.000,00	
Lagergebäude, Bonner Wall 50-52	400.000,00	
8 Garagen, Bonner Wall 53-55	32.000,00	1.255.500,00
2. Betriebs- und Geschäftsausstattung lt. AV 2		
Lagereinrichtung	115.100,00	
Automatische Verpackungsanlage	119.400,00	
4 Gabelstapler	31.000,00	
Fuhrpark: 5 LKW und 4 PKW	157.000,00	
Geschäftsausstattung	72.000,00	494.500,00
II. Umlaufvermögen		
1. Waren lt. Warenliste 1-3		
574 Paletten Druckpapier je 2.800,00 DM	1.607.200,00	
458 Paletten Kopierpapier je 1.600,00 DM	732.800,00	
80 Paletten Umschlagkarton je 2.625,00 DM ..	210.000,00	2.550.000,00
2. Forderungen aus Lieferungen und Leistungen lt. Kundenkartei		
Schneider OHG, Würzburg	115.000,00	
Kaufkette AG, Köln	86.250,00	
Druckcenter GmbH, Leipzig	165.000,00	366.250,00
3. Kassenbestand lt. Kassenbericht		16.950,00
4. Bankguthaben bei der Stadtsparkasse Köln lt. Kontoauszug		316.800,00
Summe des Vermögens		**5.000.000,00**
B. Schulden		
I. Langfristige Schulden lt. Kontoauszügen		
1. Hypothekendarlehen der Stadtsparkasse Köln ..		975.000,00
2. Darlehen der Deutschen Bank, Köln		499.000,00
II. Kurzfristige Verbindlichkeiten		
Verbindlichkeiten aus Lieferungen und Leistungen lt. Liefererkartei		
Deutsche Papier AG, Leipzig	135.000,00	
Druck und Papier GmbH, Hagen	247.250,00	
Matthias Hein OHG, Köln	143.750,00	526.000,00
Summe der Schulden		**2.000.000,00**
C. Ermittlung des Eigenkapitals		
Summe des Vermögens		5.000.000,00
– Summe der Schulden		2.000.000,00
Eigenkapital (Reinvermögen)		**3.000.000,00**

Zusammenfassung

- **Inventur** ist die **Bestandsaufnahme aller Vermögensteile und Schulden** eines Unternehmens, und zwar **nach Art, Menge und Wert.** Sie ist gesetzlich vorgeschrieben regelmäßig zum Ende des Geschäftsjahres, bei Gründung, Verkauf und Auflösung eines Unternehmens.
- **Das Vermögen** eines Unternehmens gliedert sich in **Anlage- und Umlaufvermögen.** Das **Anlagevermögen** bildet die Grundlage der Geschäftstätigkeit und enthält Vermögensteile mit **langjähriger Nutzungsdauer.** Zum **Umlaufvermögen** gehören alle Vermögensposten, die sich **kurzfristig verändern.** Die Vermögensteile werden nach dem Grad ihrer **Flüssigkeit** geordnet.
- **Die Schulden (Fremdkapital)** werden nach der Fälligkeit in **lang- und kurzfristige** Verbindlichkeiten gegliedert.
- **Die körperliche Inventur** ermittelt den Bestand der körperlichen Vermögensposten **nach Art, Menge und Wert.**
- **Die Buchinventur** erfasst den Bestand aller **nicht körperlichen Vermögensteile und Schulden** anhand der buchmäßigen Aufzeichnungen **nach Art und Wert.**
- **Niederstwertprinzip.** Im Rahmen der Inventur müssen die Vermögensposten nach dem Niederstwertprinzip bewertet werden: **Von zwei Werten,** nämlich Anschaffungswert und Tageswert am Abschlusstag, **ist der niedrigste anzusetzen.** Das entspricht dem wichtigen **Grundsatz kaufmännischer Vorsicht.**
- **Verfahren der Inventurerleichterung.** Die Stichtagsinventur, die verlegte Inventur und die permanente Inventur sind gesetzlich erlaubte Verfahren, die die zeitraubende Bestandsaufnahme der Warenvorräte vereinfachen.
- **Die Stichtagsinventur** darf **zeitnah,** d. h. innerhalb von **10 Tagen vor oder nach dem Abschluss-Stichtag** (z. B. 31. Dezember ..), durchgeführt werden.
- **Die verlegte Inventur** darf innerhalb der letzten **drei Monate vor oder der ersten zwei Monate nach** dem Abschluss-Stichtag erfolgen.
- **Die permanente Inventur** weist durch Erfassung aller Zu- und Abgänge eines Warenartikels jederzeit den Lagerbestand **buchmäßig (Lagerkarte)** nach. Zur Kontrolle muss **einmal im Jahr eine körperliche Inventur** erfolgen.
- **Anlagenkarte.** Die körperliche Inventur der **beweglichen** Anlagegüter kann entfallen, wenn das Unternehmen für jeden Anlagegegenstand in einer Anlagenkartei eine Anlagenkarte führt.
- **Kunden- und Liefererkartei.** Der Bestand der Forderungen und Verbindlichkeiten aus Lieferungen und Leistungen (a. LL) wird buchmäßig anhand der Kunden- und Liefererkartei ermittelt.
- **Kontoauszüge** bilden den Beleg für alle kurz- und langfristigen Kreditverbindlichkeiten und Bankguthaben.
- **Gliederung des Inventars.** Das **Inventar oder Bestandsverzeichnis** ist der schriftliche Niederschlag der Inventur als Bestandsaufnahme. Es **besteht aus drei Teilen**: A. Vermögen, B. Schulden und C. Eigenkapital (Reinvermögen).
- **Das Eigenkapital** ergibt sich als Überschuss des Vermögens über die Schulden. Es stellt das Kapital dar, das der Unternehmer als „eigene Mittel" in das Unternehmen eingebracht hat.
- **Aufbewahrung des Inventars.** Das Inventar ist **10 Jahre** schriftlich oder auf Datenträgern und Mikrofilm aufzubewahren. Es wird nicht unterschrieben.

3 Zum Geschäftsvermögen des Elektrogroßhandels Rolf Göbel, Leverkusen, gehören zum 31. Dezember eines Geschäftsjahres lt. Inventur folgende Posten:

200.000,00 DM Bankguthaben bei der Sparkasse Leverkusen,
1.600.000,00 DM Grundstücke und Gebäude lt. Anlagenverzeichnis 1,
15.000,00 DM Kassenbestand,
172.500,00 DM Forderungen a. LL lt. Kundenkartei,
186.000,00 DM Technische Anlagen und Maschinen lt. Anlagenverzeichnis 2,
226.500,00 DM Betriebs- und Geschäftsausstattung lt. Anlagenverzeichnis 3 und
1.100.000,00 DM Warenvorräte lt. Warenliste.

Ordnen Sie die Vermögensposten nach steigender Flüssigkeit dem Anlage- und Umlaufvermögen zu und ermitteln Sie die Höhe des Geschäftsvermögens des Großhandels Rolf Göbel.

4 Zu den Schulden der Großhandlung Göbel (Aufgabe 3) rechnen am 31. Dezember .. lt. Inventur:

800.000,00 DM Hypothekendarlehen der Sparkasse Leverkusen,
130.000,00 DM Steuerverbindlichkeiten beim Finanzamt,
600.000,00 DM Verbindlichkeiten a. LL lt. Liefererkartei und
395.000,00 DM Darlehen der Deutschen Bank, Leverkusen.

Ordnen Sie die Schuldposten nach ihrer Fälligkeit jeweils den lang- und kurzfristigen Verbindlichkeiten zu. Ermitteln Sie die Höhe der Schulden zum 31. Dez.

5
1. *Ermitteln Sie aus den Angaben der Aufgaben 3 und 4 das Eigenkapital der Großhandlung Göbel.*
2. *Erstellen Sie nunmehr für die Großhandlung Göbel, Leverkusen, zum 31. Dezember .. ein Inventar. Beachten Sie dabei Form und Gliederung des Musterinventars im Lehrbuch auf S. 21.*

6 Das Vermögen der Großhandlung Rolf Göbel beträgt lt. Inventar vom 31. Dezember .. ••• DM. Dieses Vermögen hat Rolf Göbel mit eigenen Mitteln in Höhe von ••• DM finanziert („bezahlt"). Die fremden Mittel in Höhe von ••• DM haben ebenfalls einen sehr großen Teil seines Vermögens finanziert.

1. *Ermitteln Sie jeweils den Anteil des Eigen- und Fremdkapitals in % am Gesamtvermögen.*
2. *Inwiefern ist es günstiger, wenn das Vermögen eines Unternehmens überwiegend mit eigenen Mitteln finanziert ist? Begründen Sie.*
3. *Ermitteln Sie für das Unternehmen Katja Kern (siehe Musterinventar) jeweils den Anteil des Eigen- und Fremdkapitals am Gesamtvermögen.*
4. *Vergleichen Sie die Ergebnisse der beiden Unternehmen.*

7 Ein Holzgroßhändler hat am Abschluss-Stichtag lt. Inventur noch 450 Quadratmeter Deckenpaneele auf Lager. Die Anschaffungskosten betrugen 40,00 DM je m^2. Der Tageswert am 31. Dez. beträgt 1. 35,00 DM und 2. 42,00 DM je m^2.

Bewerten Sie die Inventurmenge und ermitteln Sie jeweils den Wertansatz für das Inventar. Begründen Sie Ihre Bewertungsentscheidung.

8 *Ergänzen Sie die folgenden Aussagen:*

1. Zum Anlagevermögen rechnen Güter, die dem Unternehmen ••• dienen. Das Umlaufvermögen besteht dagegen aus Gütern, die sich ••• verändern.

2. Anlagegüter können einerseits beweglich oder ••• und andererseits abnutzbar oder ••• sein. Abnutzbare Anlagegüter haben nur eine bestimmte Nutzungs•••. Die jährliche Wertminderung eines Anlagegutes wird zum 31. Dezember abgeschrieben, indem man die Anschaffungskosten auf die Nutzungs••• verteilt.
3. Die verlegte Inventur kann innerhalb von ••• Monaten ••• oder ••• Monaten ••• dem Abschluss-Stichtag durchgeführt werden. In diesem Fall wird nicht die Menge des jeweiligen Artikels, sondern nur der ••• anhand der Rechnungen fortgeschrieben oder •••.
4. Die Stichtagsinventur kann zeit••• innerhalb von ••• Tagen ••• oder ••• dem Abschlusstag erfolgen.
5. Die permanente Inventur kann ••• den mengenmäßigen Buchbestand eines Artikels nachweisen. Das geschieht mithilfe der Lager••• durch ••• aller Zu- und ••• des Artikels. Mindestens ••• im Jahr muss aber eine tatsächliche ••• Bestandsaufnahme durchgeführt werden, über die ein ••• anzufertigen ist.
6. Inventur ist die Bestands•••, Inventar ist das Bestands•••.

9

1. Das Vermögen eines Unternehmens beträgt 600.000,00 DM. Das Eigenkapital beläuft sich auf 450.000,00 DM. *Wie hoch ist das im Unternehmen arbeitende Fremdkapital?*
2. Ein Unternehmen hat ein Eigenkapital von 700.000,00 DM und Schulden in Höhe 500.000,00 DM. *Wie hoch ist das Vermögen des Unternehmens?*
3. Das Anlagevermögen eines Unternehmens beträgt 300.000,00 DM und das Vermögen 900.000,00 DM. *Wie hoch ist das Umlaufvermögen?*
4. Das Vermögen eines Unternehmens beträgt 1.500.000,00 DM und das Fremdkapital 700.000,00 DM. *Wie hoch ist das Eigenkapital?*
5. *Ergänzen Sie:*
   a) Vermögen = ••• und •••
   b) Eigenkapital = ••• – •••
   c) Fremdkapital = ••• – •••
   d) Anlagevermögen = ••• – •••

10

Ermitteln Sie für den Baustoffgroßhandel Wette, Köln, jeweils im Rahmen der vorverlegten und nachverlegten Inventur den Vorratsbestand an Zement 4403 zum 31. Dezember:

a) Die körperliche Inventur wurde am 1. Okt. 00 durchgeführt und ergab einen Bestand an Zement in Höhe von 32.800,00 DM. Zwischen dem 1. Okt. und dem 31. Dez. wurde lt. Eingangsrechnungen Zement im Wert von 58.300,00 DM eingekauft. Aufgrund der Ausgangsrechnungen wurde im gleichen Zeitraum Zement 4403 für 76.300,00 DM verkauft.

b) Die körperliche Inventur erfolgt am 20. Febr. des Folgejahres und ergibt einen Bestand an Zement von 43.600,00 DM. In der Zeit vom 1. Jan. bis 20. Febr. 01 betrugen die Zementverkäufe insgesamt 22.800,00 DM und die Einkäufe 15.200,00 DM.

11

Im Baustoffgroßhandel Wette beträgt der Inventurbestand an Fliesenkleber 12 Gebinde zu je 10 kg. Da nicht mehr feststellbar ist, aus welchen Lieferungen der aufgrund der körperlichen Inventur ermittelte Bestand besteht, müssen zunächst die durchschnittlichen Anschaffungskosten je Gebinde aus allen Lieferungen ermittelt werden:

646424

Datum	Menge	Einzelpreis
1. Jan.	7 Gebinde	45,00 DM
5. März	20 Gebinde	45,20 DM
12. Juni	25 Gebinde	45,60 DM

Datum	Menge	Einzelpreis
21. Aug.	15 Gebinde	45,80 DM
9. Okt.	20 Gebinde	46,00 DM
10. Dez.	10 Gebinde	46,20 DM

1. *Ermitteln Sie den Inventurwert des Fliesenklebers aufgrund der durchschnittlichen Anschaffungskosten.*
2. Der Tagespreis zum 31. Dezember beträgt für den Fliesenkleber a) 44,00 DM und b) 47,00 DM. *Ermitteln Sie den Wertansatz für das Inventar und begründen Sie die Bewertung.*

---

12 Die Inventur in der Textilgroßhandlung U. Brandt, Essen, ergab zum 31. Dez. 01 und zum 31. Dez. 02 folgende Werte:

	31. Dez. 01	31. Dez. 02
Grundstücke und Gebäude lt. Anlagenverzeichnis 1		
Bebaute Grundstücke	100.000,00	100.000,00
Gebäude		
Verwaltungsgebäude	420.000,00	411.600,00
Lagergebäude	135.000,00	132.300,00
Bankguthaben bei der		
Commerzbank Essen	126.700,00	131.000,00
Sparkasse Essen	18.900,00	29.400,00
Warenvorräte lt. Warenliste	483.300,00	541.400,00
Kassenbestand	2.800,00	2.600,00
Technische Anlagen und Maschinen		
lt. Anlagenverzeichnis 2	170.000,00	236.400,00
Forderungen a. LL lt. Kundenkartei		
U. Busch, Bochum	52.800,00	72.800,00
J. Kolberg, Duisburg	33.500,00	61.500,00
Hypothekenschulden bei der		
Sparkasse Essen	290.000,00	260.000,00
Darlehensschulden bei der		
Commerzbank Essen	281.000,00	210.750,00
Verbindlichkeiten a. LL lt. Liefererkartei	89.500,00	146.800,00
Betriebs- und Geschäftsausstattung		
lt. Anlagenverzeichnis 3		
Lagereinrichtung	44.500,00	48.700,00
Fuhrpark	45.000,00	38.000,00
Geschäftsausstattung	47.100,00	28.200,00

1. *Erstellen Sie die Inventare der beiden aufeinander folgenden Geschäftsjahre.*
2. *Vergleichen Sie die beiden Inventare und erklären Sie die Veränderungen im Anlage- und Umlaufvermögen, in den Schulden und im Eigenkapital.*

13

1. *Unterscheiden Sie zwischen Buchinventur und körperlicher Inventur.*
2. *Nennen Sie die Nachteile der Stichtagsinventur und die Vorteile der permanenten Inventur.*
3. *Erläutern Sie die vor- und nachverlegte Inventur.*
4. *Die körperliche Bestandsaufnahme erfolgt durch Zählen, Messen, Wiegen und gegebenenfalls Schätzen. Nennen Sie jeweils ein Beispiel.*
5. *Was beinhaltet das Niederstwertprinzip für die Inventur?*

1.3 Die Ermittlung des Geschäftserfolges durch Eigenkapitalvergleich

Situation Im Inventar des Unternehmens Katja Kern (siehe S. 21) wurde zum 31. Dez. 01 ein Eigenkapital von 3.000.000,00 DM ermittelt. Im darauf folgenden Geschäftsjahr, also zum 31. Dez. 02, weist das Inventar ein Eigenkapital von 3.500.000,00 DM aus.

Eine wichtige Aufgabe der Buchführung ist es, den Erfolg des Geschäftsjahres, also den **Gewinn oder Verlust,** festzustellen. Schließlich will der Unternehmer wissen, ob sich seine Arbeit und der Einsatz seines Kapitals gelohnt haben. Das lässt sich einfach ermitteln, indem man das Eigenkapital aus den Inventaren von zwei aufeinander folgenden Geschäftsjahren miteinander vergleicht. Hat sich das Eigenkapital erhöht, ist das positiv zu sehen und lässt grundsätzlich auf Gewinn schließen. Eine Verminderung des Eigenkapitals deutet dagegen grundsätzlich auf Verlust hin.

	Eigenkapital zum 31. Dez. 02	3.500.000,00 DM
–	Eigenkapital zum 31. Dez. 01	3.000.000,00 DM
	Mehrung des Eigenkapitals = Gewinn	**500.000,00 DM**

Privatentnahmen. Die Mehrung des Eigenkapitals kann aber nur dann als Gewinn bezeichnet werden, wenn die Unternehmerin Kern während des Geschäftsjahres weder Geld noch Waren oder andere Vermögensgegenstände dem Geschäftsvermögen für ihre privaten Zwecke entzogen hat. Hat Frau Kern im **Vorgriff auf den erwarteten Gewinn** für ihren Lebensunterhalt monatlich 8.000,00 DM der Geschäftskasse – natürlich jeweils gegen Quittung (= Beleg) – entnommen, so fehlen am Ende des Jahres letztlich 96.000,00 DM in der Kasse. Zum 31. Dezember 02 wird somit auch im Inventar die Summe des Vermögens und damit des Eigenkapitals um diesen Betrag geringer ausgewiesen. Will man den Gewinn des Unternehmens korrekt ermitteln, müssen diese Privatentnahmen wieder hinzugerechnet werden. Der Gewinn erhöht sich deshalb um diesen Betrag:

	Eigenkapital zum 31. Dez. 02	3.500.000,00 DM
–	Eigenkapital zum 31. Dez. 01	3.000.000,00 DM
	Mehrung des Eigenkapitals	500.000,00 DM
+	**Privatentnahmen ....**	**96.000,00 DM**
	Gewinn zum 31. Dez. 02	**596.000,00 DM**

Privateinlagen. Hat der Unternehmer während des Geschäftsjahres Geld- oder Sachwerte aus seinem Privatvermögen in das Unternehmen eingebracht, so sind diese Werte bei der Ermittlung des Gewinns zu berücksichtigen, da sie **nicht vom Unternehmen erwirtschaftet** worden sind. Deshalb muss Frau Kern, die ein geerbtes Grundstück im Wert von 146.000,00 DM auf ihr Unternehmen übertragen hat, diesen Betrag wieder abziehen:

	Eigenkapital zum 31. Dez. 02	3.500.000,00 DM
–	Eigenkapital zum 31. Dez. 01	3.000.000,00 DM
	Mehrung des Eigenkapitals	500.000,00 DM
+	Privatentnahmen	96.000,00 DM
		596.000,00 DM
–	Privateinlagen	146.000,00 DM
	Gewinn zum 31. Dez. 02	**450.000,00 DM**

Hat sich der Kapitaleinsatz gelohnt? Diese Frage stellt sich natürlich Frau Kern nach der Ermittlung des Gewinns zum Schluss des Geschäftsjahres. Deshalb vergleicht sie den erzielten Gewinn in Höhe von 450.000,00 DM mit dem zu Beginn des Geschäftsjahres eingesetzten Eigenkapital von 3.000.000,00 DM und errechnet daraus die **Verzinsung (= Rentabilität) ihres Eigenkapitals.** Schließlich will sie doch wissen, ob eine langfristige Kapitalanlage bei der Bank oder in Form von Wertpapieren nicht günstiger ist, bei der sie zwischen 5 und 7 % bekommt.

siehe „Prozentrechnung", Kap. 9.4, und „Zinsrechnung", Kap. 9.5

3.000.000,00 DM Eigenkapital = 100 %
450.000,00 DM Gewinn = x %

$$x\ \% = \frac{450.000\ \text{DM} \cdot 100\ \%}{3.000.000\ \text{DM}} = \mathbf{15\ \%}$$

$$\textbf{Rentabilität des Eigenkapitals} = \frac{\text{Gewinn} \cdot 100\ \%}{\text{Eigenkapital}}$$

Zusammenfassung

- Der **Erfolg eines Geschäftsjahres** kann positiv oder negativ sein. Im ersten Fall sprechen wir von **Gewinn,** im zweiten von **Verlust.**
- **Gewinn und Verlust ergeben sich durch Vergleich des Eigenkapitals** vom Ende mit dem vom Anfang des Geschäftsjahres bzw. Ende des vorhergehenden Geschäftsjahres.

  Grundsätzlich bedeuten: **Eigenkapitalmehrung** → **Gewinn**
  Eigenkapitalminderung → **Verlust**
- **Privatentnahmen** in Form von Geld- oder Sachwerten stellen einen **Vorgriff auf den erwarteten Gewinn** dar. Sie sind dem Eigenkapital hinzuzurechnen.
- **Privateinlagen** sind kein Gewinn. Sie sind daher vom Eigenkapital abzusetzen.
- **Erfolgsermittlung:**

	Eigenkapital am Ende des Geschäftjahres
–	Eigenkapital am Anfang des Geschäftsjahres
+	Private Entnahmen
–	Private Einlagen
	Gewinn oder **Verlust**

Aufgaben

14 Die Werkzeuggroßhandlung W. Herzberg, Leichlingen, weist im Inventar zum 31. Dez. 02 ein Eigenkapital von 580.000,00 DM aus. Am 31. Dez. 01 betrug das Eigenkapital 530.000,00 DM. Im Geschäftsjahr 02 hatte W. Herzberg vom Bankkonto des Unternehmens 72.000,00 DM für private Zwecke abgehoben.

1. *Wie hoch ist der Gewinn des Unternehmens zum 31. Dezember 02?*
2. *Mit wie viel Prozent hat sich das Eigenkapital verzinst?*

15 Die Tabakwarengroßhandlung W. Hiebel, Langenfeld, verfügt lt. Inventar vom 31. Dez. 02 über ein Eigenkapital von 600.000,00 DM. Zu Beginn des Geschäftsjahres, also am 1. Jan. 02, hatte das Unternehmen noch ein Eigenkapital von 690.000,00 DM. Für seinen Lebensunterhalt hatte W. Hiebel während des Geschäftsjahres 5.000,00 DM monatlich der Geschäftskasse gegen Quittung entnommen. Außerdem hat er Tabakwaren im Wert von 2.000,00 DM für sich und seine Familie gegen Beleg dem Lager entnommen.

Ermitteln Sie den Erfolg des Unternehmens zum 31. Dezember 02.

16 Die Privatentnahmen betragen in der Textilgroßhandlung U. Brandt im Geschäftsjahr 02 60.000,00 DM. Im gleichen Zeitraum belaufen sich die privaten Einlagen auf 30.000,00 DM. *Ermitteln Sie auf der Grundlage der beiden Inventare der Aufgabe 12 den Geschäftserfolg zum 31. Dezember 02.*

17 Die Fahrradgroßhandlung U. Eul, Köln, hat zum 31. Dez. 02 ein Eigenkapital von 500.000,00 DM. Zum 1. Jan. 02 betrug das Eigenkapital 460.000,00 DM. Im Geschäftsjahr 02 hat U. Eul dem Bankkonto für den eigenen Lebensunterhalt monatlich 6.500,00 DM entnommen. Im Mai 02 brachte U. Eul ihren Privat-PKW in das Unternehmen ein. Der Tageswert des Wagens betrug 35.000,00 DM.

1. *Ermitteln Sie den Geschäftserfolg zum 31. Dezember 02.*
2. *Wie hoch ist die Eigenkapitalrentabilität?*

1.4 Die Bilanz als Kurzfassung des Inventars

Situation **Das Inventar ist eine ausführliche Darstellung** der einzelnen Vermögens- und Schuldenwerte nach Art, Menge, Einzel- und Gesamtwert, das – je nach Größe des Warensortiments – ganze Bände umfassen kann und dadurch **unübersichtlich** wird. § 242 HGB verlangt deshalb neben dem Inventar noch eine **kurz gefasste Übersicht** über Vermögen und Kapital, nämlich die **Bilanz.**

Die Bilanz ist eine Kurzfassung des Inventars, die es erlaubt, mit einem Blick das **Verhältnis zwischen Vermögen und Schulden** eines Unternehmens zu überschauen. In **Form und Umfang** unterscheidet sie sich deutlich vom Inventar. Während im Inventar Vermögen, Schulden und Eigenkapital in **Staffelform,** also untereinander, stehen, werden in der Bilanz **Vermögen und Kapital** (Eigen- und Fremdkapital) in **T-Kontenform** (s. u.) **gegenübergestellt.** Die Bilanz enthält **keine Mengenangaben und Namen** der Banken, Kunden und Lieferer. Außerdem fasst sie **gleichartige** Vermögensteile und Schuldenteile zu einzelnen Bilanzpositionen zusammen, wobei nur deren **Gesamtwert** ausgewiesen wird. So erscheint beispielsweise bei den Warenvorräten und der Betriebs- und Geschäftsausstattung lediglich der jeweilige Gesamtwert.

Die linke oder Aktivseite der Bilanz enthält alle Vermögensteile (= **Aktiva**) des Anlage- und Umlaufvermögens eines Unternehmens. Die **Vermögensposten** werden wie im Inventar **nach steigender Flüssigkeit geordnet.**

Die rechte oder Passivseite der Bilanz enthält das Kapital (= **Passiva**) des Unternehmens, das in Eigenkapital und Fremdkapital unterteilt wird. Die **Schulden** werden wie im Inventar **nach lang- und kurzfristiger Fälligkeit gegliedert.**

Unterschreiben der Bilanz. Die Richtigkeit (Wahrheit) der Bilanz muss durch Datum und persönliche Unterschrift der Inhaber des Unternehmens bestätigt werden.

BILANZ

AKTIVA der Papiergroßhandlung Kern zum 31. Dezember 01 **PASSIVA**

Anlagevermögen		**Eigenkapital**	3.000.000,00
1. Grundstücke und Gebäude	1.255.500,00	**Fremdkapital**	
2. Betriebs- und Geschäftsausstattung	494.500,00	1. Hypothekenschulden	975.000,00
Umlaufvermögen		2. Darlehensschulden	499.000,00
1. Waren	2.550.000,00	3. Verbindlichkeiten a. LL	526.000,00
2. Forderungen a. LL	366.250,00		
3. Kasse	16.950,00		
4. Bank	316.800,00		
	5.000.000,00		**5.000.000,00**

Köln, 18. Januar 02 *Katja Kern*

 646428

Bilanzwaage. Die Aktivseite der Bilanz weist die Summe des Vermögens aus, die Passivseite die Summe des Kapitals. **Aktiva und Passiva** sind also **summenmäßig gleich hoch. Die Bilanzseiten halten sich die Waage (ital. bilancia = Waage).** Diese rechnerische **Gleichheit beider Bilanzseiten,** also von **Vermögen (Aktiva) und Kapital (Passiva),** kommt mathematisch in der **Bilanzgleichung** zum Ausdruck.

Bilanzgleichung		
Vermögen (Aktiva)	=	Kapital (Passiva)
Vermögen	=	Eigenkapital + Fremdkapital
Eigenkapital	=	Vermögen − Fremdkapital
Fremdkapital	=	Vermögen − Eigenkapital

Worüber gibt die Bilanz Auskunft? Die Bilanz der Großhandlung Kern lässt auf einen Blick erkennen, woher das im Unternehmen arbeitende Kapital stammt und wo es im Einzelnen angelegt (investiert) ist:

- **Die Passivseite** der Bilanz zeigt die Herkunft des im Unternehmen arbeitenden Kapitals, nämlich das Eigen- und Fremdkapital als Finanzierungsquellen. Man sagt: Die Passivseite gibt Auskunft über die **Mittelherkunft oder Finanzierung.**
- **Die Aktivseite** zeigt dagegen die Verwendung oder Anlage des Eigen- und Fremdkapitals im Anlage- und Umlaufvermögen des Unternehmens. Die Aktivseite gibt also Auskunft über die **Mittelverwendung oder Investition** der finanziellen Mittel in Vermögenswerte.

AKTIVA	**BILANZ**		PASSIVA
Wo ist das Kapital angelegt?		**Woher** stammt das Kapital?	
Anlagevermögen	1.750.000,00	Eigenkapital	3.000.000,00
Umlaufvermögen	3.250.000,00	Fremdkapital	2.000.000,00
VERMÖGEN	5.000.000,00	KAPITAL	5.000.000,00
MITTELVERWENDUNG		MITTELHERKUNFT	

Der Aufbau (die Struktur) der Bilanz wird noch deutlicher und damit aussagefähiger, wenn man jeweils den Prozentanteil des Anlage- und Umlaufvermögens am Gesamtvermögen sowie des Eigen- und Fremdkapitals am Gesamtkapital errechnet, wobei die **Bilanzsumme** den Grundwert (= **100** %) bildet:

siehe „Prozentrechnung", Kap. 9.4

AKTIVA		**BILANZSTRUKTUR**			PASSIVA
VERMÖGENSSTRUKTUR		%	KAPITALSTRUKTUR		%
Anlagevermögen	1.750.000,00	35 %	Eigenkapital	3.000.000,00	60 %
Umlaufvermögen	3.250.000,00	65 %	Fremdkapital	2.000.000,00	40 %
Gesamtvermögen	5.000.000,00	100 %	Gesamtkapital	5.000.000,00	100 %

Beurteilung. Die **Kapitalstruktur** der Großhandlung Kern macht deutlich, dass das Unternehmen **überwiegend mit eigenen Mitteln (60 %)** arbeitet. Das Fremdkapital beträgt nur 40 % des Gesamtkapitals. Die Unternehmerin Kern bewahrt damit ihre **Unabhängigkeit gegenüber ihren Gläubigern.** Außerdem ist ihre Zinsbelastung dann nicht so hoch. Die solide Ausstattung des Unternehmens mit Kapital, also die Finanzierung, zeigt sich auch insbesondere darin, dass nicht nur das Anlagevermögen (35 %), sondern auch noch ein großer Teil des Umlaufvermögens (25 %) durch Eigenkapital (60 %) gedeckt bzw. finanziert sind. Aufgrund des **hohen** Eigenkapitals kann das Unternehmen **Krisenzeiten besser überstehen.**

Zusammenfassung

- **Die Bilanz ist eine Kurzfassung des Inventars in Kontenform.** Grundlage der Bilanzerstellung sind Inventur und Inventar:

  Inventur → Inventar → Bilanz

- **Inventar und Bilanz unterscheiden sich in Form und Umfang** der Darstellung des Vermögens und des Kapitals:

Inventar	Bilanz
– **Ausführliche** Darstellung der einzelnen Vermögens- und Schuldenwerte. – Angabe der **Mengen, Einzelwerte und Gesamtwerte.** – Darstellung des Vermögens und des Kapitals **untereinander:** **Staffelform**	– **Kurz gefasste** überschaubare Darstellung des Vermögens und des Kapitals. – **Nur** Angabe der **Gesamtwerte** der einzelnen Bilanzposten. – Darstellung des Vermögens und des Kapitals **nebeneinander:** **Kontenform**

- **Bilanzgleichung.** Die Bilanz muss auf der Aktiv- und Passivseite jeweils die gleiche Summe ausweisen. Die Bilanzgleichung lautet stets:

  Aktiva = Passiva oder **Vermögen = Kapital.**

- **Inhalt der Bilanzseiten.** Die Bilanz zeigt auf ihrer Passivseite die Herkunft des Kapitals (Eigen- und Fremdkapital) und auf der Aktivseite die Verwendung oder Investition dieses Kapitals (Anlage- und Umlaufvermögen).

- **Die Bilanzstruktur** ergibt sich, wenn man Eigen- und Fremdkapital sowie Anlage- und Umlaufvermögen auf die Bilanzsumme (= 100 %) bezieht und die Gewichtung der Posten ermittelt. Dann wird besonders deutlich, ob das Unternehmen vorwiegend mit eigenen oder fremden Mitteln arbeitet und ob das Anlagevermögen überwiegend mit Eigen- oder Fremdkapital finanziert worden ist.

- **Unterzeichnung und Aufbewahrung der Bilanz.** Die Bilanz bildet mit der Gewinn- und Verlustrechnung den **Jahresabschluss** des Unternehmens, der persönlich zu unterzeichnen und 10 Jahre aufzubewahren ist. Es unterschreiben bei der:

  - Einzelunternehmung > Inhaber persönlich
  - Offenen Handelsgesellschaft (OHG) > alle Gesellschafter
  - Kommanditgesellschaft (KG) > alle persönlich haftenden Gesellschafter
  - Aktiengesellschaft (AG) > alle Mitglieder des Vorstandes
  - Gesellschaft mit beschränkter Haftung (GmbH) > alle Geschäftsführer

Aufgaben

18 Die Bilanz des Tuchgroßhandels M. Berg weist zum 31. Dezember 01 folgende Gesamtwerte aus:

Anlagevermögen ..	620.000,00 DM	Fremdkapital	500.000,00 DM
Umlaufvermögen ..	1.320.000,00 DM	Eigenkapital	? DM

1. *Erstellen Sie die Bilanz zum 31. Dezember 01.*
2. *Wie viel Prozent der Bilanzsumme (= 100 %) beträgt*
   a) *das Anlagevermögen,* c) *das Eigenkapital und*
   b) *das Umlaufvermögen,* d) *das Fremdkapital?*
3. *Wie beurteilen Sie die Kapitalausstattung des Unternehmens?*
4. *Reicht das Eigenkapital zur Deckung (Finanzierung) des Anlagevermögens aus?*

19 Das Inventar der Elektrogroßhandlung H. Heinz, München, weist zum 31. Dezember .. folgende Gesamtwerte aus:

Grundstücke u. Gebäude	340.000,00	Kasse	3.000,00
Betriebs- und Geschäfts-ausstattung (BGA)	45.000,00	Bankguthaben	32.000,00
Waren	485.000,00	Darlehensschulden	290.000,00
Forderungen a. LL	35.000,00	Verbindlichkeiten a. LL ..	50.000,00

1. *Erstellen Sie nach dem Muster auf Seite 28 die Bilanz.*
2. *Mit welchem Gesamt-, Eigen- und Fremdkapital arbeitet das Unternehmen?*
3. *Stellen Sie die Bilanzstruktur in % dar.*
4. *Wie beurteilen Sie das Verhältnis zwischen Eigen- und Fremdkapital?*
5. *Reichten die eigenen Mittel zur Beschaffung des Anlagevermögens aus?*

20 Die Werkzeuggroßhandlung W. Peters, Leverkusen, weist in ihrem Inventar zum 31. Dezember .. folgende Gesamtwerte aus:

Waren	320.000,00	Darlehensschulden	150.000,00
Verbindlichkeiten a. LL ..	90.000,00	Bankguthaben	96.000,00
Kassenbestand	4.000,00	Hypothekenschulden ...	210.000,00
Forderungen a. LL	70.000,00	Betriebs- und Geschäfts-ausstattung	170.000,00
Grundstücke u. Gebäude	400.000,00		

1. *Erstellen Sie eine ordnungsmäßig gegliederte Bilanz zum 31. Dezember ..*
2. *Wie beurteilen Sie die Kapitalausstattung bzw. Finanzierung des Unternehmens?*
3. *Stellen Sie die Bilanzstruktur in % dar.*
4. *Wie viel Eigenkapital verbleibt nach Deckung des Anlagevermögens noch für das Umlaufvermögen?*
5. *Welche Vorteile hat es, wenn das Anlagevermögen voll mit eigenen Mitteln finanziert worden ist?*

21

1. *Stellen Sie aufgrund der Inventare der Großhandlungen R. Göbel (Aufgabe 5) und U. Brandt (Aufgabe 12) jeweils die Bilanz zum Jahresschluss auf.*
2. *Erstellen Sie jeweils die Bilanzstruktur der Großhandelsunternehmen.*
3. *Beurteilen Sie die Mittelherkunft und Mittelverwendung.*

22 *Untersuchen Sie folgende Aussagen, ob sie falsch oder richtig sind. Verbessern Sie gegebenenfalls:*

1. Bilanz und Inventar unterscheiden sich nur in der Form.
2. Inventar und Bilanz sind vom Inhaber des Unternehmens persönlich zu unterschreiben.
3. Anlagevermögen + Umlaufvermögen = Eigenkapital – Fremdkapital
4. Die Bilanz ist eine Gegenüberstellung von Vermögen und Kapital.
5. Die Passivseite der Bilanz zeigt die Mittelverwendung, die Aktivseite die Mittelherkunft.
6. Je höher das Eigenkapital im Verhältnis zum Fremdkapital ist, umso abhängiger ist das Unternehmen gegenüber seinen Gläubigern.
7. Fremdkapital = Vermögen – Eigenkapital
8. Die Vermögensteile des Umlaufvermögens sind langfristig angelegt.
9. Es ist für die Sicherheit des Unternehmens wichtig, wenn das Eigenkapital nicht nur das Anlagevermögen, sondern auch einen Teil des Umlaufvermögens (z. B. die Warenvorräte) deckt.
10. Inventar und Bilanz haben nichts gemeinsam.

1.5 Geschäftsfälle verändern die Werte in der Bilanz

Situation In der Papiergroßhandlung Kern fallen täglich zahlreiche Geschäftsfälle an. Waren in Form von Druckpapier, Kopierpapier und Umschlagkarton werden bei den verschiedenen Lieferern auf Ziel eingekauft und an die Kunden verkauft. Rechnungen der Lieferer und Kunden werden durch Banküberweisungen beglichen. Für die Geschäftskasse wird Bargeld vom Bankkonto abgehoben oder es erfolgen Bareinzahlungen auf das Bankkonto usw.

Allen o. g. **Geschäftsfällen** ist gemeinsam, dass sie **mindestens zwei Posten der Bilanz verändern.** Je nachdem, welche Bilanzseite dabei verändert wird, unterscheidet man **vier Möglichkeiten der Wertveränderung in der Bilanz:**

1. **Aktivtausch**
2. **Passivtausch**
3. **Aktiv-Passivmehrung**
4. **Aktiv-Passivminderung**

Bilanzidentität. Ausgangsbilanz für die folgenden Beispiele ist die Schlussbilanz der Papiergroßhandlung Kern zum 31. Dezember 01, die **gleichzeitig** die Anfangs- oder Eröffnungsbilanz zum 1. Januar 02 ist. Beide Bilanzen müssen **inhaltlich identisch (gleich)** sein. Man spricht deshalb auch vom Grundsatz der Bilanzidentität:

Schlussbilanz eines Geschäftsjahres
= Eröffnungsbilanz des nächsten Geschäftsjahres

Aktiva	**Eröffnungsbilanz zum 1. Januar 02**		Passiva
Anlagevermögen		**Eigenkapital**	3.000.000,00
1. Grundstücke und Gebäude	1.255.500,00	**Fremdkapital**	
2. Betriebs- u. Geschäftsausstg.	494.500,00	1. Hypothekenschulden	975.000,00
Umlaufvermögen		2. Darlehensschulden	499.000,00
1. Waren	2.550.000,00	3. Verbindlichkeiten a. LL	526.000,00
2. Forderungen a. LL	366.250,00		
3. Kasse	16.950,00		
4. Bank	316.800,00		
	5.000.000,00		**5.000.000,00**

Aktivtausch

Geschäftsfall	Wertveränderungen in der Bilanz	
Kauf einer EDV-Anlage gegen Bankscheck ... 15.500,00 DM	BGA	+ 15.500,00 DM
	Bank	– 15.500,00 DM

Der Geschäftsfall löst nur Wertveränderungen auf der Aktivseite aus: Es wird lediglich **zwischen zwei Aktivposten getauscht:** Der Aktivposten „Betriebs- und Geschäftsausstattung (BGA)" nimmt zu, der Aktivposten „Bank" nimmt um den gleichen Betrag ab. **Dadurch verändert sich die Bilanzsumme nicht:**

Aktiva	**Bilanz**		Passiva
Anlagevermögen		**Eigenkapital**	3.000.000,00
1. Grundstücke und Gebäude	1.255.500,00	**Fremdkapital**	
2. Betriebs- u. Geschäftsausstg.	510.000,00	1. Hypothekenschulden	975.000,00
Umlaufvermögen		2. Darlehensschulden	499.000,00
1. Waren	2.550.000,00	3. Verbindlichkeiten a. LL	526.000,00
2. Forderungen a. LL	366.250,00		
3. Kasse	16.950,00		
4. Bank	301.300,00		
	5.000.000,00		**5.000.000,00**

Passivtausch

Geschäftsfall	Wertveränderungen in der Bilanz
Verbindlichkeiten a. LL beim Lieferer Druck und Papier GmbH, Hagen, werden in langfristige Darlehensschulden umgewandelt .... 33.000,00 DM	Darlehensschulden ... + 33.000,00 DM Verbindlichkeiten a. LL – 33.000,00 DM

Dieser Geschäftsfall bewirkt einen reinen **Tauschvorgang auf der Passivseite** der Bilanz: Der Passivposten „Verbindlichkeiten a. LL" nimmt ab, der Passivposten „Darlehensschulden" nimmt um den gleichen Betrag zu. Deshalb bleibt auch hier die **Bilanzsumme unverändert:**

Aktiva	Bilanz		Passiva
Anlagevermögen		**Eigenkapital**	3.000.000,00
1. Grundstücke und Gebäude ..	1.255.500,00	**Fremdkapital**	
2. Betriebs- und Geschäftsausstattung	510.000,00	1. Hypothekenschulden	975.000,00
Umlaufvermögen		2. Darlehensschulden	**532.000,00**
1. Waren	2.550.000,00	3. Verbindlichkeiten a. LL	**493.000,00**
2. Forderungen a. LL	366.250,00		
3. Kasse	16.950,00		
4. Bank	301.300,00		
	5.000.000,00		**5.000.000,00**

Aktiv-Passivmehrung

Geschäftsfall	Wertveränderungen in der Bilanz
Kauf von 20 Paletten Druckpapier auf Ziel. Die Rechnung (ER 268) des Lieferers Druck und Papier GmbH, Hagen, lautet über .... 64.400,00 DM	Waren .... + 64.400,00 DM Verbindlichkeiten a. LL + 64.400,00 DM

Dieser Geschäftsfall berührt **beide Seiten der Bilanz.** Der Aktivposten „Waren" und der Passivposten „Verbindlichkeiten a. LL" erhöhen sich um den gleichen Betrag. Deshalb muss auch die **Bilanzsumme** um diesen Betrag **zunehmen:**

Aktiva	Bilanz		Passiva
Anlagevermögen		**Eigenkapital**	3.000.000,00
1. Grundstücke und Gebäude ..	1.255.500,00	**Fremdkapital**	
2. Betriebs- und Geschäftsausstattung	510.000,00	1. Hypothekenschulden	975.000,00
Umlaufvermögen		2. Darlehensschulden	532.000,00
1. Waren	**2.614.400,00**	3. Verbindlichkeiten a. LL	**557.400,00**
2. Forderungen a. LL	366.250,00		
3. Kasse	16.950,00		
4. Bank	301.300,00		
	5.064.400,00		**5.064.400,00**

Aktiv-Passivminderung

Geschäftsfall	Wertveränderungen in der Bilanz
Begleichung der Liefererrechnung ER 234 der Hein OHG, Köln, durch Banküberweisung .... 46.000,00 DM	Verbindlichkeiten a. LL – 46.000,00 DM Bank .... – 46.000,00 DM

Der **Geschäftsfall betrifft beide Bilanzseiten:** Der Aktivposten „Bank" und der Passivposten „Verbindlichkeiten a. LL" nehmen um den gleichen Betrag ab. Deshalb vermindert sich auch die Bilanzsumme um diesen Betrag:

Aktiva		**Bilanz**	Passiva
Anlagevermögen		**Eigenkapital**	3.000.000,00
1. Grundstücke und Gebäude ..	1.255.500,00	**Fremdkapital**	
2. Betriebs- u. Geschäftsausstg.	510.000,00	1. Hypothekenschulden	975.000,00
Umlaufvermögen		2. Darlehensschulden	532.000,00
1. Waren	2.614.400,00	3. Verbindlichkeiten a. LL	**511.400,00**
2. Forderungen a. LL	366.250,00		
3. Kasse	16.950,00		
4. Bank	**255.300,00**		
	5.018.400,00		**5.018.400,00**

Zusammenfassung

- **Jeder Geschäftsfall verändert wertmäßig mindestens zwei Bilanzposten.** Das Gleichgewicht der Bilanz (**Aktiva = Passiva**) bleibt erhalten.
- **Man unterscheidet vier Möglichkeiten der Wertveränderung in der Bilanz:**

Aktivtausch	Tauschvorgang auf der Aktivseite: Aktivposten + Aktivposten –
Passivtausch	Tauschvorgang auf der Passivseite: Passivposten + Passivposten –
Aktiv-Passivmehrung	Mehrung auf beiden Bilanzseiten: Aktivposten + Passivposten +
Aktiv-Passivminderung	Minderung auf beiden Bilanzseiten: Aktivposten – Passivposten –

- **Bei jedem Geschäftsfall sollte man sich vorab folgende Fragen stellen:**
  1. *Welche Posten der Bilanz werden durch den Geschäftsfall berührt?*
  2. *Handelt es sich dabei um Aktiv- oder/und Passivposten der Bilanz?*
  3. *Erhöht oder vermindert der Geschäftsfall die einzelnen Bilanzposten?*
  4. *Um welche Art der vier möglichen Bilanzänderungen handelt es sich?*

Aufgaben

23 *Beantworten Sie zu den folgenden Geschäftsfällen die oben gestellten Fragen:*

1. Wir heben von unserem Bankkonto 800,00 DM ab.
2. Barverkauf einer alten Registrierkasse zum Buchwert von 500,00 DM.
3. Wir wandeln ein Darlehen in Höhe von 50.000,00 DM in eine Hypothek um.

646434

4. Wir kaufen Waren auf Ziel. Die Eingangsrechnung (ER 345) lautet über 57.500,00 DM.
5. 5.000,00 DM unseres Darlehens tilgen wir durch Banküberweisung.
6. Wir zahlen auf unser Postbankkonto 1.500,00 DM bar ein.
7. Einem Kunden verkaufen wir lt. Ausgangsrechnung (AR 567) einen nicht mehr benötigten Computer auf Ziel zum Buchwert von 1.500,00 DM.
8. Kauf eines Schreibtischs für 1.200,00 DM gegen Bankscheck.
9. Ein Kunde überweist den fälligen Rechnungsbetrag von 12.000,00 DM auf unser Bankkonto.
10. Wir überweisen den fälligen Rechnungsbetrag von 2.500,00 DM an einen Lieferer durch die Bank.
11. Zum Ausgleich von ER 345 (Fall 4) überweisen wir 57.500,00 DM.
12. Lt. Bankauszug hat der Kunde (Fall 7) AR 567 mit 15.000,00 DM beglichen.

24 *Wie wirken sich die 12 Geschäftsfälle der Aufgabe 23 auf die Bilanzsumme aus?*

25 *Erstellen Sie nach den folgenden Angaben die Bilanz:*

Aktiva: Betriebs- und Geschäftsausstattung (BGA) 120.000,00 DM, Waren 250.000,00 DM, Forderungen a. LL 57.000,00 DM, Kasse 12.000,00 DM, Bank 85.000,00 DM.

Passiva: Eigenkapital ? DM, Darlehensschulden 210.500,00 DM, Verbindlichkeiten a. LL 80.500,00 DM.

Beantworten Sie zu den folgenden Geschäftsfällen zuerst die oben genannten Fragen 1 bis 4 und stellen Sie nach jedem Geschäftsfall eine neue Bilanz auf:

1.	Zielkauf von Waren lt. ER 678	46.000,00 DM
2.	Umwandlung einer Verbindlichkeit a. LL in eine Darlehensschuld	23.000,00 DM
3.	Kauf einer EDV-Anlage gegen Bankscheck	12.000,00 DM
4.	Wir begleichen die ER 678 (Fall 1) lt. Bankauszug	46.000,00 DM

26 *Erstellen Sie nach den folgenden Angaben die Bilanz:*

Grundstücke und Gebäude 840.000,00 DM, BGA 520.000,00 DM, Waren 350.000,00 DM, Forderungen a. LL 120.000,00 DM, Kasse 22.000,00 DM, Bank 148.000,00 DM, Eigenkapital ? DM, Hypothekenschulden 410.000,00 DM, Darlehensschulden 150.000,00 DM, Verbindlichkeiten a. LL 240.000,00 DM.

Nennen Sie zu jedem folgenden Geschäftsfall die Art der Wertveränderung. Erstellen Sie nach jedem Geschäftsfall eine neue Bilanz:

1.	Ein Darlehen wird in eine Hypothek umgewandelt	70.000,00 DM
2.	Wir nehmen bei unserer Bank ein neues Darlehen auf	150.000,00 DM
3.	Wir begleichen Liefererrechnung ER 789. Bankauszug	57.500,00 DM
4.	Wir zahlen die Tilgungsrate für die Hypothek. Bankauszug	8.000,00 DM
5.	Wareneinkauf auf Ziel lt. ER 792	46.000,00 DM
6.	Zielverkauf lt. AR 78: Gebr. Gabelstapler zum Buchwert ..	2.000,00 DM

27
1. *Warum ist die Buchungsweise der Geschäftsfälle in den Aufgaben 25/26 sehr aufwendig?*
2. *Vergleichen Sie in Aufgabe 26 die 6. Bilanz mit der Ausgangsbilanz. Welche wesentlichen Veränderungen stellen Sie auf der Passiv- und Aktivseite fest?*

28
1. *Vervollständigen Sie:*
   Geschäftsfälle verändern zwar die ••• der Bilanzposten, jedoch nicht die Gleichheit von ••• und •••. Das Bilanz ••• bleibt also stets gewahrt.
2. *Nennen Sie je zwei Beispiele zu den vier Arten der Bilanzänderung.*

1.6 Die Buchung der Geschäftsfälle auf Aktiv- und Passivkonten

Situation Jeder Geschäftsfall verändert mindestens zwei Posten der Bilanz. Nach jedem Geschäftsfall eine neue Bilanz aufzustellen ist umständlich und zeitaufwendig.

Praktischer ist es, für jeden aktiven und passiven Bilanzposten ein eigenes Konto (ital. conto = Rechnung) einzurichten, auf dem der Geschäftsfall zu erfassen, d. h. zu buchen ist. Nach den Bilanzseiten unterscheidet man **Aktivkonten (Vermögenskonten)** und **Passivkonten (Kapitalkonten).**

Übernahme der Anfangsbestände (AB). Zu Beginn des Geschäftsjahres wird die Eröffnungsbilanz in die einzelnen Aktiv- und Passivkonten aufgelöst. Da Aktivkonten in der Bilanz auf der linken Seite stehen, übernimmt auch jedes Aktivkonto den Anfangsbestand (AB) auf seiner linken Kontoseite, die Sollseite (S) genannt wird. Passivkonten stehen in der Bilanz rechts. Deshalb trägt man den Anfangsbestand bei jedem Passivkonto auch auf der rechten Kontoseite – Habenseite (H) genannt – ein.

Soll	**Aktivkonto** Haben
Anfangsbestand	

Soll **Passivkonto**	Haben
	Anfangsbestand

Buchung der Mehrungen und Minderungen. Wird der Anfangsbestand durch einen Geschäftsfall erhöht, so bucht man den Betrag stets auf der Seite, wo auch der Anfangsbestand steht. Bestandsmehrungen erfasst man deshalb bei Aktivkonten auf der Sollseite und bei Passivkonten auf der Habenseite. Bestandsminderungen stehen dann zwangsläufig jeweils auf der anderen Kontoseite, also bei Aktivkonten im Haben und bei Passivkonten im Soll.

Soll	**Aktivkonto** Haben
Anfangsbestand	Minderungen
Mehrungen	

Soll **Passivkonto**	Haben
Minderungen	Anfangsbestand
	Mehrungen

Ermittlung der Schlussbestände (SB). Zum Jahresschluss werden die Aktiv- und Passivkonten abgeschlossen. Dazu muss man zunächst den Schlussbestand (SB) eines jeden Kontos errechnen:

Anfangsbestand + Mehrungen – Minderungen = Schlussbestand (SB)

Der Schlussbestand bildet den Saldo, den man zum Ausgleich der beiden Kontenseiten auf die wertmäßig kleinere Kontoseite einträgt:

Soll	**Aktivkonto** Haben
Anfangsbestand (AB)	– Minderungen
+ Mehrungen	= Schlussbestand (SB)

Soll **Passivkonto**	Haben
– Minderungen	Anfangsbestand (AB)
= Schlussbestand (SB)	+ Mehrungen

Der Schlussbestand im Konto (= Buchbestand) muss der Inventur (= Istbestand) entsprechen. Er wird auf die Aktiv- bzw. Passivseite der Schlussbilanz übertragen.

Die Buchung der vier Geschäftsfälle, die wir auf den Seiten 32 bis 34 in der Bilanz vorgenommen haben, erfolgt nun auf ihren entsprechenden Aktiv- und Passivkonten. Vorab ist die Eröffnungsbilanz in die einzelnen Aktiv- und Passivkonten aufzulösen. Dabei sind die Anfangsbestände vorzutragen. Bei der Buchung der Geschäftsfälle in den Konten wird jeweils das **Gegenkonto angegeben,** damit man die Buchungen besser nachvollziehen kann. **Jeder Buchungsbetrag** ist stets **zuerst im Soll und dann im Haben** zu buchen. Schließlich schreiben wir ja auch sonst von links nach rechts.

Von der Eröffnungsbilanz zur Schlussbilanz

Buchung der folgenden vier Geschäftsfälle auf Konten:

❶	Kauf einer EDV-Anlage gegen Bankscheck	15.500,00 DM
❷	Umwandlung einer Verbindlichkeit a. LL in eine Darlehensschuld	33.000,00 DM
❸	Wareneinkauf auf Ziel lt. ER 268	64.400,00 DM
❹	Begleichung der Liefererrechnung ER 234 durch Banküberweisung	46.000,00 DM

Aktiva	Eröffnungsbilanz der Papiergroßhandlung Kern		Passiva
Anlagevermögen		**Eigenkapital**	3.000.000,00
1. Grundstücke und Gebäude	1.255.500,00	**Fremdkapital**	
2. Betriebs- u. Geschäftsausstg.	494.500,00	1. Hypothekenschulden	975.000,00
Umlaufvermögen		2. Darlehensschulden	499.000,00
1. Waren	2.550.000,00	3. Verbindlichkeiten a. LL	526.000,00
2. Forderungen a. LL	366.250,00		
3. Kasse	16.950,00		
4. Bank	316.800,00		
	5.000.000,00		**5.000.000,00**

Soll	Grundstücke und Gebäude		Haben
AB	1.255.500,00	SB	1.255.500,00

Soll	Betriebs- u. Geschäftsausstattg.		Haben
AB	494.500,00	SB	510.000,00
❶ Bank	15.500,00		
	510.000,00		510.000,00

Soll	Waren		Haben
AB	2.550.000,00	SB	2.614.400,00
❸ Verb. a. LL	64.400,00		
	2.614.400,00		2.614.400,00

Soll	Forderungen a. LL		Haben
AB	366.250,00	SB	366.250,00

Soll	Kasse		Haben
AB	16.950,00	SB	16.950,00

Soll	Bank		Haben
AB	316.800,00	❶ BGA	15.500,00
		❹ Verb. a. LL	46.000,00
		SB	255.300,00
	316.800,00		316.800,00

Soll	Eigenkapital		Haben
SB	3.000.000,00	AB	3.000.000,00

Soll	Hypothekenschulden		Haben
SB	975.000,00	AB	975.000,00

Soll	Darlehensschulden		Haben
SB	532.000,00	AB	499.000,00
		❷ Verb. a. LL	33.000,00
	532.000,00		532.000,00

Soll	Verbindlichkeiten a. LL		Haben
❷ Darl.	33.000,00	AB	526.000,00
❹ Bank	46.000,00	❸ Waren	64.400,00
SB	511.400,00		
	590.400,00		590.400,00

Aktiva	Schlussbilanz		Passiva
Anlagevermögen		**Eigenkapital**	3.000.000,00
1. Grundstücke und Gebäude	1.255.500,00	**Fremdkapital**	
2. Betriebs- u. Geschäftsausstg.	510.000,00	1. Hypothekenschulden	975.000,00
Umlaufvermögen		2. Darlehensschulden	532.000,00
1. Waren	2.614.400,00	3. Verbindlichkeiten a. LL	511.400,00
2. Forderungen a. LL	366.250,00		
3. Kasse	16.950,00		
4. Bank	255.300,00		
	5.018.400,00		**5.018.400,00**

Zusammenfassung

- **Die Auflösung der Bilanz** in Aktiv- und Passivkonten erfolgt zu Beginn des Geschäftsjahres.
- **Bestandskonten.** Aktiv- und Passivkonten enthalten Bestände. Man bezeichnet sie deshalb auch als Bestandskonten.
- **Die Anfangsbestände** werden bei **Aktivkonten im Soll** und bei **Passivkonten im Haben** vorgetragen. Das entspricht den Seiten in der Eröffnungsbilanz.
- **Mehrungen** bucht man in den Konten auf der Seite, **wo auch der Anfangsbestand steht. Minderungen** stehen auf der **Gegenseite des Anfangsbestandes** und der Mehrungen.
- **Der Schlussbestand** ergibt sich als **Saldo** auf der schwächeren Seite eines Kontos. Er muss **mit dem Inventurbestand übereinstimmen** und steht bei **Aktivkonten im Haben** und bei **Passivkonten im Soll.**
- **Die Schlussbilanz** übernimmt auf ihrer linken Seite die Schlussbestände der Aktivkonten und auf der rechten Seite der Bilanz die der Passivkonten.
- **Grundsatz der Bilanzidentität.** Die **Schlussbilanz** eines Geschäftsjahres **ist zugleich die Eröffnungsbilanz des neuen Geschäftsjahres.** Sie müssen identisch (gleich) sein.

Aktiva	**Eröffnungsbilanz** Passiva
Anfangsbestände der Aktivkonten	Anfangsbestände der Passivkonten

Soll	**Aktivkonto** Haben
Anfangsbestand	– Minderungen
+ Mehrungen	= **Schlussbestand**

Soll	**Passivkonto** Haben
– Minderungen	Anfangsbestand
= **Schlussbestand**	+ Mehrungen

Aktiva	**Schlussbilanz** Passiva
Schlussbestände der Aktivkonten	Schlussbestände der Passivkonten

- **Der Abschluss eines Kontos** vollzieht sich in folgenden Schritten:

❶ Addition der wertmäßig größeren Seite.
❷ Übertragen der Summe auf die andere Kontenseite in gleicher Höhe.
❸ Ermitteln des Schlussbestandes (SB) als Saldo mit Gegenbuchung in der Schlussbilanz.
❹ Leere Stelle im Konto durch „Buchhalternase“ bzw. Schrägstrich entwerten. Abschlussstriche in gleicher Höhe ziehen.

Soll	**Bank**		Haben
AB	42.000,00	Verbindlichkeiten a. LL	33.000,00
Darlehen	80.000,00	SB ❸	149.000,00
Forderungen a. LL	57.000,00	❹	
Kasse	3.000,00		
❶ ❹	182.000,00	❷	182.000,00

Wichtiger Grundsatz:

Zuerst im Soll und dann im Haben buchen!

Reihenfolge der Buchungsarbeiten

1. Eröffnungsbilanz aufstellen
2. Anfangsbestände auf Aktiv- und Passivkonten vortragen
3. Geschäftsfälle buchen. Dazu vorab folgende Überlegungen anstellen:
   3.1 Welche Konten werden durch den Geschäftsfall berührt?
   3.2 Sind es Aktiv- und/oder Passivkonten?
   3.3 Liegt eine Mehrung (+) oder eine Minderung (–) auf dem jeweiligen Konto vor?
   3.4 Sind etwa auf beiden Konten Mehrungen oder Minderungen zu buchen?
   3.5 Auf welcher Kontoseite (S oder H) ist demnach jeweils zu buchen?
4. Schlussbestände ermitteln und mit den Inventurwerten abstimmen
5. Konten abschließen und Schlussbilanz aufstellen

29

Anfangsbestände	DM		DM
BGA	180.000,00	Bankguthaben	109.500,00
Waren	340.000,00	Eigenkapital	350.000,00
Forderungen a. LL	57.500,00	Darlehensschulden	143.500,00
Kasse	13.500,00	Verbindlichkeiten a. LL	207.000,00

Geschäftsfälle	DM
1. Wareneinkauf auf Ziel lt. ER 483	69.000,00
2. Banküberweisung an den Lieferer Baier zum Ausgleich von ER 482	46.000,00
3. Umwandlung unserer Liefererschuld bei der Firma Sänger in eine Darlehensschuld	86.250,00
4. Unser Kunde Bern begleicht AR 459 durch Banküberweisung. Bankauszug	23.000,00
5. Kauf eines EDV-Druckers gegen Bankscheck. Bankauszug	1.150,00

Abschlussangabe

Die Schlussbestände auf den Aktiv- und Passivkonten stimmen mit der Inventur überein.

30

Anfangsbestände	DM		DM
BGA	430.000,00	Bankguthaben	46.000,00
Waren	132.250,00	Eigenkapital	?
Forderungen a. LL	28.750,00	Darlehensschulden	200.000,00
Kasse	4.500,00	Verbindlichkeiten a. LL	69.000,00

Geschäftsfälle	DM
1. Kauf einer EDV-Anlage gegen Bankscheck	6.500,00
2. Zieleinkauf von Waren aufgrund von ER 678	82.800,00
3. Tilgung der Darlehensschuld durch Bankabbuchung. Bankauszug	7.500,00
4. Banküberweisung unseres Kunden Barth zum Ausgleich von AR 456	17.250,00
5. Begleichung der ER 678 durch Banküberweisung. Bankauszug	11.500,00
6. Verkauf eines gebrauchten Gabelstaplers zum Buchwert gegen Bankscheck. Bankauszug	5.700,00
7. Barabhebung von der Bank. Bankauszug	2.500,00

Abschlussangabe

Die Schlussbestände auf den Konten entsprechen der Inventur.

31 *Welche Geschäftsfälle liegen den Buchungen im folgenden Konto zugrunde?*

Soll	Bank		Haben
AB	68.600,00	5. Verbindlichkeiten a. LL	33.000,00
1. Darlehen	150.000,00	6. Hypothek	12.000,00
2. Forderungen a. LL	23.000,00	7. BGA	45.000,00
3. Kasse	4.600,00	SB	157.000,00
4. BGA	800,00		
	247.000,00		247.000,00

32 *Welche Geschäftsfälle liegen den Buchungen im folgenden Konto zugrunde?*

Soll	Verbindlichkeiten a. LL		Haben
3. Bank	57.000,00	AB	230.000,00
4. Darlehen	150.000,00	1. Waren	115.000,00
SB	161.000,00	2. BGA	23.000,00
	368.000,00		368.000,00

33

1. *Warum bezeichnet man Aktiv- und Passivkonten als Bestandskonten?*
2. *Was versteht man unter einem Saldo?*
3. *Warum müssen die Salden der Aktiv- und Passivkonten mit den Inventurwerten abgestimmt werden?*
4. *Erläutern Sie den Zusammenhang zwischen Inventur, Inventar und Schlussbilanz.*
5. *Bei welchem Konto handelt es sich um ein Aktiv- oder Passivkonto? Vervollständigen Sie:*

a)

Soll	?	Haben
? ?		? Mehrungen

b)

Soll	?	Haben
? ?		Minderungen ?

34

Anfangsbestände

	DM		DM
Grundstücke u. Gebäude	245.000,00	Postbankguthaben	3.500,00
BGA	141.000,00	Bankguthaben	49.000,00
Waren	162.000,00	Eigenkapital	400.000,00
Forderungen a. LL	46.000,00	Darlehensschulden	194.600,00
Kasse	5.600,00	Verbindlichkeiten a. LL	57.500,00

Geschäftsfälle

		DM
1.	Begleichung der Liefererrechnung ER 402 durch Banküberweisung	6.900,00
2.	Wareneinkauf auf Ziel lt. ER 478	23.000,00
3.	Überweisung vom Bankkonto auf das Postbankkonto	12.000,00
4.	Rechnungsausgleich (AR 501) des Kunden Heine. Bankauszug	11.500,00
5.	Tilgungsrate für das Darlehen. Bankauszug	5.000,00
6.	Verkauf einer gebrauchten Frankiermaschine zum Buchwert gegen Bankscheck. Bankauszug	450,00
7.	Zielverkauf einer gebrauchten Kopieranlage zum Buchwert	2.500,00
8.	Unsere Bareinzahlung auf das Bankkonto. Bankauszug	2.500,00
9.	Umwandlung unserer Verbindlichkeit a. LL beim Lieferer Theuer in eine Darlehensschuld	33.000,00
10.	Verkauf eines Grundstücks gegen Bankscheck. Bankauszug	60.000,00

Abschlussangabe

Die Schlussbestände der Aktiv- und Passivkonten entsprechen der Inventur.

646440

1.7 Der Buchungssatz (Kontenanruf)

1.7.1 Der einfache Buchungssatz

Sachliche und zeitliche Ordnung der Buchungen. In einer ordnungsmäßigen Buchführung müssen die Buchungen sowohl sachlich als auch zeitlich geordnet werden. Die sachliche Ordnung der Buchungen erfolgt auf **„Sachkonten".** So werden beispielsweise alle Bargeschäfte dem Sachkonto „Kasse" zugeordnet. Die Geschäftsbeziehungen mit den Kunden werden auf dem Sachkonto „Forderungen a. LL" gebucht, die mit den Lieferern auf dem Sachkonto „Verbindlichkeiten a. LL" usw. Die **Sachkonten bilden** das wichtigste „Buch" der Buchführung: das **„Hauptbuch".**

Bevor die **Buchungen** auf den Sachkonten erfolgen, müssen sie **in zeitlicher (chronologischer) Reihenfolge** als „Buchungssatz" **fortlaufend** aufgeschrieben werden. Das geschieht in einem „Buch", das die Grundlage aller Buchungen im Hauptbuch bildet: das **„Grundbuch",** auch „Tagebuch" oder „Journal" (frz. jour = Tag) genannt.

Der Buchungssatz gibt die Konten an, auf denen zu buchen ist. Er nennt **zuerst** das Konto, in dem im **Soll** gebucht wird, und **dann** das Konto, in dem die Buchung im **Haben** erfolgt. Beide Konten verbindet man durch das Wort **„an".** Außer dem Buchungssatz werden noch Buchungsdatum, Bezeichnung und Nummer des Belegs in das Grundbuch eingetragen.

Beispiel Wareneinkauf aufgrund der folgenden Eingangsrechnung:

Druck und Papier GmbH · Hagen

Katja Kern
Papiergroßhandlung
Bonner Wall 45 - 55

50677 Köln

ER 407 ↑ Eingangsrechnung

EINGEGANGEN ..-12-17

..-12-15

Rechnung 45 688 - Ihre Bestellung vom 30. Nov. ..

Wir lieferten frachtfrei:

12 Paletten Druckpapier 38.640,00 DM

Zahlungsbedingungen:
Der Rechnungsbetrag ist ohne Abzug innerhalb von 30 Tagen zu zahlen.

Deutsche Bank, Hagen, Konto 234 567 89 (BLZ 450 700 02)

Grundbuch

Datum	Beleg	Buchungssatz	Soll	Haben
..-12-17	ER 407	**Waren**	**38.640,00**	
		an **Verbindlichkeiten a. LL**		**38.640,00**

Im Hauptbuch erfolgt nun die Eintragung der Buchung auf den **Sachkonten:**

Soll	**Waren**		Haben
Verb. a. LL	**38.640,00**		

Soll	**Verbindlichkeiten a. LL**		Haben
		Waren	**38.640,00**

Zusammenfassung

- **Der Buchungssatz** nennt die Konten, auf denen der Geschäftsfall zu buchen ist. Zuerst wird das Konto mit der Sollbuchung genannt, dann – nach dem Wörtchen „an“ – das Konto mit der Habenbuchung. **Keine Buchung ohne Gegenbuchung:** **Soll an Haben**
- Zur Bildung des Buchungssatzes stellt man sich **vier Fragen** (s. S. 34).
- Die Buchungssätze werden zunächst im **Grundbuch** erfasst und danach auf die entsprechenden **Sachkonten des Hauptbuches** übertragen.
- Das **Grundbuch** erfasst die Buchungen **in zeitlicher Reihenfolge.** Das **Hauptbuch** übernimmt die **sachliche Ordnung** der Buchungen auf den **Sachkonten.**

Aufgaben

35 In der Papiergroßhandlung K. Kern liegen folgende Geschäftsfälle vor:

1. *Nennen Sie jeweils den Beleg und den entsprechenden Buchungssatz.*
2. *Tragen Sie die Buchungssätze in das Grundbuch ein und addieren Sie zur Kontrolle die Soll- und Habenspalte.*

1.	Verkauf eines nicht mehr benötigten Computers auf Ziel zum Buchwert	800,00
2.	Barabhebung vom Bankkonto	12.500,00
3.	Kauf von 10 Paletten Kopierpapier auf Ziel bei der Hein OHG	18.400,00
4.	Anschaffung eines Lastwagens. Zahlungsziel: 30 Tage	180.000,00
5.	Überweisung vom Bankkonto auf das Postbankkonto	25.000,00
6.	Aufnahme einer Hypothek bei der Bank	150.000,00
7.	Deutsche Papier AG stundet als Lieferer den Rechnungsbetrag für zwei Jahre	115.000,00
8.	Verkauf eines nicht mehr benötigten Gabelstaplers gegen Bankscheck zum Buchwert	9.200,00
9.	Kauf eines Baugrundstücks gegen Bankscheck	120.000,00
10.	Lastschrift der Bank für Tilgungsrate des Darlehens	7.000,00
11.	Begleichung der Rechnung der Hein OHG (Fall 3). Bankauszug	18.400,00
12.	Rechnung (Fall 1) wird durch Banküberweisung beglichen	800,00

36 *Welche Geschäftsfälle liegen den folgenden Buchungssätzen zugrunde?*

1.	Darlehensschulden an Bank	8.500,00
2.	Bank an Forderungen a. LL	5.750,00
3.	Betriebs- und Geschäftsausstattung an Postbank	23.000,00
4.	Waren an Verbindlichkeiten a. LL	34.500,00
5.	Bank an Postbank	15.000,00
6.	Bank an Hypothekenschulden	200.000,00
7.	Kasse an Bank	5.000,00
8.	Kasse an Betriebs- und Geschäftsausstattung	6.700,00
9.	Verbindlichkeiten a. LL an Darlehensschulden	57.500,00
10.	Bank an Kasse	6.500,00

37 *Nennen Sie jeweils den Geschäftsfall zu den Buchungen im folgenden Konto:*

Soll	Bank		Haben
AB	120.000,00	2. Hypothekenschulden	5.800,00
1. BGA	4.500,00	3. Kasse	4.500,00
4. Forderungen a. LL	5.750,00	5. Verbindlichkeiten a. LL	11.500,00
6. Darlehensschulden	55.000,00	SB	163.450,00
	185.250,00		185.250,00

38 Als Buchhalter der Papiergroßhandlung Kern liegen Ihnen die folgenden Belege zur Buchung vor.

1. *Erläutern Sie, welcher Geschäftsfall dem jeweiligen Beleg zugrunde liegt.*
2. *Nennen Sie die Buchungssätze und tragen Sie diese in das Grundbuch ein:*

Buchungsdatum	Beleg Nr.	Buchungstext	Soll	Haben

Beleg 1 (Buchung am 15. Juli ..)

KATJA KERN KÖLN Papiergroßhandlung

Katja Kern Papiergroßhandlung · Bonner Wall 45–55 · 50677 Köln

Kaufkette AG
Aachener Straße 4 - 10

50674 Köln

Rechnung 2 345 ..-07-15
Ihre Bestellung vom 5. Juli ..

Wir lieferten durch unseren LKW frei Haus:

30 Paletten Kopierpapier 50.600,00 DM

Der Rechnungsbetrag ist innerhalb von 10 Tagen mit
2 % Skonto oder nach 30 Tagen ohne Abzug zu zahlen.

Stadtsparkasse Köln, Konto 723 544 32 (BLZ 370 501 98)

Beleg 2 (Buchung am 17. Juli ..)

Deutsche Papier AG
Leipzig

Deutsche Papier AG · Buchenstraße 22–32 · 04129 Leipzig

Katja Kern
Papiergroßhandlung
Bonner Wall 45 - 55

50677 Köln

EINGEGANGEN ..-07-16

Rechnung 56 078 ..-07-14
Ihre Bestellung vom 30. Juni ..

Wir lieferten auf Ihre Rechnung und Gefahr

15 Paletten Druckpapier 48.300,00 DM

Zahlungsbedingungen: 30 Tage netto Kasse
Dresdner Bank, Leipzig, Konto 345 678 90 (BLZ 860 800 00)

Beleg 3 (Buchung am 31. Juli ..)

Kontoauszug — Stadtsparkasse Köln

Konto-Nr.	Datum	Ausz.-Nr.	Blatt	Buchungstag	PN-Nr.	Wert	Umsatz
723 544 32	..-07-28	235	1				
GUTSCHRIFT KAUFKETTE AG, KÖLN RE 2 345 VOM 15. JULI ..				07-28	8744	07-28	50.600,00 H

KATJA KERN
PAPIERGROSSHANDLUNG
BONNER WALL 45 - 55

50677 KÖLN

Alter Saldo: H 320.000,00
Neuer Saldo: H 370.600,00

Beleg 4 (Buchung am 31. Juli ..)

Durchschrift

370 501 98

Stadtsparkasse Köln

Empfänger: Deutsche Papier AG, 04129 Leipzig

Konto-Nr. des Empfängers: 345 678 90

Bankleitzahl: 860 800 00

bei (Kreditinstitut): Dresdner Bank AG, Leipzig

* Bis zur Einführung des Euro (= EUR) nur DM; danach DM oder EUR.

DM od. EUR*: DM

Betrag: 48.300,00--------------

Kunden-Referenznummer – noch Verwendungszweck, ggf. Name und Anschrift des Auftraggebers – (nur für Empfänger)

Rechnung vom 14. Juli ..
Rechnung Nr. 56 078

Kontoinhaber: Katja Kern, Papiergroßhandlung, 50677 Köln

Konto-Nr. des Kontoinhabers: 723 544 32

Datum: ..-07-28 Unterschrift: *Katja Kern*

Kontoauszug zu Beleg 4

Kontoauszug — Stadtsparkasse Köln

Konto-Nr.	Datum	Ausz.-Nr.	Blatt	Buchungstag	PN-Nr.	Wert	Umsatz
723 544 32	..-07-29	236	1				
ÜBERWEISUNG DEUTSCHE PAPIER AG, LEIPZIG RE 56 078 VOM 14. JULI ..				07-29	0678	07-29	48.300,00 S

KATJA KERN
PAPIERGROSSHANDLUNG
BONNER WALL 45 - 55

50677 KÖLN

Alter Saldo: H 370.600,00
Neuer Saldo: H 322.300,00

1.7.2 Der zusammengesetzte Buchungssatz

Einfache Buchungssätze liegen vor, wenn die Geschäftsfälle lediglich zwei Konten berühren. Werden durch einen Geschäftsfall mehr als zwei Konten angesprochen, entstehen zusammengesetzte Buchungssätze. Hierbei ist besonders darauf zu achten, dass die Summe der Sollbuchungen immer der Summe der Habenbuchungen entsprechen muss.

Beispiel 1 Wir begleichen die Rechnung unseres Lieferers (ER 66) über 3.000,00 DM durch Banküberweisung 2.600,00 DM (BA 44) und Postbanküberweisung 400,00 DM (PA 28).

Buchung: Soll: **Verbindlichkeiten a. LL** Haben: **Bank, Postbank**

Grundbuch

Datum	Beleg	Buchungssatz	Soll	Haben
..-06-20	ER 66	**Verbindlichkeiten a. LL**	**3.000,00**	
	BA 44	an **Bank**		**2.600,00**
	PA 28	an **Postbank**		**400,00**

Buchung auf den Konten des Hauptbuches:

Soll	**Verbindlichkeiten a. LL**		Haben
Bank/ Postbank	3.000,00	AB	12.000,00

Soll	**Bank**		Haben
AB	14.000,00	Verbindlk. a. LL	2.600,00

Soll	**Postbank**		Haben
AB	800,00	Verbindlk. a. LL	400,00

Beispiel 2 Ein Kunde begleicht eine Rechnung (AR 1401) über 1.000,00 DM, und zwar mit Bankscheck (BA 45) über 700,00 DM und bar 300,00 DM (KB 86).

Buchung: Soll: **Bank, Kasse** Haben: **Forderungen a. LL**

Grundbuch

Datum	Beleg	Buchungssatz	Soll	Haben
..-06-24	BA 45	**Bank**	**700,00**	
	KB 86	**Kasse**	**300,00**	
	AR 1401	an **Forderungen a. LL**		**1.000,00**

Übertragen Sie die Buchung auf die Konten des Hauptbuches.

Zusammenfassung

- **Bei einfachen und zusammengesetzten Buchungssätzen gilt stets:**
  Summe der **Sollbuchung(en)** <=> Summe der **Habenbuchung(en)**

39 *Wie lauten die Buchungssätze für folgende Geschäftsfälle? Tragen Sie die Buchungssätze in das Grundbuch ein.*

1.	Kauf von Waren	bar	500,00	
		auf Ziel	11.500,00	12.000,00
2.	Kauf eines Baugrundstücks	gegen Bankscheck	168.000,00	
		gegen bar	2.000,00	170.000,00
3.	Verkauf eines gebrauchten LKWs	gegen bar	2.000,00	
		gegen Bankscheck	14.000,00	16.000,00
4.	Kunde begleicht Rechnung	durch Banküberweisung	12.000,00	
		gegen bar	500,00	12.500,00
5.	Kauf von Büromöbeln	bar	1.500,00	
		gegen Bankscheck	4.000,00	5.500,00
6.	Tilgung einer Hypothek	durch Banküberweisung	17.000,00	
		durch Postbanküberwsg.	2.000,00	
		bar	1.000,00	20.000,00
7.	Wir begleichen Rechnungen unseres Lieferers	durch Banküberweisung	8.000,00	
		durch Postbanküberwsg.	1.000,00	
		bar	500,00	9.500,00
8.	Tilgung einer Darlehensschuld	durch Banküberweisung	15.000,00	
		durch Postbanküberwsg.	1.000,00	16.000,00
9.	Kauf einer EDV-Anlage	gegen Postbanküberwsg.	3.000,00	
		gegen Banküberweisung	17.000,00	
		gegen bar	1.000,00	21.000,00

40 *Welche Geschäftsfälle liegen folgenden Buchungssätzen zugrunde?*

		Soll	Haben
1.	Kasse	1.000,00	
	Bank	12.000,00	
	an Fuhrpark		13.000,00
2.	Waren	8.000,00	
	an Kasse		1.000,00
	an Bank		7.000,00
3.	Betriebs- und Geschäftsausstattung	4.000,00	
	an Bank		3.000,00
	an Postbank		1.000,00
4.	Darlehensschulden	7.000,00	
	an Kasse		1.000,00
	an Bank		6.000,00
5.	Bank	7.000,00	
	Postbank	1.000,00	
	Kasse	1.000,00	
	an Forderungen a. LL		9.000,00
6.	Technische Anlagen und Maschinen	14.000,00	
	an Kasse		2.000,00
	an Bank		12.000,00
7.	Verbindlichkeiten a. LL	22.000,00	
	an Bank		19.000,00
	an Postbank		2.000,00
	an Kasse		1.000,00

646446

1.8 Eröffnungsbilanzkonto (EBK) und Schlussbilanzkonto (SBK)

Situation In der **doppelten** Buchführung steht einer Sollbuchung immer eine Habenbuchung in gleicher Höhe gegenüber. Dieses **Prinzip der Doppik** muss auch bei der **Eröffnung der Aktiv- und Passivkonten** berücksichtigt werden.

Die Anfangsbestände sind mit einer „doppelten" Buchung auf die Aktiv- und Passivkonten zu übernehmen. Dazu muss im Hauptbuch ein **Hilfskonto** eingerichtet werden, und zwar das

„Eröffnungsbilanzkonto (EBK)",

das die jeweilige Gegenbuchung aufnimmt.

Der Buchungssatz zur Eröffnung der Aktiv- und Passivkonten lautet jeweils:

- **Aktivkonto** an **Eröffnungsbilanzkonto (EBK)**
- **Eröffnungsbilanzkonto (EBK)** an **Passivkonto**

Aktiva	**Eröffnungsbilanz**	Passiva
AB der Aktivposten		AB der Passivposten

Soll	**Eröffnungsbilanzkonto (EBK)**	Haben
AB der Passivposten		AB der Aktivposten

Soll	**Aktivkonto**	Haben
Anfangsbestand		

Soll	**Passivkonto**	Haben
		Anfangsbestand

Das **Eröffnungsbilanzkonto (EBK)** ist das **Spiegelbild der Eröffnungsbilanz.**

Abschluss der Aktiv- und Passivkonten. Zum Abschluss des Geschäftsjahres werden die Aktiv- und Passivkonten des Hauptbuches abgeschlossen über das

„Schlussbilanzkonto (SBK)".

Soll	**Schlussbilanzkonto (SBK)**	Haben
SB der Aktivposten		SB der Passivposten

Der Buchungssatz zum Abschluss des jeweiligen Aktiv- und Passivkontos lautet:

- **Schlussbilanzkonto (SBK)** an **Aktivkonto**
- **Passivkonto** an **Schlussbilanzkonto (SBK)**

Abstimmung mit der Schlussbilanz. Das Schlussbilanzkonto (SBK) als Abschlusskonto aller Aktiv- und Passivkonten des Hauptbuches muss vorab mit der aus dem Inventar erstellten Schlussbilanz abgestimmt werden. Schließlich will man doch wissen, ob z. B. der im Kassenkonto ausgewiesene Schlussbestand auch tatsächlich vorhanden ist.

Inventur zum 31. Dezember 01

↓

Inventar zum 31. Dezember 01

↓

Schlussbilanz zum 31. Dezember 01 ist zugleich die

↓

Aktiva	**Eröffnungsbilanz** zum 1. Januar 02		Passiva
Waren	28.000,00	Eigenkapital	50.000,00
Bank	47.000,00	Verbindlichkeiten a. LL	25.000,00
	75.000,00		75.000,00
Ort, Datum			Unterschrift

Inventar- und Bilanzbuch

Hauptbuch

Soll	**Eröffnungsbilanzkonto (EBK)**		Haben
Eigenkapital	50.000,00	Waren	28.000,00
Verbindlichkeiten a. LL	25.000,00	Bank	47.000,00
	75.000,00		75.000,00

Soll	**Waren**		Haben
EBK	28.000,00	SBK	48.000,00
❶	20.000,00		
	48.000,00		48.000,00

Soll	**Eigenkapital**		Haben
SBK	50.000,00	EBK	50.000,00

Soll	**Bank**		Haben
EBK	47.000,00	❷	10.000,00
		SBK	37.000,00
	47.000,00		47.000,00

Soll	**Verbindlichkeiten a. LL**		Haben
❷	10.000,00	EBK	25.000,00
SBK	35.000,00	❶	20.000,00
	45.000,00		45.000,00

Soll	**Schlussbilanzkonto (SBK)**		Haben
Waren	48.000,00	Eigenkapital	50.000,00
Bank	37.000,00	Verbindlichkeiten a. LL	35.000,00
	85.000,00		85.000,00

Inventur zum 31. Dezember 02

↓

Inventar zum 31. Dezember 02

↓

Aktiva	**Schlussbilanz** zum 31. Dezember 02		Passiva
Waren	48.000,00	Eigenkapital	50.000,00
Bank	37.000,00	Verbindlichkeiten a. LL	35.000,00
	85.000,00		85.000,00
Ort, Datum			Unterschrift

Inventar- und Bilanzbuch

Nennen Sie Geschäftsfälle, die den Buchungen ❶ und ❷ auf den Konten des Hauptbuches zugrunde liegen.

Zusammenfassung

- **Die Schlussbilanz** wird auf der Grundlage des Inventars erstellt. Sie ist zugleich die **Eröffnungsbilanz** des neuen Geschäftsjahres **(Bilanzidentität).**
- **Die Seiten der Schluss- und Eröffnungsbilanz heißen „Aktiva" und „Passiva".**
- **Das Eröffnungsbilanzkonto mit den Seiten „Soll" und „Haben"** ist ein **Hilfskonto** zur buchhalterischen Eröffnung der Bestandskonten im Hauptbuch. **Es ermöglicht die doppelte Buchung (Soll und Haben) der Anfangsbestände** auf den Aktiv- und Passivkonten.
- Das Eröffnungsbilanzkonto ist das **Spiegelbild** der Eröffnungsbilanz.
- Das **Schlussbilanzkonto** mit den Seiten „Soll" und „Haben" ist das **Abschlusskonto** aller Bestandskonten **des Hauptbuches.**
- Das **Schlussbilanzkonto** muss mit der **Schlussbilanz,** die aufgrund des Inventars erstellt wird, übereinstimmen.

Aufgaben

1. *Erstellen Sie zunächst die Eröffnungsbilanz (= Schlussbilanz des Vorjahres).*
2. *Eröffnen Sie die Bestandskonten mithilfe des Eröffnungsbilanzkontos (EBK).*
3. *Buchen Sie die Geschäftsfälle auf den jeweiligen Bestandskonten.*
4. *Schließen Sie die Bestandskonten über das Schlussbilanzkonto (SBK) ab.*
5. *Erstellen Sie für das Bilanzbuch eine ordnungsgemäß gegliederte Schlussbilanz.*

41

Anfangsbestände

	DM		DM
Grundstücke u. Gebäude	270.000,00	Kasse	6.000,00
BGA	140.000,00	Bankguthaben	32.000,00
Waren	160.000,00	Verbindlichkeiten a. LL ..	88.000,00
Forderungen a. LL	35.000,00	Eigenkapital	555.000,00

Geschäftsfälle

		DM
1.	ER 409: Kauf von Waren auf Ziel	12.200,00
2.	ER 410: Barkauf eines Büroschranks	1.600,00
3.	Kunde begleicht gebuchte Rechnung (AR 512) mit Bankscheck	1.800,00
4.	ER 411: Zielkauf eines Schreibtischs	2.100,00
5.	Unsere Bareinzahlung auf Bankkonto	1.300,00
6.	Wir begleichen die Rechnung eines Lieferers (ER 399) bar	1.700,00
7.	ER 412: Kauf von Waren	4.000,00
8.	Kunde begleicht Rechnung (AR 508) durch Banküberweisung	2.400,00

Abschlussangabe

Die Schlussbestände auf den Konten entsprechen den Inventurwerten.

42

Anfangsbestände

	DM		DM
Grundstücke u. Gebäude	670.000,00	Postbankguthaben	13.400,00
BGA	130.000,00	Bankguthaben	39.000,00
Waren	184.000,00	Darlehensschulden	240.000,00
Forderungen a. LL	34.000,00	Verbindlichkeiten a. LL ..	55.000,00
Kasse	6.000,00	Eigenkapital	781.400,00

Geschäftsfälle

	DM
1. Aufnahme eines Darlehens bei der Bank	42.600,00
2. Kauf von Waren lt. ER 510	4.000,00
3. Zielverkauf einer gebrauchten EDV-Anlage zum Buchwert	12.100,00
4. Zielkauf von Waren lt. ER 511	2.950,00
5. Banküberweisung an Lieferer zum Ausgleich von ER 499	8.150,00
6. Barkauf eines Aktenschranks lt. ER 512	900,00
7. Unsere Bareinzahlung auf Bankkonto	1.200,00
8. Barkauf von Waren	1.200,00
9. Überweisung vom Postbankkonto auf Bankkonto	1.400,00
10. Unsere Darlehensrückzahlung durch Bankscheck	14.000,00
11. Kunde begleicht Rechnung (AR 919) durch Banküberweisung	4.400,00

Abschlussangabe

Die Schlussbestände auf den Konten entsprechen den Inventurwerten.

43

1. *Begründen Sie, weshalb Aktiv- und Passivkonten Bestandskonten darstellen.*
2. *Unterscheiden Sie zwischen a) Grundbuch, b) Hauptbuch, c) Inventar- und Bilanzbuch.*
3. *Erklären Sie den Unterschied zwischen der Schlussbilanz des Vorjahres und dem Eröffnungsbilanzkonto.*
4. *Worin unterscheiden sich a) Eröffnungsbilanz und Eröffnungsbilanzkonto und b) Schlussbilanz und Schlussbilanzkonto?*

44

Welche der folgenden Aussagen treffen a) nur auf Aktivkonten, b) nur auf Passivkonten und c) auf Aktiv- und Passivkonten zu?

1. Sie geben Auskunft über die Vermögensstruktur des Unternehmens.
2. Der Anfangsbestand steht auf der Habenseite.
3. Das Gleichgewicht der Bilanz muss gewahrt sein.
4. Die Mehrungen stehen auf der Sollseite.
5. Die Minderungen stehen auf der Sollseite.
6. Die Zunahme steht auf der Habenseite.
7. Der Schlussbestand im Konto muss der Inventur entsprechen.
8. Das Eröffnungsbilanzkonto ist ein Eröffnungshilfskonto und steht im Hauptbuch.
9. Das Schlussbilanzkonto ist ein Abschlusskonto im Hauptbuch.
10. Bei einer Barabhebung vom Bankkonto verändert sich die Kasse.

45

Ergänzen Sie:

1. Die Schlussbilanz eines Geschäftsjahres ist zugleich die ••• des folgenden Geschäftsjahres. Beide sind inhaltlich •••.
2. Das Prinzip der Doppik besagt, dass einer •••buchung immer eine ••• in gleicher Höhe gegenüberstehen muss.
3. Eröffnungsbilanzkonto und Schlussbilanzkonto sind Konten des •••buches.

1.9 Die Buchung der Aufwendungen und Erträge auf Erfolgskonten

Situation Die bisherigen Geschäftsfälle veränderten lediglich Vermögens- und Schuldposten der Bilanz; das Eigenkapital blieb unberührt. Nun ist es aber Aufgabe des Großhandelsunternehmens, Waren einzukaufen, zu lagern und diese dann möglichst mit Gewinn zu verkaufen. Dabei entstehen **Geschäftsfälle, die das Eigenkapital mindern oder mehren.** Im ersten Fall spricht man von **„Aufwendungen"**, im zweiten von **„Erträgen".**

Aufwendungen mindern das Eigenkapital. Dazu gehören beispielsweise Löhne und Gehälter, Mietaufwendungen für Geschäftsgebäude, Zinsaufwendungen, Büromaterial, die Abnutzung der Anlagegüter, Instandsetzungen (Reparaturen), der Einstandspreis (Bezugspreis) der verkauften Waren u. a.

Erträge mehren das Eigenkapital. Hierzu gehören insbesondere die Erlöse der verkauften Waren, also die Umsatzerlöse, ferner Zinserträge, Mieteinnahmen aus vermieteten Geschäftsräumen, Einnahmen aus Provisionen u. a.

Aus Gründen der Übersichtlichkeit und Klarheit in der Buchführung bucht man aber die Aufwendungen und Erträge nicht unmittelbar auf dem Eigenkapitalkonto, sondern erfasst sie auf gesondert eingerichteten **Unterkonten des Eigenkapitalkontos,** den

Aufwandskonten und **Ertragskonten.**

Erfolgskonten. Aktiv- und Passivkonten sind „Bestandskonten", Aufwands- und Ertragskonten sind „Erfolgskonten". **Auf den Erfolgskonten wird wie auf dem Passivkonto „Eigenkapital" gebucht: Minderungen** des Eigenkapitals werden deshalb **auf der Sollseite der Aufwandskonten** und **Mehrungen** des Eigenkapitals **im Haben der Ertragskonten** gebucht.

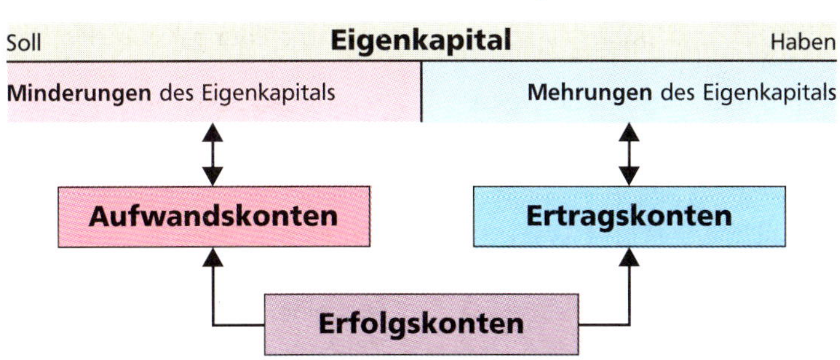

Soll	Löhne	Haben
Aufwand	...	

Soll	Warenverkauf	Haben
	Ertrag	...

Soll	Zinsaufwendungen	Haben
Aufwand	...	

Soll	Zinserträge	Haben
	Ertrag	...

Beispiel In der Finanzbuchhaltung der Papiergroßhandlung Kern fallen u. a. folgende Geschäftsfälle an, die das Eigenkapital verändern:

1. Gehälter der Angestellten werden durch Banküberweisung gezahlt .... 198.000,00 DM

Buchungssatz	Soll	Haben
Gehälter	198.000,00	
an **Bank**		198.000,00

S	Gehälter		H
Bank	198.000,00		

S	Bank		H
AB	320.000,00	Gehälter	198.000,00

2. Die Miete für eine Lagerhalle zahlt Frau Kern durch Banküberweisung .... 16.000,00 DM

Buchungssatz	Soll	Haben
Mietaufwendungen	16.000,00	
an **Bank**		16.000,00

S	Mietaufwendungen		H
Bank	16.000,00		

S	Bank		H
AB	320.000,00	Gehälter	198.000,00
		Miete	16.000,00

3. Verkauf von Kopierpapier lt. AR 0001 an Kaufkette AG .. 385.400,00 DM

Buchungssatz	Soll	Haben
Forderungen a. LL	385.400,00	
an **Warenverkauf**		385.400,00

S	Forderungen a. LL		H
WV	385.400,00		

S	Warenverkauf		H
		Forderg.	385.400,00

4. Das Unternehmen Kern erhält auf seinem Bankkonto eine Zinsgutschrift .... 8.600,00 DM

Buchungssatz	Soll	Haben
Bank	8.600,00	
an **Zinserträge**		8.600,00

S	Bank		H
AB	320.000,00	Gehälter	198.000,00
Zinsertr.	8.600,00	Miete	16.000,00

S	Zinserträge		H
		Bank	8.600,00

Abschluss der Erfolgskonten. Am Ende des Geschäftsjahres werden die Aufwands- und Ertragskonten nicht etwa direkt über das Eigenkapitalkonto, sondern zunächst über ein **Sammelkonto,** dem

Gewinn- und Verlustkonto (GuV-Konto),

abgeschlossen. **Die Abschlussbuchungssätze für die Erfolgskonten lauten dann:**

- **GuV-Konto** an **alle Aufwandskonten**
- **Alle Ertragskonten** an **GuV-Konto**

Aus der Gegenüberstellung der Aufwendungen und Erträge im GuV-Konto ergibt sich dann als **Saldo** entweder der Gewinn oder Verlust des Geschäftsjahres.

- **Erträge** > **Aufwendungen** → **Gewinn**
- **Erträge** < **Aufwendungen** → **Verlust**

Der Gewinn bzw. Verlust wird auf das Konto **Eigenkapital** übertragen. Ein Gewinn erhöht das Eigenkapital, ein Verlust vermindert es. Das **GuV-Konto** ist somit das unmittelbare **Unterkonto des Eigenkapitalkontos.**

Die Abschlussbuchungen des GuV-Kontos lauten

bei **Gewinn:** **GuV-Konto** an **Eigenkapital**

bei **Verlust:** **Eigenkapital** an **GuV-Konto**

GuV - Gewinn u. Verlust

Aufwandskonten

S	Gehälter		H
Bank	198.000,00	GuV	198.000,00

S	Mietaufwendungen		H
Bank	16.000,00	GuV	16.000,00

Ertragskonten

S	Warenverkauf		H
GuV	385.400,00	Forderg.	385.400,00

S	Zinserträge		H
GuV	8.600,00	Bank	8.600,00

Soll	Gewinn- und Verlustkonto		Haben
Gehälter	198.000,00	Warenverkauf	385.400,00
Mietaufwendungen	16.000,00	Zinserträge	8.600,00
Gewinn (EK)	**180.000,00**		
	394.000,00		394.000,00

Soll	Eigenkapital		Haben
SBK	3.180.000,00	EBK	3.000.000,00
		Gewinn (GuV)	**180.000,00**
	3.180.000,00		3.180.000,00

Wie lautet im obigen Beispiel der Buchungssatz zum Abschluss des GuV-Kontos?

Zusammenfassung

- **Die Erfolgskonten** gliedern sich in Aufwands- und Ertragskonten.
- **Aufwands- und Ertragskonten sind Unterkonten des Eigenkapitalkontos,** weil Aufwendungen das Eigenkapital mindern und Erträge es mehren.
  Deshalb wird auf den **Aufwandskonten im Soll,** auf den **Ertragskonten im Haben** gebucht.
- **Die Erfolgskonten werden über das Gewinn- und Verlustkonto abgeschlossen.** Dort ergibt sich aus der Gegenüberstellung aller Aufwendungen und Erträge als **Saldo** entweder ein **Gewinn oder Verlust,** je nachdem, ob die Erträge oder Aufwendungen überwiegen.
- **Das Gewinn- und Verlustkonto zeigt die Quellen des Geschäftserfolgs,** und zwar jeden einzelnen Ertrags- und Aufwandsposten.
- **Der Gewinn erhöht das Eigenkapital, der Verlust vermindert es.** Deshalb muss das Gewinn- und Verlustkonto über das Eigenkapitalkonto abgeschlossen werden:

Soll	**Gewinn- und Verlustkonto**	Haben
Aufwendungen		Erträge
Gewinn		

Buchung: **GuV** an **EK**

Soll	**Eigenkapital**	Haben
SBK: Endkapital		EBK: Anfangskapital
		Gewinn

Soll	**Gewinn- und Verlustkonto**	Haben
Aufwendungen		Erträge
		Verlust

Buchung: **EK** an **GuV**

Soll	**Eigenkapital**	Haben
Verlust		EBK: Anfangskapital
SBK: Endkapital		

Zwei Kontenkreise. Die **Bestands- und Erfolgskonten** bilden in der Buchhaltung jeweils einen **eigenen Kontenkreis.** Das Konto **„Eigenkapital"** ist das **Bindeglied** beider Kontenkreise.

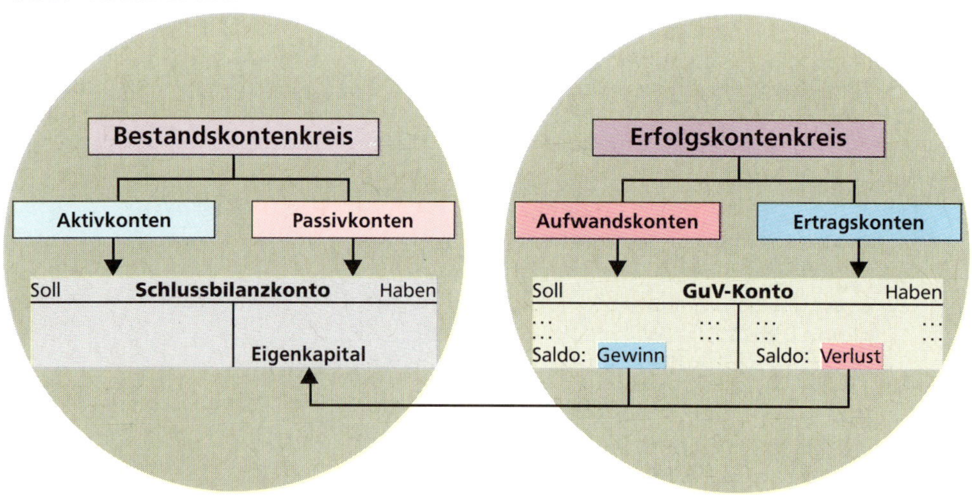

Schlussbilanz und Gewinn- und Verlustrechnung bilden den Jahresabschluss.

Geschäftsgang mit Erfolgs- und Bestandskonten

Bestandskonten. Aus der Bilanz des vorhergehenden Geschäftsjahres stehen folgende Anfangsbestände für das neue Geschäftsjahr zur Verfügung:

Aktiva	Schlussbilanz zum 31. Dezember des Vorjahres		Passiva
I. Anlagevermögen		**I. Eigenkapital**	102.000,00
BGA	100.000,00	**II. Fremdkapital**	
II. Umlaufvermögen		1. Darlehensschulden	30.000,00
1. Kasse	2.000,00	2. Verbindlichkeiten a. LL	20.000,00
2. Bankguthaben	50.000,00		
	152.000,00		152.000,00
Ort, Datum			Unterschrift

Erfolgskonten. Die nachstehenden Erfolgskonten sind zu führen: Gehälter, Zinsaufwendungen, Provisionserträge, Mieterträge.

Geschäftsfälle

1.	Barkauf eines Telefaxgerätes	600,00 DM
2.	Wir erhalten Miete bar	800,00 DM
3.	Wir erhalten Provision durch Bankscheck	16.300,00 DM
4.	Wir zahlen Darlehenszinsen durch Banküberweisung	2.000,00 DM
5.	Gehaltsabschlagszahlung bar	1.800,00 DM
6.	Wir begleichen eine Rechnung des Lieferers durch Banküberweisung	9.000,00 DM

Reihenfolge der buchungstechnischen Arbeiten

I. Eröffnungsbuchungen für die Anfangsbestände über Eröffnungsbilanzkonto
- a) Aktivkonten an Eröffnungsbilanzkonto
- b) Eröffnungsbilanzkonto an Passivkonten

II. Buchung der Geschäftsfälle

1.	Betriebs- und Geschäftsausstattung an Kasse	600,00 DM
2.	Kasse an Mieterträge	800,00 DM
3.	Bank an Provisionserträge	16.300,00 DM
4.	Zinsaufwendungen an Bank	2.000,00 DM
5.	Gehälter an Kasse	1.800,00 DM
6.	Verbindlichkeiten a. LL an Bank	9.000,00 DM

III. Abschlussbuchungen
1. Abschluss der **Erfolgskonten** über Gewinn- und Verlustkonto
   - a) Gewinn- und Verlustkonto an Aufwandskonten
   - b) Ertragskonten an Gewinn- und Verlustkonto
2. Abschluss des **Gewinn- und Verlustkontos** über Eigenkapitalkonto
   - a) bei Gewinn: Gewinn- und Verlustkonto an Eigenkapitalkonto
   - b) bei Verlust: Eigenkapitalkonto an Gewinn- und Verlustkonto
3. Abschluss der **Bestandskonten** über Schlussbilanzkonto nach Abstimmung mit den Inventurwerten
   - a) Schlussbilanzkonto an Aktivkonten
   - b) Passivkonten an Schlussbilanzkonto

IV. Aufstellung der Schlussbilanz mit Ort, Datum und Unterschrift

Soll	Eröffnungsbilanzkonto		Haben
Eigenkapital	102.000,00	BGA	100.000,00
Darlehensschulden	30.000,00	Kasse	2.000,00
Verbindlichkeiten a. LL	20.000,00	Bankguthaben	50.000,00
	152.000,00		152.000,00

S	BGA		H
EBK	100.000,00	SBK	100.600,00
Kasse	600,00		
	100.600,00		100.600,00

S	Darlehensschulden		H
SBK	30.000,00	EBK	30.000,00

S	Kasse		H
EBK	2.000,00	BGA	600,00
Mieterträge	800,00	Gehälter	1.800,00
		SBK	400,00
	2.800,00		2.800,00

S	Verbindlichkeiten a. LL		H
Bank	9.000,00	EBK	20.000,00
SBK	11.000,00		
	20.000,00		20.000,00

S	Bankguthaben		H
EBK	50.000,00	Zinsaufw.	2.000,00
Prov.-Erträge	16.300,00	Verb. a. LL	9.000,00
		SBK	55.300,00
	66.300,00		66.300,00

S	Eigenkapital		H
SBK	115.300,00	EBK	102.000,00
		Gewinn	13.300,00
	115.300,00		115.300,00

S	Gehälter		H
Kasse	1.800,00	GuV	1.800,00

S	Provisionserträge		H
GuV	16.300,00	Bank	16.300,00

S	Zinsaufwendungen		H
Bank	2.000,00	GuV	2.000,00

S	Mieterträge		H
GuV	800,00	Kasse	800,00

Soll	Gewinn- und Verlustkonto		Haben
Gehälter	1.800,00	Provisionserträge	16.300,00
Zinsaufwendungen	2.000,00	Mieterträge	800,00
Gewinn (EK)	13.300,00		
	17.100,00		17.100,00

Soll	Schlussbilanzkonto		Haben
BGA	100.600,00	Eigenkapital	115.300,00
Kasse	400,00	Darlehensschulden	30.000,00
Bankguthaben	55.300,00	Verbindlichkeiten a. LL	11.000,00
	156.300,00		156.300,00

Aktiva	Schlussbilanz zum 31. Dezember des Berichtsjahres		Passiva
I. Anlagevermögen		**I. Eigenkapital**	115.300,00
BGA	100.600,00	**II. Fremdkapital**	
II. Umlaufvermögen		1. Darlehensschulden	30.000,00
1. Kasse	400,00	2. Verbindlichkeiten a. LL	11.000,00
2. Bankguthaben	55.300,00		
	156.300,00		156.300,00

Ort, Datum **Unterschrift**

646456

Aufgaben

46 *Nennen Sie zu den folgenden Geschäftsfällen jeweils den Buchungssatz und die Auswirkung auf das Eigenkapital:*

1. Wir zahlen Gehälter durch Banküberweisung .... 18.400,00 DM
2. Für die LKW-Instandsetzung zahlen wir bar .... 1.500,00 DM
3. Die Bank schreibt uns auf unserem Bankkonto Zinsen gut . 650,00 DM
4. Wir erhalten Provision durch Banküberweisung .... 1.200,00 DM
5. Wir kaufen Büromaterial bar ein .... 780,00 DM
6. Wir verkaufen Waren auf Ziel .... 15.800,00 DM
7. Die Bank belastet uns mit Darlehenszinsen .... 1.250,00 DM
8. Wir zahlen Miete für ein Lagergebäude durch Banküberweisung .... 5.600,00 DM

47 *Richten Sie zunächst folgende Konten ein:*

EBK, Kasse (AB 8.500,00 DM), Bank (AB 41.500,00 DM), Eigenkapital (AB 50.000,00 DM), Mietaufwendungen, Büromaterial, Werbung, Porto – Telefon – Telefax, Instandhaltung, Zinserträge, Provisionserträge, Warenverkauf.

Buchen Sie auf diesen Konten die folgenden Geschäftsfälle. Nennen Sie vorab jeweils den Buchungssatz:

1. Barzahlung für Postwertzeichen .... 800,00 DM
2. Verkauf von Waren gegen Bankscheck .... 14.600,00 DM
3. Unsere Banküberweisung für die Geschäftsraummiete .... 5.400,00 DM
4. Wir erhalten Provision durch Banküberweisung .... 750,00 DM
5. Die Bank erteilt uns eine Zinsgutschrift .... 600,00 DM
6. Unsere Banküberweisung für eine Werbeanzeige .... 1.600,00 DM
7. Barausgabe für Büromaterial .... 650,00 DM
8. Barzahlung der Reparatur des EDV-Druckers .... 670,00 DM

Richten Sie das Gewinn- und Verlustkonto und das Schlussbilanzkonto ein. Ermitteln Sie den Gewinn bzw. Verlust und schließen Sie die Bestands- und Erfolgskonten ab.

48

1. *Ermitteln Sie in der vorhergehenden Aufgabe auch den Geschäftserfolg durch Eigenkapitalvergleich:*

   Schlussbestand des Eigenkapitals .... ••• DM
   Anfangsbestand des Eigenkapitals .... ••• DM

   = **Gewinn bzw. Verlust** .... ••• DM

2. In der doppelten Buchführung kann der Gewinn also ••• ermittelt werden, einmal durch Gegenüberstellung der Aufwendungen und Erträge im •••-Konto, zum anderen durch •••.
3. *Welche Methode der Gewinn- bzw. Verlustermittlung ist aussagefähiger? Begründen Sie.*

49 *Buchen Sie in der Papiergroßhandlung Katja Kern folgende Belege im Grundbuch:*

Deutsche Post AG
50677 Koeln
82531081 1037
..-02-20

*400,00 DM

Postwertzeichen
ohne Zuschlag

Beleg 1

Beleg 2

Netto DM ____ Pf ____

+ ____ % USt DM ____ Pf ____

Gesamt DM 670 Pf 00

Quittung

Nr.

Gesamtbetrag DM in Worten

sechshundertsiebzig ____ Pfennige wie oben

(Im Gesamtbetrag sind ____ % Umsatzsteuer enthalten)

von Papiergroßhandlung K. Kern

für Reparatur des Faxgerätes

richtig erhalten zu haben, bestätigt

Ort Köln Datum 21. Febr. ..

Buchungsvermerke

Stempel/Unterschrift des Empfängers

Elektronic GmbH Kaiser-Wilhelm-Ring 12 50672 Köln

Wolters

Beleg 3

Durchschrift 370 501 98

Stadtsparkasse Köln

Empfänger: Hein Schneider OHG, 51147 Köln

Konto-Nr. des Empfängers: 323 567 51 — Bankleitzahl: 370 501 98

bei (Kreditinstitut): Stadtsparkasse Köln

* Bis zur Einführung des Euro (= EUR) nur DM; danach DM oder EUR. — DM od. EUR*: DM — Betrag: 6.500,00---------------

Kunden-Referenznummer – noch Verwendungszweck, ggf. Name und Anschrift des Auftraggebers – (nur für Empfänger)

Lagermiete für März ..

Kontoinhaber: Katja Kern, Papiergroßhandlung, 50677 Köln

Konto-Nr. des Kontoinhabers: 723 544 32

..-02-23 Katja Kern

Datum Unterschrift

Die Reihenfolge der Buchungsarbeiten

1. *Richten Sie die Bestands- und Erfolgskonten ein.*
2. *Eröffnen Sie die Bestandskonten über das Eröffnungsbilanzkonto (EBK).*
3. *Bilden Sie zu den Geschäftsfällen die Buchungssätze (Grundbuch).*
4. *Übertragen Sie die Buchungen auf die Bestands- und Erfolgskonten (Hauptbuch).*
5. *Schließen Sie die Erfolgskonten über das GuV-Konto ab und übertragen Sie den Gewinn oder Verlust auf das Eigenkapitalkonto.*
6. *Erst zum Schluss werden alle Bestandskonten zum Schlussbilanzkonto (SBK) abgeschlossen, sofern die Inventur keine Abweichungen zwischen Buch- und Istbeständen ergibt.*

50 **Anfangsbestände**

	DM		DM
Betriebs- u. Geschäftsausstattung	80.000,00	Bankguthaben	60.000,00
Forderungen a. LL	40.000,00	Verbindlichkeiten a. LL	50.000,00
Kasse	10.000,00	Eigenkapital	140.000,00

Kontenplan

Außer den oben genannten Bestandskonten einschließlich Eröffnungs- und Schlussbilanzkonto sind folgende Erfolgskonten einzurichten: Büromaterial, Mietaufwendungen, Werbekosten, Zinserträge, Provisionserträge: GuV-Konto.

Geschäftsfälle

	DM
1. Zinsgutschrift auf dem Bankkonto	600,00
2. Rechnung über Büromaterial wird mit Bankscheck bezahlt	240,00
3. Unsere Barzahlung für Geschäftsmiete	3.500,00
4. Werbeanzeige wird bar bezahlt	140,00
5. Wir erhalten Provision durch Banküberweisung	4.000,00

Abschlussangabe

Die Buchbestände stimmen mit den Inventurwerten überein.

646458

51 **Anfangsbestände**

	DM
Betriebs- und Geschäftsausstattung (BGA)	60.000,00
Forderungen a. LL	30.000,00
Kasse	12.000,00
Postbankguthaben	9.000,00
Bankguthaben	40.000,00
Darlehensschulden	25.000,00
Verbindlichkeiten a. LL	20.000,00
Eigenkapital	106.000,00

Kontenplan

Außer den oben genannten Bestandskonten einschließlich Eröffnungs- und Schlussbilanzkonto sind folgende Erfolgskonten einzurichten: Büromaterial, Porto – Telefon – Telefax, Betriebliche Steuern, Beiträge, Zinsaufwendungen, Mietaufwendungen, Löhne, Provisionserträge, Zinserträge: GuV-Konto.

Geschäftsfälle

1.	Ein Kunde begleicht Rechnung durch Banküberweisung	1.000,00
2.	Zahlung der Gewerbesteuer durch Banküberweisung	2.000,00
3.	Postbanküberweisung für Telefonrechnung	190,00
4.	Die Bank belastet uns mit Darlehenszinsen	1.500,00
5.	Begleichung einer Liefererrechnung durch Banküberweisung	1.900,00
6.	Wir erhalten Provision durch Banküberweisung	7.000,00
7.	Die Bank schreibt uns Zinsen gut	1.200,00
8.	Barzahlung für Porto	400,00
9.	Wir zahlen Geschäftsmiete bar	1.800,00
10.	Lohnabschlagszahlung bar	4.500,00
11.	Büromaterial wird durch Bankscheck bezahlt	260,00
12.	Zahlung des Handelskammerbeitrages durch Banküberweisung	1.200,00

Abschlussangabe

Die Buchbestände entsprechen der Inventur.

---

52 *Bilden Sie die Buchungssätze für den Abschluss*

1. *der Aufwandskonten:*
   - Gehälter ... 36.000,00 DM
   - Zinsaufwendungen ... 1.500,00 DM
2. *der Ertragskonten:*
   - Warenverkauf ... 87.900,00 DM
   - Mieterträge ... 6.700,00 DM
3. *des Gewinn- und Verlustkontos bei Gewinn* ... 250.000,00 DM
4. *des Gewinn- und Verlustkontos bei Verlust* ... 12.000,00 DM
5. *der aktiven Bestandskonten:*
   - BGA ... 167.000,00 DM
   - Waren ... 55.000,00 DM
6. *der passiven Bestandskonten:*
   - Darlehen ... 250.000,00 DM
   - Verbindlichkeiten a. LL ... 57.500,00 DM

---

53 *Ergänzen Sie die fehlenden Beträge und Bezeichnungen:*

1. 200.000,00 DM Ertr., 150.000,00 DM Aufwend. = ••• DM •••
2. 450.000,00 DM Ertr., 500.000,00 DM Aufwend. = ••• DM •••
3. ••• DM Ertr., 650.000,00 DM Aufwend. = 50.000,00 DM Gewinn
4. 850.000,00 DM Aktiva, 550.000,00 DM Schulden = ••• DM •••
5. 760.000,00 DM Aktiva, ••• DM Schulden = 300.000,00 DM Eigenkapital

1.10 Die Buchung der Wareneinkäufe, Warenverkäufe und Warenbestände auf getrennten Konten

Situation **Der Einkauf von Waren, deren Lagerung und Verkauf** sind die wichtigsten Tätigkeiten in einem Großhandelsunternehmen. In der Buchführung müssen entsprechende Konten eingerichtet werden, um das **Warengeschäft** buchhalterisch transparent zu machen.

Der Wareneinkauf wird aufgrund der Eingangsrechnung **direkt als Aufwand** gebucht auf dem **Aufwandskonto**

„Wareneingang (WE)".

Der Warenverkauf wird aufgrund der Ausgangsrechnung **als Ertrag** gebucht auf dem **Ertragskonto**

„Warenverkauf".

Beispiel 1 In der Papiergroßhandlung Kern wurden im Geschäftsjahr 01 200 Paletten Druckpapier eingekauft und zugleich verkauft. Die Rechnungen lauten:

ER 456 von Druck und Papier GmbH
200 Paletten Druckpapier
zu je 2.800,00 DM .. 560.000,00 DM

AR 789 an Druckcenter GmbH
200 Paletten Druckpapier
zu je 3.200,00 DM .. 640.000,00 DM

Buchung
Wareneingang
an **Verbindlichkeiten a. LL** ... 560.000,00

Buchung
Forderungen a. LL
an **Warenverkauf** 640.000,00

S	**Wareneingang**		H
Verb. a. LL	560.000,00		

S	**Warenverkauf**		H
		Ford. a. LL	640.000,00

S	**Verbindlichkeiten a. LL**		H
		WE	560.000,00

S	**Forderungen a. LL**		H
WV	640.000,00		

Ermittlung des Waren- bzw. Rohgewinns. Im Beispiel wurden die 200 eingekauften Paletten Druckpapier auch im gleichen Geschäftsjahr verkauft. Der Gewinn aus diesem Warengeschäft ergibt sich dann einfach als Differenz zwischen den Umsatzerlösen (= verkaufte Waren zum Verkaufspreis) und dem Einkaufswert dieser verkauften Waren (= Aufwendungen für Waren). Der Warengewinn wird auch als Rohgewinn bezeichnet, weil er noch die übrigen Aufwendungen, wie z. B. Gehälter, Büromaterial u. a., decken muss.

	Erlöse der verkauften	200 Paletten Druckpapier zu je 3.200,00 DM	**640.000,00 DM**
–	**Einkaufswert** der verkauften	200 Paletten Druckpapier zu je 2.800,00 DM	**560.000,00 DM**
	Waren- bzw. Rohgewinn		**80.000,00 DM**

Zum Jahresschluss werden die Konten „Wareneingang" und „Warenverkauf" über das Gewinn- und Verlustkonto abgeschlossen. Die Buchungssätze lauten:

GuV-Konto	an	**Wareneingang**	**560.000,00**
Warenverkauf	an	**GuV-Konto**	**640.000,00**

S	**Wareneingang**		H
Verb. a. LL	560.000,00	GuV	560.000,00

S	**Warenverkauf**		H
GuV	640.000,00	Ford. a. LL	640.000,00

S	**Gewinn- und Verlustkonto**		H
Aufwendungen für Waren	560.000,00	Warenverkaufserlöse	640.000,00

80.000,00 DM Saldo = Waren- bzw. Rohgewinn

Der Reingewinn bzw. Reinverlust ergibt sich als Saldo im Gewinn- und Verlustkonto erst nach Berücksichtigung der übrigen Aufwendungen und Erträge (z. B. Zinserträge u. a.):

Rohgewinn aus dem Warengeschäft
\+ übrige Erträge des Unternehmens
– übrige Aufwendungen

Reingewinn bzw. Reinverlust des Unternehmens

Aufgaben

54 *Buchen Sie auf den Konten Wareneingang, Warenverkauf, Verbindlichkeiten a. LL, Forderungen a. LL, Gewinn und Verlust und schließen Sie die Warenkonten ab:*

Einkäufe von Waren lt. ER: 3 000 Stück zu je 200,00 DM Einkaufspreis
Verkäufe von Waren lt. AR: 3 000 Stück zu je 250,00 DM Verkaufspreis

1. *Nennen Sie die Buchungssätze für die Ein- und Verkäufe der Waren sowie den Abschluss der Warenkonten.*
2. *Ermitteln Sie das Rohergebnis. Unterscheiden Sie zwischen Roh- und Reingewinn.*
3. *Warum ergibt sich zum Schluss des Geschäftsjahres kein Warenbestand?*

55 Einkäufe von Waren zum Einkaufspreis lt. ER .... 600.000,00 DM
Verkäufe von Waren zum Verkaufspreis lt. AR .... 750.000,00 DM
Zum 1. Januar und 31. Dezember gibt es keinen Warenlagerbestand.

1. *Buchen Sie auf den in Aufgabe 54 genannten Konten und ermitteln Sie den Rohgewinn.*
2. *Ermitteln Sie den Gewinn des Unternehmens (Reingewinn), wenn die übrigen Aufwendungen lt. GuV-Konto 120.000,00 DM und die Zins- und Mieterträge 10.000,00 DM betragen.*

56 Einkäufe von Waren zum EP lt. ER .... 850.000,00 DM
Verkäufe von Waren zum VP lt. AR .... 800.000,00 DM
Lagerbestände an Waren sind lt. Inventur weder zum 1. Januar noch zum 31. Dezember vorhanden.

Ermitteln und beurteilen Sie den Erfolg des Unternehmens, wenn die übrigen Aufwendungen 100.000,00 DM und die sonstigen Erträge 120.000,00 DM betragen.

Beispiel 2 Im Geschäftsjahr 02 kauft die Papiergroßhandlung Kern 300 Paletten Druckpapier ein, von denen aber nur 250 Paletten verkauft wurden. 50 Paletten sind zum 31. Dezember 02 lt. Inventur noch am Lager.

ER 510 von Druck und Papier GmbH
300 Paletten Druckpapier
zu je 2.800,00 DM .. 840.000,00 DM

AR 810 an Druckcenter GmbH
250 Paletten Druckpapier
zu je 3.200,00 DM .. 800.000,00 DM

Buchung
Wareneingang
an **Verbindlichkeiten a. LL** ... 840.000,00

Buchung
Forderungen a. LL
an **Warenverkauf** 800.000,00

S	**Wareneingang**		H
Verb. a. LL	840.000,00		

S	**Verbindlichkeiten a. LL**		H
		WE	840.000,00

S	**Warenverkauf**		H
		Ford. a. LL	800.000,00

S	**Forderungen a. LL**		H
WV	800.000,00		

Der Schlussbestand an Waren wird zum 31. Dezember auf dem Aktivkonto

„Warenbestände"

gebucht, und zwar 50 Paletten zu 2.800,00 DM = 140.000,00 DM. Die Buchung lautet:

Schlussbilanzkonto an **Warenbestände** **140.000,00**

S	**Schlussbilanzkonto**		H
Waren	140.000,00		

S	**Warenbestände**		H
EBK	0,00	SBK	140.000,00

Mehrbestand an Waren. Auf dem Konto „Warenbestände" zeigt sich, dass der Schlussbestand an Waren **größer** ist als der Warenanfangsbestand. Das bedeutet, dass im laufenden Geschäftsjahr **mehr Waren eingekauft** als verkauft wurden. Die nicht verkauften Waren (50 Paletten) mussten auf Lager genommen werden. Der Wareneingang bzw. die Aufwendungen für 300 Paletten müssen deshalb um diesen Mehrbestand in Höhe von 50 Paletten = 140.000,00 DM **korrigiert** (gemindert) werden, um den genauen Warenaufwand des Geschäftsjahres festzustellen. Die Buchung lautet:

Warenbestände an **Wareneingang** **140.000,00**

S	**Wareneingang**		H
Verb. a. LL	840.000,00	WB	140.000,00
		GuV	700.000,00
	840.000,00		840.000,00

S	**Warenbestände**		H
EBK	0,00	SBK	140.000,00
WE	140.000,00		
	140.000,00		140.000,00

S	**Warenverkauf**		H
GuV	800.000,00	Ford. a LL	800.000,00

S	**Gewinn- und Verlustkonto**		H
Aufwendungen für Waren	700.000,00	Warenverkaufserlöse	800.000,00

ergibt einen Rohgewinn von 100.000,00 DM.

	Wareneinkauf:	300 Paletten zu je 2.800,00 DM	840.000,00 DM
–	Lagerzugang:	50 Paletten zu je 2.800,00 DM	140.000,00 DM
=	Warenaufwand:	250 Paletten zu je 2.800,00 DM	700.000,00 DM
	Umsatzerlöse:	250 Paletten zu je 3.200,00 DM	800.000,00 DM
=	**Rohgewinn**	....	**100.000,00 DM**

646462

Beispiel 3 Im Geschäftsjahr 03 kauft Katja Kern 210 Paletten Druckpapier zu je 2.800,00 DM = 588.000,00 DM ein. Im gleichen Zeitraum werden aber 240 Paletten zu je 3.200,00 DM = 768.000,00 DM verkauft. Folglich wurden 30 Paletten aus dem Vorjahresbestand (= 50 Paletten) verkauft. Der Schlussbestand zum 31. Dez. 03 beträgt somit: 20 Paletten zu je 2.800,00 DM = 56.000,00 DM.

ER 345 von Druck und Papier GmbH
210 Paletten Druckpapier
zu je 2.800,00 DM .. 588.000,00 DM

AR 578 an Druckcenter GmbH
240 Paletten Druckpapier
zu je 3.200,00 DM .. 768.000,00 DM

Buchung	
Wareneingang	
an **Verbindlichkeiten a. LL** ...	588.000,00

Buchung	
Forderungen a. LL	
an **Warenverkauf**	768.000,00

S	**Wareneingang**		H
Verb. a. LL	588.000,00		

S	**Warenverkauf**		H
		Ford. a. LL	768.000,00

S	**Verbindlichkeiten a. LL**		H
		WE	588.000,00

S	**Forderungen a. LL**		H
WV	768.000,00		

Der Schlussbestand an Waren wird zum 31. Dezember 03 gebucht:

Schlussbilanzkonto	an	**Warenbestände**	**56.000,00**

S	**Schlussbilanzkonto**		H
Waren	56.000,00		

S	**Warenbestände**		H
EBK	140.000,00	SBK	56.000,00

Minderbestand an Waren. Auf dem Aktivkonto „Warenbestände" sieht man sogleich, dass der Warenschlussbestand **kleiner** ist als der Anfangsbestand. Im Geschäftsjahr 03 wurden demnach **mehr Waren verkauft** (240 Paletten) als eingekauft (210 Paletten). 30 Paletten mussten also aus dem Lagerbestand des Vorjahres verkauft werden. Die Aufwendungen für Waren im Wareneingangskonto müssen deshalb um diesen Minderbestand von 30 Paletten = 84.000,00 DM erhöht werden. Die Buchung lautet:

Wareneingang	an	**Warenbestände**	**84.000,00**

S	**Wareneingang**		H
Verb. a. LL	588.000,00	GuV	672.000,00
WB	84.000,00		
	672.000,00		672.000,00

S	**Warenbestände**		H
EBK	140.000,00	SBK	56.000,00
		WE	84.000,00
	140.000,00		140.000,00

S	**Warenverkauf**		H
GuV	768.000,00	Ford. a. LL	768.000,00

S	**Gewinn- und Verlustkonto**		H
Aufwendungen für Waren	672.000,00	Warenverkaufserlöse	768.000,00

ergibt einen Rohgewinn von 96.000,00 DM.

	Wareneinkauf:	210 Paletten zu je 2.800,00 DM	588.000,00 DM
+	Lagerabgang:	30 Paletten zu je 2.800,00 DM	84.000,00 DM
=	Warenaufwand:	240 Paletten zu je 2.800,00 DM	672.000,00 DM
	Umsatzerlöse:	240 Paletten zu je 3.200,00 DM	768.000,00 DM
=	**Rohgewinn**		**96.000,00 DM**

Zusammenfassung

- **Wareneinkäufe** werden **direkt auf dem Aufwandskonto „Wareneingang"** aufgrund der Eingangsrechnungen gebucht:

  Wareneingang an **Verbindlichkeiten a. LL**

- **Warenverkäufe** werden auf dem **Ertragskonto „Warenverkauf"** aufgrund der Ausgangsrechnungen erfasst:

  Forderungen a. LL an **Warenverkauf**

- **Das Aktivkonto „Warenbestände"** übernimmt zu Beginn des Geschäftsjahres im Soll den **Anfangsbestand an Waren** mit der Buchung:

  Warenbestände an **EBK**

  Auf der Habenseite wird der **Schlussbestand an Waren** lt. Inventur gebucht:

  SBK an **Warenbestände**

- **Der Saldo im Warenbestandskonto zeigt die Bestandsveränderungen.** Stimmen Anfangs- und Schlussbestand im Konto **„Warenbestände"** überein, ergibt sich kein Saldo, weil die im Geschäftsjahr eingekauften Waren auch alle verkauft wurden. Wenn der Schlussbestand größer als der Anfangsbestand ist, musste der nicht verkaufte Teil der im Geschäftsjahr eingekauften Waren auf Lager genommen werden. In diesem Fall bedeutet der Saldo eine Bestandserhöhung oder einen **Mehrbestand an Waren.** Ist der Endbestand kleiner als der Warenanfangsbestand, liegt als Saldo eine Bestandsminderung oder ein **Minderbestand an Waren** vor. In diesem Fall wurden nicht nur die im Geschäftsjahr eingekauften Waren verkauft, sondern zusätzlich noch ein Teil des Lagerbestandes aus dem Vorjahr.

- **Um den genauen Aufwand für Waren im Wareneingangskonto zu ermitteln,** muss der Saldo des Warenbestandskontos auf das Konto **„Wareneingang"** umgebucht werden. Eine **Bestandsminderung erhöht den Aufwand** im Wareneingangskonto, eine **Bestandserhöhung vermindert** ihn dagegen.

Warenbestandserhöhung: SB > AB	Warenbestandsminderung: SB < AB
Warenbestände an **Wareneingang**	**Wareneingang** an **Warenbestände**

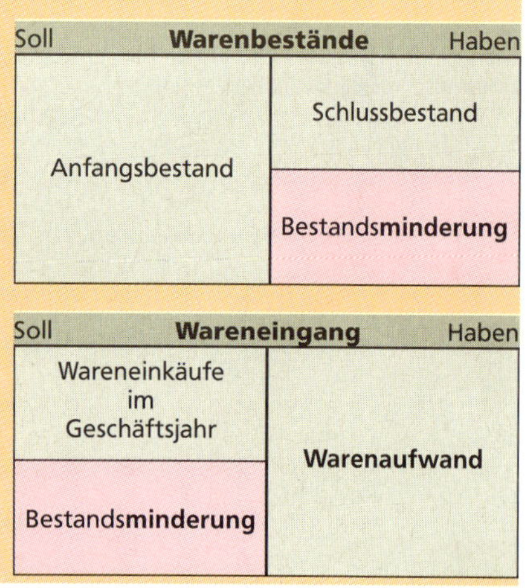

646464

Aufgaben

57 Ein Handelsbetrieb weist für das Geschäftsjahr 01 folgende Zahlen aus:

Anfangsbestand an Waren zum 1. Jan. 01	200.000,00 DM
Wareneinkäufe vom 1. Jan. bis 31. Dez. 01 lt. ER	900.000,00 DM
Warenverkäufe vom 1. Jan. bis 31. Dez. 01 lt. AR	1.200.000,00 DM
Schlussbestand an Waren lt. Inventur zum 31. Dez. 01	300.000,00 DM

1. *Buchen Sie auf den entsprechenden Konten den Anfangs- und Endbestand an Waren sowie die Ein- und Verkäufe von Waren. Richten Sie folgende Konten ein: Warenbestände, Wareneingang, Warenverkauf, Forderungen a. LL, Verbindlichkeiten a. LL, Eröffnungsbilanzkonto, Schlussbilanzkonto, Gewinn- und Verlustkonto.*
2. *Führen Sie den Abschluss der Konten Warenbestände, Wareneingang und Warenverkauf durch. Nennen Sie auch jeweils den Buchungssatz.*
3. *Ermitteln Sie die vorliegende Bestandsveränderung zum 31. Dez. 01 in % und erläutern Sie diese.*
4. *Ermitteln Sie rechnerisch den Rohgewinn.*

---

58 Der in Aufgabe 57 genannte Handelsbetrieb weist für das Geschäftsjahr 02 folgende Daten aus:

	a)	b)
Anfangsbestand an Waren zum 1. Jan. 02	••• DM	••• DM
Wareneingang v. 1. Jan. 02 bis 31. Dez. 02	820.000,00 DM	880.000,00 DM
Warenverkäufe v. 1. Jan. 02 bis 31. Dez. 02	1.350.000,00 DM	1.050.000,00 DM
Schlussbestand an Waren lt. Inventur	120.000,00 DM	320.000,00 DM

Bearbeiten Sie diese Aufgabe entsprechend der Aufgabe 57.

---

59 In einem Geschäftsjahr beträgt der Warenaufwand zum 31. Dez. 600.000,00 DM. *Ermitteln Sie den Wareneingang, wenn zum 31. Dezember*

1. *ein Mehrbestand an Waren in Höhe von 150.000,00 DM und*
2. *ein Minderbestand an Waren über 100.000,00 DM vorliegt.*

60
61

Buchen Sie auf den Warenkonten:	60	61
Anfangsbestand an Waren	95.000,00 DM	250.000,00 DM
Zieleinkäufe von Waren	34.000,00 DM	163.000,00 DM
Barverkäufe von Waren	7.000,00 DM	12.000,00 DM
Zielverkäufe von Waren	84.000,00 DM	85.000,00 DM
Warenverkauf gegen Bankscheck	19.000,00 DM	18.000,00 DM
Warenschlussbestand lt. Inventur	59.000,00 DM	280.000,00 DM

---

62 *Ergänzen Sie:*

1. Das Warenbestandskonto ist ein ••• konto.
2. Das Wareneingangskonto ist ein ••• konto.
3. Das Konto „Warenverkauf" ist ein ••• konto.
4. Die Konten „Wareneingang" und „Warenverkauf" sind ••• konten.

63

1. *Wie erklären Sie sich die folgenden drei Vorgänge?*
   a) Warenschlussbestand = Warenanfangsbestand
   b) Warenschlussbestand > Warenanfangsbestand
   c) Warenschlussbestand < Warenanfangsbestand
2. *Begründen Sie die jeweilige Auswirkung der Fälle 1. a)–c) auf den Warenaufwand im Wareneingangskonto.*

64 **Anfangsbestände**

	DM		DM
BGA	85.000,00	Bankguthaben	123.400,00
Warenbestände	145.000,00	Darlehensschulden	35.000,00
Forderungen a. LL	72.000,00	Verbindlichkeiten a. LL	65.000,00
Kasse	14.200,00	Eigenkapital	339.600,00

Kontenplan

Bestandskonten: Betriebs- und Geschäftsausstattung, Warenbestände, Forderungen a. LL, Kasse, Bank, Darlehensschulden, Verbindlichkeiten a. LL, Eigenkapital: Schlussbilanzkonto.

Erfolgskonten: Wareneingang, Löhne, Gehälter, Büromaterial, Porto – Telefon – Telefax, Zinsaufwendungen, Zinserträge, Warenverkauf: GuV-Konto.

Geschäftsfälle	DM
1. Barverkauf von Waren	4.500,00
2. Kunde begleicht Rechnung durch Banküberweisung	9.500,00
3. Zielkauf von Waren lt. ER	8.200,00
4. Verkauf von Waren gegen Bankscheck	15.300,00
5. Barkauf von Büromaterial	350,00
6. Unsere Banküberweisung für Darlehenszinsen	1.200,00
7. Zielverkauf von Waren lt. AR	18.800,00
8. Banküberweisung der Gehälter	4.800,00
9. Zinsgutschrift der Bank	3.100,00
10. Lohnzahlung durch Banküberweisung	3.200,00
11. Liefererrechnung wird durch Banküberweisung beglichen	11.500,00
12. Kauf einer EDV-Anlage gegen Bankscheck	5.500,00
13. Banküberweisung der Fernsprechgebühren	850,00
14. Tilgung eines Darlehens durch Banküberweisung	10.000,00

Abschlussangaben	DM
1. Warenbestand lt. Inventur	130.000,00
2. Alle übrigen Bestände stimmen mit den Inventurwerten überein.	

Auswertung

1. *Ermitteln Sie die Lagerbestandsveränderung in % des Warenanfangsbestandes. Worauf lässt die Veränderung schließen?*
2. *Wie hoch ist der Warenrohgewinn?*

---

65 In einem Großhandelsunternehmen beträgt der Anfangsbestand an Waren 200.000,00 DM. Die Wareneinkäufe während des Geschäftsjahres beliefen sich auf 560.000,00 DM. Der Einkaufswert der verkauften Waren betrug 620.000,00 DM. Die Warenverkaufserlöse betrugen im gleichen Abrechnungszeitraum 590.000,00 DM.

Ermitteln Sie den buchmäßigen Warenschlussbestand und das Rohergebnis aus dem Warenhandelsgeschäft.

---

66 Im Wareneingangskonto ergeben sich die Aufwendungen für Waren durch folgende Rechnung. *Setzen Sie (+) bzw. (–) ein:*

	Wareneingänge im Geschäftsjahr	500.000,00 DM
•••	Mehrbestand an Waren der Warengruppe 1 zum 31. Dez.	60.000,00 DM
•••	Minderbestand an Waren der Warengruppe 2 zum 31. Dez.	10.000,00 DM
=	Aufwendungen für Waren	••• DM

646466

67 **Anfangsbestände**

	DM
Betriebs- und Geschäftsausstattung	65.000,00
Warenbestände	98.000,00
Forderungen a. LL	34.000,00
Kasse	19.500,00
Postbankguthaben	8.300,00
Bankguthaben	53.000,00
Darlehensschulden	24.500,00
Verbindlichkeiten a. LL	32.000,00
Eigenkapital	221.300,00

Kontenplan

Bestandskonten: Betriebs- und Geschäftsausstattung, Forderungen a. LL, Bank, Kasse, Postbank, Warenbestände, Darlehensschulden, Verbindlichkeiten a. LL, Eigenkapital: Schlussbilanzkonto.

Erfolgskonten: Wareneingang, Löhne, Mietaufwendungen, Betriebliche Steuern, Provisionserträge, Zinserträge, Warenverkauf: Gewinn- und Verlustkonto.

Geschäftsfälle

	DM
1. Wir nehmen ein Darlehen bei unserer Hausbank auf	28.500,00
2. Verkauf von Waren lt. AR	12.500,00
3. Kauf von Waren lt. ER	9.300,00
4. Lohnzahlung bar an Aushilfskräfte	3.800,00
5. Wir erhalten Provision auf Postbankkonto	2.500,00
6. Gewerbesteuer wird durch Banküberweisung bezahlt	12.800,00
7. Unsere Mietzahlung für Büroräume, bar	1.900,00
8. Die Bank schreibt uns Zinsen gut	1.100,00
9. Verkauf von Waren lt. AR	11.200,00
10. Verkauf von Waren gegen Bankscheck	16.300,00
11. Kauf von Waren lt. ER	4.400,00
12. Kunde begleicht Rechnung über durch Banküberweisung	6.500,00
13. Banküberweisung an Lieferer	6.600,00
14. Kauf einer EDV-Anlage gegen Bankscheck	2.650,00
15. Darlehenstilgung durch Bank	17.000,00

Abschlussangaben

	DM
1. Warenbestand lt. Inventur	80.000,00
2. Alle übrigen Bestände stimmen mit den Inventurwerten überein.	

68

1. *Warum bezeichnet man den Warengewinn als Rohgewinn, den Warenverlust als Rohverlust? Unterscheiden Sie Rohgewinn und Reingewinn bzw. Rohverlust und Reinverlust.*
2. Das Gewinn- und Verlustkonto weist einen Warenrohgewinn von 20.000,00 DM, jedoch einen Reinverlust von 5.000,00 DM aus. *Erklären Sie den Tatbestand.*
3. *Nennen Sie jeweils die Auswirkung auf den Warenlagerschlussbestand:*
   a) Wareneinkaufsmenge = Warenverkaufsmenge
   b) Wareneinkaufsmenge > Warenverkaufsmenge
   c) Wareneinkaufsmenge < Warenverkaufsmenge

1.11 Die Umsatzsteuer

1.11.1 Welche Umsätze unterliegen der Umsatzsteuer?

Der Umsatzsteuer unterliegen nach § 1 UStG

1. **alle Lieferungen und Leistungen, die im Rahmen eines Unternehmens im Inland gegen Entgelt** ausgeführt werden, wie z. B. der Verkauf von Waren, Malerarbeiten u. a.,
2. **der Eigenverbrauch des Unternehmers,** wie z. B. die Entnahme von Waren für private Zwecke u. a. (siehe Seite 88),
3. **die Einfuhr von Gegenständen aus Nicht-EU-Staaten,** wie z. B. aus den USA, und
4. **der gewerbliche Erwerb von Gütern aus EU-Staaten gegen Entgelt,** der so genannte „innergemeinschaftliche Erwerb". Beispiel: Ein deutsches Unternehmen bezieht Waren aus Belgien und unterliegt damit der deutschen Umsatzsteuer.

Steuerfrei sind Ausfuhrlieferungen (Exporte), Vermietungen und Verpachtungen, der Kredit- und Zahlungsverkehr der Banken u. a.

Steuersatz. Die Umsatzsteuer beträgt im **Regelfall 16 %** der berechneten Warenlieferung oder Leistung. Für bestimmte Umsätze, wie z. B. Lebensmittel, Bücher u. a., gilt der **ermäßigte Steuersatz von 7 %.**

Die Umsatzsteuer ist wie die Kaffee- oder Tabaksteuer ausschließlich **vom Endverbraucher zu tragen,** also in der Regel von einer Privatperson. Sie belastet den Unternehmer nicht, verursacht ihm also keine Kosten. Nach dem Umsatzsteuergesetz hat er die **Umsatzsteuer** beim Verkauf von Waren **in Rechnung** zu **stellen,** von seinen Kunden zu **vereinnahmen** und **an das Finanzamt abzuführen.** Für das Unternehmen ist die Umsatzsteuer somit nur ein **durchlaufender Posten.**

1.11.2 Wie werden Vorsteuer und Umsatzsteuer gebucht?

Die Umsatzsteuer muss auf Rechnungen gesondert ausgewiesen werden, wenn diese auf Unternehmen oder Selbstständige ausgestellt sind. Der Rechnungsbetrag setzt sich aus dem Warenwert bzw. dem Wert der erbrachten Leistung und der entsprechenden Umsatzsteuer zusammen. Bei **Kleinbetragsrechnungen bis zu 200,00 DM** (z. B. Tankstellenquittung) genügt die Angabe des Steuersatzes für die im Rechnungsbetrag enthaltene Umsatzsteuer.

Beispiel Die Papierfabrik Hein OHG, Köln, verkauft an die Papiergroßhandlung Kern, Köln, eine Palette Kopierpapier aufgrund der folgenden Rechnung:

	Ausgangsrechnung der Hein OHG	
	1 Palette Kopierpapier, netto ..	1.600,00 DM
+	16 % Umsatzsteuer	256,00 DM
	Rechnungsbetrag	1.856,00 DM

siehe „Prozentrechnung", Kap. 9.4

Die Papierfabrik Hein OHG bucht die Ausgangsrechnung

Die Lieferung der Waren unterliegt nach § 1 UStG der Umsatzsteuer. Die Papierfabrik Hein OHG schuldet deshalb dem Finanzamt 16 % Umsatzsteuer vom reinen Warenwert 1.600,00 DM = 256,00 DM, die sie auf dem

Passivkonto „Umsatzsteuer"

ausweisen muss. Da sie die Umsatzsteuer von ihrem Kunden zurückhaben will, muss sie diese der Papiergroßhandlung Kern „offen" in Rechnung stellen. Das Großhandelsunternehmen Kern hat also neben dem Warenwert auch die darauf entfallende Umsatzsteuer zu zahlen. Auf dem Konto „Forderungen a. LL" ist deshalb der volle Rechnungsbetrag von 1.856,00 DM zu buchen.

Buchungssatz	Soll	Haben
Forderungen a. LL	1.856,00	
an **Warenverkauf**		1.600,00
an **Umsatzsteuer**		256,00

S	**Forderungen a. LL**		H
WV, USt	1.856,00		

S	**Warenverkauf**		H
		Ford. a. LL	1.600,00

S	**Umsatzsteuer**		H
		Ford. a. LL	256,00

Die Papiergroßhandlung Kern bucht die Eingangsrechnung

Die oben genannte Ausgangsrechnung der Papierfabrik Hein OHG ist zugleich die Eingangsrechnung der Papiergroßhandlung Kern. Das Unternehmen Kern hat nicht nur den Warenwert von 1.600,00 DM zu zahlen, sondern auch zusätzlich die Umsatzsteuer in Höhe von 256,00 DM. Damit schuldet es der Papierfabrik 1.856,00 DM.

Die in der **Eingangsrechnung** ausgewiesene Umsatzsteuer wird **„Vorsteuer"** genannt, weil die Papiergroßhandlung Kern sie „vorab", also vor dem Weiterverkauf des Kopierpapiers, an ihren Lieferer zahlt. Die Großhandlung Kern kann sie **vom Finanzamt zurückfordern,** da sie nicht Endverbraucherin, sondern Unternehmerin ist, die umsatzsteuerpflichtige Lieferungen und Leistungen ausführt. Ihre Umsatzsteuerschuld gegenüber dem Finanzamt entsteht erst, wenn sie die eingekaufte Palette Kopierpapier an ihre Kunden weiterverkauft. Die **Vorsteuer** stellt deshalb für die Papiergroßhandlung Kern eine **Forderung an das Finanzamt** dar, die auf dem

Aktivkonto „Vorsteuer"

gebucht wird. Der Warenwert wird auf dem Aufwandskonto „Wareneingang" erfasst, der Rechnungsbetrag wird im Haben des Kontos „Verbindlichkeiten a. LL" gebucht.

Buchungssatz	Soll	Haben
Wareneingang	1.600,00	
Vorsteuer	256,00	
an **Verbindlichkeiten a. LL**		1.856,00

S	**Wareneingang**		H
Verb. a. LL	1.600,00		

S	**Verbindlichkeiten a. LL**		H
		WE, VSt	1.856,00

S	**Vorsteuer**		H
Verb. a. LL	256,00		

Die Papiergroßhandlung Kern bucht die Ausgangsrechnung

Die Papiergroßhandlung Kern verkauft die Palette Kopierpapier an die Kaufmännische Schule 5 in Köln und stellt folgende Rechnung aus:

	Ausgangsrechnung	
	1 Palette Kopierpapier	2.000,00 DM
+	16 % Umsatzsteuer	320,00 DM
	Rechnungsbetrag	2.320,00 DM

Buchungssatz	Soll	Haben
Forderungen a. LL	2.320,00	
an Warenverkauf		2.000,00
an Umsatzsteuer		320,00

S	Forderungen a. LL		H
WV, USt	2.320,00		

S	Warenverkauf		H
		Ford. a. LL	2.000,00

S	Umsatzsteuer		H
		Ford. a. LL	320,00

Die Papiergroßhandlung Kern ermittelt die Umsatzsteuer-Zahllast

Aus dem Verkauf des Kopierpapiers **schuldet** die Papiergroßhandlung Kern dem Finanzamt zunächst **320,00 DM Umsatzsteuer.** Da sie aber bereits beim Einkauf dieser Ware an ihren Lieferanten **256,00 DM** „Vorsteuer" zahlen musste, hat sie auch ein **Guthaben beim Finanzamt. Umsatzsteuerschuld und Vorsteuerguthaben** werden am Ende des **USt-Voranmeldungszeitraums** (Kalendervierteljahr bzw. Monat)[1] **verrechnet,** um die **USt-Zahllast** zu ermitteln. Für diesen Zeitraum muss dem Finanzamt eine **USt-Voranmeldung** eingereicht werden, die verkürzt Folgendes ausweist:

	Umsatzsteuerschuld aufgrund der Ausgangsrechnungen	320,00 DM
–	**Vorsteuerguthaben** aufgrund der Eingangsrechnungen	256,00 DM
	USt-Zahllast	**64,00 DM**

Die USt-Zahllast ist bis zum 10. des folgenden Monats zu überweisen.

Zur buchhalterischen Ermittlung der USt-Zahllast wird das Aktivkonto „Vorsteuer" über das Passivkonto „Umsatzsteuer" abgeschlossen. Der **Saldo** im Konto „Umsatzsteuer" zeigt dann die **USt-Zahllast.**

Buchungssatz	Soll	Haben
Umsatzsteuer an Vorsteuer	256,00	256,00

S	Vorsteuer		H
Verb. a. LL	256,00	USt	256,00

S	Umsatzsteuer		H
VSt	256,00	Ford. a. LL	320,00
Zahllast	64,00		

Bei Überweisung der USt-Zahllast an das Finanzamt wird wie folgt gebucht:

Buchungssatz	Soll	Haben
Umsatzsteuer an Bank	64,00	64,00

S	Bank		H
AB	...	USt	64,00

S	Umsatzsteuer		H
VSt	256,00	Ford. a. LL	320,00
Bank	64,00		

1.11.3 Wie werden USt-Zahllast und Vorsteuerüberhang zum Jahresschluss gebucht?

Passivierung der Zahllast. Die **Umsatzsteuer-Zahllast** des Monats **Dezember** wird erst im Januar des nächsten Jahres (bis zum 10. Januar) überwiesen. Sie muss deshalb **im Schlussbilanzkonto** auf der Passivseite **als Umsatzsteuerverbindlichkeit** ausgewiesen werden. Man sagt in der Praxis auch: Die Umsatzsteuer ist zu **passivieren.**

1 **USt-Voranmeldungszeitraum** ist ab 1996 in der Regel das Kalendervierteljahr und bei einer Vorjahres-USt von mehr als 12.000,00 DM der Monat. Das Lehrbuch berücksichtigt die monatliche USt-Voranmeldung.

S	Vorsteuer		H
…	120.000,00	USt	120.000,00

S	Umsatzsteuer		H
VSt	120.000,00	…	140.000,00
SBK	20.000,00		
	140.000,00		140.000,00

S	Schlussbilanzkonto		H
		USt	20.000,00

Buchungen zum 31. Dezember:

❶ **Umsatzsteuer**	an	**Vorsteuer**	**120.000,00**
❷ **Umsatzsteuer**	an	**Schlussbilanzkonto**	**20.000,00**

Aktivierung des Vorsteuerüberhangs. Sollte im **Dezember** die Vorsteuer höher sein als die Umsatzsteuer, ist dieser Vorsteuerüberhang auf der Aktivseite als **Forderungsposten** einzusetzen. Man sagt: Der Vorsteuerüberhang ist zu **aktivieren.**

S	Vorsteuer		H
…	80.000,00	USt	50.000,00
		SBK	30.000,00
	80.000,00		80.000,00

S	Umsatzsteuer		H
VSt	50.000,00	…	50.000,00

S	Schlussbilanzkonto		H
VSt	30.000,00		

Buchungen zum 31. Dezember:

❶ **Umsatzsteuer**	an	**Vorsteuer**	**50.000,00**
❷ **Schlussbilanzkonto**	an	**Vorsteuer**	**30.000,00**

1.11.4 Inwiefern ist die Umsatzsteuer eine Mehrwertsteuer?

Ermittlung des Mehrwertes. Viele zum Verkauf angebotene Waren legen einen langen Weg zurück: Vom Betrieb der Urerzeugung über die Betriebe der Herstellung und Weiterverarbeitung, des Groß- und Einzelhandels bis zum Endverbraucher. Auf jeder Stufe des Warenwegs schaffen Menschen und das eingesetzte Kapital „mehr Wert". Dieser **Wertzuwachs** oder **„Mehrwert"** kommt im **Unterschied zwischen Einkaufspreis und Verkaufspreis** der Ware zum Ausdruck. Im Beispiel der Papiergroßhandlung Kern ergibt sich auf dieser Stufe des Warenwegs folgender Mehrwert:

	Verkaufspreis der Palette Kopierpapier	2.000,00 DM
–	**Einkaufspreis** der Palette Kopierpapier	1.600,00 DM
	Mehrwert	**400,00 DM**

Der Staat besteuert den Mehrwert auf jeder Stufe mit 16 % Umsatzsteuer:

16 % von 400,00 DM Mehrwert = 64,00 DM USt

Das ist genau die Zahllast, die das Unternehmen Kern an das Finanzamt abführen musste (siehe oben). **Durch den Vorsteuerabzug erzielt man das gleiche Ergebnis, dass praktisch auf jeder Stufe des Warenwegs nur der Mehrwert dieser Stufe besteuert wird:**

	Umsatzsteuer 16 % vom Verkaufspreis 2.000,00 DM ..	320,00 DM
–	**Vorsteuer** 16 % vom Einkaufspreis 1.600,00 DM ..	256,00 DM
	USt-Zahllast	**64,00 DM**

Das Mehrwertsteuersystem besteuert den Mehrwert jeder Stufe. Die Umsatzsteuer wird deshalb auch oft „Mehrwertsteuer" genannt.

Zusammenfassung

- Die **Umsatzsteuer ist** ausschließlich **vom Endverbraucher zu tragen.** Der **Unternehmer oder Selbstständige** muss die Umsatzsteuer im Namen des Finanzamtes in Rechnung stellen, vereinnahmen und an das Finanzamt abführen. Da sie **vorsteuerabzugsberechtigt** sind, belastet sie die Umsatzsteuer nicht. Die Umsatzsteuer ist ihrer Wirkung nach eine Endverbrauchersteuer.
- **Der Umsatzsteuer unterliegen vor allem alle Lieferungen und Leistungen,** die im Rahmen eines **Unternehmens** im **Inland** gegen **Entgelt** ausgeführt werden.
- Die **Umsatzsteuer auf allen Ausgangsrechnungen** (= Verkäufe) stellt eine **Schuld** gegenüber dem Finanzamt dar, die auf dem **Passivkonto „Umsatzsteuer"** zu buchen ist.
- Die **Umsatzsteuer auf allen Eingangsrechnungen** (= Einkäufe) ist die **Vorsteuer.** Sie stellt eine **Forderung** an das Finanzamt dar und wird deshalb auf dem **Aktivkonto „Vorsteuer"** gebucht.
- **Nur ein Unternehmer oder ein Selbstständiger ist zum Vorsteuerabzug berechtigt.**
- Die **Umsatzsteuervoranmeldung** wird in der Regel **monatlich** eingereicht:

	Umsatzsteuer des Monats Januar	12.000,00 DM
–	**Vorsteuer** des Monats Januar	8.000,00 DM
	Umsatzsteuerzahllast für Januar	**4.000,00 DM**

Am Ende des Jahres ist eine **Jahresumsatzsteuererklärung** abzugeben.

- **Ermittlung der USt-Zahllast.** Der Saldo des Kontos Vorsteuer ist auf das Umsatzsteuerkonto zu übertragen, sofern die geschuldete Umsatzsteuer größer ist. Der Saldo im Umsatzsteuerkonto ergibt dann die Umsatzsteuerzahllast.

S	**Vorsteuer**	H
Vorsteuer aus Eingangsrechnungen	Saldo	

S	**Umsatzsteuer**	H
Vorsteuerguthaben	Umsatzsteuer aus Ausgangsrechnungen	
USt-Zahllast		

S	**Bank**	H
	USt-Zahllast	

S	**Schlussbilanzkonto**	H
	USt-Zahllast	

Die **USt-Zahllast** ist bis zum 10. des Folgemonats **zu überweisen und zum 31. Dezember zu passivieren.**

- **Ist die Vorsteuer höher** als die Umsatzsteuerverbindlichkeit, **wird der Saldo des Umsatzsteuerkontos auf das Vorsteuerkonto übertragen.** Der **Saldo des Vorsteuerkontos** weist dann den **Vorsteuerüberhang** aus.

S	**Vorsteuer**	H
Vorsteuer aus Eingangsrechnungen	Umsatzsteuer	
	Vorsteuerüberhang	

S	**Umsatzsteuer**	H
Saldo	Umsatzsteuer aus Ausgangsrechnungen	

S	**Bank**	H
Vorsteuerüberhang		

S	**Schlussbilanzkonto**	H
Vorsteuerüberhang		

Der **Vorsteuerüberhang** wird auf Antrag **überwiesen oder verrechnet** und zum 31. Dezember **aktiviert.**

- Der Umsatzsteuer liegt das **Mehrwertsteuersystem** zugrunde. Durch den **Vorsteuerabzug** erreicht man, dass lediglich der **Mehrwert auf jeder Stufe** des Warenwegs **besteuert** wird.

Aufgaben

69 1. *Bilden Sie zu folgenden Geschäftsfällen die Buchungssätze und buchen Sie auf den Konten:*

Wareneingang, Vorsteuer, Verbindlichkeiten a. LL, Forderungen a. LL, Warenverkauf, Umsatzsteuer, Bankguthaben (AB 160.000,00 DM).

a) ER 407:	Warenwert	40.000,00 DM
	+ 16 % Umsatzsteuer	6.400,00 DM
	Rechnungsbetrag	46.400,00 DM
b) AR 354:	Warenwert	60.000,00 DM
	+ 16 % Umsatzsteuer	9.600,00 DM
	Rechnungsbetrag	69.600,00 DM

2. *Ermitteln Sie buchhalterisch die Zahllast und nennen Sie den Buchungssatz.*
3. *Nennen Sie den Buchungssatz für die Überweisung der Zahllast zum 10. des Folgemonats.*
4. *Buchen Sie auf den entsprechenden Konten.*

70 *Bilden Sie zu folgenden Geschäftsfällen die Buchungssätze:*

1.	Zieleinkauf von Waren lt. ER 234, Warenwert	25.000,00 DM	
	+ Umsatzsteuer	4.000,00 DM	29.000,00 DM
2.	ER 235: Inspektion des LKW, netto	1.600,00 DM	
	+ Umsatzsteuer	256,00 DM	1.856,00 DM
3.	Zielverkauf von Waren lt. AR 345, Warenwert	45.000,00 DM	
	+ Umsatzsteuer	7.200,00 DM	52.200,00 DM
4.	AR 346: Verkauf von Waren gegen Bankscheck, netto	8.500,00 DM	
	+ Umsatzsteuer	1.360,00 DM	9.860,00 DM
5.	ER 236: Kauf eines PC-Farbdruckers, netto ..	1.800,00 DM	
	+ Umsatzsteuer	288,00 DM	2.088,00 DM
6.	ER 237: Dachreparatur am Geschäftsgebäude, netto	15.600,00 DM	
	+ Umsatzsteuer	2.496,00 DM	18.096,00 DM
7.	ER 238: Kauf eines Geschäftswagens, netto .	36.500,00 DM	
	+ Umsatzsteuer	5.840,00 DM	42.340,00 DM
8.	ER 239: Kauf von Büromaterial, netto	450,00 DM	
	+ Umsatzsteuer	72,00 DM	522,00 DM

71 siehe „Prozentrechnung", Kap. 9.4

Der Elektrogroßhandel Dirk Bach hat lt. ER 123 Büromaterial für brutto 174,00 DM, also einschließlich 16 % Umsatzsteuer, gegen Barzahlung erworben.

Ermitteln Sie aus dem Bruttopreis (= 116 %)

1. die darin enthaltene Umsatzsteuer (= 16 %) und
2. den Nettopreis (= 100 %).

72 Das Tuchgroßhandelsunternehmen Werner Theuer hat in der Buchhandlung Badicke das Fachbuch „Die Umsatzbesteuerung im innergemeinschaftlichen Warenverkehr" für brutto 128,40 DM gegen Barzahlung erworben. Der Beleg enthält den Hinweis: „Im Betrag sind 7 % Umsatzsteuer enthalten."

Ermitteln Sie aus dem Bruttobetrag

1. den Nettowert und
2. die Umsatzsteuer.

73 *Buchen Sie den folgenden Beleg*

1. als Ausgangsrechnung und
2. als Eingangsrechnung:

Deutsche Papier AG
Leipzig

Deutsche Papier AG · Buchenstraße 22–32 · 04129 Leipzig

Katja Kern
Papiergroßhandlung
Bonner Wall 45 - 55

50677 Köln

EINGEGANGEN
..-05-15

Rechnung 39 456 ..-05-10

Ihre Bestellung vom 30. April ..

Wir lieferten auf Ihre Rechnung und Gefahr

15 Paletten Druckpapier je 2.800,00 DM netto	42.000,00 DM
+ 16 % Umsatzsteuer	6.720,00 DM
	48.720,00 DM

Zahlungsbedingungen: 30 Tage netto Kasse
Dresdner Bank, Leipzig, Konto 345 678 90 (BLZ 860 800 00)

74 In der Papiergroßhandlung K. Kern liegen folgende Belege zur Buchung vor:

Beleg 1

Netto	DM 370	Pf 00
+ 16 % USt	DM 59	Pf 20
Gesamt	DM 429	Pf 20

Quittung
Nr.

Gesamtbetrag DM in Worten
vierhundertneunundzwanzig — Pfennige wie oben
(Im Gesamtbetrag sind 16 % Umsatzsteuer enthalten)
von Katja Kern, Papiergroßhandlung
für Reparaturarbeiten an der Heizungsanlage
richtig erhalten zu haben, bestätigt
Ort Köln Datum ..-12-30
Buchungsvermerke
Stempel/Unterschrift des Empfängers
Helmut Götz
Sanitär und Heizung
Sonnenweg 15
51061 Köln
Götz

Beleg 2

FANO AUTOPORT

S. Gunkel
Slabystraße 54
50735 KÖLN

* SÄULEN-NR. 10
* Diesel
* Liter 150 x 1,35 DM

TOTAL 202,50

Im Gesamtbetrag sind
16 % Umsatzsteuer
enthalten.

VIELEN DANK
GUTE FAHRT!

Nennen Sie zu den Belegen 1 und 2 jeweils den Buchungssatz.

646474

75 Zum 31. Dezember weisen die Konten „Vorsteuer" und „Umsatzsteuer" folgende Beträge aus:

S	Vorsteuer		H
...	230.000,00	...	200.000,00

S	Umsatzsteuer		H
...	520.000,00	...	600.000,00

1. *Schließen Sie die obigen Konten ab. Richten Sie dazu das Schlussbilanzkonto ein.*
2. *Nennen Sie die Buchungssätze.*
3. *Was sagt Ihnen der Saldo zum 31. Dezember?*

76 Die nachstehenden Konten weisen zum 31. Dezember folgende Summen aus:

S	Vorsteuer		H
...	450.000,00	...	360.000,00

S	Umsatzsteuer		H
...	730.000,00	...	770.000,00

1. *Schließen Sie die obigen Konten ab. Richten Sie dazu das Schlussbilanzkonto ein.*
2. *Nennen Sie die Buchungssätze.*
3. *Was sagt Ihnen der Saldo zum 31. Dezember?*

77 *Ergänzen Sie folgende Aussagen:*

1. Die Umsatzsteuer ist nur vom ••• zu tragen. Sie belastet das ••• nicht.
2. Nur Unternehmen und Personen, die umsatzsteuerpflichtige Lieferungen und Leistungen im ••• gegen ••• erbringen, sind zum Abzug der ••• berechtigt.
3. Die Vorsteuer stellt eine ••• gegenüber dem Finanzamt dar. Die Umsatzsteuer ist dagegen eine ••• gegenüber dem Finanzamt.
4. Die Zahllast wird in der Regel ••• ermittelt und bis zum ••• des ••• an das Finanzamt überwiesen.
5. Die Zahllast des Monats Dezember ist in der Schlussbilanz zu •••. Ein Vorsteuerüberhang ist zum 31. Dezember zu •••.
6. Mehrwert ist der ••• zwischen dem Nettoverkaufs- und Nettoeinkaufspreis. Durch den Vorsteuerabzug wird erreicht, dass auf jeder Stufe des Warenwegs nur der ••• dieser Stufe besteuert wird.
7. In Rechnungen an ••• ist die Umsatzsteuer ••• auszuweisen. Die Rechnungen enthalten den •••, die ••• und den •••.
8. In Kleinbetragsrechnungen bis ••• DM genügt die Angabe des im Rechnungsbetrag enthaltenen •••.

78 *Ordnen Sie die Begriffe Zahllast, Vorsteuerüberhang, Aktivierung und Passivierung entsprechend zu.*

1. Umsatzsteuer des Monats Dezember > Vorsteuer des Monats Dezember
2. Umsatzsteuer des Monats Dezember < Vorsteuer des Monats Dezember

79 Im Dezember hatte die Handels-GmbH, Düsseldorf, folgende Umsätze: Verkäufe netto 600.000,00 DM, Einkäufe netto 800.000,00 DM, allgemeiner Steuersatz.

1. *Richten Sie die erforderlichen Konten ein.*
2. *Buchen Sie die Vorgänge summarisch und nennen Sie die entsprechenden Buchungssätze.*
3. *Warum ergibt sich zum 31. Dezember keine Zahllast?*
4. *Wohin gelangt der Vorsteuerüberhang beim Jahresabschluss? Buchen Sie.*
5. *Inwiefern stellt die Vorsteuer eine Forderung an das Finanzamt dar? Begründen Sie.*

80 **Anfangsbestände**

	DM
Geschäftsausstattung (GA)	30.000,00
Fuhrpark	90.000,00
Warenbestände	128.000,00
Forderungen a. LL	34.000,00
Kasse	6.000,00
Bankguthaben	35.000,00
Verbindlichkeiten a. LL	43.000,00
Eigenkapital	280.000,00

Kontenplan

Bestandskonten: GA, Fuhrpark, Warenbestände, Forderungen a. LL, Vorsteuer, Kasse, Bank, Verbindlichkeiten a. LL, Umsatzsteuer, Eigenkapital: Schlussbilanzkonto.

Erfolgskonten: Wareneingang, Warenverkauf, Löhne: Gewinn- und Verlustkonto.

Geschäftsfälle

	DM
1. Zieleinkauf von Waren lt. ER 11–14	
Nettopreis	11.000,00
+ Umsatzsteuer	1.760,00
Rechnungsbeträge	12.760,00
2. Kauf eines Transportwagens lt. ER 15	
Nettopreis	40.000,00
+ Umsatzsteuer	6.400,00
Rechnungsbetrag	46.400,00
3. Banküberweisung an Lieferer, Rechnungsbeträge	8.700,00
4. Unsere Banküberweisung für Löhne	4.400,00
5. Kauf von Waren lt. ER 16	
Nettopreis	2.500,00
+ Umsatzsteuer	400,00
Rechnungsbetrag	2.900,00
6. Verkauf von Waren lt. AR 10–12	
Nettopreis	23.000,00
+ Umsatzsteuer	3.680,00
Rechnungsbeträge	26.680,00
7. Banküberweisung von Kunden, Rechnungsbeträge	5.800,00
8. Verkauf von Waren lt. AR 13–18	
Nettopreis	60.400,00
+ Umsatzsteuer	9.664,00
Rechnungsbeträge	70.064,00
9. Banküberweisung für ER 15, vgl. Geschäftsfall 2	46.400,00

Abschlussangaben

1. Die Zahllast für die Umsatzsteuer ist zu ermitteln und auf die Passivseite des Schlussbilanzkontos einzustellen, d. h. zu passivieren.
2. Inventurbestand an Waren 82.000,00
3. Die übrigen Buchwerte stimmen mit den Inventurwerten überein.

81

Anfangsbestände

	DM		DM
Geschäftsausstattung ...	60.000,00	Kasse	6.000,00
Fuhrpark	140.000,00	Bankguthaben	40.000,00
Warenbestände	156.000,00	Verbindlichkeiten a. LL ..	43.000,00
Forderungen a. LL	44.000,00	Eigenkapital	403.000,00

Kontenplan

Bestandskonten: GA, Fuhrpark, Warenbestände, Forderungen a. LL, Vorsteuer, Kasse, Bank, Verbindlichkeiten a. LL, Umsatzsteuer, Eigenkapital: Schlussbilanzkonto.

Erfolgskonten: Wareneingang, Gehälter, Werbeaufwendungen, Büromaterial, Porto – Telefon – Telefax, Instandhaltung, Warenverkauf: Gewinn- und Verlustkonto.

Geschäftsfälle

		DM	DM
1.	Zielverkauf von Waren lt. AR 123		
	Nettopreis	64.000,00	
	+ Umsatzsteuer	10.240,00	
	Rechnungsbetrag		74.240,00
2.	Barkauf von Kopierpapier, Nettopreis	200,00	
	+ Umsatzsteuer	32,00	232,00
3.	Zieleinkauf von Waren lt. ER 432		
	Nettopreis	9.600,00	
	+ Umsatzsteuer	1.536,00	11.136,00
4.	Banküberweisung der Gehälter		13.950,00
5.	Banküberweisung für unsere Werbeanzeige		
	Nettopreis	700,00	
	+ Umsatzsteuer	112,00	812,00
6.	Zielverkauf von Waren lt. AR 124-131		
	Nettopreis	48.200,00	
	+ Umsatzsteuer	7.712,00	55.912,00
7.	Barzahlung für Fahrzeugreparatur, Nettopreis	500,00	
	+ Umsatzsteuer	80,00	580,00
8.	Zieleinkauf von Waren lt. ER 433–438		
	Nettopreis	2.800,00	
	+ Umsatzsteuer	448,00	3.248,00
9.	Banküberweisung von Kunden		8.352,00
10.	Banküberweisung der Telefonrechnung, netto	500,00	
	+ Umsatzsteuer	80,00	580,00

Abschlussangaben

1. Ermittlung und Passivierung der Umsatzsteuer-Zahllast.
2. Schlussbestand an Waren lt. Inventur 84.000,00

82

1. *Wie errechnet man die USt-Zahllast? Für welchen Zeitraum wird sie in der Regel ermittelt? Bis zu welchem Termin ist die USt-Zahllast spätestens an das Finanzamt abzuführen?*
2. *Im Monat Dezember beträgt die Vorsteuer 156.000,00 DM, die Umsatzsteuer aufgrund der Ausgangsrechnungen nur 104.000,00 DM. Buchen Sie zum 31. Dezember den Abschluss.*
3. *Erläutern Sie, inwiefern die Umsatzsteuer für das Unternehmen grundsätzlich ein „durchlaufender" Posten ist.*

1.12 Lineare Abschreibung der Sachanlagen[1]

1.12.1 Ermittlung der Anschaffungskosten

Situation Die Papiergroßhandlung Kern erwirbt am 5. Januar einen LKW aufgrund nebenstehender Rechnung:

Wie hoch sind die Anschaffungskosten des LKWs?

	LKW HS 404	148.000,00	
–	5 % Kundenrabatt ..	7.400,00	**140.600,00**
+	Sonderzubehör	8.100,00	
+	Überführungskosten	850,00	
+	Zulassungskosten ...	450,00	**9.400,00**
+	Umsatzsteuer		**24.000,00**
	Rechnungsbetrag		**174.000,00**

Zu den **Sachanlagen** eines Unternehmens zählen vor allem Grundstücke, Gebäude, Technische Anlagen und Maschinen, Betriebs- und Geschäftsausstattung, Fuhrpark u. a. Wie alle anderen Vermögensgegenstände (z. B. Waren) sind auch die Sachanlagen zum **Zeitpunkt ihrer Anschaffung** zu ihren **Anschaffungskosten** zu **aktivieren,** d. h. auf der Sollseite des entsprechenden Aktivkontos zu buchen.

Zu den Anschaffungskosten eines Anlagegutes **rechnen nach § 255 HGB** außer dem **Kaufpreis** (netto) auch **alle Nebenkosten** (netto), die anfallen, um den Vermögensgegenstand zu erwerben **und** in Betrieb zu nehmen, wie z. B. Bezugs- und Montagekosten, Zulassungsgebühren, Notarkosten und Grunderwerbsteuer (3,5 %) beim Erwerb eines Grundstücks u. a. m. Die Umsatzsteuer zählt natürlich nicht zu den Anschaffungskosten, da sie als Vorsteuer voll abzugsfähig ist. **Preisnachlässe,** wie z. B. Skonto und Rabatt, **mindern den Anschaffungspreis.**

	Anschaffungspreis (netto)	148.000,00 DM	
–	Anschaffungspreisminderung (5 % Rabatt)	7.400,00 DM	140.600,00 DM
+	Anschaffungsnebenkosten (netto)		9.400,00 DM
	Anschaffungskosten		**150.000,00 DM**

Buchungssatz	Soll	Haben
Fuhrpark	150.000,00	
Vorsteuer	24.000,00	
an **Verbindlichkeiten a. LL**		174.000,00

S	**Fuhrpark**	H
Verb. a. LL	150.000,00	

S	**Verbindlichkeiten a. LL**	H
	Fuhrp./VSt	174.000,00

S	**Vorsteuer**	H
Verb. a. LL	24.000,00	

1.12.2 Notwendigkeit der Sachanlagenabschreibung

Sachanlagen sind dazu bestimmt, dem Unternehmen **langfristig** zu dienen. Im Gegensatz zu den **nicht abnutzbaren** Sachanlagen (z. B. Grundstücke) verringert sich der Anschaffungswert der **abnutzbaren** Sachanlagen (z. B. o. g. LKW) ständig.

Die Wertminderung der Sachanlagen ist technisch oder wirtschaftlich bedingt. Die **technische Entwertung** tritt während des Gebrauchs durch **Abnutzung** oder durch **Natureinflüsse** (Verrosten) ein. Die **wirtschaftliche Wertminderung** ergibt sich beispielsweise durch **technischen Fortschritt** (das Anlagegut ist technisch überholt), **Preissenkung** am Markt oder durch **höhere Gewalt** (Brandschaden).

1 siehe auch Kapitel 6.3.4 Die Bewertung des Anlagevermögens

Abnutzbare Sachanlagen sind in ihrer **Nutzung zeitlich begrenzt.** Für jedes Anlagegut muss daher die **betriebsgewöhnliche Nutzungsdauer** bestimmt werden. Man versteht darunter die **Zeitspanne,** in der es **wirtschaftlich sinnvoll** ist, das Anlagegut im Betrieb zu nutzen. Davon ist die Lebensdauer des Anlagegutes zu unterscheiden. **Steuerliche Abschreibungstabellen** weisen die Nutzungsdauer der Anlagegüter aus:

Branchenneutrale Anlagegüter (Auszug)	Nutzungsdauer in Jahren	Lineare Abschreibung
Geschäftsgebäude	25–40	4–2,5 %
PKW, LKW	4–5	25–20 %
Sonstige Fahrzeuge (Stapler u. a.)	5	20 %
Lagereinrichtungen	10	10 %
Büromöbel	10	10 %
EDV-Anlagen u. a.	5	20 %

1.12.3 Berechnung und Buchung der jährlichen Abschreibung

Situation Der oben genannte LKW hat eine betriebsgewöhnliche Nutzungsdauer von fünf Jahren. Er soll in jährlich gleichen (linearen) Beträgen abgeschrieben werden.

Wie berechnet man den jährlichen (linearen) Abschreibungsbetrag, den Abschreibungssatz in Prozent sowie den Buch- bzw. Restwert des LKWs?

$$\textbf{Abschreibungsbetrag} = \frac{\text{Anschaffungskosten}}{\text{Nutzungsjahre}} = \frac{150.000{,}00}{5} = \textbf{30.000,00 DM}$$

$$\textbf{Abschreibungssatz in \%} = \frac{100}{\text{Nutzungsjahre}} = \frac{100}{5} = \textbf{20 \%}$$

Ermittlung des Buchwertes bei linearer Abschreibung	20 % Abschreibung von den Anschaffungskosten
Anschaffungskosten – Abschreibung zum 31. Dez. 01	150.000,00 DM **30.000,00 DM**
Buchwert zum 31. Dez. 01 – Abschreibung zum 31. Dez. 02	120.000,00 DM **30.000,00 DM**
Buchwert zum 31. Dez. 02 – Abschreibung zum 31. Dez. 03	90.000,00 DM **30.000,00 DM**
Buchwert zum 31. Dez. 03 – Abschreibung zum 31. Dez. 04	60.000,00 DM **30.000,00 DM**
Buchwert zum 31. Dez. 04 – Abschreibung zum 31. Dez. 05	30.000,00 DM **30.000,00 DM**
Buchwert zum 31. Dez. 05	**0,00 DM**

Die Tabelle zeigt, dass die **Abschreibung** in jedem Nutzungsjahr **gleich (linear)** ist. Deshalb wird am Ende der Nutzungsdauer der **Nullwert** erreicht. Wird der LKW weiterhin genutzt, werden im letzten Jahr nur 29.999,00 DM abgeschrieben, sodass der LKW dann noch mit einem **Erinnerungswert** von 1,00 DM ausgewiesen wird.

Die **Abschreibung** abnutzbarer Anlagegüter wird als **Aufwand** auf dem Konto

Abschreibungen auf Sachanlagen (SA)

erfasst. Das **Steuerrecht** spricht von **A**bsetzung **f**ür **A**bnutzung, kurz **AfA. Durch lineare Abschreibung** werden die **Anschaffungskosten** eines Anlagegutes **planmäßig** als Aufwand **auf seine Nutzungsjahre verteilt** (§ 253 Abs. 2 HGB). Deshalb wird jedes Nutzungsjahr mit dem **gleichen** Abschreibungsbetrag in der **GuV-Rechnung** belastet.

Buchung der Abschreibung zum 31. Dezember des ersten Nutzungsjahres:

Buchungssatz	Soll	Haben
❶ **Abschreibungen auf SA**	30.000,00	
an **Fuhrpark**		30.000,00

Abschlussbuchungen	Soll	Haben
❷ **Gewinn- und Verlustkonto**	30.000,00	
an **Abschreibungen auf SA**		30.000,00
❸ **Schlussbilanzkonto**	120.000,00	
an **Fuhrpark**		120.000,00

Nach Buchung der Abschreibung weist das Konto „Fuhrpark" den **LKW-Restwert** aus:

S	Fuhrpark		H
Verb. a. LL	150.000,00	❶ Abschr.	30.000,00
		❸ SBK	120.000,00

S	Abschreibungen auf SA		H
❶ Fuhrpark	30.000,00	❷ GuV	30.000,00

S	Schlussbilanzkonto		H
❸ Fuhrpark	120.000,00		

S	Gewinn- und Verlustkonto		H
...	300.000,00	...	400.000,00
❷ Abschr.	30.000,00		
Gewinn	**?**		

Der Abschreibungsaufwand mindert den Gewinn und damit die Steuerlast des Unternehmers (z. B. die Einkommensteuer). *Wie hoch ist im vorstehenden Beispiel der Gewinn mit und ohne Berücksichtigung der Abschreibung?*

Für die buchhalterische Verwaltung des vielfältigen Sachanlagevermögens muss eine **Anlagenbuchhaltung als Nebenbuchhaltung** eingerichtet werden. Das geschieht in Form einer **Anlagenkartei,** in der für jeden Sachanlagegegenstand eine besondere **Anlagenkarte mit folgenden Angaben** zu führen ist (siehe auch S. 17):

Inventarnummer, Kontonummer in der Hauptbuchhaltung, Bezeichnung der Sachanlage, Anschaffungszeitpunkt, Anschaffungskosten, betriebsgewöhnliche Nutzungsdauer, Abschreibungsbetrag, Buchwert. Auf der Rückseite der Anlagenkarte werden zusätzlich vermerkt: Lieferer der Sachanlage, Garantie, Instandsetzungen, Versicherungswert u. a. m.

Konto-/Inventar-Nr. 0340/41	**Bezeichnung der Anlage** LKW HS 404		**Standort (Kostenstelle)** Versandlager
Anschaffungszeitpunkt ..-01-05	**Anschaffungskosten** 150.000,00 DM		**Instandhaltungen** –
Nutzungsjahre: 5		**Jährlicher Abschreibungsbetrag:** 30.000,00 DM	
Datum	**Zugang**	**Abschreibung** linear	**Buchwert (Restwert)**
..-01-05	150.000,00 DM	–	–
..-12-31	–	30.000,00 DM	120.000,00 DM
usw.			

Die Anlagenkarten werden in der Anlagenkartei **nach Sachanlagekonten geordnet.** Zum Jahresschluss wird die **Summe der Abschreibungen jeder Anlagengruppe** (Gebäude, Technische Anlagen und Maschinen, BGA, Fuhrpark u. a.) aus den entsprechenden Anlagenkarten sowie die **Gesamtabschreibung aller Sachanlagen** ermittelt. Die **Buchung** der Abschreibung kann dann **in einem zusammengesetzten Buchungssatz** vorgenommen werden:

Abschreibungen auf SA an **Gebäude, TA und Maschinen, BGA** u. a.

Eine ordnungsmäßige **Anlagenkartei ersetzt die körperliche Inventur** der Sachanlagen. Die Buchwerte der Sachanlagegruppen können **direkt** in das Inventar und das Schlussbilanzkonto übertragen werden.

646480

1.12.4 Die Bedeutung der Abschreibung

In der **Gewinn- und Verlustrechnung** sind **Abschreibungen Aufwand,** der den Gewinn und damit die Gewinnsteuern (z. B. Einkommensteuer) mindert. In der **Kalkulation der Warenverkaufspreise** werden Abschreibungen als **Kosten** eingesetzt. Über die Verkaufserlöse fließen die einkalkulierten Abschreibungen in Form von liquiden Mitteln zurück, sofern die Verkaufspreise die Selbstkosten decken. **Abschreibungsrückflüsse** stehen somit zur **Finanzierung der Ersatzbeschaffungen** zur Verfügung.

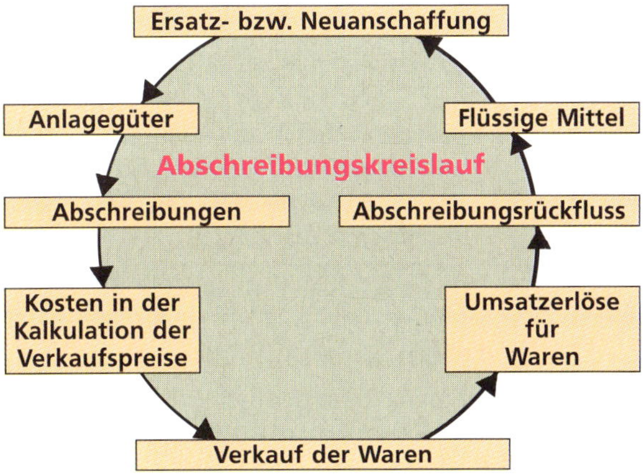

Zusammenfassung

- **Vermögensgegenstände** sind zum Zeitpunkt ihres Erwerbs mit ihren tatsächlichen **Anschaffungskosten** zu erfassen (zu aktivieren). Dazu zählen nach § 255 HGB:

	Anschaffungspreis (netto):	Listeneinkaufspreis ohne Umsatzsteuer
–	**Preisminderungen** (netto):	z. B. Rabatte, Skonti, nachträgliche Preisnachlässe
+	**Nebenkosten** (netto):	z. B. Bezugs-, Montage-, Notariatskosten, Gebühren, 3,5 % Grunderwerbsteuer, Umbaukosten u. a.
	Anschaffungskosten	

- **Wertminderungen** der Sachanlagen können **technische** (z. B. Abnutzung) oder **wirtschaftliche** (z. B. Preisverfall durch technischen Fortschritt) **Ursachen** haben. Sie werden zum Jahresschluss durch Abschreibungen erfasst.
- **Abnutzbare Sachanlagen** sind in ihrer **Nutzung zeitlich begrenzt.** Sie werden deshalb **planmäßig, d. h. nach ihrer Nutzungsdauer,** abgeschrieben. Bei **linearer** Abschreibung sind die jährlichen **Abschreibungsbeträge gleich hoch. Außergewöhnliche Wertminderungen** (z. B. Brandschaden) bedingen eine **außerplanmäßige Abschreibung.**
- Bei **linearer** Abschreibung werden die **Anschaffungskosten** einer Sachanlage in **gleichen** Beträgen **auf** die einzelnen **Nutzungsjahre** als Aufwand **verteilt. Vorteil:** Die **Gewinn- und Verlustrechnungen** der Nutzungsjahre werden **gleichmäßig belastet.**
- **Abschreibungen sind ein bedeutendes Mittel der Finanzierung.** Als Aufwand **mindern** sie den Gewinn und somit die **gewinnabhängigen Steuern** (z. B. Einkommensteuer, Gewerbesteuer) **und die Gewinnausschüttung.** Über die Verkaufserlöse **fließen** die als Kosten in die Verkaufspreise **einkalkulierten Abschreibungen** in Form **liquider Mittel** in das Unternehmen **zurück.**
- **Die Anlagenkartei ergänzt und erläutert als Nebenbuchhaltung die Sachanlagekonten.** Sie ist Voraussetzung für eine rationelle **Sammelabschreibung** und **befreit von der körperlichen Bestandsaufnahme** der Sachanlagen.

83 Die Baustoffgroßhandlung Stern hat einen LKW zum Preis von 182.000,00 DM netto + Umsatzsteuer angeschafft. Der LKW wurde mit einer Werbeaufschrift für das Unternehmen versehen, die 8.000,00 DM + Umsatzsteuer ausmachte. Die beiden Rechnungen sind noch nicht beglichen. Die Zulassungsgebühren werden mit 150,00 DM und die Nummernschilder mit 100,00 DM + USt bar bezahlt.

1. *Ermitteln Sie die Anschaffungskosten des LKWs.*
2. *Warum zählen die Zulassungskosten zu den Anschaffungsnebenkosten, nicht aber die Kraftfahrzeugsteuer und Kraftfahrzeugversicherung?*
3. *Buchen Sie die Anschaffungskosten des LKWs.* Konten: Fuhrpark, Vorsteuer, Kasse, Verbindlichkeiten a. LL.
4. *Wie hoch wären die Anschaffungskosten, wenn uns der Lieferer 2 % Skonto gewährt hätte?*

84 Der in der vorhergehenden Aufgabe genannte LKW hat eine betriebsgewöhnliche Nutzungsdauer von fünf Jahren und soll in gleichen Jahresbeträgen abgeschrieben werden.

1. *Ermitteln Sie den jährlichen Abschreibungsbetrag.*
2. *Wie hoch ist der Buchwert des LKWs am Ende des ersten Nutzungsjahres?*
3. *Nennen Sie den Buchungssatz für die Abschreibung.*
4. *Wie lauten die Abschlussbuchungssätze?*
5. *Buchen Sie auf den Konten Fuhrpark, Abschreibungen auf SA, GuV, SBK.*

85 Anschaffung einer Hebebühne in der Baustoffgroßhandlung Stern. Die Rechnung lautet über 160.000,00 DM + Umsatzsteuer. Die Transportkosten werden vom Spediteur mit 5.000,00 DM + Umsatzsteuer in Rechnung gestellt. Für Installationsarbeiten werden 25.000,00 DM + Umsatzsteuer berechnet. Die TÜV-Gebühr wird mit Bankscheck beglichen: 500,00 DM + Umsatzsteuer.

1. *Ermitteln Sie die Anschaffungskosten der Hebebühne.*
2. *Nennen Sie die Buchungssätze und buchen Sie auf den Konten Technische Anlagen und Maschinen, Vorsteuer, Bank, Verbindlichkeiten a. LL.*

86 Die Hebebühne in Aufgabe 85 hat eine Nutzungsdauer von 20 Jahren.

1. *Berechnen Sie die jährliche AfA bei gleichen Abschreibungsbeträgen.*
2. *Nennen Sie den Buchungssatz für die Abschreibung am Ende des ersten Nutzungsjahres.*
3. *Buchen Sie die Abschreibung auf Konten und schließen Sie diese ab.*
4. *Wie hoch ist der Buchwert der Hebebühne nach fünf Nutzungsjahren?*

87 Die Anschaffungskosten einer Verpackungsanlage betragen 400.000,00 DM, die Nutzungsdauer wird auf 10 Jahre geschätzt.

1. *Ermitteln Sie bei linearer Abschreibung jeweils den Abschreibungsbetrag und Abschreibungssatz.*
2. *Erstellen Sie die Abschreibungstabelle.*
3. *Buchen Sie für das erste Jahr die Abschreibung. Richten Sie dazu folgende Konten ein: Technische Anlagen und Maschinen, Abschreibungen auf Sachanlagen, Schlussbilanzkonto, GuV-Konto.*

88 *Folgende Konten sind einzurichten:* Techn. Anlagen und Maschinen 220.000,00 DM, Betriebs- und Geschäftsausstattung 90.000,00 DM, Fuhrpark 140.000,00 DM, Abschreibungen auf Sachanlagen, GuV-Konto, Schlussbilanzkonto.

646482

Buchen Sie die Abschreibungen, wenn lt. Inventur folgende Schlussbestände vorhanden sind: Techn. Anlagen und Maschinen 196.000,00 DM, Fuhrpark 113.000,00 DM, Betriebs- und Geschäftsausstattung 81.000,00 DM.

Führen Sie den Abschluss der Konten durch.

---

89 **Anfangsbestände**
TA und Maschinen 120.000,00 DM, Betriebs- und Geschäftsausstattung 35.000,00 DM, Fuhrpark 30.000,00 DM, Warenbestände 44.000,00 DM, Forderungen a. LL 9.000,00 DM, Kasse 8.000,00 DM, Bank 48.000,00 DM, Verbindlichkeiten a. LL 24.000,00 DM, Darlehensschulden 30.000,00 DM, Eigenkapital 240.000,00 DM.

Bestandskonten: TA und Maschinen, Betriebs- und Geschäftsausstattung, Fuhrpark, Waren, Forderungen a. LL, Kasse, Bank, Verbindlichkeiten a. LL, Darlehensschulden, Eigenkapital, Umsatzsteuer, Vorsteuer: Schlussbilanzkonto.

Erfolgskonten: Wareneingang, Löhne, Betriebliche Steuern, Abschreibungen auf Sachanlagen, Warenverkauf: Gewinn- und Verlustkonto.

Geschäftsfälle	DM
1. Kauf von Waren auf Ziel, netto	3.800,00
+ Umsatzsteuer	608,00
2. Banküberweisung eines Kunden	3.200,00
3. Banküberweisung an einen Lieferer	3.300,00
4. Banküberweisung für Gewerbesteuer	950,00
5. Lohnzahlung durch Banküberweisung	4.100,00
6. Teilrückzahlung eines Darlehens durch Banküberweisung	3.500,00
7. Verkauf von Waren auf Ziel, netto	68.200,00
+ Umsatzsteuer	10.912,00

Abschlussangaben

1. Abschreibungen: TA und Maschinen 12.000,00 DM, BGA 2.500,00 DM, Fuhrpark 3.000,00 DM.
2. Endbestand an Waren lt. Inventur 11.650,00

---

90 *Ergänzen Sie die folgenden Aussagen in Ihrem Arbeitsheft:*

1. In der Erfolgsrechnung eines Unternehmens stellen Abschreibungen auf Sachanlagen ••• dar, die den ••• vermindern oder den ••• erhöhen.
2. Durch ••• Abschreibungen werden die Ausgaben für die Anschaffungskosten auf die ••• als ••• verteilt, wodurch die Erfolgsrechnungen der einzelnen ••• ••• belastet werden.
3. Planmäßige Abschreibung bedeutet Abschreibung nach der ••• der Sachanlage.
4. Abschreibungen auf Sachanlagen haben ••• und/oder ••• Ursachen.
5. Außergewöhnliche Wertminderungen bedürfen einer ••• Abschreibung.
6. AfA bedeutet: ••• für •••.
7. Die Anlagenkartei ist eine •••buchhaltung, die die •••konten der Hauptbuchhaltung erläutert. Sie ••• die ••• Inventur der Sachanlagen.
8. Abschreibungen vermindern den Bestand in den Sachanlagekonten und im Konto •••. Diese Art der Wertveränderung heißt Aktiv-/Passiv•••.

91

1. *Wie wirken sich Abschreibungen auf die Sachanlagekonten und das Eigenkapital aus?*
2. Abschreibungen sind ein bedeutendes Mittel der Finanzierung. *Begründen Sie.*

1.13 Buchungen auf Privatkonten[1]

1.13.1 Privatentnahmen und Privateinlagen

Situation Für ihren Lebensunterhalt entnimmt Frau Kern Geldbeträge sowohl der Geschäftskasse als auch dem Bankkonto.

Privatentnahmen. Frau Kern setzt Kapital und ihre Arbeitskraft ein, um in ihrem Unternehmen Gewinn zu erzielen. Der Gewinn ist ihr Einkommen, aus dem sie ihren Lebensunterhalt bestreiten muss. Im Vorgriff auf diesen Gewinn entnimmt Frau Kern monatlich Haushaltsgeld aus ihrer Geschäftskasse. Außerdem begleicht sie private Zahlungen über das betriebliche Bankkonto, wie z. B. Arztrechnungen, Einkommen- und Kirchensteuern, Spenden u. a. Diese Privatentnahmen sind keine Aufwendungen ihres Großhandelsbetriebes. Sie **mindern** jedoch ihr **Eigenkapital.**

Privateinlagen. Sie liegen vor, wenn Frau Kern aus ihrem Privatvermögen Geld- oder Sachwerte (z. B. Grundstücke, Privat-PKW u. a.) in das Vermögen ihres Unternehmens einbringt. Diese Privateinlagen **erhöhen** dann ihr **Eigenkapital.**

Privatentnahmen und Privateinlagen verändern das Eigenkapital und wären deshalb auch direkt über das Eigenkapitalkonto zu buchen. Da eine Vielzahl dieser Buchungen das Eigenkapitalkonto jedoch unübersichtlich machen würde, wird für

„Privatentnahmen" und **„Privateinlagen"**

jeweils ein gleichnamiges **Unterkonto des Eigenkapitalkontos** eingerichtet.

Auf den Privatkonten ist wie auf dem Eigenkapitalkonto zu buchen. Entnahmen werden als Kapitalminderung **im Soll** des Kontos „Privatentnahmen" gebucht, während **Einlagen** als Kapitalerhöhung **im Haben** des Kontos „Privateinlagen" erfasst werden.

Die Privatkonten werden zum Abschluss des Geschäftsjahres **über das Eigenkapitalkonto abgeschlossen:**

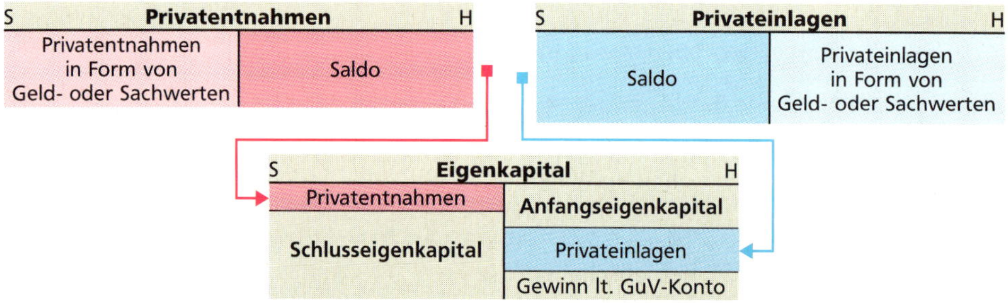

Privatkonten gibt es nur für den Einzelunternehmer und für den unbeschränkt haftenden Gesellschafter einer Personengesellschaft: Offene Handelsgesellschaft (OHG), Kommanditgesellschaft (KG).

Beispiel

1. Frau Kern hebt von ihrem betrieblichen Bankkonto 12.000,00 DM für private Ausgaben bar ab.
2. Frau Kern überweist ihre Einkommen- und Kirchensteuer in Höhe von 63.000,00 DM an das Finanzamt.
3. Aus einer Erbschaft werden Frau Kern 30.000,00 DM auf ihr betriebliches Bankkonto überwiesen.

1 Dieses Stoffgebiet ist nach wie vor in den Lehrplänen einiger Bundesländer vorhanden, obwohl es der KMK-Rahmenlehrplan von 1997 nicht mehr ausweist.

Buchungen	Soll	Haben
❶ **Privatentnahmen**	12.000,00	
an **Bank**		12.000,00
❷ **Privatentnahmen**	63.000,00	
an **Bank**		63.000,00
❸ **Bank**	30.000,00	
an **Privateinlagen**		30.000,00
❹ **Eigenkapital**	75.000,00	
an **Privatentnahmen**		75.000,00
❺ **Privateinlagen**	30.000,00	
an **Eigenkapital**		30.000,00

Privatentnahmen

S		H	
❶ Bank	12.000,00	❹ EK	75.000,00
❷ Bank	63.000,00		
	75.000,00		75.000,00

Privateinlagen

S		H	
❺ EK	30.000,00	❸	30.000,00

Bank

S		H	
AB	165.000,00	❶ Privatentn.	12.000,00
❸ Privateinl.	30.000,00	❷ Privatentn.	63.000,00

Eigenkapital

S		H	
❹ Privatentn.	75.000,00	AB	3.000.000,00
SB	2.955.000,00	❺ Privateinl.	30.000,00
	3.030.000,00		3.030.000,00

Zusammenfassung

- **Privatentnahmen** in Form von Geld- und Sachwerten erfolgen im Vorgriff auf den erwarteten Jahresgewinn. Sie **mindern das Eigenkapital.**
- **Privateinlagen** in Form von Geld- und Sachwerten **erhöhen das Eigenkapital.**
- Private Entnahmen und Einlagen bucht man aus Gründen der Klarheit auf gesonderten **Privatkonten,** die über das Eigenkapitalkonto abzuschließen sind.

Aufgaben

92 *Bilden Sie die Buchungssätze zu den folgenden Geschäftsfällen der Elektrogroßhandlung Dirk Klein und erläutern Sie deren Auswirkung:*

1. Der Geschäftsinhaber Dirk Klein überweist über das betriebliche Bankkonto 2.600,00 DM für seine Urlaubsreise.
2. Herr Klein entnimmt der Geschäftskasse 2.000,00 DM Haushaltsgeld.
3. Das Großhandelsunternehmen Klein überweist eine Spende an das Rote Kreuz in Höhe von 1.200,00 DM vom Geschäftsbankkonto.
4. Der Großhändler Klein zahlt aus seinem privaten Sparguthaben 4.000,00 DM auf das betriebliche Bankkonto ein.
5. Dirk Klein überweist die Miete für seine Wohnung vom Geschäftsbankkonto: 1.800,00 DM.
6. Dirk Klein überweist vom Geschäftsbankkonto den Kaufpreis für den Privatwagen: 38.000,00 DM.

93

1. *Richten Sie für die Elektrogroßhandlung Dirk Klein folgende Konten ein:* Privatentnahmen, Privateinlagen, Bank (AB 90.000,00 DM), Kasse (AB 4.600,00 DM), Eigenkapital (AB 200.000,00 DM + 30.000,00 DM Gewinn lt. GuV-Konto).
2. *Übertragen Sie die Buchungen der Aufgabe 92 auf die jeweiligen Konten.*
3. *Schließen Sie die Privatkonten ab. Nennen Sie den Buchungssatz.*
4. *Wie hoch ist das Eigenkapital beim Abschluss? Erläutern Sie die Eigenkapitaländerungen.*

94 *Richten Sie die Konten Eigenkapital, Gewinn und Verlust und die Privatkonten ein und übertragen Sie die folgenden Buchungsbeträge:*

	a) DM	b) DM
Anfangsbestand des Eigenkapitalkontos	500.000,00	400.000,00
Gesamtaufwendungen	650.000,00	580.000,00
Gesamterträge	790.000,00	540.000,00
Privatentnahmen	120.000,00	60.000,00
Privateinlagen	40.000,00	50.000,00

1. *Schließen Sie das Gewinn- und Verlustkonto und die Privatkonten ab.*
2. *Ermitteln Sie im Eigenkapitalkonto den Schlussbestand.*
3. *Erläutern Sie die Auswirkungen der privaten Vorgänge und des Gewinn- und Verlustkontos auf den Anfangsbestand des Eigenkapitals.*

95 *Erläutern Sie jeweils die Auswirkung auf das Anfangseigenkapital:*

1. Gewinn > Entnahmen
2. Gewinn < Entnahmen
3. Verlust < Einlagen
4. Verlust > Einlagen

96 *Buchen Sie für den Textilgroßhandel Ulrike Busch auf den Konten Bank (AB 187.000,00 DM), Unbebaute Grundstücke (AB 0,00 DM), Eigenkapitalkonto (AB 300.000,00 DM + 60.000,00 DM Gewinn lt. GuV-Konto), Privatentnahmen und Privateinlagen folgende Geschäftsfälle:*

1. Die Geschäftsinhaberin U. Busch hat ein Grundstück im Wert von 120.000,00 DM geerbt, das sie in das Betriebsvermögen eingebracht hat.
2. Für die Anmietung einer Ferienwohnung hat die Großhändlerin 2.800,00 DM vom Geschäftsbankkonto überwiesen.
3. Für private Ausgaben entnimmt U. Busch 6.000,00 DM dem Geschäftsbankkonto.
4. Die Arztrechnung für ihre Tochter überweist U. Busch mit 450,00 DM vom Geschäftsbankkonto.

1. *Schließen Sie die Privatkonten unter Nennung des Buchungssatzes ab und ermitteln Sie den Schlussbestand im Eigenkapitalkonto.*
2. *Erläutern Sie die Auswirkungen des GuV-Kontos und der Privatkonten auf das Anfangseigenkapital.*

97 *Nennen Sie als Buchhalter(in) der Papiergroßhandlung K. Kern die Buchungssätze zu folgenden drei Belegen:*

Beleg 1

KATJA KERN KÖLN Papiergroßhandlung

Quittung

Barentnahme für den Haushalt
2.000,00 DM.

Köln, ..-12-12

Katja Kern

Beleg 2

Beleg / Quittung für den Auftraggeber

Konto-Nr. des Auftraggebers
723 544 32

Empfänger
Hermann-Gmeiner-Fonds Deutschland e. V.
Menzinger Straße 23, 80638 München

Konto-Nr. des Empfängers
1 111 111 Deutsche Bank, München

Spende zur Förderung der SOS-Kinderdörfer in aller Welt

DM 650,00

Auftraggeber/Einzahler (genaue Anschrift)

Katja Kern
Papiergroßhandlung
Bonner Wall 45-55

50677 Köln

646486

Beleg 3

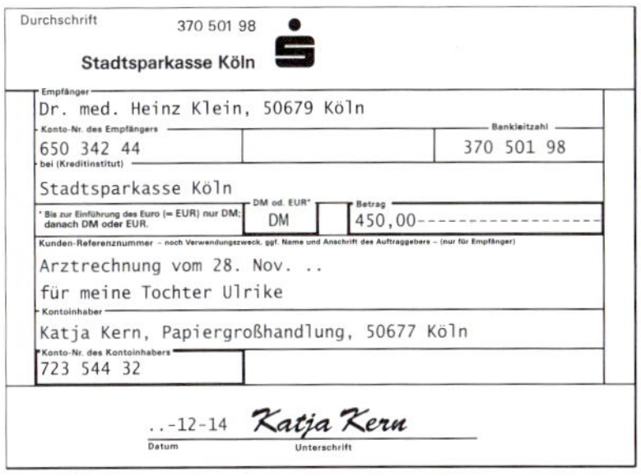
Durchschrift 370 501 98

Stadtsparkasse Köln

Empfänger: Dr. med. Heinz Klein, 50679 Köln

Konto-Nr. des Empfängers: 650 342 44 — Bankleitzahl: 370 501 98

bei (Kreditinstitut): Stadtsparkasse Köln

* Bis zur Einführung des Euro (= EUR) nur DM; danach DM oder EUR. — DM od. EUR*: DM — Betrag: 450,00----------------

Kunden-Referenznummer - noch Verwendungszweck, ggf. Name und Anschrift des Auftraggebers - (nur für Empfänger):
Arztrechnung vom 28. Nov. ..
für meine Tochter Ulrike

Kontoinhaber: Katja Kern, Papiergroßhandlung, 50677 Köln

Konto-Nr. des Kontoinhabers: 723 544 32

..-12-14 Katja Kern

Datum — Unterschrift

98

Anfangsbestände	DM		DM
BGA	420.000,00	Bankguthaben	82.000,00
Warenbestände	230.000,00	Eigenkapital	400.000,00
Forderungen a. LL	115.000,00	Darlehensschulden	286.500,00
Kasse	12.000,00	Verbindlichkeiten a. LL	172.500,00

Konten: EBK, BGA, Warenbestände, Forderungen a. LL, Vorsteuer, Kasse, Bank, Eigenkapital, Privatentnahmen, Darlehensschulden, Verbindlichkeiten a. LL, Umsatzsteuer, Warenverkauf, Zinserträge, Wareneingang, Gehälter, Instandhaltung, Büromaterial, Abschreibungen auf Sachanlagen, GuV, SBK.

Geschäftsfälle	DM	DM
1. Begleichung der Liefererrechnung ER 456 durch Banküberweisung		23.200,00
2. Verkauf von Waren lt. AR 552, netto	60.000,00	
+ Umsatzsteuer	9.600,00	69.600,00
3. Geschäftsinhaber entnimmt der Kasse für Urlaubsreise		2.500,00
4. Einkauf von Waren lt. ER 482, netto	12.000,00	
+ Umsatzsteuer	1.920,00	13.920,00
5. Banküberweisung für eine Spende an UNICEF		600,00
6. Bareinkauf von Büromaterial, netto	700,00	
+ Umsatzsteuer	112,00	812,00
7. Lastschrift der Bank für Gehaltsüberweisungen		15.000,00
8. Wohnungsmiete des Geschäftsinhabers wird vom Geschäftsbankkonto überwiesen		2.200,00
9. Zinsgutschrift der Bank		1.500,00
10. Reparatur des Geschäftswagens wird bar bezahlt, netto	700,00	
+ Umsatzsteuer	112,00	812,00
11. Verkauf von Waren lt. AR 553, Warenwert	88.000,00	
+ Umsatzsteuer	14.080,00	102.080,00
12. Banküberweisung für Reparatur am Privathaus		580,00

Abschlussangaben
1. Abschreibung auf BGA 15.000,00
2. Warenschlussbestand lt. Inventur 145.000,00

99

1. Das Eigenkapital der Baustoffgroßhandlung Wette betrug zu Beginn des Geschäftsjahres 500.000,00 DM und bei Jahresschluss 580.000,00 DM. Die Privatentnahmen betrugen 60.000,00 DM und die Privateinlagen 40.000,00 DM. *Wie hoch war der Jahreserfolg?*
2. Der Jahresgewinn des Sanitärgroßhandels E. Göbel betrug 140.000,00 DM. Im gleichen Geschäftsjahr beliefen sich die Privatentnahmen auf 160.000,00 DM. *Wie beurteilen Sie das?*

1.13.2 Zahlung der Umsatzsteuer bei Eigenverbrauch

Situation Frau Kern entnimmt Waren für Privatzwecke.

Wenn Frau Kern ihrem Betrieb Waren für den privaten Verbrauch entnimmt, muss sie natürlich den Käufern ihrer Ware gleichgestellt werden und hierfür ebenfalls Umsatzsteuer zahlen. Dieser **Eigenverbrauch** ist nach § 1 UStG genauso **umsatzsteuerpflichtig** wie jeder gewerbliche Verkauf der Ware (siehe auch S. 68).

Zum umsatzsteuerpflichtigen Eigenverbrauch zählen nach § 1 UStG:

- **die Entnahme von Gegenständen des Unternehmens,** also beispielsweise Waren oder Anlagegüter, sowie
- **die private Verwendung oder Nutzung von Betriebsgegenständen,** wie die private Nutzung des Geschäftsfahrzeugs, und
- **die Inanspruchnahme von Dienstleistungen des eigenen Unternehmens für Privatzwecke,** wie beispielsweise Reparaturen im Privathaus des Unternehmers durch den eigenen Betrieb.

Der umsatzsteuerpflichtige Eigenverbrauch muss nach § 22 UStG gesondert auf den **Ertragskonten**

- **„Eigenverbrauch von Waren“** und
- **„Sonstiger Eigenverbrauch“**

nachgewiesen werden, um eine schnelle **Umsatzsteuerverprobung** durch das Finanzamt zu ermöglichen. Außerdem ist für den Eigenverbrauch ein **Entnahmebeleg** zu erstellen, der neben dem Gesamtwert der Entnahme jeweils den Nettowert der Entnahme und die darauf entfallende Umsatzsteuer ausweist.

Die Konten „Eigenverbrauch von Waren“ und „Sonstiger Eigenverbrauch“ werden über das Gewinn- und Verlustkonto abgeschlossen.

Beispiel Frau Kern entnimmt für ihren Sohn, der in Köln studiert, 5 000 Blatt Schreibmaschinenpapier aus dem Warenlager zum Anschaffungswert (= Einkaufspreis + Bezugskosten) von 60,00 DM zuzüglich 9,60 DM Umsatzsteuer.

Buchungen	Soll	Haben
❶ **Privatentnahmen**	69,60	
an **Eigenverbrauch von Waren**		60,00
an **Umsatzsteuer**		9,60
❷ **Eigenverbrauch von Waren**	60,00	
an **GuV-Konto**		60,00

KATJA KERN KÖLN *Papiergroßhandlung*

Warenentnahme

5000 Blatt S-Papier, netto	60,00 DM
+ Umsatzsteuer	9,60 DM
Entnahme, brutto	69,60 DM

Köln, ..-07-12 *Katja Kern*

S	Privatentnahmen		H
❶ EV/USt	69,60		

S	Eigenverbrauch von Waren		H
❷ GuV	60,00	❶ Privatentn.	60,00

S	Umsatzsteuer		H
		❶ Privatentn.	9,60

S	GuV-Konto		H
		❷ Eigenverbr. von Waren	60,00

Beispiel 2 Frau Kern lässt ihre Privatwohnung durch ihren Betrieb (Hausmeister) renovieren. Der Buchungsbeleg muss diese Dienstleistung des Betriebes als Eigenverbrauch und die darauf entfallende Umsatzsteuer gesondert ausweisen.

Buchungen	Soll	Haben
❶ **Privatentnahmen**	2.668,00	
an **Sonstiger Eigenverbrauch**		2.300,00
an **Umsatzsteuer**		368,00
❷ **Sonstiger Eigenverbrauch**	2.300,00	
an **GuV-Konto**		2.300,00

KATJA KERN KÖLN *Papiergroßhandlung*

Buchungsanweisung

Betreff: Instandsetzung des Privathauses

Material und Arbeitslohn ...	2.300,00 DM
+ Umsatzsteuer	368,00 DM
Eigenverbrauch, brutto	2.668,00 DM

Köln, ..-12-31 *Katja Kern*

S	Privatentnahmen		H
❶ EV/USt	2.668,00		

S	Sonstiger Eigenverbrauch		H
❷ GuV	2.300,00	❶ Privatentn.	2.300,00

S	Umsatzsteuer		H
		❶ Privatentn.	368,00

S	GuV-Konto		H
		❷ Sonstiger Eigenverbr.	2.300,00

Zusammenfassung

- Die **private Entnahme von Gegenständen** des Unternehmens (z. B. Waren u. a.) und die **private Nutzung von Gegenständen** (z. B. Geschäfts-PKW u. a.) sowie die private **Inanspruchnahme von betrieblichen Leistungen** (z. B. Unternehmer lässt Reparaturen in seinem Wohnhaus durch seinen Betrieb durchführen) **sind Privatentnahmen,** die als **Eigenverbrauch** der Umsatzsteuer unterliegen.
- Der **Eigenverbrauch** ist buchhalterisch **gesondert** auf den Konten **„Eigenverbrauch von Waren"** und **„Sonstiger Eigenverbrauch"** zu **erfassen.**
- Die **Umsatzsteuer für den Eigenverbrauch** ist eine **Verbindlichkeit gegenüber dem Finanzamt.**
- Der **Gesamtbetrag der Privatentnahme** besteht aus dem **Eigenverbrauch und** der zu zahlenden **Umsatzsteuer.** Der **Entnahmebeleg** muss diese Daten ausweisen und vom Geschäftsinhaber **unterschrieben** werden.

Zusatzinformationen

- **Die private Nutzung des betrieblichen Geschäftswagens** unterliegt als Eigenverbrauch der Umsatzsteuer, soweit es sich um die privatanteiligen **mit Vorsteuer belasteten** Kfz-Kosten (z. B. Abschreibungen, Treibstoff, Instandsetzungen) handelt. Der private Nutzungsanteil an den vorsteuerfreien Kfz-Kosten (z. B. Kfz-Steuer und Kfz-Versicherungen) ist umsatzsteuerfrei und wird deshalb auf dem Konto „Steuerfreier Eigenverbrauch" ausgewiesen.
- **Die private Nutzung des Geschäftstelefons** stellt nach einem BFH-Urteil **keinen umsatzsteuerpflichtigen Eigenverbrauch** dar. Deshalb sind die monatlich in Rechnung gestellten **Gebühren** (Miete für die Telefonanlage, Grund- und Gesprächsgebühren) **und die Vorsteuer** um den privaten Anteil zu korrigieren. **Buchung:** Privatentnahmen an Konto „Porto – Telefon – Telefax" und Vorsteuer.

Aufgaben

100 *Bilden Sie die Buchungssätze zu folgenden Geschäftsfällen der Lebensmittelgroßhandlung Petra Born:*

		DM
1.	Banküberweisung für die Lebensversicherung der Geschäftsinhaberin	1.200,00
2.	Die Geschäftsinhaberin entnimmt Waren für den privaten Verbrauch, Warenwert	600,00
	+ Umsatzsteuer	96,00
3.	Der Geschäfts-PKW wird auch privat genutzt. Die privatanteiligen Kosten betragen	6.500,00
	+ Umsatzsteuer	1.040,00
4.	Die Heizungsreparatur im Einfamilienhaus der Geschäftsinhaberin wird durch den eigenen Betrieb durchgeführt. Kosten	350,00
	+ Umsatzsteuer	56,00

101 *Als Mitarbeiter/in der Elektrogroßhandlung W. Peters bilden Sie zu folgenden Geschäftsfällen die Buchungssätze und führen dazu die Konten Privatentnahmen, Eigenverbrauch von Waren, Sonstiger Eigenverbrauch, Umsatzsteuer, Gewinn und Verlust, Eigenkapital (AB 300.000,00 DM).*

1.	Privatentnahme eines Kühlschranks, Wareneinstandswert	600,00 DM
	+ Umsatzsteuer	96,00 DM
2.	Banküberweisung für eine Urlaubsreise	2.450,00 DM
3.	Privatanteilige Kfz-Kosten	300,00 DM
	+ Umsatzsteuer	48,00 DM
4.	Die Elektroinstallation im Einfamilienhaus des Geschäftsinhabers W. Peters erfolgt durch den Betriebselektriker. 80 Arbeitsstunden je 60,00 DM	4.800,00 DM
	+ Umsatzsteuer	768,00 DM
5.	Banküberweisung für die Einkommen- und Kirchensteuer	23.000,00 DM
6.	Abschluss der Konten Privatentnahmen und Eigenverbrauch	••• DM

102 Das Eigenkapital eines Großhandelsunternehmens betrug zum Beginn des Geschäftsjahres 600.000,00 DM und zum Jahresschluss 670.000,00 DM. Während des Geschäftsjahres tätigte der Unternehmer 70.000,00 DM Privatentnahmen und Einlagen von 30.000,00 DM.

Wie hoch war der Jahreserfolg des Unternehmens?

103 Die Finanzbuchhaltung des Textilgroßhandels Koch weist zum 31. Dezember 01 folgende Daten aus:

Anlagevermögen	980.000,00 DM
Umlaufvermögen	520.000,00 DM
Fremdkapital	500.000,00 DM
Privatentnahmen	120.000,00 DM
Privateinlagen	40.000,00 DM
Gewinn lt. GuV-Konto	180.000,00 DM

Ermitteln Sie das Eigenkapital a) zum 31. Dezember 01 und b) zum 1. Januar 01.

104
1. *Was rechnet im Einzelnen zum steuerpflichtigen Eigenverbrauch?*
2. *Begründen Sie, weshalb der Eigenverbrauch umsatzsteuerpflichtig ist.*
3. *Private Entnahmen von Waren dürfen nur zum Bezugspreis (= Anschaffungskosten) und nicht zum höheren Verkaufspreis erfolgen. Warum?*
4. *Sehen Sie einen Zusammenhang zwischen Privatentnahmen und Gewinn?*

2 Organisation der Finanzbuchhaltung

2.1 Welche Aufgaben hat die Finanzbuchhaltung?

Die Buchführung oder Finanzbuchhaltung muss **alle Geschäftsfälle** aufgrund von Belegen laufend, lückenlos, **zeitlich und sachlich geordnet erfassen** und aufzeichnen, also buchen. Die zeitliche Ordnung der Geschäftsfälle erfolgt im Grundbuch und die sachliche auf den Konten des Hauptbuches. Ohne diese **ordnungsmäßige Aufzeichnung der Geschäftsfälle** würde Frau Kern in kürzester Zeit den Überblick über Vermögen, Schulden und Erfolg ihres Unternehmens verlieren. Außerdem fehlten ihr dann die Zahlen für ihre Vorhaben und Entscheidungen.

Die wichtigsten Aufgaben der Buchführung

- Sie stellt den **Stand des Vermögens und der Schulden** fest.
- Sie zeichnet **alle Veränderungen** der Vermögens- und Schuldenwerte aufgrund von Geschäftsfällen lückenlos und planmäßig auf.
- Sie gibt beispielsweise einen **Überblick über folgende Daten:**
  - Warenverkauf (Umsatzerlöse)
  - Warenaufwendungen
  - Warenrohgewinn
  - Betriebliche Aufwendungen (z. B. Miete, Personalkosten u. a.)
  - Privatentnahmen, u. a.
- Sie ermittelt den **Erfolg des Unternehmens,** also den **Gewinn** oder den **Verlust,** indem sie alle Aufwendungen (Werteverzehr) und Erträge (Wertezuwachs) im Einzelnen erfasst.
- Sie liefert die Zahlen für die **Preisberechnung (Kalkulation) der Waren.**
- Sie stellt Zahlen für **innerbetriebliche Kontrollen** zur Verfügung, die der Steigerung der Wirtschaftlichkeit dienen.
- Sie ist die Grundlage zur **Berechnung der Steuern.**
- Sie ist wichtiges **Beweismittel** bei Rechtsstreitigkeiten mit Kunden, Lieferern, Banken, Behörden (Finanzamt, Gerichte) u. a.

2.2 Handels- und steuerrechtliche Vorschriften der Finanzbuchhaltung

Buchführungspflicht. Die obige Übersicht zeigt, dass die Buchführung nicht nur für das Unternehmen selbst von großer Bedeutung ist, sondern auch für bestimmte **Institutionen des Staates** (Finanzamt, Gerichte u. a.) und zum **Schutz der Gläubiger** bei Kreditbewilligungen. Deshalb verpflichtet das **Handelsgesetzbuch** im § 238 alle **Vollkaufleute** zur Buchführung:

> „Jeder Kaufmann ist verpflichtet, Bücher zu führen und in diesen seine Handelsgeschäfte und die Lage seines Vermögens nach den Grundsätzen ordnungsmäßiger Buchführung ersichtlich zu machen.“ **(§ 238 Abs. 1 HGB)**

Steuerrechtlich zur Buchführung verpflichtet ist nach der **Abgabenordnung (§ 141 AO)** jeder Unternehmer, also **auch Minderkaufleute und Handwerker,** wenn sie **eine** der folgenden Voraussetzungen erfüllen:

- Der Umsatz beträgt jährlich mehr als 500.000,00 DM oder
- das Betriebsvermögen (= Eigenkapital) ist größer als 125.000,00 DM oder
- der Jahresgewinn ist höher als 48.000,00 DM.

Handelsrechtliche Rechnungslegungsvorschriften der

Buchführung und des Jahresabschlusses

enthält vor allem das **Handelsgesetzbuch** in seinem „Dritten Buch: Handelsbücher".

Das 3. Buch „Handelsbücher" im HGB gliedert sich in **drei Abschnitte:**

Der **1. Abschnitt (§§ 238-263 HGB)** enthält Vorschriften, die auf **alle Kaufleute** anzuwenden sind. Zu diesen **grundlegenden Vorschriften** zählen die Buchführungspflicht, die Führung von Handelsbüchern, das Inventar, die Pflicht zur Aufstellung des Jahresabschlusses (Bilanz und Gewinn- und Verlustrechnung), die Bewertung der Vermögensteile und Schulden sowie die Aufbewahrung von Buchführungsunterlagen u. a. m.

Der **2. Abschnitt (§§ 264-335 HGB)** enthält – **ergänzend zum 1. Abschnitt – spezielle** Vorschriften für **alle Kapitalgesellschaften, insbesondere** über die **Gliederung, Prüfung und Veröffentlichung des Jahresabschlusses** der Aktiengesellschaft, Kommanditgesellschaft auf Aktien und Gesellschaft mit beschränkter Haftung. Die Vorschriften dieses Abschnitts entsprechen zugleich den Rechnungslegungsvorschriften aller **EU-Mitgliedstaaten** aufgrund des Bilanzrichtlinien-Gesetzes.

Der **3. Abschnitt (§§ 336-339 HGB)** enthält für **eingetragene Genossenschaften** über den 1. und 2. Abschnitt hinausgehende Regelungen.

Besondere Rechnungslegungsvorschriften für Aktiengesellschaften, Gesellschaften mit beschränkter Haftung und Genossenschaften sind enthalten im

- Aktiengesetz (AktG),
- GmbH-Gesetz (GmbHG),
- Genossenschaftsgesetz (GenG).

Steuerrechtliche Vorschriften. Die Buchführung ist zugleich Grundlage für die Besteuerung des Unternehmens und der Unternehmensinhaber. Besondere steuerrechtliche Buchführungsvorschriften sind in folgenden **Gesetzen** enthalten:

- Abgabenordnung (AO),
- Einkommensteuergesetz (EStG),
- Körperschaftsteuergesetz (KStG),
- Gewerbesteuergesetz (GewStG),
- Umsatzsteuergesetz (UStG).

Zu den Steuergesetzen gibt es noch entsprechende **Durchführungsverordnungen** (EStDV, KStDV, UStDV u. a.) und **Richtlinien** (EStR, KStR, UStR u. a.).

646492

2.3 Welche Grundsätze ordnungsmäßiger Buchführung sind zu beachten?

Die Buchführung gilt als ordnungsgemäß, wenn sie „so beschaffen ist, dass sie einem **sachverständigen Dritten** (z. B. Steuerberater) innerhalb angemessener Zeit einen

Überblick über die Geschäftsfälle und die Lage des Unternehmens

vermitteln kann" (§ 238 [1] HGB). Dazu bedarf es allgemein anerkannter sachgerechter Normen, die als

Grundsätze ordnungsmäßiger Buchführung (GoB)

Eingang in die gesetzlichen Vorschriften des **Handelsgesetzbuches** gefunden haben.

Die wichtigsten Grundsätze ordnungsmäßiger Buchführung (GoB)

- **Die Buchführung muss klar und übersichtlich sein.**
  - Sachgerechte und überschaubare Organisation der Buchführung
  - Übersichtliche Gliederung des Jahresabschlusses (§§ 243 [2], 266, 275 HGB)
  - Keine Verrechnung zwischen Vermögenswerten und Schulden sowie zwischen Aufwendungen und Erträgen (§ 246 [2] HGB)
  - Buchungen dürfen nicht unleserlich gemacht werden (§ 239 [3] HGB).
- **Ordnungsmäßige Erfassung aller Geschäftsfälle.**
  Die Geschäftsfälle sind **fortlaufend** und **vollständig, richtig** und **zeitgerecht** sowie **sachlich geordnet** zu buchen, damit sie leicht überprüfbar sind (§§ 238 [1], 239 [2] HGB). **Kasseneinnahmen und -ausgaben** sind **täglich** aufzuzeichnen (§ 146 [1] AO).
- **Keine Buchung ohne Beleg!**
  Sämtliche Buchungen müssen anhand der Belege **jederzeit nachprüfbar** sein. Die Belege müssen **fortlaufend nummeriert** und **geordnet aufbewahrt** werden (§ 257 [1] HGB).
- **Ordnungsmäßige Aufbewahrung der Buchführungsunterlagen.**
  Alle Buchungsbelege sind **sechs Jahre,** Buchungsprogramme, Konten, Bücher, Inventare, Eröffnungsbilanzen, Jahresabschlüsse einschließlich Anhang und Lagebericht **zehn Jahre** geordnet aufzubewahren (§ 257 [4] HGB, § 147 [3] AO).
  Mit Ausnahme der Eröffnungsbilanz und des Jahresabschlusses können alle Buchführungsunterlagen auf einem **Bildträger (Mikrofilm)** oder auf einem anderen **Datenträger** (Magnetband, Disketten u. a.) aufbewahrt werden. **„Grundsatz ordnungsmäßiger DV-gestützter Buchführungssysteme"** (GoBS): Die **gespeicherten Daten** müssen **jederzeit** durch Bildschirm oder Ausdruck **lesbar** gemacht werden können (§§ 239 [4], 257 [3] HGB, § 147 [2] AO).

Verstöße gegen die Grundsätze ordnungsmäßiger Buchführung können eine **Schätzung der Besteuerungsgrundlagen** (Umsatz, Gewinn) durch die Finanzbehörden zur Folge haben (§ 162 AO). Mit **Freiheitsstrafe** oder mit **Geldstrafe** wird bestraft, wer Jahresabschlüsse unrichtig wiedergibt oder verschleiert (§ 331 HGB, §§ 370 f. AO). Im Konkursfall können Verstöße gegen die GoB Strafverfolgung (Freiheitsstrafe) nach sich ziehen (§ 283 Strafgesetzbuch).

Aufgaben

105

1. *Nennen Sie vier wichtige Aufgaben der Finanzbuchhaltung.*
2. *Welche Aufgaben der Buchführung sind für Sie die wichtigsten?*
3. *Warum wird jeder Unternehmer bereits aus eigenem Interesse Bücher führen?*
4. *Was bedeutet zeitgerechte Ordnung in der Buchführung?*
5. *Nennen Sie Beispiele für die sachliche Ordnung der Geschäftsfälle.*

106

1. *Nach welchen Gesetzen ist man zur Buchführung verpflichtet?*
2. *In welchem Gesetz sind die handelsrechtlichen Vorschriften über die Buchführung und den Jahresabschluss geregelt?*
3. *Bestimmte Rechtsformen der Unternehmung, wie z. B. die Aktiengesellschaft, haben rechtsformspezifische Gesetze für ihre Rechnungslegung. Nennen Sie solche Gesetze.*
4. *In welchen Steuergesetzen sind Vorschriften zur Buchführung enthalten?*
5. *Begründen Sie die Bedeutung der Buchführung für den Staat.*
6. *Welchen Zweck haben die Buchführungsvorschriften für den Gläubiger des Unternehmens?*

107

Begründen Sie, ob bei den Unternehmen A, B, C und D eine steuerrechtliche Pflicht zur Führung von Büchern besteht:

Kriterien nach § 141 AO	A	B	C	D
Umsatzerlöse	480.000,00	514.000,00	390.000,00	500.000,00
Betriebsvermögen	110.000,00	130.000,00	125.000,00	120.000,00
Gewinn	34.000,00	65.000,00	52.000,00	48.000,00

108

Untersuchen Sie die folgenden Aussagen auf ihre Richtigkeit:

1. Nach dem HGB ist jeder Unternehmer zur Buchführung verpflichtet.
2. Buchführungsvorschriften enthält lediglich das Handelsgesetzbuch.
3. Die handelsrechtlichen Vorschriften zur Buchführung sind im Dritten Buch des Handelsgesetzbuches „Handelsbücher" enthalten.
4. Das HGB verpflichtet nur den Vollkaufmann zur Führung von Büchern.
5. Das Grundgesetz enthält die Grundsätze ordnungsmäßiger Buchführung.
6. Kasseneinnahmen und Kassenausgaben sind wöchentlich zu erfassen.
7. Vermögenswerte und Schulden sowie Aufwendungen und Erträge dürfen verrechnet werden.
8. Alle Bilanzen und alle Buchungsunterlagen dürfen auf Bild- oder Datenträgern aufbewahrt werden.
9. Verstöße gegen die Grundsätze ordnungsmäßiger Buchführung führen beim Finanzamt zu einer Schätzung der Besteuerungsgrundlagen, wie z. B. Umsatzerlöse, Gewinn u. a.
10. Bei einer EDV-Buchführung müssen die gespeicherten Daten jederzeit durch Bildschirm oder Ausdruck lesbar gemacht werden können.
11. Konten können nach sechs Jahren vernichtet werden.
12. Der Jahresabschluss, also Bilanz und Gewinn- und Verlustrechnung, dürfen von Prokuristen unterschrieben werden.
13. Inventare sind vom Geschäftsinhaber zu unterschreiben und acht Jahre lang aufzubewahren.
14. Buchungsbelege sind sechs Jahre aufzubewahren.
15. Die sachliche Ordnung der Buchungen erfolgt im Grundbuch.

2.4 Der Kontenrahmen – ein unentbehrliches Organisationsmittel der Finanzbuchhaltung

2.4.1 Aufgaben und Aufbau des Großhandelskontenrahmens

Die geordnete Aufzeichnung der Zahlen in der Buchführung ist Voraussetzung für eine vernünftige Planung der Unternehmensleitung. Sie ermöglicht den innerbetrieblichen **Vergleich wichtiger Bilanz-, Aufwands- und Ertragsposten** in mehreren Rechnungsperioden (Monate, Quartale, Jahre). Um die Lage des eigenen Unternehmens noch besser beurteilen zu können, ist jedoch außer diesem **Zeitvergleich** auch ein Vergleich mit **branchengleichen Betrieben** von großer Bedeutung **(Betriebsvergleich).** Dazu ist Folgendes erforderlich:

- Die **Konten** sind nach einem **einheitlichen System** zu gliedern.
- Die **Konten** müssen **inhaltlich und namentlich gleich** sein.

Der Kontenrahmen ist ein solches Kontenordnungssystem. Jeder Wirtschaftszweig (Industrie, Großhandel, Einzelhandel, Banken u. a.) hat seinen **branchenspezifischen Kontenrahmen.**

Nach dem dekadischen System (Zehnersystem) ist jeder Kontenrahmen aufgebaut. Die Konten werden zunächst nach **Sachgruppen** eingeteilt in

10 Klassen von 0 bis 9.

Der Aufbau des Großhandelskontenrahmens entspricht in der Reihenfolge der Kontenklassen weitgehend dem **Betriebsablauf** in einem Großhandelsunternehmen **(= Prozessgliederungsprinzip):** Der Großhandel benötigt zunächst Anlagegüter und langfristiges Kapital (Klasse 0) sowie sofort verfügbare Finanzierungsmittel (Klasse 1). Die Finanzierungsmittel dienen der Beschaffung der Waren (Klasse 3) und der Begleichung der Kosten in der Verwaltung und im Vertrieb (Klasse 4). Die Erlöse aus dem Verkauf der Waren werden in der Klasse 8 erfasst. In der Klasse 9 weisen die Abschlusskonten den Jahreserfolg und den Stand des Vermögens und der Schulden aus.

Kontenklasse	Inhalt der Kontenklassen
0	Anlage- und Kapitalkonten
1	Finanzkonten
2	Abgrenzungskonten
3	Wareneinkaufs- und Warenbestandskonten
4	Konten der Kostenarten
5	Konten der Kostenstellen
6	Konten für Umsatzkostenverfahren
7	frei
8	Warenverkaufskonten (Umsatzerlöse)
9	Abschlusskonten

2.4.2 Der Kontenplan – eine Übersicht der betriebsindividuellen Konten

Im Kontenrahmen werden alle Konten in

10 Konten**klassen** (= einstellige Ziffer) eingeteilt, von denen jede in

- **10** Konten**gruppen** (= zweistellige Ziffer) unterteilt wird und diese wiederum in je
  - **10** Konten**arten** (= dreistellige Ziffer). Jede Kontenart kann untergliedert werden in
    - **10** Konten**unterarten** (= vierstellige Ziffer).

Beispiel Aus der Kontennummer **1311** erkennt man die

▶ Konten**klasse**:	**1** Finanzkonten	**Kontenrahmen**
▶ Konten**gruppe**:	**13** Banken	
▶ Konten**art**:	**131** Kreditinstitute	**Kontenplan**
▶ Konten**unterarten**:	**1310** Kreissparkasse **1311** Deutsche Bank	

Kontenplan. Der Kontenrahmen bildet die **einheitliche Grundordnung** für die Aufstellung **betriebsindividueller Kontenpläne** der Unternehmen eines Wirtschaftszweiges. **Aus dem Kontenrahmen** entwickelt jedes Unternehmen seinen **eigenen Kontenplan,** der auf seine **besonderen Belange** (Branche, Struktur, Größe, Rechtsform) ausgerichtet ist. So lässt sich im Kontenplan eine weitere Untergliederung der Kontenarten in Kontenunterarten entsprechend den Bedürfnissen des Unternehmens vornehmen. Der Kontenplan enthält somit nur die im Unternehmen geführten Konten.

Vereinfachung der Buchungsarbeit. Der Kontenplan vereinfacht die Buchungen in den Konten, da die Kontenbezeichnungen durch Kontennummern ersetzt werden.

Beispiel **Geschäftsfall:** Katja Kern entnimmt der Geschäftskasse für Privatzwecke 1.800,00 DM.

Buchungssatz	**statt:**	**Privatentnahmen**	an	**Kasse** ...	1.800,00 DM
	nunmehr kurz: 1610	an	**1510**	....	1.800,00 DM

S	**1610 Privatentnahmen**		H
1510	1.800,00		

S	**1510 Kasse**		H
AB	7.500,00	1610	1.800,00

EDV-Kontenrahmen. Soll der Kontenrahmen zugleich auch als EDV-Kontenrahmen verwendet werden, ist jedes **Sachkonto des Hauptbuches** mit einer **vierstelligen** Kontenziffer zu versehen. **Personenkonten** (Kunden- und Liefererkonten) haben in der Regel **fünfstellige** Kontenziffern.

Erläuterung der Kontenklassen 0 bis 9

Klasse 0 Anlage- und Kapitalkonten

Die Kontenklasse 0 bildet die **Grundlage der Großhandelstätigkeit.** Sie enthält vor allem die Konten für **Sachanlagen** (Grundstücke und Gebäude, Technische Anlagen, Betriebs- und Geschäftsausstattung) sowie für das **Eigenkapital** und das **langfristige Fremdkapital.**

Klasse 1 Finanzkonten

Dazu zählen insbesondere die Konten für den **kurzfristigen Kredit- und Zahlungsverkehr:** Forderungen a. LL, Barmittel (Kasse), Banken, Vorsteuer, Umsatzsteuer, Verbindlichkeiten a. LL, Privatentnahmen, Privateinlagen.

Klasse 2 Abgrenzungskonten

Hier werden im Wesentlichen alle **betriebsfremden und außerordentlichen Aufwendungen und Erträge** erfasst, die aus **kalkulatorischen** Gründen vom eigentlichen Warenhandelsgeschäft **abzugrenzen** sind.

Klasse 3 Wareneinkaufs- und Warenbestandskonten

Hier werden kontenmäßig – **getrennt nach Warengruppen** – alle **Wareneingänge** und **Warenbestände** erfasst. Den Wareneingangskonten werden die Bezugskosten, Rücksendungen, Liefererskonti und sonstigen Nachlässe von Lieferern auf entsprechenden **Unterkonten** zugeordnet.

Klasse 4 Konten der Kostenarten

In dieser Kontenklasse werden alle Kosten erfasst, die in der **Kalkulation der Handelswaren** berücksichtigt werden: Personalkosten, Mieten, Betriebssteuern, Verwaltungs- und Werbekosten, Abschreibungen u. a.

Klasse 5 Konten der Kostenstellen

Für die Kostenstellen **Einkauf, Lager, Vertrieb, Verwaltung u. a.** können entsprechende Konten eingerichtet werden. Die Praxis bevorzugt jedoch aus Gründen der besseren Übersicht die **tabellarische Form** der Kostenstellenrechnung.

Klasse 6 Konten für Umsatzkostenverfahren

Kapitalgesellschaften, die ihre Gewinn- und Verlustrechnung nach dem Umsatzkostenverfahren veröffentlichen (siehe Rückseite des Kontenrahmens im Anhang: § 275 [3] HGB), können hier entsprechende Konten einrichten.

Klasse 7 frei

Klasse 8 Warenverkaufskonten (Umsatzerlöse)

In dieser Kontenklasse werden die **Warenverkaufskonten** – **gegliedert nach Warengruppen** – mit ihren entsprechenden **Unterkonten** für Rücksendungen, Nachlässe, Kundenboni und Kundenskonti eingerichtet.

Klasse 9 Abschlusskonten

Die Klasse 9 dient vor allem der Eröffnung und dem Abschluss der Konten:

- **9100 Eröffnungsbilanzkonto**
- **9300 GuV-Konto**
- **9400 Schlussbilanzkonto**

Zusammenfassung

- **Der Kontenrahmen für den Groß- und Außenhandel**
  - bildet einen **einheitlichen** Rahmen für alle wichtigen Konten der Unternehmen dieses **Wirtschaftszweiges,**
  - **ordnet** die Konten weitgehend nach dem **Betriebsablauf** in einem Großhandelsunternehmen **(Prozessgliederungsprinzip),**
  - ermöglicht eine **EDV-gerechte Organisation** des Rechnungswesens und
  - schafft die Voraussetzung für **Zeit- und Betriebsvergleiche** zur Überwachung der **Wirtschaftlichkeit.**
- **Der Kontenplan** enthält nur die **vom Unternehmen** geführten Konten.

Aufgaben

109

1. *In welcher Kontenklasse stehen die nachfolgenden Konten?*
2. *Ordnen Sie den Konten die entsprechende Kontennummer zu.*

Bankguthaben,	Verbindlichk. a. LL,	Forderungen a. LL,
Vorsteuer,	Eigenkapital,	Gehälter,
Warenbestände,	Warenverkauf,	Umsatzsteuer,
Eigenverbr. v. Waren,	Wareneingang,	Bürobedarf,
Fuhrpark,	BGA,	Porto – Telefon – Telefax,
Zinsaufwendungen,	Zinserträge,	Privatentnahmen,
EBK,	GuV,	SBK.

110

Welche Geschäftsfälle liegen den folgenden Buchungssätzen zugrunde?

1.	1310		an	1010	11.600,00 DM
2.	1510		an	1310	5.800,00 DM
3.	3010	8.500,00 DM			
	1410	1.360,00 DM	an	1710	9.860,00 DM
4.	1010	23.200,00 DM	an	8010	20.000,00 DM
			an	1810	3.200,00 DM
5.	4020		an	1310	68.000,00 DM
6.	4810	550,00 DM			
	1410	88,00 DM	an	1510	638,00 DM
7.	1610	696,00 DM	an	8710	600,00 DM
			an	1810	96,00 DM

111

Nennen Sie jeweils den Buchungssatz in Form der Kontennummer zur Eröffnung folgender Konten zum 1. Januar:

1.	Geschäftsausstattung	240.000,00 DM
2.	Eigenkapital	300.000,00 DM
3.	Warenbestände	80.000,00 DM
4.	Verbindlichkeiten a. LL	45.000,00 DM
5.	Bankguthaben	55.000,00 DM
6.	Umsatzsteuerverbindlichkeit	30.000,00 DM

112 *Nennen Sie jeweils den Abschlussbuchungssatz mit den entsprechenden Kontennummern für die Salden folgender Bestands- und Erfolgskonten zum 31. Dezember:*

1.	Warenbestände	540.000,00 DM
2.	Verbindlichkeiten a. LL	230.000,00 DM
3.	Warenverkauf	450.000,00 DM
4.	Wareneingang	340.000,00 DM
5.	Porto – Telefon – Telefax	2.500,00 DM
6.	Bankguthaben	234.000,00 DM
7.	Zinsaufwendungen	23.000,00 DM
8.	Eigenverbrauch von Waren	1.200,00 DM

113 *Nennen Sie mit den entsprechenden Kontennummern jeweils den Abschlussbuchungssatz folgender Konten:*

1. Privatentnahmen
2. Gewinn- und Verlustkonto bei Gewinn
3. Eigenkapital

114 *Wie lauten die Kontenbezeichnungen und die zugrunde liegenden Geschäftsfälle?*

1. 0340 und 1410 an 1310
2. 3010 und 1410 an 1710
3. 1010 an 8010 und 1810
4. 4020 an 1310
5. 4910 an 0340
6. 4400 und 1410 an 1320
7. 1710 an 1310
8. 1610 an 8710 und 1810
9. 1320 an 1010
10. 2110 an 1310

115 *Nennen Sie jeweils den Geschäftsfall der folgenden Buchungen auf dem Bankkonto:*

Soll	**1310 Bank**		Haben
1. 9100	86.000,00	5. 1710	18.400,00
2. 1510	5.000,00	6. 1810	12.300,00
3. 0820	25.000,00	7. 4020	24.300,00
4. 1010	12.000,00	8. 9400	73.000,00
	128.000,00		128.000,00

116 *Bilden Sie unter Angabe der Kontennummern die Buchungssätze:*

		DM
1.	Umwandlung einer Liefererschuld in eine Darlehensschuld	11.600,00
2.	Lastschrift der Bank für Geschäftsmiete	7.500,00
3.	Banküberweisung zum Ausgleich der Liefererrechnung ER 4567	17.400,00
4.	Entnahme von Waren für private Verwendung: netto 2.000,00 DM + 320,00 DM Umsatzsteuer	2.320,00
5.	Kunde begleicht Rechnung (AR 1234) durch Postbanküberweisung	9.280,00
6.	ER 4589 für Waren: 22.000,00 DM netto + 3.520,00 DM Umsatzsteuer	25.520,00
7.	AR 1278 für Waren: 35.000,00 DM netto + 5.600,00 DM Umsatzsteuer	40.600,00
8.	Gutschrift der Bank für Zinsen	1.800,00
9.	Private Nutzung des Geschäftswagens: 2.500,00 DM netto + 400,00 DM Umsatzsteuer	2.900,00
10.	ER 4590: Kauf von Büromaterial 600,00 DM netto + 96,00 DM Umsatzsteuer	696,00

117

Anfangsbestände

	DM
0310 TA und Maschinen	242.000,00
0330 BGA	88.000,00
0610 Eigenkapital	479.800,00
0820 Darlehensschulden	150.000,00
1010 Forderungen a. LL	98.000,00
1310 Bankguthaben	142.000,00
1510 Kasse	5.800,00
1710 Verbindlichkeiten a. LL	112.600,00
1810 Umsatzsteuer	13.400,00
3910 Warenbestände	180.000,00

Kontenplan

0310, 0330, 0610, 0820, 1010, 1310, 1410, 1510, 1610, 1620, 1710, 1810, 2110, 2610, 2780, 3010, 3910, 4020, 4100, 4400, 4710, 4820, 4910, 8010, 8710, 9300, 9400.

Geschäftsfälle

	DM
1. Banküberweisung der Umsatzsteuer-Zahllast	13.400,00
2. Banklastschrift für Darlehenstilgung	22.000,00
3. Unsere Banküberweisung für Miete: Geschäft	16.500,00
Privatwohnung	1.200,00
4. Wareneinkäufe lt. ER 79–83, brutto	28.420,00
5. Barzahlung der Heizungsreparatur, brutto	580,00
6. Warenverkäufe lt. AR 97–103, brutto	168.896,00
7. Banküberweisung der Gehälter	11.400,00
8. Barentnahme des Geschäftsinhabers für den Haushalt	800,00
9. Bezahlung der Werbeanzeige durch Bankscheck, Rechnungsbetrag	2.030,00
10. Barzahlung der Wertmarken für Frankiermaschine	1.200,00
11. Banküberweisung von Kunden zum Ausgleich von AR 95–96	13.920,00
12. Lastschrift der Bank für Darlehenszinsen	2.400,00
13. Entnahme von Waren für Privatzwecke, Warenwert	2.500,00
14. Zinsgutschrift der Bank	2.300,00
15. Private Nutzung betrieblicher Dienstleistungen, netto	1.500,00
16. Privateinlage des Geschäftsinhabers durch Bankeinzahlung	20.000,00

Abschlussangaben

	DM
1. Warenschlussbestand lt. Inventur	120.000,00

2. Abschreibungen: 0310: 12.000,00 DM, 0330: 8.000,00 DM.

118

1. *Worin unterscheiden sich Kontenrahmen und Kontenplan?*
2. *Unterscheiden Sie*
   a) Kontenklasse,
   b) Kontengruppe,
   c) Kontenart,
   d) Kontenunterart.
3. *Begründen Sie die Notwendigkeit eines Kontenrahmens.*
4. *Welches Gliederungsprinzip liegt dem Aufbau des Großhandelskontenrahmens zugrunde?*

2.5 Die Belegorganisation

2.5.1 Bedeutung und Arten der Belege

Die Richtigkeit der Buchungen kann nur anhand der Belege überprüft werden. Deshalb muss jeder Buchung ein entsprechender Beleg zugrunde liegen. Der wichtigste **Grundsatz ordnungsmäßiger Buchführung** (§ 238 [2] HGB) lautet deshalb:

Keine Buchung ohne Beleg!

Nach der Herkunft der Belege unterscheidet man zwischen **externen** Belegen (= Fremdbelege) und **internen** Belegen (= Eigenbelege).

Belegarten

Externe Belege fallen im Geschäftsverkehr mit Außenstehenden an.	**Interne Belege** entstehen aus innerbetrieblichen Geschäftsfällen.
Beispiele – Eingangsrechnungen – Quittungen – Gutschriftsanzeige des Lieferers für Warenrücksendung und Preisnachlass – Begleitbriefe zu erhaltenen Schecks und Wechseln – Erhaltene sonstige Geschäftsbriefe über z. B. nachträgliche Belastungen – Bankbelege (z. B. Kontoauszüge u. a.) – Postbelege (z. B. Quittungen über Einzahlungen, Versand, Kontoauszüge der Postbank u. a.)	**Beispiele** – Kopien von Ausgangsrechnungen – Quittungsdurchschriften – Durchschrift der Gutschriftsanzeige an Kunden für Warenrücksendung und Preisnachlass – Durchschriften von Begleitbriefen zu weitergegebenen Schecks und Wechseln – Durchschriften von abgesandten sonstigen Geschäftsbriefen – Lohn- und Gehaltslisten – Belege über Privatentnahmen (Eigenverbrauch) – Belege über Storno- und Umbuchungen sowie Abschlussbuchungen

Ersatzbelege sind auszustellen, wenn ein **Originalbeleg abhanden gekommen** ist oder ein Fremdbeleg nicht zu erhalten war. Bei verloren gegangenen Fremdbelegen wird man in der Regel eine Abschrift erbitten. Fehlen z. B. über eine Taxifahrt oder von auswärts geführte Ferngespräche die erforderlichen Belege, so ist ein Ersatzbeleg zu erstellen, der **Zeitpunkt, Grund und Höhe der Ausgabe** enthält.

2.5.2 Bearbeitung der Belege

Folgende Arbeitsstufen umfasst die Bearbeitung der Belege in der Buchhaltung:

- **Vorbereitung** der Belege zur Buchung
- **Buchung** der Belege im Grund- und Hauptbuch
- **Ablage** und Aufbewahrung der Belege

Die sorgfältige Vorbereitung der Belege ist unerlässliche Voraussetzung ordnungsmäßiger Buchführung. Dazu gehören:

- **Überprüfung der Belege** auf ihre **sachliche und rechnerische Richtigkeit.**
- **Bestimmung des Buchungsbeleges.** Gehören zu einem Geschäftsfall mehrere Belege (z. B. bei Banküberweisungen: Überweisungsvordruck und Kontoauszug), muss vorab bestimmt werden, welcher Beleg als Buchungsunterlage verwendet werden soll, um mehrfache Buchungen zu vermeiden.
- **Ordnen der Belege nach Belegarten (Belegsortierung)** als **Voraussetzung für Sammelbuchungen** und eine ordnungsmäßige Ablage und **Aufbewahrung** der Belege:

– Ausgangsrechnungen	– Bankbelege
– Gutschriften an Kunden	– Postbankbelege
– Eingangsrechnungen	– Kassenbelege
– Gutschriften von Lieferern	– Privatentnahmen/Privateinlagen
– Lohn- und Gehaltslisten	– Sonstige Belege

- **Fortlaufende Nummerierung** der Belege innerhalb jeder Belegart.
- **Vorkontierung der Belege,** indem man mithilfe eines Kontierungsstempels die Buchungssätze bereits auf den Belegen angibt.

Jede Buchung im Grund- und Hauptbuch muss zugleich die jeweilige Belegart und die Belegnummer enthalten. Dieser **Belegvermerk** (z. B. AR 15) stellt sicher, dass zu jeder Buchung der zugehörige Beleg sofort auffindbar ist. Umgekehrt muss nach jeder Buchung der **Buchungsvermerk auf dem Beleg** eingetragen werden, der die Journalseite, das Buchungsdatum sowie das Zeichen des Buchhalters angibt. Durch diese **wechselseitigen Hinweise** wird der Beleg zum **Bindeglied** zwischen Geschäftsfall und Buchung.

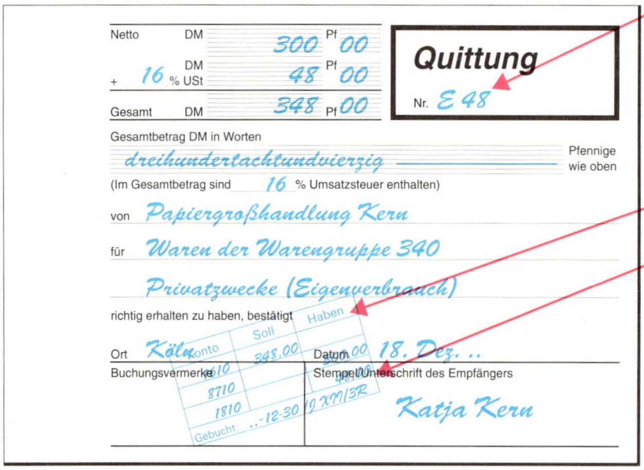

Belegvermerk:
E = Belegart „Entnahmen"
48 = Belegnummer

Vorkontierung

Buchungsvermerk:
J XII/3 = Eintragung im Grundbuch (Journal) für Dezember auf Seite 3
R = Kurzzeichen des Buchhalters

Belegaufbewahrung. Nach der Buchung müssen die Belege sorgfältig abgelegt und **6 Jahre** aufbewahrt werden, gerechnet vom **Schluss des Kalenderjahres,** in dem der Beleg entstanden ist (§ 257 [4] HGB). **Für jede Belegart** wird in der Regel **ein Ordner** angelegt, in dem die Belege nach fortlaufender Nummer abgeheftet sind. Bei einer **Mikrofilmablage** muss die jederzeitige Wiedergabe der mikroverfilmten Belege sichergestellt sein (vgl. S. 93).

2.6 Die Bücher der Finanzbuchhaltung

Die Buchungen müssen **jederzeit nachprüfbar** sein. Sie sind deshalb jeweils

- in **zeitlicher Reihenfolge** zu erfassen,
- nach **sachlichen Gesichtspunkten** zu ordnen und
- gegebenenfalls **durch Nebenaufzeichnungen zu erläutern.**

Diese Ordnung der Buchungen erfolgt in bestimmten **„Büchern"** der Buchführung.

2.6.1 Das Grundbuch

Im Grundbuch (Journal) werden die Buchungen in **zeitlicher (chronologischer) Reihenfolge** erfasst. Im Einzelnen nimmt das Grundbuch folgende Buchungen auf:

1. **Eröffnungsbuchungen über EBK**
2. **Laufende Buchungen** aufgrund der vorkontierten Belege
3. **Vorbereitende Abschlussbuchungen,** die auch **Umbuchungen** genannt werden:
   – Abschluss der Unterkonten (z. B. Privat)
   – Verrechnung der Vor- und Umsatzsteuer
4. **Abschlussbuchungen**
   – Abschluss der **Erfolgskonten** über das GuV-Konto
   – Abschluss des **GuV-Kontos** über das Eigenkapitalkonto
   – Abschluss der **Bestandskonten** über das Schlussbilanzkonto

Wichtige Daten sind im Grundbuch bzw. Journal auszuweisen: Belegdatum, Belegvermerk, Buchungstext, Kontierung und der Buchungsbetrag:

Journal		**Monat November ..**				**Seite ...**
Datum	**Beleg**	**Buchungstext**	**Kontierung**		**Betrag in DM**	
			Soll	Haben	Soll	Haben
12. Nov.		Übertrag von Seite ...			...	...
12. Nov.	BA 158	Überweisung an Vits KG	1710	1310	4.640,00	4.640,00
13. Nov.	AR 896	Verkauf an Holzen OHG	1010	8010	6.960,00	6.000,00
				1810		960,00
14. Nov.	BA 159	Überweisung von Decker	1310	1010	2.784,00	2.784,00
.	.	...				
.	.	...				

Bedeutung des Grundbuches. Die chronologischen Aufzeichnungen im Journal ermöglichen es, jeden einzelnen Geschäftsfall während der Aufbewahrungsfristen schnell bis zum Beleg zurückzuverfolgen und damit nachzuweisen.

Buchungsverfahren. Jede Grundbuchung muss auf dem entsprechenden Sachkonto des Hauptbuches und gegebenenfalls auf dem Konto bzw. der Karteikarte eines Nebenbuches (Lagerkartei, Kunden- und Liefererkonto u. a.) erfasst werden. Ob die Grundbuchungen **vor** der Übertragung auf die Konten **(= Übertragungsbuchführung)** oder **im Durchschreibeverfahren (= Durchschreibebuchführung)** oder **automatisch** mit der Buchung auf den Konten **(= EDV-Buchführung)** erfolgen, ist eine Frage des jeweils angewandten **Buchungsverfahrens.**

2.6.2 Das Hauptbuch

Sachliche Ordnung. Aus dem Grundbuch lässt sich nicht jederzeit der Stand der einzelnen Vermögensteile und Schulden erkennen. Deshalb müssen die Geschäftsfälle noch in **sachlicher** Ordnung auf entsprechenden **Sachkonten** gebucht werden, z. B. alle Gehaltszahlungen auf einem Konto „Gehälter", alle Bargeschäfte auf einem Kassenkonto u. a. Die Sachkonten stellen wegen ihrer Bedeutung für die Buchführung das **Hauptbuch** dar. Sie werden in der Regel auf losen Formblättern oder EDV-mäßig geführt.

Die Sachkonten sind die **im Kontenplan** des Betriebes verzeichneten **Bestands- und Erfolgskonten.** Ihr Abschluss führt zur Gewinn- und Verlustrechnung und Bilanz. Bei jeder Buchung auf einem Sachkonto des Hauptbuches müssen ähnlich wie im Grundbuch vermerkt werden: Datum, Belegvermerk, Buchungstext, Gegenkonto, Betrag im Soll und im Haben:

Konto: 1310 Bank					
Beleg-datum	**Beleg-vermerk**	**Buchungstext**	**Gegenkonto**	**Betrag**	
				Soll	Haben
12. Nov.	BA 158	Überweisung an Vits KG	1710	–	4.640,00
14. Nov.	BA 159	Überweisung von Decker	1010	2.784,00	–
.	.	…			
.	.	…			

Zusammenhang zwischen Belegen, Grund- und Hauptbuch

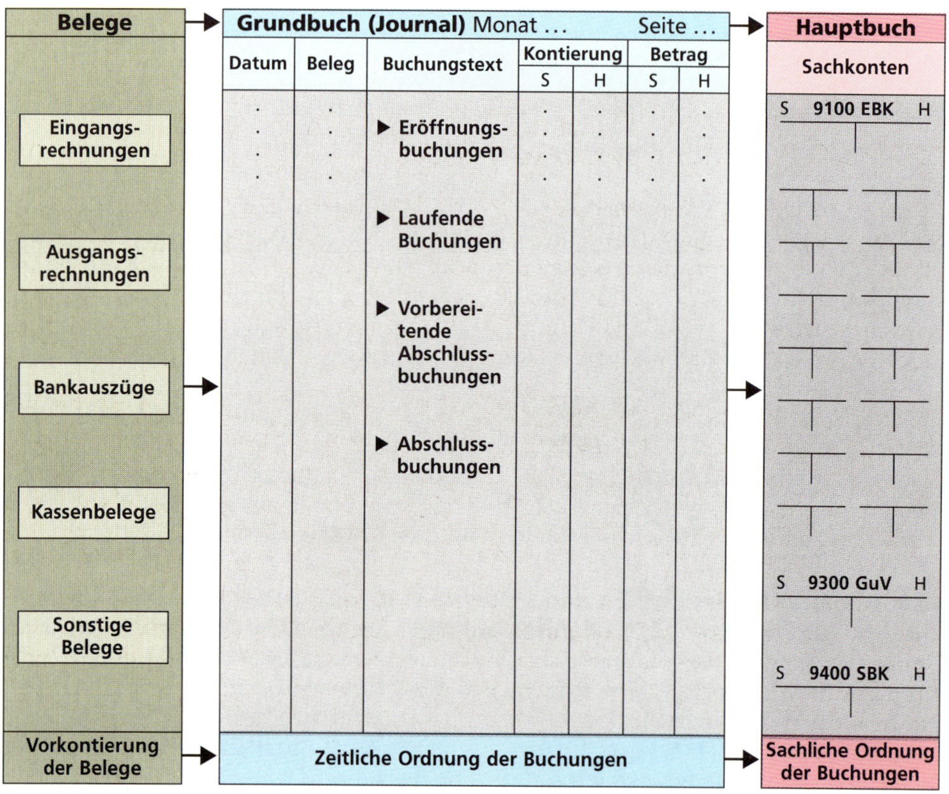

6464104

2.6.3 Die Nebenbücher im Überblick

Bestimmte Sachkonten müssen **näher erläutert** werden, um **wichtige Einzelheiten** zu erfahren. Das geschieht in entsprechenden **Nebenbüchern.**

Sachkonten		Nebenbücher
Forderungen a. LL, Verbindlichkeiten a. LL	↔	**Kontokorrentbuch** erfasst den unbaren Geschäftsverkehr mit jedem einzelnen Kunden und Lieferer.
Warenbestandskonto	↔	**Lagerkartei** erfasst für jede einzelne Warenart Zugänge und Abgänge und ermittelt jederzeit (permanent) den Buchbestand → Seite 20.
Löhne und Gehälter	↔	**Lohn-/Gehaltsbuchhaltung** Für jeden Arbeitnehmer wird ein Lohn- bzw. Gehaltskonto geführt → Seite 177 f.
Anlagekonten	↔	**Anlagenkartei** Für jeden Anlagegegenstand gibt es eine Anlagenkarte, die Anschaffungskosten, Nutzungsdauer, Abschreibung und Buchwert zum 31. Dezember ausweist → Seiten 17 und 80.
Besitz- und Schuldwechsel	↔	**Wechselbuch** Die Fälligkeiten u. a. der Wechsel müssen überwacht werden.

2.6.4 Die Kontokorrentbuchhaltung

Die Einrichtung von Personenkonten für Kunden und Lieferer ist erforderlich, weil aus den Sachkonten „1010 Forderungen a. LL" und „1710 Verbindlichkeiten a. LL" nicht zu ersehen ist, wie hoch die Forderungen gegenüber den einzelnen Kunden **(Debitoren)** und die Schulden gegenüber den einzelnen Lieferern **(Kreditoren)** sind. Die Kunden- und Liefererkonten dienen vor allem der **Überwachung der Zahlungstermine.** Sie bilden das Kontokorrentbuch[1].

Kundenkonto: Kaufkette AG, Köln					**Kontonummer:** 10002	
Datum	**Beleg**	**Buchungstext**	**Journalseite**	**Soll**	**Haben**	**Saldo**
2. Jan.	–	Saldovortrag	J 1	4.640,00	–	4.640,00
4. Jan.	BA 1	Banküberweisung	J 1	–	3.480,00	1.160,00
12. Jan.	AR 38	Verkauf Artikel-Nr. 567	J 3	2.784,00	–	3.944,00
		...				

Jede Buchung auf den Sachkonten 1010 und 1710 muss zugleich auf dem entsprechenden Kunden- und Liefererkonto vermerkt werden. Beim Abschluss werden die Salden der Kunden- und Liefererkonten jeweils in eine **Saldenliste für Debitoren bzw. Kreditoren** übertragen, deren Summe mit dem Saldo des Kontos 1010 bzw. 1710 übereinstimmen muss.

1 ital.: conto corrente = laufende Rechnung

In der EDV-Buchführung wird zunächst auf den Personenkonten gebucht. Beim Abschluss werden die **Summen der Debitoren und Kreditoren automatisch** auf die Sachkonten 1010 und 1710 **übertragen.** Sachkonten sind in der Regel vierstellig, **Personenkonten fünfstellig:**

Debitoren: 10000–59999 → z. B. 10000 Kunde A, 10001 Kunde B
Kreditoren: 60000–99999 → z. B. 60000 Lieferer A, 60001 Lieferer B

Kundenkonten erhalten z. B. an der **fünften** Stelle (die EDV-Anlage liest die Kennziffern von rechts nach links) die **Kennziffern** 1 bis 5, Liefererkonten die Ziffern 6 bis 9.

Beispiel In der Papiergroßhandlung Kern weisen die Saldenlisten der Kunden- und Liefererkonten sowie die Sachkonten 1010 und 1710 zum 31. Dezember folgende Zahlen aus:

Konto-Nr.	Kunden	Salden
10001	Druckcenter GmbH	165.000
10002	Kaufkette AG	86.250
10003	Schneider OHG	115.000
	Saldensumme	**366.250**

Konto-Nr.	Lieferer	Salden
60001	Druck u. Papier GmbH	247.250
60002	Hein OHG	143.750
60003	Deutsche Papier AG	135.000
	Saldensumme	**526.000**

1010 Forderungen a. LL				
Datum	**Beleg**	**Text**	**Soll**	**Haben**
12-31	–	...	2.875.000	2.508.750
		Saldo	–	**366.250**
			2.875.000	2.875.000

1710 Verbindlichkeiten a. LL				
Datum	**Beleg**	**Text**	**Soll**	**Haben**
12-31	–	...	1.889.000	2.415.000
		Saldo	**526.000**	–
			2.415.000	2.415.000

Debitoren = Kunden

Kreditoren = Lieferanten

Zusammenfassung

- Eine **ordnungsmäßige Buchführung** benötigt eine gute **Belegorganisation.**
- Man unterscheidet zwischen **externen** und **internen** Belegen.
- **Bearbeitungsstufen der Belege in der Buchführung**

Aufbereiten der Belege	**Buchung der Belege im**	**Aufbewahrung der Belege 6 Jahre**
– Prüfen der Belege – Ordnen der Belege – Vorkontieren der Belege	– Grundbuch – Hauptbuch – Nebenbuch	– Ablage in Ordnern – Mikrofilmablage

- **Die Bücher der Finanzbuchhaltung**

Inventar- und Bilanzbuch	**Grundbuch (Journal)**	**Hauptbuch**	**Nebenbücher**
enthält das Inventar sowie die Schlussbilanz einschließlich Gewinn- und Verlustrechnung.	erfasst die Geschäftsfälle anhand vorkontierter Belege in zeitlicher Folge.	erfasst die Geschäftsfälle nach sachlichen Gesichtspunkten auf Sachkonten.	ergänzen und erläutern bestimmte Sachkonten.
10 Jahre Aufbewahrung			

119

In der Finanzbuchhaltung der Textilgroßhandlung Kurz weisen die **Kundenkonten** Cromme und Helmer folgende **offene Posten,** also noch nicht bezahlte Rechnungen, aus:

S	**10000 Cromme**		H
AR 407	23.200,00		
AR 409	11.600,00		

S	**10001 Helmer**		H
AR 408	34.800,00		
AR 410	5.800,00		

Richten Sie außer den Kundenkonten noch folgende Sachkonten ein: 1010 Forderungen a. LL (AB 75.400,00 DM), 1310 Bank (AB 109.500,00 DM), 1810 Umsatzsteuer, 8010 Warenverkauf.

Buchen Sie auf den Sachkonten die folgenden Geschäftsfälle und nehmen Sie zugleich die entsprechenden Eintragungen auf den Kundenkonten vor:

1. Kunde Cromme begleicht AR 407 lt. Bankauszug (BA 12) 23.200,00 DM
2. Verkauf von Waren lt. AR 411 an das
   Textilhaus Helmer, netto .... 50.000,00 DM
   \+ Umsatzsteuer .... 8.000,00 DM 58.000,00 DM
3. Kunde Helmer begleicht lt. BA 13 die fällige AR 408 ..... 34.800,00 DM
4. Warenverkauf an das Kaufhaus Cromme
   lt. AR 412, netto .... 15.000,00 DM
   \+ Umsatzsteuer .... 2.400,00 DM 17.400,00 DM

1. *Ermitteln Sie die Salden der Kundenkonten und stellen Sie diese in einer Saldenliste „Debitoren" zusammen.*
2. *Ermitteln Sie den Saldo im Sachkonto 1010 Forderungen a. LL und stimmen Sie diesen mit der Summe der Salden der Debitoren-Saldenliste ab.*

120

Die **Liefererkonten** Hax und Lauer der o. g. Textilgroßhandlung Kurz weisen folgende **offene Posten** aus:

S	**60000 Hax**		H
		ER 580	29.000,00
		ER 582	13.920,00

S	**60001 Lauer**		H
		ER 581	46.400,00
		ER 583	19.720,00

Richten Sie noch folgende Sachkonten ein: 1310 Bank (AB 167.000,00 DM), 1410 Vorsteuer, 1710 Verbindlichkeiten a. LL (AB 109.040,00 DM), 3010 Wareneingang.

Buchen Sie die folgenden Geschäftsfälle auf den erforderlichen Sachkonten und ergänzen Sie entsprechend die beiden Liefererkonten:

1. ER 580 wird bei Fälligkeit beglichen. BA 45 .... 29.000,00 DM
2. Einkauf von Textilwaren lt. ER 584
   bei Textilfabrik Lauer, netto .... 44.000,00 DM
   \+ Umsatzsteuer .... 7.040,00 DM 51.040,00 DM
3. Ausgleich von ER 581 lt. BA 46 .... 46.400,00 DM
4. Einkauf von Textilien bei Textilimport Hax
   lt. ER 585, netto .... 8.500,00 DM
   \+ Umsatzsteuer .... 1.360,00 DM 9.860,00 DM

1. *Ermitteln Sie die Salden der Liefererkonten und des Kontos 1710 Verbindlichkeiten a. LL.*
2. *Erstellen Sie die Kreditoren-Saldenliste und nehmen Sie die Abstimmung mit dem Sachkonto 1710 vor.*

121 *Setzen Sie Folgendes entsprechend ein: 6 Jahre, 10 Jahre, zeitlicher, sachlicher, erläutern.*

1. Das Grundbuch erfasst die Geschäftsfälle in ••• Ordnung.
2. Im Hauptbuch werden die Geschäftsfälle in ••• Ordnung gebucht.
3. Belege sind ••• Jahre aufzubewahren, Bücher hingegen ••• Jahre.
4. Das Kontokorrentbuch soll die Sachkonten 1010 und 1710 näher •••.

122 Die Elektrogroßhandlung Blitz beliefert fünf Großkunden. Die Umsätze mit diesen Kunden betragen in den Geschäftsjahren 01 und 02 nach Angaben der Debitorenbuchhaltung:

Konto-Nr.	Kunde	Umsatz in DM	
		01	02
10000	Elektroexport GmbH, Köln	260.000,00	299.000,00
10001	Hausgeräte GmbH, Düsseldorf	350.000,00	392.000,00
10002	Kaufpark Elektra GmbH, Essen	120.000,00	150.000,00
10003	Elektronik Schütz, Duisburg	220.000,00	193.600,00
10004	Baumarkt Heiler, Köln	125.000,00	131.250,00

1. *Wie hoch ist jeweils der Gesamtumsatz in den Geschäftsjahren 01 und 02?*
2. *Ermitteln Sie für die Geschäftsjahre 01 und 02 in % den Anteil des jeweiligen Kunden am Gesamtumsatz.*
3. *Stellen Sie die Veränderungen gegenüber dem Vorjahr in % dar und deuten Sie diese.*

123

1. *Erläutern Sie Aufgaben und Bedeutung der Bücher der Buchführung: a) Grundbuch, b) Hauptbuch, c) Nebenbücher, d) Inventar- und Bilanzbuch.*
2. *Inwiefern ist der Beleg Bindeglied zwischen Geschäftsfall und Buchung?*
3. *Belege lassen sich nach ihrer Entstehung in a) Fremd- bzw. externe Belege und b) Eigen- bzw. interne Belege unterscheiden. Nennen Sie jeweils mindestens drei Beispiele.*
4. *Nennen Sie die Aufbewahrungsfristen für Geschäftsbelege, die Bücher der Buchführung, das Inventar und die Bilanz.*
5. *Von welchem Zeitpunkt an beginnt die Aufbewahrungsfrist?*
6. *Welche Möglichkeiten der Belegaufbewahrung bestehen?*

124

Geschäftsgänge mit Grund-, Haupt-, Kontokorrent- und Bilanzbuch

1. *Führen Sie die genannten Bücher der Buchführung.*
2. *Richten Sie die Sachkonten ein und tragen Sie die Beträge der Summenbilanz vor.*
3. *Richten Sie die Personenkonten ein und tragen Sie die Soll- und Habenbeträge vor.*
4. *Buchen Sie noch die Geschäftsfälle für Dezember auf den Sach- und Personenkonten.*
5. *Erstellen Sie zum 31. Dezember die Saldenlisten der Personenkonten und stimmen Sie diese mit den Sachkonten „1010 Forderungen a. LL" und „1710 Verbindlichkeiten a. LL" ab.*
6. *Führen Sie den kontenmäßigen Jahresabschluss im Hauptbuch durch.*
7. *Erstellen Sie einen ordnungsmäßig gegliederten* ***Jahresabschluss*** *(Bilanz und Gewinn- und Verlustrechnung) der Textilgroßhandlung E. Tuch, Köln, für das Bilanzbuch.*

Belegabkürzungen: AR (Ausgangsrechnung), ER (Eingangsrechnung), BA (Bankauszug), PA (Postbankauszug), KB (Kassenbeleg), SB (Sonstige Belege).

124

Kundenkonten der Textilgroßhandlung E. Tuch	Soll	Haben
10000 F. Walter, Leverkusen	344.500,00	322.400,00
10001 A. Kühn, Köln	241.250,00	221.400,00
10002 R. Schulze, Bergheim	225.000,00	175.580,00
Summe	810.750,00	719.380,00
Liefererkonten der Textilgroßhandlung E. Tuch	**Soll**	**Haben**
60000 M. Blau, Rheine	189.400,00	224.600,00
60001 S. Schneider, Emsdetten	180.200,00	215.800,00
60002 R. Weber, Soest	155.400,00	184.480,00
Summe	525.000,00	624.880,00
Sachkonten der Textilgroßhandlung E. Tuch	**Soll**	**Haben**
0330 Betriebs- und Geschäftsausstattung	218.000,00	13.000,00
0610 Eigenkapital	–	429.000,00
1010 Forderungen a. LL	810.750,00	719.380,00
1310 Bank	790.158,00	646.570,00
1320 Postbankguthaben	69.343,00	14.000,00
1410 Vorsteuer	75.759,00	63.140,00
1510 Kasse	28.940,00	21.180,00
1610 Privatentnahmen	40.000,00	–
1710 Verbindlichkeiten a. LL	525.000,00	624.880,00
1810 Umsatzsteuer	63.140,00	127.080,00
3010 Wareneingang	460.000,00	–
3910 Warenbestände	189.000,00	–
4000 Personalkosten	102.000,00	–
4100 Mieten	45.070,00	–
4800 Allgemeine Verwaltung	35.320,00	–
8010 Warenverkauf	–	780.150,00
8710 Eigenverbrauch von Waren	–	14.100,00
Weitere Konten: 4910, 9300, 9400	3.452.480,00	3.452.480,00

Geschäftsfälle ab 18. Dezember bis 31. Dezember ..

Datum	Beleg	Buchungstext	DM
18. Dez.	AR 949	Zielverkauf an F. Walter, netto	8.800,00
		+ Umsatzsteuer	1.408,00
19. Dez.	ER 468	Zieleinkauf bei M. Blau, netto	12.300,00
		+ Umsatzsteuer	1.968,00
20. Dez.	BA 91	Überweisung von A. Kühn	13.340,00
		Überweisung an S. Schneider	22.620,00
21. Dez.	KB 248	Barkauf von Postwertzeichen	650,00
		Private Warenentnahme, netto	750,00
23. Dez.	ER 469	Zieleinkauf bei R. Weber, netto	11.800,00
		+ Umsatzsteuer	1.888,00
27. Dez.	KB 249	Privatentnahme, bar	800,00
28. Dez.	AR 950	Zielverkauf an R. Schulze, netto	15.600,00
		+ Umsatzsteuer	2.496,00
29. Dez.	PA 93	Überweisung der Telefongebühren	1.200,00
		+ Umsatzsteuer	192,00
		Überweisung von R. Schulze	27.840,00
30. Dez.	KB 250	Barkauf von Büromaterial, brutto	522,00
31. Dez.	KB 251	Barverkäufe von Waren (Tageslosung), brutto	6.496,00

Abschlussangaben

31. Dez. SB 189 Warenendbestand lt. Inventur 168.000,00
31. Dez. Anlagenkartei: Abschreibungen auf BGA 25.000,00
31. Dez. Inventar Buchbestände = Inventurbestände

2.7 Buchen mit einem Finanzbuchhaltungsprogramm

2.7.1 Wie funktioniert eine Buchführung mithilfe der EDV?

EDV-Buchführung. Die Zahl der täglichen Geschäftsfälle ist in der Regel auch in kleinen Unternehmen so groß, dass selbst mithilfe einer maschinellen Durchschreibebuchführung die Fülle von Belegen nicht in wirtschaftlich vertretbarer Zeit zu bearbeiten ist. Nur eine EDV-gestützte Buchführung ermöglicht es,

- **eine Vielzahl von Buchungsdaten in kürzester Zeit zu erfassen,**
- **automatisch zu verarbeiten,**
- **auszuwerten und zu speichern sowie**
- **die Ergebnisse jederzeit abzurufen.**

Drei Schritte kennzeichnen die **Arbeitsweise der EDV** in der Buchführung:

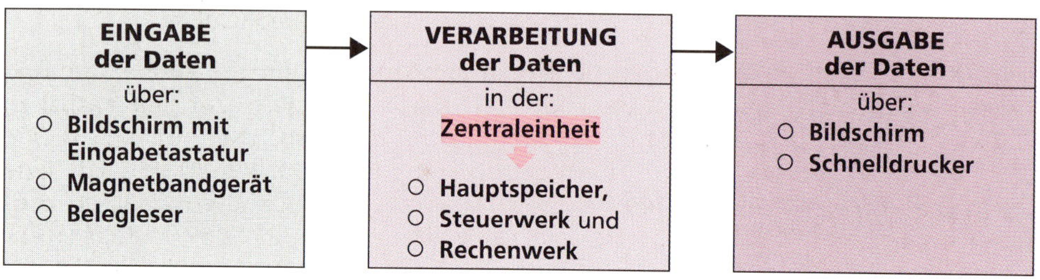

Die Eingabe der Daten in den Computer (Zentraleinheit) erfolgt in der Regel direkt über die **Eingabetastatur** des Bildschirmgerätes. Das hat den Vorteil, dass die eingegebenen Daten sofort am Bildschirm überprüft werden können. Daten können zudem auch über **Datenträger** (Diskette, Magnetbandkassette) oder durch **Fernübertragung** in die Zentraleinheit eines Rechners eingegeben werden. **Klarschriftbelege** (Schecks, Überweisungsvordrucke) und **Markierungsbelege** enthalten bereits die einzugebenden Daten in optisch lesbarer Schrift, die direkt über einen **Belegleser** in den Computer eingelesen werden.

Die Verarbeitung der Daten findet in der **Zentraleinheit** statt. Sie ist das Kernstück der EDV-Anlage, die **drei wichtige Funktionen** hat:

1. **Speichern der Programme und Daten im Hauptspeicher,**
2. **Rechnen,**
3. **Steuern der Datenverarbeitung nach Programm.**

Die **Zentraleinheit** besteht deshalb aus dem **Hauptspeicher,** dem **Rechenwerk** und dem **Steuerwerk.** Die eingegebenen Daten gelangen zunächst in den Hauptspeicher. Durch das Steuerwerk wird mithilfe des Programms alles Weitere geleitet und koordiniert, und zwar das Speichern der Daten, das programmgemäße Rechnen und schließlich die Ausgabe der Ergebnisdaten.

Die Ausgabe der Daten der EDV-Buchführung erfolgt über Bildschirm und Drucker:

- **Buchungserfassungsprotokoll** zur Kontrolle der Buchungssätze,
- **Offene-Posten-Liste** der Kunden und Lieferanten,
- **Grundbuch (Journal) für den Abrechnungszeitraum,**
- **Sachkonten und Personenkonten** (Debitoren und Kreditoren),
- **Bilanz und Gewinn- und Verlustrechnung,**
- **Betriebswirtschaftliche Auswertungen:**
  - Strukturzahlen der Bilanz und GuV-Rechnung
  - Rohgewinn je Warengruppe
  - Kostenvergleichsanalyse
  - Liquiditätsübersichten u. a. m.

Datensicherung. Daten und Programme der EDV-Finanzbuchhaltung müssen vor Übertragungsfehlern, Verfälschung, Vernichtung und Diebstahl geschützt werden und sollten deshalb in regelmäßigen Abständen auf **externe Datenträger** (Disketten, Magnetbandkassetten) kopiert werden. **Sicherungskopien** sind vor allem nach Eingabe der Stammdaten und vor dem Jahresabschluss zu erstellen. Die Datensicherung ist ein wichtiger Grundsatz DV-gestützter Buchführungssysteme (GoBS).

Grundsätze ordnungsmäßiger EDV-Buchführung. In einer EDV-Buchführung werden die eingegebenen Buchungsdaten zunächst lediglich auf magnetischen Datenträgern (Festplatte, Diskette, Magnetbandkassette) gespeichert, ohne dass eine sofortige Verarbeitung in Form eines Grund- und Hauptbuches erfolgt. Für eine Speicherbuchführung gelten deshalb **neben den allgemeinen „Grundsätzen ordnungsmäßiger Buchführung" (GoB),** wie z. B. Vollständigkeit, Richtigkeit, Zeitgerechtigkeit und Nachprüfbarkeit der Buchungen (s. S. 93), seit 1995 besondere **„Grundsätze ordnungsmäßiger DV-gestützter Buchführungssysteme" (GoBS).** Dazu zählen vor allem:

- **Grundsatz der Zuverlässigkeit des Fibu-Programms,**
- **Grundsatz der Nachprüfbarkeit der Daten aus automatischen Vorgängen** (z. B. USt-, VSt-Korrekturen),
- **Grundsatz der Datensicherheit** und
- **Grundsatz der jederzeitigen Datenwiedergabe.**

2.7.2 Das Finanzbuchhaltungsprogramm erfasst Stamm- und Bewegungsdaten

Fibu-Programm. Eine EDV-gestützte Buchführung setzt die Installation eines guten Finanzbuchhaltungsprogramms (Fibu) auf der Festplatte der EDV-Anlage voraus. Dazu zählen unter anderen KHK und IBM. Die Programme unterscheiden bei den Datenbeständen zwischen Stammdaten und Bewegungsdaten.

Stammdaten sind Daten, die über einen längeren Zeitraum **unverändert** bleiben. Sie bilden die **Grundlage der Finanzbuchhaltung** und sind deshalb **zuerst** in die EDV-Anlage **einzugeben,** sofern sie nicht bereits im käuflich erworbenen Programm enthalten sind, wie z. B. ein entsprechender Kontenrahmen.

Wichtige Stammdaten sind:

- **Kontenplan mit Kontennummern und Kontenbezeichnungen,**
- **Gliederung der Bilanz und Gewinn- und Verlustrechnung,**
- **Zuordnung der Sachkonten zur Bilanz und GuV-Rechnung,**
- **Kundenkonten mit Kontonummer, Name und Anschrift,**
- **Liefererkonten mit Kontonummer, Name, Anschrift, Banken,**
- **Steuerschlüssel zur automatischen Herausrechnung der Vor- bzw. Umsatzsteuer aus dem eingegebenen Bruttobetrag,**
- **Bankverbindungen,**
- **Mahnvorbesetzungen für automatische Mahnschreiben an Kunden.**

Bewegungsdaten ändern sich bei jedem Geschäftsfall (Bewegung):

- **Buchungsdatum**
- **Belegnummer, Belegdatum**
- **Sollkonto, Habenkonto**
- **Buchungsbeleg, Buchungstext**

Bei Ersteinrichtung der EDV-Buchführung sind außer den **Stammdaten** zunächst auch die **Anfangsbestände** bzw. **Salden** der Sachkonten sowie die **noch nicht beglichenen Rechnungen** der Kunden und Lieferer, die sog. **„Offenen Posten"**, über das **Hilfskonto „9150 Saldenvorträge"** auf die entsprechenden Sach- und Personenkonten einzugeben. **Beim Jahresabschluss** werden die **Bestände und Offenen Posten** vom Programm **automatisch auf das folgende Geschäftsjahr übertragen.** Beim **Monatsabschluss,** der in der EDV-Buchführung die Regel ist, werden die Salden der Sach- und Personenkonten automatisch auf den nächsten Monat vorgetragen.

Erfassung der Buchungen. Die Buchungen werden aufgrund der **vorkontierten Belege** eingegeben. In der Regel unterscheidet man Stapel- und Dialogbuchungen.

- **Stapelbuchungen.** Die Buchungen werden **nicht direkt auf Konten** gebucht, sondern vorab in einem **Zwischenspeicher** „gestapelt". Dieses Buchungsverfahren hat somit den Vorteil, dass die gespeicherten Buchungssätze noch **jederzeit ergänzt oder korrigiert** werden können. Die „gestapelten" Buchungen werden später durch einen besonderen Verarbeitungsbefehl auf die entsprechenden Konten übertragen. Vorher sollte man aber noch zur Kontrolle ein **Buchungserfassungsprotokoll** ausdrucken lassen.
- **Dialogbuchungen.** Bei diesem Verfahren wird jeder Buchungssatz **sofort** nach seiner Eingabe auf den entsprechenden **Konten** gebucht. Buchungen können nicht mehr zurückgenommen, sondern nur noch storniert werden.

Zusammenfassung

- **Stammdaten** bleiben langfristig gleich, sind aber jederzeit zu aktualisieren.
- **Bewegungsdaten** ändern sich bei jedem Geschäftsfall.
- **Stapelbuchungen** sind den **Dialogbuchungen** vorzuziehen.
- **Grundbuch, Hauptbuch** und **Nebenbücher dürfen auf Datenträgern** aufbewahrt werden (siehe § 239 [4] HGB). Aufbewahrungsfrist: 10 Jahre.
- **Bilanz und Gewinn- und Verlustrechnung** sind dagegen **in ausgedruckter Form 10 Jahre** aufzubewahren (siehe § 257 [3] HGB).
- **Die EDV-Buchführung** muss neben den allgemeinen „Grundsätzen ordnungsmäßiger Buchführung **(GoB)**" auch den „Grundsätzen ordnungsmäßiger DV-gestützter Buchführungssysteme **(GoBS)**" von 1995 **entsprechen.**

2.7.3 Beispiel eines Finanzbuchhaltungsprogramms

Nach dem Start der Fibu (im vorliegenden Beispiel KHK Classic Line) erscheint gewöhnlich das unten abgebildete **„Hauptmenü",**

das **9 Programme** ausweist. Nach der Wahl des Mandanten erscheinen die Mandantenbezeichnung **„Papiergroßhandlung Katja Kern"** sowie das aktuelle Buchungsdatum.

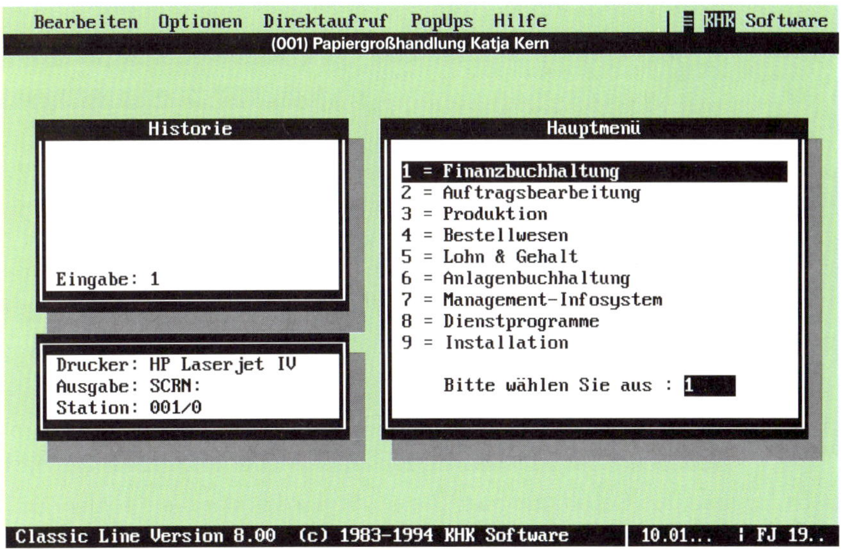

Im obigen Hauptmenü gelangt man durch die Eingabe von **„1"** und **„Return"** in das Programm der **„Finanzbuchhaltung"**

und erhält folgendes Menü mit **9 Teilprogrammen.**

Ausgewählt wird die Ziffer **„2" = Buchen.**

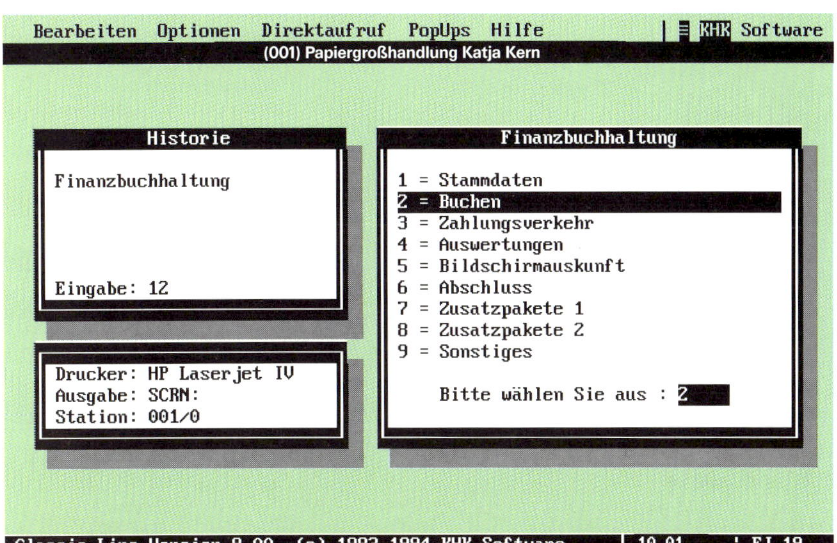

Nach Eingabe der Ziffer **„2"** und nach Betätigung der Returntaste wird nun im Rahmen des Finanzbuchhaltungsprogramms in einer Bildschirmmaske das Teilprogramm

„Buchen"

angezeigt, das wiederum aus **6 Unterprogrammen** besteht:

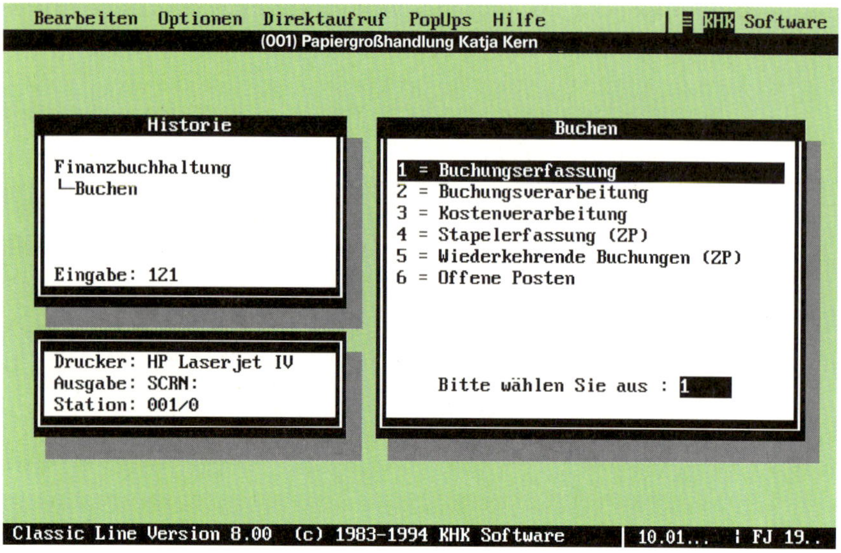

Nach Eingabe und Bestätigung der Ziffer **„1"** wird in der dann folgenden Maske die

„Buchungserfassung"

mit **5 Teilprogrammen** angezeigt:

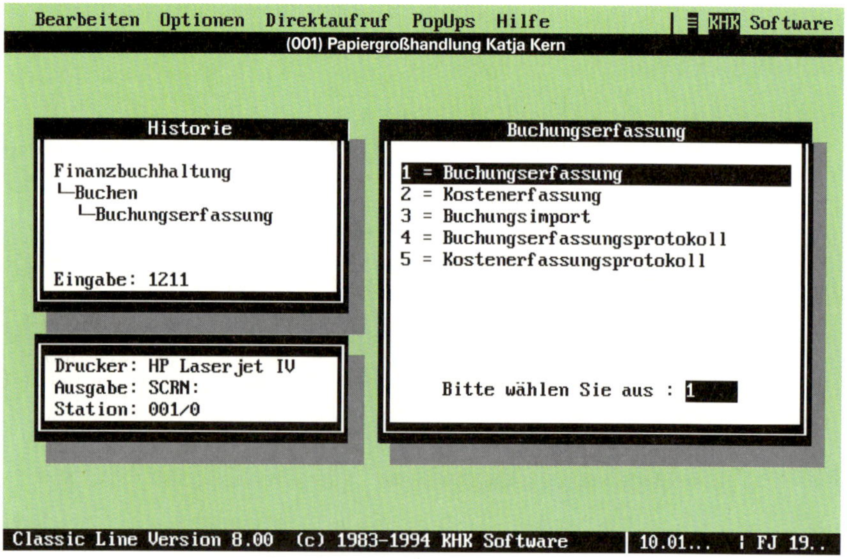

Wählt man nun in der vorstehenden Bildschirmmaske die Ziffer **„1"**, wird die Buchungsmaske

„Buchungserfassung für Periode: X"

angezeigt (siehe nächste Seite).

In der Bildschirmmaske **„Buchungserfassung für Periode: X"** werden nun alle

- **Eröffnungsbuchungen,**
- **laufenden Buchungen** und
- **vorbereitenden Abschlussbuchungen**

erfasst.

Beispiel In der unten stehenden Buchungsmaske wird der Zielverkauf von Waren an den Kunden Kurz, Köln, aufgrund der folgenden Ausgangsrechnung erfasst:

Belegnummer AR 001:	**..-01-08**
4 Paletten Kopierpapier je 1.500,00 DM, netto	6.000,00 DM
16 % Umsatzsteuer	960,00 DM
Rechnungsbetrag	6.960,00 DM

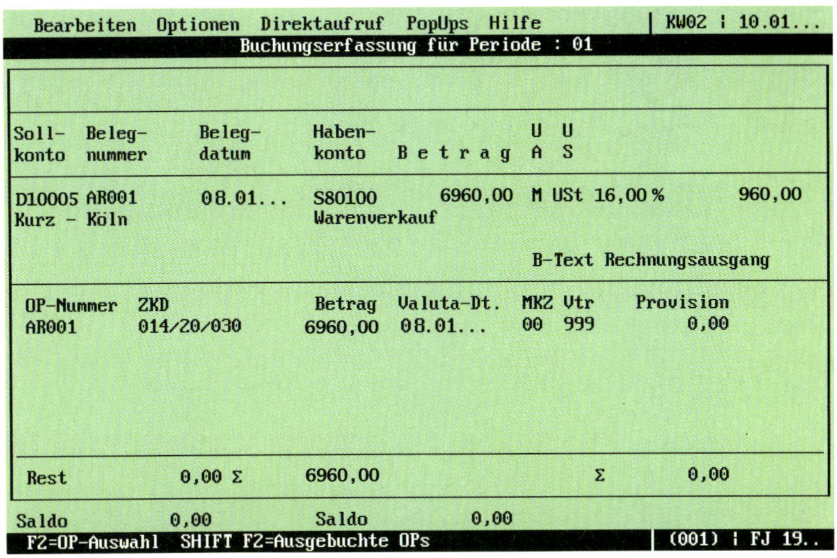

In der obigen Buchungsmaske wird Folgendes erfasst:

- **Kontonummern** sind in der KHK-Fibu stets **6-stellig,** wobei die **1. Stelle** jeweils die Konten**art** bestimmt:

  D = Debitor **K = Kreditor** **S = Sachkonto**

  Es ist jeweils die Kontonummer des Soll- und Habenkontos einzugeben, und zwar bei Zielverkäufen **direkt** das entsprechende **Debitorenkonto** und bei Zieleinkäufen das zugehörige **Kreditorenkonto.** Nach Eingabe der Kontonummer erscheint **automatisch** die **Kontenbezeichnung.**
- **Belegnummer.** Hier wird die laufende Belegnummer oder die jeweilige Rechnungsnummer eingegeben.
- **Das Belegdatum** dient der Feststellung der **Fälligkeit** auf den Kunden- und Liefererkonten.
- Im **Betragsfeld** wird bei Ein- und Ausgangsrechnung sowie Eigenverbrauch stets der **Bruttobetrag** eingegeben, da die Vor- bzw. Umsatzsteuer **automatisch** herausgerechnet und gebucht wird.

- Im Feld **UA = Umsatzsteuerart** wird V = Vorsteuer und M = Mehrwertsteuer bzw. Umsatzsteuer **automatisch** durch das entsprechende Sachkonto definiert und ausgewiesen oder mit der F2-Taste gewählt.
- Im Feld **US = Umsatzsteuerschlüssel** wird der entsprechende Steuersatz (16 % bzw. 7 %) **automatisch** übernommen oder mit der F2-Taste gewählt und die Umsatzsteuer aus dem Bruttobetrag errechnet und ausgewiesen.
- Der **Buchungstext** gibt in Kurzform den Inhalt der Buchung an: Rechnungseingang, Rechnungsausgang, Zahlungseingang, Zahlungsausgang, Barverkauf, Bankeinzahlung, Privatentnahme u. a.
- **Offene-Posten-Nr. (OP-Nr.).** Die Nummer der jeweiligen Eingangs- oder Ausgangsrechnung, nach der Offene-Posten-Listen erstellt und alle Zahlungsein- und -ausgänge bestimmten Rechnungen zugeordnet werden.
- Im Feld **ZKD = Zahlungskonditionen** erscheinen die im Kunden- bzw. Lieferer-stammsatz eingegebenen Konditionen (Skonto). Sie lassen sich hier verändern.

Die vorhergehende Buchung wird stets im **oberen Feld** der Bildschirmmaske angezeigt.

Beispiel **Beleg 2:** Barauszahlung der Reisespesen .... 240,00 DM

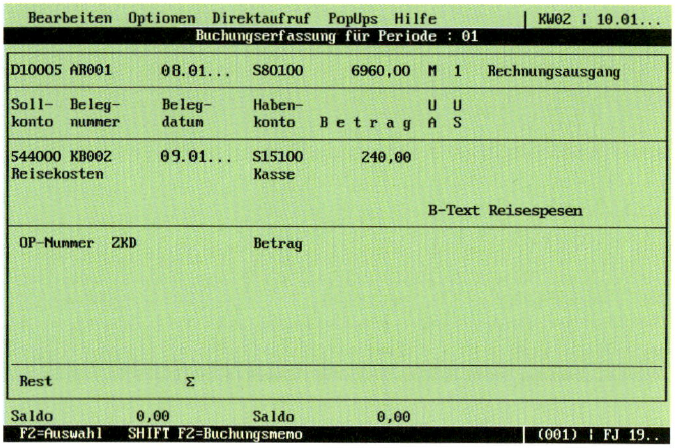

Buchungserfassungsprotokoll. Vor der Übertragung der Buchungen auf die entsprechenden Konten sollte **zur Kontrolle** ein Buchungserfassungsprotokoll ausgedruckt werden, in dem noch einmal alle eingegebenen Buchungen aufgelistet sind. Dazu ist die Ziffer „4" im **Buchungserfassungs-Menü** auf S. 114 einzugeben.

Die Verarbeitung der Buchungen auf den Konten erfolgt, indem man aus dem **Buchen-Menü** die Ziffer „2" = **Buchungsverarbeitung** ansteuert und bestätigt und in der folgenden Auswahl erneut **„Buchungsverarbeitung"** wählt. Das dort ebenfalls aufgeführte Buchungsjournal lässt sich ausdrucken. Es dokumentiert die verarbeiteten Buchungen.

Auswertungen und Abschluss. Die Programme zur Ausgabe der Saldenlisten, Umsatzstatistiken, Umsatzsteuervoranmeldung und Bilanzauswertungen befinden sich im Menü **„Auswertungen"** (siehe Fibu-Menü auf S. 113); der Monats- und Jahresabschluss wird im Menü **„Abschluss"** (siehe S. 113) ausgeführt.

Vor der Buchungsverarbeitung muss eine Datensicherung erfolgen.

Aufgaben

125 *Als Sachbearbeiter/in in der Finanzbuchhaltung der Elektrogroßhandlung Jung, Düsseldorf, haben Sie folgende Geschäftsfälle EDV-gerecht zu buchen. Im Fibu-Programm Ihrer EDV-Anlage aktivieren Sie dazu das Teilprogramm* ***„1 Buchungserfassung“*** *(siehe S. 114) und tragen die Buchungsdaten der Geschäftsfälle in das folgende* ***Erfassungsschema*** *ein, das grundsätzlich der KHK-Buchungsmaske entspricht.*

Soll-konto	Beleg-nummer	Beleg-datum	Haben-konto	Betrag	UA[1]	US[1]	OP-Nr.	B-Text

Sachkontenplan
S13100, S15100, S16100, S26100, S30100, S41000, S42200, S48100, S80100, S87100.

Debitoren
D10003 Heider, Bonn
D10004 Hiebel, Essen
D10005 Seitz, Wuppertal

Kreditoren
K60004 Lauf, Burscheid
K60006 Kurz, Leverkusen
K60007 Kroll, Leichlingen

Geschäftsfälle
Belegnummer ist die Nummer des Geschäftsfalls; Belegdatum: 1. Nov. ..; 16 % USt.

1. Verkauf von Waren an Kunde Heider lt. AR 450, brutto ... 8.120,00 DM
2. Privatentnahme, bar ... 700,00 DM
3. Barkauf von Büromaterial, brutto ... 580,00 DM
4. Einkauf von Waren beim Lieferer Lauf lt. ER 578, brutto ... 17.400,00 DM
5. Banküberweisung des Kunden Seitz zum Ausgleich von AR 426 ... 13.920,00 DM
6. Belastung des Kunden Seitz mit Verzugszinsen ... 138,00 DM
7. Bankgutschrift für Zinsen lt. Bankauszug ... 240,00 DM
8. Banklastschrift für Überweisung der Geschäftsmiete ... 6.000,00 DM
9. Verkauf von Waren an Kunde Hiebel lt. AR 451, brutto ... 9.860,00 DM
10. Einkauf von Waren beim Lieferer Kurz lt. ER 579, brutto .. 15.080,00 DM
11. Barauszahlung vom Bankkonto ... 2.800,00 DM
12. Banküberweisung an Kreditor Lauf zum Ausgleich von ER 568 ... 6.960,00 DM
13. Eigenverbrauch: Entnahme von Waren, brutto ... 812,00 DM
14. Einkauf von Waren lt. ER 580 beim Lieferer Kroll, brutto .. 4.640,00 DM
15. Banküberweisung der Kfz-Steuer für Geschäfts-PKW ... 700,00 DM

126

1. *Unterscheiden Sie Stamm- und Bewegungsdaten.*
2. *Nennen Sie wichtige Stammdatenbereiche.*
3. *Unterscheiden Sie Dialog- und Stapelbuchungen. Nennen Sie Vor- und Nachteile.*
4. *Nennen Sie wichtige Grundsätze ordnungsmäßiger DV-gestützter Buchführungssysteme (GoBS).*
5. *Welche buchhalterische Bedeutung hat die Erfassung der Offene-Posten-Nummer?*
6. *Welche Vorzüge hat eine EDV-Finanzbuchhaltung?*
7. *Begründen Sie die Notwendigkeit einer Datensicherung in der EDV-Finanzbuchhaltung.*

1 **UA** = Umsatzsteuerart: V = Vorsteuer, M = Mehrwertsteuer (Umsatzsteuer); **US** = Umsatzsteuerschlüssel: 16 % oder 7 %. Umsatzsteuer**art** und Umsatzsteuer**schlüssel** werden in der EDV durch das Konto vorbestimmt und **automatisch ausgewiesen.** *Tragen Sie hier lediglich die Umsatzsteuerart und den USt-Satz ein.*

2.8 Beleggeschäftsgang 1

In der **Papiergroßhandlung Katja Kern** entspricht das Geschäftsjahr dem Kalenderjahr. Die Geschäftsinhaberin möchte jedoch monatlich über die Lage des Unternehmens informiert werden. Deshalb werden in der Finanzbuchhaltung regelmäßig **Monatsabschlüsse** gemacht.

In dem folgenden Beleggeschäftsgang soll der **Abschluss zum 31. Januar** erfolgen. Die folgenden **Sach- und Personenkonten** weisen die **Salden zum 27. Januar ..** aus. Für die Zeit vom 28. Januar bis 31. Januar sind noch die **Belege 1–16** zu buchen.

Eröffnung der Sach- und Personenkonten. Die Beträge der Sach-, Kunden- und Liefererkonten werden bei **konventioneller Buchführung** einfach auf die genannten Konten, also ohne Gegenbuchung, übertragen. Im **Arbeitsheft** sind die Konten entsprechend vorbereitet.

EDV-Buchführung. Der Beleggeschäftsgang kann natürlich auch mit einem EDV-Finanzbuchhaltungsprogramm (z. B. KHK, IBM u. a.) gebucht werden. In diesem Fall erfolgen jedoch die Eröffnungsbuchungen nach dem System der Doppik über das Gegenkonto **„9150 Saldenvorträge“.** Da alle Geschäftsfälle, die Kunden und Lieferer betreffen, **direkt** auf den entsprechenden Personenkonten gebucht werden, sind auch nur die **Personenkonten** mit ihren Daten zu **eröffnen,** nicht dagegen die zugehörigen Sachkonten 1010 und 1710. Beim Abschluss werden die Salden der Personenkonten **automatisch** durch das Fibu-Programm auf die genannten Sachkonten übertragen.

Aufgabe

127

Kontenplan und Salden der Sachkonten zum 27. Januar ..	Soll	Haben
0200 Grundstücke und Gebäude	1.255.500,00	–
0330 Betriebs- und Geschäftsausstattung	494.500,00	–
0610 Eigenkapital	–	3.000.000,00
0820 Langfristige Bankverbindlichkeiten	–	1.431.284,00
1010 Forderungen a. LL	585.800,00	–
1310 Stadtsparkasse Köln	331.826,00	–
1410 Vorsteuer	48.520,00	–
1510 Kasse	15.664,00	–
1610 Privatentnahmen	12.000,00	–
1710 Verbindlichkeiten a. LL	–	243.600,00
1810 Umsatzsteuer	–	155.440,00
2110 Zinsaufwendungen	16.500,00	–
3010 Wareneingang	150.000,00	–
3910 Warenbestände	2.550.000,00	–
4020 Gehälter	188.264,00	–
4400 Werbekosten	45.800,00	–
4710 Instandhaltung	91.480,00	–
4730 Sonstige Betriebskosten	12.800,00	–
4810 Bürobedarf	2.320,00	–
4820 Porto – Telefon – Telefax	850,00	–
4910 Abschreibungen auf Sachanlagen	–	–
8010 Warenverkauf	–	970.000,00
8710 Eigenverbrauch von Waren	–	1.500,00
Abschlusskonten: 9300 und 9400	5.801.824,00	5.801.824,00

6464118

Offene-Posten-Listen. Die Personenkonten weisen zum 27. Januar .. im Einzelnen die unten stehenden **offenen Posten** (= unbezahlte Rechnungen) und **Salden** aus:

Offene-Posten-Liste Kunden					
Konto-Nr.	**Kunde**	**Datum**	**Rechnungs-Nr.**	**Betrag**	**Saldo**
10001	Druckcenter GmbH Siebenbürger Str. 36 04279 Leipzig	..-01-06 ..-01-19	201 204	116.000,00 52.200,00	**168.200,00**
10002	Kaufkette AG Aachener Str. 4–10 50674 Köln	..-01-18 ..-01-21	203 205	46.400,00 232.000,00	**278.400,00**
10003	Schneider OHG Kantstraße 34–38 97074 Würzburg	..-01-07 ..-01-23	202 206	64.960,00 74.240,00	**139.200,00**
Saldensumme der Kundenkonten: Abstimmung mit Konto 1010					**585.800,00**

Offene-Posten-Liste Lieferer					
Konto-Nr.	**Lieferer**	**Datum**	**Rechnungs-Nr.**	**Betrag**	**Saldo**
60001	Druck u. Papier GmbH Bergstraße 40–44 58095 Hagen	..-01-04 ..-01-10	25 190 25 340	83.520,00 52.200,00	**135.720,00**
60002	Matthias Hein OHG Bergerstraße 48 51143 Köln	..-01-19 ..-01-22	45 115 45 317	29.000,00 19.140,00	**48.140,00**
60003	Deutsche Papier AG Buchenstraße 22–32 04129 Leipzig	..-01-21	4 403	59.740,00	**59.740,00**
Saldensumme der Liefererkonten: Abstimmung mit Konto 1710					**243.600,00**

Aufgaben

1. *Eröffnung der Sach- und Personenkonten mit den Salden zum 27. Januar ..*
2. *Vorkontierung der Belege im Grundbuch:*

Datum	Beleg	Text	Kontierung	Soll	Haben
1.1. XX	1	AP [illegible]	0200	1.255.560	9.150

3. Beleg 15: Monatsabschreibungen: auf Gebäude .... 3.000,00 DM
   auf BGA .... 7.000,00 DM
4. *Ermittlung der Bestandsveränderung. Der Warenschlussbestand beträgt lt. Lagerkartei 2.140.000,00 DM.*
5. *Umbuchungen:*
   Beleg 16: Umbuchung der Warenbestandsveränderung
   Umbuchung der Vorsteuer
   Umbuchung der Privatentnahmen
6. *Erstellung der Saldenlisten für die Debitoren und Kreditoren und Abstimmung mit den Sachkonten 1010 und 1710.*
7. *Der Monatsabschluss ist für die Papiergroßhandlung Kern in Form der Bilanz und Gewinn- und Verlustrechnung konventionell oder EDV-gestützt zu erstellen.*

Beleg 1

KATJA KERN KÖLN *Papiergroßhandlung*

Katja Kern Papiergroßhandlung · Bonner Wall 45–55 · 50677 Köln

Druckcenter GmbH
Siebenbürger Straße 36

04279 Leipzig

Ihr Zeichen, Ihre Nachricht vom	Unser Zeichen, unsere Nachricht vom	Telefon/Name (02 21) 54 33 75-0	Datum
			..-01-28

Bitte bei Zahlung angeben:
Rechnung-Nr.: 207
Kunden-Nr.: 10 001

Rechnung

Auftrags-Nr.: 192/..
Lieferschein 146 826

Wir danken für Ihren Auftrag und berechnen Ihnen wie folgt:

Menge	Bezeichnung	Einzelpreis in DM	Betrag in DM
32 Paletten	Druckpapier D 4401	3.200,00	102.400,00
28 Paletten	Druckpapier DS 4512	3.050,00	85.400,00

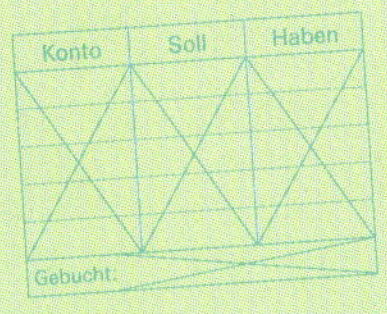

Warenwert	187.800,00
Umsatzsteuer 16 %	30.048,00
Endsumme	217.848,00

Zahlungsbedingung:
30 Tage netto

Telefax
(02 21) 54 33 75 80

Stadtsparkasse Köln
Konto 723 544 32
(BLZ 370 501 98)

Gerichtsstand: Köln
Eigentumsvorbehalt
gem. § 455 BGB

6464120

Beleg 2

Druck und Papier GmbH · Hagen

Druck und Papier GmbH · Bergstraße 40–44 · 58095 Hagen

Katja Kern
Papiergroßhandlung
Bonner Wall 45 - 55

50677 Köln

EINGEGANGEN
..-01-28

Ihre Bestellung vom/Tag/Zeich.	Unsere Auftrags-Nr./Zeich.	Zeit der Leistung/Liefertag	Datum
..-01-23	RS 4 500 y	..-01-26	..-01-27

Rechnung 25 612

Wir sandten für Ihre Rechnung und auf Ihre Gefahr:

Zeichen und Nr.	Gegenstand	Paletten	Preis je Einheit DM	Betrag DM	Für Empfänger-vermerke
D 4401	Druckpapier	25	2.800,00	70.000,00	
DS 4512	Druckpapier	15	2.600,00	39.000,00	
	Warenwert			109.000,00	
	+ 16 % Umsatzsteuer			17.440,00	
				126.440,00	
				==========	

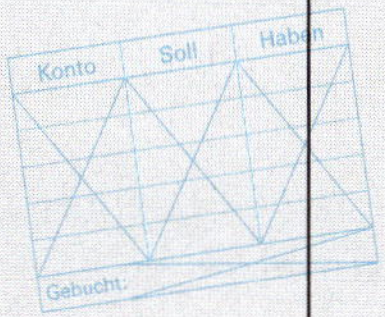

Zahlungsbedingung: 30 Tage rein netto

Telefon
(0 23 31) 28 69 29

Telefax
(0 23 31) 28 69 31

Geschäftszeit
08:30 – 17:00 Uhr

Deutsche Bank, Hagen
Konto 234 567 89
(BLZ 450 700 02)

Beleg 3

Zahlschein
Einzahler-Quittung

370 501 98

Stadtsparkasse Köln

Empfänger
Katja Kern, Papiergroßhandlung

Konto-Nr. des Empfängers
723 544 32

Bankleitzahl
370 501 98

bei (Kreditinstitut)
Stadtsparkasse Köln

* Bis zur Einführung des Euro (= EUR) nur DM; danach DM oder EUR.

DM od. EUR*
DM

Betrag
3.500,00----------

Kunden-Referenznummer – noch Verwendungszweck (nur für Empfänger)
Einzahlung aus der Geschäftskasse

Auftraggeber/Einzahler
Katja Kern, 50677 Köln

(Empfangsbestätigung der annehmenden Kasse)

..-01-27 3.500,00

Stadtsparkasse Köln
Lange

(Bei maschineller Buchung ist für die Quittung der Maschinendruck maßgebend)

Kontoauszug zu Beleg 3

Kontoauszug

Stadtsparkasse Köln

Konto-Nr.	Datum	Ausz.-Nr.	Blatt	Buchungstag	PN-Nr.	Wert	Umsatz
723 544 32	..-01-27	8	1				

EINZAHLUNG	01-27	8314	01-27	3.500,00 H

Konto | Soll | Haben
Gebucht:

KATJA KERN
PAPIERGROSSHANDLUNG
BONNER WALL 45 - 55

50677 KÖLN

Alter Saldo
H 331.826,00

Neuer Saldo
H 335.326,00

6464122

Beleg 4

Quittung

Nr.

Netto	DM		Pf
+ ——— % USt	DM		Pf
Gesamt	DM	600	Pf 00

Gesamtbetrag DM in Worten *sechshundert* Pfennige wie oben

(Im Gesamtbetrag sind ——— % Umsatzsteuer enthalten)

von *Geschäftskasse*

für *private Zwecke*

richtig erhalten zu haben, bestätigt

Ort *Köln* Datum *..-01-29*

Buchungsvermerke

Stempel/Unterschrift des Empfängers *Katja Kern*

Konto | Soll | Haben

Gebucht:

Beleg 5

Deutsche Papier AG
Leipzig

Deutsche Papier AG · Buchenstraße 22–32 · 04129 Leipzig

Katja Kern
Papiergroßhandlung
Bonner Wall 45 - 55

50677 Köln

EINGEGANGEN
..-01-31

Ihr Auftrag vom	Kunden-Nr.	Unser Zeichen	Datum
..-01-16	70 016	L/w	..-01-28

Rechnung 4 573

Menge	Artikel	Einzelpreis	Betrag in DM
15 Paletten	Umschlagkarton X 404	3.100,00 DM	46.500,00
10 Paletten	Umschlagkarton X 408	3.250,00 DM	32.500,00
			79.000,00
		+ 16 % Umsatzsteuer	12.640,00
			91.640,00
			========

Konto | Soll | Haben

Gebucht:

Telefon
(03 41) 5 35 14

Telefax
(03 41) 44 12 44

Dresdner Bank, Leipzig
Konto 345 678 90
(BLZ 860 800 00)

Beleg 6

Quittung

Nr.

Netto	DM 450	Pf 00	
+ 16 % USt	DM 72	Pf 00	
Gesamt	DM 522	Pf 00	

Gesamtbetrag DM in Worten

fünfhundertzweiundzwanzig Pfennige wie oben

(Im Gesamtbetrag sind 16 % Umsatzsteuer enthalten)

von Katja Kern, Papiergroßhandlung

für Reparaturarbeiten an der Heizungsanlage

richtig erhalten zu haben, bestätigt

Ort Köln Datum ..-01-30

Buchungsvermerke

Stempel/Unterschrift des Empfängers

Kundendienst
Turbo GmbH
47249 Duisburg

Zeiler

Konto | Soll | Haben

Gebucht:

Beleg 7

Durchschrift

370 501 98

Stadtsparkasse Köln

Empfänger
Druck und Papier GmbH, 58095 Hagen

Konto-Nr. des Empfängers
234 567 89

Bankleitzahl
450 700 02

bei (Kreditinstitut)
Deutsche Bank, Hagen

* Bis zur Einführung des Euro (= EUR) nur DM; danach DM oder EUR.

DM od. EUR*
DM

Betrag
83.520,00--------------

Kunden-Referenznummer – noch Verwendungszweck, ggf. Name und Anschrift des Auftraggebers – (nur für Empfänger)
Rechnung Nr. 25 190 vom 4. Jan. ..
Konto 60 001

Kontoinhaber
Katja Kern, Papiergroßhandlung, 50677 Köln

Konto-Nr. des Kontoinhabers
723 544 32

..-01-29 Katja Kern

Datum Unterschrift

Kontoauszug zu Beleg 7

Kontoauszug — Stadtsparkasse Köln

Konto-Nr.	Datum	Ausz.-Nr.	Blatt	Buchungstag	PN-Nr.	Wert	Umsatz
	..-01-29	9	1				
ÜBERWEISUNG DRUCK UND PAPIER GMBH, HAGEN, RE 25 190 VOM 4. JAN. .. (KONTO 60 001)				01-29	8744	01-29	83.520,00 S

KATJA KERN
PAPIERGROSSHANDLUNG
BONNER WALL 45 - 55

50677 KÖLN

Konto	Soll	Haben

Gebucht:

Alter Saldo: H 335.326,00

Neuer Saldo: H 251.806,00

Beleg 8

Kontoauszug — Stadtsparkasse Köln

Konto-Nr.	Datum	Ausz.-Nr.	Blatt	Buchungstag	PN-Nr.	Wert	Umsatz
723 544 32	..-01-29	10	1				
GUTSCHRIFT SCHNEIDER OHG, WÜRZBURG, RE 202 VOM 7. JAN. .. (KONTO 10 003)				01-29	8744	01-29	64.960,00 H

KATJA KERN
PAPIERGROSSHANDLUNG
BONNER WALL 45 - 55

50677 KÖLN

Konto	Soll	Haben

Gebucht:

Alter Saldo: H 251.806,00

Neuer Saldo: H 316.766,00

Beleg 9

Deutsche Telekom
Ihre Rechnung

T · · ·

Deutsche Telekom AG, Niederlassung
50672 Köln
11 1017218-049 | ..-01 1,10

Katja Kern
Papiergroßhandlung
Bonner Wall 45 - 55

50677 Köln

Rechnungsdatum **..-01-22**
Rechnungsmonat **Januar ..**
Kundennummer **2718051979**

Bitte immer angeben
Buchungskonto **7402309755**

Seite **1**

Bei Rückfragen Telefon **(0221)575-3700**
Telefax **(0221)575-3665**

Artikel-/ Leistungs-Nr.	Artikel oder Leistung	Menge bzw. Einheiten	Nettoeinzel-betrag (DM)	Nettogesamt-betrag (DM)	USt (%)
	Monatliche Beträge				
10110	**Telefonanschluss**	1	36,70	36,70	16
	Beträge für Verbindungen vom 21. Dez. - 20. Jan. Rufnummer 221 005 433 750				
17110	**Tarifeinheiten**	6887	0,1043	718,30	16
	Sonstige Beträge				
	Zusammenstellung der Beträge				
	Zwischensumme			755,00	
	Umsatzsteuer 16 %			120,80	
	Rechnungsbetrag			**875,80**	

Kontoauszug zu Beleg 9 und Beleg 10

Kontoauszug — Stadtsparkasse Köln

Konto-Nr.	Datum	Ausz.-Nr.	Blatt	Buchungstag	PN-Nr.	Wert	Umsatz
723 544 32	..-01-30	11	1				
ÜBERWEISUNG TELEKOM JANUAR ..				01-30	8744	01-30	875,80 S
GUTSCHRIFT[1] KAUFKETTE AG, KÖLN RE 203 VOM 18. JAN. .. (KONTO 10 002)				01-30	8738	01-30	46.400,00 H

KATJA KERN
PAPIERGROSSHANDLUNG
BONNER WALL 45 - 55

50677 KÖLN

Konto | Soll | Haben
Gebucht:

Konto | Soll | Haben
Gebucht:

Alter Saldo: H 316.766,00

Neuer Saldo: H 362.290,20

1 **Beleg 10**

6464126

Beleg 11

Durchschrift

370 501 98

Stadtsparkasse Köln

Empfänger
Dr. med. M. Heiler, 50679 Köln

Konto-Nr. des Empfängers		Bankleitzahl
121 245 416		370 400 44

bei (Kreditinstitut)
Commerzbank Köln

* Bis zur Einführung des Euro (= EUR) nur DM; danach DM oder EUR.	DM od. EUR*		Betrag
	DM		450,00-----------------

Kunden-Referenznummer – noch Verwendungszweck, ggf. Name und Anschrift des Auftraggebers – (nur für Empfänger)
Behandlung meiner Tochter Ulrike
Rechnung vom 18. Jan. ..

Kontoinhaber
Katja Kern, Papiergroßhandlung, 50677 Köln

Konto-Nr. des Kontoinhabers
723 544 32

..-01-30 *Katja Kern*
Datum Unterschrift

Kontoauszug zu Beleg 11

Kontoauszug

Stadtsparkasse Köln

Konto-Nr.	Datum	Ausz.-Nr.	Blatt	Buchungstag	PN-Nr.	Wert	Umsatz
723 544 32	..-01-31	12	1				
ÜBERWEISUNG				01-31	8744	01-31	450,00 S

DR. M. HEILER, KÖLN
RE VOM 18. JAN. ..
(PRIVAT)

Konto | Soll | Haben
Gebucht

KATJA KERN
PAPIERGROSSHANDLUNG
BONNER WALL 45 - 55

50677 KÖLN

Alter Saldo
H 362.290,20

Neuer Saldo
H 361.840,20

Beleg 12

HEIN OHG
FEINPAPIERE
KÖLN

HEIN OHG Feinpapiere · Bergerstraße 48 · 51143 Köln

Katja Kern
Papiergroßhandlung
Bonner Wall 45 - 55

50677 Köln

EINGEGANGEN
..-01-31

Ihr Zeichen, Ihre Bestellung vom	Unser Zeichen, unsere Lieferung vom	Telefon/Name (02 21) 7 22 14-	Datum
..-01-21	Z 812, ..-01-27	12	..-01-30

Rechnung 45 867

Wir sandten für Ihre Rechnung und auf Ihre Gefahr:

Artikel Nr.	Gegenstand	Paletten	Stückpreis DM	Gesamtpreis DM
Z 1 244	Kopierpapier S	16	2.200,00	35.200,00
K 2 627	Kopierpapier T	12	2.300,00	27.600,00
				62.800,00
		- 5 % Mengenrabatt		3.140,00
		netto		59.660,00
		+ 16 % Umsatzsteuer		9.545,60
				69.205,60

Konto | Soll | Haben
Gebucht:

Telefon (02 21) 7 22 14-0
Telefax (02 21) 7 22 14 36
Deutsche Bank, Köln Konto 234 977 54 (BLZ 370 700 60)
Postbank, Köln Konto 124 45-503 (BLZ 370 100 50)

6464128

Beleg 13

KATJA KERN KÖLN *Papiergroßhandlung*

Katja Kern Papiergroßhandlung · Bonner Wall 45–55 · 50677 Köln

Schneider OHG
Kantstraße 34 - 38

97074 Würzburg

Ihr Zeichen, Ihre Nachricht vom	Unser Zeichen, unsere Nachricht vom	Telefon/Name	Datum
		(02 21) 54 33 75-0	..-01-31

Bitte bei Zahlung angeben:

Rechnung-Nr.:	Kunden-Nr.:
208	10 003

Auftrags-Nr.:	Lieferschein
193/..	146 827

Rechnung

Wir danken für Ihren Auftrag und berechnen Ihnen wie folgt:

Menge	Bezeichnung	Einzelpreis in DM	Betrag in DM
8 Paletten	Umschlagkarton X 404	3.700,00	29.600,00
5 Paletten	Umschlagkarton X 408	3.960,00	19.800,00

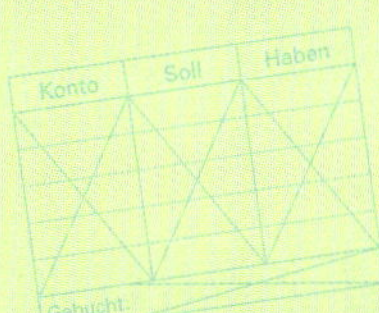

Warenwert	49.400,00
Umsatzsteuer 16 %	7.904,00
Endsumme	57.304,00

Zahlungsbedingung:
30 Tage netto

Telefax
(02 21) 54 33 75 80

Stadtsparkasse Köln
Konto 723 544 32
(BLZ 370 501 98)

Gerichtsstand: Köln
Eigentumsvorbehalt
gem. § 455 BGB

Beleg 14

Entnahmebeleg 8

Zur privaten Verwendung wurden heute dem Lager entnommen:

10 x 500 Blatt Kopierpapier je 8,00 DM	80,00 DM
+ 16 % Umsatzsteuer	12,80 DM
	92,80 DM

Köln, ..-01-30   *Katja Kern*

Konto	Soll	Haben

Gebucht:

Beleg 15

Buchungsanweisung

Datum: ..-01-31   Beleg-Nr.:

Betreff: Abschreibungen auf Sachanlagen
Inventurbestand an Waren

Gebucht:
Datum:

Buchungstext	Soll		Haben	
	Konto	Betrag	Konto	Betrag
a) Gebäude-Abschreibung				
BGA-Abschreibung				
b) Inventurbestand an Waren ..				

Beleg 16

Buchungsanweisung

Datum: ..-01-31   Beleg-Nr.:

Betreff: Umbuchungen

Gebucht:
Datum:

Buchungstext	Soll		Haben	
	Konto	Betrag	Konto	Betrag
a) Warenminderbestand				
b) Vorsteuerverrechnung				
c) Privatentnahmen				

3 Berechnungen und Buchungen in wichtigen Aufgabenbereichen des Großhandelsunternehmens

3.1 Beschaffungs- und Absatzbereich

Bisher haben Sie einfache Einkäufe und Verkäufe von Handelswaren gebucht und dabei die Lieferung von Waren gegen Barzahlung und die Lieferung auf Rechnung unterschieden sowie die Umsatzsteuer berücksichtigt. Sie wissen inzwischen auch, dass der **Wareneinkauf** unmittelbar **als Aufwand** auf dem Konto **„3010 Wareneingang"** gebucht wird (vgl. Kapitel 1.10).

In diesem Kapitel wollen wir Sie mit den **rechnerischen und buchhalterischen Vorgängen** vertraut machen, die üblicherweise in Verbindung mit dem Einkauf und dem Verkauf von Waren auftreten. An der Situation, dass Katja Kern **ihr Sortiment erweitern** will, zeigen wir den **vereinfachten Ablauf von der Anfrage,** die Frau Kern an mögliche Lieferanten richtet, **bis zum nachträglichen Preisnachlass,** den sie einem Kunden gewährt.

3.1.1 Der Einkauf von Handelswaren

3.1.1.1 Bezugskalkulation

Situation Frau Kern ist wiederholt von ihren Kunden darauf angesprochen worden, ob sie **Saugpapier** (= Küchenrollen) liefern könne. Bisher hat sie diesen Artikel nicht in ihrem Sortiment, beabsichtigt nun aber ihr Sortiment entsprechend zu erweitern. Zunächst ermittelt sie aus Lieferantenverzeichnissen (z. B. „Wer liefert was?"), aus dem Branchen-Telefonbuch („Gelbe Seiten") oder aus Fachzeitschriften mögliche Lieferanten. Anschließend schreibt sie die Lieferanten an (= Anfrage), um Angebote zu erhalten und zu vergleichen.

Beispiel 1 Die Papiergroßhandlung Kern hat die folgende Anfrage über Saugpapier an drei Lieferanten gerichtet:

KATJA KERN KÖLN *Papiergroßhandlung*

Datum
..-11-20

Anfrage

Ich erbitte Ihr ausführliches Angebot mit Angabe der Zahlungs- und Lieferungsbedingungen für folgenden Artikel:

10 000 Rollen Saugpapier in haushaltsüblichen Packungen, perforiert.

Mit freundlichem Gruß

Katja Kern

Beispiel 2 Die Großhandlung Kern, Köln, erhält auf ihre Anfrage drei Angebote. Der Sachbearbeiter in der Einkaufsabteilung stellt die wesentlichen Inhalte dieser Angebote in folgender Übersicht zusammen und macht sie damit vergleichbar:

Angebotsinhalt	**1. Angebot** Papiermühle AG, Düsseldorf	**2. Angebot** Deutsche Papier AG, Leipzig	**3. Angebot** Druck u. Papier GmbH, Hagen
Warenbezeichnung, Qualität	Saugpapier, weiß, perforiert, auf Rollen gewickelt, 26 cm breit, mit Baumwollzusatz zur besseren Saugfähigkeit, Gewicht/Rolle 220 g	Saugpapier, bedruckt, perforiert, auf Rollen gewickelt, 26 cm breit, ohne Baumwollzusatz, Gewicht/Rolle 200 g	Saugpapier, bedruckt, perforiert, auf Rollen gewickelt, 26 cm breit, ohne Baumwollzusatz, Gewicht/Rolle 200 g
angefragte Menge	10 000 Rollen (= 5 000 Packungen)	10 000 Rollen (= 2 500 Packungen)	10 000 Rollen (= 5 000 Packungen)
Packungseinheit	2 Rollen/Packung	4 Rollen/Packung	2 Rollen/Packung
Listenpreis je Packung	2,50 DM	4,50 DM	2,75 DM
Rabattstaffel	10 % bei Abnahme von mind. 1 000 Packungen (= 2 000 Rollen) 15 % bei Abnahme von mind. 1 500 Packungen (= 3 000 Rollen) 20 % bei Abnahme von mind. 5 000 Packungen (= 10 000 Rollen)	5 % bei Abnahme von mind. 1 000 Packungen (= 4 000 Rollen) 10 % bei Abnahme von mind. 2 000 Packungen (= 8 000 Rollen)	15 % bei Abnahme von mind. 5 000 Packungen (= 10 000 Rollen)
Zahlungsbedingungen	2,0 % Skonto in 10 Tagen, ohne Abzug in 40 Tagen	ohne Skontoabzug in 30 Tagen	2,5 % Skonto in 15 Tagen, ohne Abzug in 40 Tagen
Lieferungsbedingungen	Anlieferung durch LKW, unfrei, LKW-Fracht wird mit 300,00 DM in Rechnung gestellt.	Anlieferung durch LKW, frei Haus	Anlieferung durch LKW, unfrei, LKW-Fracht wird mit 400,00 DM in Rechnung gestellt.
Verpackung	in Kartons zu je 100 Packungen, je Karton werden 8,00 DM berechnet.	in Kartons zu je 50 Packungen, je Karton werden 9,50 DM berechnet.	in Kartons zu je 100 Packungen, ohne gesonderte Berechnung.
Lieferzeit	3 Wochen	ca. 14 Tage	ca. 3–4 Wochen

6464132

Beispiel 3 Aus den Angebotsangaben erstellt der Sachbearbeiter die **Bezugskalkulation** nach folgendem Kalkulationsschema, um den günstigsten Bezugspreis (= Einstandspreis) zu errechnen. Der **Bezugspreis** gibt an, wie viel DM Frau Kern für eine Wareneinheit (= **eine Rolle** Saugpapier) nach **Abzug aller Nachlässe** und **Einrechnung aller Bezugskosten** zahlen muss.

Typische Nachlässe auf den im Angebot genannten Listenpreis sind **Rabatte und Skonti** (vgl. Zusammenfassung auf Seite 134).

Typische Bezugskosten, die beim Wareneinkauf anfallen können und die den Einkaufspreis erhöhen, sind **Frachten, Verpackungs- und Versicherungskosten** (vgl. Zusammenfassung auf Seite 135).

Kalkulationsschema	**1. Angebot** Papiermühle AG	**2. Angebot** Deutsche Papier AG	**3. Angebot** Druck u. Papier GmbH
Listeneinkaufspreis für 10 000 Rollen – **Liefererrabatt**	12.500,00 DM 20 % 2.500,00 DM	11.250,00 DM 10 % 1.125,00 DM	13.750,00 DM 15 % 2.062,50 DM
Zieleinkaufspreis (= Rechnungspreis) – **Liefererskonto**	10.000,00 DM 2,0 % 200,00 DM	10.125,00 DM –	11.687,50 DM 2,5 % 292,19 DM
Bareinkaufspreis + **Bezugskosten:** LKW-Fracht Verpackung	9.800,00 DM 300,00 DM 400,00 DM	10.125,00 DM – 475,00 DM	11.395,31 DM 400,00 DM –
Bezugspreis insg. (= Einstandspreis)	10.500,00 DM	10.600,00 DM	11.795,31 DM
Bezugspreis für 1 Rolle	**1,05 DM**	**1,06 DM**	**1,18 DM**

Lieferantenauswahl. Aus dem Angebotsvergleich (vgl. Beispiel 2) und der Kalkulation des Bezugspreises (vgl. Beispiel 3) entscheidet sich Katja Kern für einen Lieferanten; sie geht dabei folgendermaßen vor:

Als erstes Merkmal legt sie den **Preis** zugrunde: Hiernach erhält die Papiermühle AG, Düsseldorf (= 1. Angebot), den Zuschlag.

Als weiteres Merkmal zieht Frau Kern die **Qualität** heran: Hiernach sagt ihr das baumwollverstärkte Saugtuch der Papiermühle AG besonders zu, auch wenn diese Tücher nicht bedruckt sind. Frau Kern weiß zwar, dass sich viele Verbraucher bedruckte Tücher wünschen; ihr ist aber auch bewusst, dass bedruckte Tücher unnötig die Umwelt belasten, wenn sie nach dem Gebrauch in den Müll geworfen werden.

Als drittes Merkmal schaut Frau Kern auf die **Lieferzeit:** Danach schneidet die Deutsche Papier AG, Leipzig, mit 14 Tagen am besten ab. Der Abstand zum nächstbesten Lieferanten (= Papiermühle AG mit 3 Wochen) ist aber nicht groß.

Schließlich ist für Frau Kern die **Nähe zum Lieferanten** wichtig. Nach diesem Merkmal liegt ihr die Papiermühle AG, Düsseldorf, verkehrsmäßig am günstigsten.

Frau Kern entscheidet sich den Auftrag an die Papiermühle AG, Düsseldorf, zu vergeben.

Zusammenfassung

- Die **Bezugskalkulation** ist eine Preisberechnung, die der Käufer einer Ware, z. B. zur Ermittlung des günstigsten Angebotes, durchführt. Sie geht vom Listenpreis aus und schließt nach Berücksichtigung aller Abzüge (= Nachlässe) und aller Zurechnungen (= Bezugskosten) mit dem **Bezugspreis (= Einstandspreis)** ab.
- Der Käufer wendet bei der Bezugskalkulation das folgende **Rechenschema** an, an das Sie sich bei der Lösung der Übungsaufgaben halten sollten:

siehe „Prozentrechnung", Kap. 9.4

Kalkulationsschema zur Berechnung des Bezugspreises	
Listeneinkaufspreis im Angebot – **Liefererrabatt** ... %	DM DM
= **Zieleinkaufspreis** (= Rechnungspreis) – **Liefererskonto** ... %	DM DM
= **Bareinkaufspreis** + **Bezugskosten:** z. B. LKW-/Bahnfracht, z. B. Verpackungskosten, z. B. Versicherungsprämien	DM DM
= **Bezugspreis** (= Einstandspreis)	DM

- Der **Bezugspreis** ist der vom Käufer zu zahlende Preis bis zum Eintreffen der Ware in seinem Lager. Er entspricht den **Anschaffungskosten** nach § 255 HGB.

Übersicht über die wesentlichen Abzüge beim Wareneinkauf	
Mengenabzüge:	
○ **Tara**	**Abzug vom Bruttogewicht für Verpackung.** Die Tara kann bestimmt werden als a) **wirkliche Tara** (= tatsächliches Verpackungsgewicht), b) **handelsübliche Tara** aufgrund von Erfahrungswerten oder Handelsbrauch (in der Regel als Prozenttara angegeben).
○ **Leckage**	**Abzug vom Warengewicht für Verluste,** die **beim Umfüllen** von Flüssigkeiten entstehen.
○ **Gutgewicht**	**Abzug vom Warengewicht für Verluste,** die **beim Umpacken** und Einwiegen von Schüttgütern in Kleinverpackungen entstehen.
○ **Refaktie**	**Abzug vom Warengewicht für fehlerhafte,** unreine oder verdorbene **Warenbestandteile.**
Wertabzüge:	
○ **Liefererrabatt**	In einem Prozentsatz angegebener **Abzug vom Listeneinkaufspreis,** den der Lieferer als **Mengen-, Treue-, Wiederverkäufer- oder Sonderrabatt** bei Rechnungserteilung gewährt. Rabatte werden buchmäßig nicht erfasst.
○ **Liefererskonto**	In einem Prozentsatz angegebener **Abzug vom Rechnungspreis für Zahlung** innerhalb einer **vereinbarten Zahlungsfrist.**

- **Nachlässe vermindern den Listeneinkaufspreis.** Der **Listeneinkaufspreis** ist der vom Lieferer kalkulierte **Warenwert je Mengeneinheit.** Er wird dem Kunden im Angebot genannt. Je nach gekaufter Menge, Warenart und vereinbarter Zahlung werden vom Lieferer **Abzüge auf die Warenmenge** (z. B. Gutgewicht), **auf den Warenwert** (z. B. Mengenrabatt) **oder auf den Rechnungspreis** (z. B. Skonto) gewährt. **Vom Lieferer abgezogene Rabatte werden buchmäßig nicht erfasst.**

Übersicht über die wichtigsten Nebenkosten beim Wareneinkauf (Bezugskosten)	
Gewichtsspesen:	
○ **Porto**	Beförderungsentgelt für Sendungen des Postdienstes (Deutsche Post AG)
○ **LKW- und Bahnfracht**	Beförderungsgebühr für Warensendungen durch Spediteure und Deutsche Bahn AG. Die Höhe der Fracht richtet sich nach der Art der Sendung, dem Gewicht und der Entfernung.
○ **Hausfracht**	Beförderungsgebühr für die Zustellung der Ware vom Empfangsbahnhof zum Wohnsitz des Empfängers.
○ **Verlade-, Umlade- und Lagerkosten**	Gebühr für die genannten Dienste. Die Höhe richtet sich nach Gewicht, Stückzahl und Dauer.
Wertspesen:	
○ **Verpackungskosten**	Aufwendungen, die der Kunde für die gesondert auf der Rechnung ausgewiesene Versandverpackung zu tragen hat.
○ **Versicherungskosten**	Prämie für die Versicherung der zu transportierenden Ware. Die Prämie wird in der Regel in Promille (‰) vom Versicherungswert berechnet.
○ **Vermittlungskosten**	Hierzu zählen die Provisionen der Handelsvertreter und die Gebühren der Handelsmakler.

▶ **Bezugskosten sind Anschaffungsnebenkosten.** Nach der gesetzlichen Regelung beim Handelskauf ist der Käufer verpflichtet die Waren auf seine Kosten beim Lieferer abzuholen oder abholen zu lassen. Sofern also im Kaufvertrag keine von der gesetzlichen Regelung abweichende Vereinbarung getroffen wurde, **erhöht** sich der Einkaufspreis für den Käufer um die zusätzlich zum Kaufpreis anfallenden **Nebenkosten** (= Bezugskosten oder Anschaffungsnebenkosten). Zusammen mit dem Einkaufspreis der Ware bilden sie handelsrechtlich die **Anschaffungskosten** der Ware (§ 255 HGB). Beim Einkauf sind die Waren zu ihren Anschaffungskosten zu buchen. Die Vorsteuer gehört nicht zu den Anschaffungskosten.

▶ **Berechnung der Anschaffungskosten:**

	Anschaffungspreis der Ware	(= Einkaufspreis)
–	Anschaffungspreisminderungen	(= Nachlässe, Skonti, vgl. S. 145 ff.)
+	Anschaffungsnebenkosten	(= Bezugskosten)
	Anschaffungskosten	**(= Bezugspreis)**

Aufgaben

128 Eine Großgärtnerei aus Düsseldorf hat zwei Angebote über Düngetorf vorliegen:

1. Lieferer A. Winter GmbH, Hannover, bietet an: 2000 Ballen Düngetorf, Listenpreis 25,20 DM je Ballen. Der Lieferer gewährt 12,5 % Mengenrabatt und bei Zahlung innerhalb von 30 Tagen 1,5 % Liefererskonto. An Frachtkosten hätte die Großgärtnerei 52,00 DM je 100 Ballen Torf zu tragen.
2. Lieferer B. Horn, Cottbus, bietet an: 2000 Ballen Düngetorf, Listenpreis 28,40 DM je Ballen. Der Lieferer gewährt 15 % Mengenrabatt und bei Zahlung innerhalb von 30 Tagen 2 % Liefererskonto. An Frachtkosten hätte die Großgärtnerei 54,00 DM je 100 Ballen zu tragen.

Berechnen Sie den Bezugspreis für 1 Ballen und entscheiden Sie sich für einen Lieferer.

129 Der Fahrradgroßhändler Th. Schmitz, Köln, erhält folgende Angebote über Tourenräder:

1. Ein Hersteller aus Dresden bietet an: Listenpreis 240,00 DM je Fahrrad. Bei Abnahme von mindestens 250 Fahrrädern werden 15 % Rabatt gewährt. Die Rechnung ist innerhalb von 10 Tagen mit 1 % Skonto oder nach 30 Tagen ohne Abzug zu begleichen. Die Verpackung berechnet der Hersteller mit 14,50 DM je Fahrrad. Die Bahnfracht für die gesamte Sendung beträgt 640,00 DM. Lieferzeit: 4 Wochen.
2. Ein Hersteller aus Stuttgart bietet an: Listenpreis 275,00 DM je Fahrrad. Bei Abnahme von mindestens 250 Fahrrädern werden 20 % Rabatt gewährt. Die Rechnung ist innerhalb von 40 Tagen ohne Abzug zu begleichen. Die Verpackung berechnet der Hersteller mit 12,00 DM je Fahrrad. Die Bahnfracht für die gesamte Sendung beträgt 480,00 DM. Lieferzeit: 3 Wochen.

Erstellen Sie einen Angebotsvergleich und entscheiden Sie sich für einen Lieferanten.

---

130 Nachstehend ist die Rechnung an einen Elektrogroßhändler auszugsweise wiedergegeben:

	20 Fernsehgeräte VEGA V zu je 850,00 DM ab Werk	17.000,00 DM
–	20 % Mengenrabatt	3.400,00 DM
		13.600,00 DM
+	Verpackung	240,00 DM
+	Fracht	660,00 DM
		14.500,00 DM
+	16 % Umsatzsteuer	2.320,00 DM
		16.820,00 DM

Der Rechnungsbetrag ist innerhalb von 15 Tagen mit 2 % Skonto zu zahlen.

In dieser Rechnung sind Verpackungs- und Frachtkosten in den Warenwert einbezogen worden. Sie **fallen mithin unter den Skontoabzug.**

Berechnen Sie den Bezugspreis für ein Fernsehgerät.

---

131 Für die Kalkulation des Bezugspreises wird ein bestimmtes Rechenschema verwendet. Der Einkäufer einer Elektro-Großhandlung kalkuliert aufgrund eines Angebotes den Bezugspreis für eine Stereoanlage nach folgendem Rechenschema:

	Listenpreis für eine Stereoanlage PLUS-Optima V	940,00 DM
–	2,5 % Liefererskonto	23,50 DM
	Zieleinkaufspreis	916,50 DM
–	10 % Mengenrabatt	91,65 DM
	Bareinkaufspreis	824,85 DM
+	Bezugskosten (Fracht, Verpackung) für eine Anlage	16,15 DM
	Bezugspreis für eine Anlage	841,00 DM

1. *Was ist an dem Rechenschema zu beanstanden?*
2. *Hat die Anwendung des „falschen" Rechenschemas Auswirkung auf den Bezugspreis? (Begründung!)*

6464136

132 *Ergänzen Sie die Leerstellen im nachfolgenden Text durch sinngemäße Begriffe:*

Angebotsvergleiche sind besonders dann wichtig, wenn der Großhändler beabsichtigt sein Sortiment zu •••. Er wird geeignete Lieferanten aus ••• oder aus ••• heraussuchen. Bei der Lieferantenauswahl sind mehrere Gesichtspunkte zu beachten, besonders wichtig sind: •••, •••, •••. Aus den Angaben im Angebot erstellt der Kunde eine Kalkulation, die die Berechnung des ••• zum Ziel hat. Ein anderer Ausdruck für Bezugspreis heißt •••. Wertabzüge und Nebenkosten beim Einkauf beeinflussen den Bezugspreis. Zu den Wertabzügen gehören z. B. ••• und •••, zu den Nebenkosten rechnen •••, ••• und •••.

133 Die Baustoffgroßhandlung Erich Wette OHG, Bielefeld, liefert an die Bauunternehmung A. Breidenbach KG, Gütersloh, 200 Sack Zement und legt der Sendung folgende Rechnung bei:

ERICH WETTE OHG **Baustoffe · Bielefeld**

Erich Wette OHG, Baustoffe, Industriestraße 4, 33689 Bielefeld

Bauunternehmung
A. Breidenbach KG
Tannenweg 32

33334 Gütersloh

Ihre Bestellung vom ..-06-18 Datum ..-06-23

Rechnung 3357-4/..

Wir lieferten Ihnen durch unseren LKW – unfrei – an Ihre obige Anschrift:

Menge	Artikel	Einzelpreis	Rabatt	Gesamtpreis
200 Sack	Portland-Zement	16,50 DM/Sack	25 %	2.475,00 DM
	Transportkosten			150,00 DM
				2.625,00 DM
	Umsatzsteuer 16 %			420,00 DM
				3.045,00 DM

Die Rechnung ist innerhalb von 10 Tagen mit 1,5 % Skonto oder nach spätestens 30 Tagen ohne Abzug zu begleichen.

Bankverbindung: Commerzbank Bielefeld, Konto 445 632 002 (BLZ 480 400 35)

Berechnen Sie für die A. Breidenbach KG den Bezugspreis für einen Sack Zement.

134 Die Sanitärgroßhandlung Meyrich GmbH, Aachen, bezieht 200 Pakete Wandfliesen der Größe 16,5 x 16,5 cm von dem Fliesenhersteller Deutsche Keramik GmbH, Neuwied. In jedem Paket befinden sich 35 Fliesen. Der Hersteller gewährt 2 % Mengenabzug für Bruch und berechnet die Restmenge zu einem Preis von 31,50 DM je Paket. Außerdem zieht der Hersteller 5 % Mengenrabatt ab. Bei Zahlung innerhalb von 10 Tagen erhält der Kunde 1 % Skonto. Die LKW-Fracht berechnet der Hersteller mit insgesamt 820,00 DM, die Transportversicherung mit 64,50 DM.

Berechnen Sie den Bezugspreis für ein Paket Fliesen.

3.1.1.2 Kontrolle und Buchung der Eingangsrechnung

Situation Aufgrund ihrer Bestellung über 10 000 Rollen Saugpapier an die Papiermühle AG, Düsseldorf (vgl. Seite 133), erhält die Großhandlung Kern zusammen mit der Ware folgende **Rechnung** (= Eingangsrechnung):

Papiermühle AG Düsseldorf

Papiermühle AG · Postfach 2 36 45 · 40489 Düsseldorf

Katja Kern
Papiergroßhandlung
Bonner Wall 45 - 55

50677 Köln

Unser Angebot vom ..-11-30 | Ihre Bestellung vom ..-12-04 | Datum ..-12-22

Rechnung 56 422/HY

Pos.	Menge	Artikel	Einzelpreis	Rabatt	Gesamtpreis
1	5 000	Saugpapier (2er-Packung), baumwoll-verstärkt	2,50 DM/Packg.	20 %	10.000,00 DM
		+ LKW-Fracht			300,00 DM
		+ Verpackung (50 x 8,00 DM)			400,00 DM
					10.700,00 DM
		+ 16 % Umsatzsteuer			1.712,00 DM
					12.412,00 DM

Zahlungsbedingungen: Der Rechnungsbetrag ist innerhalb von 10 Tagen mit 2 % Skonto oder nach spätestens 40 Tagen ohne Abzug zu begleichen.

Bankverbindung: Bankhaus Drengler AG, Düsseldorf, Konto 3 440 532 (BLZ 500 700 20)

Warenkontrolle. Unmittelbar nachdem die Ware eingegangen ist, kontrolliert der Lagerverwalter deren Menge und stellt fest, ob die Ware Mängel aufweist. Er vergleicht die kontrollierte Menge mit den Angaben auf der Bestellungskopie und dem Lieferschein. Wenn bestellte und gelieferte Menge übereinstimmen, schreibt er eine Wareneingangsmeldung aus, die er an die Einkaufsabteilung weiterleitet.

Rechnungskontrolle. In der Einkaufsabteilung vergleicht der Sachbearbeiter die inzwischen vorliegende Rechnung mit der Bestellung und prüft, ob die Rechnung rechnerisch richtig ist. Mit seinem Prüfvermerk versehen leitet er die Rechnung weiter an die Buchhaltung, wo die Rechnung gebucht und die Zahlung des Rechnungsbetrags (in der Regel unter Skontoausnutzung) veranlasst werden.

Buchhalterische Erfassung der Bezugskosten. Für die Buchung der Eingangsrechnung wendet der Sachbearbeiter grundsätzlich den Ihnen bereits bekannten **Buchungssatz** beim Wareneinkauf an (vgl. S. 60 f.). In der vorstehenden Rechnung hat er zu beachten, dass **Bezugskosten** (LKW-Fracht, Verpackung) in Höhe von 700,00 DM berechnet werden. Diese Bezugskosten können – zusammen mit dem Warenwert – unmittelbar auf dem Konto „3010 Wareneingang" gebucht werden. Für die Kalkulation der Warenpreise ist es jedoch zweckmäßiger, sie zunächst **gesondert auf einem Unterkonto des Kontos „3010 Wareneingang"** (= Aufwendungen für Waren) **zu erfassen,** nämlich auf dem Konto

3020 Warenbezugskosten.

Buchung auf Warengruppenkonten. Der Sachbearbeiter in der Buchhaltung überlegt, dass es nicht sinnvoll ist, den Warenwert der **neuen Warengruppe „Saugpapier"** zusammen mit den Wareneinkäufen der anderen Warengruppen auf ein gemeinsames Konto „Wareneingang" zu buchen. Dann kann er nicht mehr auf einen Blick die Wareneingänge und Bezugskosten der einzelnen Warengruppen feststellen, um z. B. die Bezugspreise oder die Warenrohgewinne jeder Warengruppe zu kontrollieren. Neben dem **allgemeinen Wareneingangskonto „3010 Wareneingang"** soll jede Warengruppe ihr eigenes Wareneingangskonto mit je einem entsprechenden Unterkonto für Bezugskosten erhalten:

3110 Wareneingang Druckpapier	3210 Wareneingang Kopierpapier	3310 Wareneingang Umschlagkarton	3410 Wareneingang Saugpapier
3120 Bezugskosten für Druckpapier	3220 Bezugskosten für Kopierpapier	3320 Bezugskosten für Umschlagkarton	3420 Bezugskosten für Saugpapier

❶ Buchung der Eingangsrechnung	Soll	Haben
3410 Wareneingang Saugpapier	10.000,00	
3420 Bezugskosten für Saugpapier ...	700,00	
1410 Vorsteuer	1.712,00	
an 1710 Verbindlichkeiten a. LL		12.412,00

Umbuchung der Bezugskosten. Die Warenbezugskosten werden monatlich oder vierteljährlich auf das entsprechende Wareneingangskonto umgebucht. Dadurch wird erreicht, dass auf dem Wareneingangskonto – entsprechend der Bestimmung des HGB – die Anschaffungskosten (= Bezugspreise) ausgewiesen werden.

❷ Umbuchung der Bezugskosten	Soll	Haben
3410 Wareneingang Saugpapier	700,00	
an 3420 Bezugskosten f. Saugpapier		700,00

S **3410 Wareneingang Saugpapier** H

S		H	
❶	10.000,00		
❷	**700,00**		

S **1710 Verbindlichkeiten a. LL** H

S		H	
		❶	12.412,00

S **3420 Bezugskosten für Saugpapier** H

S		H	
❶	700,00	❷	**700,00**

S **1410 Vorsteuer** H

S		H	
❶	1.712,00		

135 *Buchen Sie die Eingangsrechnung beim Elektrogroßhändler aus Aufgabe 130, Seite 136, auf das Konto „3010 Wareneingang“ mit entsprechendem Unterkonto für die Warenbezugskosten.*

Buchen Sie danach die Bezugskosten auf das Konto „Wareneingang“ um.

136 *Buchen Sie für die A. Breidenbach KG die Eingangsrechnung über die Zementlieferung (vgl. Aufgabe 133, Seite 137).*

Die Bezugskosten sind auf das Unterkonto „3020 Warenbezugskosten“ zu buchen und dann auf das Konto „3010 Wareneingang“ umzubuchen.

137 Die Eingangsrechnung ER 4284 über 4.400,00 DM Warenwert, 100,00 DM Verpackungskosten und 720,00 DM Umsatzsteuer wurde wie folgt gebucht:

3010 Wareneingang	4.400,00	
3020 Warenbezugskosten	100,00	
1810 Umsatzsteuer	720,00	
an 1710 Verbindlichkeiten a. LL		5.220,00

Erstellen Sie einen Beleg für die Berichtigung der Falschbuchung (Stornobuchung) und buchen Sie richtig.

138 *Buchen Sie die Eingangsrechnung auf den Konten 3010, 3020, 1410, 1710:*

BERGMEISTER GmbH

BELEUCHTUNGEN

Bergmeister GmbH · Kölnstraße 244 · 53117 Bonn

H. Stellmag KG
Elektrogroßhandlung
Brückenstraße 56

51379 Leverkusen

Ihr Auftrag vom ..-06-23 — Datum ..-07-03

Rechnung 45 694/SY

Wir lieferten auf Ihre Rechnung und Gefahr:

100 Stück NOBI-Spot-Schienen-Set, schwarz, 120 cm lang, inkl. je 3 Halogenkaltlicht-reflektoren	14.000,00 DM
+ Frachtkostenanteil	250,00 DM
	14.250,00 DM
+ 16 % Umsatzsteuer	2.280,00 DM
	16.530,00 DM

Die Rechnung ist innerhalb von 15 Tagen mit 2 % Skonto oder nach 40 Tagen ohne Abzug zu begleichen.

Bankverbindung: Deutsche Bank, Bonn · Konto 345 667 840 · (BLZ 380 700 59)

139 *Erstellen und buchen Sie für die Meyrich GmbH, Aachen, die Eingangsrechnung über die Wandfliesen (vgl. Aufgabe 134, Seite 137).*

Die Bezugskosten sind zunächst auf das Unterkonto „3020 Warenbezugskosten“ zu buchen und anschließend auf das Konto „3010 Wareneingang“ umzubuchen.

6464140

140 Für eine Warenlieferung liegt folgende Rechnung vor:

PC-ONLINE GMBH · Krefeld

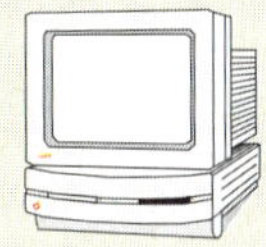

PC-ONLINE GMBH · Pappelstraße 44 · 47829 Krefeld

Katja Kern
Papiergroßhandlung
Bonner Wall 45 - 55

50677 Köln

Ihr Auftrag vom
..-10-23

Datum
..-11-12

Rechnung 21 544/..

Wir lieferten durch unseren LKW, unfrei:

1 Personalcomputer ONLINE-Pentium, komplett mit Bildschirm und Drucker, wie angeboten, zum Nettopreis von	3.000,00 DM
+ anteilige Frachtkosten	150,00 DM
	3.150,00 DM
+ 16 % Umsatzsteuer	504,00 DM
	3.654,00 DM

Die Rechnung ist innerhalb von 20 Tagen mit 1 % Skonto oder nach 40 Tagen ohne Abzug zu bezahlen.

Bankverbindung: Sparkasse Krefeld · Konto-Nr. 118 235 800 · (BLZ 320 500 00)

Buchen Sie die Rechnung für die Papiergroßhandlung Kern.

141 *Die folgende Eingangsrechnung in Kurzform ist zu buchen:*

Wir lieferten auf Ihre Rechnung und Gefahr:

Menge	Artikel	Einzelpreis	Rabatt	Gesamtpreis
8	Fernsehgeräte VST 88	1.100,00 DM	25 %	6.600,00 DM
	+ Verpackung			150,00 DM
	+ Frachtkosten			400,00 DM
	+ Transport-versicherung			50,00 DM
				7.200,00 DM
	+ 16 % USt			1.152,00 DM
				8.352,00 DM

Die Rechnung ist innerhalb von 10 Tagen mit 2,5 % Skonto oder nach 30 Tagen ohne Abzug zu begleichen.

Bankverbindung: Stadtsparkasse Leverkusen, Konto-Nr. 556 788 920 (BLZ 375 514 40)

Schließen Sie das Konto „3020 Warenbezugskosten" ab.

3.1.2 Warenrücksendungen an Lieferer

Situation Der Lagerverwalter in der Großhandlung Kern hat das Saugpapier geprüft und keinen sichtbaren Mangel festgestellt (vgl. Seite 134). Erst nach 14 Tagen stellt er bei einer Nachkontrolle fest, dass bei **150 Packungen** das Saugpapier eingerissen ist, weil es bei der Herstellung offensichtlich schief aufgewickelt worden ist. Frau Kern vereinbart mit dem Lieferer, der Papiermühle AG, Düsseldorf, die Rücksendung der fehlerhaften Packungen. Die Papiermühle AG erteilt folgende **Gutschrift** über die zurückgenommene Ware:

Papiermühle AG Düsseldorf

Papiermühle AG · Postfach 2 36 45 · 40489 Düsseldorf

Katja Kern
Papiergroßhandlung
Bonner Wall 45 - 55

50677 Köln

Ihre Mängelrüge vom ..-01-06

Datum
..-01-10

GUTSCHRIFT

Wir haben 150 Packungen Saugpapier wegen fehlerhafter Wicklung zurückgenommen und schreiben Ihnen den Warenwert gut:

150 Packungen zum Stückpreis von 2,50 DM =	375,00 DM	
- 20 % Rabatt	75,00 DM	300,00 DM
+ 16 % Umsatzsteuer		48,00 DM
		348,00 DM

Papiermühle AG

ppa. Bergmeister

Rücksendungen von Waren an den Lieferer führen letztlich zu einer entsprechenden **Berichtigung** der auf dem **Wareneingangskonto** gebuchten Waren **und** der gebuchten **Vorsteuer** sowie der **Verbindlichkeiten a. LL.** Aus Gründen der besseren Übersicht wird die Warenrücksendung in der Regel nicht direkt auf der Habenseite des Wareneingangskontos gebucht, sondern zunächst auf einem **Unterkonto:** allgemein: **„3050 Rücksendungen an Lieferer“.** Die auf dem Konto 3050 erfassten Beträge werden dann meist **monatlich umgebucht** auf das Hauptkonto **„3010 Wareneingang“.**

Für die Warengruppen stehen folgende **Unterkonten** zur Verfügung:

3110 Wareneingang Druckpapier	3210 Wareneingang Kopierpapier	3310 Wareneingang Umschlagkarton	3410 Wareneingang Saugpapier
3150 Rücksendungen von Druckpapier	3250 Rücksendungen von Kopierpapier	3350 Rücksendungen von Umschlagkarton	3450 Rücksendungen von Saugpapier

❶ Buchung d. Eingangsrechnung (S. 139):	Soll	Haben
3410 Wareneingang Saugpapier	10.000,00	
3420 Bezugskosten für Saugpapier	700,00	
1410 Vorsteuer	1.712,00	
an **1710 Verbindlichkeiten a. LL**		12.412,00

6464142

❷ Umbuchung der Bezugskosten (S. 139):	Soll	Haben
3410 Wareneingang Saugpapier	700,00	
an 3420 Bezugskosten f. Saugpapier ..		700,00

❸ Buchung der Rücksendung aufgrund der Gutschrift des Lieferers	Soll	Haben
1710 Verbindlichkeiten a. LL	348,00	
an 3450 Rücksendungen v. Saugpapier		300,00
an 1410 Vorsteuer		48,00

❹ Umbuchung der Rücksendungen	Soll	Haben
3450 Rücksendungen v. Saugpapier	300,00	
an 3410 Wareneingang Saugpapier ...		300,00

S	3410 Wareneingang Saugpapier		H
❶	10.000,00	❹	300,00
❷	700,00		

S	1710 Verbindlichkeiten a. LL		H
❸	348,00	❶	12.412,00

S	3420 Bezugskosten für Saugpapier		H
❶	700,00	❷	700,00

S	3450 Rücksendungen v. Saugpapier		H
❹	300,00	❸	300,00

S	1410 Vorsteuer		H
❶	1.712,00	❸	48,00

Zusammenfassung

- **Eingangsrechnungen** sind zunächst auf **sachliche und rechnerische Richtigkeit** zu **prüfen,** bevor sie in der Buchhaltung gebucht und bezahlt werden.
- Die in den Eingangsrechnungen aufgeführten **Bezugskosten** (z. B. Fracht, Verpackung, Versicherung) werden zunächst auf das **Unterkonto** „Bezugskosten" gebucht. Der Unternehmer bucht die Bezugskosten deshalb getrennt, weil er nur so feststellen kann, wie hoch der Anteil der Bezugskosten am Wert der z. B. in einem Monat gekauften Waren **durchschnittlich** ist. Diese Angabe benötigt er für seine **Kalkulation (= Preisberechnung):**

  Beispiel Im Monat Februar hat die Papiergroßhandlung Kern Druckpapier im Wert von 200.000,00 DM gekauft und dabei insgesamt 4.000,00 DM Bezugskosten bezahlen müssen. Das sind durchschnittlich **2 %.** Also wird Frau Kern in der Bezugskalkulation mit einem Zuschlag für Bezugskosten von 2 % rechnen.

- Zu einem späteren Zeitpunkt (z. B. monatlich, spätestens aber zum Jahresende) erfolgt die **Umbuchung der Bezugskosten** auf das Konto „Wareneingang". Diese Umbuchung ist erforderlich, um auf dem **Konto „Wareneingang"** die **Anschaffungskosten (= Bezugspreis)** ausweisen zu können.
- **Jeder Warengruppe** wird je ein **eigenes Warenbestands-, Wareneingangs- und Bezugskostenkonto** zugewiesen. Dadurch wird die Buchhaltung übersichtlicher, sodass sehr schnell die genauen Warenbestände, Wareneingänge und Bezugskosten für jede Warengruppe abgelesen werden können.
- Schickt der Unternehmer **Waren an den Lieferer zurück,** weil diese falsch oder mit Mängeln behaftet geliefert wurden, so **verringert sich der Warenwert** (auf der Habenseite des Kontos **3010 Wareneingang**). Warenrücksendungen an den Lieferer werden auf dem **Unterkonto des Wareneingangskontos** gebucht: **3050 Rücksendungen an Lieferer.** Die nachträgliche Verringerung des Warenwertes führt zwangsläufig dazu, dass die **Vorsteuer anteilig zu berichtigen** ist.

142 Die Baustoffgroßhandlung Erich Wette, Bielefeld, verzeichnet in ihrer Buchhaltung am 27. Dezember .. folgende vorläufige Summenbilanz:

Vorläufige Summenbilanz	Soll	Haben
0330 Betriebs- und Geschäftsausstattung	192.026,00	2.500,00
0610 Eigenkapital	–	621.500,00
1010 Forderungen a. LL	874.200,00	782.300,00
1310 Bank	931.428,00	700.810,00
1410 Vorsteuer	88.272,00	48.600,00
1510 Kasse	65.200,00	53.400,00
1610 Privatentnahmen	48.400,00	–
1710 Verbindlichkeiten a. LL	463.400,00	542.100,00
1810 Umsatzsteuer	48.600,00	144.416,00
3010 Wareneingang	450.400,00	–
3020 Warenbezugskosten	41.300,00	5.600,00
3050 Rücksendungen an Lieferer	–	–
3910 Warenbestände	350.000,00	–
4100 Mieten	100.600,00	–
4200 Betriebliche Steuern	50.000,00	–
4260 Versicherungsbeiträge	40.000,00	–
4810 Bürobedarf	60.000,00	–
4910 Abschreibungen auf Sachanlagen	–	–
8010 Warenverkauf	–	890.600,00
8710 Eigenverbrauch von Waren	–	12.000,00
Weitere Konten: 9300, 9400	3.803.826,00	3.803.826,00

Bis zum Abschlusstag 31. Dez. sind noch folgende **Geschäftsfälle** zu buchen:

		DM	DM
1.	Eingangsrechnung 53 456, Warenwert	8.500,00	
	Verpackungskosten	240,00	
	LKW-Fracht	460,00	
	Umsatzsteuer	1.472,00	10.672,00
2.	Barzahlung der Hausfracht hierauf einschließlich Umsatzsteuer		232,00
3.	Eingangsrechnung 53 457, Warenwert	5.700,00	
	Fracht	600,00	
	Transportversicherung	200,00	
	Umsatzsteuer	1.040,00	7.540,00
4.	Mietzahlung durch Banküberweisung		8.500,00
5.	Eigenverbrauch: Privatentnahme von Waren einschließlich Umsatzsteuer		580,00
6.	Ausgangsrechnung 48 775, netto	12.400,00	
	Umsatzsteuer	1.984,00	14.384,00
7.	Rücksendung beschädigter Waren an den Lieferer, netto	2.000,00	
	Umsatzsteuer	320,00	2.320,00

Abschlussangaben: Warenendbestand lt. Inventur 160.000,00
Abschreibung auf BGA 20.000,00

Aufgaben

1. *Bilden Sie die Buchungssätze und buchen Sie auf den Hauptbuchkonten.*
2. *Führen Sie den Abschluss (einschließlich der Umbuchungen) durch.*

143 *Ermitteln Sie aus Aufgabe 142: a) den Einstandswert der eingekauften Waren, b) den Wareneinsatz und c) den Warenrohgewinn.*

6464144

3.1.3 Nachträgliche Preisnachlässe der Lieferer

3.1.3.1 Preisnachlass aufgrund einer Mängelrüge

Situation Der Lagerverwalter im Unternehmen Kern kontrolliert das von der Papiermühle AG gelieferte Saugpapier (vgl. Eingangsrechnung auf Seite 138) und stellt fest, dass das Saugpapier auf einer Palette einen **geringen Mangel** aufweist: Die Rollen sind nicht sauber geschnitten, könnten aber **mit einem Preisnachlass als II. Wahl noch verkauft werden.** Frau Kern schreibt eine Mängelrüge an die Papiermühle AG, in der sie einen Preisnachlass von 250,00 DM verlangt. Die Papiermühle AG erteilt daraufhin folgende Gutschrift:

Papiermühle AG Düsseldorf

Papiermühle AG · Postfach 2 36 45 · 40489 Düsseldorf

Katja Kern
Papiergroßhandlung
Bonner Wall 45 - 55

50677 Köln

Datum
..-01-16

Ihre Mängelrüge vom ..-01-10

GUTSCHRIFT

Wir bedauern, dass das Saugpapier auf einer Palette unsauber geschnitten ist.

Die Schneidevorrichtung, die zu diesem Mangel geführt hat, ist inzwischen ausgewechselt worden. Auf die mangelhaft gelieferte Ware gewähren wir Ihnen einen Nachlass von:

	250,00 DM
+ 16 % Umsatzsteuer	40,00 DM
	290,00 DM

Wir bitten um entsprechende Buchung.

Papiermühle AG

ppa. Bergmeister

Buchhalterische Erfassung von Preisnachlässen. Preisnachlässe, die einem Kunden vom Lieferer aufgrund einer **Mängelrüge** gewährt werden, **mindern** nachträglich den Wert der eingekauften Waren. Sie heißen auch **Anschaffungspreisminderungen.** Aus Gründen der besseren Übersicht werden diese Nachlässe nicht direkt auf dem Wareneingangskonto (allgemein: „3010 Wareneingang") gebucht, sondern zunächst auf einem entsprechenden **Unterkonto** (allgemein: **„3060 Nachlässe von Lieferern").** Folgende **Unterkonten** für **jede Warengruppe** stehen zur Verfügung:

3110 Wareneingang Druckpapier	3210 Wareneingang Kopierpapier	3310 Wareneingang Umschlagkarton	3410 Wareneingang Saugpapier
3160 Nachlässe auf Druckpapier	3260 Nachlässe auf Kopierpapier	3360 Nachlässe auf Umschlagkarton	3460 Nachlässe auf Saugpapier

Umbuchung. Zum Jahresschluss werden die Unterkonten „Nachlässe" über die entsprechenden Wareneingangskonten abgeschlossen. **Auf den Wareneingangskonten** stehen dann die **berichtigten Anschaffungskosten** (= Bezugspreise).

Berichtigung der Vorsteuer. Die **nachträgliche Minderung** des Warenwertes durch den **Preisnachlass** hat eine nachträgliche **Verringerung der** (bereits gebuchten) **Vorsteuer** zur Folge. Daher ist auf der Gutschrift des Lieferers nicht nur der **Preisnachlass,** sondern auch **die darauf entfallende Vorsteuer** ausgewiesen (vgl. Seite 145).

❶ **Buchung der Eingangsrechnung** (vgl. Seite 139)	**Soll**	**Haben**
3410 Wareneingang Saugpapier	10.000,00	
3420 Bezugskosten für Saugpapier ...	700,00	
1410 Vorsteuer	1.712,00	
an **1710 Verbindlichkeiten a. LL**		12.412,00

❷ **Umbuchung der Bezugskosten**	**Soll**	**Haben**
3410 Wareneingang Saugpapier	700,00	
an **3420 Bezugskosten f. Saugpapier**		700,00

❸ **Buchung des Preisnachlasses** aufgrund der Gutschrift des Lieferers	**Soll**	**Haben**
1710 Verbindlichkeiten a. LL	290,00	
an **3460 Nachlässe auf Saugpapier** .		250,00
an **1410 Vorsteuer**		40,00

❹ **Umbuchung der Nachlässe** am Ende der Rechnungsperiode	**Soll**	**Haben**
3460 Nachlässe auf Saugpapier	250,00	
an **3410 Wareneingang Saugpapier**		250,00

Steuerberichtigung bei Datenverarbeitungsprogrammen. Wird die Buchhaltung über ein **Finanzbuchhaltungsprogramm** geführt, nimmt das Programm die Steuerberichtigung (vgl. Buchung ❸) **automatisch** vor. Es wird auf dem Konto „3460 Nachlässe auf Saugpapier" nur der Gesamtbetrag von 290,00 DM eingegeben. Das FIBU-Programm rechnet die zu berichtigende Vorsteuer aus und bucht sie automatisch im Haben des Kontos „1410 Vorsteuer".

S	**3410 Wareneingang Saugpapier**		H
❶	10.000,00	❹	250,00
❷	700,00		

S	**3420 Bezugskosten für Saugpapier**		H
❶	700,00	❷	700,00

S	**1410 Vorsteuer**		H
❶	1.712,00	❸	40,00

S	**1710 Verbindlichkeiten a. LL**		H
❸	290,00	❶	12.412,00

S	**3460 Nachlässe auf Saugpapier**		H
❹	250,00	❸	250,00

Das Konto „3410 Wareneingang Saugpapier" zeigt nach der Umbuchung des Nachlasses den berichtigten Warenwert (= Anschaffungskosten nach HGB) für diese Bestellung:

	Anschaffungspreis (= Warenwert)	10.000,00 DM
+	Anschaffungsnebenkosten (= Bezugskosten)	700,00 DM
–	Anschaffungspreisminderungen (= Nachlässe)	250,00 DM
	Anschaffungskosten (= Bezugspreis)	**10.450,00 DM**

6464146

Zusammenfassung

- **Nachträgliche Preisnachlässe gewährt der Lieferer** in der Regel aufgrund einer **Mängelrüge** des Kunden. Der Kunde behält die Ware, kann sie aber nur noch zu einem ermäßigten Preis absetzen. Die Differenz zwischen dem regulären Verkaufspreis und dem ermäßigten Preis lässt sich der Kunde vom Lieferer gutschreiben.
- **Nachlässe** werden zunächst auf einem **Unterkonto (allgemein: „3060 Nachlässe von Lieferern")** des Wareneingangskontos (allgemein: „3010 Wareneingang") gebucht und monatlich oder spätestens am Jahresende auf das Wareneingangskonto umgebucht.
- **Nachlässe mindern den Wert** der gekauften Ware **und** damit auch die auf sie entfallende **Vorsteuer.** Die Vorsteuer ist um den in der Gutschrift genannten Betrag zu berichtigen. Sollte in einer Gutschrift der Betrag, um den die Vorsteuer zu berichtigen ist, nicht extra ausgewiesen sein, muss der Kaufmann sie berechnen:

siehe „Prozentrechnung", Kap. 9.4

Beispiel Es soll angenommen werden, dass in der Gutschrift auf Seite 145 nur der Bruttobetrag von 290,00 DM genannt worden ist. Dann muss der Betrag, um den die Vorsteuer zu berichtigen ist, wie folgt berechnet werden:

116 % ~ 290,00 DM
16 % ~ x DM

$$x\ \text{DM} = \frac{290{,}00\ \text{DM} \cdot 16\ \%}{116\ \%} = \mathbf{40{,}00\ DM}$$

- Der Lieferer kann auch **nachträglich** einen **Bonus** gewähren, der auf einem **Unterkonto (allgemein: „3070 Liefererboni")** gebucht wird. Der Bonus ist ein Mengen-, Treue- oder Umsatzrabatt, der am Ende einer Rechnungsperiode (z.B. zum Jahresende) auf den insgesamt erreichten **Warenumsatz** gewährt wird.

Aufgabe

144 *Buchen Sie die Gutschrift für die Möbelgroßhandlung Theuer:*

Jörg Breuer · Kantstraße 44 · 51379 Leverkusen

Jörg Breuer | Möbelfabrik

Möbelgroßhandlung
Werner Theuer
Am Gierlichshof 15

51381 Leverkusen

Ihre Nachricht vom ..-12-20

Datum ..-12-28

GUTSCHRIFT

Sehr geehrter Herr Theuer,

aufgrund Ihrer Beanstandung unserer letzten Lieferung schreiben wir Ihnen gut:

10 % des Warenwertes (10.000,00 DM) aus Rechnung Nr. 1315	1.000,00 DM
+ 16 % Umsatzsteuer	160,00 DM
	1.160,00 DM

Wir bitten die Rechnung Nr. 1315 um die Gutschrift zu kürzen und den Restbetrag zu überweisen.

Mit freundlichen Grüßen

Jörg Breuer

3.1.3.2 Liefererskonto

Situation Frau Kern begleicht die Eingangsrechnung der Papiermühle AG (siehe S. 138) durch Banküberweisung innerhalb der vereinbarten Frist von 10 Tagen unter Abzug von 2 % Skonto. Auf der Eingangsrechnung vermerkt sie für die Finanzbuchhaltung:

	Gesamtbetrag der Rechnung	12.412,00 DM
–	**2 % Skonto** (= 12.412,00 DM · 0,02 =)	248,24 DM
	Überweisungsbetrag an die Papiermühle AG	**12.163,76 DM**

Der Skonto ist ein mit dem Lieferer vereinbarter **Abzug vom Rechnungspreis,** den der Kunde dafür vornehmen kann, dass er die Rechnung innerhalb der angegebenen kurzen Frist begleicht. Der Skonto ist also eine **Zinsvergütung für kurzfristige Zahlung** (siehe Kapitel 9.6.4.2).

Vorsteuerberichtigung. Wie beim Preisnachlass aufgrund einer Mängelrüge führt der Liefererskonto zu einer **nachträglichen Verminderung des Anschaffungspreises der Waren** und damit auch zu einer anteiligen **Verminderung der Vorsteuer.** Da der Skonto in der obigen Situation vom Rechnungsbetrag berechnet wurde, muss aus dem Bruttoskontobetrag von 248,24 DM die darin enthaltene Vorsteuer herausgerechnet werden:

116 % Skontoabzug ~ 248,24 DM
16 % Vorsteuer ~ x DM

$$x \text{ DM} = \frac{248{,}24 \text{ DM} \cdot 16 \text{ \%}}{116 \text{ \%}} = \mathbf{34{,}24 \text{ DM}}$$

Der **Nettoskonto** beträgt somit **214,00 DM** (248,24 DM – 34,24 DM). Das sind genau 2 % vom Anschaffungswert der eingekauften Waren in Höhe von 10.700,00 DM (siehe S. 138). Der Nettoskonto wird als Anschaffungspreisminderung der Waren auf einem **Unterkonto des jeweiligen Wareneingangskontos** gebucht. Außer dem allgemeinen Wareneingangskonto **„3010 Wareneingang"** mit dem Unterkonto **„3080 Liefererskonti"** gibt es im Unternehmen Kern für die unterschiedlichen **Warengruppen** folgende Unterkonten:

3110 Wareneingang Druckpapier	3210 Wareneingang Kopierpapier	3310 Wareneingang Umschlagkarton	3410 Wareneingang Saugpapier
3180 Liefererskonti auf Druckpapier	3280 Liefererskonti auf Kopierpapier	3380 Liefererskonti auf Umschlagkarton	3480 Liefererskonti auf Saugpapier

Aus den auf den Unterkonten angesammelten Liefererskonti kann Frau Kern schnell ermitteln, wie viel Liefererskonti sie im **Durchschnitt** (in % des Warenwertes) erhalten hat. Die Unterkonten werden **monatlich** über das entsprechende Wareneingangskonto abgeschlossen. Die Buchungen im Zeitablauf lauten:

❶ Buchung der Eingangsrechnung	Soll	Haben
3410 Wareneingang Saugpapier	10.000,00	
3420 Bezugskosten für Saugpapier ...	700,00	
1410 Vorsteuer	1.712,00	
an **1710 Verbindlichkeiten a. LL**		12.412,00

❷ Umbuchung der Bezugskosten	Soll	Haben
3410 Wareneingang Saugpapier	700,00	
an **3420 Bezugskosten f. Saugpapier**		700,00

❸ Buchung des Zahlungsausgleichs mit Skontoabzug	Soll	Haben
1710 Verbindlichkeiten a. LL	12.412,00	
an **3480 Liefererskonti a. Saugpapier**		214,00
an **1410 Vorsteuer**		34,24
an **1310 Bank**		12.163,76

❹ Umbuchung der Liefererskonti	Soll	Haben
3480 Liefererskonti auf Saugpapier ...	214,00	
an 3410 Wareneingang Saugpapier		214,00

3410 Wareneingang Saugpapier

S		H	
❶	10.000,00	❹	214,00
❷	700,00		

1710 Verbindlichkeiten a. LL

S		H	
❸	12.412,00	❶	12.412,00

3420 Bezugskosten für Saugpapier

S		H	
❶	700,00	❷	700,00

3480 Liefererskonti auf Saugpapier

S		H	
❹	214,00	❸	214,00

1410 Vorsteuer

S		H	
❶	1.712,00	❸	34,24

1310 Bank

S		H	
		❸	12.163,76

Im vorstehenden Beispiel wurde der **Skonto** auf dem Konto „Liefererskonti" **direkt netto** gebucht. Man spricht deshalb auch vom **Nettobuchungsverfahren.** Wird der Skonto dagegen zunächst **brutto,** also einschließlich Steueranteil, auf dem Konto „Liefererskonti" erfasst, ist spätestens beim **monatlichen** Abschluss (Ende des Umsatzsteuervoranmeldezeitraumes) der Steuerbetrag aus den angesammelten Bruttoskontobeträgen herauszurechnen und als **Sammelberichtigung** zu buchen.

Bei Anwendung des **Bruttoskontobuchungsverfahrens** lautet die o. g. Buchung ❸ wie folgt:

❸ Buchung des Rechnungsausgleichs bei Bruttobuchung des L.-Skontos	Soll	Haben
1710 Verbindlichkeiten a. LL	12.412,00	
an 3480 Liefererskonti a. Saugpapier		248,24
an 1310 Bank		12.163,76

Die Buchung der **Steuerberichtigung** lautet dann:

Buchung der Vorsteuerberichtigung	Soll	Haben
3480 Liefererskonti auf Saugpapier ...	34,24	
an 1410 Vorsteuer		34,24

1710 Verbindlichkeiten a. LL

S		H	
❸	12.412,00	❶	12.412,00

1310 Bank

S		H	
		❸	12.163,76

1410 Vorsteuer

S		H	
❶	1.712,00	3480	34,24

3480 Liefererskonti auf Saugpapier

S		H	
1410	34,24	❸	248,24

Zusammenfassung

- **Liefererskonto** wird als Prozentabzug vom **Rechnungsbetrag** berechnet.
- Bei **Liefererskonto** wird die **Umsatzsteuerberichtigung** wie folgt ermittelt:

$$\text{Umsatzsteuerberichtigungsbetrag} = \frac{\text{Bruttoskontobetrag} \cdot 16\ \%}{116\ \%}$$

- Der **Liefererskonto** wird **brutto oder direkt netto** auf dem **Unterkonto „Liefererskonti"** gebucht. Die angesammelten Nettoskontobeträge werden **monatlich auf das entsprechende Wareneingangskonto umgebucht.**
- **Bei Verwendung eines Fibu-Programms** wird die **Steuerberichtigung automatisch** errechnet und gebucht. Auf dem Konto „Liefererskonti" wird lediglich der Bruttoskontobetrag von 248,24 DM eingegeben. Das Programm errechnet die Steuerberichtigung (34,24 DM) und bucht diese direkt im Haben des Vorsteuerkontos.

145

Heimann AG · Heizungsanlagen

Heimann AG, Brüderstraße 32, 41238 Mönchengladbach

Pohlig & Eickmeier
Sanitärgroßhandlung
Rheinstraße 22

47799 Krefeld

Ihre Bestellung vom
..-05-23

Datum
..-06-02

Rechnung 598/55/PG

Wir lieferten frachtfrei:

Pos.	Menge	Artikel	Einzelpreis	Rabatt	Gesamtpreis
1	200	Heizungsventile 1/2"	24,50 DM	10 %	4.410,00 DM
		+ 16 % Umsatzsteuer			705,60 DM
					5.115,60 DM

Zahlungsbedingungen: Der Rechnungsbetrag ist innerhalb von 15 Tagen mit 2,5 % Skonto oder nach spätestens 30 Tagen ohne Abzug zu begleichen.

Bankverbindung: Commerzbank Mönchengladbach, Konto-Nr. 334 320 71 (BLZ 310 400 15)

Verwenden Sie für die folgenden Aufgaben die Konten: 1310, 1410, 1710, 3010, 3080.

1. *Buchen Sie die obige Rechnung als Eingangsrechnung für Pohlig & Eickmeier.*
2. Die Rechnung wird unter Skontoabzug durch Banküberweisung beglichen:
   a) *Berechnen Sie den Bruttoskontoabzug.*
   b) *Berechnen Sie die Vorsteuerberichtigung und den Nettoskontobetrag.*
   c) *Buchen Sie den Skonto beim Rechnungsausgleich*
      ca) *netto und* cb) *brutto.*
   d) *Buchen Sie den Skontobetrag auf das Wareneingangskonto um und berechnen Sie die Anschaffungskosten für diesen Auftrag.*

146

1. *Buchen Sie für die H. Stellmag KG a) die Eingangsrechnung aus Aufgabe 138, Seite 140, und b) den Zahlungsausgleich (Banküberweisung) unter Ausnutzung von Skonto ba) netto und bb) brutto auf den Konten 1310 (Anfangsbestand 34.500,00 DM), 1410, 1710, 3010, 3020 und 3080.*
2. *Geben Sie die Anschaffungskosten für ein Spot-Schienen-Set an.*

147

1. *Buchen Sie für die Papiergroßhandlung Kern die Eingangsrechnung aus Aufgabe 140, Seite 141, und den Zahlungsausgleich durch Banküberweisung unter Skontoabzug (Nettobuchung) auf den Konten 0330, 1310 (Anfangsbestand 83.400,00 DM), 1410 und 1710.*
2. *Geben Sie die Anschaffungskosten für den Personalcomputer an.*

148 1. *Buchen Sie den Vorgang aus Aufgabe 141, Seite 141, vollständig, indem Sie*
   a) *zunächst die Eingangsrechnung,*
   b) *danach den Zahlungsausgleich unter Abzug von Skonto (netto) buchen.*
2. *Ermitteln Sie die Anschaffungskosten für die gesamte Sendung sowie den Bezugspreis für ein Fernsehgerät.*

149 Die Papiergroßhandlung Kern hat von der Deutschen Papier AG, Leipzig, eine Sendung Umschlagkarton frei Haus erhalten. Die Rechnung lautet über:

	20 Paletten Umschlagkarton zu je 2.625,00 DM = ...	52.500,00 DM
+	16 % Umsatzsteuer	8.400,00 DM
	Rechnungsbetrag	60.900,00 DM

Die Zahlungsbedingungen lauten: Zahlbar in 10 Tagen mit 3 % Skonto oder nach spätestens 40 Tagen ohne Abzug.

1. *Buchen Sie die Eingangsrechnung für Frau Kern (siehe Warengruppenkontennummern, S. 148).*
2. *Berechnen Sie den Nettoskontoabzug sowie die Vorsteuerberichtigung und buchen Sie den Zahlungsausgleich durch Überweisungsauftrag an die Sparkasse (Bestand auf Sparkassenkonto: 126.400,00 DM).*

150 Unter den gelieferten Umschlagkartons (vgl. Aufgabe 149) befindet sich eine Palette mit beschädigten Kartons. Frau Kern bietet der Deutschen Papier AG an diese Ware gegen einen Preisnachlass von 20 % des Warenwertes zu behalten. Die Deutsche Papier AG schreibt daraufhin gut:

	Gutschrift für beschädigt gelieferte Umschlagkartons:	
	20 % von 2.625,00 DM = ...	525,00 DM
+	16 % Umsatzsteuer	84,00 DM
	Gesamtbetrag der Gutschrift	609,00 DM

1. *Prüfen Sie die rechnerische Richtigkeit der Gutschrift und buchen Sie die Gutschrift zunächst auf dem entsprechenden Unterkonto.*
2. *Buchen Sie den Preisnachlass auf das zutreffende Wareneingangskonto um.*

151 1. *Welche Gründe sprechen für die gesonderte buchhalterische Erfassung der Rücksendungen an Lieferer, nachträglichen Preisnachlässe und Liefererskonti?*
2. *Erläutern Sie die Zusammensetzung der Anschaffungskosten nach § 255 HGB.*
3. *Warum ist bei Rücksendungen, nachträglichen Preisnachlässen und Liefererskonti die zuvor gebuchte Vorsteuer zu berichtigen?*
4. Der nachträgliche Preisnachlass beträgt **einschließlich** der Umsatzsteuer 143,84 DM. *Berechnen Sie die Steuerberichtigung und den Nettobetrag des Preisnachlasses.*
5. *Schildern Sie den Vorgang der Steuerberichtigung bei Rücksendungen, Nachlässen und Liefererskonti, wenn ein Finanzbuchhaltungsprogramm verwendet wird.*
6. *Warum ist es zweckmäßig, für jede Warengruppe eigene Wareneingangskonten mit jeweils getrennten Konten für Rücksendungen, Nachlässe und Liefererskonti zu führen?*
7. Von einem Rechnungsbetrag wurden 2,5 % Skonto ~ 243,60 DM abgezogen. *Berechnen Sie den Rechnungsbetrag und die Steuerberichtigung.*

3.1.4 Der Verkauf von Handelswaren

3.1.4.1 Kalkulation des Verkaufspreises

Situation Frau Kern hat eine Anfrage ihres Kunden Kaufkette AG, Aachener Straße 4–10, 50674 Köln, auf Lieferung von **2 000 Packungen zu je 2 Rollen Saugpapier** vorliegen. Dieses Saugpapier hat Frau Kern bereits bei der Papiermühle AG, Düsseldorf, bestellt, die Eingangsrechnung erhalten (vgl. S. 138) und eine Bezugskalkulation durchgeführt (vgl. S. 133 f.). Die Bezugskalkulation hat einen Bezugspreis von 1,05 DM je Rolle oder **2,10 DM je Packung** (= 2 Rollen) ergeben. Katja Kern will dem Kunden Kaufkette AG ein Angebot unterbreiten und benötigt dazu den **Verkaufspreis.** Sie beauftragt die Sachbearbeiterin in der Verkaufsabteilung ihr die entsprechende Angabe zu machen. Die Sachbearbeiterin legt ihrer Preisberechnung (= Verkaufskalkulation) folgende Angaben zugrunde:

1. das **Kalkulationsschema,** das zur Berechnung des Verkaufspreises **allgemein** verwendet wird (vgl. ausführliche Darstellung im Kapitel 4.4.3):

siehe „Prozentrechnung", Kap. 9.4

	Bezugspreis	DM
+	% Handlungskosten	DM
	Selbstkostenpreis	DM
+	% Gewinn	DM
	Barverkaufspreis	DM
+	% Kundenskonto	DM
	Zielverkaufspreis	DM
+	% Kundenrabatt	DM
	Angebotspreis (= Listenverkaufspreis)	DM

2. die **betriebsinternen Zuschläge für Handlungskosten und Gewinn,** die aus den bisherigen Kalkulationen bekannt sind und hier übernommen werden. Im Unternehmen Kern wird mit einem **allgemeinen Zuschlagssatz für Handlungskosten von 22 %** gerechnet und mit einem **allgemeinen Gewinnzuschlag von 3 %.** Mit dem Handlungskostenzuschlag werden alle Kosten (z. B. Löhne, Gehälter, Miete, Abschreibungen, Werbung, Reisekosten u. a.) **anteilig** der jeweiligen Ware zugerechnet (vgl. ausführliche Darstellung im Kapitel 4.4.2). Über den Gewinnzuschlag wird sichergestellt, dass jede Ware einen anteiligen Beitrag zum notwendigen Betriebsgewinn leistet (vgl. Kapitel 4.4.3.1);
3. die **betriebsinternen Zahlungsbedingungen und Rabattstaffeln.** Im Unternehmen Kern gelten die Zahlungsbedingungen: **„Zahlbar in 10 Tagen mit 2 % Skonto oder nach spätestens 40 Tagen ohne Abzug."** Für Saugpapier legt Frau Kern folgende **Rabattstaffel** fest:

bis	1 000 Packungen	5 % Kundenrabatt,
bis	2 500 Packungen	10 % Kundenrabatt,
über	2 500 Packungen	15 % Kundenrabatt.

Vertriebskosten. Beim Warenverkauf fallen Vertriebskosten an, die für den Großhändler **betrieblichen Aufwand** darstellen. Diesen Aufwand berechnet der Großhändler im Allgemeinen dem Kunden (Regel: **„Warenschulden sind Holschulden"**). So kauft der Großhändler z. B. Verpackungsmaterial ein, das er in den **Handlungskosten** anteilig an den Kunden weiterbelastet, oder er beauftragt einen Spediteur mit dem Transport der Ware und bezahlt dessen Rechnung. Diesen Betrag belastet er dann dem Kunden **in seiner Rechnung** (vgl. Beispiel auf Seite 138).

Beispiel Aus den zuvor beschriebenen Angaben erstellt die Sachbearbeiterin folgende **Kalkulation zur Berechnung des Angebotspreises:**

	Bezugspreis für 1 Packung Saugpapier	2,10 DM
+	22 % Handlungskosten	0,46 DM
	Selbstkostenpreis	2,56 DM
+	3 % Gewinn	0,08 DM
	Barverkaufspreis	2,64 DM
+	2 % Kundenskonto	0,05 DM
	Zielverkaufspreis	2,69 DM
+	10 % Kundenrabatt	0,30 DM
	Angebotspreis	**2,99 DM**

Frau Kern legt den Angebotspreis für eine Packung Saugpapier auf 3,00 DM fest.

Erläuterungen zur obigen Kalkulation (vgl. ausführl. Darstellung im Kapitel 4.4):

Anteilige Handlungskosten. Die Handlungskosten werden über den betriebsintern ermittelten **Zuschlagssatz vom Bezugspreis** errechnet und zum Bezugspreis addiert; als Summe ergibt sich der **Selbstkostenpreis.**

100 % ~ 2,10 DM
22 % ~ x DM

$$x\ \text{DM} = \frac{2{,}10\ \text{DM} \cdot 22\ \%}{100\ \%} = \mathbf{0{,}46\ DM}$$

Anteiliger Gewinn. Außer den Kosten will Katja Kern beim Warenverkauf vom Kunden auch einen angemessenen Gewinn erstattet bekommen. Betriebsintern hat sie einen **Gewinnzuschlag von 3 % vom Selbstkostenpreis** ermittelt. Mithilfe der Prozentrechnung rechnet sie den Gewinn aus, den eine Packung Saugpapier erbringen soll, und addiert diesen Gewinn zum Selbstkostenpreis. Sie erhält danach den **Barverkaufspreis,** also den Umsatzerlös, den sie beim Verkauf unbedingt erzielen will.

100 % ~ 2,56 DM
3 % ~ x DM

$$x\ \text{DM} = \frac{2{,}56\ \text{DM} \cdot 3\ \%}{100\ \%} = \mathbf{0{,}08\ DM}$$

Kundenskonto. Der Barverkaufspreis wird um die beim Verkauf gewährten „Vergünstigungen" erhöht. Frau Kern rechnet in den Barverkaufspreis zunächst den Zuschlag für Kundenskonto ein, den sie dem Kunden bei Zahlung innerhalb von 10 Tagen gewähren will. Nimmt der Kunde mehr als 10 Tage Zahlungsziel in Anspruch, dann muss er den um Skonto höheren Betrag (= Zielverkaufspreis oder Rechnungspreis) zahlen. Skonto ist also ein **Zinszuschlag,** den der Verkäufer dafür verlangt, dass er dem Kunden ein längeres Zahlungsziel einräumt. Der Kunde entscheidet, ob er **Skonto vom Rechnungspreis** ausnutzen will. Für den Kunden entspricht also beim Skontoabzug der **Rechnungspreis 100 %** und der **Barverkaufspreis** (= Überweisungsbetrag) ist der **um 2 % verminderte Betrag (= 98 %).** Also muss Katja Kern in ihrer schrittweisen Vorwärtskalkulation den **Barverkaufspreis mit 98 %** ansetzen.

98 % ~ 2,64 DM
2 % ~ x DM

$$x\ \text{DM} = \frac{2{,}64\ \text{DM} \cdot 2\ \%}{98\ \%} = \mathbf{0{,}05\ DM}$$

Kundenrabatt. Den Kundenrabatt gewährt Frau Kern z. B. als **Mengenrabatt vom Angebotspreis;** dann ist der **Angebotspreis** für die Rabattberechnung **100 %** und der **Zielverkaufspreis entsprechend 90 %:**

90 % ~ 2,69 DM
10 % ~ x DM

$$x\ \text{DM} = \frac{2{,}69\ \text{DM} \cdot 10\ \%}{90\ \%} = \mathbf{0{,}30\ DM}$$

3.1.4.2 Buchung der Ausgangsrechnung

Situation Frau Kern legt den Angebotspreis für **eine Packung Saugpapier** auf **3,00 DM** fest und unterbreitet ihrem Kunden, der Kaufkette AG, Köln, folgendes **Angebot,** das hier in Kurzfassung wiedergegeben ist:

Angebot 334/KK

Auf Ihre Anfrage vom 4. Jan. .. biete ich Ihnen an:
2 000 Packungen Saugpapier zu je 2 Rollen, baumwollverstärkt, perforiert, weiß, Preis je Packung 3,00 DM.

Bei Abnahme von 2 000 Packungen gewähre ich einen Mengenrabatt von 10 %.

Zahlungsbedingungen: Die Rechnung ist innerhalb von 10 Tagen mit 2 % Skonto oder nach spätestens 40 Tagen ohne Abzug zu begleichen.
Lieferzeit: sofort; die Lieferung erfolgt durch Spedition auf Ihre Kosten.

Katja Kern

Die Papiergroßhandlung Kern erhält daraufhin am 7. Januar .. eine dem Angebot entsprechende **Bestellung** der Kaufkette AG. Sie veranlasst, dass die Ware dem Kunden durch die Spedition Zimmer, Köln, unverzüglich zugestellt wird. Von der Spedition Zimmer erhält sie eine **Speditionsrechnung über 100,00 DM + 16,00 DM Umsatzsteuer,** die sie bei Vorlage **bar an Zimmer bezahlt.** Ihrem Kunden schickt Frau Kern folgende **Ausgangsrechnung,** in der sie die verauslagten Transportkosten weiterbelastet:

KATJA KERN KÖLN *Papiergroßhandlung*

Katja Kern Papiergroßhandlung · Bonner Wall 45–55 · 50677 Köln

Kaufkette AG
Aachener Straße 4 - 10

50674 Köln

Rechnung 5103/KK
Ihre Bestellung vom ..-01-07

Datum
..-01-12

Pos.	Menge	Bezeichnung	Einzelpreis in DM	Rabatt	Betrag in DM
1	2 000	Packungen Saugpapier, weiß	3,00	10 %	5.400,00
		+ verauslagte Transportkosten			100,00
					5.500,00
		+ 16 % Umsatzsteuer			880,00
					6.380,00

Die Lieferung erfolgte am 11. Jan. .. durch Spedition Zimmer.
Zahlungsbedingungen:
Zahlbar innerhalb von 10 Tagen mit 2 % Skonto oder nach spätestens 40 Tagen ohne Abzug.
Bankverbindung: Stadtsparkasse Köln, Konto 723 544 32 (BLZ 370 501 98)

Buchhalterische Erfassung der Nebenkosten beim Warenverkauf. Beim Warenverkauf können folgende **Nebenkosten** anfallen, die der Großhändler als **betrieblichen Aufwand in der Kontenklasse 4 bucht:**

4500 Provisionen
4610 Verpackungsmaterial
4620 Ausgangsfrachten

Das Verpackungsmaterial (z. B. Kartons, Wellpappe, Verpackungspapier) soll die Waren beim Transport vor Beschädigung schützen. Beim Kauf bucht der Großhändler dieses Material auf das Konto „4610 Verpackungsmaterial". Der Wert dieses Materials geht in die Handlungskosten ein und wird somit anteilig **in die Angebotspreise der Waren eingerechnet** (vgl. ausführliche Darstellung in Kapitel 4.4).

Ausgangsfrachten treten dann auf, wenn der Verkäufer den Transport der Waren veranlasst und die Kosten dem Käufer belastet. Sie fallen für jede Sendung in genau bestimmbarer Höhe an und werden auf der Ausgangsrechnung gesondert ausgewiesen (vgl. obiges Beispiel). **Sie gehören dann zu den Warenverkaufserlösen und unterliegen in der Ausgangsrechnung der Umsatzsteuer.**

Die Vertriebsprovision fällt dann an, wenn der Auftrag durch einen Vertreter vermittelt worden ist. Sie wird **in den Angebotspreis einkalkuliert.**

Buchhalterische Erfassung der Warenverkaufserlöse (= Umsatzerlöse) **auf Gruppenkonten.** Katja Kern bucht die Umsatzerlöse aus Gründen der besseren Übersicht **getrennt nach Warengruppen.** Neben dem allgemeinen Erlöskonto **„8010 Warenverkauf"** führt sie folgende Gruppenkonten:

8110 Warenverkauf von Druckpapier	8210 Warenverkauf von Kopierpapier	8310 Warenverkauf von Umschlagkarton	8410 Warenverkauf von Saugpapier

Im Folgenden wird der obige Verkaufsvorgang – einschließlich der Speditionsrechnung – buchungsmäßig dargestellt:

❶ Buchung der bar bezahlten Speditionsrechnung	Soll	Haben
4620 Ausgangsfrachten	100,00	
1410 Vorsteuer	16,00	
an 1510 Kasse		116,00

❷ Buchung der Ausgangsrechnung	Soll	Haben
1010 Forderungen a. LL	6.380,00	
an 8410 Warenverkauf v. Saugpapier		5.500,00
an 1810 Umsatzsteuer		880,00

S	4620 Ausgangsfrachten	H
❶	100,00	

S	1010 Forderungen a. LL	H
❷	6.380,00	

S	1410 Vorsteuer	H
❶	16,00	

S	8410 Warenverkauf von Saugpapier	H
	❷	5.500,00

S	1510 Kasse	H
	❶	116,00

S	1810 Umsatzsteuer	H
	❷	880,00

Zusammenfassung

- Durch die **Verkaufskalkulation** wird der **Angebotspreis** für eine Ware berechnet. Berechnungsgrundlage (= 100 %) für Kundenskonto (und Vertriebsprovision) ist hierbei der Zielverkaufspreis; Berechnungsgrundlage (= 100 %) für den Kundenrabatt ist der Angebotspreis. Das Kalkulationsschema von Seite 152 ist zu beachten.
- Die Warenverkaufserlöse (= Umsatzerlöse) werden nach Warengruppen getrennt erfasst. In der Regel führt der Großhändler neben dem **allgemeinen Konto „8010 Warenverkauf" für jede Warengruppe gesonderte Warenverkaufskonten.**

- **Vertriebskosten** (z. B. Verpackungsmaterial, Ausgangsfrachten, Provisionen) stellen für den Verkäufer **betriebliche Aufwendungen** dar. Sie werden zunächst in der Kontenklasse 4 gebucht und in der Regel dem Kunden in Rechnung gestellt. Sie sind buchhalterisch als **Warenverkaufserlöse** zu behandeln.

Aufgaben

152 *Erläutern Sie die Aussage: „Warenschulden sind Holschulden" aus der Sicht des Verkäufers und schildern Sie die buchhalterischen Auswirkungen, wenn der Verkäufer Vertriebskosten in der Ausgangsrechnung geltend macht.*

153 *Buchen Sie folgende Rechnungen als **Ausgangsrechnungen:***

1. für Bergmeister GmbH aus Aufgabe 138, Seite 140,
2. für PC-ONLINE aus Aufgabe 140, Seite 141,
3. für die gelieferten Fernsehgeräte aus Aufgabe 141, Seite 141.

154 Der Großhändler W. Kneiper KG, Bergstr. 44, 24103 Kiel, kauft Verpackungsfolie zum Bezugspreis von 230,00 DM je 100 m ein. Er kalkuliert mit 30 % Handlungskosten, 2 % Gewinn, 3 % Kundenskonto und – bei Abnahme von 10 000 m – mit einem Mengenrabatt von 15 %.

1. *Berechnen Sie den Angebotspreis für 100 m Folie.*

Die Bestellung des Kunden Ernst Berghaus OHG, Fabrikstraße 21, 23568 Lübeck, über 10 000 m Folie wird zur Lieferungsbedingung „ab Lager" ausgeführt. Der Verkäufer W. Kneiper KG beauftragt einen Spediteur mit dem Transport der Ware, bezahlt die Rechnung des Spediteurs über 400,00 DM + 64,00 DM Umsatzsteuer bei Vorlage bar und belastet den Kunden Berghaus in der Rechnung mit 400,00 DM Frachtkosten sowie 200,00 DM Verpackungskosten.

2. *Erstellen Sie die Ausgangsrechnung für den Großhändler W. Kneiper.*
3. *Buchen Sie die Speditionsrechnung und die Ausgangsrechnung bei W. Kneiper.*

155 Ein Großhändler kalkuliert den Barverkaufspreis für einen Büroschrank mit 316,00 DM.

1. *Berechnen Sie den Angebotspreis bei 2,5 % Kundenskonto und 12 % Kundenrabatt.*

Ein Kunde bestellt 5 Schränke. Der Auftrag wird „ab Lager" mit eigenem Fahrzeug ausgeführt; die Frachtkosten von 120,00 DM sind dem Kunden in der Rechnung zu belasten.

2. *Erstellen Sie die Ausgangsrechnung und buchen Sie den Vorgang für den Verkäufer.*

156 Katja Kern ermittelt den Bezugspreis für Umschlagkarton mit 25,00 DM je 100 Stück.

1. *Zu welchem Angebotspreis kann sie diesen Karton ihren Kunden anbieten, wenn sie in der Kalkulation die Zuschlagssätze für Handlungskosten, Gewinn und Skonto von Seite 152 verwendet sowie einen Rabatt von 15 % ansetzt?*
2. *Auf wie viel Prozent müsste sie den Kundenrabatt senken, wenn sie den Angebotspreis von 34,00 DM, zu dem ein Konkurrent anbietet, nicht überschreiten will?*

157 *Nennen Sie die Buchungssätze zu folgenden Geschäftsfällen:*

1.	Ausgangsrechnung 4567: Warenwert	15.000,00	
	+ Umsatzsteuer	2.400,00	17.400,00
2.	Ausgangsfracht hierauf bar, netto	500,00	
	+ Umsatzsteuer	80,00	580,00
3.	ER 2345: Verpackungsmaterial für den Versand, netto	7.500,00	
	+ Umsatzsteuer	1.200,00	8.700,00
4.	ER 2346: Reparaturkosten für verkaufte Waren werden von uns aus Garantieverpflichtung übernommen, netto	2.500,00	
	+ Umsatzsteuer	400,00	2.900,00
5.	ER 2347: Unser Handelsvertreter stellt uns an Verkaufsprovisionen in Rechnung, netto	4.500,00	
	+ Umsatzsteuer	720,00	5.220,00
6.	ER 2348: Spediteur berechnet für Warenlieferung an Kunden, netto	650,00	
	+ Umsatzsteuer	104,00	754,00

158 a) Barzahlung der Ausgangsfracht für AR 607: netto 350,00 DM + 56,00 DM Umsatzsteuer.

b)

AR 607		
Warenwert		7.650,00
Verpackungskosten	200,00	
Verladekosten	150,00	
Bahnfracht	350,00	700,00
		8.350,00
+ Umsatzsteuer		1.336,00
Rechnungsbetrag		9.686,00

1. *Buchen Sie aus der Sicht des Lieferers.*
2. *Wie hoch sind die Verkaufserlöse?*

159 a) Die Aufgabe 158 b) ist als Eingangsrechnung beim Kunden zu buchen.

b) Der Kunde zahlt die Hausfracht bar: 250,00 DM netto + 40,00 DM Umsatzsteuer.

1. *Wie lauten die Buchungssätze für die Fälle a) und b)?*
2. *Ermitteln Sie die Anschaffungskosten der Warensendung.*

160

AR 608		
10 Behälter Chlor zu je 250,00 DM	2.500,00	
abzüglich 20 % Rabatt	500,00	2.000,00
Transportversicherung	80,00	
Bahnfracht	220,00	300,00
		2.300,00
+ Umsatzsteuer		368,00
Rechnungsbetrag		2.668,00

Buchen Sie den Vorgang für den Verkäufer und erläutern Sie die Höhe und Zusammensetzung der Verkaufserlöse.

161 a) Die Aufgabe 160 ist beim Kunden auf den entsprechenden Konten zu buchen.
b) Barzahlung der Hausfracht 185,60 DM einschließlich Umsatzsteuer.

Nennen Sie die Buchungssätze und ermitteln Sie den Einstandswert.

162

KATJA KERN KÖLN Papiergroßhandlung

Katja Kern Papiergroßhandlung · Bonner Wall 45–55 · 50677 Köln

Magro-Großmarkt
Krefelder Straße 43

41063 Mönchengladbach

Datum
..-08-23

Rechnung 12 893/KK
Ihre Bestellung vom ..-08-01

Pos.	Menge	Bezeichnung	Einzelpreis in DM	Rabatt	Betrag in DM
1	2500 Packungen	Saugpapier	3,00	10,0 %	6.750,00
2	2 Paletten	Kopierpapier	1.950,00	15,0 %	3.315,00
					10.065,00
		+ Frachtpauschale			275,00
		+ Transportversicherung			60,00
					10.400,00
		+ 16 % Umsatzsteuer			1.664,00
					12.064,00

Zahlungsbedingungen:
Zahlbar innerhalb von 10 Tagen mit 2 % Skonto oder nach spätestens 40 Tagen ohne Abzug.

Bankverbindung: Stadtsparkasse Köln, Konto 723 544 32 (BLZ 370 501 98)

1. *Buchen Sie die Ausgangsrechnung für die Großhandlung Kern.*
2. *Geben Sie die Buchung der Eingangsrechnung für den Kunden Magro-Großmarkt an.*

163 Der Elektrogroßhandlung Eisengeb KG liegt die Bestellung eines Warenhauses über 50 Kaffeemaschinen „SANTOS II", 40 Toaster „Thermofix" und 30 Eierkocher „Superegg" vor. Die Eisengeb KG hat folgende Barverkaufspreise der Artikel kalkuliert:

Kaffeemaschine „SANTOS II",	Stückpreis 85,00 DM, 15 % Rabatt bei Abnahme von 50 Stück;
Toaster „Thermofix",	Stückpreis 65,00 DM, 10 % Rabatt bei Abnahme von 40 Stück;
Eierkocher „Superegg",	Stückpreis 42,50 DM, 8 % Rabatt bei Abnahme von 30 Stück.

Die Eisengeb KG gewährt bei Zahlungen innerhalb von 10 Tagen 3 % Skonto.

Die Lieferung erfolgt unfrei. Für Fracht zahlt die Eisengeb KG bei Auslieferung an den Spediteur 340,00 DM bar (zuzüglich Umsatzsteuer). Diesen Betrag belastet sie in der Ausgangsrechnung weiter an den Kunden.

1. *Kalkulieren Sie die Angebotspreise für die drei Artikel.*
2. *Erstellen Sie die Ausgangsrechnung an das Warenhaus.*
3. *Buchen Sie den Vorgang für die Eisengeb KG einschließlich der Frachtrechnung.*

6464158

3.1.5 Warenrücksendungen von Kunden

Situation Der Lagerverwalter im Großhandelsunternehmen Kern hat beim gelieferten Saugpapier einen Mangel entdeckt, der zu einer Rücksendung an den Lieferer geführt hat (vgl. Beispiel Seite 142). Es konnte nicht mehr kontrolliert werden, ob die inzwischen an den Kunden Kaufkette AG gelieferten 2 000 Packungen (vgl. Seite 154) fehlerfrei waren. Deshalb schreibt Frau Kern an die Kaufkette AG und bittet um genaue Prüfung der Rollen auf richtige Wicklung. Die Kaufkette AG teilt daraufhin mit, dass **50 Packungen** fehlerhaft sind. Frau Kern bittet telefonisch um Rücksendung und erteilt folgende **Gutschrift.**

KATJA KERN KÖLN Papiergroßhandlung

Katja Kern Papiergroßhandlung · Bonner Wall 45–55 · 50677 Köln

Kaufkette AG
Aachener Straße 4 - 10

50674 Köln

Ihr Zeichen, Ihre Nachricht vom ..-01-16 | Telefon/Name (02 21) 54 33 75-0 | Datum ..-01-20

Gutschrift 5103/KK

Sehr geehrter Herr Meister,

aufgrund unserer telefonischen Vereinbarung haben Sie 50 Packungen Saugpapier mit Rissbildungen im Papier zurückgegeben. Hierfür schreibe ich Ihnen gut:

Menge	Bezeichnung	Einzelpreis in DM	Rabatt	Betrag in DM
50 Packungen	Saugpapier, weiß	3,00	10 %	135,00
		+ 16 % Umsatzsteuer		21,60
				156,60
				======

Katja Kern

Telefax (02 21) 54 33 75 80 | Stadtsparkasse Köln Konto 723 544 32 (BLZ 370 501 98) | Gerichtsstand: Köln Eigentumsvorbehalt gem. § 455 BGB

Schicken Kunden fehlerhafte Waren zurück, sind aufgrund der erteilten Gutschrift **Warenverkaufserlöse, Umsatzsteuer und Forderungen a. LL zu berichtigen.** Aus Gründen der Übersicht wird jedoch die Warenrücksendung zunächst auf einem **Unterkonto** des Kontos **8010 Warenverkauf** gebucht: allgemein Konto **8050 Rücksendungen,** dessen Beträge dann monatlich auf Konto 8010 **umgebucht** werden.

Für die Warengruppen stehen folgende **Unterkonten** zur Verfügung:

8110 Warenverkauf von Druckpapier	8210 Warenverkauf von Kopierpapier	8310 Warenverkauf von Umschlagkarton	8410 Warenverkauf von Saugpapier
8150 Rücksendungen von Druckpapier	8250 Rücksendungen von Kopierpapier	8350 Rücksendungen von Umschlagkarton	8450 Rücksendungen von Saugpapier

❶ Buchung der Ausgangsrechnung (S. 154):	Soll	Haben
1010 Forderungen a. LL	6.380,00	
an 8410 Warenverkauf v. Saugpapier		5.500,00
an 1810 Umsatzsteuer		880,00

6464159

❷ **Buchung der Rücksendung** aufgrund der Gutschrift an den Kunden	**Soll**	**Haben**
8450 Rücksendungen von Saugpapier ...	135,00	
1810 Umsatzsteuer	21,60	
an **1010 Forderungen a. LL**		156,60

❸ **Umbuchung der Rücksendung**	**Soll**	**Haben**
8410 Warenverkauf von Saugpapier	135,00	
an **8450 Rücksendungen v. Saugpapier**		135,00

S	**1010 Forderungen a. LL**		H
❶	6.380,00	❷	156,60

S	**8410 Warenverkauf von Saugpapier**		H
❸	135,00	❶	5.500,00

S	**8450 Rücksendungen von Saugpapier**		H
❷	135,00	❸	135,00

S	**1810 Umsatzsteuer**		H
❷	21,60	❶	880,00

Zusammenfassung

- **Mangelhaft gelieferte Ware,** die der Kunde nicht verwenden kann, wird nach vorheriger Vereinbarung an den Lieferer zurückgeschickt.
- Der Lieferer erteilt dem Kunden eine **Gutschrift über** den Wert der **zurückgenommenen Waren und** der darauf entfallenden **Umsatzsteuer.**
- Die Gutschrift wird beim Lieferer über das **Unterkonto** (allgemein) **8050 Rücksendungen** gebucht, wodurch die Umsatzsteuer, die Forderungen a. LL und – **nach Umbuchung** des Kontos 8050 – die Warenverkaufserlöse entsprechend berichtigt werden.

Aufgabe

164 **Kontenplanauszug**

1010, 1410, 1710, 1810, 3010, 3020, 3050, 8010, 8050.

Ermitteln Sie für die folgenden Geschäftsfälle jeweils den Rechnungs- bzw. Gutschriftsbetrag, nennen Sie den Buchungssatz und buchen Sie auf Konten.

1. ER 2356 für Waren: Listenpreis .... 20.000,00 DM
   Gewährter Mengenrabatt .... 15 %
   + Umsatzsteuer
2. Rücksendung beschädigter Waren (ER 2356), Nettowert .. 5.000,00 DM
   + Umsatzsteuer
3. AR 3456: Verkauf von Waren, Listenpreis .... 40.000,00 DM
   Gewährter Wiederverkäuferrabatt .... 25 %
   + Umsatzsteuer
4. Kunde (AR 3456) sendet uns beschädigte Waren zurück,
   Nettowert .... 4.000,00 DM
5. ER 2358: 6 Fässer Schmieröl (Waren) zum Stückpreis
   von 250,00 DM, netto .... 1.500,00 DM
   Verpackung .... 300,00 DM
   + Umsatzsteuer
6. AR 3457: Verkauf von Waren, Rechnungspreis .... 2.500,00 DM
   + Umsatzsteuer
7. Kunde (AR 3457) erhält Gutschrift f. Rücksendung, netto . 1.300,00 DM

1. *Wie lauten die Abschlussbuchungen für die Konten 3020, 3050 und 8050?*
2. *Warum ist in Gutschriftsanzeigen die Umsatzsteuer auszuweisen?*
3. *Warum rechnen Verpackungskosten zu den Bezugskosten?*
4. *Welche Rechte können bei Mängelrügen geltend gemacht werden?*

6464160

3.1.6 Nachträgliche Preisnachlässe an Kunden

3.1.6.1 Preisnachlass aufgrund einer Mängelrüge

Situation Am 25. Januar .. erhält Frau Kern telefonisch die Mitteilung von Frau Werner, Disponentin der Kaufkette AG, Köln, dass an **200 Packungen Saugpapier unsaubere Schnittkanten** festgestellt wurden. Frau Werner sieht sich zwar in der Lage diese Rollen noch zu verkaufen, kann sie aber nur zu einem **ermäßigten Preis als II. Wahl** absetzen. Frau Kern bietet einen **Preisnachlass von 1,00 DM je Packung** an und erteilt der Kaufkette AG folgende **Gutschrift:**

KATJA KERN KÖLN Papiergroßhandlung

Katja Kern Papiergroßhandlung · Bonner Wall 45–55 · 50677 Köln

Kaufkette AG
Aachener Straße 4 - 10

50674 Köln

Ihr Zeichen, Ihre Nachricht vom ..-01-25
Telefon/Name (02 21) 54 33 75-0
Datum ..-01-27

Gutschrift 5103/KK

Sehr geehrte Frau Werner,

ich beziehe mich auf unsere telefonische Vereinbarung vom 25. d. M. und gewähre Ihnen aufgrund des geltend gemachten Mangels an dem von mir gelieferten Saugpapier (unsaubere Schnittkanten) einen nachträglichen Preisnachlass:

Menge	Artikel	Nachlass/Einzelpreis in DM	Nachlass gesamt in DM
200 Packungen	Saugpapier	1,00	200,00
		+ 16 % Umsatzsteuer	32,00
			232,00

Katja Kern

Telefax (02 21) 54 33 75 80
Stadtsparkasse Köln Konto 723 544 32 (BLZ 370 501 98)
Gerichtsstand: Köln Eigentumsvorbehalt gem. § 455 BGB

Preisnachlässe, die der Lieferer **einem Kunden nachträglich** aufgrund einer Mängelrüge **gewährt, mindern die Warenverkaufserlöse.** Sie werden zunächst auf **Unterkonten** der Warenverkaufskonten gebucht, um die **Höhe der Nachlässe kontrollieren zu können.** Neben dem Unterkonto **„8060 Nachlässe an Kunden"** zum **allgemeinen Erlöskonto „8010 Warenverkauf"** führt Frau Kern **folgende Warengruppen-Nachlasskonten:**

8110 Warenverkauf von Druckpapier	8210 Warenverkauf von Kopierpapier	8310 Warenverkauf von Umschlagkarton	8410 Warenverkauf von Saugpapier
8160 Nachlässe für Druckpapier	8260 Nachlässe für Kopierpapier	8360 Nachlässe für Umschlagkarton	8460 Nachlässe für Saugpapier

Am Ende der Rechnungsperiode erfolgt die **Umbuchung der Nachlässe** auf die Warenverkaufskonten, die dann die **berichtigten Warenverkaufserlöse** ausweisen.

Berichtigung der Umsatzsteuer. Die nachträgliche Verminderung der Warenverkaufserlöse hat eine nachträgliche Verringerung der (bereits gebuchten) Umsatzsteuer zur Folge.

❶ Buchung der Ausgangsrechnung	Soll	Haben
1010 Forderungen a. LL	6.380,00	
an **8410 Warenverkauf v. Saugpapier**		5.500,00
an **1810 Umsatzsteuer**		880,00

❷ Buchung des Preisnachlasses aufgrund der Gutschrift	Soll	Haben
8460 Nachlässe für Saugpapier	200,00	
1810 Umsatzsteuer	32,00	
an **1010 Forderungen a. LL**		232,00

❸ Umbuchung der Preisnachlässe am Ende der Rechnungsperiode	Soll	Haben
8410 Warenverkauf von Saugpapier ..	200,00	
an **8460 Nachlässe für Saugpapier** .		200,00

Steuerberichtigung bei Datenverarbeitungsprogrammen. Wird die Buchhaltung über ein Finanzbuchhaltungsprogramm geführt, nimmt das Programm die Steuerberichtigung (vgl. Buchung ❷) **automatisch** vor. Es wird auf dem Konto „8460 Nachlässe für Saugpapier" nur der Gesamtbetrag von 232,00 DM eingegeben. Das FIBU-Programm rechnet die zu berichtigende Umsatzsteuer aus und bucht sie automatisch im Soll des Kontos „1810 Umsatzsteuer".

S	**1010 Forderungen a. LL**		H
❶	6.380,00	❷	232,00

S	**8410 Warenverkauf von Saugpapier**		H
❸	200,00	❶	5.500,00

S	**8460 Nachlässe für Saugpapier**		H
❷	200,00	❸	200,00

S	**1810 Umsatzsteuer**		H
❷	32,00	❶	880,00

Zusammenfassung

- **Nachträgliche Preisnachlässe** gewährt der Lieferer **aufgrund einer Mängelrüge des Kunden.** Der Kunde behält die Ware, kann sie aber nur noch zu einem ermäßigten Preis absetzen. Die Differenz zwischen dem Rechnungspreis und dem ermäßigten Preis schreibt der Lieferer dem Kunden gut.
- Nachlässe werden zunächst auf **Unterkonten** (z. B. **„8060 Nachlässe an Kunden"**) der Warenverkaufskonten (z. B. **„8010 Warenverkauf"**) gebucht und spätestens am Jahresende auf die jeweiligen Warenverkaufskonten umgebucht.
- **Nachlässe mindern** den **Wert der verkauften Waren und** damit auch die auf sie entfallende **Umsatzsteuer.** Die **Umsatzsteuer** ist um den in der Gutschrift genannten Betrag zu **berichtigen.**
- Dem Kunden kann auch nachträglich ein **Bonus** gewährt werden. Der Bonus ist ein **Mengen-, Treue- oder Umsatzrabatt,** der am Ende einer Rechnungsperiode auf den insgesamt erreichten **Warenumsatz** gewährt wird (z. B. Konto **„8070 Kundenboni"**).

Aufgaben

165 *Buchen Sie die Gutschrift aus dem Beispiel von Seite 145 für die Papiermühle AG, Düsseldorf.*

166 Der Großhändler E. Hoffmann, Autozubehör, Ellerstraße 3, 40227 Düsseldorf, gewährt dem Kunden Bernd Heßler, Motortuning, Felsenstraße 14, 47058 Duisburg, aufgrund einer Mängelrüge nachträglich einen Preisnachlass von 20 % des Rechnungsbetrages. Die Ausgangsrechnung weist einen Rechnungsbetrag (einschließlich Umsatzsteuer) von 17.400,00 DM aus.

1. *Berechnen Sie die Gutschrift und die Steuerberichtigung (vgl. Rechenhinweis S. 147).*
2. *Erstellen Sie die Gutschriftsanzeige.*
3. *Buchen Sie die Gutschrift für E. Hoffmann.*

167
1. *Erläutern Sie, welche Auswirkungen ein nachträglicher Preisnachlass, den der Lieferer einem Kunden gewährt, auf die Warenverkaufserlöse und auf die Umsatzsteuer hat.*
2. *Begründen Sie, warum ein nachträglicher Preisnachlass zunächst auf das Unterkonto „Nachlässe an Kunden" gebucht wird.*

168 *Buchen Sie den folgenden Beleg in der Finanzbuchhaltung der Möbelgroßhandlung Paul Krämer.*

MÖBELGROSSHANDLUNG PAUL KRÄMER

Möbelgroßhandlung Paul Krämer · Dieselstraße 44 · 51381 Leverkusen

Möbelfachgeschäft
Wilhelm Tandler
Am Hofacker 15

51381 Leverkusen

Ihr Zeichen, Ihre Nachricht vom	Unser Zeichen	Telefon, Name (0 21 71) 5 63 56-	Datum
WT/..-11-09	S/by	42	..-11-17

Rechnung 8 329

Sehr geehrte Damen und Herren,

aufgrund Ihrer Beanstandung schreiben wir Ihnen gut:

10 % von 20.000,00 DM Warenwert lt. o. g. Rechnung	2.000,00 DM
+ 16 % Umsatzsteuer	320,00 DM
	2.320,00 DM

Mit freundlichen Grüßen

MÖBELGROSSHANDLUNG
PAUL KRÄMER

i. A. *Schreiner*

Geschäftsräume
Dieselstraße 44
51381 Leverkusen

Telefax (0 21 71) 5 67 39

Sparkasse Leverkusen
Konto: 318 465 714
(BLZ: 375 514 40)

Postbank Köln
Konto: 4967 86-503
(BLZ: 370 100 50)

3.1.6.2 Kundenskonto

Situation Die Kaufkette AG begleicht die Rechnung Nr. 5103/KK (vgl. Seite 154) durch Überweisung auf das Konto der Papiergroßhandlung Kern bei der Stadtsparkasse Köln unter Abzug des vereinbarten Skontos. Frau Kern erhält einen Kontoauszug mit der Gutschrift. Auf dem Überweisungsauftrag hat der Buchhalter der Kaufkette AG folgenden Vermerk angebracht:

	Ausgleich Ihrer Rechnung Nr. 5103/KK	6.380,00 DM
–	2 % Skonto (= 6.380,00 DM · 0,02 =)	127,60 DM
	Überweisungsbetrag	**6.252,40 DM**

Umsatzsteuerberichtigung. Wie beim Preisnachlass aufgrund einer Mängelrüge führt auch der dem Kunden gewährte Skonto zu einer **nachträglichen Verminderung der Warenverkaufserlöse und** damit auch zu einer anteiligen Verminderung **der Umsatzsteuer.** Im obigen Beispiel enthält der Kundenskonto zugleich noch den Umsatzsteueranteil, da er vom Rechnungsbetrag berechnet wurde. Die zu berichtigende Umsatzsteuer muss deshalb noch aus dem **Bruttoskontobetrag** errechnet werden:

116 % Skontoabzug ~ 127,60 DM
16 % Umsatzsteuer ~ x DM

$$x \text{ DM} = \frac{127{,}60 \text{ DM} \cdot 16\,\%}{116\,\%} = \mathbf{17{,}60\ DM}$$

Der **Nettoskonto** beträgt somit **110,00 DM** (127,60 DM – 17,60 DM), also genau 2 % der durch Verkauf der Waren an die Kaufkette AG erzielten Warenverkaufserlöse von 5.500,00 DM (siehe S. 154).

Der Kundenskonto wird allgemein auf dem Konto **„8080 Kundenskonti"** als **„Unterkonto des Kontos „8010 Warenverkauf"** gebucht. Im Unternehmen Kern gibt es **für jede Warengruppe** das entsprechende Unterkonto „Kundenskonti", aus dem sich auch die durchschnittlich in % der Warenverkaufserlöse gewährten Skonti leicht ermitteln lassen. Die auf den Unterkonten „Kundenskonti" angesammelten Beträge werden **monatlich** auf das entsprechende Warenverkaufskonto umgebucht.

8110 Warenverkauf von Druckpapier	8210 Warenverkauf von Kopierpapier	8310 Warenverkauf von Umschlagkarton	8410 Warenverkauf von Saugpapier
8180 Kundenskonti auf Druckpapier	8280 Kundenskonti auf Kopierpapier	8380 Kundenskonti auf Umschlagkarton	8480 Kundenskonti auf Saugpapier

Der Kundenskonto wird in der Regel **netto** gebucht. Die Buchungen im Zeitablauf lauten:

❶ Buchung der Ausgangsrechnung	Soll	Haben
1010 Forderungen a. LL	6.380,00	
an 8410 Warenverkauf v. Saugpapier		5.500,00
an 1810 Umsatzsteuer		880,00

❷ Buchung des Zahlungseingangs	Soll	Haben
1310 Bank	6.252,40	
8480 Kundenskonti auf Saugpapier ..	110,00	
1810 Umsatzsteuer	17,60	
an 1010 Forderungen a. LL		6.380,00

❸ Umbuchung der Kundenskonti	Soll	Haben
8410 Warenverkauf von Saugpapier ..	110,00	
an 8480 Kundenskonti a. Saugpapier		110,00

S	1010 Forderungen a. LL		H
❶	6.380,00	❷	6.380,00

S	1310 Bank		H
❷	6.252,40		

S	8480 Kundenskonti auf Saugpapier		H
❷	110,00	❸	110,00

S	8410 Warenverkauf von Saugpapier		H
❸	110,00	❶	5.500,00

S	1810 Umsatzsteuer		H
❷	17,60	❶	880,00

Bei Anwendung des **Bruttoskontobuchungsverfahrens** lautet die o. g. Buchung ❷:

❷ Buchung des Zahlungseingangs	Soll	Haben
1310 Bank	6.252,40	
8480 Kundenskonti auf Saugpapier ..	127,60	
an 1010 Forderungen a. LL		6.380,00

Die Buchung der **Steuerberichtigung** zum Monatsende lautet dann:

Buchung der Umsatzsteuerberichtigung	Soll	Haben
1810 Umsatzsteuer	17,60	
an 8480 Kundenskonti a. Saugpapier		17,60

S	1310 Bank		H
❷	6.252,40		

S	8480 Kundenskonti auf Saugpapier		H
❷	127,60	1810	17,60

S	1010 Forderungen a. LL		H
❶	6.380,00	❷	6.380,00

S	1810 Umsatzsteuer		H
8480	17,60	❶	880,00

Zusammenfassung

- **Kundenskonto** wird als Prozentabzug vom **Rechnungsbetrag** berechnet.
- Bei **Kundenskonto** wird die Umsatzsteuerberichtigung nach folgender Rechnung ermittelt:

$$\text{Umsatzsteuerberichtigungsbetrag} = \frac{\text{Bruttoskontoabzug} \cdot 16\,\%}{116\,\%}$$

- Der **Kundenskonto** wird **brutto oder direkt netto** auf dem **Unterkonto „8080 Kundenskonti"** gebucht. Die angesammelten Nettoskontobeträge werden **monatlich auf** das entsprechende **Warenverkaufskonto umgebucht.**
- Bei Verwendung eines **EDV-Buchführungsprogramms** wird die Umsatzsteuerberichtigung nach Eingabe des Bruttoskontobetrages **automatisch** errechnet und gebucht.

169 1. *Buchen Sie die Rechnung aus Aufgabe 145, Seite 150, als Ausgangsrechnung für die Heimann AG (siehe Warengruppenkontennummern, S. 164).*

2. Der Kunde Pohlig & Eickmeier (vgl. Aufgabe 145) zahlt die Rechnung durch Banküberweisung unter Skontoabzug.
   a) *Berechnen Sie den Skontoabzug brutto und netto.*
   b) *Buchen Sie für die Heimann AG den Zahlungseingang nach dem Nettoverfahren.*
   c) *Buchen Sie den Skontobetrag auf das Warenverkaufskonto um.*

---

170 Im Großhandelsunternehmen Kern betragen die Warenverkaufserlöse im Monat April insgesamt 1.345.000,00 DM. Die Kunden haben im gleichen Zeitraum 18.830,00 DM Kundenskonti ausgenutzt.

1. *Wie viel Prozent Kundenskonti wurden durchschnittlich von den Kunden in Anspruch genommen?*
2. *Welche Schlussfolgerungen lassen sich aus dieser Zahl ziehen, wenn die Papiergroßhandlung Kern grundsätzlich 2 % Kundenskonti einräumt?*

---

171 Frau Kern sieht auf ihrem Kontoauszug die Gutschrift einer Kundenrechnung über 16.369,92 DM.

Frau Kern weiß, dass der Kunde 2 % Kundenskonto abgezogen hat.

1. *Bestimmen Sie den Rechnungsbetrag und den Skontoabzug.*
2. *Buchen Sie die Ausgangsrechnung für Katja Kern.*
3. *Berechnen Sie die Steuerberichtigung und buchen Sie den Zahlungseingang nach dem Nettoverfahren.*
4. *Schließen Sie das Konto „8080 Kundenskonti" ab.*

---

172 Die Papiergroßhandlung Kern verkauft einem Kunden Kopierpapier. Die Ausgangsrechnung lautet über:

	25 Paletten Kopierpapier zu je 2.050,00 DM	51.250,00 DM
+	16 % Umsatzsteuer	8.200,00 DM
		59.450,00 DM

Zahlungsbedingungen: Zahlbar in 10 Tagen mit 2 % Skonto oder nach spätestens 40 Tagen ohne Abzug.

Der Kunde begleicht die Rechnung mit Skontoabzug und überweist auf das Sparkassenkonto der Großhandlung Kern 58.261,00 DM.

Frau Kern bucht den Vorgang auf den Konten: 1010, 1310, 1810, 8210 und 8280.

1. *Buchen Sie die Ausgangsrechnung.*
2. *Prüfen Sie, ob der Überweisungsbetrag vom Kunden richtig errechnet wurde und geben Sie den Skontoabzug an.*
3. *Berechnen Sie die Steuerberichtigung und den Nettoskontobetrag.*
4. *Buchen Sie den Zahlungseingang und die Steuerberichtigung und schließen Sie das Konto „8280 Kundenskonti auf Kopierpapier" ab.*

6464166

3.1.7 Zusammenfassende Aufgaben zum Bereich „Beschaffung und Absatz von Handelswaren"

Die **Umsatzsteuer-Zahllast** kann am Monatsende erst nach Vornahme der anteiligen Berichtigungen auf den Steuerkonten ermittelt werden:

S	1410 Vorsteuer H
Vorsteuerbeträge aufgrund von Eingangsrechnungen	**Berichtigungen:** ○ Rücksendungen an Lieferer, ○ Preisnachlässe von Lieferern, ○ Liefererboni, ○ Liefererskonti

S	1810 Umsatzsteuer H
Berichtigungen: ○ Rücksendungen von Kunden, ○ Preisnachlässe an Kunden, ○ Kundenboni, ○ Kundenskonti	**Umsatzsteuerbeträge** aufgrund von Ausgangsrechnungen

Aufgaben

173 Die Eingangsrechnung 8857 über 2.900,00 DM (Warenwert 2.500,00 DM + 400,00 DM Umsatzsteuer) wird unter Abzug von 2 % Skonto durch Banküberweisung an den Lieferer beglichen.
Konten: 1310 (AB 85.000,00 DM), 1410, 1710, 3010, 3080.

1. *Buchen Sie den Eingang der Waren aufgrund der ER 8857.*
2. *Ermitteln Sie die Steuerberichtigung und buchen Sie beim Rechnungsausgleich den Skonto a) netto und b) brutto.*
3. *Wie lauten die entsprechenden Buchungen beim Lieferer?*

174 Der Kunde begleicht unsere Ausgangsrechnung 4459 über 17.400,00 DM (Warenwert 15.000,00 DM + 2.400,00 DM Umsatzsteuer) abzüglich 2 % Skonto durch Postbanküberweisung.
Konten: 1010, 1320, 1810, 8010, 8080.

1. *Buchen Sie den Verkauf der Waren aufgrund der AR 4459.*
2. *Buchen Sie den Skonto beim Zahlungseingang a) netto und b) brutto.*
3. *Nennen Sie die entsprechenden Buchungen zu 1. und 2. auch beim Kunden.*

175

Auszug aus der vorläufigen Summenbilanz	Soll	Haben
1410 Vorsteuer	52.500,00	48.350,00
1810 Umsatzsteuer	72.150,00	83.450,00
3080 Liefererskonti (einschl. Umsatzsteuer)	?	3.712,00
8080 Kundenskonti (einschl. Umsatzsteuer)	2.900,00	?

1. *Ermitteln Sie am Monatsende die Steuerberichtigungen und buchen Sie.*
2. *Ermitteln Sie nach den Berichtigungsbuchungen die Umsatzsteuer-Zahllast.*

176

Auszug aus der vorläufigen Summenbilanz	Soll	Haben
1410 Vorsteuer	28.640,00	14.450,00
1810 Umsatzsteuer	43.560,00	66.350,00
3080 Liefererskonti (einschl. Umsatzsteuer)	?	5.336,00
8080 Kundenskonti (einschl. Umsatzsteuer)	6.148,00	?

Ermitteln und buchen Sie die Steuerberichtigungen. Wie hoch ist die Zahllast?

177 *Buchen Sie die Skonti in der folgenden Aufgabe.*

Bestände: Forderungen a. LL 29.000,00, Bankguthaben 225.600,00, Vorsteuer 2.400,00, Verbindlichkeiten a. LL 27.840,00, Umsatzsteuer 5.800,00.
Konten: 1010, 1310, 1410, 1710, 1810, 3080, 8080.

Geschäftsfälle DM

1. Kunde begleicht AR 256 durch Banküberweisung abzüglich 2 % Skonto, Rechnungsbetrag 5.800,00
2. Banküberweisung an den Lieferer zum Ausgleich von ER 456 abzüglich 2 % Skonto, Rechnungsbetrag 26.100,00
3. Banküberweisung der Umsatzsteuer-Zahllast an das Finanzamt .. ?

178

Kontenplan und vorläufige Saldenbilanz	Soll	Haben
0330 Betriebs- und Geschäftsausstattung	188.000,00	–
0610 Eigenkapital	–	300.000,00
1010 Forderungen a. LL	140.800,00	–
1310 Bank	149.980,00	–
1410 Vorsteuer	150.646,00	–
1510 Kasse	8.400,00	–
1610 Privatentnahmen	76.000,00	–
1710 Verbindlichkeiten a. LL	–	104.410,00
1810 Umsatzsteuer	–	234.016,00
3010 Wareneingang	919.200,00	–
3020 Warenbezugskosten	18.800,00	–
3050 Rücksendungen an Lieferer	–	–
3060 Nachlässe von Lieferern	–	8.500,00
3070 Liefererboni	–	3.400,00
3080 Liefererskonti	–	19.300,00
3910 Warenbestände	100.000,00	–
4890 Diverse Aufwendungen	380.400,00	–
4910 Abschreibungen auf Sachanlagen	–	–
8010 Warenverkauf	–	1.535.000,00
8060 Nachlässe an Kunden	26.900,00	–
8070 Kundenboni	17.500,00	–
8080 Kundenskonti	28.000,00	–
Abschlusskonten: 9300 und 9400	2.204.626,00	2.204.626,00

Geschäftsfälle	DM	DM
1. Banküberweisung des Kunden für AR 1602	32.480,00	
– Skonti (2 %)	649,60	31.830,40
2. Gutschriftsanzeige an Kunden für Boni:		
2,5 % von 480.000,00 DM Jahres-Nettoumsatz .	12.000,00	
+ Umsatzsteuer	1.920,00	13.920,00
3. Die Eingangsrechnung ER 1406, Warenwert	22.500,00	
+ Umsatzsteuer	3.600,00	26.100,00
wurde versehentlich als Ausgangsrechnung gebucht. Stornieren Sie die Falschbuchung.		
4. Buchen Sie die Eingangsrechnung 1406.		
5. AR 1450–1460, Warenwert	78.600,00	
+ Transportkosten	3.400,00	
+ Umsatzsteuer	13.120,00	95.120,00
6. Banküberweisungen an Lieferer: Rechnungsbeträge	29.000,00	
– Skonti (2 %)	580,00	28.420,00
7. Kunde erhält Preisnachlass wg. Mängelrüge, brutto		580,00
8. Lieferer schreiben uns Boni gut:		
3 % auf den Umsatz von 680.000,00 DM	20.400,00	
+ Umsatzsteuer	3.264,00	23.664,00
9. Rücksendung beschädigter Waren an Lieferer,		
Warenwert	3.500,00	
+ Umsatzsteuer	560,00	4.060,00
Abschlussangaben: Warenschlussbestand lt. Inventur		80.000,00
Abschreibungen auf BGA		15.000,00

Auswertung

1. *Wie hoch ist a) der Rohgewinn und b) der Reingewinn des Unternehmens?*
2. *Ermitteln und beurteilen Sie die Rentabilität (Verzinsung) des Eigenkapitals in %, indem Sie den Reingewinn nach Abzug eines jährlichen Unternehmerlohnes in Höhe von 72.000,00 DM zum eingesetzten Eigenkapital (300.000,00 DM) in Beziehung setzen.*
3. *Wie beurteilen Sie das Verhältnis zwischen Eigenkapital und Fremdkapital?*
4. *Welche Vermögensteile werden durch eigene Mittel (Eigenkapital) gedeckt (finanziert)?*

179

a) Ein Warenlieferer gewährt uns wegen Mängelrüge einen Preisnachlass von 10 % des Rechnungsbetrages. Der Rechnungsbetrag (ER 488) lautete über 11.600,00 DM.

b) Wir gewähren einem Kunden aufgrund seiner Mängelrüge nachträglich einen Preisnachlass von 20 % des Rechnungsbetrages. Die Ausgangsrechnung (AR 811) weist einen Rechnungsbetrag von 17.400,00 DM aus.

1. *Ermitteln Sie jeweils die Gutschrift und die Steuerberichtigung.*
2. *Erstellen Sie die entsprechende Gutschriftsanzeige.*
3. *Nennen Sie den Buchungssatz aufgrund der Gutschriftsanzeige der Fälle a) und b).*

180

Buchen Sie den folgenden Beleg in der Finanzbuchhaltung der Textilgroßhandlung Ulrike Brandt.

Ulrike Brandt
TEXTILGROSSHANDLUNG

Ulrike Brandt · Statthalterhofweg 27 · 50858 Köln

Textilfachgeschäft
Evi Martin
Am Rosengarten 45

50858 Köln

Ihr Zeichen, Ihre Nachricht vom	Unser Zeichen	Telefon, Name (02 21) 5 63 58-	Datum
EM/..-10-20	B/ks	42	..-10-28

Rechnung 4 167

Sehr geehrte Damen und Herren,

aufgrund Ihrer Beanstandung schreiben wir Ihnen gut:

10 % von 10.000,00 DM Warenwert	
lt. o. g. Rechnung	1.000,00 DM
+ 16 % Umsatzsteuer	160,00 DM
	1.160,00 DM

Mit freundlichen Grüßen

ULRIKE BRANDT
TEXTILGROSSHANDLUNG

U. Brandt

Geschäftsräume
Statthalterhofweg 27
50858 Köln

Telefax (02 21) 5 67 39

Stadtsparkasse Köln
Konto: 532 611 78
(BLZ: 370 501 98)

Postbank Köln
Konto: 9987 96-500
(BLZ: 370 100 50)

181 Die folgende Aufgabe nimmt Bezug auf die **Gliederung der Warenkonten nach Warengruppen.** Hierbei wird für jede Warengruppe je ein eigenes **Warenbestands-, Wareneingangs- und Warenverkaufskonto** geführt. Zusätzlich erhalten die Wareneingangs- und Warenverkaufskonten entsprechende **Unterkonten** (z. B. für Bezugskosten, Preisnachlässe und Skonti).

Summen der Warenkonten zum 31. Dezember ..	Soll	Haben
3010 Wareneingang Warengruppe I	497.400,00	–
3020 Bezugskosten für WG I	18.000,00	–
3050 Rücksendungen I an Lieferer	–	1.200,00
3060 Nachlässe auf WG I	–	11.600,00
3080 Liefererskonti auf WG I	–	24.700,00
3910 Warenbestand Warengruppe I (Anf.-Bestand)	64.500,00	–
3110 Wareneingang Warengruppe II	458.000,00	–
3120 Bezugskosten für WG II	24.000,00	–
3150 Rücksendungen II an Lieferer	–	2.000,00
3160 Nachlässe auf WG II	–	6.400,00
3180 Liefererskonti auf WG II	–	14.600,00
3920 Warenbestand Warengruppe II (Anf.-Bestand)	94.600,00	–
8010 Warenverkauf Warengruppe I	–	772.600,00
8050 Rücksendungen I von Kunden	2.200,00	–
8060 Nachlässe auf WG I	20.400,00	–
8080 Kundenskonti auf WG I	14.800,00	–
8110 Warenverkauf Warengruppe II	–	738.600,00
8150 Rücksendungen II von Kunden	3.000,00	–
8160 Nachlässe auf WG II	15.400,00	–
8180 Kundenskonti auf WG II	12.700,00	–

Warenschlussbestände:
Warengruppe I: 105.600,00 DM; Warengruppe II: 61.800,00 DM

1. *Ermitteln Sie für jede Warengruppe die berichtigten Warenverkaufserlöse, den Wareneinsatz und den Rohgewinn.*
2. *Schließen Sie die Einkaufs- und Verkaufskonten ab.*
3. *Ermitteln Sie für jede Warengruppe den %-Anteil des Wareneinsatzes und des Rohgewinns an den Warenverkaufserlösen (= 100 %).*
4. *Berechnen Sie den %-Anteil des Rohgewinns jeder Warengruppe am Gesamtrohgewinn.*
5. *Ermitteln Sie im Gewinn- und Verlustkonto den Reingewinn des Unternehmens, wenn die übrigen Aufwendungen 390.000,00 DM und die übrigen Erträge 35.000,00 DM betragen.*
6. *Beurteilen Sie die Erfolgssituation des Unternehmens.*

182 Frau Kern erhält die Anfrage eines Kunden, ob sie 20 Paletten Umschlagkarton liefern könne. Sie kann diesen Karton von einer Papiermühle zu folgenden Bedingungen erhalten: Listeneinkaufspreis je Palette 2.600,00 DM, Mengenrabatt 5 %, Liefererskonto 1 %, Bezugskosten 25,00 DM je Palette. Betriebsintern kalkuliert Frau Kern mit 25 % Handlungskosten, 2,5 % Gewinnzuschlag, 2 % Kundenskonto und 10 % Kundenrabatt.

1. *Kalkulieren Sie den Angebotspreis/Palette.*

Frau Kern erhält den Auftrag von ihrem Kunden. Sie bestellt die Ware daraufhin bei der Papiermühle.

2. *Erstellen Sie die Eingangs- und Ausgangsrechnungen und buchen Sie den gesamten Vorgang unter der Annahme, dass die Zahlungen unter Skontoabzug geleistet werden.*

3.2 Der Warenverkehr im Gemeinschaftsgebiet der EU

Seit der Verwirklichung des Europäischen Binnenmarktes (1993) muss im Handel mit ausländischen Staaten unterschieden werden zwischen dem

- **Warenverkehr mit EU-Mitgliedstaaten** und dem
- **Warenverkehr mit Nicht-EU-Mitgliedstaaten,** den so genannten **Drittländern,** wie USA, Schweiz u. a.

siehe „Währungsrechnung", Kap. 9.2

Situation

1. Die Papiergroßhandlung Kern, Köln, verkauft am 10. Januar .. an eine französische Druckerei in Paris Druckpapier im Wert von netto 35.000,00 DM mit einem Zahlungsziel von 60 Tagen.
2. Am 15. Januar .. erwirbt die Papiergroßhandlung Kern von einem belgischen Unternehmen in Brüssel Kopierpapier zum Nettopreis von umgerechnet 40.000,00 DM. Das Zahlungsziel beträgt 30 Tage.

Die Europäische Union (EU) ist **umsatzsteuerrechtlich** ein **Gemeinschaftsgebiet.** Deshalb ist der **Warenverkehr zwischen den einzelnen EU-Mitgliedstaaten** auch als eine **innergemeinschaftliche Lieferung** bzw. als ein **innergemeinschaftlicher Erwerb** von Waren zu verstehen. Nur im **Warenhandel mit Drittländern** liegt umsatzsteuerrechtlich eine **Einfuhr bzw. Ausfuhr** von Waren vor.

Wegen der unterschiedlich hohen Umsatzsteuersätze in den einzelnen EU-Mitgliedstaaten musste der Ministerrat der Europäischen Union zunächst eine **umsatzsteuerliche Übergangsregelung** erlassen. Bis zu einer endgültigen Regelung ist nicht die Lieferung von einem EU-Mitgliedstaat in einen anderen **umsatzsteuerpflichtig,** sondern der **Erwerb** der Ware, und zwar mit dem **Umsatzsteuersatz des jeweiligen Bestimmungslandes.** Umsatzsteuer wird also erst dort erhoben, wo die Ware den gewerblichen Empfänger erreicht **(Bestimmungslandprinzip)**.

Normalsteuersätze in den 15 EU-Mitgliedstaaten[1]			
Staaten	**Steuersatz**	**Staaten**	**Steuersatz**
Belgien	21,0 %	Italien	20,0 %
Dänemark	25,0 %	Luxemburg	15,0 %
Deutschland	16,0 %	Niederlande	17,5 %
England	17,5 %	Österreich	20,0 %
Finnland	22,0 %	Portugal	17,0 %
Frankreich	20,6 %	Schweden	25,0 %
Griechenland	18,0 %	Spanien	16,0 %
Irland	21,0 %		

Der Erwerber der Ware schuldet seinem Finanzamt die Umsatzsteuer, die er jedoch auch **zugleich als Vorsteuer** geltend machen kann, soweit er **Unternehmer** ist und die Ware für **sein Unternehmen** erworben hat. Die Umsatzsteuer belastet also den gewerblichen Erwerber der Ware nicht.

In den Umsatzsteuervoranmeldungen sind die **steuerpflichtigen innergemeinschaftlichen Erwerbe (i. E.)** und die **steuerfreien innergemeinschaftlichen Lieferungen (i. L.)** getrennt auszuweisen. Deshalb sollten in der Finanzbuchhaltung **geson-**

1 Stand 1. April 1998

derte Konten eingerichtet werden, nicht zuletzt auch wegen der **Verprobung der Umsatzsteuer:**

3710 Wareneingang aus innergemeinschaftlichem Erwerb (i. E.)
8810 Erlöse aus innergemeinschaftlicher Lieferung (i. L.)
1411 Vorsteuer (16 %) für i. E.
1811 Umsatzsteuer (16 %) für i. E.

Die Buchungen in der Papiergroßhandlung Kern lauten:

1. Buchung der umsatzsteuerfreien innergemeinschaftlichen Lieferung:

Buchungssatz	Soll	Haben
1010 Forderungen a. LL	35.000,00	
an **8810 Erlöse aus i. L.**		35.000,00

2. Buchung des umsatzsteuerpflichtigen innergemeinschaftlichen Erwerbs:

Buchungen	Soll	Haben
❶ **3710 Wareneingang aus i. E.**	40.000,00	
an **1710 Verbindlichkeiten a. LL** .		40.000,00
❷ **1411 Vorsteuer für i. E.**	6.400,00	
an **1811 Umsatzsteuer für i. E.** ..		6.400,00

Zur Kontrolle der Umsatzsteuer im innergemeinschaftlichen Handelsverkehr wird allen zum Vorsteuerabzug berechtigten Unternehmen eine **Umsatzsteuer-Identifikationsnummer (USt-Id-Nr.)** zugeteilt, die mit dem jeweiligen Ländercode (z. B. DE für Deutschland) beginnt. **Ausgangsrechnungen** müssen jeweils die eigene Identifikationsnummer und die des Kunden ausweisen. Das ermöglicht einen schnellen Informationsaustausch zwischen den Finanzbehörden der einzelnen EU-Mitgliedstaaten.

Zusammenfassung

- Der **Warenverkehr zwischen den EU-Mitgliedstaaten** ist umsatzsteuerlich ein **innergemeinschaftlicher** Vorgang. **Ein- und Ausfuhr** von Waren gibt es **nur** im Handelsverkehr **mit Nicht-EU-Mitgliedstaaten** (= Drittländer).
- Bis zu einer endgültigen Regelung gibt es **umsatzsteuerlich** eine befristete **Übergangsregelung** (§ 1 Abs. 1 Nr. 5 UStG):
  - Eine **innergemeinschaftliche gewerbliche Lieferung** von Gütern ist **umsatzsteuerfrei.**
  - Ein **innergemeinschaftlicher gewerblicher Erwerb** von Gütern unterliegt der **Umsatzsteuer des jeweiligen Bestimmungslandes.**
  - Die **geschuldete Umsatzsteuer** kann zugleich **als Vorsteuer verrechnet** werden. Die Umsatzsteuer belastet das Unternehmen nicht.
- Zur **Kontrolle** des Umsatzsteueraufkommens müssen **Ausgangsrechnungen** die **USt-Identifikationsnummern** des Lieferanten und des Kunden enthalten.
- In den **Umsatzsteuervoranmeldungen** sind die **innergemeinschaftlichen Lieferungen und Erwerbe gesondert auszuweisen.**
- **Zusatzinformation:** Für **Privatpersonen** gilt die Besteuerung nach dem Bestimmungslandprinzip nicht. Sie werden mit der **Umsatzsteuer des jeweiligen Einkaufslandes** belastet (Ausnahme: Pkw-Kauf).

6464172

Aufgaben

183 Die Papiergroßhandlung Kern kauft bei einer italienischen Papierfabrik in Mailand Packpapier im Wert von 45.000,00 DM. Die Rechnung weist die Umsatzsteuer-Identifikationsnummern der beiden Unternehmen aus.

1. *Beurteilen Sie den Geschäftsfall umsatzsteuerrechtlich aus der Sicht a) des Lieferers und b) des Kunden.*
2. *Wie lauten die Buchungen in der Papiergroßhandlung Kern?*
3. *Nennen Sie die Buchung im italienischen Unternehmen.*

---

184 Ein Möbelgroßhändler in Hamburg liefert an ein Unternehmen in Paris Büromöbel im Wert von 150.000,00 DM. Die Ausgangsrechnung weist die erforderlichen Umsatzsteuer-Identifikationsnummern aus.

1. *Wie lautet die Buchung des Möbelgroßhändlers?*
2. *Begründen Sie die Buchung des Möbelgroßhändlers.*
3. *Wie lauten die Buchungen im französischen Unternehmen bei einem Umsatzsteuersatz von 20,6 %?*

---

185 Ein Textilgroßhändler in Stuttgart kaufte bei einer Textilfabrik in London Waren im Wert von 250.000,00 DM. Die Rechnung enthält die USt-Id-Nummern.

Wie lauten die Buchungen beim a) Kunden und b) Lieferer? Begründen Sie.

---

186 Ein deutscher Elektrogroßhändler hat in einer Lampenfabrik in Amsterdam für sein Privathaus eine Lampe für 4.500,00 DM anfertigen lassen.

Beurteilen Sie den Fall umsatzsteuerrechtlich.

---

187 Ein Autohändler in Köln hat von einer Autofabrik in Frankreich Ersatzteile im Wert von 120.000,00 DM bezogen. Die Rechnung ist ordnungsgemäß.

Nennen und begründen Sie die Buchungen für den Autohändler.

188

1. *Welche Staaten bilden den EU-Binnenmarkt?*
2. Im Umsatzsteuerrecht aller EU-Mitgliedstaaten unterscheidet man die Begriffe a) Inland, b) Gemeinschaftsgebiet und c) Drittlandsgebiet. *Ordnen Sie entsprechend zu:*
   1. Niedersachsen, 2. Schweiz, 3. Stuttgart, 4. Italien, 5. Kanada, 6. Paris.

189

1. *Ergänzen Sie:*
   Nach § 1 Abs. 1 Nr. 5 UStG unterliegt ab ••• auch der innergemeinschaftliche ••• im ••• gegen ••• der Umsatzsteuer.
2. *Welche Voraussetzungen müssen nach § 1 Abs. 1 UStG für die Besteuerung des innergemeinschaftlichen Erwerbs im Einzelnen vorliegen?*
3. *Wo wird der innergemeinschaftliche Erwerb besteuert?*
4. *Warum unterliegt in der EU nicht die innergemeinschaftliche Lieferung, sondern der innergemeinschaftliche Erwerb der Ware der Umsatzsteuer?*

190

1. *Ergänzen Sie:*
   a) Was aus der Sicht des vorsteuerabzugsberechtigten Verkäufers eine innergemeinschaftliche Lieferung ist, wird spiegelbildlich beim vorsteuerabzugsberechtigten Abnehmer zu einem innergemeinschaftlichen •••.
   b) Die Lieferung im Ausgangsland des EU-Binnenmarktes ist stets steuer•••, der Erwerb im Bestimmungsland ist steuer•••.
   c) Der Erwerber kann die geschuldete Umsatzsteuer als ••• abziehen.
2. *Welchen Zweck haben die Umsatzsteuer-Identifikationsnummern?*

3.3 Der Warenverkehr mit Drittländern

Während die **Einfuhr** von Waren **aus Drittländern,** also aus Staaten, die nicht der EU angehören, der **Einfuhrumsatzsteuer** (§ 11 UStG) und gegebenenfalls dem **Zoll** unterliegt, ist die **Ausfuhr** von Waren **umsatzsteuerfrei.** Aus Gründen der **Umsatzsteuerverprobung** sind folgende **Sonderkonten** einzurichten:

3810 Wareneinfuhr[1]
1430 Einfuhrumsatzsteuer
8820 Erlöse aus Warenausfuhr[1]

Die **Einfuhrumsatzsteuer** (16 % bzw. 7 %), die in Unternehmen als **Vorsteuer** abzugsfähig ist, und der **Zoll** (in Prozent vom Zollwert) werden von der **Zollbehörde** erhoben. Beide Abgaben dienen dem **Schutz inländischer Erzeugnisse** vor ausländischer Konkurrenz. Sie haben **unterschiedliche Bemessungsgrundlagen:**

Ermittlung des Zollwertes als Bemessungsgrundlage für den Zoll	Ermittlung der Bemessungsgrundlage der Einfuhrumsatzsteuer (EUSt)
Warenwert	Zollwert (= Bezugspreis)
+ Verpackungskosten	+ Zoll
+ Transportkosten (Auslandsfracht)	+ Verbrauchsteuern (z. B. Kaffeesteuer)
– möglicher Skonto	+ Beförderungskosten (Inlandsfracht)
Zollwert (= Bezugspreis)	**EUSt-Bemessungsgrundlage**

Rechnungen in ausländischer Währung sind **vor** ihrer Buchung auf der Grundlage amtlicher Devisenkurse (Kurstabellen) **umzurechnen.** Von Banken in Rechnung gestellte **Kosten der Zahlungsabwicklung** (Maklergebühr, Abwicklungsgebühr, Spesen) werden auf folgendem Konto erfasst:

4860 Kosten des Geldverkehrs.

Kursunterschiede zwischen Rechnungseingang und -ausgleich werden gebucht auf:

2150 Aufwendungen aus Kursdifferenzen

2650 Erträge aus Kursdifferenzen

siehe „Währungsrechnung", Kap. 9.2

Situation 1 Die Papiergroßhandlung Kern bezieht aus den USA einen Posten Lackpapier. Die **Eingangsrechnung** geht am 10. Januar ein und lautet:

		Umrechnung zum Tageskurs: 1,70 DM/US-$
Lackpapier	30.000,00 US-$	51.000,00 DM
+ Transportkosten (bis Hamburg)	2.000,00 US-$	3.400,00 DM
Rechnungsbetrag	32.000,00 US-$	54.400,00 DM

Die Ware wird mit firmeneigenem LKW in Hamburg abgeholt.

Buchung der Importeingangsrechnung	Soll	Haben
3810 Wareneinfuhr	51.000,00	
3820 Warenbezugskosten	3.400,00	
an **1710 Verbindlichkeiten a. LL**		54.400,00

1 Unterkonten entsprechend Warengruppe I (siehe Kontenrahmen)

6464174

Situation 2 Die Papiergroßhandlung Kern erhält vom zuständigen Zollamt den Bescheid über die **Zollabgabe** und die **Einfuhrumsatzsteuer:**

	Warenwert	51.000,00 DM		Zollwert	54.400,00 DM
+	Transportkosten	3.400,00 DM	+	Zoll	4.352,00 DM
	Zollwert	**54.400,00 DM**		Bemessungswert	58.752,00 DM
	8 % Zoll:	**4.352,00 DM**		**16 % EUSt:**	**9.400,32 DM**

Buchungssatz	Soll	Haben
3820 Warenbezugskosten	4.352,00	
1430 Einfuhrumsatzsteuer	9.400,32	
an **1980 Zollverbindlichkeiten**		13.752,32

Nennen Sie jeweils den Buchungssatz für
1. die Umbuchung der Warenbezugskosten,
2. die Verrechnung der Einfuhrumsatzsteuer als Vorsteuer und
3. die Begleichung der Zollverbindlichkeiten durch Banküberweisung.

Die Ausfuhr von Waren in Drittländer ist einschließlich aller Nebenkosten (Frachten u. a.) aus Gründen der Exportförderung **umsatzsteuerfrei** (§ 4 Nr. 1 und 3 UStG), sofern der **Nachweis der Ausfuhrlieferung** durch internationalen Frachtbrief oder Grenzübertrittsbescheinigung des Zolls erbracht wird.

Situation Die Großhandlung Kern exportiert Saugpapier in die Schweiz mit eigenem LKW. Die **Ausgangsrechnung** vom 20. März lautet:

	Warenwert	13.500,00 sfr
+	Transportkosten	1.500,00 sfr
	Rechnungsbetrag	**15.000,00 sfr**

Der **Ausfuhrnachweis** in Form einer Grenzübertrittsbescheinigung liegt vor.
Tageskurs: 120,00 DM je 100 sfr

$$\textbf{Rechnungsbetrag} = \frac{120 \cdot 15.000,00}{100} = \textbf{18.000,00 DM}$$

Buchung der Exportausgangsrechnung	Soll	Haben
1010 Forderungen a. LL	18.000,00	
an **8820 Erlöse aus Warenausfuhr** ..		18.000,00

Zusammenfassung

- Für **Einfuhren aus Drittländern** (Nicht-EU-Mitgliedstaaten) ist **Einfuhrumsatzsteuer** und in der Regel auch **Zoll** an die **Zollbehörden** zu entrichten.
- **Bemessungsgrundlage für den Zoll** ist der **Zollwert,** der dem Bezugspreis bis zur deutschen Grenze entspricht.
- **Bemessungsgrundlage der Einfuhrumsatzsteuer** ist **die Summe aus Zollwert, Zoll und Inlandsfracht.** Die Steuersätze entsprechen den üblichen Umsatzsteuersätzen (16 % bzw. 7 %).
- Die **Einfuhrumsatzsteuer** ist als **Vorsteuer** abzugsfähig.
- **Ausfuhrlieferungen** in Drittländer sind **umsatzsteuerfrei.** Deshalb entsteht in exportintensiven Unternehmen oft ein Vorsteuerüberhang.
- Aus Gründen der Umsatzsteuerverprobung sind **Außenhandelsgeschäfte auf besonderen Konten** zu buchen (siehe oben und Kontenrahmen).

Aufgaben

191 Eine Werkzeuggroßhandlung importiert Werkzeuge aus den USA zum Preis von 45.000,00 US-$ FOB New York. Für Fracht werden 3.000,00 US-$ berechnet. Bei Rechnungseingang beträgt der Kurs 1,80 DM. Die Ware wird mit eigenem LKW in Rotterdam abgeholt. 10 % Zoll und 16 % Einfuhrumsatzsteuer.

1. *Berechnen Sie Warenwert, Frachtkosten, Verbindlichkeiten a. LL, Zollwert, Zoll und EUSt, Zollverbindlichkeiten.*
2. *Die Importrechnung wird zum Anschaffungskurs durch Banküberweisung beglichen. Die Bank belastet den Importeur mit 85,00 DM Gebühren.*
3. *Nennen Sie die Buchungssätze und buchen Sie auf den Konten 1310, 1430, 1710, 1980, 3810, 3820 und 4860.*

---

192 Die in Aufgabe 191 genannte Importrechnung wird zum Kurs von 1. 1,83 DM und 2. 1,75 DM durch Banküberweisung beglichen. Für die Zahlungsabwicklung belastet die Bank das Großhandelsunternehmen mit 78,00 DM.
Nennen Sie die Buchungssätze und buchen Sie auf den Konten 1310, 1710, 2150, 2650 und 4860.

---

193 Ein Großhandelsunternehmen in Köln importiert Autozubehörteile für 8.500.000 Yen CIF Duisburg. Bei Rechnungseingang beträgt der Kurs 1,40 DM je 100 Yen. Der Spediteur berechnet für die Fracht Duisburg-Köln 2.800,00 DM + 16 % USt. 15 % Zoll, 16 % EUSt.

1. *Berechnen Sie den Zollwert, den Zoll, die Einfuhrumsatzsteuer und die Anschaffungskosten der Warensendung.*
2. *Bilden Sie die Buchungssätze und buchen Sie auf den Konten 1410, 1430, 1710, 1980, 3810 und 3820.*

---

194 Ein Textilgroßhandelsunternehmen exportiert Waren in die Schweiz mit eigenem LKW. Die Fakturierung erfolgt in sfr: 73.000,00 sfr Warenwert + 2.000,00 sfr Transport. Tageskurs b. Rechnungserteilung am 30. Apr.: 120,00 DM/100 sfr.

Am 28. Mai wird die Rechnung fristgerecht durch Banküberweisung beglichen. Die Bankgutschrift erfolgt zum Tageskurs von 121,00 DM/100 sfr unter Abzug von 65,00 DM Umrechnungsgebühr.

Nennen Sie die Buchungssätze und buchen Sie auf den Konten 1010, 1310, 2650, 4860, 8820.

---

195 Die vorhergehende Aufgabe 194 ist nunmehr unter folgender Bedingung zu buchen: Die Bankgutschrift erfolgt zum Tageskurs von 118,00 DM/100 sfr. 65,00 DM Umrechnungsgebühr. *Wie lautet der Buchungssatz?*

---

196 Zum 30. April .. weist ein Großhandelsunternehmen folgende Konten aus:

	Soll	Haben
1410 Vorsteuer	210.000,00	5.000,00
1430 Einfuhrumsatzsteuer	25.000,00	–
1810 Umsatzsteuer	6.000,00	136.000,00

1. *Ermitteln Sie buchhalterisch das Ergebnis der USt-Voranmeldung f. April.*
2. *Das Finanzamt erstattet den Vorsteuerüberhang durch Banküberweisung. Die Bankgutschrift erfolgt zum 15. Mai .. Wie lautet der Buchungssatz?*

197

1. *Warum sind Ausfuhrlieferungen in nahezu allen Staaten umsatzsteuerfrei?*
2. *Nennen Sie die Voraussetzung für eine steuerfreie Ausfuhrlieferung.*
3. *Inwiefern entsteht bei Exportunternehmen oft ein Vorsteuerüberhang?*
4. *Erläutern Sie Zweck und Zusammensetzung des Zollwertes.*

6464176

3.4 Exkurs: Personalkostenbereich

3.4.1 Grundlagen der Lohn- und Gehaltsabrechnung

Löhne und Gehälter. Das Arbeitsentgelt eines Arbeiters bezeichnet man als Lohn, das des Angestellten als Gehalt. Löhne und Gehälter sind für den Arbeitnehmer **Einkommen,** für den Arbeitgeber hingegen **Aufwendungen** (= Personalkosten).

Abzüge. Der Arbeitgeber ist gesetzlich verpflichtet vom **Bruttoverdienst** der Arbeiter und Angestellten die Lohnsteuer, den Solidaritätszuschlag, die Kirchensteuer und den Anteil der Arbeitnehmer an der gesetzlichen Kranken-, Pflege-, Renten- und Arbeitslosenversicherung (= 50 %) **einzubehalten** und **bis zum 10. des Folgemonats an das Finanzamt**[1] **und bis zum 15. des Folgemonats an die Krankenkasse** zu **überweisen.** Nach Abzug der Steuern und des Arbeitnehmeranteils zur Sozialversicherung ergibt sich der **Nettoverdienst.**

Das Kindergeld wird im Regelfall **vom Arbeitgeber** mit dem Lohn oder Gehalt **ausgezahlt** und **mit der an das Finanzamt abzuführenden Lohnsteuer verrechnet.** Es beträgt für das erste und zweite Kind je 220,00 DM, für das dritte 300,00 DM und für jedes weitere Kind je 350,00 DM.[2]

Bruttogehalt/-lohn	
– Steuern	○ Lohnsteuer (LSt) ○ Solidaritätszuschlag (5,5 % der LSt)[2] ○ Kirchensteuer (8 bzw. 9 % der LSt)
– Arbeitnehmeranteil zur gesetzlichen Sozialversicherung	○ Krankenversicherung ○ Pflegeversicherung ○ Rentenversicherung ○ Arbeitslosenversicherung
Nettogehalt/-lohn + Kindergeld = Auszahlung	

3.4.1.1 Die Berechnung der Lohn- und Kirchensteuer

Der Lohnsteuer unterliegen alle Einkünfte aus **nicht selbstständiger** Arbeit. Sie richtet sich nach der **Höhe des Arbeitslohnes,** der **Steuerklasse** und möglichen **Freibeträgen** (z. B. für Behinderte). Das Existenzminimum ist lohnsteuerfrei: 12.365,00 DM für Ledige und 24.730,00 DM für Verheiratete.[2] Es gibt **sechs Lohnsteuerklassen:**

Steuerklasse	Zuordnung der Arbeitnehmer
I	Nicht verheiratete, verwitwete oder geschiedene Arbeitnehmer sowie Verheiratete, die ständig getrennt leben.
II	Arbeitnehmer der Steuerklasse I, sofern sie mindestens ein Kind haben.
III	Verheiratete, jedoch nicht ständig getrennt lebende Arbeitnehmer, deren Ehegatte keinen Arbeitslohn bezieht oder in die Steuerklasse V eingeordnet ist.
IV	Verheiratete, nicht ständig getrennt lebende Arbeitnehmer, wenn beide Arbeitslohn beziehen.
V	Verheiratete, nicht ständig getrennt lebende Ehegatten, die beide Arbeitslohn beziehen, wobei ein Ehegatte auf gemeinsamen Antrag in Steuerklasse III ist.
VI	Bezieht ein Arbeitnehmer Arbeitslohn von mehreren Arbeitgebern, wird auf der zweiten und jeder weiteren Lohnsteuerkarte die Steuerklasse VI eingetragen.

1 **Monatliche Zahlung** erfolgt nur bei einer **Vorjahreslohnsteuer** von **mehr als 6.000,00 DM,** was in den folgenden Aufgaben unterstellt wird.
2 Stand 1998

Steuerpflichtiges und steuerfreies Arbeitsentgelt. Grundsätzlich sind alle Einnahmen, die ein Arbeitnehmer aus einem Arbeitsverhältnis erzielt, lohnsteuerpflichtig. Es gibt aber auch Arbeitsentgelte, die in bestimmten Grenzen steuerfrei sind:

Lohnsteuerpflichtiger Arbeitslohn	Lohnsteuerfreier Arbeitslohn
○ Löhne und Gehälter ○ Zulagen (z. B. Schmutzzulage) ○ Zuschläge (z. B. für Überstunden) ○ Urlaubsgeld ○ Weihnachtsgratifikationen u. a.	○ Zuwendungen zum 25-jährigen Dienstjubiläum bis 1.200,00 DM[1] ○ Heiratsbeihilfen bis 700,00 DM[1] ○ Geburtsbeihilfen bis 700,00 DM[1] u. a.

Solidaritätszuschlag. Zur Finanzierung der deutschen Einheit wird seit 1. Jan. 1995 ein Solidaritätszuschlag in Höhe von **5,5 %**[2] der Lohnsteuer erhoben.

Die Kirchensteuer ist nicht in allen Bundesländern einheitlich hoch. Sie beträgt

- in Baden-Württemberg, Bayern, Bremen und Hamburg **8 %** und
- in den übrigen Bundesländern **9 %** der Lohnsteuer.

Kinderfreibetrag. Im Gegensatz zur Lohnsteuer wird bei der Bemessung der Kirchensteuer und des Solidaritätszuschlages die Anzahl der Kinder berücksichtigt. Jedes Kind wird auf der Lohnsteuerkarte mit dem Zähler 0,5 (= 288,00 DM monatlicher Kinderfreibetrag) eingetragen. Der Zähler erhöht sich auf 1,0 (= 576,00 DM) bei verheirateten und nicht dauernd getrennt lebenden Arbeitnehmern.[1]

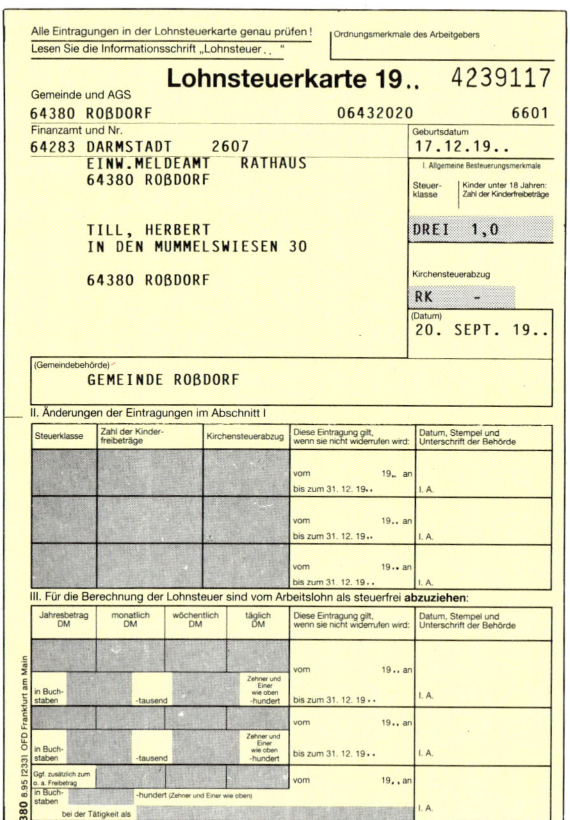
Alle Eintragungen in der Lohnsteuerkarte genau prüfen!
Lesen Sie die Informationsschrift „Lohnsteuer .. "
Ordnungsmerkmale des Arbeitgebers

Lohnsteuerkarte 19.. 4239117

Gemeinde und AGS
64380 ROßDORF 06432020 6601

Finanzamt und Nr.
64283 DARMSTADT 2607

Geburtsdatum
17.12.19..

EINW.MELDEAMT RATHAUS
64380 ROßDORF

I. Allgemeine Besteuerungsmerkmale

Steuerklasse	Kinder unter 18 Jahren: Zahl der Kinderfreibeträge
DREI	1,0

TILL, HERBERT
IN DEN MUMMELSWIESEN 30

64380 ROßDORF

Kirchensteuerabzug
RK -

(Datum)
20. SEPT. 19..

(Gemeindebehörde)
GEMEINDE ROßDORF

II. Änderungen der Eintragungen im Abschnitt I

Steuerklasse	Zahl der Kinderfreibeträge	Kirchensteuerabzug	Diese Eintragung gilt, wenn sie nicht widerrufen wird:	Datum, Stempel und Unterschrift der Behörde
			vom 19.. an bis zum 31. 12. 19..	I. A.
			vom 19.. an bis zum 31. 12. 19..	I. A.
			vom 19.. an bis zum 31. 12. 19..	I. A.

III. Für die Berechnung der Lohnsteuer sind vom Arbeitslohn als steuerfrei **abzuziehen**:

Jahresbetrag DM	monatlich DM	wöchentlich DM	täglich DM	Diese Eintragung gilt, wenn sie nicht widerrufen wird:	Datum, Stempel und Unterschrift der Behörde
				vom 19.. an	
in Buchstaben	-tausend		Zehner und Einer wie oben -hundert	bis zum 31. 12. 19..	I. A.
				vom 19.. an	
in Buchstaben	-tausend		Zehner und Einer wie oben -hundert	bis zum 31. 12. 19..	I. A.
Ggf. zusätzlich zum o. a. Freibetrag				vom 19.. an	
in Buchstaben	-hundert (Zehner und Einer wie oben)				
bei der Tätigkeit als					I. A.

380 8.95 [233] OFD Frankfurt am Main

Lohnsteuerkarte. § 39 EStG bestimmt, dass die **Gemeinden** den steuerpflichtigen Arbeitnehmern eine nach amtlichem Muster vorgeschriebene Lohnsteuerkarte auszustellen haben. Die Lohnsteuerkarte legt der Arbeitnehmer zu Beginn eines jeden Jahres seinem Arbeitgeber vor. Er erhält sie am Jahresende nach dem Eintrag des Jahresarbeitslohnes und des Steuerabzugs zur Durchführung der Antragsveranlagung oder zur Abgabe der Einkommensteuererklärung beim Finanzamt zurück. Die Lohnsteuerkarte enthält **alle für die Lohnsteuerberechnung wichtigen Angaben** über den Steuerpflichtigen.

Nennen und erläutern Sie die für die Berechnung der Lohn- und Kirchensteuer wichtigen Daten der nebenstehenden Lohnsteuerkarte.

1 Stand 1998
2 Ab 1. Jan. 1998 Reduzierung von 7,5 % auf 5,5 %.

6464178

Aus Lohnsteuertabellen können für jeden steuerpflichtigen Arbeitnehmer die Lohnsteuer, der Solidaritätszuschlag und die Kirchensteuer abgelesen werden. Die Tabellen berücksichtigen die jeweilige Steuerklasse, die Kinderfreibetragszahl und andere Freibeträge, die in der Tabelle bereits berücksichtigt sind, wie z. B. den Pauschbetrag für Werbungskosten des Arbeitnehmers in Höhe von 2.000,00 DM. Es gibt Abzugstabellen für tägliche, wöchentliche und monatliche Lohnzahlung. Darüber hinaus wird umfangreiche Tabellensoftware für eine PC-Anwendung angeboten.

Beispiel Der kaufmännische Angestellte Herbert Till (siehe Lohnsteuerkarte auf S. 178) ist verheiratet und hat ein Kind. Seine Frau bezieht keinen Arbeitslohn. Beide Ehepartner gehören der katholischen Kirche an. Lohn- und Kirchensteuer sowie der Solidaritätszuschlag können aus der nachstehenden Tabelle abgelesen werden.

Tarifgehalt nach der Gehaltstafel	4.795,00 DM
Kindergeld	220,00 DM
Steuerklasse	III
Kinderfreibetragszahl	1,0
Lohnsteuer	468,83 DM
Solidaritätszuschlag	0,90 DM
Kirchensteuer	27,94 DM
Steuerabzüge insgesamt	**497,67 DM**

In der Lohn- und Gehaltsbuchhaltung wird **für jeden Arbeitnehmer** ein besonderes **Lohnkonto** geführt, das monatlich **folgende Daten** erfasst:

Tarifgehalt bzw. Tariflohn, Zulagen, Zuschläge, Bruttoverdienst, (Kindergeld); Abzüge: Lohnsteuer, Solidaritätszuschlag, Kirchensteuer, Krankenversicherung, Pflegeversicherung, Rentenversicherung, Arbeitslosenversicherung; steuerfreie Zuwendungen, Vorschuss, Nettoauszahlung.

Die Lohnabrechnungen der Arbeiter werden in einer **Lohnliste** zusammengestellt, die Gehaltsabrechnungen der Angestellten in einer **Gehaltsliste.** Lohn- und Gehaltsliste bilden dann den **Sammelbeleg für die Buchung der Löhne und Gehälter** (siehe Beispiel auf Seite 186).

Aufgabe

198 In der Papiergroßhandlung Kern sind sieben Angestellte beschäftigt. Die folgende Tabelle weist für den Monat Januar das jeweilige Bruttogehalt und die persönlichen Daten der Angestellten aus:

Nr.	Name	Tarifgehalt	Familienstand	Sonstige Hinweise
1	W. Beyer	4.805,00 DM	verheiratet, 1,0 Kinder-Freibetrag	St.-Klasse V für Ehefrau
2	A. Fellner	4.770,00 DM	ledig	–
3	B. Hübner	4.778,00 DM	geschieden, 0,5 Kinder-Freibetrag	–
4	G. Lamper	4.814,00 DM	verheiratet, keine Kinder	St.-Klasse IV für Ehefrau
5	R. Schmidt	4.782,00 DM	ledig	–
6	J. Steiner	4.790,00 DM	verheiratet, keine Kinder	–
7	H. Winter	4.775,00 DM	verwitwet, keine Kinder	–

1. *Bestimmen Sie für jeden Angestellten die Lohnsteuerklasse.*
2. *Ermitteln Sie anhand der nachstehenden Lohnsteuertabelle für jeden Angestellten*
   a) die Lohnsteuer, b) den Solidaritätszuschlag und c) die Kirchensteuer.

Auszug aus der Lohnsteuertabelle für monatliche Lohn- und Gehaltszahlung[1]

Lohn/Gehalt bis	Steuerklasse	Lohnsteuer	ohne Kinderfreibetrag SolZ 5,5%	Kirchensteuer 8%	Kirchensteuer 9%	mit 0,5 Kinderfreibetrag SolZ 5,5%	Kirchensteuer 8%	Kirchensteuer 9%	mit 1,0 Kinderfreibetrag SolZ 5,5%	Kirchensteuer 8%	Kirchensteuer 9%	mit 1,5 Kinderfreibeträgen SolZ 5,5%	Kirchensteuer 8%	Kirchensteuer 9%	mit 2,0 Kinderfreibeträgen SolZ 5,5%	Kirchensteuer 8%	Kirchensteuer 9%	mit 2,5 Kinderfreibeträgen SolZ 5,5%	Kirchensteuer 8%	Kirchensteuer 9%	mit 3,0 Kinderfreibeträgen SolZ 5,5%	Kirchensteuer 8%	Kirchensteuer 9%
4 770,15	I	954,00	52,47	76,32	85,86	47,29	68,79	77,39	42,21	61,40	69,08	37,23	54,16	60,93	32,36	47,07	52,95	27,58	40,12	45,14	22,91	33,32	37,49
	II	802,00	44,11	64,16	72,18	39,09	56,86	63,97	34,18	49,72	55,93	29,37	42,72	48,06	24,65	35,86	40,34	20,03	29,14	32,78	15,52	22,58	25,40
	III	461,33	25,37	36,90	41,51	15,13	30,53	34,34	0,00	24,25	27,28	0,00	18,02	20,27	0,00	11,88	13,36	0,00	5,81	6,53	0,00	0,00	0,00
	IV	954,00	52,47	76,32	85,86	49,87	72,54	81.60	47,29	68,79	77,39	44,74	65,08	73,21	42,21	61,40	69,08	39,71	57,77	64,99	37,23	54,16	60,93
	V	1 561,50	85,88	124,92	140,53																		
	VI	1 640,83	90,24	131,26	147,67																		
4 774,65	I	955,50	52,55	76,44	85,99	47,37	68,90	77,51	42,29	61,52	69,21	37,31	54,28	61,06	32,44	47,18	53,08	27,66	40,23	45,26	22,98	33,43	37,61
	II	803,41	44,18	64,27	72,30	39,17	56,98	64,10	34,25	49,82	56,05	29,44	42,82	48,17	24,72	35,96	40,46	20,11	29,25	32,90	15,59	22,68	25,52
	III	461,33	25,37	36,90	41,51	15,13	30,53	34,34	0,00	24,25	27,28	0,00	18,02	20,27	0,00	11,88	13,36	0,00	5,81	6,53	0,00	0,00	0,00
	IV	955,50	52,55	76,44	85,99	49,94	72,65	81.73	47,37	68,90	77,51	44,82	65,19	73,34	42,29	61,52	69,21	39,79	57,88	65,12	37,31	54,28	61,06
	V	1 563,66	86,00	125,09	140,72																		
	VI	1 643,16	90,37	131,45	147,88																		
4 779,15	I	957,00	52,63	76,56	86,13	47,45	69,02	77.65	42,37	61,63	69,33	37,39	54 39	61,19	32,51	47,29	53,20	27,73	40,34	45,38	23,05	33,54	37,73
	II	804,83	44,26	64,38	72,43	39,25	57,09	64,22	34,33	49,94	56,18	29,51	42.93	48,29	24,80	36,07	40,58	20,18	29,35	33,02	15,66	22,78	25,63
	III	463,83	25,51	37,10	41,74	15,63	30,73	34,57	0,00	24,44	27,49	0,00	18,22	20,50	0,00	12,06	13,57	0,00	6,00	6,75	0,00	0,00	0,00
	IV	957,00	52,63	76,56	86,13	50,03	72,77	81.86	47,45	69,02	77,65	44,90	65,31	73,47	42,37	61,63	69,33	39,87	57,99	65,24	37,39	54,39	61,19
	V	1 565,83	86,12	125,26	140,92																		
	VI	1 645,33	90,49	131,62	148,07																		
4 783,65	I	958,41	52,71	76,67	86,25	47,53	69,14	77,78	42,45	61,75	69,47	37,47	54,50	61,31	32,59	47,40	53,33	27,81	40,45	45,50	23,12	33,64	37,84
	II	806,33	44,34	64,50	72,56	39,32	57,20	64,35	34,41	50,05	56,30	29,59	43,04	48,42	24,87	36,18	40,70	20,25	29,46	33,14	15,73	22,88	25,74
	III	463,83	25,51	37,10	41,74	15,63	30,73	34,57	0,00	24,44	27,49	0,00	18,22	20,50	0,00	12,06	13,57	0,00	6,00	6,75	0,00	0,00	0,00
	IV	958,41	52,71	76,67	86,25	50,10	72,88	81.99	47,53	69,14	77,78	44,98	65,42	73,60	42,45	61,75	69,47	39,94	58,10	65,36	37,47	54,50	61,31
	V	1 567,83	86,23	125,42	141,10																		
	VI	1 647,50	90,61	131,80	148,27																		
4 788,15	I	959,91	52,79	76,79	86,39	47,61	69,26	77,91	42,53	61,86	69,59	37,55	54,62	61,44	32,66	47,51	53,45	27,88	40,56	45,63	23,20	33,74	37,96
	II	807,75	44,42	64,62	72,69	39,40	57,32	64,48	34,48	50,16	56,43	29,66	43,15	48,54	24,94	36,28	40,82	20,32	29,56	33,26	15,80	22,98	25,85
	III	466,33	25,64	37,30	41,96	16,13	30,93	34,79	0,40	24,64	27,72	0,00	18,41	20,71	0,00	12,26	13,79	0,00	6,18	6,95	0,00	0,17	0,19
	IV	959,91	52,79	76,79	86,39	50,19	73,00	82.13	47,61	69,26	77,91	45,05	65,54	73,73	42,53	61,86	69,59	40,02	58,22	65,49	37,55	54,62	61,44
	V	1 570,00	86,35	125,60	141,30																		
	VI	1 649,66	90,73	131,97	148,46																		
4 792,65	I	961,41	52,87	76,91	86,52	47,69	69,37	78.04	42,61	61,98	69,72	37,62	54,72	61,56	32,74	47,62	53,57	27,95	40,66	45,74	23,27	33,85	38,08
	II	809,16	44,50	64,73	72,82	39,48	57,43	64.61	34,56	50,27	56,55	29,74	43,26	48,66	25,02	36,39	40,94	20,39	29,66	33,37	15,87	23,09	25,97
	III	466,33	25,64	37,30	41,96	16,13	30,93	34.79	0,40	24,64	27,72	0,00	18,41	20,71	0,00	12,26	13,79	0,00	6,18	6,95	0,00	0,17	0,19
	IV	961,41	52,87	76,91	86,52	50,27	73,12	82,26	47,69	69,37	78,04	45,14	65,66	73,86	42,61	61,98	69,72	40,10	58,33	65,62	37,62	54,72	61,56
	V	1 572,16	86,46	125,77	141,49																		
	VI	1 652,00	90,86	132,16	148,68																		
4 797,15	I	962,91	52,96	77,03	86,66	47,77	69,49	78.17	42,68	62,09	69,85	37,70	54,84	61,69	32,81	47,73	53,69	28,03	40,77	45,86	23,34	33,96	38,20
	II	810,66	44,58	64,85	72,95	39,56	57,54	64.73	34,63	50,38	56,67	29,81	43,36	48,78	25,09	36,50	41,06	20,46	29,77	33,49	15,94	23,19	26,09
	III	468,83	25,78	37,50	42,19	16,63	31,13	35.02	0,90	24,84	27,94	0,00	18,61	20,93	0,00	12,45	14,00	0,00	6,37	7,16	0,00	0,36	0,40
	IV	962,91	52,96	77,03	86,66	50,35	73,24	82.40	47,77	69,49	78,17	45,21	65,77	73,99	42,68	62,09	69,85	40,18	58,44	65,75	37,70	54,84	61,69
	V	1 574,16	86,57	125,93	141,67																		
	VI	1 654,16	90,97	132,33	148,87																		
4 801,65	I	964,41	53,04	77,15	86,79	47,85	69,60	78.30	42,76	62,20	69,98	37,78	54,95	61,82	32,89	47,84	53,82	28,10	40,88	45,99	23,42	34,06	38,32
	II	812,08	44,66	64,96	73,08	39,64	57,66	64.86	34,71	50,49	56,80	29,88	43,47	48,90	25,16	36,60	41,18	20,53	29,87	33,60	16,01	23,29	26,20
	III	468,83	25,78	37,50	42,19	16,63	31,13	35,02	0,90	24,84	27,94	0,00	18,61	20,93	0,00	12,45	14,00	0,00	6,37	7,16	0,00	0,36	0,40
	IV	964,41	53,04	77,15	86,79	50,43	73,36	82.53	47,85	69,60	78,30	45,29	65,88	74,12	42,76	62,20	69,98	40,26	58,56	65,88	37,78	54,95	61,82
	V	1 576,33	86,69	126,10	141,86																		
	VI	1 656,16	91,08	132,49	149,05																		
4 806,15	I	965,91	53,12	77,27	86,93	47,93	69,72	78.44	42,84	62,32	70,11	37,85	55,06	61,94	32,96	47,95	53,94	28,17	40,98	46,10	23,48	34,16	38,43
	II	813,50	44,74	65,08	73,21	39,71	57,77	64.99	34,79	50.60	56,93	29,96	43,58	49,03	25,23	36,70	41,29	20,61	29,98	33,72	16,08	23,39	26,31
	III	471,33	25,92	37,70	42,41	17,13	31,33	35.24	1,36	25,02	28,15	0,00	18,80	21,15	0,00	12,64	14,22	0,00	6,56	7,38	0,00	0,54	0,61
	IV	965,91	53,12	77,27	86,93	50,51	73,48	82.66	47,93	69,72	78,44	45,37	66,00	74,25	42,84	62,32	70,11	40,33	58,67	66,00	37,85	55,06	61,94
	V	1 578,50	86,81	126,28	142,06																		
	VI	1 658,33	91,20	132,66	149,24																		
4 810,65	I	967,33	53,20	77,38	87,05	48,01	69,84	78.57	42,92	62.44	70,24	37,93	55,18	62,07	33,04	48,06	54,07	28,25	41,10	46,23	23,56	34,27	38,55
	II	814,91	44,82	65,19	73,34	39,79	57,88	65.12	34,86	50,71	57,05	30,03	43,69	49,15	25,30	36,81	41,41	20,68	30,08	33,84	16,15	23,50	26,43
	III	471,33	25,92	37,70	42,41	17,13	31,33	35.24	1,36	25,02	28,15	0,00	18,80	21,15	0,00	12,64	14,22	0,00	6,56	7,38	0,00	0,54	0,61
	IV	967,33	53,20	77,38	87,05	50,60	73,60	82.80	48.01	69.84	78,57	45,45	66,12	74,38	42,92	62,44	70,24	40,41	58,78	66,13	37,93	55,18	62,07
	V	1 580,66	86,93	126,45	142,25																		
	VI	1 660,50	91,32	132,84	149,44																		
4 815,15	I	968,83	53,28	77,50	87,19	48,09	69,96	78.70	43,00	62.55	70,37	38,01	55,29	62,20	33,11	48,17	54,19	28,32	41,20	46,35	23,63	34,38	38,67
	II	816,41	44,90	65,31	73,47	39,87	57,99	65.24	34.94	50.82	57,17	30,11	43,80	49,27	25,38	36,92	41,53	20,75	30,18	33,95	16,22	23,60	26,55
	III	473,83	26,06	37,90	42,64	17,63	31,53	35.47	1,86	25.22	28,37	0,00	19,00	21,37	0,00	12,84	14,44	0,00	6,74	7,58	0,00	0,73	0,82
	IV	968,83	53,28	77,50	87,19	50,67	73,71	82.92	48.09	69.96	78,70	45,53	66,23	74,51	43,00	62,55	70,37	40,49	58,90	66,26	38,01	55,29	62,20
	V	1 582,66	87,04	126,61	142,43																		
	VI	1 662,83	91,45	133,02	149,65																		

Quelle: Haufe Lohnsteuer Super-Tabelle, 1. Januar 1998

3.4.1.2 Die Ermittlung der Sozialversicherungsabzüge

Die gesetzliche Sozialversicherung besteht aus der Krankenversicherung, der Pflegeversicherung, der Rentenversicherung und der Arbeitslosenversicherung. Der **Sozialversicherungsbeitrag** für den einzelnen Arbeiter und Angestellten wird **je zur Hälfte** vom Arbeitnehmer und Arbeitgeber getragen. Der **Arbeitnehmeranteil** wird vom Bruttoverdienst **einbehalten.** Der **Arbeitgeberanteil** zum Sozialversicherungs-

1 Für das Bearbeiten der Aufgaben ist es nicht von Bedeutung, aus welchem Jahr die im Buch enthaltenen Abzugstabellen stammen. **Zusatzaufgabe:** *Beschaffen Sie sich aktuelle Tabellen in der Personalabteilung Ihres Ausbildungsbetriebes, bei der Krankenkasse oder über den örtlichen Buchhandel und lösen Sie die folgenden Aufgaben auch mithilfe dieser Tabellen.*

beitrag **ist zusätzlicher Personalaufwand,** ebenso die Beiträge zur **gesetzlichen Unfallversicherung** der Arbeitnehmer bei der Berufsgenossenschaft.

Für die Berechnung der Beiträge werden von Jahr zu Jahr bestimmte **Beitragsprozentsätze** und **Beitragsbemessungsgrenzen** (= Höchstgrenzen) festgelegt:

Versicherungszweig	Beitragssatz in %[1]	Beitragsbemessungsgrenze[1]
○ **Krankenversicherung (KV)**	11 bis 16 % je nach Krankenkasse	75 % der Bemessungsgrenze zur Rentenversicherung: 6.300,00 DM monatlich
○ **Pflegeversicherung (P)**	1,7 %	6.300,00 DM monatlich
○ **Rentenversicherung (RV)**	20,3 %	8.400,00 DM monatlich
○ **Arbeitslosenversicherung (ALV)**	6,5 %	Bemessungsgrenze wie bei der Rentenversicherung: 8.400,00 DM monatlich

Abzugstabelle. Die **Beiträge** zur Sozialversicherung werden wie die Lohn- und Kirchensteuer und der Solidaritätszuschlag **vom Bruttoarbeitsentgelt** des Arbeitnehmers berechnet. Die Abzugstabellen weisen jeweils nur **den Arbeitnehmeranteil (= 50 %)** zur Kranken-, Pflege-, Renten- und Arbeitslosenversicherung aus. Für PC-Anwendung gibt es Software.

Beitragsgruppen. Die Abzugstabellen sind entsprechend den Zweigen der Sozialversicherung in Beitragsgruppen unterteilt, die ein schnelles Ablesen der einzelnen Beiträge zur Kranken-, Pflege-, Renten- und Arbeitslosenversicherung erlauben:

G: allgemeiner Beitrag zur Krankenversicherung **(KV)**
P: Beitrag zur Pflegeversicherung **(P)**
K/L: Beitrag zur Rentenversicherung **(RV)**: **K** = Arbeiter; **L** = Angestellte
M: Beitrag zur Arbeitslosenversicherung **(ALV)**

Beispiel Der Angestellte H. Till (s. S. 179) bezieht ein steuerpflichtiges Bruttogehalt von 4.795,00 DM. Seine Beiträge zur Sozialversicherung werden nach den Gruppen G/P/L/M berechnet, wobei ein Krankenkassenbeitrag von 13,5 % zugrunde gelegt ist. Seine Abzüge an Sozialversicherungsbeiträgen sind in der nachstehenden Tabelle in der Zeile „bis 4.797,15" abzulesen:

Bruttoarbeitsentgelt	KV (G)	P	RV (L)	ALV (M)	Arbeitnehmeranteil zur Sozialversicherung
4.795,00	323,66	40,76	486,68	155,83	**1.006,93**

Der Arbeitgeberanteil zur Sozialversicherung beträgt dann ebenfalls **1.006,93 DM.** Gesamter Beitrag zur Sozialversicherung des Arbeitnehmers Till: 2.013,86 DM.

Nettogehalt und Auszahlungsbetrag errechnen sich nun wie folgt:

	Bruttogehalt		**4.795,00 DM**
–	**Abzüge für**		
	Lohn- und Kirchensteuer sowie Solidaritätszuschlag (s. S. 179)	497,67 DM	
	Arbeitnehmeranteil zur Sozialversicherung (s. o.)	1.006,93 DM	**1.504,60 DM**
	Nettogehalt		**3.290,40 DM**
+	Kindergeld		220,00 DM
	Auszahlungsbetrag		**3.510,40 DM**

1 Stand 1998. In den neuen Bundesländern sind die Bemessungsgrenzen zz. noch niedriger.

Auszug aus der Gesamtabzugstabelle für monatliche Lohn- und Gehaltszahlung[1]

Abzüge an Krankenversicherung bei einem Beitragssatz (in %) von																			Abzüge für RV ALV P
11,2	11,3	11,4	11,5	11,6	11,7	11,8	11,9	12,0	**Arbeits-**	12,1	12,2	12,3	12,4	12,5	12,6	12,7	12,8	12,9	
13,1	13,2	13,3	13,4	13,5	13,6	13,7	13,8	13,9	**entgelt**	14,0	14,1	14,2	14,3	14,4	14,5	14,6	14,7	14,8	
15,0	15,1	15,2	15,3	15,4	15,5	15,6	15,7	15,8	neue und alte BL	15,9	16,0	16,1	16,2	16,3	16,4	16,5	16,6	16,7	Gruppe K/L M P
Gruppe G	Gruppe G	Gruppe G	Gruppe G	Gruppe G	Gruppe G	Gruppe G	Gruppe G	Gruppe G	bis DM	Gruppe G	Gruppe G	Gruppe G	Gruppe G	Gruppe G	Gruppe G	Gruppe G	Gruppe G	Gruppe G	
267,—	269,39	271,77	274,15	276,54	278,92	281,31	283,69	286,07		288,46	290,84	293,23	295,61	297,99	300,38	302,76	305,15	307,53	483,94
312,30	314,68	317,07	319,45	321,83	324,22	326,60	328,99	331,37	**4 770,15**	333,75	336,14	338,52	340,90	343,29	345,67	348,06	350,44	352,82	154,96
357,59	359,98	362,36	364,74	367,13	369,51	371,90	374,28	376,66		379,05	381,43	383,82	386,20	388,58	390,97	393,35	395,74	398,12	40,53
267,25	269,64	272,03	274,41	276,80	279,19	281,57	283,96	286,34		288,73	291,12	293,50	295,89	298,28	300,66	303,05	305,43	307,82	484,40
312,59	314,98	317,36	319,75	322,14	324,52	326,91	329,30	331,68	**4 774,65**	334,07	336,45	338,84	341,23	343,61	346,—	348,39	350,77	353,16	155,10
357,93	360,32	362,70	365,09	367,47	369,86	372,25	374,63	377,02		379,41	381,79	384,18	386,56	388,95	391,34	393,72	396,11	398,50	40,57
267,51	269,89	272,28	274,67	277,06	279,45	281,84	284,23	286,61		289,—	291,39	293,78	296,17	298,56	300,94	303,33	305,72	308,11	484,86
312,89	315,28	317,66	320,05	322,44	324,83	327,22	329,61	331,99	**4 779,15**	334,38	336,77	339,16	341,55	343,94	346,33	348,71	351,10	353,49	155,25
358,27	360,66	363,04	365,43	367,82	370,21	372,60	374,99	377,38		379,76	382,15	384,54	386,93	389,32	391,71	394,09	396,48	398,87	40,60
267,76	270,15	272,54	274,93	277,32	279,71	282,10	284,49	286,88		289,27	291,67	294,06	296,45	298,84	301,23	303,62	306,01	308,40	485,31
313,18	315,57	317,96	320,35	322,74	325,14	327,53	329,92	332,31	**4 783,65**	334,70	337,09	339,48	341,87	344,26	346,65	349,04	351,43	353,82	155,40
358,61	361,—	363,39	365,78	368,17	370,56	372,95	375,34	377,73		380,12	382,51	384,90	387,29	389,68	392,07	394,47	396,86	399,25	40,64
268,01	270,40	272,80	275,19	277,58	279,98	282,37	284,76	287,15		289,55	291,94	294,33	296,73	299,12	301,51	303,90	306,30	308,69	485,77
313,48	315,87	318,26	320,66	323,05	325,44	327,83	330,23	332,62	**4 788,15**	335,01	337,41	339,80	342,19	344,58	346,98	349,37	351,76	354,16	155,54
358,94	361,34	363,73	366,12	368,51	370,91	373,30	375,69	378,09		380,48	382,87	385,26	387,66	390,05	392,44	394,84	397,23	399,62	40,68
268,26	270,66	273,05	275,45	277,84	280,24	282,63	285,03	287,42		289,82	292,21	294,61	297,—	299,40	301,80	304,19	306,59	308,98	486,23
313,77	316,17	318,56	320,96	323,35	325,75	328,14	330,54	332,93	**4 792,65**	335,33	337,72	340,12	342,51	344,91	347,30	349,70	352,09	354,49	155,69
359,28	361,68	364,07	366,47	368,86	371,26	373,65	376,05	378,44		380,84	383,23	385,63	388,02	390,42	392,81	395,21	397,60	400,—	40,72
268,51	270,91	273,31	275,71	278,10	280,50	282,90	285,30	287,69		290,09	292,49	294,89	297,28	299,68	302,08	304,48	306,87	309,27	486,68
314,07	316,46	318,86	321,26	323,66	326,05	328,45	330,85	333,25	**4 797,15**	335,64	338,04	340,44	342,84	345,23	347,63	350,03	352,43	354,82	155,83
359,62	362,01	364,41	366,81	369,21	371,60	374,—	376,40	378,80		381,19	383,59	385,99	388,39	390,78	393,18	395,58	397,98	400,37	40,76
268,77	271,17	273,57	275,97	278,37	280,76	283,16	285,56	287,96		290,36	292,76	295,16	297,56	299,96	302,36	304,76	307,16	309,56	487,14
314,36	316,76	319,16	321,56	323,96	326,36	328,76	331,16	333,56	**4 801,65**	335,96	338,36	340,76	343,16	345,56	347,96	350,36	352,76	355,16	155,98
359,96	362,35	364,75	367,15	369,55	371,95	374,35	376,75	379,15		381,55	383,95	386,35	388,75	391,15	393,55	395,95	398,35	400,75	40,79
269,02	271,42	273,82	276,22	278,63	281,03	283,43	285,83	288,23		290,64	293,04	295,44	297,84	300,24	302,65	305,05	307,45	309,85	487,60
314,66	317,06	319,46	321,86	324,26	326,67	329,07	331,47	333,87	**4 806,15**	336,27	338,67	341,08	343,48	345,88	348,28	350,68	353,09	355,49	156,13
360,29	362,69	365,10	367,50	369,90	372,30	374,70	377,11	379,51		381,91	384,31	386,71	389,12	391,52	393,92	396,32	398,72	401,13	40,83
269,27	271,67	274,08	276,48	278,89	281,29	283,70	286,10	288,50		290,91	293,31	295,72	298,12	300,53	302,93	305,33	307,74	310,14	488,05
314,95	317,35	319,76	322,16	324,57	326,97	329,38	331,78	334,18	**4 810,65**	336,59	338,99	341,40	343,80	346,20	348,61	351,01	353,42	355,82	156,27
360,63	363,03	365,44	367,84	370,25	372,65	375,06	377,46	379,86		382,27	384,67	387,08	389,48	391,88	394,29	396,69	399,10	401,50	40,87
269,52	271,93	274,34	276,74	279,15	281,55	283,96	286,37	288,77		291,18	293,59	295,99	298,40	300,81	303,21	305,62	308,03	310,43	488,51
315,24	317,65	320,06	322,46	324,87	327,28	329,68	332,09	334,50	**4 815,15**	336,90	339,31	341,72	344,12	346,53	348,94	351,34	353,75	356,15	156,42
360,97	363,37	365,78	368,19	370,59	373,—	375,41	377,81	380,22		382,63	385,03	387,44	389,84	392,25	394,66	397,06	399,47	401,88	40,91

Quelle: Presto Gesamtabzugstabelle/Monat; praxis aktuell 5/97

Aufgaben

199 Bestimmen Sie für die in Aufgabe 198, Seite 179, genannten Angestellten W. Beyer und A. Fellner mithilfe der oben stehenden Abzugstabelle die Sozialversicherungsbeiträge, wenn beide Angestellte den Beitragsgruppen G/P/L/M zugeordnet sind und ein Krankenkassenbeitrag von 13,3 % anzusetzen ist.

1. *Wie viel DM Nettogehalt werden beiden Angestellten überwiesen?*
2. *Wie viel Prozent betragen jeweils die Gesamtabzüge vom Bruttogehalt?*

1 siehe Fußnote auf S. 180

200 Der Angestellte Dirk Schneider bezieht ein Bruttogehalt von 4.808,00 DM. Er ist verheiratet und hat zwei Kinder. Seine Ehefrau ist nicht berufstätig, da sie den gemeinsamen Haushalt führt. Beide Ehegatten sind evangelisch.

Der Krankenkassenbeitrag von Dirk Schneider beträgt 13,8 %. Die übrigen Sozialversicherungen werden nach den Beitragsgruppen G/P/L/M berechnet.

1. *In welche Lohnsteuerklasse ist Dirk Schneider einzuordnen?*
2. *Ermitteln Sie anhand der Lohnsteuertabelle auf Seite 180 die Steuerabzüge: a) Lohnsteuer, b) Solidaritätszuschlag, c) Kirchensteuer, d) Steuerabzüge insgesamt.*
3. *Ermitteln Sie anhand der Sozialversicherungsabzugstabelle auf Seite 182 die Beiträge für a) die Krankenversicherung, b) die Pflegeversicherung, c) die Rentenversicherung, d) die Arbeitslosenversicherung und e) den Arbeitnehmeranteil zur Sozialversicherung insgesamt.*
4. *Nennen Sie die Höhe des Arbeitgeberanteils zur Sozialversicherung.*
5. *Wie hoch ist für Dirk Schneider der Sozialversicherungsbeitrag insgesamt?*

---

201 Der kaufmännische Angestellte R. Hemmerle ist in der Textilgroßhandlung Brückner KG in verantwortlicher Position tätig (Gehaltsgruppe V). Sein Tarifgehalt beträgt 4.785,00 DM. Er ist verheiratet und hat ein Kind. Seine Ehefrau ist nicht erwerbstätig. Für seine mehr als 10-jährige Betriebszugehörigkeit erhält Herr Hemmerle eine monatliche Treueprämie von 30,00 DM. Seine Beiträge zur Sozialversicherung werden nach den Gruppen G/P/L/M berechnet, wobei ein Krankenkassenbeitrag von 13,4 % zugrunde gelegt wird.

1. *Berechnen Sie aus der Lohnabzugstabelle die von Herrn Hemmerle zu zahlende Lohn- und Kirchensteuer sowie den Solidaritätszuschlag.*
2. *Bestimmen Sie den Sozialversicherungsbeitrag für Herrn Hemmerle.*
3. *Berechnen Sie den Prozentsatz der Gesamtabzüge vom Bruttogehalt.*
4. *Stellen Sie in einer Gehaltsabrechnung das Nettogehalt fest.*

---

202 Das Unternehmen Schätzke & Co. beschäftigt den Angestellten A. Wagner im Außendienst. Herr Wagner ist 26 Jahre alt, ledig. Sein Tarifgehalt beträgt 4.340,00 DM. Zusätzlich zum Tarifgehalt erhält er einen steuerpflichtigen Zuschuss für Kleidung von monatlich 100,00 DM. Als lohnsteuerpflichtiger Sachbezug sind monatlich 347,00 DM für die kostenlose Unterkunft in einer Werkswohnung anzusetzen.

Für die Berechnung der Sozialversicherungsbeiträge wird das steuerpflichtige Bruttogehalt zugrunde gelegt. Herr Wagner zahlt die Beiträge zur Sozialversicherung nach den Gruppen G/P/L/M bei einem Krankenversicherungsbeitragssatz von 13,8 %.

1. *Berechnen Sie das steuerpflichtige Bruttogehalt.*
2. *Ermitteln Sie aus den Lohnsteuer- und Sozialversicherungstabellen alle Abzüge.*
3. *Stellen Sie in einer Gehaltsabrechnung das Nettogehalt fest.*

203

1. *Welche vertraglichen Grundlagen hat die Gehaltsberechnung?*
2. *Was zählt im Einzelnen zum steuerpflichtigen Arbeitseinkommen?*
3. *Nennen Sie Beispiele für „Zulagen" und „Zuschläge".*
4. *Nennen Sie die in die Lohnsteuertabelle eingearbeiteten Freibeträge.*
5. *Welche Merkmale liegen vor, wenn ein Arbeitnehmer nach Steuerklasse III besteuert wird?*
6. *Erläutern Sie den Begriff „Beitragsbemessungsgrenze".*
7. *Warum werden in der Sozialversicherung Beitragsgruppen gebildet?*

3.4.2 Die Buchung der Löhne und Gehälter

Der Bruttobetrag der Löhne und Gehälter wird monatlich als **Aufwand** gebucht:

4010 Löhne und **4020 Gehälter.**

Die einbehaltenen Abzüge für Steuern und Sozialabgaben muss der Arbeitgeber bis zum 10. des Folgemonats an das Finanzamt[1] und bis zum 15. an die jeweilige Krankenkasse überweisen. Bis dahin stellen sie für den Arbeitgeber Verbindlichkeiten dar, die als „durchlaufende Posten" zunächst auf folgenden Passivkonten gebucht werden:

- **1910 Verbindlichkeiten aus Steuern (ST)**
- **1920 Verbindlichkeiten aus Sozialversicherung (SV)**

Der Arbeitgeberanteil zur Sozialversicherung ist zusätzlicher Personalaufwand, der auf dem Konto

„4040 Gesetzliche soziale Aufwendungen"

gebucht und auf dem folgenden Konto gegengebucht wird:

„1920 Verbindlichkeiten aus SV".

Beispiel **Auszug aus der Gehaltsliste Monat Februar: Gehaltsabrechnung H. Till**

Name	Steuer-klasse	Brutto-gehalt	Kinder-geld	Abzüge					Gesamt-abzüge	Aus-zahlung
				LSt	SolZ	KSt	Steuer-abzüge	SV		
Till, H.	III/1,0	4.795,00	220,00	468,83	0,90	27,94	497,67	1.006,93	1.504,60	3.510,40

Das ausgezahlte Kindergeld wird vorab mit der abzuführenden Lohnsteuer **verrechnet:**

497,67 DM Steuerabzüge – 220,00 DM Kindergeld = 277,67 DM abzuführende Steuern

❶ Buchung bei Gehaltszahlung	Soll	Haben
4020 Gehälter	4.795,00	
an 1910 ST-Verbindlichkeiten		277,67
an 1920 SV-Verbindlichkeiten		1.006,93
an 1310 Bank		3.510,40

❷ Buchung des Arbeitgeberanteils	Soll	Haben
4040 Gesetzl. soz. Aufwendungen	1.006,93	
an 1920 SV-Verbindlichkeiten		1.006,93

❸ Überweisung der einbehaltenen und noch abzuführenden Beträge	Soll	Haben
1910 ST-Verbindlichkeiten	277,67	
1920 SV-Verbindlichkeiten	2.013,86	
an 1310 Bank		2.291,53

S	4020 Gehälter		H
❶	4.795,00		

S	4040 Gesetzl. soz. Aufwendungen		H
❷	1.006,93		

	Bruttogehalt	4.795,00
+	Arbeitgeberanteil SV	1.006,93
	Personalkosten	**5.801,93**

S	1910 ST-Verbindlichkeiten		H
❸	277,67	❶	277,67

S	1920 SV-Verbindlichkeiten		H
❸	2.013,86	❶	1.006,93
		❷	1.006,93

S	1310 Bank		H
		❶	3.510,40
		❸	2.291,53

1 siehe S. 177

3.4.3 Die Buchung von Vorschusszahlungen an Mitarbeiter

Vorschüsse sind Darlehen, die Arbeitnehmern kurzfristig gewährt und bei späteren Lohn- und Gehaltszahlungen verrechnet werden. Sie werden gebucht auf dem Konto

1160 Forderungen an Mitarbeiter.

Beispiel Der Angestellte H. Till erhält einen Vorschuss von 1.500,00 DM bar, der bei den nächsten Gehaltszahlungen mit 500,00 DM einbehalten wird.

Buchung	Soll	Haben
1160 Forderungen an Mitarbeiter	1.500,00	
an **1510 Kasse**		1.500,00

Monatliche Verrechnung des Vorschusses (500,00 DM):

	Bruttogehalt	4.795,00 DM
–	Lohn- und Kirchensteuer sowie Solidaritätszuschlag ..	497,67 DM
–	Arbeitnehmeranteil zur Sozialversicherung	1.006,93 DM
	Nettogehalt	3.290,40 DM
+	Kindergeld	220,00 DM
–	Vorschuss	500,00 DM
	Auszahlung (Bank)	**3.010,40 DM**

Buchung	Soll	Haben
4020 Gehälter	4.795,00	
an **1910 ST-Verbindlichkeiten**		277,67[1]
an **1920 SV-Verbindlichkeiten**		1.006,93
an **1160 Forderungen an Mitarbeiter**		500,00
an **1310 Bank**		3.010,40

3.4.4 Die Verrechnung von Sachwerten

Erwerben Angestellte Waren des eigenen Großhandelsbetriebes zum Vorzugspreis, die mit ihrem Gehalt verrechnet werden, so sind sie umsatzsteuerlich Käufern gleichzustellen. Der Nettowert der Waren ist als Umsatzerlös auszuweisen. Die Umsatzsteuer ist entsprechend zu buchen.

Beispiel Herbert Till ist Angestellter des Elektrogroßhandelsunternehmens Marc Schneider. Er erhält von seinem Arbeitgeber einen Kühlschrank zum Vorzugspreis von 400,00 DM netto zuzüglich 64,00 DM Umsatzsteuer, der mit seinem Gehalt verrechnet wird:

	Bruttogehalt	4.795,00 DM
–	Lohn- und Kirchensteuer sowie Solidaritätszuschlag	497,67 DM
–	Arbeitnehmeranteil zur Sozialversicherung	1.006,93 DM
	Nettogehalt	3.290,40 DM
+	Kindergeld	220,00 DM
–	Warenwert	400,00 DM
–	Umsatzsteuer	64,00 DM
	Auszahlung (Bank)	**3.046,40 DM**

Buchung	Soll	Haben
4020 Gehälter	4.795,00	
an **1910 ST-Verbindlichkeiten**		277,67[1]
an **1920 SV-Verbindlichkeiten**		1.006,93
an **8010 Warenverkauf**		400,00
an **1810 Umsatzsteuer**		64,00
an **1310 Bank**		3.046,40

1 siehe S. 184

Zusammenfassung

- **Arbeitnehmer** sind mit ihrem Lohn und Gehalt **lohnsteuer- und sozialversicherungspflichtig.**
- Die **Höhe der Lohnsteuer** ist abhängig von der Höhe des Bruttoverdienstes und der jeweiligen Lohnsteuerklasse.
- **Zur Sozialversicherung zählen** die
  - Krankenversicherung
  - Rentenversicherung
  - Pflegeversicherung
  - Arbeitslosenversicherung
- Die **Beiträge zur Sozialversicherung** tragen Arbeitnehmer und Arbeitgeber **je zur Hälfte.**
- Der **Arbeitnehmeranteil** zur Sozialversicherung wird vom Lohn bzw. Gehalt **einbehalten.**
- Der **Arbeitgeberanteil** zur Sozialversicherung ist für den Arbeitgeber zusätzlicher **Aufwand.**
- Die **einbehaltenen Steuern und Sozialabgaben sowie der Arbeitgeberanteil** zur Sozialversicherung sind **bis zum 10. des Folgemonats** an das **Finanzamt** (siehe Fußnote S. 177) und bis zum **15. des Folgemonats** an die **Krankenkasse** zu **überweisen.**
- Das mit dem Lohn oder Gehalt ausgezahlte **Kindergeld** wird **mit** der an das Finanzamt abzuführenden **Lohnsteuer verrechnet.**
- Zu den **Personalkosten des Unternehmens** zählen:
  - Bruttoarbeitsentgelt der Arbeitnehmer
  - Arbeitgeberanteil zur Sozialversicherung
  - Gesetzliche Unfallversicherung der Arbeitnehmer (= Beiträge zur Berufsgenossenschaft)
  - Freiwillige soziale Aufwendungen des Unternehmens (= betriebliche Altersversorgung, Unterstützung u. a.)

Aufgaben

204 **Gehaltsliste Monat Januar**

Name	Steuer-klasse	Brutto-gehalt	Kinder-geld	Abzüge					Aus-zahlung
				Lohn-steuer	SolZ	Kirchen-steuer	Steuer-abzüge	Sozial-versich.	
1. Tierjung, V.	III/2,0	4.968,00	440,00	514,00	0,00	17,89	531,89	1.050,29	3.825,82
2. Steinbring, W.	I	3.462,00	–	542,08	29,81	48,78	620,67	732,39	2.108,94
3. Walter, F.	II/0,5	4.490,00	–	713,66	34,33	56,18	804,17	949,40	2.736,43
		12.920,00	440,00	1.769,74	64,14	122,85	**1.956,73**	**2.732,08**	**8.671,19**

Buchen Sie auf den Konten 1310 (AB 35.000,00 DM), 1910, 1920, 4020 und 4040

1. die Gehaltsabrechnung lt. Gehaltsliste zum 31. Januar (Banküberweisung),
2. den Arbeitgeberanteil zur Sozialversicherung,
3. die Überweisung der einbehaltenen Abzüge im Februar.

Wie hoch sind die Personalkosten des Betriebes?

205 Zum 31. Dezember weisen die nachstehenden Konten folgende Salden aus:

1160	Forderungen an Mitarbeiter	16.000,00 DM
1910	Verbindlichkeiten aus Steuern	12.600,00 DM
1920	Verbindlichkeiten aus Sozialversicherung	14.300,00 DM

Bilden Sie die Abschlussbuchungssätze.

6464186

206 *Buchen Sie auf den Konten 1160, 1310 (AB 32.000,00 DM), 1910, 1920, 4010 und 4040*

1. Zahlung eines Lohnvorschusses durch Banküberweisung: 4.000,00 DM,
2. Lohnabrechnung mit Verrechnung des Vorschusses in Höhe von 500,00 DM monatlich:

Brutto-löhne	LSt/SolZ/KSt	Sozial-Vers.	Verrechneter Vorschuss	Auszahlung (Bank)	Arbeitgeber-anteile
7.800,00	1.100,00	880,00	500,00	5.320,00	880,00

3. Banküberweisung der einbehaltenen Abzüge und der Arbeitgeberanteile im Folgemonat.

207 Zahlung der Gehälter durch Banküberweisung zum 31. Dezember. *Bilden Sie die Buchungssätze:*

1. Gehälter lt. Gehaltsliste für den Monat Dezember:
   Bruttobeträge .... 55.800,00 DM
   Kindergeld, das mit den Gehältern ausgezahlt wird .... 2.200,00 DM
   Lohn- und Kirchensteuer sowie Solidaritätszuschlag .... 10.050,00 DM
   Sozialversicherungsbeiträge der Arbeitnehmer .... 9.765,00 DM
2. Verrechnung von Vorschüssen (Bestand: 8.000,00 DM) .... 2.500,00 DM
3. Arbeitgeberanteil .... ?
4. Die einbehaltenen Abzüge werden im Januar n. J. an das Finanzamt und die entsprechende Krankenkasse überwiesen.

1. *Nennen Sie die Buchungen bis zum Jahresabschluss.*
2. *Wie lauten a) die Eröffnungsbuchung zum 1. Januar n. J. und b) die Überweisungsbuchung?*
3. *Wie hoch sind die gesamten Personalkosten des Betriebes für Dezember?*

208 Der Angestellte Stefan Stein des Textilgroßhandels Gaby Dressing bezieht ein Bruttogehalt von 4.850,00 DM. Seine Abzüge für Steuern betragen 780,00 DM und für Sozialabgaben 890,00 DM. Bei der Gehaltsabrechnung ist ein Anzug mit 300,00 DM netto zuzüglich 48,00 DM Umsatzsteuer zu verrechnen, den Stefan Stein im Abrechnungszeitraum von seinem Betrieb erworben hat. Die Gehaltszahlung erfolgt als Banküberweisung.

1. *Erstellen Sie die Gehaltsabrechnung.*
2. *Buchen Sie auf den entsprechenden Konten.*
3. *Wie lautet die Buchung für den Arbeitgeberanteil zur Sozialversicherung?*
4. *Wie hoch sind die Personalkosten für den Angestellten Stefan Stein?*

209 Die Miete der Arbeitnehmer für Werkswohnungen wird mit den Gehältern verrechnet. Die Nettogehälter werden durch Banküberweisung ausgezahlt:

Bruttogehälter lt. Gehaltsliste .... 66.300,00 DM
Lohn- und Kirchensteuer sowie Solidaritätszuschlag .... 12.300,00 DM
Sozialversicherungsbeiträge der Arbeitnehmer .... 11.600,00 DM
Einbehaltene Mieten für Werkswohnungen .... 3.600,00 DM

Ermitteln Sie die Nettoauszahlung und buchen Sie auf den entsprechenden Konten die Gehaltsabrechnung, den Arbeitgeberanteil zur Sozialversicherung und die Überweisung der Abzüge und des Arbeitgeberanteils.

Konten: 1310 (50.000,00 DM Bestand), 1910, 1920, 2421, 4020 und 4040.

210 *Bilden Sie die Buchungssätze:*

1. Banküberweisung der Beiträge zur Berufsgenossenschaft: 1.200,00 DM.
2. Ein Angestellter erhält Vorschuss durch Banküberweisung: 2.000,00 DM.
3. Ein Angestellter erhält zum 25-jährigen Dienstjubiläum 750,00 DM (Banküberweisung).
4. Einem Arbeiter wird eine Heiratsbeihilfe überwiesen: 300,00 DM.

211 *Buchen Sie in der Papiergroßhandlung Kern folgende Belege:*

Beleg 1

Durchschrift 370 501 98
Stadtsparkasse Köln

Empfänger: Finanzamt Köln-West
Konto-Nr. des Empfängers: 435 678 95 Bankleitzahl: 370 501 98
bei (Kreditinstitut): Stadtsparkasse Köln
* Bis zur Einführung des Euro (= EUR) nur DM; danach DM oder EUR. DM od. EUR*: DM Betrag: 11.029,60---------------
Kunden-Referenznummer – noch Verwendungszweck, ggf. Name und Anschrift des Auftraggebers – (nur für Empfänger)
Steuernummer: 456/089/789
Lohnsteuer Juni ..
Kontoinhaber: Katja Kern, Papiergroßhandlung, 50677 Köln
Konto-Nr. des Kontoinhabers: 723 544 32

..-07-09 *Katja Kern*
Datum Unterschrift

Beleg 2

Durchschrift 370 501 98
Stadtsparkasse Köln

Empfänger: Allgemeine Ortskrankenkasse AOK, Köln
Konto-Nr. des Empfängers: 243 765 67 Bankleitzahl: 370 501 98
bei (Kreditinstitut): Stadtsparkasse Köln
* Bis zur Einführung des Euro (= EUR) nur DM; danach DM oder EUR. DM od. EUR*: DM Betrag: 9.600,00---------------
Kunden-Referenznummer – noch Verwendungszweck, ggf. Name und Anschrift des Auftraggebers – (nur für Empfänger)
Beiträge zur Sozialversicherung für Juni ..
Nr.: SV 1234
Kontoinhaber: Katja Kern, Papiergroßhandlung, 50677 Köln
Konto-Nr. des Kontoinhabers: 723 544 32

..-07-09 *Katja Kern*
Datum Unterschrift

Lohnsteueranmeldung zu Beleg 1
(Auszug)

Lohnsteuer-Anmeldung | ..06 | Juni | X | ..12 | Dez. | | .. | Kalenderjahr |

Papiergroßhandlung Katja Kern
Bonner Wall 45-55
50677 Köln
Steuernummer: 456/089/789

Berichtigte Anmeldung (falls ja, bitte eine „1" eintragen) ... **10**
Zahl der beschäftigten Arbeitnehmer **86** 29

1) Negative Beträge sind rot einzutragen oder deutlich mit einem Minuszeichen zu versehen.
2) Nach Abzug der im Lohnsteuerjahresausgleich erstatteten Beträge. 3) Kann auf 10 Pf zu Ihren Gunsten gerundet werden.

		DM	Pf
Lohnsteuer 1) 2) 3)	42	10.640	00
abzüglich an Arbeitnehmer ausgezahltes Kindergeld	43	1.100	00
abzüglich an Arbeitnehmer ausgezahlte Bergmannsprämien	46	–	–
Verbleiben 1)	48	9.540	00
Solidaritätszuschlag 1) 2)	49	532	00
Evangelische Kirchensteuer 1) 2)	61	256	00
Römisch-katholische Kirchensteuer 1) 2)	62	701	60
Israelitische Kultussteuer Land 1) 2) (il)	74		
Altkatholische Kirchensteuer 1) 2) (ak)	63		
Gesamtbetrag 1)	83	11.029	60

212 **Anfangsbestände**

		DM			DM
0210	Grundstücke	180.000,00	1310	Bankguthaben	95.000,00
0230	Betriebsgebäude ..	520.000,00	1710	Verbindlichk. a. LL .	131.080,00
0330	BGA	147.000,00	1810	Umsatzsteuer	12.000,00
0610	Eigenkapital	721.000,00	1910	ST-Verbindlichk.	2.100,00
0820	Darlehensschulden	380.000,00	1920	SV-Verbindlichk. ...	4.820,00
1010	Forderungen a. LL .	87.000,00	3910	Warenbestände ...	210.000,00
1160	Ford. an Mitarb. ..	12.000,00			

Kontenplan

0210, 0230, 0330, 0610, 0820, 1010, 1160, 1310, 1410, 1610, 1710, 1810, 1910, 1920, 2110, 2610, 3010, 3910, 4010, 4020, 4040, 4910, 8010, 8710, 9300, 9400.

Geschäftsfälle DM

1. Banküberweisung eines Gehaltsvorschusses an einen Angestellten 2.000,00
2. Banküberweisung des Beitrags an die Berufsgenossenschaft .. 850,00
3. Banküberweisung der Lohn- und Kirchensteuer
   sowie Solidaritätszuschlag 2.100,00
   Sozialversicherungsbeiträge 4.820,00
   Umsatzsteuer-Zahllast 12.000,00 18.920,00
4. Privatentnahmen von Waren, Warennettowert 800,00
   \+ Umsatzsteuer 128,00
5. Lohnzahlung durch Banküberweisung lt. Lohnliste:

Bruttolöhne	Kindergeld	LSt/SolZ/KSt	Sozialvers.	Auszahlung	Arbeitgeberanteil
5.400,00	220,00	900,00	960,00	3.760,00	960,00

6. Wareneinkäufe auf Ziel lt. ER 01–09 .... 45.000,00
   \+ Umsatzsteuer 7.200,00
7. Zinsgutschrift der Bank 1.200,00
8. Kunde wird mit Verzugszinsen belastet 80,00
9. Banküberweisung der Gehälter lt. Gehaltsliste:

Brutto-gehälter	LSt/SolZ/ KSt	Sozial-versicherung	Verrechneter Vorschuss	Netto-auszahlung	Arbeitgeber-anteil
7.800,00	1.200,00	1.450,00	500,00	4.650,00	1.450,00

10. Warenverkäufe auf Ziel lt. AR 01–12 .... 88.000,00
    \+ Umsatzsteuer 14.080,00
11. Lastschrift der Bank für Darlehenszinsen 7.200,00
12. Geschäftsinhaber überweist seine Lebensversicherungsprämie durch Banküberweisung 1.500,00
13. Ein Lieferer belastet uns mit Verzugszinsen 40,00

Abschlussangaben DM

1. Warenendbestand lt. Inventur 225.000,00
2. Abschreibungen auf 0230: 12.000,00 DM, auf 0330: 8.000,00 DM.

213

1. *Welche Bedeutung haben die Steuerklassen für den Arbeitnehmer?*
2. *Welche Zweige der Sozialversicherung unterscheidet man?*
3. *Warum werden Sondervergütungen in der Praxis direkt auf dem Lohn- bzw. Gehaltskonto des betreffenden Arbeitnehmers gebucht?*
4. *Nennen Sie Empfänger und Zeitpunkt der Überweisung der einbehaltenen Abzüge.*
5. *Woraus setzen sich die gesamten Personalkosten des Betriebes zusammen?*

4 Kosten- und Leistungsrechnung (KLR) im Großhandelsbetrieb

4.1 Einordnung der Kosten- und Leistungsrechnung

Situation

Frau Kern organisiert ihr Rechnungswesen in zwei Bereichen,

- der **Finanzbuchhaltung** (FB) und
- der **Kosten- und Leistungsrechnung (KLR).**

Die Finanzbuchhaltung zur Dokumentation aller vermögens- und erfolgswirksamen Geschäftsfälle führt sie in den Kontenklassen 0 bis 9 des Kontenrahmens und zeichnet dort außer den Vermögens- und Schuldenposten sowie dem Eigenkapital (Klassen 0 und 1) auch **alle Arten von Aufwendungen und Erträgen** (Klasse 2), den **Wareneinsatz** (Klasse 3), alle **Kosten** (Klasse 4) und alle **Erlöse aus dem Warenverkauf** (= **Umsatzerlöse,** Klasse 8) – jeweils auf eine Rechnungsperiode bezogen – auf. Im Gewinn- und Verlustkonto ermittelt sie schließlich aus allen Aufwendungen und Erträgen, dem gesamten Wareneinsatz, den Kosten und Warenverkaufserlösen das **Gesamtergebnis** einer Rechnungsperiode, das ihr eine Aussage über den **Unternehmensgewinn** oder **Unternehmensverlust** liefert.

Die Kosten- und Leistungsrechnung zur Dokumentation und zur Analyse der Erfolgssituation aus den eigentlichen betrieblichen Tätigkeiten könnte Frau Kern auch auf Konten (in den Klassen 5 bis 7) organisieren. In der Praxis haben sich jedoch **tabellarische Formen der KLR** außerhalb des Kontenrahmens – und damit außerhalb der FB – bewährt. Diesen Formen schließt sich Frau Kern im Folgenden an, um so in übersichtlicher Weise diejenigen Aufwendungen und Erträge, Kosten und Verkaufserlöse zu erfassen, die im Zusammenhang mit den betrieblichen Tätigkeiten ihres Großhandelsbetriebes, also

dem **Einkauf,** der **Lagerung** und dem **Verkauf von Waren,**

entstanden sind. **Diese betrieblichen Aufwendungen** – z. B. Warenaufwendungen, Personalkosten, Mieten, Steuern, Beiträge, Werbe- und Reisekosten, Kosten der Warenabgabe, Betriebskosten, Kosten der allgemeinen Verwaltung, Abschreibungen u. a. – **bilden die Grundlage der Kostenrechnung** und werden in der KLR als **„Kosten", die betrieblichen Erträge** – z. B. Warenverkauf, Provisionserträge, Eigenverbrauch von Waren u. a. – als **„Leistungen"** bezeichnet. Aus der Gegenüberstellung der Kosten und Leistungen ergibt sich in der KLR das Ergebnis aus der eigentlichen betrieblichen Tätigkeit, nämlich das

Betriebsergebnis.

Zusammenfassung

- Die **Finanzbuchhaltung** ist auf das gesamte Unternehmen bezogen. Sie schließt die Erfolgsrechnung (GuV-Konto) mit dem **Gesamtergebnis** ab.
- Die **Kosten- und Leistungsrechnung** ist auf die eigentlichen betrieblichen Tätigkeiten bezogen. Sie erfasst alle **Kosten und Leistungen** einer Rechnungsperiode und ermittelt daraus das **Betriebsergebnis.**
- Die Erfassung aller Kosten und Leistungen ist die Grundlage für weiterreichende Aufgaben der KLR, so z. B. die **Errechnung der Selbstkosten** für eine Abrechnungsperiode oder für eine Wareneinheit sowie die **Kontrolle der Rentabilität und Wirtschaftlichkeit** der betrieblichen Prozesse.

6464190

4.2 Grundlagen der Kosten- und Leistungsrechnung

Situation Frau Kern ist sehr daran interessiert, die **monatlich anfallenden Kosten aus der eigentlichen betrieblichen Tätigkeit** ihres Unternehmens, nämlich dem **Einkauf, der Lagerung und dem Verkauf von Waren,** zu erfahren. Nur so kann sie abschätzen, ob ihr Unternehmen erfolgreich gearbeitet hat. Erfolgreich ist die Arbeit dann gewesen, **wenn die in einem Monat aus dem Verkauf von Waren erzielten Erlöse,** die auch **Leistungen** des Unternehmens genannt werden, **höher gewesen sind als die angefallenen Kosten.** Dann hat das Unternehmen einen **Betriebsgewinn** erwirtschaftet.

Bisher hat Frau Kern den **Unternehmensgewinn** (oder Verlust) aus dem **Gewinn- und Verlustkonto** ihrer Buchhaltung ermittelt. Ihr ist klar, dass der **Unternehmensgewinn nicht gleich dem Betriebsgewinn** ist, da im GuV-Konto **alle Aufwendungen und Erträge** zusammengefasst sind und nicht nur die betrieblich bedingten. Um sich die Frage nach den Kosten und Leistungen beantworten zu können, greift sie dennoch auf die Zahlen des folgenden GuV-Kontos für den Monat September zurück und untersucht die Aufwands- und Ertragspositionen daraufhin, ob sie den normalen betrieblichen Tätigkeiten zuzuordnen sind oder nicht.

Gewinn- und Verlustkonto
für den Monat September ..

Soll			Haben		
2040	Verluste aus Anl.-Abgang	25.000,00	2421	Mieterträge	28.000,00
2110	Zinsaufwendungen	20.000,00	2610	Zinserträge	2.000,00
	Warenaufwendungen für			Warenverkaufserlöse für	
3110	Druckpapier	500.000,00	8110	Druckpapier	620.000,00
3210	Kopierpapier	300.000,00	8210	Kopierpapier	380.000,00
3310	Umschlagkarton ...	180.000,00	8310	Umschlagkarton ...	225.000,00
3410	Saugpapier	20.000,00	8410	Saugpapier	25.000,00
4010	Löhne	49.000,00			
4020	Gehälter	33.000,00			
4040	Ges. soz. Aufwend.	14.000,00			
4100	Mieten	15.000,00			
42..	Betriebliche Steuern	18.000,00			
4400	Reisekosten	16.000,00			
4620	Ausgangsfrachten .	10.000,00			
4910	Abschreibg./Sachanl.	25.000,00			
Monatsüberschuss		**55.000,00**			
		1.280.000,00			1.280.000,00

Mit der oben beschriebenen Frage ist ein **wesentliches Ziel der KLR** genannt worden:

Mithilfe der Kosten- und Leistungsrechnung werden die in einer Rechnungsperiode (z. B. monatlich) angefallenen **Kosten und Leistungen vollständig** und nach Kosten- und Leistungsarten **gegliedert** errechnet, um daraus das **Betriebsergebnis** bestimmen zu können:

- ▶ **Leistungen > Kosten = Betriebsgewinn**
- ▶ **Leistungen < Kosten = Betriebsverlust**

4.2.1 Wodurch unterscheiden sich Aufwendungen und Kosten voneinander?

Das GuV-Konto (vgl. Seite 191) zeigt auf der linken Seite (= Soll-Seite) die **gesamten Aufwendungen** des Monats September. Im Einzelnen ist abzulesen,

- wie viel Geld Frau Kern für den **Einkauf von Waren** aufwenden musste (vgl. die Positionen „Warenaufwendungen"),
- wie viel Geld Frau Kern dafür aufwenden musste, dass sie die **Dienste anderer Unternehmungen** (vgl. Aufwandsposten „Ausgangsfrachten", „Miete", „Reisekosten", „Zinsaufwendungen") oder die **Arbeitskraft ihrer Mitarbeiter** (vgl. Positionen „Löhne", „Gehälter") in Anspruch genommen hat,
- wie hoch die **Wertminderungen der gekauften Gebäude, Einrichtungen und Fahrzeuge** sind (vgl. Position „Abschreibungen auf Sachanlagen"),
- wie viel Geld sie aufgrund gesetzlicher Vorschriften an **Abgaben** (vgl. „Soziale Aufwendungen") und **Steuern** abführen musste,
- welche **sonstigen Aufwendungen** angefallen sind, z. B. „Verluste aus Anlageabgängen".

Mit **Aufwendungen** bezeichnen wir also **alle** während einer Rechnungsperiode getätigten oder noch zu tätigenden Geldausgaben (= Werteverzehr) für gekaufte Waren, in Anspruch genommene Dienste, für Abgaben und sonstige Vorgänge im Unternehmen sowie für Abschreibungen. Dieser **Werteverzehr vermindert das Eigenkapital.** Dabei spielt es keine Rolle, ob diese Aufwendungen für betriebliche oder nicht betriebliche Zwecke entstanden sind.

Beispiel Will Frau Kern wissen, wie viel DM Aufwendungen im Monat September insgesamt angefallen sind, so muss sie die **Summe aller Aufwandsposten** im obigen GuV-Konto bilden.

Die Aufwendungen im Monat September betragen 1.225.000,00 DM.

Kosten. Um die Frage nach den Kosten zu beantworten, betrachtet Frau Kern nur diejenigen Aufwendungen, die **in unmittelbarem Zusammenhang** mit dem Zweck ihres Unternehmens stehen. Dieser **Betriebszweck** lautet:

Erzielung von Gewinn durch den Einkauf und Verkauf von Waren.

Also prüft Frau Kern, ob alle im GuV-Konto aufgeführten Aufwendungen auch tatsächlich aus **normalen und geplanten betrieblichen Tätigkeiten** entstanden sind, die mit dem Einkauf, der Lagerung und dem Verkauf von Waren zu tun haben. Diese Aufwendungen heißen **betriebliche Aufwendungen** oder **Kosten.** Sie sortiert diejenigen Aufwendungen aus, die aus anderen Tätigkeiten herrühren. Es kann ja sein, dass das GuV-Konto Aufwendungen enthält, die durch **ungewöhnliche betriebliche oder sogar betriebsfremde Vorgänge** verursacht wurden. So ist z. B. ein Verlust, der aus dem Verkauf eines gebrauchten Gabelstaplers entstanden ist (= Konto „2040 Verluste aus dem Abgang von Gegenständen des Anlagevermögens"), ein **Aufwand, der mit der normalen betrieblichen Tätigkeit nichts zu tun hat,** aber den Gewinn im GuV-Konto schmälert.

6464192

Beispiel Nach der obigen Aussage gelten alle Aufwendungen des GuV-Kontos des Großhandelsunternehmens Kern (vgl. Seite 191) mit Ausnahme der Verluste aus Anlageabgängen (Konto 2040) als **Kosten:**

2110	Zinsaufwendungen	20.000,00 DM
3...	Warenaufwendungen insgesamt	1.000.000,00 DM
4010	Löhne	49.000,00 DM
4020	Gehälter	33.000,00 DM
4040	Gesetzliche soziale Aufwendungen	14.000,00 DM
4100	Mieten	15.000,00 DM
42..	Betriebliche Steuern	18.000,00 DM
4400	Reisekosten	16.000,00 DM
4620	Ausgangsfrachten	10.000,00 DM
4910	Abschreibungen auf Sachanlagen	25.000,00 DM
Kosten insgesamt		**1.200.000,00 DM**

Neutrale Aufwendungen. Außer den Kosten gibt es im Großhandelsunternehmen in der Regel auch Aufwendungen, die in **keinem Zusammenhang** mit dem Einkauf, der Lagerung und dem Verkauf von Waren stehen oder die in **ungewöhnlicher Höhe** anfallen. Sie werden als **neutrale Aufwendungen** bezeichnet. Der Ausdruck „neutral" besagt, dass diese Aufwendungen **von den Kosten abgesondert** – also „neutralisiert" – werden, da sie sonst die Höhe der Kosten – und damit auch die Berechnung der Selbstkosten und des Betriebsergebnisses – verfälschen würden.

Neutrale Aufwendungen entstehen

- **bei der Verfolgung betriebsfremder Ziele**
  (z. B.: Frau Kern hat Geldmittel, die sie zurzeit nicht benötigt, in Wertpapieren angelegt. Beim Verkauf dieser Papiere erleidet sie 1.500,00 DM Kursverlust.),
- **durch Verluste aus dem Abgang von Vermögensgegenständen**
  (z. B.: Frau Kern verkauft ein gebrauchtes Fahrzeug, das noch einen Buchwert von 15.000,00 DM hat, für 12.000,00 DM. Sie erleidet einen Verlust von 3.000,00 DM.),
- **aus betrieblichen periodenfremden Vorgängen**
  (z. B.: Frau Kern hat für das zurückliegende Geschäftsjahr 14.500,00 DM Gewerbesteuer an das Finanzamt nachzuzahlen.),
- **als außerordentliche Aufwendungen aufgrund ungewöhnlicher und selten vorkommender Geschäftsfälle**
  (z. B.: Frau Kern verkauft zur Straffung ihrer Geschäftstätigkeit eine Zweigniederlassung in Norddeutschland mit einem Verlust von 50.000,00 DM.).

Beispiel Unter den Aufwendungen des obigen Gewinn- und Verlustkontos sind

die Verluste aus dem Abgang von Anlagegegenständen mit 25.000,00 DM neutrale Aufwendungen.

Erläuterung: Verluste aus dem Abgang von Vermögensgegenständen lassen sich nicht vermeiden. Sie treten im Zusammenhang mit dem Verkauf gebrauchter Anlagegegenstände dann auf, wenn der **Verkaufspreis niedriger als der Buchwert** des Anlagegegenstandes ist. Dieser Vorgang ist letztlich betrieblich bedingt, **ihm fehlt aber der Bezug zum Betriebszweck,** sodass der Verlust aus einem solchen Vorgang nicht als Kosten in die Kostenrechnung eingebracht werden darf.

Zusammenfassung

- Unter **Aufwendungen** wird der **gesamte Werteverzehr** im Unternehmen an Gütern, Diensten und Abgaben während einer Rechnungsperiode verstanden.
- Aufwendungen lassen sich unterscheiden in:
  - **betriebliche Aufwendungen = Kosten**
  - **neutrale Aufwendungen = Nichtkosten**
- Unter **Kosten** wird der Werteverzehr an Gütern, Diensten und Abgaben verstanden, der zur Erreichung des Betriebszwecks in einer Rechnungsperiode getätigt wird.
- Zu den **Neutralen Aufwendungen** gehören **betriebsfremde, betriebliche periodenfremde** und **außerordentliche Aufwendungen** sowie Verluste aus Vermögensabgängen und aus Schadensfällen. Sie dürfen **nicht** in die Kostenrechnung übernommen werden. Im Kontenrahmen sind sie in den Kontengruppen 20, 21, 22, 23 und 24 enthalten.

Aufgaben

214

1. *Nennen Sie wichtige Aufgaben der Kosten- und Leistungsrechnung.*
2. *Beschreiben Sie, worin sich*
   a) *Aufwendungen und Kosten,*
   b) *Kosten und neutrale Aufwendungen*
   voneinander unterscheiden.
3. *Geben Sie typische Beispiele mit den zugehörigen Konten an:*
   a) *für Kosten,*
   b) *für neutrale Aufwendungen.*
4. a) *Erträge* > *Aufwendungen* = •••
   b) *Leistungen* < *Kosten* = •••
   c) *Erträge* < *Aufwendungen* = •••

215

Die Aufwendungen der Finanzbuchhaltung sind entweder betrieblich oder neutral.

Ordnen Sie die folgenden Aufwandsarten nach betrieblichen oder neutralen Aufwendungen:

a) Lohnzahlungen
b) Verlust aus Wertpapierverkäufen
c) Abschreibungen auf Sachanlagen
d) Brandschaden im Warenlager
e) Abschreibungen auf ein vermietetes Lagergebäude
f) Verlust aus dem Verkauf einer nicht mehr benötigten Maschine
g) Gesetzliche soziale Aufwendungen
h) Gehaltszahlungen
i) Instandhaltungsaufwendungen für Fahrzeuge
j) Hoher Forderungsausfall durch den Konkurs eines Kunden
k) Nachzahlung von Betriebssteuern für vergangene Geschäftsjahre aufgrund einer Betriebsprüfung
l) Warenaufwendungen
m) Mietzahlung für gemietetes Lagergebäude
n) Überweisung der Kfz-Steuer für Betriebs-LKW
o) Zinsaufwendungen
p) Aufwendungen für Altersversorgung der Arbeitnehmer
q) Zahlung der Gebäudeversicherung

6464194

4.2.2 Wodurch unterscheiden sich Erträge und Leistungen voneinander?

Das GuV-Konto (vgl. S. 191) zeigt auf der rechten Seite (= Haben-Seite) die **gesamten Erträge** des Monats September. Im Einzelnen ist abzulesen,

- wie viel Geld Frau Kern aus dem **Verkauf von Waren** eingenommen hat oder einnehmen wird (vgl. die Position „Warenverkaufserlöse"),
- wie viel Geld sie dafür erhält, dass sie eigene betriebliche **Räumlichkeiten nicht selbst nutzt,** sondern anderen zur Verfügung stellt (vgl. Position „Mieterträge"),
- wie hoch das Entgelt ist, das Frau Kern dafür erhält, dass sie **Guthaben bei Kreditinstituten unterhält** (vgl. Position „Zinserträge").

Mit **Erträgen** bezeichnen wir also **alle** während einer Rechnungsperiode dem Unternehmen zugeflossenen **erfolgswirksamen Werte.** Diese Wertzuflüsse **erhöhen das Eigenkapital.** Dabei spielt es keine Rolle, ob es sich um betriebliche oder neutrale Wertzuflüsse handelt.

Beispiel Will Frau Kern wissen, wie viel DM Erträge im Monat September ihrem Unternehmen insgesamt zugeflossen sind, so muss sie die **Summe aller Ertragspositionen** im GuV-Konto (vgl. S. 191) bilden.

Die Erträge im Monat September belaufen sich auf 1.280.000,00 DM.

Leistungen. Für die Zwecke der Kosten- und Leistungsrechnung werden die Erträge eingeteilt in

- **betriebliche Erträge, die auch Leistungen heißen,** und
- **neutrale Erträge.**

Die Leistungen sind das **Ergebnis der eigentlichen betrieblichen Tätigkeit.** Sie entstehen vor allem beim **Warenverkauf.** Zu den Leistungen des Betriebes zählen:

- **Absatzleistungen**
  = **Erlöse** aus dem Verkauf von Waren;
- **Eigenverbrauch von Waren**
  = in der Abrechnungsperiode für **private Zwecke** entnommene Waren;
- **Aktivierte Eigenleistungen**
  = **selbst erstellte Anlagen,** die im eigenen Betrieb Verwendung finden.

Beispiel Die Leistungen im Unternehmen Katja Kern bestehen im Monat September (vgl. GuV-Konto S. 191) aus

Warenverkaufserlösen in Höhe von insgesamt 1.250.000,00 DM.

Neutrale Erträge. Außer den Leistungen gibt es im Großhandelsbetrieb auch Erträge, die in **keinem Zusammenhang** mit dem Einkauf, der Lagerung und dem Verkauf von Waren stehen oder dabei **unregelmäßig und/oder in außergewöhnlicher Höhe** anfallen. Sie werden als neutrale Erträge bezeichnet und **nicht in die KLR übernommen,** da sie sonst die Höhe der Leistungen verfälschen würden.

Neutrale Erträge entstehen

- **bei der Verfolgung betriebsfremder Ziele**
  (z. B. Mieterträge, Zinserträge, Erträge aus Wertpapierverkäufen),
- **durch Erträge aus Anlageabgängen und aus Wertkorrekturen**
  (z. B. Erträge aus dem Verkauf von Gegenständen des Anlagevermögens),
- **aus zwar betrieblichen, aber periodenfremden Erträgen**
  (z. B. Steuerrückerstattung für zurückliegende Geschäftsjahre),
- **als außerordentliche Erträge aufgrund ungewöhnlicher und selten vorkommender Geschäftsfälle**
  (z. B. Steuererlass, Erträge aus Gläubigerverzicht).

Beispiel Unter den Erträgen des Gewinn- und Verlustkontos von Seite 191 zählen die folgenden zu den **neutralen Erträgen:**

Mieterträge	28.000,00 DM
Zinserträge	2.000,00 DM
Neutrale Erträge	**30.000,00 DM**

Erläuterung: Mieterträge entstehen im Unternehmen Kern dadurch, dass Frau Kern ein zum Betriebsvermögen gehörendes Gebäude **nicht betrieblich** nutzt, sondern an einen Außenstehenden vermietet hat. Dafür erhält sie monatliche Mieteinnahmen. Diese Einnahmen entspringen aber **nicht aus der eigentlichen betrieblichen Tätigkeit** des Unternehmens – nämlich dem Einkauf und Verkauf von Waren – und sind deswegen **nicht zu den Leistungen,** sondern zu den **neutralen Erträgen** zu rechnen.

Zinserträge ergeben sich im Unternehmen Kern dadurch, dass zurzeit nicht benötigte flüssige Mittel verzinslich (z. B. in Form von Termingeld) angelegt werden. Die hieraus dem Unternehmen zufließenden Zinsen haben **mit der eigentlichen betrieblichen Tätigkeit nichts zu tun** und gehören deswegen zu den **neutralen Erträgen.**

Zusammenfassung

- Unter **Erträgen** wird der **gesamte Wertezufluss** in ein Unternehmen innerhalb einer Rechnungsperiode (z. B. Monat) verstanden. Erträge sind also erfolgswirksam; sie erhöhen das Eigenkapital.
- Erträge lassen sich einteilen in:
  - **betriebliche Erträge (= Leistungen)**
  - **neutrale Erträge.**
- **Leistungen** sind das Ergebnis der geplanten betrieblichen Leistungserstellung und Leistungsverwertung. Zu den Leistungen des Großhandelsbetriebes zählen:
  - **Absatzleistungen** (= Erlöse aus dem Warenverkauf),
  - **Eigenverbrauch** von Waren und
  - **aktivierte Eigenleistungen.**
- Zu den **neutralen Erträgen** gehören **betriebsfremde, betriebliche außerordentliche** und **betriebliche periodenfremde Erträge.** Sie werden nicht in die KLR übernommen. Neutrale Erträge sind in den Kontengruppen „24 Außerordentliche Erträge", „25 Erträge aus Beteiligungen und Wertpapieren", „26 Zinsen und ähnliche Erträge" und „27 Sonstige betriebliche Erträge" enthalten.

6464196

Aufgaben

216 Im Rechnungswesen unterscheidet man zwischen Aufwendungen und Kosten.

Geben Sie je ein Beispiel an für
a) *Aufwendungen, die zugleich Kosten sind,*
b) *Aufwendungen, die keine Kosten sind.*

217 Im Rechnungswesen unterscheidet man ebenso zwischen Erträgen und Leistungen.

Geben Sie je ein Beispiel an für
a) *Erträge, die zugleich Leistungen sind,*
b) *Erträge, die keine Leistungen sind.*

218 Die Erträge des Unternehmens sind entweder betrieblich oder neutral.

Ordnen Sie die folgenden Ertragsarten nach betrieblichen oder neutralen Erträgen:

a) Warenverkauf
b) Mieterträge
c) Ertrag aus dem Abgang eines Vermögensgegenstandes
d) Selbst erstellte Maschine für die Verwendung im eigenen Betrieb
e) Zinsgutschrift der Bank
f) Provisionsertrag aus einem Gelegenheitsgeschäft
g) Eigenverbrauch von Waren
h) Erträge aus Wertpapierverkäufen
i) Erträge aus bereits abgeschriebenen Forderungen
j) Rückerstattung zu viel entrichteter Betriebssteuern für vergangene Geschäftsjahre durch das Finanzamt
k) Diskonterträge

219 In der Buchführung eines Großhandelsbetriebes schließen die Erfolgskonten mit folgenden Salden ab:

	DM
Warenverkauf	850.000,00
Mieterträge	45.000,00
Zinserträge	20.000,00
Warenaufwendungen	420.000,00
Reparaturen	9.000,00
Löhne	150.000,00
Gehälter	100.000,00
Gesetzliche soziale Aufwendungen	40.000,00
Verluste aus Anlagenabgängen	15.000,00
Gewerbesteuer	25.000,00
Zinsaufwendungen	10.000,00
Außerordentliche Aufwendungen	60.000,00

1. *Ermitteln Sie im Gewinn- und Verlustkonto das Gesamtergebnis des Unternehmens.*
2. *Berechnen Sie in gesonderten Aufstellungen:*
   a) *die Kosten und die Leistungen,*
   b) *die neutralen Aufwendungen und neutralen Erträge.*
3. *Wie hoch ist die Differenz aus Leistungen minus Kosten, also das Betriebsergebnis?*
4. *Wie hoch ist die Differenz aus neutralen Erträgen minus neutralen Aufwendungen, also das Neutrale Ergebnis?*

4.3 Aufstellung und Auswertung der Ergebnistabelle

Abgrenzungsrechnung. Im vorhergehenden Kapitel haben wir Ihnen einen Überblick über wichtige Begriffe der Kosten- und Leistungsrechnung gegeben und zeigen Ihnen im Folgenden ein Verfahren, wie **außerhalb der Finanzbuchhaltung in einer Tabelle** aus den Zahlen des Gewinn- und Verlustkontos die Kosten und Leistungen ermittelt werden. Die hierfür verwendete Tabelle heißt **Ergebnistabelle.** In ihr können auf recht einfache Weise **aus den gesamten Aufwendungen und Erträgen einer Rechnungsperiode die neutralen Aufwendungen und Erträge abgegrenzt oder** – bildhafter ausgedrückt – **herausgefiltert werden,** sodass am Ende die Kosten und Leistungen übrig bleiben. Der Buchhalter bezeichnet diesen Vorgang auch als **Abgrenzungsrechnung.** Innerhalb der Finanzbuchhaltung sind diese Abgrenzungen aus folgenden Gründen nicht durchführbar:

- Der **Kontenrahmen** für den Groß- und Außenhandel kennt **keine Abschlusskonten für das Neutrale Ergebnis und das Betriebsergebnis:** Er ist auf die Erstellung der Gewinn- und Verlustrechnung nach HGB ausgerichtet.
- Die **Kontenklasse 2** enthält nicht nur reine Abgrenzungskonten, sondern **auch Konten mit Kostenbestandteilen.** So sind z. B. Zinsaufwendungen (Konto 2110) Kosten, sofern sie nicht durch kalkulatorische Zinsen (vgl. S. 208) ersetzt werden.
- Die **Kontenklasse 4** enthält andererseits nicht nur Kosten, sondern **auch neutrale Aufwendungen.** So nimmt das Konto „4910 Abschreibungen auf Sachanlagen" die steuerrechtliche AfA auf, die in der Regel nicht Kostencharakter hat und in der Kostenrechnung durch kalkulatorische Abschreibungen (vgl. S. 210) ersetzt wird.

4.3.1 Neutrale Aufwendungen und Erträge werden von Kosten und Leistungen abgegrenzt

Situation Frau Kern ist darauf angewiesen zu erfahren, zu welchem Ergebnis (**Betriebsgewinn** oder **Betriebsverlust**) die betrieblichen Tätigkeiten in ihrem Unternehmen geführt haben. Sie weiß bisher aus dem Gewinn- und Verlustkonto (vgl. Seite 191), dass sie einen Monatsüberschuss von insgesamt 55.000,00 DM erzielt hat. Diese Zahl sagt ihr aber noch nichts darüber aus, wie gut oder schlecht sie ihren Betriebszweck (vgl. Seite 192) erreicht hat. Die dafür erforderliche Zahl, nämlich das **Betriebsergebnis,** gewinnt sie durch die **Abgrenzungs- und Betriebsergebnisrechnung,** die sie in der folgenden vereinfachten **Ergebnistabelle** durchführt:

<table>
<tr><th colspan="7">Ergebnistabelle</th></tr>
<tr><th colspan="3">❶ Finanzbuchhaltung</th><th colspan="4">❷ Kosten- und Leistungsrechnung</th></tr>
<tr><td colspan="3">Gesamtergebnisrechnung der FB</td><td colspan="2">❸ Abgrenzungsrechnung</td><td colspan="2">❹ Betriebsergebnisrechnung</td></tr>
<tr><td>Kontenklassen 2, 3, 4, 8</td><td>Aufwendungen (Klassen 2, 3, 4)</td><td>Erträge (Klassen 2, 8)</td><td>Neutrale Aufwendungen</td><td>Neutrale Erträge</td><td>Kosten</td><td>Leistungen</td></tr>
<tr><td>❺ Abstimmung:</td><td colspan="2">Gesamtergebnis =</td><td colspan="2">Neutrales Ergebnis (Abgrenzungsergebnis) +</td><td colspan="2">Betriebsergebnis</td></tr>
</table>

6464198

Die Ergebnistabelle ist folgendermaßen aufgebaut:

❶ In ihrem **linken Teil** mit der Überschrift **„Finanzbuchhaltung"** nimmt sie **alle Aufwands- und Ertragskonten mit ihren jeweiligen Salden** aus den Kontenklassen 2, 3, 4 und 8 der Finanzbuchhaltung auf. Damit wird in diesem Teil der Inhalt des Gewinn- und Verlustkontos aus der Finanzbuchhaltung wiedergegeben und das **Gesamtergebnis der Unternehmung ausgewiesen.**

❷ Der **rechte Teil** der Tabelle ist der **Kosten- und Leistungsrechnung** vorbehalten. Er wird unterteilt in die **Abgrenzungsrechnung** und die **Betriebsergebnisrechnung.**

❸ Die **Abgrenzungsrechnung** übernimmt aus dem linken Teil der Tabelle die **neutralen Aufwendungen und Erträge.** Sie schließt mit dem **Neutralen Ergebnis** (Neutraler Gewinn oder Neutraler Verlust) ab.

❹ Die **Betriebsergebnisrechnung** übernimmt aus dem linken Teil der Tabelle **alle Kosten und Leistungen** und ermittelt daraus das **Betriebsergebnis.**

❺ Durch dieses Verfahren lassen sich in einer Tabelle das **Gesamtergebnis der FB** sowie das **Neutrale Ergebnis** und das **Betriebsergebnis der KLR** übersichtlich darstellen. Ebenso ist es möglich, die **Ergebnisse der beiden Rechnungskreise** auf ihre Richtigkeit hin abzustimmen.

Beispiel Frau Kern erstellt nach den obigen Grundsätzen aus dem Gewinn- und Verlustkonto für den Monat September eine Ergebnistabelle. Hierbei untersucht sie die **Positionen des GuV-Kontos** dahingehend, ob diese dem **Betriebszweck** dienen und somit in die **Betriebsergebnisrechnung** hineingehören, oder ob sie **„neutral"** sind und somit in die **Abgrenzungsrechnung** gehören. Sie berücksichtigt hierbei, dass

1. die Mieterträge für ein vermietetes Gebäude erzielt werden und dass dieses Gebäude mit 2.000,00 DM abgeschrieben wurde. Diese 2.000,00 DM sind in den Abschreibungen auf Sachanlagen enthalten.
2. in der GuV-Position „Betriebliche Steuern" auch Grundsteuern enthalten sind, von denen 1.000,00 DM auf das vermietete Gebäude entfallen.

Gewinn- und Verlustkonto
für den Monat September ..

Soll			Haben		
2040	Verluste aus Anl.-Abgang	25.000,00	2421	Mieterträge	28.000,00
2110	Zinsaufwendungen	20.000,00	2610	Zinserträge	2.000,00
	Warenaufwendungen für			Warenverkaufserlöse für	
3110	Druckpapier	500.000,00	8110	Druckpapier	620.000,00
3210	Kopierpapier	300.000,00	8210	Kopierpapier	380.000,00
3310	Umschlagkarton ...	180.000,00	8310	Umschlagkarton ...	225.000,00
3410	Saugpapier	20.000,00	8410	Saugpapier	25.000,00
4010	Löhne	49.000,00			
4020	Gehälter	33.000,00			
4040	Ges. soz. Aufwend.	14.000,00			
4100	Mieten	15.000,00			
42..	Betriebliche Steuern	18.000,00			
4400	Reisekosten	16.000,00			
4620	Ausgangsfrachten .	10.000,00			
4910	Abschreibg./Sachanl.	25.000,00			
	Monatsüberschuss	**55.000,00**			
		1.280.000,00			1.280.000,00

Ergebnistabelle						
Finanzbuchhaltung			**Kosten- und Leistungsrechnung**			
Gesamtergebnisrechnung der FB			**Abgrenzungsrechnung**		**Betriebsergebnis-rechnung**	
Konto	Aufwen-dungen	Erträge	Neutrale Auf-wendungen	Neutrale Erträge	Kosten	Leistungen
2040	25.000		25.000			
2110	20.000				20.000	
2421		28.000		28.000		
2610		2.000		2.000		
3110	500.000				500.000	
3210	300.000				300.000	
3310	180.000				180.000	
3410	20.000				20.000	
4010	49.000				49.000	
4020	33.000				33.000	
4040	14.000				14.000	
4100	15.000				15.000	
42..	18.000		1.000		17.000	
4400	16.000				16.000	
4620	10.000				10.000	
4910	25.000		2.000		23.000	
8110		620.000				620.000
8210		380.000				380.000
8310		225.000				225.000
8410		25.000				25.000
	1.225.000	1.280.000	28.000	30.000	1.197.000	1.250.000
	55.000		**2.000**		**53.000**	
	1.280.000	1.280.000	30.000	30.000	1.250.000	1.250.000

Abstimmung der Ergebnisse

1. Gesamtergebnis der FB		**55.000,00 DM**
2. Neutraler Gewinn	(+) 2.000,00 DM	
3. Betriebsgewinn	(+) 53.000,00 DM	
4. Gesamtergebnis der KLR		**55.000,00 DM**

Erläuterungen zur Ergebnistabelle. Nachdem die Salden aller Erfolgskonten aus dem Gewinn- und Verlustkonto der FB in die linken Spalten der Ergebnistabelle (Aufwendungen und Erträge der FB) **übernommen** und zum **Gesamtergebnis** zusammengefasst worden sind, erfolgt die **Übertragung dieser Salden in die Betriebsergebnisrechnung oder in die Abgrenzungsrechnung** nach folgenden Überlegungen:

❶ **In die Betriebsergebnisrechnung** werden die Salden aus dem linken Teil der Tabelle (FB) dann übertragen,

- wenn es sich um **Erträge handelt, die in voller Höhe Leistungen darstellen,** und
- wenn es sich um **Aufwendungen handelt, die in voller Höhe Kosten darstellen.**

So überträgt Frau Kern z. B. die Erlöse aus dem Warenverkauf (Konten 8110, 8210, 8310, 8410) aus der Ertragsspalte der FB in die Spalte **„Leistungen"** der Betriebsergebnisrechnung und die Salden der Konten 2110, 3110, 3210, 3310, 3410, 4010, 4020, 4040, 4100, 4400 und 4620 überträgt sie aus der Aufwandsspalte der FB als Kosten in die Spalte **„Kosten"** der Betriebsergebnisrechnung.

❷ **In die Abgrenzungsrechnung** werden die Salden aus der FB dann übertragen,

▶ wenn es sich **in voller Höhe um neutrale Erträge und Aufwendungen handelt.**

So überträgt Frau Kern die Salden der Konten 2421 und 2610 aus der FB in die Spalte **„Neutrale Erträge"** der Abgrenzungsrechnung. Die Mieterträge und die Zinserträge werden somit **von der Betriebsergebnisrechnung fern gehalten.**

Bei den neutralen Aufwendungen verfährt Frau Kern entsprechend: Das Konto „2040 Verluste aus Anlagenabgängen" enthält einen nicht dem Betriebszweck dienenden Aufwand von 25.000,00 DM, der in die **Spalte „Neutrale Aufwendungen"** der Abgrenzungsrechnung übertragen und damit von der Betriebsergebnisrechnung fern gehalten wird.

❸ **Besondere Beachtung** verdienen das Konto **„4910 Abschreibungen auf Sachanlagen"** und die Kontengruppe **„42.. Betriebliche Steuern":**

Von den bilanzmäßigen Abschreibungen in Höhe von 25.000,00 DM sind zunächst 2.000,00 DM als **neutraler Aufwand** in die Abgrenzungsrechnung einzustellen. Dieser Betrag hat mit den Abschreibungen auf das **betrieblich genutzte** Anlagevermögen nichts zu tun, da er auf das von Frau Kern **vermietete Gebäude** entfällt. Er wird in die Spalte **„Neutrale Aufwendungen"** der Abgrenzungsrechnung eingesetzt und damit **von der Betriebsergebnisrechnung fern gehalten.** In die Spalte „Kosten" der Betriebsergebnisrechnung ist nur noch der Restbetrag von 23.000,00 DM einzusetzen.

Entsprechend verfährt Frau Kern bei der Kontengruppe „42.. Betriebliche Steuern": Hier werden 1.000,00 DM Grundsteuer auf das **vermietete Gebäude** als neutraler Aufwand eingesetzt und damit von der Betriebsergebnisrechnung abgegrenzt. Der Restbetrag der betrieblichen Steuern (= 17.000,00 DM) gilt als Kosten und wird also in die Spalte „Kosten" der Betriebsergebnisrechnung eingesetzt.

❹ **Ausweis der Einzelergebnisse.** Während das GuV-Konto auf Seite 191/199 nur das Gesamtergebnis der Unternehmung für den Monat September in Höhe von 55.000,00 DM ausweist, lassen sich aus der Ergebnistabelle auf Seite 200 zusätzlich die Teilergebnisse

Neutrales Ergebnis (Neutraler Gewinn) .... **2.000,00 DM**
und
Betriebsergebnis (Betriebsgewinn) .... **53.000,00 DM**

ablesen. Die Ergebnistabelle macht damit in der Spalte **„Betriebsergebnisrechnung"** eine für die Unternehmensleitung wichtige Aussage über das **Ergebnis aus der eigentlichen betrieblichen Tätigkeit.** Im obigen Beispiel stammt der unternehmerische Erfolg fast ausschließlich aus der betrieblichen Tätigkeit. Die sonstigen Vorgänge, die nichts mit regelmäßigen, planvollen betrieblichen Geschäftsfällen zu tun haben, führen zu einem neutralen Gewinn von nur 2.000,00 DM.

❺ **Kosten und Leistungen.** Die Ergebnistabelle verdeutlicht, dass das Betriebsergebnis der Abrechnungsperiode (= Monat) aus Absatzleistungen (= Warenverkauf) in Höhe von **1.250.000,00 DM** besteht und durch den Einsatz von insgesamt **1.197.000,00 DM** Kosten erzielt wurde.

❻ **Wirtschaftlichkeit.** Für Katja Kern ist die Wirtschaftlichkeit, mit der Betriebsmittel und Werkstoffe eingesetzt wurden, um Warenverkaufserlöse zu erzielen, eine wichtige Kennzahl zur Beurteilung ihres betrieblichen Handelns. Sie berechnet diese Zahl, indem sie **die Leistungen durch die Kosten dividiert:**

$$\textbf{Wirtschaftlichkeit} = \frac{\textbf{Leistungen}}{\textbf{Kosten}} = \frac{1.250.000,00\ \text{DM}}{1.197.000,00\ \text{DM}} = \textbf{1,044}$$

Diese Zahl besagt, dass für je 1,00 DM eingesetzte Kosten 1,04 DM Warenverkaufserlöse ins Unternehmen zurückgeflossen sind.

Zusammenfassung

- In der **Ergebnistabelle** werden die neutralen Aufwendungen und Erträge von den Kosten und Leistungen abgetrennt. Sie ermöglicht damit eine **Abgrenzung des Neutralen Ergebnisses vom Betriebsergebnis.**
- Die Ergebnistabelle macht Aussagen über die **Höhe der Kosten und der Leistungen** einer Rechnungsperiode und ermöglicht so die Berechnung der **Wirtschaftlichkeit.**

Aufgaben

220 Der Finanzbuchhaltung der Möbelgroßhandlung Schneider OHG entnehmen wir für den Monat Juni .. folgende Aufwendungen und Erträge:

		DM
2050	Verluste aus dem Abgang von Umlaufvermögen	40.000,00
2110	Zinsaufwendungen	10.000,00
2421	Mieterträge	14.000,00
2610	Zinserträge	4.000,00
2710	Erträge aus dem Abgang von Vermögensgegenständen	56.000,00
2770	Sonstige Erträge (neutral)	30.000,00
3010	Wareneingänge	340.000,00
3910	Warenanfangsbestand	110.000,00
4010	Löhne	520.000,00
4020	Gehälter	130.000,00
4040	Gesetzliche soziale Aufwendungen	140.000,00
4210	Gewerbesteuer	35.000,00
4240	Sonstige Betriebssteuern	10.000,00
4400	Reisekosten	12.000,00
4710	Instandhaltung	3.000,00
4910	Abschreibungen auf Sachanlagen	60.000,00
4930	Abschreibungen auf Finanzanlagen	6.000,00
8010	Warenverkauf	1.280.000,00
8710	Eigenverbrauch (Waren)	15.000,00

Aufgaben für die Erstellung der Ergebnistabelle

1. *Der Warenendbestand beläuft sich auf 120.000,00 DM.*
2. *Übernehmen Sie die Aufwendungen und Erträge der Finanzbuchhaltung in die Gesamtergebnisrechnung der Ergebnistabelle.*
3. *Führen Sie in der KLR die Abgrenzungsrechnung durch.*
4. *Die betrieblichen Aufwendungen und Erträge sind entsprechend als Kosten und Leistungen in die Betriebsergebnisrechnung einzubringen.*
5. *Errechnen Sie* a) *das Neutrale Ergebnis (Abgrenzungsergebnis),*
   b) *das Betriebsergebnis,*
   c) *das Gesamtergebnis der Unternehmung.*
6. *Stimmen Sie das Gesamtergebnis der FB mit dem Gesamtergebnis der KLR nach folgendem Schema ab:*

Abstimmung der Ergebnisse

1. Gesamtergebnis der FB		...... DM
2. Ergebnis aus neutralen Aufwdg. u. Erträgen ..	...... DM	↑
3. Betriebsergebnis	...... DM	
4. Gesamtergebnis der KLR (2. + 3.)		↓ ...... DM

6464202

221 Die FB der Textilgroßhandlung J. Wilhelm hat für das 1. Quartal .. folgende Aufwendungen und Erträge erfasst:

		DM
2040	Verluste aus dem Abgang von Anlagevermögen	55.600,00
2421	Mieterträge	25.200,00
2460	Sonstige Erträge (neutral)	11.500,00
2510	Erträge aus Beteiligungen	8.200,00
2610	Zinserträge	6.000,00
3010	Wareneingänge, Warengruppe 1	750.000,00
3110	Wareneingänge, Warengruppe 2	560.000,00
3910	Warenanfangsbestand, Warengruppe 1	60.000,00
3920	Warenanfangsbestand, Warengruppe 2	80.000,00
4010	Löhne	298.000,00
4020	Gehälter	101.000,00
4040	Gesetzliche soziale Aufwendungen	185.100,00
4100	Mieten und Pachten	4.900,00
4210	Gewerbesteuer	22.400,00
4400	Werbekosten	12.200,00
4910	Abschreibungen auf Sachanlagen	92.500,00
4940	Abschreibungen auf Wertpapiere des Umlaufvermögens	31.200,00
8010	Warenverkauf, Warengruppe 1	1.270.500,00
8110	Warenverkauf, Warengruppe 2	800.000,00
8710	Eigenverbrauch (Waren)	42.000,00

Die Warenendbestände betragen:	Warengruppe 1	110.000,00
	Warengruppe 2	90.000,00

1. *Erstellen Sie die Ergebnistabelle (vgl. Aufgabenstellung Aufgabe 220).*
2. *Beurteilen Sie die Erfolgslage des Unternehmens.*

222 Die FB der Sanitärgroßhandlung H. Schnell weist für das 1. Quartal .. folgende Aufwendungen und Erträge aus:

		DM
2410	Außerordentliche Erträge	8.200,00
2421	Mieterträge	30.000,00
2610	Zinserträge	7.800,00
2710	Erträge aus dem Abgang von Anlagevermögen	24.800,00
2770	Sonstige Erträge (neutral)	22.500,00
3010	Wareneingänge, Warengruppe 1	475.000,00
3110	Wareneingänge, Warengruppe 2	418.500,00
4010	Löhne	135.000,00
4020	Gehälter	110.000,00
4040	Gesetzliche soziale Aufwendungen	65.000,00
4100	Mieten und Pachten	21.200,00
4210	Gewerbesteuer	33.900,00
4220	Kfz-Steuer (Betrieb)	8.400,00
4400	Werbekosten	36.100,00
4710	Instandhaltung	39.600,00
4910	Abschreibungen auf Sachanlagen	84.400,00
4930	Abschreibungen auf Finanzanlagen	7.400,00
8010	Warenverkauf, Warengruppe 1	981.500,00
8110	Warenverkauf, Warengruppe 2	414.200,00

1. *Erstellen Sie die Ergebnistabelle.*
2. *Beurteilen Sie die Erfolgssituation des Unternehmens.*

4.3.2 Kalkulatorische Kosten werden in der Ergebnistabelle berücksichtigt

Situation 1 Frau Kern hat in der Ergebnistabelle von Seite 200 alle Aufwendungen, die regelmäßig und/oder planvoll zum Erreichen der betrieblichen Zwecke angefallen waren, als Kosten in die Betriebsergebnisrechnung übernommen. Sie hat hierbei – unter Beachtung der Warenverkaufserlöse – einen Betriebsgewinn von 53.000,00 DM ausgewiesen. Ihr ist bewusst, dass ihr dieser Gewinn so nicht zur freien Verfügung steht, da sie noch **nicht alle Kosten berücksichtigt** hat bzw. die **Höhe einzelner Kosten noch verändern** muss. Hierdurch wird der Gewinn, den sie für den Betrieb oder für sich verwenden kann, niedriger als 53.000,00 DM ausfallen. **Folgende Überlegungen stellt sie an:**

❶ Sie hat bisher nicht berücksichtigt, dass sie für **ihre Mitarbeit im eigenen Unternehmen** eine „Entlohnung" zu beanspruchen hat. Sie kann sich zwar kein Gehalt berechnen und buchen, so wie sie es für ihre Angestellten und Arbeiter macht – schließlich ist sie Unternehmerin und kann nicht mit sich selbst einen Arbeitsvertrag schließen –, aber ihre Arbeitskraft hat einen „Wert", den sie als **Kosten in der Betriebsergebnisrechnung** ansetzt. Dieser „Lohn" für die unternehmerische Tätigkeit heißt **Unternehmerlohn.** Frau Kern kalkuliert ihn in die Verkaufspreise mit ein und lässt sich so diesen Lohn über die Warenverkaufserlöse von ihren Kunden vergüten.

❷ Die **Zinsaufwendungen** hat Frau Kern mit 20.000,00 DM als Kosten übernommen. In diesen Aufwendungen ist aber nur die Verzinsung des tatsächlichen langfristigen Fremdkapitals (Hypotheken- und Darlehensschulden) enthalten. Die **Verzinsung des eingesetzten Eigenkapitals** fehlt unter den Kosten. Da sie dieses Eigenkapital zur Finanzierung des Vermögens eingesetzt hat – sie hätte es ja auch verzinslich anlegen können –, steht ihr eine Verzinsung des Eigenkapitals zu. **Anstelle der tatsächlichen Fremdkapitalzinsen** will sie also **kalkulatorische Zinsen** vom **gesamten** betriebsnotwendigen Kapital als Kosten ansetzen.

❸ Die **Abschreibungen auf das Anlagevermögen** hat Frau Kern in der **Finanzbuchhaltung** mit einem Wert (23.000,00 DM) berechnet und gebucht, **der für die Kostenrechnung ungeeignet ist.** Bei der Berechnung dieser bilanzmäßigen Abschreibungen hat sie sich an die handels- und steuerrechtlichen Vorschriften gehalten, also z. B. **degressiv** – ausgehend von den **Anschaffungskosten** – abgeschrieben. **In der Kostenrechnung** möchte sie aus Gründen des Kostenvergleichs gleichmäßig (also **linear**) **und** von den zukünftigen (gestiegenen) **Wiederbeschaffungskosten** abschreiben, damit sie demnächst auch in der Lage ist aus den über die Warenverkaufserlöse „verdienten" Abschreibungen die teureren Ersatzanlagen zu beschaffen. **Anstelle der bilanzmäßigen Abschreibungen** will sie also in der Betriebsergebnisrechnung **kalkulatorische Abschreibungen** als Kosten ansetzen.

Mit dem Ansatz kalkulatorischer Kosten in der Betriebsergebnisrechnung – anstelle der entstandenen Aufwendungen aus der Finanzbuchhaltung – folgt Frau Kern einem **wesentlichen Grundsatz der Kostenrechnung:**

In der Betriebsergebnisrechnung werden alle Kosten verursachungs- und periodengerecht in ihrer tatsächlichen Höhe erfasst.

Damit wird auch deutlich, dass die Ausgestaltung der Kostenrechnung durch keine rechtlichen Vorschriften eingeengt wird, sondern ihre Grenze in den Marktgegebenheiten (Konkurrenzsituation, Verhalten der Nachfrager) findet.

6464204

Situation 2 Nachdem Frau Kern geklärt hat, dass sie einige betriebliche Aufwendungen in der Betriebsergebnisrechnung durch kalkulatorische Kosten ersetzen will, stellt sich für sie die Frage, **wie** sie die betrieblichen Aufwendungen und die kalkulatorischen Kosten **in der Ergebnistabelle erfassen** kann. Aus Gründen der besseren Übersichtlichkeit und der klareren Aussage will sie diesen Bereich nicht mit den zuvor abgegrenzten neutralen Aufwendungen und Erträgen vermischen. Sie übernimmt einen Vorschlag der IHK zur Organisation der Ergebnistabelle und fügt in der Abgrenzungsrechnung zwei zusätzliche Spalten mit der Überschrift **„Kostenrechnerische Korrekturen"** ein. Die **linke Spalte** benennt sie **„Betriebliche Aufwendungen"**, die **rechte Spalte „Verrechnete Kosten"**. Damit weist sie in der Abgrenzungsrechnung **zwei Teilergebnisse** aus:

- das **Ergebnis aus neutralen Aufwendungen und Erträgen,** das auch **„Ergebnis aus unternehmensbezogenen Abgrenzungen"** genannt wird, und
- das **Ergebnis aus kostenrechnerischen Korrekturen.**

Beide Teilergebnisse fasst sie **zusammen** zum

- **Neutralen Ergebnis.**

Ihre Ergebnistabelle hat nunmehr folgendes Aussehen:

Ergebnistabelle								
Finanzbuchhaltung			**Kosten- und Leistungsrechnung**					
Gesamtergebnisrechnung der FB			**Abgrenzungsrechnung**				**Betriebsergebnisrechnung**	
			Abgrenzung der neutralen Aufwendungen und Erträge		**Kostenrechnerische Korrekturen**			
Konto	Aufwendungen	Erträge	neutrale Aufwendungen	neutrale Erträge	betriebliche Aufwendungen	verrechnete Kosten	Kosten	Leistungen
			Ergebnis aus neutralen Aufwdg. und Erträgen		Ergebnis aus kostenrechn. Korrekturen			
Gesamtergebnis		**=**	**Neutrales Ergebnis**				**+Betriebsergebnis**	

Zusammenfassung

- Die **Abgrenzungsrechnung** wird außerhalb der Finanzbuchhaltung tabellarisch **in zwei Bereichen** durchgeführt:

  In einem **ersten Bereich** – auch **unternehmensbezogene Abgrenzung** genannt – werden aus den gesamten Aufwendungen und Erträgen der FB die neutralen Aufwendungen und Erträge herausgefiltert und zum **Ergebnis aus neutralen Aufwendungen und Erträgen** (auch „Ergebnis aus unternehmensbezogenen Abgrenzungen" genannt) zusammengeführt.

  In einem **zweiten Bereich** – den **kostenrechnerischen Korrekturen** – werden die korrekturbedürftigen betrieblichen Aufwendungen der FB (z. B. bilanzmäßige Abschreibungen, Zinsaufwendungen) von der Kostenrechnung fern gehalten. Ihnen sind kalkulatorische Kosten aus der Kostenrechnung gegenüberzustellen. Aus den korrekturbedürftigen betrieblichen Aufwendungen und den verrechneten Kosten wird das **„Ergebnis aus kostenrechnerischen Korrekturen"** errechnet.
- Die beiden Teilergebnisse der Abgrenzungsrechnung werden zum **„Neutralen Ergebnis"** zusammengefasst.

4.3.2.1 Kalkulatorischer Unternehmerlohn

Beispiel Frau Kern setzt ihren monatlichen Unternehmerlohn auf **10.000,00 DM** fest. Dieser Betrag soll als Kosten in die Betriebsergebnisrechnung eingebracht werden.

Nachfolgend zeigen wir das Verfahren, nach dem der kalkulatorische Unternehmerlohn in die Ergebnistabelle eingesetzt wird, und erläutern die Auswirkungen. Ziehen Sie zum Vergleich die Ergebnistabelle von Seite 200 heran.

Ergebnistabelle								
Finanzbuchhaltung			**Kosten- und Leistungsrechnung**					
Gesamtergebnisrechnung der FB			**Abgrenzungsrechnung**				**Betriebsergebnis rechnung**	
			Abgrenzung der neutralen Aufwendungen und Erträge		**Kostenrechnerische Korrekturen**			
Konto	Aufwendungen	Erträge	neutrale Aufwendungen	neutrale Erträge	betriebliche Aufwendungen	verrechnete Kosten	Kosten	Leistung
2040	25.000		25.000					
2110	20.000						20.000	
2421		28.000		28.000				
2610		2.000		2.000				
3110	500.000						500.000	
3210	300.000						300.000	
3310	180.000						180.000	
3410	20.000						20.000	
4010	49.000						49.000	
4020	33.000						33.000	
4040	14.000						14.000	
4100	15.000						15.000	
42..	18.000		1.000				17 000	
4400	16.000						16.000	
4620	10.000						10.000	
4910	25.000		2.000				23.000	
8110		620.000						620.0
8210		380.000						380.0
8310		225.000						225.0
8410		25.000						25.0
U.-Lohn						**10.000** ↔	**10.000**	
	1.225.000	1.280.000	28.000	30.000	0	10.000	1.207.000	1.250.0
	55.000		**2.000**		**10.000**		**43.000**	
	1.280.000	1.280.000	30.000	30.000	10.000	10.000	1.250.000	1.250.0

Abstimmung der Ergebnisse

1. Gesamtergebnis der FB		**55.000,00 DM**
2. Ergebnis aus unternehmensbez. Abgrenzungen	(+) 2.000,00 DM	
3. Ergebnis aus kostenrechnerischen Korrekturen	(+) 10.000,00 DM	
4. Betriebsergebnis	(+) 43.000,00 DM	
5. Gesamtergebnis der KLR		**55.000,00 DM**

Erläuterungen:

❶ Der kalkulatorische Unternehmerlohn von 10.000,00 DM wird **zunächst in die Spalte „Kosten" der Betriebsergebnisrechnung eingesetzt.** Er geht damit (zusammen mit den übrigen Kosten) in die Preiskalkulation ein. Im Normalfall ist er also **in den Warenverkaufserlösen enthalten** und fließt in den Finanzmitteln (z. B. Banküberweisung von Kunden) dem Unternehmen zu. Im nebenstehenden Beispiel bewirkt die zusätzliche Berücksichtigung des Unternehmerlohns, dass der Betriebsgewinn von vorher 53.000,00 DM (vgl. S. 200) auf nunmehr **43.000,00 DM sinkt,** ohne dass sich an den Aufwendungen oder Erträgen der Finanzbuchhaltung etwas verändert hätte.

❷ Danach ist der Unternehmerlohn als **Ertrag** in der Spalte **„Verrechnete Kosten" der Abgrenzungsrechnung** aufzuschreiben. Das Aufschreiben als Ertrag ist erforderlich, um einen Ausgleich für den **zusätzlich als Kosten** eingesetzten Unternehmerlohn in der Spalte „Kosten" der Betriebsergebnisrechnung herzustellen. Dadurch **steigt der neutrale Gewinn** von vorher 2.000,00 DM (vgl. S. 200) **auf nunmehr 12.000,00 DM.**

❸ Insgesamt bleibt durch dieses Verfahren der Gesamtgewinn in der KLR von 55.000,00 DM bestehen und stimmt nach wie vor mit dem Gesamtgewinn der FB überein, es erfolgt lediglich eine Verlagerung vom Betriebsgewinn auf den Neutralen Gewinn:

Neutraler Gewinn unter Beachtung des Unternehmerlohns	12.000,00 DM
Betriebsgewinn unter Beachtung des Unternehmerlohns ..	43.000,00 DM
Gesamtgewinn in der KLR	**55.000,00 DM**

❹ Dieses Vorgehen zur **Einsetzung des kalkulatorischen Unternehmerlohns** in die Ergebnistabelle **entspricht** der **Buchung:**

Kosten der Betriebsergebnisrechnung
an **Verrechnete Kosten** der Abgrenzungsrechnung

Auswirkung der Buchung des Unternehmerlohns auf die Teilergebnisse. Sofern über die Warenverkaufserlöse der in die Preise einkalkulierte Unternehmerlohn an das Unternehmen zurückfließt, hat seine Berücksichtigung unter den Kosten **keinen Einfluss auf das Betriebsergebnis.**

Im Neutralen Ergebnis bewirkt der Unternehmerlohn durch seine Buchung als Ertrag in der Spalte „Verrechnete Kosten" eine Erhöhung der Erträge. **Er hat damit Einfluss auf das Neutrale Ergebnis.**

Auf das Gesamtergebnis der FB **wirkt sich der in den Umsatzerlösen enthaltene Unternehmerlohn Gewinn erhöhend aus,** da ihm hier kein entsprechender Aufwand gegenübersteht.

Zusammenfassung

- **Bei Einzelunternehmungen und Personengesellschaften** wird für die mitarbeitenden Inhaber ein angemessener **Unternehmerlohn** in die Betriebsergebnisrechnung und in die Preiskalkulation einbezogen.
- Der kalkulatorische Unternehmerlohn stellt einen echten **Kostenbestandteil** in der KLR dar, dem kein Aufwand und keine Ausgabe in der Finanzbuchhaltung gegenüberstehen.
- Der kalkulatorische Unternehmerlohn wird in die Spalte „Kosten" der Betriebsergebnisrechnung eingesetzt und in der Spalte „Verrechnete Kosten" der Abgrenzungsrechnung als Ertrag gegengebucht.
- Bei vollem **Kostenersatz über die Warenverkaufserlöse** hat der kalkulatorische Unternehmerlohn keinen Einfluss auf die Höhe des Betriebsergebnisses. Das Neutrale Ergebnis und das Gesamtergebnis werden durch ihn Gewinn erhöhend beeinflusst.

4.3.2.2 Kalkulatorische Zinsen

Situation In der Ergebnistabelle auf Seite 200 hat Frau Kern die in der Finanzbuchhaltung gebuchten Fremdkapitalzinsen in Höhe von 20.000,00 DM als Kosten in die Betriebsergebnisrechnung übernommen. Das ist grundsätzlich richtig, da die Fremdkapitalzinsen einen betrieblichen Aufwand darstellen. Es stellt sich aber die Frage, ob es **zweckmäßig** ist, diesen Betrag als Kosten anzusetzen. Frau Kern kann zurecht erwarten, dass ihr in den Warenverkaufserlösen eine angemessene Verzinsung des eingesetzten Eigenkapitals zukommt. Um das zu erreichen, werden in der KLR **Zinsen für das gesamte im Unternehmen für betriebliche Zwecke eingesetzte Kapital** berechnet und als Kosten gebucht. Das geschieht z. B. in der Weise, dass Frau Kern ❶ das betriebsnotwendige Kapital bestimmt, ❷ davon Zinsen berechnet und ❸ diese Zinsen anstelle der tatsächlich gezahlten Fremdkapitalzinsen als Kosten in die Betriebsergebnisrechnung einsetzt.

Beispiel 1 Frau Kern ermittelt auf der Grundlage ihrer Bilanz (vgl. Seite 28) das folgende **betriebsnotwendige Kapital,** das sie mit **7,5 %/Jahr kalkulatorisch** verzinsen will:

Anlagevermögen:		Grundstücke u. Gebäude	1.255.500,00 DM
	–	Wert des vermieteten Gebäudes	255.500,00 DM
	+	Betriebs- und Geschäftsausstattung	494.500,00 DM
Umlaufvermögen:	+	Waren	2.550.000,00 DM
	+	Forderungen a. LL	366.250,00 DM
	+	Kassen- und Bankguthaben	333.750,00 DM
		Betriebsnotwendiges Vermögen	4.744.500,00 DM
	–	**Abzugskapital** (z. B. Liefererverbindlichkeiten ohne Skonto, Rückstellungen) ...	344.500,00 DM
		Betriebsnotwendiges Kapital	**4.400.000,00 DM**

Die **kalkulatorischen Zinsen für das Jahr** betragen dann:

$$\text{Zinsen/Jahr} = \frac{4.400.000{,}00\ \text{DM} \cdot 7{,}5\ \%}{100\ \%} = 330.000{,}00\ \text{DM}$$

und **für den Monat:**

Zinsen/Monat = 330.000,00 DM : 12 = **27.500,00 DM.**

siehe „Zinsrechnung", Kap. 9.5

Erläuterungen:

❶ **Zum betriebsnotwendigen Anlagevermögen** zählen nur solche **Anlagegüter,** die **dauernd** dem eigentlichen **Betriebszweck dienen.** Nicht betriebsnotwendige Anlagen, wie z. B. vermietete Gebäude oder stillgelegte Anlagen, werden nicht berücksichtigt. Dagegen gehören Reserveanlagen (z. B. in Reserve gehaltene Stromerzeuger) stets zum betriebsnotwendigen Anlagevermögen.

❷ **Zum betriebsnotwendigen Umlaufvermögen** gehören alle dem eigentlichen **Betriebszweck** dienenden Vermögensgegenstände. Nicht dazu zählen z. B. Wertpapiere, die als liquide Reserve gehalten werden.

❸ Das **Abzugskapital** besteht aus solchen **Fremdkapitalposten,** die dem Unternehmen **zinslos** zur Verfügung stehen, wie z. B. Anzahlungen von Kunden, sonstige Verbindlichkeiten, Rückstellungen und Verbindlichkeiten a. LL, für die kein Skontoabzug möglich ist.

Beispiel 2 Katja Kern ersetzt in der Betriebsergebnisrechnung der Ergebnistabelle (vgl. S. 206) die Fremdkapitalzinsen (20.000,00 DM) durch die monatlichen kalkulatorischen Zinsen in Höhe von 27.500,00 DM.

Ergebnistabelle								
Finanzbuchhaltung			**Kosten- und Leistungsrechnung**					
Gesamtergebnisrechnung der FB			Abgrenzungsrechnung				Betriebsergebnis-rechnung	
			Abgrenzung der neutralen Aufwendungen und Erträge		Kostenrechnerische Korrekturen			
Konto	Aufwendungen	Erträge	neutrale Aufwendungen	neutrale Erträge	betriebliche Aufwendungen	verrechnete Kosten	Kosten	Leistungen
2040	25.000		25.000					
2110	20.000				**20.000**	**27.500** ↔	**27.500**	
2421		28.000		28.000				
2610		2.000		2.000				
3110	500.000						500.000	
3210	300.000						300.000	
3310	180.000						180.000	
3410	20.000						20.000	
4010	49.000						49.000	
4020	33.000						33.000	
4040	14.000						14.000	
4100	15.000						15.000	
42..	18.000		1.000				17.000	
4400	16.000						16.000	
4620	10.000						10.000	
4910	25.000		2.000				23.000	
8110		620.000						620.000
8210		380.000						380.000
8310		225.000						225.000
8410		25.000						25.000
U.-Lohn						10.000	10.000	
	1.225.000	1.280.000	28.000	30.000	20.000	37.500	1.214.500	1.250.000
	55.000		**2.000**		**17.500**		**35.500**	
	1.280.000	1.280.000	30.000	30.000	37.500	37.500	1.250.000	1.250.000

Abstimmung der Ergebnisse

1. Gesamtergebnis der FB		**55.000,00 DM**
2. Ergebnis aus unternehmensbez. Abgrenzungen	(+) 2.000,00 DM	
3. Ergebnis aus kostenrechnerischen Korrekturen	(+) 17.500,00 DM	
4. Betriebsergebnis	(+) 35.500,00 DM	
5. Gesamtergebnis der KLR		**55.000,00 DM**

Erläuterungen:

❶ Die **Fremdkapitalzinsen** (vgl. Konto 2110) werden mit 20.000,00 DM in die Spalte **„Betriebliche Aufwendungen"** der **„Kostenrechnerischen Korrekturen"** übertragen und damit von der Betriebsergebnisrechnung fern gehalten.

❷ Die **kalkulatorischen Zinsen** werden mit 27.500,00 DM in die Spalte **„Kosten"** der Betriebsergebnisrechnung eingetragen und als Ertrag in der Spalte **„Verrechnete Kosten"** der **„Kostenrechnerischen Korrekturen" gegengebucht.** Der Betriebsgewinn fällt dadurch um 7.500,00 DM niedriger aus als vor der Berücksichtigung der kalkulatorischen Zinsen und beträgt nunmehr 35.500,00 DM.

❸ In der Abgrenzungsrechnung stehen sich Fremdkapitalzinsen (20.000,00 DM) und kalkulatorische Zinsen (27.500,00 DM) gegenüber. In diesem Fall ergibt sich daraus ein **Ergebnis aus kostenrechnerischen Korrekturen** von (+) 7.500,00 DM. Um diesen Betrag fällt der neutrale Gewinn höher aus als zuvor und beträgt nunmehr 19.500,00 DM.

4.3.2.3 Kalkulatorische Abschreibungen

Situation Frau Kern hat die in der Finanzbuchhaltung gebuchten **bilanzmäßigen Abschreibungen** (vgl. Konto 4910) in Höhe von 23.000,00 DM als Kosten in die Betriebsergebnisrechnung übernommen (vgl. S. 200). Dagegen ist grundsätzlich nichts einzuwenden, da Abschreibungen betriebliche Aufwendungen darstellen. Es zeigt sich aber, dass die **bilanzmäßigen Abschreibungen als Kosten ungeeignet** sind, da Frau Kern sie nach steuer- und handelsrechtlichen Vorschriften berechnet, z. B. schreibt sie in der FB degressiv von den Buchwerten mit hohen Anfangsbeträgen und fallenden Folgebeträgen ab. Solche von Jahr zu Jahr fallenden Abschreibungsbeträge eignen sich nicht für die Kostenrechnung, da sie die **tatsächliche Wertminderung** nicht zutreffend angeben. Außerdem wird in der Kostenrechnung auf gleich hohe Belastung jeder Rechnungsperiode mit Abschreibungen Wert gelegt, damit **Kostenvergleiche** möglich sind. Frau Kern hat noch einen wichtigen Grund, warum sie die bilanzmäßigen Abschreibungen nicht in die Betriebsergebnisrechnung übernimmt: **Bilanzmäßig** darf sie nur von den **Anschaffungskosten** abschreiben, sodass sie nach Ablauf der Nutzungsdauer in den Warenverkaufserlösen auch nur die bilanzmäßigen Abschreibungen in Höhe der Anschaffungskosten zurückerhält. Wenn nun in der Zwischenzeit die Anschaffungskosten für die Ersatzanlage gestiegen sind, dann kann Frau Kern die Ersatzanlage nur mit zusätzlichen Finanzmitteln (aus Krediten oder aus dem Gewinn) anschaffen. Und das will sie vermeiden, indem sie in die Betriebsergebnisrechnung anstelle der bilanzmäßigen Abschreibungen die sog. **kalkulatorischen Abschreibungen** einsetzt, **die sie von den (vermutlich höheren) Wiederbeschaffungskosten nach der linearen Abschreibungsmethode berechnet.**

Beispiel 1 Frau Kern berechnet die **monatlichen kalkulatorischen Abschreibungen** nach folgenden **geschätzten** Wiederbeschaffungskosten:

Anlagevermögen	Wiederbeschaffungskosten	Abschr.-Satz	Abschreibungsbetrag
Gebäude (ohne Grundstücke, ohne vermietete Gebäude)	2.800.000,00 DM	4 %	112.000,00 DM
Betriebs- und Geschäftsausstattung	1.000.000,00 DM	20 %	200.000,00 DM
Summe der jährlichen kalkulatorischen Abschreibungen			312.000,00 DM
monatliche kalkulatorische Abschreibungen			**26.000,00 DM**

siehe „Prozentrechnung", Kap. 9.4

Zusammenfassung

- **Kalkulatorische Abschreibungen** sind Kosten, die **anstelle der bilanzmäßigen Abschreibungen** in die Betriebsergebnisrechnung eingesetzt werden.
- Sie werden in der Regel nach der **linearen Abschreibungsmethode** von den (gestiegenen) **Wiederbeschaffungskosten** berechnet und sichern damit die **Substanzerhaltung** des Unternehmens, sofern sie **über die Warenverkaufserlöse voll erwirtschaftet** werden können.

Beispiel 2 Frau Kern ersetzt in der Betriebsergebnisrechnung der Ergebnistabelle (vgl. S. 209) die bilanzmäßigen Abschreibungen (23.000,00 DM) durch die monatlichen kalkulatorischen Abschreibungen in Höhe von 26.000,00 DM.

6464210

Ergebnistabelle								
Finanzbuchhaltung			**Kosten- und Leistungsrechnung**					
Gesamtergebnisrechnung der FB			Abgrenzungsrechnung				Betriebsergebnis-rechnung	
			Abgrenzung der neutralen Aufwendungen und Erträge		Kostenrechnerische Korrekturen			
Konto	Aufwendungen	Erträge	neutrale Aufwendungen	neutrale Erträge	betriebliche Aufwendungen	verrechnete Kosten	Kosten	Leistungen
2040	25.000		25.000					
2110	20.000				20.000	27.500	27.500	
2421		28.000		28.000				
2610		2.000		2.000				
3110	500.000						500.000	
3210	300.000						300.000	
3310	180.000						180.000	
3410	20.000						20.000	
4010	49.000						49.000	
4020	33.000						33.000	
4040	14.000						14.000	
4100	15.000						15.000	
42..	18.000		1.000				17.000	
4400	16.000						16.000	
4620	10.000						10.000	
4910	25.000		2.000		**23.000**	**26.000** ↔	**26.000**	
8110		620.000						620.000
8210		380.000						380.000
8310		225.000						225.000
8410		25.000						25.000
U.-Lohn						10.000	10.000	
	1.225.000	1.280.000	28.000	30.000	43.000	63.500	1.217.500	1.250.000
	55.000		**2.000**		**20.500**		**32.500**	
	1.280.000	1.280.000	30.000	30.000	63.500	63.500	1.250.000	1.250.000

Abstimmung der Ergebnisse

1. Gesamtergebnis der FB		**55.000,00 DM**
2. Ergebnis aus unternehmensbez. Abgrenzungen	(+) 2.000,00 DM	
3. Ergebnis aus kostenrechnerischen Korrekturen	(+) 20.500,00 DM	
4. Betriebsergebnis	(+) 32.500,00 DM	
5. Gesamtergebnis der KLR		**55.000,00 DM**

Erläuterungen:

❶ **Die bilanzmäßigen Abschreibungen** (vgl. Konto 4910) werden mit 23.000,00 DM in die Spalte **„Betriebliche Aufwendungen"** der **„Kostenrechnerischen Korrekturen"** übertragen und damit von der Betriebsergebnisrechnung fern gehalten.

❷ **Die kalkulatorischen Abschreibungen** werden mit 26.000,00 DM in die Spalte **„Kosten"** der Betriebsergebnisrechnung eingetragen und als Ertrag in der Spalte **„Verrechnete Kosten"** der **„Kostenrechnerischen Korrekturen"** gegengebucht. Der Betriebsgewinn fällt dadurch um 3.000,00 DM niedriger aus als vor der Berücksichtigung der kalkulatorischen Abschreibungen und beträgt nunmehr 32.500,00 DM.

❸ In den **Kostenrechnerischen Korrekturen** stehen sich nun bilanzmäßige Abschreibungen (23.000,00 DM) als Aufwand und kalkulatorische Abschreibungen (26.000,00 DM) als Ertrag gegenüber. Der neutrale Gewinn wird um 3.000,00 DM höher ausgewiesen und beträgt nunmehr insgesamt 22.500,00 DM.

Abschreibungskreislauf.[1] Ein wesentliches Unternehmensziel muss die **Erhaltung der Vermögenssubstanz** sein; insbesondere geht es hierbei um die Erhaltung der im Anlagevermögen ruhenden Leistungsfähigkeit. Dies wird durch die **Ersatzbeschaffung** (= Reinvestition) **verbrauchter Anlagen** erreicht. Die **Finanzierung** solcher Anlagen hat grundsätzlich aus „verdienten" Kosten **ohne Zuführung von Eigenkapital** zu erfolgen. Um dies zu erreichen, bedarf es des **Ansatzes von Abschreibungen**

- in der **Finanzbuchhaltung** als **Aufwand,** um zu verhindern, dass in der Gewinn- und Verlustrechnung **ein zu hoher Gewinn ausgewiesen** und möglicherweise **ausgeschüttet** wird (= Gefahr der Substanzausschüttung),
- in der **Kosten- und Leistungsrechnung** als **Kosten,** um den Werteverzehr der Anlagen zu erfassen und in die **Preisberechnung** einzubeziehen. In der Regel müssen dem Unternehmen im Preis für die Waren **alle Kosten** zurückerstattet werden. In den Warenverkaufserlösen fließen also auch die Abschreibungsbeträge (= **Abschreibungsgegenwerte**) zurück und stehen in Form **flüssiger Mittel** für die Erneuerung von Anlagen zur Verfügung.

So ergibt sich – unter der Voraussetzung, dass die kalkulatorischen Abschreibungen vom Markt vergütet werden – folgender

Abschreibungskreislauf:

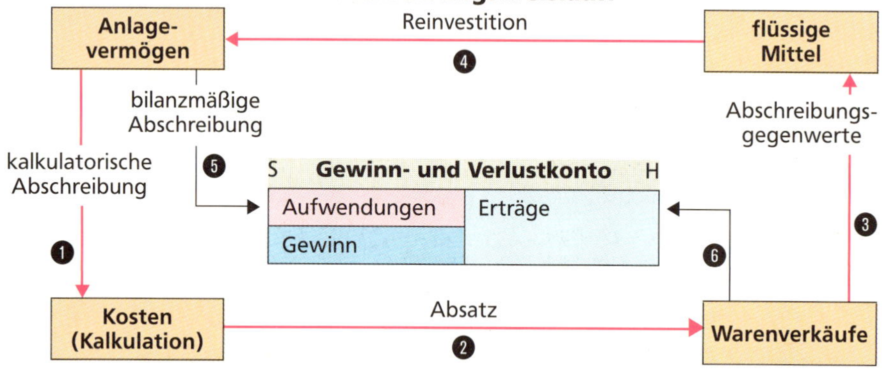

Aufgabe: *Erläutern Sie den Abschreibungskreislauf ❶ bis ❻ anhand eines Zahlenbeispiels.*

Finanzierung aus Abschreibungsgegenwerten. Die obige Darstellung macht deutlich, dass kein Unternehmen auf Abschreibungen als wesentliches Mittel der Finanzierung (= **Innenfinanzierung**) verzichten kann.

Bei der Finanzierungswirkung der Abschreibung lassen sich drei Fälle unterscheiden:

- **Bilanzmäßige Abschreibungen und kalkulatorische Abschreibungen stimmen überein.** In diesem Fall findet eine **Vermögensumschichtung** vom Anlagevermögen zum Umlaufvermögen statt. Auf Dauer wird die Substanz nur **nominell** erhalten.
- **Bilanzmäßige Abschreibungen sind höher als kalkulatorische Abschreibungen.** In diesem Fall führt der gebuchte Mehraufwand zu einer **verdeckten Finanzierung aus dem Gewinn.**
- **Bilanzmäßige Abschreibungen sind niedriger als kalkulatorische Abschreibungen.** In diesem Fall führt der erzielte Mehrerlös zu einer **offenen Finanzierung aus dem Gewinn.**

1 vgl. S. 81

6464212

Zusammenfassung

- **Aufgabe der kalkulatorischen Kosten.** Die kalkulatorischen Kosten sorgen dafür, dass nur der Werteverzehr in die Kosten- und Leistungsrechnung eingebracht wird, der durch die Umsatzprozesse **tatsächlich** entstanden ist, auch wenn er in der Erfolgsrechnung der Finanzbuchhaltung **nicht oder in anderer Höhe angefallen ist.** Dadurch wird die Kosten- und Leistungsrechnung **genauer, von Schwankungen** einzelner Aufwendungen (z. B. degressive Abschreibung) **befreit** und ein **Kostenvergleich** mit einzelnen Perioden oder branchengleichen Betrieben **ist möglich.**
- **Arten der kalkulatorischen Kosten.** Die meisten Aufwendungen der Finanzbuchhaltung können unverändert als Kosten übernommen werden. In diesen Fällen spricht man von **aufwandsgleichen Kosten** oder **Grundkosten.**

  Anderskosten. Einige Aufwendungen der Finanzbuchhaltung stellen zwar betrieblichen Aufwand dar, **eignen sich aber in ihrer Höhe nicht für die Kostenrechnung.** Sie werden deshalb mit einem **anderen Wert in der KLR** angesetzt, als sie in der FB gebucht wurden. Kosten dieser Art heißen **Anderskosten;** sie sind **aufwandsungleiche Kosten.** Dazu rechnen z. B. **kalkulatorische Abschreibungen, kalkulatorische Zinsen auf das Fremdkapital** und **kalkulatorische Wagnisse.**

  Zusatzkosten. Einigen Kosten der KLR liegt gar **kein Aufwand in der FB** zugrunde. Es handelt sich um **aufwandslose Kosten (= Zusatzkosten).** Sie dürfen in der FB nicht erfasst werden, da mit ihnen **keine Geldausgaben** verbunden sind. Zusatzkosten stellen jedoch echten **betriebsbedingten Werteverzehr** dar und müssen deshalb in der KLR **zusätzlich** berücksichtigt werden. Zu ihnen zählen der **kalkulatorische Unternehmerlohn** bei Einzelunternehmungen und Personengesellschaften und die **kalkulatorischen Zinsen auf das** betriebsnotwendige **Eigenkapital.**
- Durch das Einbringen der kalkulatorischen Kosten in die Betriebsergebnisrechnung bezweckt der Unternehmer die **vollständige Erfassung der Kosten,** um das Betriebsergebnis berechnen zu können, das ihm den „wahren" Erfolg seiner betrieblichen Tätigkeit mitteilt.
- Die mit den **Warenverkaufserlösen** in das Unternehmen **zurückfließenden kalkulatorischen Kosten** stehen als **flüssige Finanzierungsmittel zur Verfügung.** Sie werden durch die in der FB gebuchten Aufwendungen vor der Ausschüttung bewahrt.

Das folgende **Schaubild** soll Ihnen den **Zusammenhang zwischen** den **Aufwendungen** der Finanzbuchhaltung **und** den **Kosten** der Kosten- und Leistungsrechnung verdeutlichen.

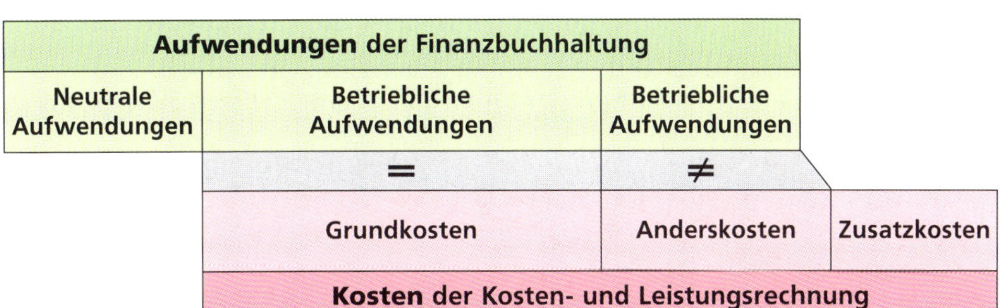

4.3.3 Was lässt sich aus der Ergebnistabelle erkennen?

Die Ergebnistabelle von Seite 211 bedarf nun keiner weiteren Veränderungen mehr, um das zuvor formulierte Ziel **„Erfassung aller Kosten und Leistungen einer Rechnungsperiode"** zu erreichen, und Frau Kern kann sich nunmehr der Frage zuwenden:

Was sagen mir die in der Ergebnistabelle ausgewiesenen Zahlen?

Das Betriebsergebnis, im vorliegenden Fall ein **Betriebsgewinn** für den Monat September in Höhe von **32.500,00 DM,** sagt aus, dass es das Unternehmen Kern über die Warenverkaufserlöse nicht nur geschafft hat, **alle Kosten** – einschließlich der gesamten kalkulatorischen Kosten – **zu „verdienen",** sondern auch noch einen **Überschuss** von 32.500,00 DM zu erwirtschaften. Da in den Kosten bereits der Unternehmerlohn, die Verzinsung des Eigenkapitals sowie die Sicherung der Ersatzinvestitionen über die kalkulatorischen Abschreibungen enthalten sind, stellt dieser Überschuss einen **Restgewinn** dar.

- Mit diesem Restgewinn kann Frau Kern ihr **allgemeines Unternehmerrisiko** abdecken. Er ist also ihr „Polster", mit dem sie schlechtere Monate oder Jahre ausgleichen kann, wenn z. B. der Warenverkauf rückläufig sein sollte und nicht mehr die Kosten in voller Höhe deckt.
- Er ist aber auch ihre **Finanzierungsquelle für neue Investitionen,** wenn sie z. B. eine Vergrößerung ihres Unternehmens plant. Sie ist dann nicht auf Kredite der Banken angewiesen, sondern kann die Investition aus **eigenen Mitteln** bestreiten.

Frau Kern wird in diesen Fällen den Betriebsgewinn in ihrem Unternehmen belassen. Sie führt ihn ihrem Eigenkapital zu (vgl. Seite 51 f.). Zugleich steht er ihr in den Vermögensposten zur Verfügung. Natürlich könnte sie diesen Gewinn auch für private Zwecke verwenden (vgl. Seite 84 f.).

Umsatzrentabilität. Der Betriebsgewinn von 32.500,00 DM ist zunächst nur eine Zahl, die nicht mehr oder nicht weniger aussagt, als dass das Unternehmen Kern einen Überschuss erzielt hat. Sie sagt noch nichts darüber aus, **ob dieser Überschuss** (im Vergleich mit früheren Rechnungsperioden oder im Vergleich mit anderen Unternehmen der gleichen Branche) **angemessen** ist. Um das festzustellen, rechnet Frau Kern aus dem **Betriebsgewinn** und den **Warenverkaufserlösen** die **Umsatzrentabilität in Prozent** aus:

$$\textbf{Umsatzrentabilität} = \frac{\text{Betriebsgewinn} \cdot 100\ \%}{\text{Warenverkaufserlöse}} = \frac{32.500{,}00\ \text{DM} \cdot 100\ \%}{1.250.000{,}00\ \text{DM}} = \mathbf{2{,}6\ \%}$$

siehe „Prozentrechnung", Kap. 9.4

Die Umsatzrentabilität gibt die **Ertragskraft des Unternehmens** an, in diesem Fall, wie viel Prozent des Umsatzes auf den Betriebsgewinn entfallen. Da Frau Kern weiß, dass eine **Umsatzrentabilität über 2 % in ihrer Branche als gut** bezeichnet wird, kann sie jetzt abschätzen, dass in ihrem Unternehmen sehr rentabel gearbeitet worden ist.

Wirtschaftlichkeit. Mit der Wirtschaftlichkeit „misst" Frau Kern, ob die eingesetzten Faktoren (Arbeitskräfte, Sachanlagen, Waren) in ihrem Unternehmen „kostengünstig" gearbeitet haben, indem sie die Leistungen durch die Kosten dividiert:

$$\textbf{Wirtschaftlichkeit} = \frac{\text{Leistungen}}{\text{Kosten}} = \frac{1.250.000{,}00\ \text{DM}}{1.217.500{,}00\ \text{DM}} = \mathbf{1{,}03}$$

Die Wirtschaftlichkeitszahl 1,03 besagt, dass das Unternehmen Kern für je 1,00 DM Kosten Leistungen von 1,03 DM geschaffen hat. Das ist eine nicht zufrieden stellende Zahl (vgl. auch Seite 201).

Aufgaben

223 Ein Großhandelsunternehmen verfügt über folgende betriebsnotwendige Vermögenswerte:

Anlagevermögen:	Gebäude	750.000,00 DM
	Betriebs- und Geschäftsausstattung	390.000,00 DM
	Fuhrpark	260.000,00 DM
Umlaufvermögen:	Waren	530.000,00 DM
	Kundenforderungen	280.000,00 DM
	Zahlungsmittel	190.000,00 DM

Das Abzugskapital besteht aus Lieferantenkrediten in Höhe von 200.000,00 DM.
Der kalkulatorische Zinssatz wird mit 9 % angesetzt.
Die Fremdkapitalzinsen betragen im Geschäftsjahr 135.000,00 DM.

1. *Ermitteln Sie das betriebsnotwendige Kapital sowie die jährlichen und monatlichen kalkulatorischen Zinsen.*
2. *Erstellen Sie die Ergebnistabelle.*

224 Auf einen LKW mit Anschaffungskosten von 120.000,00 DM werden aus steuerlichen Gründen 20 % bilanzmäßig abgeschrieben. Die kalkulatorische Abschreibung beträgt 15 % der Wiederbeschaffungskosten von 140.000,00 DM.

1. *Stellen Sie den Vorgang in einer Ergebnistabelle dar.*
2. *Welche Auswirkung auf das Gesamtergebnis haben die kalkulatorischen Abschreibungen bei vollem Kostenersatz?*

225 Die in der Finanzbuchhaltung für das Jahr .. erfassten Fremdkapitalzinsen betragen 72.000,00 DM. Die kalkulatorischen Zinsen werden in der Kosten- und Leistungsrechnung mit 90.000,00 DM verrechnet.

1. *Um wie viel DM übersteigen die Zusatzkosten, die durch die Verrechnung der kalkulatorischen Zinsen entstehen, die Fremdkapitalzinsen?*
2. *Welche Zinsen beeinflussen in welcher Höhe*
   a) das Gesamtergebnis, b) das Betriebsergebnis, c) das Neutrale Ergebnis?

226 Der Großhändler Eberhard Naumann berechnet für seine Arbeitsleistung einen kalkulatorischen Unternehmerlohn von 12.000,00 DM monatlich.

1. *Wie wird der Vorgang in der Ergebnistabelle erfasst?*
2. *Zeigen Sie in der Ergebnistabelle auf, wie sich der kalkulatorische Unternehmerlohn auf die Kosten und auf das Gesamtergebnis auswirkt, wenn voller Kostenersatz über die Warenverkaufserlöse möglich ist.*
3. *Weshalb bezeichnet man den Unternehmerlohn auch als Zusatzkosten?*

227 Ein Unternehmen hat aufgrund der angespannten Wirtschaftslage im abgelaufenen Jahr seine Waren unter Selbstkosten verkauft. Folgende Angaben aus der Finanzbuchhaltung und der Kosten- und Leistungsrechnung liegen vor:

Warenverkauf	1.140.000,00 DM
Kosten (ohne Abschreibungen und Zinsen)	1.030.000,00 DM
Bilanzmäßige Abschreibungen	33.000,00 DM
Gezahlte Fremdkapitalzinsen	39.000,00 DM
Kalkulatorische Abschreibungen	90.000,00 DM
Kalkulatorische Zinsen	56.000,00 DM

1. *Erstellen Sie die Ergebnistabelle.*
2. *Begründen Sie, warum trotz eines Betriebsverlustes ein Unternehmungsgewinn entsteht.*

228 In der Finanzbuchhaltung eines Unternehmens wurden im abgelaufenen Jahr Kosten (ohne kalkulatorische Abschreibungen) in Höhe von 1.620.000,00 DM gebucht. Die Erlöse betrugen 2.110.000,00 DM. Die Anlagen (Buchwert 350.000,00 DM) werden mit 30 % vom Buchwert abgeschrieben. In der Kostenrechnung veranschlagt man die tatsächliche Wertminderung dieser Anlagen mit linear 20 % der Wiederbeschaffungskosten von 420.000,00 DM.

Erstellen Sie eine Ergebnistabelle und ermitteln Sie das Betriebsergebnis, das Neutrale Ergebnis und das Gesamtergebnis.

229 Der Summenbilanz eines Großhandelsunternehmens sind folgende Angaben entnommen:

0310 Technische Anlagen und Maschinen	860.000,00 DM
0340 Fuhrpark	340.000,00 DM

Abschlussangaben

1. Bilanzmäßige Abschreibungen:
   30 % auf 0310 von den Anschaffungskosten .... 1.110.000,00 DM
   15 % auf 0340 von den Anschaffungskosten .... 500.000,00 DM
2. Kalkulatorische Abschreibungen:
   20 % auf 0310 von den Wiederbeschaffungskosten ..... 1.240.000,00 DM
   10 % auf 0340 von den Wiederbeschaffungskosten ..... 540.000,00 DM

Erstellen Sie die Ergebnistabelle.

230

Auszug aus der Summenbilanz eines Unternehmens für den Monat Juli ..		Soll	Haben
03	Anlagen	240.000,00	–
0610	Eigenkapital	–	450.000,00
0820	Verbindlichkeiten gegenüber Banken ...	–	50.000,00
10/13/15	Finanzkonten	860.000,00	570.000,00
2110	Zinsaufwendungen	28.500,00	–
2310	Abschreibungen auf Forderungen	40.000,00	–
2421	Mieterträge	–	12.300,00
3010	Wareneingänge	570.000,00	–
3910	Warenanfangsbestand	170.000,00	–
40..	Löhne, Gehälter, Soziale Aufwendungen	150.000,00	–
4100	Mieten	13.800,00	–
42..	Betriebliche Steuern	60.000,00	–
4260	Versicherungsbeiträge	20.000,00	–
4400	Reisekosten	30.000,00	–
4910	Abschreibungen auf Sachanlagen	–	–
8010	Warenverkauf	–	1.100.000,00
		2.182.300,00	2.182.300,00

Abschlussangaben DM

1. Der Warenendbestand beträgt 150.000,00
2. Bilanzmäßige Abschreibungen auf Anlagen 20.000,00
   Kalkulatorische Abschreibungen auf Anlagen 17.000,00
3. Kalkulatorische Zinsen auf das betriebsnotwendige Kapital .. 30.000,00
4. Kalkulatorischer Unternehmerlohn 15.000,00
5. Die Buchbestände entsprechen im Übrigen den Inventurwerten.

1. *Erstellen Sie die Ergebnistabelle und geben Sie das Betriebsergebnis an.*
2. *Ermitteln Sie die Handlungskosten (= Kosten ohne Warenaufwendungen) für den Abrechnungsmonat.*
3. *Werten Sie die Ergebnistabelle aus (vgl. Seite 214).*

6464216

231 Die Buchhaltung der Mayer KG schließt mit folgenden Aufwendungen und Erträgen ab:

		DM
2050	Verluste aus dem Abgang von Verm.-Gegenst. (UV)	22.000,00
2110	Zinsaufwendungen	3.500,00
2421	Mieterträge	9.800,00
2610	Zinserträge	4.500,00
2710	Erträge aus dem Abgang von Verm.-Gegenst. (AV)	42.000,00
3010	Wareneingänge	420.000,00
3910	Warenanfangsbestand	180.000,00
4010	Löhne	110.000,00
4020	Gehälter	185.000,00
4040	Gesetzliche soziale Aufwendungen	45.000,00
4100	Mieten, Pachten	43.000,00
4910	Abschreibungen auf Sachanlagen	120.000,00
8010	Warenverkauf	1.180.000,00
8710	Eigenverbrauch (Waren)	15.000,00

Der Warenendbestand beträgt	120.000,00
Kalkulatorische Abschreibungen auf Sachanlagen betragen	140.000,00
Kalkulatorischer Unternehmerlohn wird angesetzt mit	15.000,00
Als kalkulatorische Zinsen sind zu verrechnen	18.000,00

1. *Führen Sie die Gesamtergebnisrechnung, die Abgrenzungsrechnung und die Betriebsergebnisrechnung in der Ergebnistabelle durch.*
2. *Werten Sie die Ergebnistabelle aus (vgl. Seite 214).*

232 Die Gewinn- und Verlustrechnung eines Großhandelsunternehmens weist folgende Beträge aus:

		DM
2050	Verluste aus dem Abgang von Verm.-Gegenst. (UV)	7.500,00
2110	Zinsaufwendungen	1.250,00
2310	Abschreibungen auf Forderungen	15.800,00
2421	Mieterträge	14.200,00
2610	Zinserträge	13.250,00
2710	Erträge aus dem Abgang von Verm.-Gegenst. (AV)	41.600,00
2770	Sonstige Erträge (neutral)	18.700,00
3010	Wareneingänge	326.500,00
3910	Warenanfangsbestand	115.000,00
4010	Löhne	74.700,00
4020	Gehälter	31.800,00
4040	Gesetzliche soziale Aufwendungen	24.300,00
4210	Gewerbesteuer	21.300,00
4260	Versicherungsbeiträge	18.100,00
4910	Abschreibungen auf Sachanlagen	78.900,00
8010	Warenverkauf	775.000,00
8710	Eigenverbrauch (Waren)	25.900,00

Der Warenendbestand beläuft sich auf	85.900,00
Der kalkulatorische Unternehmerlohn beträgt	62.000,00
Die kalkulatorischen Zinsen belaufen sich auf	18.300,00
Die kalkulatorischen Abschreibungen auf Sachanlagen betragen	72.500,00
Die kalkulatorischen Abschreibungen auf Forderungen betragen	5.000,00

1. *Ermitteln Sie in der Ergebnistabelle das Gesamtergebnis der Unternehmung, das Neutrale Ergebnis und das Betriebsergebnis.*
2. *Werten Sie die Ergebnistabelle aus (vgl. Seite 214).*

4.4 Zuschlagskalkulation mit einheitlichem Handlungskostensatz

Situation Nachdem Frau Kern die Kosten sorgfältig ermittelt hat, kommt es ihr darauf an, die **Kalkulation der Verkaufspreise** ihrer Waren auf eine gute Grundlage zu stellen. Hierbei geht sie von folgenden **Annahmen** aus:

❶ Die **Kalkulation hat das Ziel** den **Preis einer Ware zu berechnen,** der unter **Einrechnung aller anteiligen Kosten und eines angemessenen Gewinns** vom Kunden zu fordern ist. Dieser Preis stellt somit sicher, dass dem Unternehmen über die Warenverkaufserlöse so viele Finanzmittel zufließen, dass seine Existenz auf Dauer gesichert ist. Von der Konkurrenzsituation auf dem jeweiligen Absatzmarkt hängt es ab, ob dieser Preis auch tatsächlich und immer gefordert werden kann. Auf jeden Fall hat dieser Preis eine **Kontrollfunktion:** Wird er unterschritten, so muss das Unternehmen auf einen Teil des Gewinns verzichten.

❷ Der **Verkaufspreis** wird mithilfe eines Kalkulationsverfahrens, der **Zuschlagskalkulation,** berechnet. Die Zuschlagskalkulation geht vom **Listeneinkaufspreis** einer Ware aus (vgl. Seite 131 f.) und rechnet schrittweise die anteiligen Kosten und sonstigen Zuschläge ein. Für dieses Kalkulationsverfahren verwendet Frau Kern das folgende **Kalkulationsschema:**

	Listeneinkaufspreis	**Bezugskalkulation**
–	Liefererrabatt	
	Zieleinkaufspreis	
–	Liefererskonto	
	Bareinkaufspreis	
+	Bezugskosten	
	Bezugspreis (= Einstandspreis)	
+	Handlungskosten	**Selbstkosten- und Verkaufskalkulation**
	Selbstkostenpreis	
+	Gewinn	
	Barverkaufspreis	
+	Kundenskonto	
	Rechnungspreis (= Zielverkaufspreis)	
+	Kundenrabatt	
	Angebotspreis	

Bezugskalkulation. Der obere Teil dieses Kalkulationsschemas, die Bezugskalkulation, ist Ihnen schon aus dem **Angebotsvergleich** bekannt. Wir gehen an dieser Stelle nicht mehr darauf ein und verweisen auf die ausführliche Darstellung auf den Seiten 131 f. Zur besseren Einarbeitung in die Kalkulation ist es günstig, wenn Sie diese Seiten im Buch wiederholen.

Bezugspreis. In den nachfolgenden Ausführungen gehen wir immer vom Bezugspreis aus, also von dem Preis, den der Käufer nach Abzug der Nachlässe und Einrechnung der Bezugskosten zahlen muss, bis die Ware in seinem Lager eingetroffen ist.

4.4.1 Wodurch unterscheiden sich Einzelkosten und Gemeinkosten voneinander?

Für das Verständnis der Zuschlagskalkulation ist es wichtig, zunächst Einzelkosten und Gemeinkosten voneinander zu unterscheiden. Wir wollen Ihnen den Unterschied an zwei typischen Beispielen verdeutlichen.

Beispiel In der Ergebnistabelle auf Seite 211 sind alle Kosten für den Monat September erfasst. Unter anderem finden Sie darin die Positionen:

3110	**Warenaufwendungen für Druckpapier ....**	**500.000,00 DM**
4910	**Kalkulatorische Abschreibungen auf Sachanlagen**	**26.000,00 DM**

Die **Warenaufwendungen** für Druckpapier sind Kosten, die von einer ganz bestimmten Warengruppe, nämlich Druckpapier, verursacht wurden. Sie können deshalb auch **eindeutig dieser Warengruppe zugerechnet werden.** Dagegen sind die **kalkulatorischen Abschreibungen** auf Sachanlagen für alle Anlagen im Unternehmen berechnet und gebucht worden, ohne dass gesagt werden kann, welche Warengruppe diese Abschreibungen verursacht hat (z. B. dadurch, dass bestimmte Waren auf Lastkraftwagen transportiert wurden, für die Abschreibungen angefallen sind). **Die Abschreibungen lassen sich also nicht ohne weiteres einer bestimmten Warengruppe zuordnen.**

Einzelkosten. Alle **Kosten,** die die Eigenschaft haben, dass sie **unmittelbar einer bestimmten Ware oder Warengruppe zugeordnet** werden können, weil sie von dieser Ware oder Warengruppe verursacht wurden, heißen **Einzelkosten.** Zu den Einzelkosten im Unternehmen Katja Kern gehören vor allem:

- **Warenaufwendungen** der Kontenklasse 3,
- **Bezugskosten** für einzelne Waren oder Warengruppen.

Vereinfacht gehen wir davon aus, dass die auf den Konten 3110, 3210, 3310 und 3410 (vgl. Ergebnistabelle Seite 211) gebuchten Nettowarenaufwendungen die Einzelkosten der jeweiligen Warengruppe sind. Ebenso stellt der kalkulierte Bezugspreis einer Ware deren Einzelkosten je Wareneinheit dar (vgl. S. 131 f.).

Gemeinkosten lassen sich **nicht unmittelbar einer einzelnen Ware oder Warengruppe zurechnen,** weil sie für alle Waren des Unternehmens angefallen sind. Zu den Gemeinkosten im Unternehmen Kern gehören – ausgenommen die Warenaufwendungen – **alle sonstigen Kosten der Kontenklasse 4** und die **kalkulatorischen Kosten** (vgl. Ergebnistabelle S. 211):

- **Kosten der Warenabgabe,**
- **Löhne und Gehälter,**
- **Soziale Aufwendungen,**
- **Kalkulatorische Abschreibungen auf Sachanlagen,**
- **Mieten,**
- **Werbe- und Reisekosten,**
- **Betriebliche Steuern, Beiträge, Versicherungen,**
- **Kalkulatorische Zinsen,**
- **Kalkulatorischer Unternehmerlohn.**

Handlungskosten. Diese Gemeinkosten heißen im Großhandelsbetrieb auch **Handlungskosten.**

4.4.2 Wie werden der einheitliche Handlungskostensatz berechnet und die Selbstkosten kalkuliert?

Situation Frau Kern möchte gerne die Selbstkosten der eingekauften Waren, z. B. die **Selbstkosten für eine Packung Saugpapier, berechnen.** Unter Selbstkosten verstehen wir die **Kosten für eine Ware,** die durch deren **Einkauf, Lagerung, Verwaltung und Vertrieb verursacht** wurden. Beim Verkauf dieser Ware müssen über die Erlöse mindestens diese Kosten an das Unternehmen zurückfließen, wenn kein Verlust entstehen soll. Das Problem besteht nun darin, dass die meisten der bei diesen betrieblichen Tätigkeiten anfallenden Kosten Gemeinkosten sind, die nicht direkt für eine bestimmte Ware entstanden sind. Es kann z. B. nicht gesagt werden, wie viel der gezahlten Gehälter für die Angestellten auf die Warengruppe Druckpapier, wie viel auf die Warengruppe Saugpapier usw. entfallen sind. Frau Kern löst dieses Problem folgendermaßen:

❶ Sie kennt die **Warenaufwendungen** (= Einzelkosten) des Monats September für jede Warengruppe aus der Ergebnistabelle (vgl. Seite 211).

❷ Sie kann die **gesamten Handlungskosten** für denselben Monat ermitteln, indem sie die nicht zu den Warenaufwendungen gehörenden Kosten in der Ergebnistabelle auf Seite 211 addiert.

❸ Sie setzt die gesamten **Handlungskosten** und die gesamten **Warenaufwendungen** in ein **Prozentverhältnis** zueinander, indem sie die **Handlungskosten durch die Warenaufwendungen dividiert.**

❹ Auf diese Weise ermittelt sie einen **Handlungskostenzuschlagssatz in Prozent auf die Einzelkosten** (z. B. auf den Bezugspreis!), mit dem sie die **anteiligen Handlungskosten für jede Ware** berechnen kann, sodass beim Verkauf dieser Waren kein Verlust entsteht.

Beispiel 1 Aus der Ergebnistabelle der Unternehmung Kern auf Seite 211 lassen sich folgende Zahlen berechnen:

Warenaufwendungen (= Wareneinsatz) insgesamt:	
Wareneinsatz für Druckpapier	500.000,00 DM
Wareneinsatz für Kopierpapier	300.000,00 DM
Wareneinsatz für Umschlagkarton	180.000,00 DM
Wareneinsatz für Saugpapier	20.000,00 DM
	1.000.000,00 DM
Handlungskosten insgesamt:	
Ausgangsfrachten	10.000,00 DM
Löhne und Gehälter	82.000,00 DM
Soziale Aufwendungen	14.000,00 DM
Mieten	15.000,00 DM
Reisekosten	16.000,00 DM
Betriebliche Steuern	17.000,00 DM
Kalkulatorische Kosten insgesamt	63.500,00 DM
	217.500,00 DM

$$\text{Zuschlagssatz für Handlungskosten (Handlungskostensatz)} = \frac{\text{Handlungskosten} \cdot 100\,\%}{\text{Wareneinsatz}}$$

$$\text{Handlungskostensatz} = \frac{217.500{,}00\ \text{DM} \cdot 100\,\%}{1.000.000{,}00\ \text{DM}} = 21{,}75\,\%$$

siehe „Prozentrechnung", Kap. 9.4

Aufgrund der obigen Rechnung legt Frau Kern den einheitlichen Handlungskostensatz auf 22 % fest.

Selbstkostenkalkulation. Der Handlungskostensatz von 22 % besagt, dass auf den Bezugspreis einer jeden Ware ein (durchschnittlicher) Zuschlag von 22 % berechnet werden muss, damit jede Ware einen so hohen Anteil an den Handlungskosten trägt, dass beim Verkauf **aller** Waren die **gesamten** Handlungskosten über die Umsatzerlöse an das Unternehmen zurückfließen. Mithilfe der Selbstkostenkalkulation kann nun berechnet werden, **wie viel DM eine Wareneinheit insgesamt kostet.**

Beispiel 2 Aufgrund der **Bezugskalkulation** von Seite 133 hatte sich ein **Bezugspreis für eine Packung** (= 2 Rollen) Saugpapier in Höhe von 2 · 1,05 DM **= 2,10 DM** ergeben.

Frau Kern hat einen für alle Warengruppen geltenden durchschnittlichen Handlungskostensatz von 22 % berechnet (s. o.).

Wie hoch ist der Selbstkostenpreis für eine Packung Saugpapier?

	Bezugspreis für eine Packung Saugpapier	**2,10 DM**
+	**22 % Handlungskosten**	**0,46 DM**
	Selbstkostenpreis für eine Packung	**2,56 DM**

Berechnung der anteiligen Handlungskosten:

100 % ~ 2,10 DM
22 % ~ x DM

$$x \text{ DM} = \frac{2{,}10 \text{ DM} \cdot 22\ \%}{100\ \%} = \mathbf{0{,}462\ DM,\ gerundet\ 0{,}46\ DM}$$

Bei einem Selbstkostenpreis von 2,56 DM deckt jede Packung Saugpapier alle von ihr verursachten Kosten.

siehe „Dreisatzrechnung", Kap. 9.1, und „Prozentrechnung", Kap. 9.4

Zusammenfassung

- Der Großhändler setzt den **Verkaufspreis** für eine Ware so hoch fest, dass in ihm außer dem Bezugspreis auch die anteiligen Handlungskosten, ein angemessener Gewinn und Zuschläge für Rabatt und Skonto enthalten sind. Für diese Rechnung benutzt er das **Kalkulationsschema der Zuschlagskalkulation** (vgl. Seite 218).
- Dieses Kalkulationsschema geht vom **Bezugspreis als Einzelkosten** für die Wareneinheit aus. Die **Handlungskosten als Gemeinkosten** werden über einen Handlungskostensatz anteilig auf den Bezugspreis aufgeschlagen.

  Einzelkosten sind alle Kosten, die **unmittelbar** von einer bestimmten **Ware** oder **Warengruppe verursacht** werden. Sie können dieser Ware **direkt** zugerechnet werden.

  Gemeinkosten fallen **für alle Waren gemeinsam** oder für das Unternehmen insgesamt an. Sie können nicht direkt einer bestimmten Ware zugeordnet, sondern nur **indirekt über einen Zuschlagssatz** in Prozent **anteilig den Einzelkosten zugerechnet** werden.
- **Der Handlungskostensatz** ist ein **Prozentsatz,** der aus den **gesamten Handlungskosten eines Monats und** den **gesamten Wareneinsätzen desselben Monats** berechnet wird. Er gibt an, wie viel Prozent des Bezugspreises als anteilige Handlungskosten in den Bezugspreis eingerechnet werden müssen.
- **Bezugspreis und anteilige Handlungskosten zusammen** ergeben den **Selbstkostenpreis einer Ware.** Dieser Preis nennt die anteiligen Kosten, die eine Wareneinheit (z. B. ein Stück) mindestens beim Verkauf erbringen muss. Dadurch wird sichergestellt, dass beim Verkauf aller Waren auch alle Kosten an das Unternehmen zurückfließen.

233 Die Elektrogroßhandlung Krüger KG, Düsseldorf, bezieht 50 Heizlüfter mit Thermostat zum Bezugspreis von 45,00 DM je Stück.

Ermitteln Sie den Handlungskostensatz aus der Ergebnistabelle des vergangenen Geschäftsjahres und die anteiligen Handlungskosten für einen Heizlüfter.

Kosten		Leistungen	
Warenaufwendungen ..	1.650.000,00	Warenverkauf	2.294.000,00
Gehälter	230.000,00		
Soziale Aufwendungen .	47.500,00		
Mieten und Pachten ...	36.500,00		
Steuern/Abgaben	54.000,00		
Reise/Werbung	65.000,00		
Abschreibungen	26.000,00		

234 *Errechnen Sie die Handlungskostensätze.*

	Warenaufwendungen	Handlungskosten	Handlungskosten-Zuschlagssatz
a)	980.500,00	313.760,00	?
b)	1.045.000,00	438.900,00	?
c)	1.312.000,00	367.360,00	?
d)	2.080.000,00	748.800,00	?
e)	2.460.000,00	947.100,00	?
f)	3.530.000,00	1.447.300,00	?

235 Die Ergebnistabelle der Hofstetter & Co. KG zeigt am Ende einer Abrechnungsperiode folgende Kosten und Leistungen:

Kosten		Leistungen	
Warenaufwendungen ..	2.000.000,00	Warenverkauf	3.400.000,00
Löhne	300.000,00	Eigenverbrauch (Waren)	25.000,00
Gehälter	320.000,00		
Ges. soz. Aufwendungen	130.000,00		
Mieten	60.000,00		
Betriebliche Steuern ...	90.000,00		
Aufw. f. Beiträge	40.000,00		
Aufw. f. Kommunikation	207.000,00		
Kalkulat. Abschreibungen	90.000,00		
Kalkulatorische Zinsen ..	70.000,00		
insgesamt	**3.307.000,00**	insgesamt	**3.425.000,00**

Berechnen Sie den Handlungskostensatz.

236 Die Hofstetter & Co. KG bezieht 50 Herrensporträder zum Listenpreis von 180,00 DM je Fahrrad und 50 Damensporträder zum Listenpreis von 165,00 DM je Fahrrad. Der Einkaufsrabatt beträgt 12 %. Für Zahlung innerhalb der vereinbarten Frist werden 2 % Liefererskonto gewährt. Die Verpackung für die gesamte Sendung wird mit 320,00 DM in Rechnung gestellt. Für Bahn- und Hausfracht fallen insgesamt 580,00 DM an (Verpackung, Bahn- und Hausfracht sind nach dem Wert [= Zieleinkaufspreis] zu verteilen).

1. *Berechnen Sie den Bezugspreis für ein Herren- und ein Damensportrad.*
2. *Berechnen Sie mithilfe des Handlungskostensatzes aus Aufgabe 235 den Selbstkostenpreis für ein Herren- und ein Damenfahrrad.*

6464222

4.4.3 Wie wird der Verkaufspreis kalkuliert?

Situation Frau Kern überlegt, was passiert, wenn sie die Waren zu deren Selbstkostenpreisen verkaufen würde: In diesem Fall erhielte sie **alle Kosten** – einschließlich der kalkulatorischen Kosten (vgl. Handlungskosten, S. 220) – über die Warenverkaufserlöse zurück, hätte aber darüber hinaus **keinen Gewinn** erzielt. Genau betrachtet, wäre diese Situation gar nicht schlecht: Verkauft sie alle in einem Monat eingekauften Waren zu den Selbstkostenpreisen (wahrscheinlich nicht im gleichen Monat, aber doch innerhalb kurzer Zeit danach), dann erhält sie so viele Warenverkaufserlöse, dass sie **alle tatsächlich angefallenen Kosten des Monats** (z. B. Löhne, Gehälter, Mieten, Steuern, Reise- und Werbekosten, usw.) damit abdecken kann. Zusätzlich erhält sie auch das Geld für die **eingerechneten kalkulatorischen Abschreibungen, die kalkulatorischen Zinsen und den kalkulatorischen Unternehmerlohn** zurück. Sie kann damit auf Dauer Ersatzanlagen auch zu erhöhten Wiederbeschaffungskosten kaufen, sie hat eine angemessene Verzinsung für ihr eingesetztes Eigenkapital erhalten und sie bekommt ein Entgelt für ihre Arbeitskraft, gewissermaßen ein „Gehalt", von dem sie leben kann. So gesehen ist ihre Existenz und die Existenz ihres Unternehmens auf Dauer gesichert.

Trotzdem will Frau Kern mit folgender Begründung den **Selbstkostenpreis einer jeden Ware um einen Gewinn erhöhen** (vgl. auch Ausführungen auf Seite 214):

❶ Sie plant z. B. eine Vergrößerung ihres Unternehmens (= **Erweiterungsinvestition**) oder eine **Veränderung ihres Sortiments** und benötigt dafür Geld. Dieses Geld will sie über einen **Gewinnaufschlag** „verdienen".

❷ Sie muss immer damit rechnen, dass für ihr Unternehmen auch einmal „magere Jahre" kommen, in denen sie Absatz- und Umsatzeinbußen hinnehmen muss. Um dieses **„allgemeine Unternehmerrisiko"** abdecken zu können, benötigt sie ein finanzielles Polster, das sie sich über einen Gewinnaufschlag verschafft.

4.4.3.1 Berechnung des Gewinnzuschlags und des Barverkaufspreises

Gewinnzuschlag. Jede verkaufte Ware soll über ihren Erlös einen Anteil zum Gewinn beitragen. Dies wird dadurch erreicht, dass man vom Selbstkostenpreis der Ware einen bestimmten Prozentsatz als Gewinn berechnet und zum Selbstkostenpreis hinzuaddiert. Die Höhe dieses Gewinnzuschlagssatzes legt der Unternehmer grundsätzlich selbst fest. Er kann sich dabei an die veröffentlichten Branchenzahlen halten oder aus den Zahlen seiner Betriebsergebnisrechnung einen eigenen Zuschlagssatz berechnen.

Beispiel 1 Frau Kern entnimmt der Ergebnistabelle von Seite 211 folgende Zahlen und berechnet daraus einen **durchschnittlichen Gewinnzuschlagssatz:**

Kosten insgesamt (= gesamte Selbstkosten)	1.217.500,00 DM
Betriebsgewinn	32.500,00 DM

$$\textbf{Gewinnzuschlagssatz} = \frac{\textbf{Gewinn} \cdot \textbf{100 \%}}{\textbf{Selbstkosten}} = \frac{32.500{,}00\ \text{DM} \cdot 100\ \%}{1.217.500{,}00\ \text{DM}} = \textbf{2,67 \%}$$

siehe „Prozentrechnung", Kap. 9.4

Frau Kern legt aufgrund dieser Rechnung den Gewinnzuschlag auf 3 % fest. Diesen Zuschlagssatz verwendet sie bei allen zukünftigen Kalkulationen.

Kalkulation des Barverkaufspreises. Wir führen das Beispiel von Seite 221 fort. Der dort errechnete Selbstkostenpreis für eine Packung Saugpapier ist die Grundlage für die nun anstehende Berechnung des Barverkaufspreises. Der Barverkaufspreis bezeichnet den **Warenpreis, den der Unternehmer unbedingt erzielen will.** Er wird ihn nur in Ausnahmefällen unterschreiten (z. B. starke Konkurrenz oder Verschlechterung der Absatzlage).

Beispiel 2 Auf der Grundlage des Selbstkostenpreises für eine Packung Saugpapier in Höhe von **2,56 DM** (vgl. S. 221) und des festgelegten Gewinnzuschlags von **3 %** berechnet Frau Kern den Barverkaufspreis für eine Packung Saugpapier:

	Selbstkostenpreis für eine Packung Saugpapier	**2,56 DM**
+	**3 % Gewinn ....**	**0,08 DM**
	Barverkaufspreis für eine Packung Saugpapier	**2,64 DM**

Berechnung des Gewinns:

100 % ~ 2,56 DM
3 % ~ x DM

$$x\ \text{DM} = \frac{2{,}56\ \text{DM} \cdot 3\ \%}{100\ \%} = \mathbf{0{,}08\ DM}$$

siehe „Dreisatzrechnung", Kap. 9.1, und „Prozentrechnung", Kap. 9.4

4.4.3.2 Berücksichtigung von Kundenskonto und Kundenrabatt in der Verkaufskalkulation

Situation Im Geschäftsverkehr mit den Kunden ist es durchaus üblich, **„Kaufanreize"** zu geben. Ein solcher „Kaufanreiz" kann darin bestehen, dass Frau Kern ihren Kunden ein längeres Zahlungsziel (z. B. von 40 Tagen, vgl. Ausgangsrechnung auf Seite 154) einräumt. Natürlich tut sie dies nicht umsonst: Sie rechnet in den Verkaufspreis einen **Zinszuschlag in Form des Kundenskontos** ein (z. B. 2 %). Der Kunde zahlt somit einen höheren Preis, wenn er das Zahlungsziel ausnutzen will. Andererseits kann er den Rechnungspreis um den Skontoaufschlag vermindern, wenn er die Rechnung innerhalb einer kurzen Frist (z. B. in 10 Tagen, vgl. Ausgangsrechnung auf Seite 154) bezahlt. Für Frau Kern, die den Verkaufspreis kalkuliert, ergibt sich nun das folgende rechnerische Problem:

1. Sie will den Barverkaufspreis (im obigen Beispiel also 2,64 DM je Packung) in **voller Höhe** vom Kunden haben.
2. Sie muss dem Kunden einen Rechnungspreis nennen, in den der Skontozuschlag (2 %) schon eingerechnet ist.
3. Der Kunde entscheidet, ob er Skonto ausnutzt oder das Zahlungsziel in Anspruch nimmt. Nutzt er den Skonto aus, **so rechnet er ihn vom Rechnungspreis aus** und subtrahiert ihn.
4. Der **Rechnungspreis entspricht also beim Skontoabzug 100 %** und der **Barverkaufspreis** ist der um 2 % Skonto verminderte Betrag **(= 98 %).**

Beispiel 1 Frau Kern kalkuliert den Skontoaufschlag auf den Barverkaufspreis, um den Rechnungspreis zu erhalten. Sie legt hierbei einen Skontoaufschlag von 2 % zugrunde und geht vom Barverkaufspreis (2,64 DM, s. o.) aus.

98 % ~ 2,64 DM
2 % ~ x DM

$$x\ \text{DM} = \frac{2{,}64\ \text{DM} \cdot 2\ \%}{98\ \%} = \mathbf{0{,}05\ DM\ Skonto}$$

siehe „Dreisatzrechnung", Kap. 9.1, und „Prozentrechnung", Kap. 9.4

	Selbstkostenpreis für eine Packung Saugpapier	2,56 DM
+	3 % Gewinn	0,08 DM
	Barverkaufspreis für eine Packung Saugpapier	2,64 DM
+	2 % Kundenskonto	0,05 DM
	Rechnungspreis (= Zielverkaufspreis)	**2,69 DM**

Kundenrabatt. Einen weiteren **„Kaufanreiz"** kann Frau Kern ihren Kunden dadurch bieten, dass sie ihnen bei Abnahme größerer Mengen einen **Mengenrabatt** gewährt (vgl. hierzu die Rabattstaffel auf Seite 152). Kunden, die geringere Mengen kaufen, haben dann einen höheren Preis zu zahlen. Das rechnerische Problem bei der Rabattberechnung entspricht dem bei der Skontoberechnung: Bestellt ein Kunde eine größere Menge und erhält dafür z. B. 10 % Rabatt, **so zieht Frau Kern diesen Rabatt vom Angebotspreis ab** und stellt nur den um Rabatt verminderten Betrag in Rechnung. **Der Angebotspreis entspricht also 100 %, der Rechnungspreis nur noch 90 %.**

Beispiel 2 Frau Kern kalkuliert den Aufschlag für Kundenrabatt, um den Angebotspreis zu erhalten. Sie legt dabei einen Rabattzuschlag von 10 % zugrunde und geht vom (bekannten) Rechnungspreis (s. Beispiel 1) aus:

90 % ~ 2,69 DM
10 % ~ x DM

$$x \text{ DM} = \frac{2{,}69 \text{ DM} \cdot 10\ \%}{90\ \%} = 0{,}30 \text{ DM Rabatt}$$

siehe „Dreisatzrechnung", Kap. 9.1, und „Prozentrechnung", Kap. 9.4

	Selbstkostenpreis für eine Packung Saugpapier	2,56 DM
+	3 % Gewinn	0,08 DM
	Barverkaufspreis für eine Packung Saugpapier	2,64 DM
+	2 % Kundenskonto	0,05 DM
	Rechnungspreis (= Zielverkaufspreis)	2,69 DM
+	10 % Kundenrabatt	0,30 DM
	Angebotspreis für eine Packung Saugpapier	**2,99 DM**

Aufgrund der obigen Kalkulation legt Frau Kern den Angebotspreis für eine Packung Saugpapier auf 3,00 DM fest.

Zusammenfassung

- Die **Verkaufskalkulation geht vom Selbstkostenpreis aus.** Sie wird schrittweise durch Einrechnung des Gewinnzuschlags, des Kundenskontos und des Kundenrabatts bis zum **Angebotspreis** fortgeführt.
- **Der einzurechnende Gewinn** muss so hoch ausfallen, dass er das allgemeine Unternehmerrisiko abdeckt und Finanzmittel für Erweiterungsinvestitionen zur Verfügung stellt. **Eigenkapitalverzinsung** und **Unternehmerlohn** sind in der Regel **nicht im Gewinn enthalten,** sondern werden als **Teil der Handlungskosten kalkuliert** und sind damit **anteilig im Handlungskostenzuschlag** enthalten.
- **Kundenskonto und Kundenrabatt** stellen **Verkaufszuschläge als Kaufanreize** dar, die vom Verkäufer entweder für Zahlung innerhalb bestimmter Fristen (= Kundenskonto) oder für die Abnahme bestimmter Warenmengen (= Mengenrabatt) gewährt werden. **Kundenskonto** wird bei der **Vorwärtskalkulation** in den **Barverkaufspreis, Kundenrabatt** in den **Rechnungspreis** eingerechnet. Bei dieser Rechnung ist **jeweils vom verminderten Grundwert** (i. H.) auszugehen.

4.4.4 Zusammenfassung der Kalkulationsschritte

Bisher wurde die Zuschlagskalkulation in ihrem stufenweisen Aufbau als Bezugs-, Selbstkosten- und Verkaufskalkulation dargestellt. Das nachfolgende Beispiel zeigt die **Kalkulation** eines Artikels vom **Listeneinkaufspreis bis zum Angebotspreis** auf der Grundlage des Kalkulationsschemas von Seite 218.

Beispiel Die Papiergroßhandlung Kern kalkuliert auf der Grundlage des Angebotes der Papiermühle AG (vgl. S. 132) den Angebotspreis für eine Packung Saugpapier. Als innerbetriebliche Zuschläge sind zu berücksichtigen: 22 % Handlungskosten, 3 % Gewinn, 2 % Kundenskonto, 10 % Kundenrabatt.

	Listeneinkaufspreis	**2,50 DM**		
–	**20 % Liefererrabatt**	**0,50 DM**		
	Zieleinkaufspreis	**2,00 DM**		
–	**2 % Liefererskonto**	**0,04 DM**		
	Bareinkaufspreis	**1,96 DM**		
+	**Bezugskosten** (vgl. S. 133)	**0,14 DM**		
	Bezugspreis je Packung	**2,10 DM**		
+	**22 % Handlungskosten**	**0,46 DM**		
	Selbstkostenpreis	**2,56 DM**		
+	**3 % Gewinn**	**0,08 DM**		
	Barverkaufspreis	**2,64 DM**	≙ 98 %	
+	**2 % Kundenskonto**	**0,05 DM**	≙ 2 %	
	Rechnungspreis (Zielverkaufspreis)	**2,69 DM**	≙ 100 % ↓	≙ 90 %
+	**10 % Kundenrabatt**	**0,30 DM**		≙ 10 %
	Angebotspreis für eine Packung	**2,99 DM**		≙ 100 % ↓

Den Angebotspreis setzt Frau Kern auf 3,00 DM je Packung fest.

Aufgaben

237 Die Selbstkosten für Verpackungsfolien betragen für 200 000 m Folie 610.000,00 DM. Das Angebot an einen Kunden wird mit 12 % Gewinn, 3 % Kundenskonto und 20 % Mengenrabatt kalkuliert.

Wie hoch ist der Angebotspreis insgesamt und für 100 m Folie?

238 Eine Großhandlung bietet repräsentative Keramikvasen aus Italien an. Den Bezugspreis hat sie mit 34,50 DM je Vase kalkuliert.

Berechnen Sie den Angebotspreis unter Berücksichtigung folgender Zuschläge: 42 % Handlungskosten, 10 % Gewinn, 35 % Verkaufsrabatt bei einer Mindestabnahme von 50 Stück, 3 % Verkaufsskonto.

239 Aus der Ergebnistabelle einer Großhandlung sind die folgenden Zahlen entnommen worden:

Warenaufwendungen der Rechnungsperiode	425.000,00 DM
Handlungskosten	255.000,00 DM
Gewinn	153.000,00 DM

1. *Berechnen Sie die Zuschlagssätze für Handlungskosten und Gewinn.*
2. *Kalkulieren Sie auf der Grundlage dieser Zuschlagssätze den Angebotspreis für folgenden Artikel: Rechnungspreis 820,00 DM, 2,5 % Einkaufsskonto, 10,50 DM Bezugskosten, 3 % Verkaufsskonto, 5 % Verkaufsrabatt.*

6464226

240 Die aufbereitete Ergebnistabelle eines Großhandelsunternehmens weist für die abgelaufene Rechnungsperiode folgende Zahlen aus:

Auszug aus der Ergebnistabelle		
Warenaufwendungen ges. Handlungskosten Warenverkauf	420.000,00 DM 168.000,00 DM –	– – 676.200,00 DM
 Betriebsgewinn	588.000,00 DM 88.200,00 DM	676.200,00 DM
	676.200,00 DM	676.200,00 DM

1. *Berechnen Sie den Handlungskosten- und den Gewinnzuschlag.*
2. *Kalkulieren Sie auf dieser Grundlage den Angebotspreis einer Ware unter Berücksichtigung folgender Angaben:*
   260,00 DM Listeneinkaufspreis, 15 % Liefererrabatt, 2 % Bezugskosten, 3 % Kundenskonto, 10 % Kundenrabatt.

241 Für einen Taschenrechner, der vom Hersteller zum Listeneinkaufspreis von 35,00 DM je Stück angeboten wird, kalkuliert ein Großhändler den Angebotspreis aufgrund folgender Angaben:

8 % Liefererrabatt, 2 % Liefererskonto, 3 % Bezugskosten, 65 % Handlungskosten, 10 % Gewinn, 1,5 % Kundenskonto, 5 % Kundenrabatt.

242 Der Bezugspreis einer Ware beläuft sich auf 136,00 DM. Die innerbetrieblichen Kalkulationszuschläge betragen:

55 % Handlungskosten, 6 % Gewinn, 2 % Kundenskonto, 5 % Kundenrabatt.

Berechnen Sie den Angebotspreis.

243 Der MAGRO-Markt bezieht vom Erzeugergroßmarkt Speisekartoffeln im Bruttogewicht von 12 500 kg, Tara 4 %. Der Preis für 100 kg beträgt 16,00 DM.

Kalkulieren Sie den Angebotspreis für einen 25-kg-Sack unter Berücksichtigung folgender Angaben: 5 % Liefererrabatt, 2 % Liefererskonto, 65 % Handlungskostenzuschlag, 8 % Gewinnzuschlag, 2 % Kundenskonto, 10 % Kundenrabatt.

244 Ein Werkzeugmaschinen-Großhändler bietet eine Drehmaschine nach folgenden Angaben an:

Bezugspreis 35.000,00 DM, 40 % Handlungskosten, 15 % Gewinn, 2 % Kundenskonto.

Berechnen Sie den Angebotspreis.

245 Eine Ladenkette importiert aus Japan 500 Kleinbildkameras, Listeneinkaufspreis 40.000,00 DM. Mengenrabatt: 10 %. Der Rechnungsausgleich erfolgt nach 10 Tagen mit 2 % Skontoabzug. Der LKW-Spediteur berechnet für den Transport aus dem Freihafen bis zum Empfänger 835,00 DM Fracht. Es sind 10 % Zoll vom Zieleinkaufspreis zu entrichten.

1. *Wie hoch ist der Bezugspreis für eine Kamera?*
2. *Wie hoch ist der Ladenpreis (einschl. 16 % Umsatzsteuer auf den Zielverkaufspreis) für eine Kamera, wenn 55 % Handlungskosten, 5 % Gewinn und 2 % Kundenskonto zu berücksichtigen sind?*

246 Eine Lebensmittelgroßhandlung beschließt das Geschäftsjahr mit folgenden Kosten und Erlösen:

Auszug aus der Ergebnistabelle (Betriebsergebnisrechnung)			
Kosten	DM	**Leistungen**	DM
Warenaufwendungen ..	800.000,00	Warenverkauf	1.620.000,00
Personalkosten	265.000,00		
Miete	60.000,00		
Kalkulatorische Zinsen ..	12.000,00		
Werbekosten	45.000,00		
Transportkosten	33.000,00		
Betriebliche Steuern ...	74.000,00		
Aufw. f. Kommunikation	21.000,00		
Kalkulat. Abschreibungen	130.000,00		
Betriebsgewinn	180.000,00		
	1.620.000,00		1.620.000,00

1. *Berechnen Sie den Handlungskosten- und den Gewinnzuschlag.*
2. *Kalkulieren Sie den Angebotspreis für eine neu ins Sortiment aufzunehmende Ware: Listeneinkaufspreis 420,00 DM, 8 % Liefererrabatt, 2 % Liefererskonto, 12,50 DM Bezugskosten, 1 % Kundenskonto, 5 % Kundenrabatt.*

247 Im Monat Juni zeigten die Warenkonten einer Großhandlung folgende Bewegungen:

			DM
1.	Anfangsbestand:	Waren Sorte A	100.000,00
		Waren Sorte B	150.000,00
2.	Verkäufe:	Waren Sorte A, netto	323.680,00
		Waren Sorte B, netto	404.000,00
3.	Eingänge:	Waren Sorte A, Warenwert	240.000,00
		Waren Sorte B, Warenwert	260.000,00
4.	Bezugskosten:	Waren Sorte A, netto	2.500,00
		Waren Sorte B, netto	3.500,00
5.	Rücksendungen von Waren Sorte A an Lieferer, Warenwert ..		5.000,00
6.	Rücksendungen von Waren Sorte B von Kunden, Warenwert .		4.000,00
7.	Lieferer gewährt Preisnachlass für Waren Sorte B, netto		6.000,00
8.	Kunde erhält Preisnachlass für Waren Sorte A, netto		8.000,00
9.	Schlussbestand:	Waren Sorte A	137.500,00
		Waren Sorte B	135.500,00

1. *Führen Sie die Warenkonten und schließen Sie sie über das GuV-Konto ab.*
2. *Bestimmen Sie die Warenaufwendungen der Waren Sorte A und B und den gemeinsamen Handlungskostenzuschlag, wenn die gesamten Kosten der Rechnungsperiode 160.400,00 DM betragen.*
3. *Berechnen Sie den Gewinn in Prozent der Selbstkosten.*
4. *Kalkulieren Sie einen Artikel, der zum Listenpreis von 415,00 DM mit 12 % Liefererrabatt, 2 % Liefererskonto sowie 13,50 DM Bezugskosten eingekauft wird. Für Kundenskonto sind 1,5 % einzurechnen.*

6464228

4.4.5 Kalkulationszuschlag und Kalkulationsfaktor

Vereinfachung der Verkaufskalkulation. Das bisher gezeigte Verfahren der Zuschlagskalkulation für einzelne Waren setzt voraus, dass man von Kalkulationsstufe zu Kalkulationsstufe jeweils **Zwischenergebnisse** bilden muss.

Kalkulationszuschlag. Sofern die Verkaufspreise mehrerer Waren oder Warengruppen stufenweise mit **gleichen Zuschlagssätzen** kalkuliert werden, lässt sich die Preisberechnung dadurch vereinfachen, dass man die einzelnen Zuschlagssätze zu einem **einzigen Zuschlagssatz** zusammenfasst, der die unmittelbare Berechnung des Verkaufspreises zulässt. Der aus den Einzelzuschlägen gebildete Zuschlagssatz heißt **Kalkulationszuschlag.** Er enthält nur die **innerbetrieblichen Zuschläge für Handlungskosten, Gewinn und Verkaufskosten.** Die Bezugskalkulation ist auch bei diesem vereinfachten Kalkulationsverfahren für jede Ware oder Warengruppe gesondert durchzuführen, da sie in der Regel auf unterschiedlichen Einkaufsbedingungen beruht.

Berechnung des Kalkulationszuschlags. Der Kalkulationszuschlag ergibt sich aus der **Differenz von Bezugspreis und Nettoverkaufspreis, ausgedrückt in Prozenten des Bezugspreises.** Man kann ihn auch durch eine besondere Kalkulation, bei der man von **100,00 DM Bezugspreis** ausgeht, berechnen. Es wäre falsch, ihn durch Addition der Einzelzuschläge bestimmen zu wollen.

Beispiel 1 Im Großhandelsunternehmen Kern werden die Verkaufspreise verschiedener Warengruppen mit folgenden Einzelzuschlägen kalkuliert:

22 % Handlungskosten, 3 % Gewinn, 2 % Kundenskonto, 10 % Kundenrabatt.

*Ausgehend von einem **angenommenen Bezugspreis von 100,00 DM** ist der Kalkulationszuschlag zu berechnen.*

	Bezugspreis	**100,00 DM**
+	**22 % Handlungskosten**	**22,00 DM**
	Selbstkostenpreis	**122,00 DM**
+	**3 % Gewinn**	**3,66 DM**
	Barverkaufspreis	**125,66 DM**
+	**2 % Kundenskonto**	**2,56 DM**
	Zielverkaufspreis	**128,22 DM**
+	**10 % Kundenrabatt**	**14,25 DM**
	Angebotspreis	**142,47 DM**

$$\textbf{Kalkulationszuschlag} = \frac{(\text{Angebotspreis} - \text{Bezugspreis}) \cdot 100\,\%}{\text{Bezugspreis}}$$

$$= \frac{(142{,}47\text{ DM} - 100{,}00\text{ DM}) \cdot 100\,\%}{100{,}00\text{ DM}} = 42{,}47\,\% \approx 42{,}5\,\%$$

siehe „Prozentrechnung", Kap. 9.4

Beispiel 2 Für die Warengruppe „Saugpapier" ist ein Kalkulationszuschlag von 42,5 % ermittelt worden (s. o.). Der Bezugspreis für Saugpapier beträgt 2,10 DM je Packung.

Der Angebotspreis ist zu berechnen (vgl. Seite 225).

	Bezugspreis	**2,10 DM**	~ **100,0 %**
+	**42,5 % Kalkulationszuschlag**	**0,89 DM**	~ **42,5 %**
	Angebotspreis	**2,99 DM**	~ **142,5 %**

$$\begin{array}{ll} 100\ \% \sim 2{,}10\ \text{DM} \\ 42{,}5\ \% \sim x\ \ \text{DM} \end{array} \qquad x\ \text{DM} = \frac{2{,}10\ \text{DM} \cdot 42{,}5\ \%}{100\ \%} = 0{,}89\ \text{DM}$$

siehe „Prozentrechnung", Kap. 9.4

Beispiel 3 Für eine Packung Saugpapier sind der Bezugs- und der Angebotspreis bekannt: Bezugspreis 2,10 DM; Angebotspreis 3,00 DM (vgl. S. 225).

Der Kalkulationszuschlag ist zu berechnen.

$$\textbf{Kalkulationszuschlag} = \frac{(\text{Angebotspreis} - \text{Bezugspreis}) \cdot 100\ \%}{\text{Bezugspreis}}$$

$$= \frac{(3{,}00\ \text{DM} - 2{,}10\ \text{DM}) \cdot 100\ \%}{2{,}10\ \text{DM}} = 42{,}8\ \%$$

Die geringe Differenz gegenüber der Rechnung auf Seite 229 ergibt sich aus der Rundung des Angebotspreises von 2,99 DM auf 3,00 DM (vgl. S. 225).

Kalkulationsfaktor. Die Anwendung des Kalkulationsfaktors stellt beim Einsatz von Taschenrechnern eine weitere Vereinfachung der Warenkalkulation dar. Während bei der Verwendung des Kalkulationszuschlags ein prozentualer Zuschlag auszurechnen und zum Bezugspreis zu addieren ist, wird beim Rechnen mit dem Kalkulationsfaktor der Verkaufspreis **durch eine einzige Multiplikation** ermittelt.

Beispiel zur Berechnung des Kalkulationsfaktors: (vgl. S. 229)

Bezugspreis	100,00 DM
Kalkulationszuschlag	42,5 %

	Bezugspreis (angenommen)	**100,00 DM**
+	**Kalkulationszuschlag**	**42,50 DM**
	Angebotspreis	**142,50 DM**

$$\textbf{Kalkulationsfaktor} = \frac{\text{Angebotspreis}}{\text{Bezugspreis}} = \frac{142{,}5}{100} = \underline{\underline{1{,}425}}$$

Anwendung. Der Bezugspreis einer Packung Saugpapier beträgt 2,10 DM. Der Angebotspreis ergibt sich unter Anwendung des Kalkulationsfaktors unmittelbar aus folgender Rechnung:

Bezugspreis	·	Kalkulationsfaktor	=	Nettoverkaufspreis
2,10 DM	·	1,425	=	2,99 DM
		gerundet		3,00 DM

Zusammenfassung

- Der **Kalkulationszuschlag** ist die Differenz zwischen Bezugspreis und Angebotspreis, ausgedrückt in Prozenten des Bezugspreises. Er wird entweder durch eine besondere Kalkulation (ausgehend von 100,00 DM Bezugspreis) ermittelt oder aus vorgegebenem Bezugs- und Nettoverkaufspreis berechnet.
- Der **Kalkulationsfaktor** ist die Zahl, mit der der Bezugspreis multipliziert werden muss, um den Angebotspreis zu erhalten.

$$\textbf{Kalkulationsfaktor} = \frac{\textbf{Angebotspreis}}{\textbf{Bezugspreis}}$$

6464230

Aufgaben

248 *Begründen Sie, warum der Kalkulationszuschlag nicht durch Addition der Einzelzuschläge berechnet werden kann.*

249 *Berechnen Sie zu den Aufgaben 241–244, Seite 227, jeweils den Kalkulationszuschlag und den Kalkulationsfaktor.*

250 Ein Kaufmann kalkuliert mit folgenden innerbetrieblichen Zuschlägen:
Handlungskosten: 44 %, Gewinn: 16 %, Kundenskonto: 2 %.

Berechnen Sie den Kalkulationszuschlag und den Kalkulationsfaktor.

251 In den drei Hauptabteilungen eines Großhandelsunternehmens wird mit folgenden Zuschlägen kalkuliert:

Abteilung	Handlungskosten	Gewinn	Kundenskonto	Kundenrabatt
P I	34 %	7 %	2 %	10 %
P II	38 %	6 %	–	15 %
P III	41 %	8 %	1 %	8 %

1. *Berechnen Sie jeweils den Kalkulationszuschlag und den Kalkulationsfaktor.*
2. In das Sortiment der Abteilung P I wird ein neuer Artikel zum Listeneinkaufspreis von 112,00 DM aufgenommen. Der Liefererrabatt beträgt 8 %, der Liefererskonto 2 % und die Bezugskosten 3,40 DM je Stück.
Bestimmen Sie mithilfe des Kalkulationsfaktors den Angebotspreis.
3. In das Sortiment der Abteilung P III soll ein Artikel aufgenommen werden, der zum Bezugspreis von 215,00 DM eingekauft und aus Konkurrenzgründen zum Angebotspreis von 350,00 DM an den Einzelhandel abgegeben wird.
Überprüfen Sie, ob der für die Abteilung P III errechnete Kalkulationszuschlag erreicht wird.

252 Ein neuer Artikel, der zum empfohlenen Richtpreis von 365,00 DM verkauft werden soll, kann zum Listenpreis von 150,00 DM mit 10 % Liefererrabatt, 2 % Liefererskonto und 14,70 DM Bezugskosten eingekauft werden. Im Unternehmen wird mit einem Kalkulationsfaktor von 1,45 kalkuliert.

Überprüfen Sie, ob dieser Artikel unter Beibehaltung der innerbetrieblichen Zuschläge in das Sortiment aufgenommen werden kann.

253 In einem Großhandelsbetrieb soll die Zuschlagskalkulation auf die einfachere Kalkulation mit dem Kalkulationszuschlag umgestellt werden.

Es wurde bisher mit folgenden Einzelzuschlägen gerechnet:

34 % Handlungskosten, 8 % Gewinn, 2 % Kundenskonto, 15 % Kundenrabatt.

1. *Berechnen Sie den Kalkulationszuschlag.*
2. *Ermitteln Sie den Angebotspreis für eine Ware, die zum Listenpreis von 345,00 DM mit 12 % Liefererrabatt, 3 % Liefererskonto und 21,50 DM Bezugskosten eingekauft wurde.*

4.4.6 Rückwärtskalkulation

Das Schema der Zuschlagskalkulation, so wie wir es auf Seite 226 vollständig dargestellt haben, eignet sich auch dann, wenn der Großhändler in bestimmten Marktsituationen **den aufwendbaren Einkaufspreis** oder **den tatsächlich erzielbaren Gewinn** errechnen will.

Aufwendbarer Einkaufspreis. Die Marktlage, in der sich der Händler befindet, ist in der Regel dadurch gekennzeichnet, dass er den **Verkaufspreis seiner Waren nicht frei festsetzen** kann. Die Konkurrenzsituation, die vom Hersteller vorgegebenen Richtpreise oder behördliche Preisfestsetzungen **legen die Verkaufspreise oft nach oben** fest. Eine Unterschreitung der Verkaufspreise ist nur bei besonders günstiger Kostenlage gegenüber der Konkurrenz oder durch Anwendung der Preisdifferenzierung (vgl. Kapitel „Deckungsbeitragsrechnung", S. 243 f.) möglich.

Für den Händler ergibt sich hieraus die Notwendigkeit vor der Aufnahme einer Ware in das Sortiment zu prüfen, wie hoch der **aufwendbare Einkaufspreis** sein darf, wenn die kalkulatorischen Zuschläge in voller Höhe abgedeckt werden sollen.

Rückwärtsrechnung. Bei der Durchführung dieser Kontrollrechnung werden in das Kalkulationsschema für die Zuschlagskalkulation **zunächst der vorgegebene Verkaufspreis** (z. B. Angebotspreis) und die **innerbetrieblichen Kalkulationszuschläge** eingetragen. Die Rechnung erfolgt dann **stufenweise rückwärts.**

Beispiel Frau Kern kalkuliert den Angebotspreis für das neu ins Sortiment aufgenommene Saugpapier nach dem auf Seite 226 dargestellten Rechenschema.

Ein Kunde ist bereit eine größere Menge an Saugpapier zu einem Angebotspreis von **2,75 DM je Packung** abzunehmen.

*Zu welchem Preis müsste Frau Kern das Saugpapier einkaufen, um **alle Kalkulationszuschläge** berücksichtigen zu können?*

siehe „Prozentrechnung", Kap. 9.4

			DM						
	Listeneinkaufspreis		**2,29**						100 %
–	**Lief.-Rabatt**	20 %	**0,46**						+ 20 %
	Zieleink.-Preis		**1,83**					100 %	80 %
–	**Lief.-Skonto**	2 %	**0,04**					+ 2 %	
	Bareink.-Preis		**1,79**					98 %	
+	**Bezugskosten**		**0,14**						
	Bezugspreis		**1,93**				100 %		
+	**Handlungsk.**	22 %	**0,42**				– 22 %		
	Selbstk.-Preis		**2,35**			100 %	122 %		
+	**Gewinn**	3 %	**0,07**			– 3 %			
	Barverk.-Preis		**2,42**		98 %	103 %			
+	**Kundensk.**	2 %	**0,05**		– 2 %				
	Rechnungspreis		**2,47**	≙ 90 %	100 %				
+	**Kundenrab.**	10 %	**0,28**	≙ 10 %					
	Angebotspreis		**2,75**	≙ 100 %					

Um den Auftrag des Kunden annehmen zu können, müsste Frau Kern mit ihrem Lieferer einen Listeneinkaufspreis von **2,29 DM** (~ 2,30 DM) statt 2,50 DM (vgl. S. 226) aushandeln.

Aufgaben

254 Aus Konkurrenzgründen muss der Angebotspreis für ein Küchengerät von 64,00 DM auf 58,00 DM gesenkt werden. Bisher wurde mit 3 % Verkaufsskonto, 8 % Gewinn und 24 % Handlungskosten kalkuliert.

Wie hoch darf der neue Bezugspreis höchstens sein, wenn auch auf einen Gewinn verzichtet wird?

---

255 Eine Großhandlung verkauft an eine Winzergenossenschaft 20 000 Probiergläser mit Werbeaufdruck zu 40,00 DM je 100 Stück unter folgenden Bedingungen: Einkaufsrabatt 20 %, Einkaufsskonto 2 %, Bezugskosten 15,00 DM je 1 000 Stück. Handlungskosten 32 %, Gewinn 12 %, Verkaufsrabatt 8 %, Verkaufsskonto 1,5 %.

Errechnen Sie den Listeneinkaufspreis für ein Glas.

---

256 Ein Personalcomputer soll dem Einzelhandel zu 3.200,00 DM angeboten werden.

Zu welchem Zieleinkaufspreis muss ein Großhändler den Computer beim Hersteller einkaufen, wenn er seiner Kalkulation folgende Abzüge und Zuschläge zugrunde legt: Einkaufsskonto 3 %, Bezugskosten 4,5 %, Handlungskosten 20 %, Gewinn 6 %, Verkaufsskonto 2 %, Verkaufsrabatt 7 %?

---

257 Eine Möbelgroßhandlung erweitert ihr Sortiment um das Jugendzimmer „Studio" und gibt ihren Kunden folgende Preisempfehlung einschließlich USt:

für das Etagenbett 370,00 DM,
für den Kleiderschrank 420,00 DM,
für einen Schreibtisch 185,00 DM,
für einen Stuhl 64,50 DM.

Wie hoch darf der Bezugspreis für die Einzelteile höchstens sein, wenn 10 % Gewinn erzielt werden sollen und folgende Zuschläge zu berücksichtigen sind:
Kundenrabatt 20 %, Kundenskonto 3 %, Handlungskosten 42 %?

---

258 Eine Großhandlung verkauft ihren Kunden eine Kamera, deren empfohlener Verkaufspreis 478,00 DM beträgt, zu 345,00 DM.

Welchen Listeneinkaufspreis muss der Händler erzielen, wenn folgende Bedingungen zu berücksichtigen sind:
Gewinn $12\frac{1}{2}$ %, Einkaufsrabatt 20 %, Einkaufsskonto 3 %, Bezugskosten 8,40 DM je Stück, Handlungskosten 32 %?

---

259 Ein Großhändler kalkuliert die Nettoverkaufspreise der Waren in der Warengruppe „Dekorationsstoffe" mit einem Kalkulationszuschlag von 80 %. Unter den Artikeln dieser Warengruppe befinden sich auch Vorhangstoffe, die er dem Einzelhandel zum Nettoverkaufspreis von 29,70 DM je Meter verkaufen will.

Zu welchem Zieleinkaufspreis dürfte er diese Stoffe höchstens beim Hersteller ordern, wenn 1 % Bezugskosten und 2 % Liefererskonto zu berücksichtigen sind?

---

260 Fachgroßhändler Konzel kalkuliert Bürogeräte mit folgenden Abzügen und Zuschlägen: 8 % Liefererrabatt, 1 % Liefererskonto, 1,5 % Bezugskosten, 45 % Handlungskosten, 8 % Gewinn, 2 % Kundenskonto. Das Faxgerät „PERFEKT" des Herstellers Osyria will er aus Konkurrenzgründen zum Zielverkaufspreis von 660,00 DM je Gerät an den Einzelhandel abgeben.

Zu welchem Listeneinkaufspreis müsste Konzel die Geräte vom Hersteller beziehen, um konkurrenzfähig zu sein?

4.4.7 Handelsspanne

Vereinfachung der Rückwärtskalkulation. Bei vorgegebenem Angebotspreis ist es zur Bestimmung des aufwendbaren Bezugspreises vorteilhaft, die Handelsspanne anzuwenden und nicht eine stufenweise Rückwärtsrechnung durchzuführen. Mithilfe **der Handelsspanne** lässt sich – ausgehend vom Angebotspreis – der **Bezugspreis in einem Rechenschritt** ermitteln.

Beispiel zur Berechnung der Handelsspanne (vgl. S. 226)

Die Unternehmung Kern kalkuliert mit folgenden Einzelzuschlägen: 22 % Handlungskosten, 3 % Gewinn, 2 % Kundenskonto, 10 % Kundenrabatt. Aus Konkurrenzgründen soll eine Packung Saugpapier zum Angebotspreis von 3,00 DM verkauft werden.

Wie viel Prozent beträgt die Handelsspanne?

	Bezugspreis	**2,10 DM**
+	**22 % Handlungskosten**	**0,47 DM**
	Selbstkostenpreis	**2,57 DM**
+	**3 % Gewinn**	**0,08 DM**
	Barverkaufspreis	**2,65 DM**
+	**2 % Kundenskonto**	**0,05 DM**
	Zielverkaufspreis	**2,70 DM**
+	**10 % Kundenrabatt**	**0,30 DM**
	Angebotspreis	**3,00 DM**

siehe „Prozentrechnung", Kap. 9.4

$$\textbf{Handelsspanne} = \frac{(\text{Angebotspreis} - \text{Bezugspreis}) \cdot 100\,\%}{\text{Angebotspreis}} = \frac{(3{,}00\ \text{DM} - 2{,}10\ \text{DM}) \cdot 100\,\%}{3{,}00\ \text{DM}} = 30\,\%$$

Die Handelsspanne kann auch aus dem Kalkulationszuschlag und dem Kalkulationsfaktor berechnet werden (vgl. S. 229/230):

$$\textbf{Handelsspanne} = \frac{\text{Kalkulationszuschlag}}{\text{Kalkulationsfaktor}} = \frac{42{,}5\,\%}{1{,}425} = 30\,\%$$

Anwendung

Frau Kern bietet dem Einzelhandel Saugpapier zum Angebotspreis von 3,00 DM an. Sie kalkuliert mit einer Handelsspanne von 30 %.

Wie hoch darf der Bezugspreis sein?

	Bezugspreis	**2,10 DM**
+	**30 % Handelsspanne**	**0,90 DM**
	Angebotspreis	**3,00 DM**

$$\textbf{Handelsspanne in DM} = \frac{3{,}00\ \text{DM} \cdot 30\,\%}{100\,\%} = 0{,}90\ \text{DM}$$

siehe „Prozentrechnung", Kap. 9.4

Zusammenfassung

- Die **Handelsspanne** ist die **Differenz zwischen dem Angebotspreis und dem Bezugspreis, ausgedrückt in Prozenten des Angebotspreises.** Mithilfe der Handelsspanne lässt sich die **Rückwärtskalkulation vereinfachen.** Sie dient darüber hinaus durch Vergleich mit branchenüblichen Handelsspannen zur **Kontrolle der Leistungsfähigkeit** des Unternehmens.

261

Kalkulationszuschlag in %	Handelsspanne in %
20	?
25	?
?	25
50	?
?	50

1. *Vervollständigen Sie die Übersicht.*
2. *Welcher Zusammenhang besteht zwischen Kalkulationszuschlag und Handelsspanne?*

---

262 Ein Großhändler kalkuliert mit folgenden Einzelzuschlägen:

35 % Handlungskosten, 8 % Gewinn, 2 % Kundenskonto, 5 % Kundenrabatt.

Welchen Kalkulationszuschlag und welche Handelsspanne müsste er in Ansatz bringen?

---

263 Der Bezugspreis einer Ware beträgt 819,00 DM, der kalkulierte Angebotspreis 1.260,00 DM.

1. *Mit welcher Handelsspanne rechnet der Großhändler?*
2. *Wie hoch ist der Kalkulationszuschlag?*

---

264 In der Warengruppe „Haushaltsporzellan" kalkulierte ein Großhändler bisher mit einer Handelsspanne von 50 %.

Aufgrund verschärfter Konkurrenz sollen die Angebotspreise dieser Warengruppe um 10 % gesenkt werden.

Mit welcher Handelsspanne ist nunmehr zu kalkulieren?

---

265 Ein Großhändler kalkuliert mit einem Kalkulationsfaktor von 1,85. Der Angebotspreis einer Ware wird aus Konkurrenzgründen auf 407,00 DM festgesetzt.

1. *Zu welchem Bezugspreis muss die Ware eingekauft werden?*
2. *Mit welcher Handelsspanne kalkuliert der Großhändler?*

---

266 Die Warengruppe A wird in einer Großhandlung mit einer Handelsspanne von 60 % kalkuliert. Nach Erhöhung der Bezugspreise in dieser Warengruppe um 10 % soll die Handelsspanne bei unverändertem Angebotspreis der neuen Situation angepasst werden.

1. *Mit welcher Handelsspanne ist nach der Erhöhung der Bezugspreise zu kalkulieren?*
2. Nach Erhöhung der Bezugspreise um 10 % setzt der Großhändler die Angebotspreise um 5 % herauf. *Welche Auswirkung hat diese Maßnahme auf die Handelsspanne?*

---

267 Ein Textilgroßhändler kalkuliert in der Warengruppe „Herrenoberbekleidung" mit einem Kalkulationszuschlag von 80 %. Er bietet dem Einzelhändler Anzüge zum Preis von 240,00 DM an. Die Erhöhung der Bezugspreise um 8 % will der Großhändler auf den Einzelhändler abwälzen.

Mit welchem Kalkulationsfaktor und mit welcher Handelsspanne muss er nach der Preiserhöhung kalkulieren?

4.4.8 Differenzkalkulation

Kalkulation auf der Basis vorgegebener Einkaufs- und Verkaufspreise. Die Kalkulationsfreiheit des Händlers wird durch die **gleichzeitige Vorgabe des Einkaufs- und des Verkaufspreises** noch weitgehender eingeschränkt, als dies bei der Vorgabe des Verkaufspreises bereits der Fall ist. In der Praxis liegen vor der Aufnahme einer Ware in das Sortiment mehrere Angebote mit bestimmten Listeneinkaufspreisen vor; zugleich wird der Verkaufspreis (z. B. aufgrund starker Konkurrenz) nur in geringem Umfang beeinflussbar sein.

Tatsächlich erzielbarer Gewinn. In dieser Situation obliegt es der **Einkaufsabteilung,** auf der Basis der Bezugspreise das **günstigste Angebot** zu ermitteln. Der **Kalkulationsabteilung** kommt die Aufgabe zu den **tatsächlich erzielbaren** Gewinn zu bestimmen. Hierzu wird zunächst im Schema der Zuschlagskalkulation **der Selbstkostenpreis berechnet** und danach – **ausgehend vom Angebotspreis – durch Rückwärtskalkulation der Barverkaufspreis** ermittelt. Die Differenz zwischen dem Selbstkostenpreis und dem Barverkaufspreis ergibt den **Gewinn (Barverkaufspreis > Selbstkostenpreis)** oder den **Verlust (Barverkaufspreis < Selbstkostenpreis)** beim Verkauf einer Wareneinheit. Die Geschäftsleitung hat dann zu entscheiden, ob ein errechneter Gewinn angemessen ist, sodass die Ware in das Sortiment aufgenommen werden kann.

Beispiel Das Unternehmen Kern bezieht Saugpapier von der Papiermühle AG zu den auf den Seiten 132 f. genannten Bedingungen (vgl. auch die Kalkulation auf Seite 226). Ein Kunde von Frau Kern ist bereit eine größere Menge an Saugpapier zu einem Angebotspreis von **2,90 DM je Packung** abzunehmen.

*Mithilfe der Differenzkalkulation soll festgestellt werden, ob sich die Annahme des Auftrags lohnt, wenn **alle Kalkulationszuschläge** berücksichtigt werden.*

siehe „Prozentrechnung", Kap. 9.4

			DM			
	Listeneinkaufspreis		2,50	≙ 100 % ↓		
–	Lief.-Rabatt	20 %	0,50	≙ 20 %		
	Zieleink.-Preis		2,00	≙ 80 %	≙ 100 % ↓	
–	Lief.-Skonto	2 %	0,04		≙ 2 %	
	Bareink.-Preis		1,96		≙ 98 %	
+	Bezugskosten		0,14			
	Bezugspreis		2,10			≙ 100 % ↓
+	Handlungsk.	22 %	0,46			≙ 22 %
	Selbstk.-Preis		2,56			≙ 122 %
	Gewinn		0,00			
	Barverk.-Preis		2,56		≙ 98 % ↑	
–	Kundensk.	2 %	0,05		≙ 2 %	
	Rechnungspreis		2,61	≙ 90 % ↑	≙ 100 %	
–	Kundenrab.	10 %	0,29	≙ 10 %		
	Angebotspreis		2,90	≙ 100 %		

Die Annahme des Auftrags empfiehlt sich, obwohl kein Gewinn erzielt wird. Entscheidend hierbei ist, dass der Auftrag **alle Kosten** – einschließlich der kalkulatorischen Kosten – deckt. In diesem Fall würde Frau Kern lediglich **auf den Ersatz des Unternehmerrisikos verzichten** (vgl. Seite 214). Dadurch, dass sie einen Angebotspreis von 2,90 DM je Packung (statt 3,00 DM, vgl. Seite 226) akzeptiert, erhält sie keinen Restgewinn mehr (vgl. Seite 214).

268 *Überprüfen Sie, ob das folgende Angebot für den Großhändler Gewinn bringend ist:*

420,00 DM Listeneinkaufspreis, 10 % Liefererrabatt, 2 % Liefererskonto, 10,60 DM Bezugskosten. Aus Konkurrenzgründen muss die Ware zu einem Angebotspreis von 680,00 DM an den Einzelhandel abgegeben werden.

Der Großhändler kalkuliert mit einer Handelsspanne von 45 %.

269 Der Angebotspreis eines Taschenrechners liegt mit 82,00 DM fest. Auf diesen Preis gewährt der Hersteller dem Großhändler einen Wiederverkäuferrabatt von 55 %.

Berechnen Sie den erzielbaren Gewinn in DM und Prozent je Taschenrechner, wenn 2 % Liefererskonto abgerechnet werden, Bezugskosten in Höhe von 0,80 DM je Taschenrechner anfallen und der Händler mit 35 % Handlungskosten, 2 % Kundenskonto sowie 30 % Kundenrabatt kalkuliert.

270 Für einen Radiorekorder legt der Hersteller einen unverbindlichen Richtpreis von 220,00 DM fest. Beim Verkauf an den Großhändler gewährt der Hersteller auf den Richtpreis 50 % Rabatt mit der Maßgabe dem Einzelhändler einen Wiederverkäuferrabatt in Höhe von 25 % (des Richtpreises) einzuräumen.

Der Großhändler kalkuliert mit 2,50 DM Bezugskosten je Gerät, 40 % Handlungskosten und 3 % Kundenskonto. Er ist bereit dieses Gerät in das Sortiment aufzunehmen, wenn er mindestens 5 % Gewinn erzielt.

Lohnt sich für den Großhändler die Aufnahme dieses Gerätes in das Sortiment?

271 Zur Abrundung seines Sortiments will ein Großhändler einen zusätzlichen Gerätetyp auf Lager nehmen. Ihm liegen die Angebote von drei Herstellern vor:

	Angebot A	Angebot B	Angebot C
Unverbindlicher Richtpreis	1.250,00 DM	1.180,00 DM	1.310,00 DM
Wiederverkäuferrabatt	40 %	35 %	45 %
Liefererskonto	1 %	–	2 %
Bezugskosten	15,00 DM je Gerät	2 % auf Bareinkaufspreis	18,00 DM je Gerät
Handlungskosten	30 % (alle Angebote)		
Kundenskonto	2 % (alle Angebote)		
Kundenrabatt	20 % (alle Angebote)		

1. *Wählen Sie das Angebot mit dem niedrigsten Bezugspreis je Gerät aus.*
2. *Berechnen Sie den bei diesem Angebot erzielbaren Stückgewinn in DM und Prozent.*
3. *Zu welchem Angebotspreis könnte der Händler das Gerät an den Einzelhandel weitergeben, wenn er seiner Kalkulation einen Gewinn von 5 % zugrunde legt?*

272 Ein Großhändler kalkuliert mit folgenden innerbetrieblichen Zuschlägen: 38 % Handlungskosten, 16 % Gewinn, 2 % Kundenskonto.

Einen Artikel, den er zum Listenpreis von 235,00 DM mit 6 % Liefererrabatt, 1,5 % Liefererskonto und 3,40 DM Bezugskosten vom Hersteller beziehen kann, will er zum Zielverkaufspreis von 350,00 DM an den Einzelhandel weitergeben.

Wie hoch ist der tatsächlich erzielbare Gewinn in DM und Prozent?

4.5 Betriebsabrechnungsbogen (= Kostenstellenrechnung)

Im vorhergehenden Kapitel 4.4 haben wir gezeigt, wie Verkaufspreise mithilfe der Zuschlagskalkulation berechnet werden können. Hierbei legten wir einen einheitlichen Zuschlagssatz für die Handlungskosten zugrunde, d. h., **alle Waren oder Warengruppen wurden mit dem gleichen Zuschlagssatz kalkuliert.** Dieses Vorgehen entspricht nur dann der in der Kostenrechnung angestrebten **verursachungsgerechten Verteilung der Handlungskosten auf die einzelnen Waren oder Warengruppen, wenn alle Waren (oder Warengruppen) im Verhältnis zu ihren Bezugspreisen annähernd gleiche Kosten verursachen.** In der Regel ist dies in der Praxis nicht der Fall: Das Sortiment setzt sich aus unterschiedlichen Waren (Warengruppen) zusammen, die durchaus **unterschiedlich hohe Aufwendungen bei der Lagerung, Pflege und Verpackung beanspruchen.** Diese Unterschiede lassen sich nur über eine **Kostenstellenrechnung (= Betriebsabrechnungsbogen)** herausfinden, in der sich dann auch **unterschiedliche Handlungskostenzuschlagssätze** für einzelne Waren (oder Warengruppen) ergeben. Wir zeigen Ihnen nachfolgend in knapper Form das Verfahren, wie man verursachungsgerechte Handlungskosten- und Gewinnzuschläge ermitteln kann.

Situation Um zu möglichst verursachungsgerechten Kosten für jede ihrer vier Warengruppen zu gelangen, geht Frau Kern folgendermaßen vor:

❶ Ihre wichtigste Aufgabe besteht darin, die nach Kostenarten angefallenen Handlungskosten aus der Ergebnistabelle (vgl. S. 211) verursachungsgerecht auf die vier Warengruppen zu verteilen. Hierfür verwendet sie eine „Rechentabelle", den sog. **Betriebsabrechnungsbogen,** nach dem nebenstehenden Muster. Dieser Betriebsabrechnungsbogen (abgek. **BAB**) ist **spaltenmäßig nach Kostenstellen,** d. h. Betriebsabteilungen, in denen die Kosten verursacht wurden, aufgeteilt; im Wesentlichen sind es die sog. **Hauptkostenstellen,** also die nach Warengruppen organisierten Abteilungen. Zusätzlich sind in diesem BAB eine **Allgemeine Kostenstelle** (die für alle anderen Kostenstellen Dienste erbringt) und eine **Hilfskostenstelle** (die die Hauptkostenstellen unterstützt) aufgeführt. **Zeilenmäßig** ist der BAB nach den **Kostenarten der Ergebnistabelle** unterteilt.

❷ In den BAB trägt Frau Kern zunächst unter den Einzelkosten die Warenaufwendungen jeder Warengruppe aus der Ergebnistabelle ein. Diese Warenaufwendungen können ja jeder Warengruppe **direkt** zugerechnet werden.

❸ Die Handlungskosten übernimmt Frau Kern aus der Ergebnistabelle und trägt sie nach Kostenarten und Kostenbeträgen in den BAB ein. Anschließend verteilt sie jede Kostenart nach einer **geeigneten Verteilungsgrundlage** (= Belege, Beschäftigtenzahl, Raumgröße, Anlagenwerte, Verhältniszahlen) anteilig auf die Kostenstellen, in denen die Kosten entstanden sind. So hat sie die Löhne (Konto 4010), die Gehälter (Konto 4020), die Sozialen Aufwendungen (Konto 4040), die Reisekosten (Konto 4400) und die Ausgangsfrachten (Konto 4620) aufgrund der vorliegenden Belege (Lohn- und Gehaltslisten, Rechnungen) verteilt. Die Miete wurde im Verhältnis der Raumgrößen auf die einzelnen Kostenstellen und die Steuern wurden nach einem betriebsintern festgelegten Schlüssel (2 : 23 : 4 : 2 : 2 : 1) aufgeteilt. Nach der Verteilung der Handlungskosten kann in den Spalten der Tabelle abgelesen werden, wie viel Handlungskosten in jeder Abteilung angefallen sind. Damit hat Frau Kern eine Möglichkeit die **Kontenentwicklung** in jeder Kostenstelle von Monat zu Monat zu **kontrollieren.**

6464238

❹ Die **Allgemeine Kostenstelle** und die **Hilfskostenstelle** geben ihre Handlungskosten an die **Hauptkostenstellen** ab. Dies geschieht mithilfe von **Verteilungsschlüsseln,** die angeben, in welchem Umfang die Allgemeine Kostenstelle und die Hilfskostenstelle Dienste für die Hauptkostenstellen erbracht haben.

❺ Für jede **Hauptkostenstelle** kann Frau Kern nun aus den **Handlungskosten** und den **Warenaufwendungen** den speziell für diese Hauptkostenstelle (= Warengruppe) geltenden **Handlungskostenzuschlagssatz** berechnen, der dann für die Kalkulation herangezogen wird. Im nachstehenden Beispiel sind die Unterschiede in den Handlungskostenzuschlagssätzen deutlich erkennbar. Danach wird Druckpapier mit 20 % Zuschlag kalkuliert, Umschlagkarton aber mit 26,1 %.

❻ Zusätzlich kann Frau Kern im BAB für die einzelnen Warengruppen die (monatlichen) Betriebsgewinne und die tatsächlich erzielten Gewinnzuschlagssätze (als Kontrollgrößen zum einheitlichen Gewinnzuschlag; vgl. S. 223) berechnen. So ergibt sich z. B. für Druckpapier aus den Verkaufserlösen und den Selbstkosten des Abrechnungsmonats ein Betriebsgewinn von 20.000,00 DM, was einem Gewinnzuschlagssatz von 3,3 % entspricht.

Betriebsabrechnungsbogen
der Unternehmung Katja Kern, Papiergroßhandlung, Köln

Kostenarten	Zahlen der Betriebsergebnisrechnung	Verteilungsschlüssel	Allg. Kostenstelle: Fuhrpark	Hilfskostenstelle: Verwaltg./Lager	Hauptkostenstellen (Verkaufsabteilungen)				
					Druckpapier	Kopierpapier	Umschlagkarton	Saugpapier	Summe
Einzelkosten									
3110	500.000				500.000				
3210	300.000					300.000			
3310	180.000						180.000		
3410	20.000							20.000	
Summe	**1.000.000**				**500.000**	**300.000**	**180.000**	**20.000**	**1.000.000**
Gemeinkosten									
2110	27.500	Kapital	6.000	10.500	4.500	4.000	2.000	500	–
4010	49.000	Lohnliste	14.000	35.000	–	–	–	–	–
4020	33.000	Geh.-Liste	–	8.000	12.500	5.500	4.500	2.500	–
4040	14.000	Lohnliste	2.000	7.000	2.000	1.500	1.500	–	–
4100	15.000	m^2	3.000	8.000	2.000	1.000	1.000	–	–
42 . .	17.000	Verh.-Zahl	1.000	11.500	2.000	1.000	1.000	500	–
4400	16.000	Rechnung	2.000	14.000	–	–	–	–	–
4620	10.000	Rechnung	1.000	9.000	–	–	–	–	–
4910	26.000	Anl.-Werte	6.000	7.500	5.000	4.000	3.000	500	–
U.-Lohn	10.000	Verh.-Zahl	1.000	6.000	1.000	1.000	1.000	–	–
Summe	**217.500**		**36.000**	**116.500**	**29.000**	**18.000**	**14.000**	**4.000**	**–**
❶ Verteilung: Fuhrpark		5 : 4 : 3 : 0			15.000	12.000	9.000	0	
❷ Verteilung: Verwaltg./Lager		500,00 DM 14 : 9 : 6			56.000	36.000	24.000	500	
Summe der Handlungskosten					**100.000**	**66.000**	**47.000**	**4.500**	**217.500**
Handlungskostenzuschlagssatz je Warengruppe					**20 %**	**22 %**	**26,1 %**	**22,5 %**	**(21,75 %)**
Selbstkosten des Abrechnungsmonats (Warenaufwendungen plus Handlungskosten)					600.000	366.000	227.000	24.500	1.217.500
Nettoverkaufserl. d. Abrechnungsmonats (vgl. S. 211)					620.000	380.000	225.000	25.000	1.250.000
Betriebsgewinn/-verlust je Kostenträger und insg.					(+) 20.000	(+) 14.000	(–) 2.000	(+) 500	(+) 32.500
Gewinnzuschlagssätze je Kostenträger und insgesamt					**3,3 %**	**3,8 %**	**(– 8,8 %)**	**2,0 %**	**2,7 %**

siehe „Prozentrechnung", Kap. 9.4

Berechnung der Zuschlagssätze für Handlungskosten. Für jede Warengruppe (= Hauptkostenstelle) wird aus den **Warenaufwendungen** und den **Handlungskosten** ein Prozentsatz gebildet (vgl. Seite 239).

siehe „Prozentrechnung", Kap. 9.4

Handlungskostenzuschlagssatz für Druckpapier $= \frac{100.000{,}00 \text{ DM} \cdot 100\ \%}{500.000{,}00 \text{ DM}} =$ **20 %**

Handlungskostenzuschlagssatz für Kopierpapier $= \frac{66.000{,}00 \text{ DM} \cdot 100\ \%}{300.000{,}00 \text{ DM}} =$ **22 %**

Handlungskostenzuschlagssatz für Umschlagkarton $= \frac{47.000{,}00 \text{ DM} \cdot 100\ \%}{180.000{,}00 \text{ DM}} =$ **26,1 %**

Handlungskostenzuschlagssatz für Saugpapier $= \frac{4.500{,}00 \text{ DM} \cdot 100\ \%}{20.000{,}00 \text{ DM}} =$ **22,5 %**

Zusätzlich ist im vorstehenden BAB auch der einheitliche (oder durchschnittliche) Zuschlagssatz für Handlungskosten mit **21,75 %** angegeben. Er stimmt mit dem auf Seite 220 berechneten Prozentsatz überein und war dort auf **22 %** aufgerundet worden.

Auswertung: Die Zuschlagssätze für die einzelnen Warengruppen zeigen deutliche Abweichungen zum einheitlichen Zuschlagssatz. So beträgt der Zuschlagssatz für Druckpapier 20 % und liegt damit um 1,75 % (bzw. 2 %) unter dem einheitlichen Zuschlagssatz. Der Zuschlagssatz für Umschlagkarton beträgt 26,1 % und liegt damit deutlich über dem einheitlichen Satz. Das hat Auswirkungen auf die Kalkulationen.

Übersicht über den Zusammenhang zwischen Kostenarten, Kostenstellen und Kostenträgern

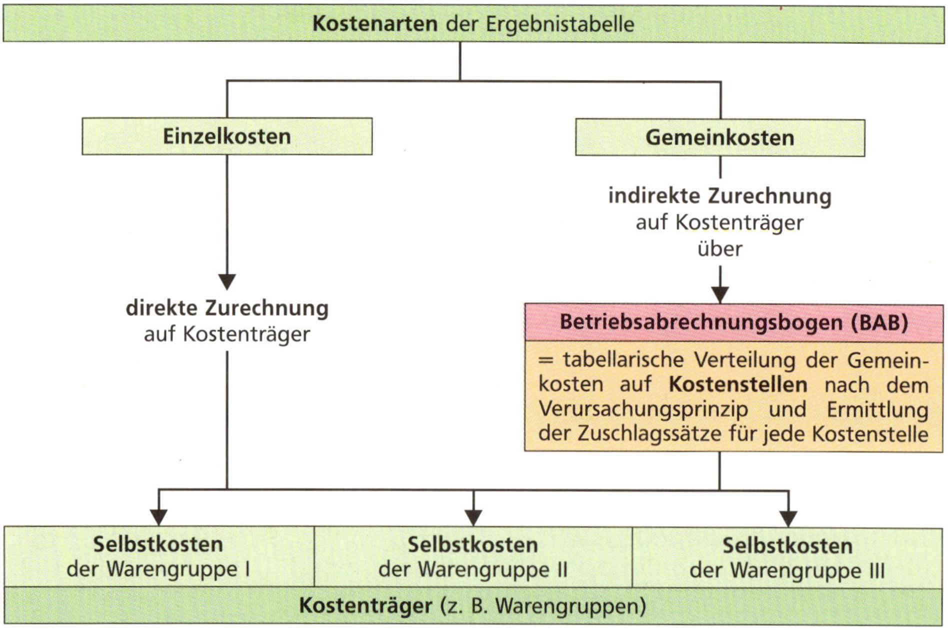

6464240

Aufgabe

273 Die Bezugspreise für je eine Palette Papier oder Karton betragen:

1 Palette Druckpapier .... 2.800,00 DM
1 Palette Kopierpapier .... 1.600,00 DM
1 Palette Umschlagkarton .... 2.625,00 DM

1. *Kalkulieren Sie mithilfe der im obigen BAB errechneten Zuschlagssätze für Handlungskosten die Selbstkostenpreise für je eine Palette jeder Warensorte.*
2. *Stellen Sie die Abweichungen gegenüber den Kalkulationen mit dem einheitlichen Zuschlagssatz von 22 % fest.*

274 *Kalkulieren Sie auf der Grundlage der Bezugspreise aus Aufgabe 273 sowie der in dem vorstehenden Betriebsabrechnungsbogen ermittelten Handlungskostenzuschlagssätze und Gewinnzuschlagssätze die Barverkaufspreise für jede Warenart.*

275 Aus den Zahlen der Betriebsergebnisrechnung ist der BAB für den Monat Juli zu erstellen.

Kostenarten	Zahlen der BER	Hilfskostenstellen		Hauptkostenstellen		
		Lager	Verwaltg.	W.-Gruppe 1	W.-Gruppe 2	W.-Gruppe 3
Löhne	8.000,00	1.000,00	4.200,00	1.000,00	1.000,00	800,00
Gehälter	35.000,00	4.000,00	20.000,00	4.000,00	4.000,00	3.000,00
Mieten	12.000,00	vgl. unten				
Werbung	6.000,00	–	6.000,00	–	–	–
Bürokosten	45.000,00	4.000,00	20.000,00	9.000,00	6.000,00	6.000,00
Kalk. Abschr.	10.000,00	vgl. unten				

Die Mietkosten sind nach den Raumgrößen

Lager:	375 m^2,	Verkauf W.-Gruppe 1:	250 m^2,
Verwaltung:	250 m^2,	Verkauf W.-Gruppe 2:	375 m^2,
		Verkauf W.-Gruppe 3:	250 m^2

auf die Kostenstellen umzulegen, die kalkulatorischen Abschreibungen nach dem Schlüssel 3 : 2 : 1 : 2 : 2.

Die Kosten der Hilfskostenstellen werden nach folgenden Schlüsseln auf die Hauptkostenstellen abgewälzt:

1. Umlage Lager: 2 : 2 : 1, 2. Umlage Verwaltung: 4 : 2 : 2.

Die Warenaufwendungen und die Nettoverkaufserlöse betrugen im Abrechnungsmonat:

Warengruppen	Warenaufwendungen	Nettoverkaufserlöse
Warengruppe 1	104.375,00	185.370,00
Warengruppe 2	79.000,00	142.042,00
Warengruppe 3	60.700,00	103.797,00

1. *Ermitteln Sie im BAB die Handlungskosten für jede Warengruppe.*
2. *Berechnen Sie für jede Warengruppe den Handlungskostenzuschlagssatz.*
3. *Bestimmen Sie den Betriebsgewinn für jede Warengruppe und insgesamt sowie die Gewinnzuschlagssätze für jede Warengruppe.*
4. *Ermitteln Sie die Kalkulationszuschläge für die drei Warengruppen, wenn der Großhändler in allen Warengruppen mit 2 % Verkaufsskonto und 5 % Verkaufsrabatt kalkuliert.*
5. *Kalkulieren Sie mit den Zuschlagssätzen den Barverkaufspreis für einen Artikel der Warengruppe 1, den der Großhändler zum Bezugspreis von 34,00 DM gekauft hat.*

276 Eine Textilgroßhandlung führt in ihrer Kostenrechnung die nach Warengruppen gegliederten Abteilungen „Herrenoberbekleidung", „Damenoberbekleidung", „Kinderbekleidung" als Hauptkostenstellen. Zusätzlich ist die Abteilung „Lager/Verwaltung" als Hilfskostenstelle eingerichtet. Die Abteilung Fuhrpark ist Allgemeine Kostenstelle. Für den Monat Mai liegen folgende Zahlen vor:

Warenkosten:	3010	Herrenoberbekleidung ...	330.555,00
	3110	Damenoberbekleidung ...	447.500,00
	3210	Kinderbekleidung	226.000,00

Die Handlungskosten der Betriebsergebnisrechnung sind im nachfolgenden BAB aufgeführt und dort zum Teil bereits aufgeschlüsselt:

Kosten-arten	Zahlen der BER	Fuhr-park	Hilfskostenstelle Lager/Verwaltung	Hauptkostenstellen HOB	DOB	KB
Instandhaltung	40.000,00	vgl. unten				
Frachten	25.000,00	–	22.000	1.000	1.000	1.000
Pers.-Kosten	240.000,00	20.000	160.000	20.000	30.000	10.000
Mieten	30.000,00	vgl. unten				
Werbung	40.000,00	–	40.000	–	–	–
Steuern/Vers.	88.000,00	14.000	62.500	3.500	5.500	2.500
Betr.-Kosten	12.000,00	12.000	–	–	–	–
Kalk. Zinsen	15.000,00	3.000	9.000	1.000	1.000	1.000
Kalk. Abschr.	70.000,00	vgl. unten				

Die Mietkosten sind nach Raumgrößen aufzuteilen:

Fuhrpark:	300 m^2,
Lager/Verwaltung:	700 m^2,
HOB:	200 m^2,
DOB:	200 m^2,
KB:	100 m^2.

Die Instandhaltungen sind im Verhältnis 2 : 11 : 1 : 1 : 1 und die kalkulatorischen Abschreibungen im Verhältnis 4 : 6 : 1 : 2 : 1 auf die Kostenstellen zu verteilen.

Die Kosten der Allgemeinen Kostenstelle „Fuhrpark" sind im Verhältnis 2 : 2 : 1 auf die Hauptkostenstellen abzuwälzen.

Für die Umlage der Hilfskostenstelle auf die Hauptkostenstellen gilt folgender Verteilungsschlüssel: 3 : 5 : 2.

Die **Nettoverkaufserlöse** betrugen im Abrechnungszeitraum:

	HOB	DOB	KB
Nettoverkaufserlöse	550.000,00	751.800,00	381.375,00

1. *Ermitteln Sie im BAB die Handlungskosten für jede Warengruppe und die zugehörigen Handlungskostenzuschläge in Prozent.*
2. *Berechnen Sie die Selbstkosten für jede Warengruppe und insgesamt.*
3. *Bestimmen Sie den Betriebsgewinn für jede Warengruppe und insgesamt sowie die Gewinnzuschlagssätze für jede Warengruppe.*
4. *Führen Sie für den Artikel „Herrenoberhemd" eine Nachkalkulation mit den im BAB ermittelten Zuschlagssätzen durch: Bezugspreis für ein Hemd: 12,50 DM, Barverkaufspreis 24,00 DM.*
5. *Führen Sie die Kalkulation für ein Damenkleid durch, das vom Hersteller zum Bezugspreis von 98,00 DM angeboten wird. Beim Großhändler fallen zusätzlich 2 % Verkaufsskonto und 10 % Verkaufsrabatt an.*

6464242

4.6 Deckungsbeitragsrechnung

Situation Im Unternehmen Kern werden die Verkaufspreise – ausgehend von den Bezugspreisen – mithilfe der im BAB ermittelten **Zuschlagssätze für Handlungskosten und Gewinn** kalkuliert. In die Verkaufspreise werden also **alle Kosten** anteilig über den Handlungskostenzuschlagssatz eingerechnet. Dieses Verfahren der Zuschlagskalkulation hat gewichtige **Nachteile:**

Frau Kern kann in wirtschaftlich angespannten Situationen mit schlechter Auftragslage die Verkaufspreise **nicht der Kostenstruktur ihres Unternehmens anpassen.** Damit ist Folgendes gemeint: Um in wirtschaftlich schlechten Zeiten Aufträge zu erhalten, ist es wichtig, Preiszugeständnisse zu machen. Wie hoch darf aber ein Preisnachlass ausfallen, ohne in **Zahlungsschwierigkeiten** zu kommen? Und welche Kosten lassen sich notfalls vorübergehend **aus der Kalkulation heraushalten** (= Verzicht auf Kostenersatz)?

Zahlungsschwierigkeiten ergeben sich für ein Unternehmen dann, wenn es über die Verkaufspreise nicht mehr diejenigen Kosten erstattet bekommt, die **kurzfristig zu Ausgaben** führen, das sind z. B. Personalkosten, Mieten, Steuerschulden.

Langfristig muss jedes Unternehmen darauf achten, dass über die Verkaufserlöse **alle** Kosten ersetzt werden, weil sonst Zahlungsschwierigkeiten auftreten und **keine Ersatzinvestitionen** möglich sind. Kurzfristig kann ein Unternehmen solche Kosten aus der Kalkulation heraushalten, die auch dann anfallen würden, wenn das Unternehmen keine Umsätze mehr tätigt. Ein **Beispiel** für solche Kosten sind die (kalkulatorischen) **Abschreibungen.** Sachanlagen werden jährlich mit einem vorbestimmten Betrag **unabhängig vom Umsatz** abgeschrieben. Abschreibungen fallen als **Kosten der Betriebsbereitschaft** selbst dann an, wenn überhaupt kein Umsatz getätigt wird. Kosten dieser Art heißen deshalb auch **beschäftigungsunabhängige Kosten** oder **fixe Kosten.** Anders herum formuliert bedeutet dieser Sachverhalt, dass das Unternehmen solche Kosten unbedingt in der Kalkulation berücksichtigen muss, **deren Höhe vom Umsatz abhängt:** Mit steigendem Umsatz steigen sie und mit sinkendem Umsatz gehen sie zurück. Ein **Beispiel** für solche Kosten sind die **Warenaufwendungen.** Kosten mit dieser Eigenschaft heißen **beschäftigungsabhängige Kosten** oder **variable Kosten.** Die Kenntnis dieser **Kostenstruktur,** also der Einteilung der gesamten Kosten in fixe und variable Kosten, ist für die Preisgestaltung von großer Bedeutung.

Beispiel Die **Warenaufwendungen** für Druckpapier betragen im Monat September 500.000,00 DM. Es handelt sich um **variable Kosten.** Im gleichen Monat fallen **Handlungskosten** für Druckpapier in Höhe von 100.000,00 DM an (vgl. BAB Seite 239). Nehmen wir an, dass es sich hierbei in voller Höhe um **fixe Kosten** handelt, d. h., unabhängig von der Höhe der monatlichen Warenaufwendungen fallen Handlungskosten von etwa 100.000,00 DM an. Untersuchen wir, wie sich der Handlungskostenzuschlagssatz verändert, wenn a) die Warenaufwendungen höher als 500.000,00 DM, b) niedriger als 500.000,00 DM sind.

	Ausgangssituation	a) höhere Warenaufwendungen	b) niedrigere Warenaufwendungen
Warenaufwendungen	500.000,00 DM	600.000,00 DM	400.000,00 DM
Handlungskosten (fix)	100.000,00 DM	100.000,00 DM	100.000,00 DM
Handlungskostensatz	**20 %**	**16 $^2/_3$ %**	**25 %**

siehe „Prozentrechnung", Kap. 9.4

Mit **steigendem Wareneinsatz,** also dem Kennzeichen einer guten wirtschaftlichen Situation, in der die Preise stabil oder sogar leicht steigend sind, würde nach der obigen Rechnung mit einem niedrigeren Handlungskostensatz (16 ⅔ %) kalkuliert werden, was zu sinkenden Preisen führt. In wirtschaftlich schlechteren Zeiten mit **sinkendem Wareneinsatz und Preiszugeständnissen beim Warenverkauf** dagegen zeigt die obige Rechnung an, dass mit einem höheren Zuschlagssatz kalkuliert werden muss, was zu steigenden Preisen führt. Eine solche Entscheidung wäre aber in der jeweiligen wirtschaftlichen Lage unsinnig.

Wir werden im Folgenden zeigen, wie Frau Kern das Problem löst ihre Kalkulation den Markterfordernissen anzupassen. Dazu unterscheiden wir zunächst genauer die fixen Kosten von den variablen Kosten.

4.6.1 Wodurch unterscheiden sich fixe Kosten und variable Kosten voneinander?

Variable Kosten haben die Eigenschaft, dass ihre Höhe vom **Umsatz** (allgemein ausgedrückt: von der **Beschäftigung**) abhängt: Steigt der Umsatz in einem Monat, so steigen auch die variablen Kosten, sinkt der Umsatz, so sinken auch die variablen Kosten. Wir gehen im folgenden Beispiel davon aus, dass die variablen Kosten **im gleichen Ausmaß** steigen oder fallen wie der Umsatz, d. h., wir betrachten hier die variablen Kosten nur in ihrer **proportionalen Abhängigkeit** vom Umsatz.

Beispiel Im Unternehmen Katja Kern werden die bei der Papiermühle AG bestellten Saugpapiere (vgl. Seite 131 f.) in handelsübliche 4er-Packungen umgepackt. Dabei fallen Verpackungskosten von **0,50 DM je 4er-Packung** an (= variable Stückkosten). Bei unterschiedlichen Absatzmengen ergeben sich folgende Verpackungskosten als gesamte variable Kosten:

Zahl der Packungen	0	1 000	2 000	3 000	4 000	5 000	6 000	7 000
variable Stückkosten	0	0,50	0,50	0,50	0,50	0,50	0,50	0,50
variable Kosten	0	500,00	1.000,00	1.500,00	2.000,00	2.500,00	3.000,00	3.500,00

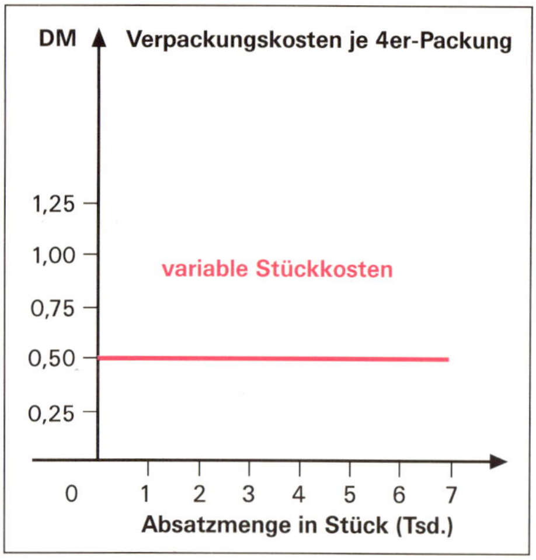

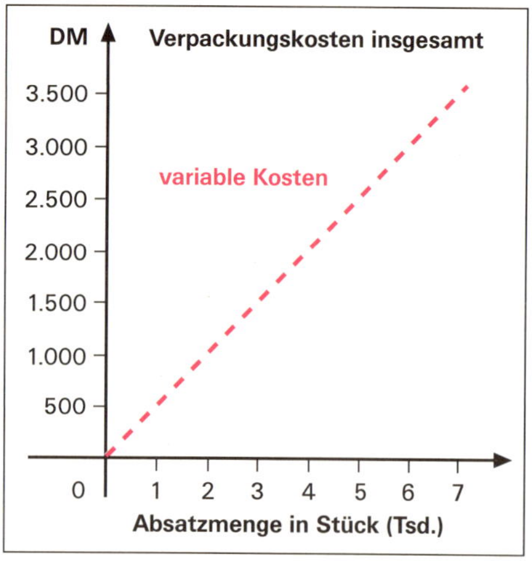

6464244

Erläuterung: Die Verpackungskosten nehmen mit steigender Absatzmenge insgesamt proportional zu. Sie verringern sich im gleichen Verhältnis, wie die Absatzmenge zurückgeht. Die auf eine 4er-Packung entfallenden Verpackungskosten bleiben bei schwankender Beschäftigung (= Absatzmenge) immer gleich hoch. Zu den variablen Kosten gehören – außer den Verpackungskosten – auch die **Warenaufwendungen,** die **Transportkosten** und die **Vertriebsprovisionen.**

Einzelkosten sind variable Kosten!

Fixe Kosten. Alle Kosten, die von Abrechnungsperiode zu Abrechnungsperiode bei unveränderter Betriebsgröße in annähernd **gleicher Höhe unabhängig vom Leistungsumfang anfallen, heißen fixe Kosten** oder **Kosten der Betriebsbereitschaft.** Der überwiegende Teil der **Gemeinkosten gehört zu den fixen Kosten,** so z. B. Personalkosten, Mieten, Steuern, Beiträge, kalkulatorische Abschreibungen.

Beispiel Der in der Papiergroßhandlung Kern eingesetzte LKW wird monatlich mit 1.000,00 DM kalkulatorisch abgeschrieben. Dieser Betrag soll gleichmäßig auf die mit dem LKW transportierten Paletten verteilt werden.

Absatzmenge (Paletten in Stück)	fixe Kosten	fixe Stückkosten
0	1.000,00	–
100	1.000,00	10,00
200	1.000,00	5,00
300	1.000,00	3,33
400	1.000,00	2,50
500	1.000,00	2,00
600	1.000,00	1,67
.	.	.
.	.	.

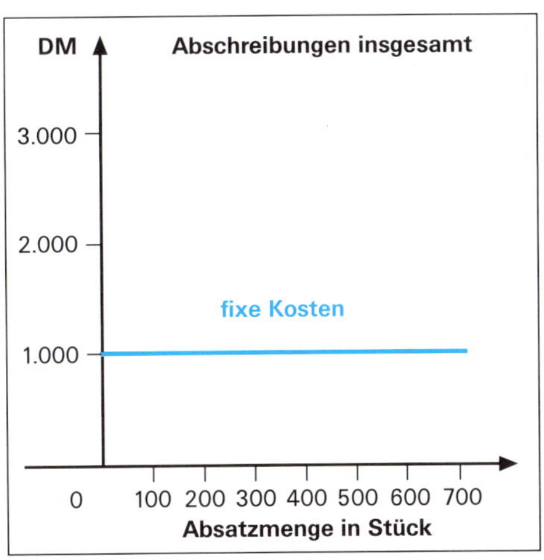

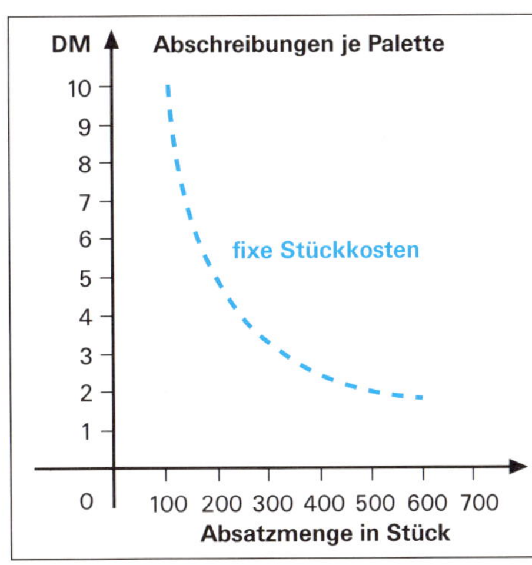

Erläuterung: Die Abschreibungen verändern sich mit steigendem oder sinkendem Absatz nicht. Sie fallen in jeder Abrechnungsperiode in nahezu unveränderter Höhe an. Die auf ein Stück umgerechneten Abschreibungen verringern sich mit steigendem Absatz und erhöhen sich bei rückläufigem Absatz. Außer den Abschreibungen gehören auch die Gehälter, zum großen Teil die Löhne und die Steuern sowie die Mieten zu den fixen Kosten.

Gemeinkosten (Handlungskosten) sind überwiegend fixe Kosten.

277

1. *Unterscheiden Sie Einzel- und Gemeinkosten voneinander.*
2. *Erläutern Sie die Aussage: „Einzelkosten sind variable Kosten, Gemeinkosten sind überwiegend fixe Kosten."*
3. *Warum ist es richtig, das Gehalt eines Angestellten im Lager als fixe Kosten zu betrachten?*
4. *Ordnen Sie folgende Kostenarten den variablen und/oder fixen Kosten zu: Kalkulatorische Abschreibungen, Gewerbesteuer, freiwillige soziale Aufwendungen, Stromkosten, Telefonkosten, Transportkosten, Werbekosten, Ausgangsfrachten.*
5. *Begründen Sie, warum Lohnkosten nicht eindeutig zu den variablen Kosten zu rechnen sind.*
6. *Unterscheiden Sie Lohnarten, die zu den Einzelkosten gehören, von solchen, die zu den Gemeinkosten zählen.*
7. *Aus welchem Grund können die fixen Kosten nicht direkt auf den einzelnen Kostenträger (Ware) umgerechnet werden?*
8. *Ein Betrieb mit hohem Anteil der variablen Kosten an den Gesamtkosten kann sich einer veränderten Beschäftigung leicht anpassen. Begründen Sie diese Aussage.*
9. *Warum wird ein Großhandelsbetrieb mit hohem Anteil der fixen Kosten an den Gesamtkosten darauf achten, dass stets mit guter Auslastung der Anlagen gearbeitet wird?*

278

Der Wareneinsatz (= Warenaufwendungen) soll in der Kostenrechnung zum festen Verrechnungspreis angesetzt werden.

Der Verrechnungspreis ist als gewogener Durchschnittspreis aus folgenden Lieferungen des vergangenen Quartals zu bestimmen:

Lieferdatum	Liefermenge in kg	Bezugspreis je kg
..-01-15	12 500	80,00
..-01-23	8 500	76,00
..-02-18	10 000	82,00
..-03-05	7 000	85,00

279

Die Abschreibungen betragen in einem Großhandelsbetrieb monatlich 36.000,00 DM. Die Verteilung auf die Kostenträger soll so vorgenommen werden, dass auf jedes eingekaufte Stück der gleiche Kostenanteil entfällt:

Monat	Einkaufsmenge in Stück
August	32 000
September	30 000
Oktober	38 000

Bestimmen Sie für jeden Monat den auf ein Stück entfallenden Abschreibungsbetrag und stellen Sie die Abhängigkeit der Abschreibung von der Menge grafisch dar.

280

Ein Unternehmer kalkuliert mit variablen Stückkosten von 35,00 DM/Stück und fixen Kosten von insgesamt 65.000,00 DM/Monat.

Wie viel Stück muss er in einem Monat mindestens absetzen, um bei einem Verkaufspreis von 61,00 DM/Stück keinen Verlust zu erleiden?

6464246

4.6.2 Wie berechnet man den Deckungsbeitrag?

Deckungsbeitrag. Die Deckungsbeitragsrechnung verzichtet darauf, **alle** Kosten auf die Warengruppen (= Kostenträger) zu verteilen. Sie beschränkt sich auf die **Verteilung der variablen Kosten** (Einzelkosten und variable Gemeinkosten, vgl. Seite 244/245), weil diese Kosten unmittelbar den Warengruppen zugerechnet werden können. Die fixen Kosten lassen sich nicht verursachungsgerecht den Warengruppen zuweisen und werden deshalb getrennt von den variablen Kosten erfasst und zu einem **„Kostenblock"** aufaddiert. Im Großhandelsbetrieb prüft man nun, ob jede Warengruppe nach Abzug der variablen Kosten von den Umsatzerlösen so viel Überschuss erwirtschaftet, dass die fixen Kosten voll gedeckt werden können. Nur dann erzielt das Unternehmen einen Betriebsgewinn. Dieser Überschuss, der sich als Differenz aus den **Warenverkaufserlösen minus den variablen Kosten** ergibt, heißt **Deckungsbeitrag.** Aus diesen Überlegungen ergibt sich das folgende **Grundschema der Deckungsbeitragsrechnung** in einem Großhandelsbetrieb mit mehreren Warengruppen:

Kalkulationsschema	Warengruppe I	Warengruppe II	Warengruppe III	Summe
Nettoverkaufserlöse	....	....	....	....
– Warenaufwendungen (Einzelkosten)	....	....	....	....
Warenrohgewinn	....	....	....	....
– variable Handlungskosten	....	....	....	....
Deckungsbeitrag	....	....	....	....
– fixe Kosten	–	–	–	....
Betriebserfolg				....

Erläuterung: Die Nettoverkaufserlöse für jede Warengruppe sind unter den Kontennummern 8110, 8210, 8310, 8410 usw. in der Betriebsergebnisrechnung verzeichnet und können dort entnommen werden.

Die Warenaufwendungen können unter den Kontenbezeichnungen 3110, 3210, 3310, 3410 usw. ebenfalls der Betriebsergebnisrechnung entnommen werden. Vermindert man die Verkaufserlöse um die Warenaufwendungen, so erhält man den **Warenrohgewinn** (auch **Bruttoerfolg** genannt) für jede Warengruppe und insgesamt.

Vom Warenrohgewinn sind die den Warengruppen direkt zurechenbaren (= variablen) **Handlungskosten** zu subtrahieren, um die **Deckungsbeiträge** jeder Warengruppe und insgesamt zu erhalten. Zu den variablen Handlungskosten zählen z. B. warenbezogene Verpackungen und Ausgangsfrachten.

Die Deckungsbeiträge geben an, mit wie viel DM jede Warengruppe zur Deckung der fixen Kosten und zur Erzielung von Gewinn beiträgt.

Das Unternehmen erzielt einen **Betriebsgewinn,** wenn die Summe der Deckungsbeiträge größer ist als die insgesamt angefallenen fixen Kosten. Reichen die Deckungsbeiträge nicht aus, um die fixen Kosten zu decken, so ergibt sich ein **Betriebsverlust.**

Deckungsbeiträge > fixe Kosten = Betriebsgewinn
Deckungsbeiträge < fixe Kosten = Betriebsverlust

Um die obige Kalkulation anwenden zu können, ist es notwendig, die Handlungskosten in ihre variablen und fixen Kostenbestandteile aufzuteilen. Dies kann nur durch eine Kostenuntersuchung im jeweiligen Betrieb vorgenommen werden. Im folgenden Beispiel unterstellen wir, dass eine solche Untersuchung erfolgt ist und zu den im nachfolgenden Beispiel genannten Aufteilungsmerkmalen geführt hat.

Beispiel Im Unternehmen Kern wird aus den Zahlen der Betriebsergebnisrechnung von Seite 211 folgende Aufteilung der Warenaufwendungen und Handlungskosten in **variable und fixe Kosten** vorgenommen:

Kostenart	Betrag	Aufteilungs-merkmal	variable Kosten	fixe Kosten
3110 Druckpapier	500.000,00	variabel	500.000,00	–
3210 Kopierpapier	300.000,00	variabel	300.000,00	–
3310 Umschlagkarton	180.000,00	variabel	180.000,00	–
3410 Saugpapier	20.000,00	variabel	20.000,00	–
Zwischensumme: **Warenaufwendungen**	**1.000.000,00**		**1.000.000,00**	**–**
2110 Kalkulat. Zinsen	27.500,00	fix	–	27.500,00
4010 Löhne	49.000,00	3 : 4	21.000,00	28.000,00
4020 Gehälter	33.000,00	fix	–	33.000,00
4040 Soz. Aufwendg.	14.000,00	2 : 5	4.000,00	10.000,00
4100 Mieten	15.000,00	fix	–	15.000,00
42.. Betriebl. Steuern	17.000,00	fix	–	17.000,00
4400 Reisekosten	16.000,00	3 : 1	12.000,00	4.000,00
4620 Ausgangsfrachten	10.000,00	variabel	10.000,00	–
4910 Kalk. Abschreibg.	26.000,00	fix	–	26.000,00
Unternehmerlohn	10.000,00	fix	–	10.000,00
Zwischensumme: **Handlungskosten**	**217.500,00**		**47.000,00**	**170.500,00**

siehe „Verteilungsrechnung", Kap. 9.3

Von den variablen Handlungskosten entfallen auf die einzelnen Warengruppen:

Kostenart	Betrag	Druckpapier	Kopierpapier	Umschl.-Kart.	Saugpapier
Löhne	21.000,00	9.000,00	5.000,00	5.000,00	2.000,00
Soz. Aufwendg.	4.000,00	2.000,00	1.000,00	1.000,00	0,00
Reisekosten	12.000,00	3.000,00	3.000,00	4.000,00	2.000,00
Ausgangsfrachten	10.000,00	4.000,00	3.000,00	3.000,00	0,00
Summe	**47.000,00**	**18.000,00**	**12.000,00**	**13.000,00**	**4.000,00**

Auf dieser Grundlage ist die **Deckungsbeitragskalkulation** nach dem Schema von Seite 247 durchzuführen.

Kalkulationsschema	Druck-papier	Kopier-papier	Umschlag-karton	Saug-papier	Summe
Nettoverkaufserlöse	620.000,00	380.000,00	225.000,00	25.000,00	1.250.000,00
– **Warenaufwendg.**	500.000,00	300.000,00	180.000,00	20.000,00	1.000.000,00
Warenrohgewinn	120.000,00	80.000,00	45.000,00	5.000,00	250.000,00
– **var. Handl.-Kosten**	18.000,00	12.000,00	13.000,00	4.000,00	47.000,00
Deckungsbeitrag	**102.000,00**	**68.000,00**	**32.000,00**	**1.000,00**	**203.000,00**
– **fixe Kosten**	–	–	–	–	**170.500,00**
Betriebsgewinn					**32.500,00**

Auswertung: Aus der obigen Kalkulation ist abzulesen, dass alle vier Warengruppen **positive Deckungsbeiträge** erzielen, d. h., bei allen Warengruppen liegen die Verkaufserlöse über deren variablen Kosten. Alle Warengruppen leisten somit über ihre positiven Deckungsbeiträge einen Beitrag zur Deckung der fixen Kosten. Da die Summe der Deckungsbeiträge mit 203.000,00 DM über den fixen Kosten (170.500,00 DM) liegt, erwirtschaftet das Unternehmen einen **Betriebsgewinn** von 32.500,00 DM (vgl. auch BAB, Seite 239).

6464248

Ertragskraft der Warengruppen. Aussagefähig ist der Prozentanteil der Deckungsbeiträge an den Verkaufserlösen jeder Warengruppe. Mit dieser Prozentzahl lässt sich feststellen, wie **ertragsstark** oder **ertragsschwach** eine Warengruppe ist.

	Druckpapier	Kopierpapier	Umschlagkarton	Saugpapier
Deckungsbeitrag	102.000,00 DM	68.000,00 DM	32.000,00 DM	1.000,00 DM
Verkaufserlöse	620.000,00 DM	380.000,00 DM	225.000,00 DM	25.000,00 DM
Deckungsbeitrag in Prozent des Umsatzes	**16,5 %**	**17,9 %**	**14,2 %**	**4,0 %**

siehe „Prozentrechnung", Kap. 9.4

Im obigen Beispiel sind die Warengruppen „Druckpapier" und „Kopierpapier" ertragsstärker als die Warengruppen „Umschlagkarton" und „Saugpapier". Besondere Aufmerksamkeit lenken wir auf die Warengruppe **„Umschlagkarton".** Diese Warengruppe hat nach der Betriebsabrechnung von Seite 239 mit einem **Verlust** von 2.000,00 DM (= 8,8 %) abgeschlossen. Hiernach hätte es nahe gelegen, **diese Warengruppe aus dem Sortiment herauszunehmen.** Erst die Kalkulation nach Deckungsbeiträgen zeigt, dass eine solche Entscheidung **falsch** gewesen wäre. Denn diese Warengruppe erzielt einen recht **hohen positiven Deckungsbeitrag** und leistet damit ihren Beitrag zur Deckung der fixen Kosten. Der Betriebsabrechnungsbogen kann hierüber keine Aussage machen, da in ihm keine Unterscheidung nach fixen und variablen Kosten getroffen, sondern eine Aufteilung aller Handlungskosten nach den verursachenden Kostenstellen vorgenommen wird.

Optimale Sortimentgestaltung. Das zuvor gezeigte Verfahren zur Bestimmung der Ertragskraft einzelner Warengruppen wird genutzt, um das Warensortiment auf einen **möglichst hohen Gesamtertrag** auszurichten. Hierzu werden die Warengruppen nach ihrer **Ertragskraft in eine Rangfolge** gebracht, in der sie im Sortiment gepflegt werden:

1. Rang: Warengruppe **„Kopierpapier"** mit .... **17,9 %**
2. Rang: Warengruppe **„Druckpapier"** mit .... **16,5 %**
3. Rang: Warengruppe **„Umschlagkarton"** mit .... **14,2 %**
4. Rang: Warengruppe **„Saugpapier"** mit .... **4,0 %**

Aufgaben

281

1. *Worin besteht der Vorteil der Deckungsbeitragsrechnung gegenüber der Vollkostenrechnung?*
2. *Was versteht man unter „Deckungsbeitrag"?*
3. *Unterscheiden Sie variable Kosten und fixe Kosten voneinander.*
4. *Nennen Sie Beispiele für variable und fixe Handlungskosten.*
5. *Warum ist es grundsätzlich vorteilhaft, einen Artikel nicht aus dem Sortiment herauszunehmen, wenn er einen positiven Deckungsbeitrag erzielt?*

282 In einer Großhandlung werden die drei Warengruppen A, B und C geführt. Im Monat Juni wurden folgende Verkaufserlöse und Kosten ermittelt:

	Warengruppen		
	A	B	C
Nettoverkaufserlöse	124.000,00	165.000,00	84.000,00
Warenaufwendungen (Einzelkosten)	77.500,00	110.000,00	60.000,00
variable Gemeinkosten	15.500,00	16.500,00	15.000,00
fixe Gemeinkosten insgesamt	28.000,00		

Bestimmen Sie die Deckungsbeiträge jeder Warengruppe und insgesamt sowie das Betriebsergebnis.

283 Eine Textilgroßhandlung hat aufgrund ihrer Vollkostenrechnung für den Monat April in den drei Warengruppen Herrenoberbekleidung, Damenoberbekleidung und Kinderbekleidung folgende Erlöse und Kosten festgestellt:

	Herrenober-bekleidung	Damenober-bekleidung	Kinder-bekleidung	insgesamt
Nettoverkaufserlöse	602.550,00	838.800,00	426.250,00	1.867.600,00
Warenaufwendungen	329.600,00	466.000,00	220.000,00	1.015.600,00
Handlungskosten	180.000,00	280.000,00	100.000,00	560.000,00

Aufgrund einer Kostenanalyse ist festgestellt worden, dass 20 % der Handlungskosten variable Gemeinkosten sind. Die restlichen Handlungskosten gelten als fix.

1. *Berechnen Sie den Deckungsbeitrag für jede Warengruppe und insgesamt.*
2. *Bestimmen Sie den Betriebsgewinn.*
3. *Errechnen Sie die Ertragskraft der einzelnen Warengruppen.*
4. *Legen Sie die optimale Sortimentgestaltung fest.*

284 In einer Großhandlung mit den drei Warengruppen I, II und III wurden für den Monat November .. folgende Erlöse und Kosten ermittelt:

Warenaufwendungen:	3010	Warengruppe I	220.000,00 DM
	3110	Warengruppe II	340.000,00 DM
	3210	Warengruppe III	180.000,00 DM
Verkaufserlöse:	8010	Warengruppe I	365.000,00 DM
	8110	Warengruppe II	510.000,00 DM
	8210	Warengruppe III	250.000,00 DM

Die Handlungskosten betrugen im Monat November insgesamt 350.000,00 DM. Sie verteilen sich aufgrund der durchgeführten Kostenstellenrechnung wie folgt auf die einzelnen Warengruppen:

	Warengruppe I	Warengruppe II	Warengruppe III
Handlungskosten	100.000,00 DM	160.000,00 DM	90.000,00 DM

25 % der Handlungskosten gelten als variable Gemeinkosten.
Der Rest der Handlungskosten ist fix.

1. *Ermitteln Sie die Deckungsbeiträge für jede Warengruppe und insgesamt sowie das Betriebsergebnis.*
2. *Geben Sie die optimale Sortimentgestaltung an.*

285 Zur Untersuchung der Kosten- und Ertragssituation ist aus drei Warengruppen je eine Ware repräsentativ ausgewählt worden. Für diese Waren wurden folgende Angaben ermittelt:

	Ware A	Ware B	Ware C
Bezugspreis je Stück	36,00	46,50	26,00
variable Handlungskosten je Stück	21,00	26,00	12,00
Barverkaufspreis je Stück	63,00	75,00	42,00
Absatzmenge	1 300 Stück	1 200 Stück	1 500 Stück
fixe Kosten	12.500,00		

1. *Bestimmen Sie den Deckungsbeitrag für jede Ware.*
2. *Berechnen Sie den Betriebserfolg.*
3. Von der Ware A können monatlich 1 250 Stück und von der Ware C 1 480 Stück abgesetzt werden. *Wie viel Stück müssten von der Ware B verkauft werden, damit ein Gewinn von 10.000,00 DM erzielt wird?*

6464250

286 In einer Großhandlung mit vier Warengruppen wurden im Monat August folgende Erlöse und Kosten ermittelt:

	WG I	WG II	WG III	WG IV
Nettoverkaufserlöse	210.000,00	184.000,00	244.000,00	112.000,00
Warenaufwendungen	130.000,00	118.000,00	168.000,00	81.000,00
variable Gemeinkosten	28.000,00	16.500,00	34.000,00	12.000,00
fixe Kosten	67.400,00			

Bestimmen Sie die Deckungsbeiträge, das Betriebsergebnis und die ertragsoptimale Rangfolge der Warengruppen.

287 Ein Hobby- und Baumarkt führt eine selbstständige Abteilung mit den Warengruppen „Gartengeräte" und „Gartenmöbel". Für den abgelaufenen Monat liegen aus der Buchhaltung und der Kostenrechnung folgende Zahlen vor:

	Warengruppe Gartengeräte	Warengruppe Gartenmöbel
Verkaufserlöse, brutto	70.000,00	48.000,00
Erlösberichtigungen	2.500,00	1.200,00
Frachten (Einzelkosten)	600,00	300,00
Warenaufwendungen	38.100,00	25.600,00
variable Handlungskosten	8.500,00	5.100,00
fixe Kosten	22.500,00	

1. *Berechnen Sie die Deckungsbeiträge für jede Warengruppe und insgesamt.*
2. *Berechnen Sie den Betriebserfolg und die optimale Sortimentgestaltung.*

288 In einer Großhandlung wird der monatliche Betriebserfolg für vier Warengruppen mithilfe der Deckungsbeitragsrechnung ermittelt. Für den Monat September liegen folgende Zahlen vor:

	Warengruppe A	Warengruppe B	Warengruppe C	Warengruppe D
Bezugspreis/Stück	80,00	64,00	124,00	48,00
Barverkaufspreis/Stück	125,00	90,00	128,00	67,50
Absatz in Stück	2 400	3 200	1 800	4 600

Die Handlungskosten betragen nach den Aufzeichnungen in der Betriebsergebnisrechnung insgesamt 330.000,00 DM. Sie gliedern sich wie folgt auf:

Kostenart	Betrag	fix : variabel	fixe Handlungskosten	variable Handlungskosten			
				WG A	WG B	WG C	WG D
Frachten	40.000,00	variabel	–	8.000,00	7.000,00	12.000,00	13.000,00
Löhne	50.000,00	4 : 1	40.000,00	4.000,00	2.000,00	3.000,00	1.000,00
Gehälter	30.000,00	fix	30.000,00	–	–	–	–
soz. Aufw.	24.000,00	5 : 1	20.000,00	1.500,00	500,00	1.500,00	500,00
kalk. Abschr.	60.000,00	fix	60.000,00	–	–	–	–
Mieten	16.000,00	fix	16.000,00	–	–	–	–
Werbung	35.000,00	3 : 4	15.000,00	5.500,00	4.500,00	6.000,00	4.000,00
Beiträge	5.000,00	fix	5.000,00	–	–	–	–
betr. Steuern	18.000,00	2 : 1	12.000,00	2.500,00	1.000,00	1.500,00	1.000,00
kalk. Zinsen	42.000,00	fix	42.000,00	–	–	–	–
Untern.-Lohn	10.000,00	fix	10.000,00	–	–	–	–
insgesamt	330.000,00		250.000,00	21.500,00	15.000,00	24.000,00	19.500,00

1. *Berechnen Sie die Deckungsbeiträge für jede Warengruppe und insgesamt.*
2. *Berechnen Sie den Betriebserfolg.*
3. *Erläutern Sie die Erfolgssituation der Warengruppe C.*
4. *Beurteilen Sie die Ertragskraft der einzelnen Warengruppen.*

4.6.3 Annahme von Zusatzaufträgen

Unter **Zusatzaufträgen** wollen wir alle Aufträge verstehen, die in wirtschaftlich schwierigen Zeiten zusätzlich zu den laufenden Aufträgen zu Sonderkonditionen (z. B. niedrigere Preise, längere Zahlungsfristen, günstigere Lieferungsbedingungen) angenommen werden. Der Großhändler ist zur Annahme solcher Aufträge bereit,

- um die vorhandene Kapazität an Arbeitskräften, Fahrzeugen und Maschinen besser nutzen zu können und
- um das Betriebsergebnis zu verbessern.

Gerade der letzte Punkt ist für den Großhändler von besonderem Interesse. Um aber entscheiden zu können, ob ein Zusatzauftrag das Betriebsergebnis verbessert, genügt nicht die Kenntnis des Barverkaufspreises auf Vollkostenbasis. Vielmehr muss der Großhändler über die **variablen Kosten des Zusatzauftrags** Bescheid wissen.

Beispiel Frau Kern kann einen Zusatzauftrag von einem neuen Kunden über **30 Paletten Kopierpapier** erhalten, wenn sie einen Verkaufspreis von **1.800,00 DM je Palette** akzeptiert. Um zu sehen, wie dieser Auftrag sich auf ihren Betriebsgewinn auswirkt, untersucht sie zunächst die bisherige Kosten- und Absatzsituation für die vier Warengruppen (vgl. Situation Seite 243).

	Druckpapier	Kopierpapier	Umschlagkarton	Saugpapier
Bezugspreis je Einheit (vgl. S. 241, Aufg. 273)	2.800,00 DM (je Palette)	1.600,00 DM (je Palette)	2.625,00 DM (je Palette)	210,00 DM (je 100 Packg.)
+ **Handlungskosten** (vgl. BAB S. 239)	20 % 560,00 DM	22 % 352,00 DM	26,1 % 685,13 DM	22,5 % 47,25 DM
Selbstkostenpreis	3.360,00 DM	1.952,00 DM	3.310,13 DM	257,25 DM
+ **3 % Gewinn**	100,80 DM	58,56 DM	99,30 DM	7,72 DM
Barverkaufspreis	3.460,80 DM	2.010,56 DM	3.409,43 DM	264,97 DM
gerundeter Preis (von Frau Kern so festgelegt)	**3.464,00 DM**	**2.010,60 DM**	**3.409,00 DM**	**266,00 DM**
Absatzmenge	**179 Paletten**	**189 Paletten**	**66 Paletten**	**94 Großpackg.**
Verkaufserlöse (gerundet)	**620.000,00 DM**	**380.000,00 DM**	**225.000,00 DM**	**25.000,00 DM**
– **variable Kosten** (vgl. S. 248)	**518.000,00 DM**	**312.000,00 DM**	**193.000,00 DM**	**24.000,00 DM**
Deckungsbeitrag	102.000,00 DM	68.000,00 DM	32.000,00 DM	1.000,00 DM
variable Kosten je Einheit (= var. Stückkosten, gerundet)	518.000,00 DM / 179 Paletten = 2.893,85 DM	312.000,00 DM / 189 Paletten = **1.650,80 DM**	193.000,00 DM / 66 Paletten = 2.924,25 DM	24.000,00 DM / 94 Großpackg. = 255,30 DM

Erläuterungen:

❶ In der obigen Kosten- und Absatzsituation erzielt jede Warengruppe einen positiven Deckungsbeitrag und die Summe der Deckungsbeiträge (= 203.000,00 DM) **übersteigt die fixen Kosten** (= 170.500,00 DM, vgl. S. 248), sodass ein Betriebsgewinn von 32.500,00 DM erzielt wird.

❷ Der Zusatzauftrag für Kopierpapier ist zu einem Preis zu akzeptieren (= 1.800,00 DM), der deutlich **unter dem kalkulierten Barverkaufspreis** (= 2.010,60 DM) liegt.

❸ Frau Kern muss prüfen, ob der Preis für den Zusatzauftrag noch **über den variablen Kosten** dieses Auftrages liegt. Dann lohnt sich die Annahme, weil ja über die bisherigen Verkaufserlöse bereits **alle Kosten** – insbesondere die fixen Kosten – gedeckt sind. Der Zusatzauftrag könnte also zu den variablen Kosten, die dieser Auftrag verursacht, angenommen werden.

6464252

❹ Aus der umseitigen Aufstellung ist zu entnehmen, dass die Warengruppe „Kopierpapier" **variable Stückkosten von 1.650,80 DM** verursacht. Der Zusatzauftrag bringt also einen Überschuss des Verkaufspreises über die variablen Stückkosten von (1.800,00 DM – 1.650,80 DM =) **149,20 DM** je Palette. Die zusätzlichen Verkaufserlöse betragen also 30 · 1.800,00 DM = 54.000,00 DM, die dadurch entstehenden zusätzlichen variablen Kosten 30 · 1.650,80 DM = 49.524,00 DM. **Der Betriebsgewinn erhöht sich um den Differenzbetrag von 4.476,00 DM** (= 30 · 149,20 DM).

Die folgende **Ergebnisrechnung** verdeutlicht diese Situation:

Ergebnisrechnung	Druck-papier	Kopier-papier	Umschlag-karton	Saug-papier	insgesamt
Verkaufserlöse aus lfd. Absatz	620.000,00	380.000,00	225.000,00	25.000,00	1.250.000,00
+ Umsatzerlöse aus Zusatzauftrag	–	**54.000,00**	–	–	54.000,00
Verkaufserlöse insg.	620.000,00	434.000,00	225.000,00	25.000,00	1.304.000,00
– variable Kosten aus lfd. Absatz	518.000,00	312.000,00	193.000,00	24.000,00	1.047.000,00
– variable Kosten aus Zusatzauftrag	–	**49.524,00**	–	–	49.524,00
Deckungsbeitrag	102.000,00	72.476,00	32.000,00	1.000,00	207.476,00
– fixe Kosten	–	–	–	–	170.500,00
Betriebsgewinn					**36.976,00**

Aufgaben

289 Ein Großhandelsunternehmen, das Spritzgussteile verkauft, schloss die Kostenrechnung im Monat Juni mit folgenden Zahlen ab:

Absatz	variable Gesamtkosten	fixe Gesamtkosten
8 400 Stück	126.000,00 DM	84.000,00 DM

Es wird damit gerechnet, dass in Zukunft ein Absatz von 7 500 Stück zum Preis von 30,00 DM je Stück möglich ist.

1. *Errechnen Sie den Betriebserfolg bei der erwarteten Absatzlage.*
2. *Lohnt sich die Hereinnahme eines Zusatzauftrags über 1 500 Stück, der zum Preis von 22,00 DM je Stück abgerechnet werden muss?*
3. *Zu welchem kostendeckenden Preis könnten 7 500 Stück angeboten werden?*

290 Ein Uhrengroßhändler verkauft zwei Uhren, Typ A und Typ B, unter folgenden Bedingungen:

Typ	Monatlicher Absatz	variable Stückkosten	fixe Kosten	Verkaufs-preis
A	6 000	35,00	140.000,00	75,00
B	4 000	56,00	200.000,00	120,00

1. *Errechnen Sie den Deckungsbeitrag sowie den Betriebsgewinn.*
2. *Bestimmen Sie, ob sich die Annahme eines Zusatzauftrags über 500 Uhren vom Typ A zum Preis von 40,00 DM je Uhr lohnt.*
3. *Um Absatzeinbußen bei der Uhr von Typ B zu vermeiden, will der Unternehmer den Betriebsgewinn bei Uhr B vorübergehend auf 50.000,00 DM senken. Ermitteln Sie den Verkaufspreis, zu dem eine Uhr unter dieser Bedingung angeboten werden kann.*

4.6.4 Preisuntergrenze

Die Preisuntergrenze gibt den Verkaufspreis an, den ein Großhandelsunternehmen für eine Ware fordern muss, um **kurzfristig** oder **langfristig** bestehen zu können. In wirtschaftlich schlechten Zeiten, die durch Absatzeinbußen gekennzeichnet sind, wird die Unternehmensleitung gezwungen sein die Verkaufspreise zu senken, um den Absatzrückgang aufzuhalten. Man muss aber wissen, in welchem Ausmaß die Preissenkung vorgenommen werden kann, ohne dass das Unternehmen in Schwierigkeiten gerät.

Die langfristige Preisuntergrenze legt den Preis für eine Ware oder die Preise für mehrere Waren so fest, dass insgesamt (bei allen Warengruppen) **kostendeckende Verkaufserlöse** erzielt werden. Das Unternehmen kann in dieser Situation über längere Zeit fortgeführt werden, da alle Kosten gedeckt werden und somit auch Ersatzinvestitionen durchführbar sind. Zur Erhaltung der Arbeitsplätze und zur Stabilisierung des Absatzes wird die Unternehmensleitung diese Preisuntergrenze anstreben.

Beispiel Frau Kern befürchtet, dass in der nächsten Zeit der Absatz für die Warengruppe „Umschlagkarton" bei dem derzeitigen Preis rückläufig sein wird. Um den Absatzrückgang aufzuhalten, ist sie bereit den Verkaufspreis dieser Warengruppe so weit zu senken, dass **insgesamt gerade noch alle Kosten gedeckt werden.** Das Unternehmen erzielt dann **keinen Betriebsgewinn** mehr.

Das Unternehmen Kern hat bisher einen **Betriebsgewinn von 32.500,00 DM** erzielt (vgl. Seite 248). Um diesen Betrag können die Verkaufserlöse bei der Warengruppe „Umschlagkarton" niedriger ausfallen. Diese Warengruppe hat bisher bei einer Absatzmenge von **66 Paletten** und einem Verkaufspreis von **3.409,00 DM** (vgl. Seite 252) einen Verkaufserlös von **225.000,00 DM** (vgl. Seite 248) erzielt. Die durch Preissenkung angestrebten Verkaufserlöse betragen dann:

Bisherige Verkaufserlöse (vgl. Seite 248)	**225.000,00 DM**
– **Bisheriger Betriebsgewinn** (vgl. Seite 248)	– **32.500,00 DM**
Angestrebte Verkaufserlöse	**192.500,00 DM**
Absatzmenge	**66 Paletten**
Herabgesetzter Verkaufspreis (192.500,00 DM : 66 Paletten =)	**2.916,67 DM**

Auf der Grundlage des neuen Verkaufspreises für die Warengruppe „Umschlagkarton" ergibt sich folgende Ergebnisrechnung (vgl. auch Seite 248):

Ergebnisrechnung	Druck-papier	Kopier-papier	Umschlag-karton	Saug-papier	Summe
Nettoverkaufserlöse	620.000,00	380.000,00	192.500,00	25.000,00	1.217.500,00
– Warenaufwendgn.	500.000,00	300.000,00	180.000,00	20.000,00	1.000.000,00
Warenrohgewinn	120.000,00	80.000,00	12.500,00	5.000,00	217.500,00
– var. Handl.-Kosten	18.000,00	12.000,00	13.000,00	4.000,00	47.000,00
Deckungsbeitrag	**102.000,00**	**68.000,00**	**– 500,00**	**1.000,00**	**170.500,00**
– fixe Kosten	–	–	–	–	**170.500,00**
Betriebsgewinn					**0,00**

Selbstverständlich kann das Unternehmen die Preissenkung auch bei mehreren (oder allen) Warengruppen vornehmen. Dazu wird der Betriebsgewinn (im Beispiel 32.500,00 DM) anteilig auf die Warengruppen verteilt und die Verkaufserlöse und damit die Verkaufspreise werden entsprechend herabgesetzt.

Die kurzfristige Preisuntergrenze (= absolute Preisuntergrenze) legt den Preis (oder die Preise) fest, der genau die **variablen Kosten** der jeweiligen Warengruppe

6464254

deckt. **Die Verkaufspreise sind in diesem Fall also gleich den variablen Stückkosten.** In Höhe der gesamten fixen Kosten (= Kosten der Betriebsbereitschaft) ergibt sich dann ein **Betriebsverlust.** Das Unternehmen kann nur kurzfristig auf den Ersatz der ohnehin anfallenden fixen Kosten verzichten und wird nur in wirtschaftlichen Notfällen diese Preisuntergrenze anstreben.

Beispiel Im Unternehmen Kern werden die kurzfristigen Preisuntergrenzen für alle Warengruppen nach folgender Rechnung ermittelt (die Zahlen sind der Tabelle von Seite 252 entnommen):

Kurzfristige Preisuntergrenze	Druckpapier	Kopierpapier	Umschlagkarton	Saugpapier
variable Kosten / Absatzmenge	518.000,00 DM / 179 Paletten **= 2.893,85 DM**	312.000,00 DM / 189 Paletten **= 1.650,80 DM**	193.000,00 DM / 66 Paletten **= 2.924,25 DM**	24.000,00 DM / 94 Packungen **= 255,30 DM**

Liquiditätsorientierte Preisuntergrenze. Die Ausrichtung der Verkaufspreise nach der kurzfristigen Preisuntergrenze kann ein Unternehmen in **Liquiditätsschwierigkeiten** bringen. Da in der kurzfristigen Preisuntergrenze nur die variablen Kosten erfasst werden, bleiben diejenigen fixen Kosten, **die kurzfristig zu Ausgaben führen,** unberücksichtigt; das sind insbesondere Mietaufwendungen, betriebliche Steuern, Gehälter, Löhne, Soziale Abgaben, Versicherungsbeiträge. Die liquiditätsorientierte Preisuntergrenze wird nach folgender Rechnung festgelegt:

$$\textbf{Liquiditätsorientierte Preisuntergrenze} = \frac{\textbf{variable Kosten + ausgabewirksame fixe Kosten}}{\textbf{Absatzmenge}}$$

Aufgaben

291

1. *Erklären Sie die Begriffe kurzfristige, langfristige und liquiditätsorientierte Preisuntergrenze.*
2. *Begründen Sie, warum ein Großhandelsbetrieb langfristig nicht existieren kann, wenn die Verkaufserlöse gerade die gesamten Kosten decken.*

292

In einem Großhandelsbetrieb wird eine Warengruppe zu variablen Stückkosten in Höhe von 45,00 DM und fixen Kosten je Abrechnungsperiode in Höhe von 120.000,00 DM kalkuliert. Die monatliche Absatzmenge beträgt 5 000 Stück.

Geben Sie die langfristige und kurzfristige Preisuntergrenze an.

293

Eine Großhandlung führt drei Warengruppen. Die KLR liefert folgende Daten:

	WG I	WG II	WG III
Verkaufspreis	62,50 DM	36,00 DM	40,00 DM
variable Stückkosten	40,00 DM	20,00 DM	25,00 DM
fixe Kosten		460.000,00 DM	
Absatzmenge	8 000 Stück	10 000 Stück	20 000 Stück

1. *Bestimmen Sie die Deckungsbeiträge sowie das Betriebsergebnis.*
2. *Bei der WG II liegen Absatzschwierigkeiten vor. Der Preis dieser Warengruppe soll so weit gesenkt werden, dass deren Erlös gerade noch die variablen Kosten deckt. Zu welchem Preis muss die Ware angeboten werden?*
3. *Der Unternehmer strebt die langfristige Preisuntergrenze an, um den Absatz der Warengruppe II halten zu können. Bei welchem Preis wird die langfristige Preisuntergrenze erreicht, wenn Preise und Kosten der übrigen Warengruppen unverändert bleiben?*

4.6.5 Entscheidungen auf der Grundlage des Stückdeckungsbeitrags

Situation Frau Kern sucht nach einer „Maßzahl" für ihre vier Warengruppen, mit der sie veränderte Absatz- oder Kostensituationen schnell einschätzen kann (z. B. einem Kunden durch Zugeständnisse im Preis entgegenkommen, die absolute Preisuntergrenze im Auge behalten, die Erhöhung der Einkaufspreise in ihren Auswirkungen auf den Erfolg beachten, wissen, welche Absatzmenge bei einer Warengruppe erforderlich ist, damit diese Warengruppe Gewinn erzielt). Ihr Mitarbeiter aus der „Kostenrechnung", mit dem sie ihr Problem bespricht, macht ihr den Vorschlag den **Stückdeckungsbeitrag** als „Maßzahl" zu verwenden. Er stellt ihr dazu folgende Rechnung auf:

Berechnung des Stückdeckungsbeitrags	Druckpapier	Kopierpapier	Umschlag-karton	Saugpapier
Barverkaufspreis (s. S. 252)	3.464,00 DM	2.010,60 DM	3.409,00 DM	266,00 DM
– **variable Stückkosten** (s. S. 252)	2.893,85 DM	1.650,80 DM	2.924,25 DM	255,30 DM
Stückdeckungsbeitrag	**570,15 DM**	**359,80 DM**	**484,75 DM**	**10,70 DM**

Erläuterung: Jede verkaufte Palette oder Großpackung Papier erzielt den oben angegebenen **positiven Stückdeckungsbeitrag,** d. h., der positive Stückdeckungsbeitrag gibt an, um wie viel DM der **Verkaufspreis über den variablen Stückkosten** liegt. Mit diesem Betrag trägt jede verkaufte Wareneinheit zur Deckung der fixen Kosten und zur Erzielung von Gewinn bei. Wäre der Stückdeckungsbeitrag **negativ,** so lägen die variablen Kosten über dem Verkaufspreis.

❶ Was sagt der Stückdeckungsbeitrag hinsichtlich des Betriebserfolgs aus?

Ein positiver Stückdeckungsbeitrag verbessert in jedem Fall den Betriebserfolg. Da im obigen Beispiel alle vier Warengruppen positive Stückdeckungsbeiträge erzielen, kann die Erfolgssituation insgesamt als „gut" eingeschätzt werden. Frau Kern sollte darauf achten, dass vor allem die Warengruppen mit den höchsten Stückdeckungsbeiträgen verkauft werden. Die Vermutung liegt nahe, dass diese Warengruppen ertragsstark sind. Sehen Sie sich in diesem Zusammenhang die Prozentzahlen auf Seite 249 an, die etwas über die Ertragskraft der einzelnen Warengruppen aussagen.

Ein Stückdeckungsbeitrag gleich Null trägt nicht mehr zur Deckung der fixen Kosten bei. Er besagt, dass die zugehörige Ware genau zu ihren variablen Stückkosten verkauft wird. In dieser Situation ist die **absolute Preisuntergrenze** (vgl. Seite 255) erreicht. Für Frau Kern geht der Preisspielraum nur bis zu dieser Grenze.

Ein negativer Stückdeckungsbeitrag verschlechtert in jedem Fall den Betriebserfolg. In diesem Fall deckt der Verkaufspreis noch nicht einmal die variablen Stückkosten. Zur Deckung der fixen Kosten trägt er ohnehin nicht bei. In dieser Situation sollte Frau Kern überlegen, ob eine solche Ware nicht ganz aus dem Sortiment herauszunehmen ist. Auch für kurze Zeit kann eine solche Lage nicht hingenommen werden, weil sonst das Unternehmen in seinem Bestand gefährdet ist.

Aufgabe

294 *Nehmen Sie zu der Frage Stellung, welche Warengruppen Frau Kern vorrangig im Absatz fördern sollte, um ihren Betriebserfolg möglichst groß zu machen.*

6464256

❷ Wie lässt sich über den Stückdeckungsbeitrag feststellen, welche Auswirkung eine Preissenkung oder -erhöhung auf den Betriebserfolg hat?

Beispiel Frau Kern möchte die Absatzsituation bei der Warengruppe „Umschlagkarton" verbessern. Sie weiß durch Befragung ihrer Kunden, dass sie bei einer Preissenkung um **100,00 DM je Palette 20 Paletten** mehr absetzen könnte.

Welche Auswirkung hätte diese Preissenkung auf den Betriebsgewinn?

Bei einer Preissenkung um 100,00 DM je Palette würde sich der Stückdeckungsbeitrag auch um diesen Betrag verringern. Die Auswirkung dieser Preissenkung lässt sich also über den Stückdeckungsbeitrag wie folgt berechnen:

Umschlagkarton	Stückdeckungsbeitrag		Absatzmenge		Gesamter Deckungsbeitrag
Bisherige Situation	484,75 DM	·	66 Paletten	=	31.993,50 DM
Situation nach der Preissenkung	384,75 DM	·	86 Paletten	=	33.088,50 DM

Erläuterung: Offensichtlich gelingt es Frau Kern in dieser Situation, durch Senkung des Preises eine so große Zunahme des Absatzes zu erreichen, dass der Deckungsbeitrag von 31.993,50 DM auf 33.088,50 DM, also um **1.095,00 DM** zunimmt. Um diesen Betrag würde auch der **Betriebsgewinn steigen.**

Aufgabe

295 Frau Kern hat den Stückdeckungsbeitrag für Kopierpapier mit 359,80 DM berechnet (vgl. Seite 256). Sie möchte den Verkaufspreis für Kopierpapier um 5 % heraufsetzen, rechnet dabei aber mit einem Absatzrückgang von bisher 189 Paletten auf 175 Paletten.

Welche Auswirkung würde die Preiserhöhung auf den Betriebserfolg haben?

❸ Wie lässt sich mithilfe des Stückdeckungsbeitrags die Gewinnschwellenmenge (= Break-even-Point) berechnen?

Die Gewinnschwellenmenge bezeichnet diejenige Absatzmenge, bei der die **Deckungsbeiträge insgesamt gerade die Höhe der fixen Kosten** erreichen. Wird diese Absatzmenge überschritten, erzielt das Unternehmen einen Betriebsgewinn.

Beispiel Frau Kern will erreichen, dass die Warengruppe „Saugpapier" in der nächsten Abrechnungsperiode einen Beitrag von **2.750,00 DM** zur Deckung der fixen Kosten leistet. Bisher beträgt der Beitrag nur 1.000,00 DM (vgl. Seite 252).

Wie viele Großpackungen Saugpapier müssten dazu abgesetzt werden?

Da beim Verkauf einer jeden Großpackung Saugpapier ein Stückdeckungsbeitrag von 10,70 DM erzielt wird (vgl. Seite 256), ist hier die Frage zu klären: Wie viel verkaufte Stück erbringen einen Beitrag zur Deckung der fixen Kosten von 2.750,00 DM, also

$$x \cdot 10{,}70\text{ DM} = 2.750{,}00\text{ DM} \longleftrightarrow x = \frac{2.750{,}00\text{ DM}}{10{,}70\text{ DM}} = \mathbf{257}$$

Bei einer Absatzmenge von mindestens **257 Großpackungen** wird das gewünschte Ziel erreicht. Allgemein gilt:

$$\frac{\textbf{Beitrag zur Deckung der fixen Kosten}}{\textbf{Stückdeckungsbeitrag}} = \textbf{Gewinnschwellenmenge}$$

Grafisch lässt sich dieser Zusammenhang wie folgt darstellen:

Die Gleichung 10,7 x = 2.750 wird zu einer Gewinnfunktion umgeformt:

$$\mathbf{G(x) = 10{,}7\,x - 2.750.}$$

Bei 257 verkauften Packungen erreicht der Deckungsbeitrag gerade die Höhe der fixen Kosten **(= Gewinnschwelle oder Break-even-Point).**

Die Differenz 10,7 · 257 – 2.750 wird genau 0; d. h. G(257) = 0. Das ist der Schnittpunkt des Graphen mit der waagerechten Achse.

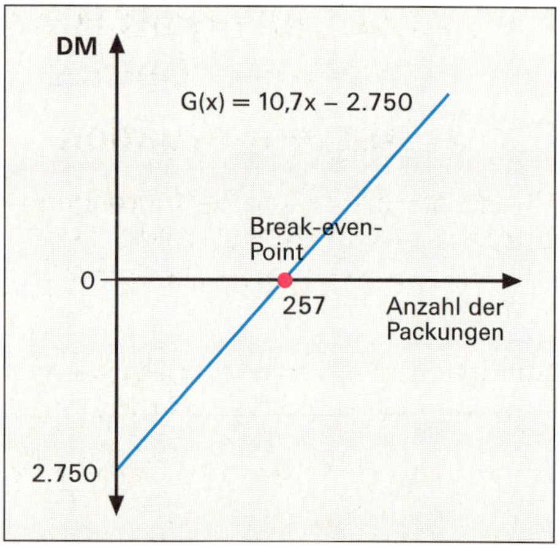

Aufgaben

296 Ein Großhändler bietet Badewannenarmaturen zum Preis von 85,00 DM je Stück an. Er gewährt dem Einzelhändler 15 % Verkaufsrabatt.

Beim Einkauf sind zu berücksichtigen:
45,00 DM Listeneinkaufspreis je Stück, 10 % Einkaufsrabatt, 2 % Einkaufsskonto, Bezugskosten je Stück 0,31 DM. Die variablen Handlungskosten betragen 18,00 DM.

1. *Berechnen Sie den Deckungsbeitrag je Stück.*
2. *Um wie viel Prozent ließe sich der Barverkaufspreis senken, sodass gerade noch die variablen Handlungskosten gedeckt werden?*
3. Der Großhändler plant zur Steigerung des Absatzes eine Senkung des Preises um 8,00 DM je Stück. *Wie viel Stück müsste er zusätzlich verkaufen, um das gleiche Ergebnis wie zuvor zu erreichen (bisheriger Absatz: 60 Armaturen)?*
4. Der Großhändler setzt zur Verbesserung der Absatzlage den Deckungsbeitrag auf 12,00 DM je Stück fest. Er rechnet dadurch mit einer Absatzsteigerung von 60 Stück auf 85 Stück je Monat. *Um wie viel DM erhöht sich dadurch der gesamte Deckungsbeitrag dieser Armatur?*

297 Ein Maschinengroßhändler führt u. a. in der Warengruppe „Handwerkerbedarf" Bohrmaschinen, Bohrständer und Zubehör. Die folgende Übersicht zeigt die Deckungsbeiträge und Absatzmengen für zwei aufeinander folgende Monate:

	Januar		**Februar**	
	Deckungsbeitrag je Stück	**Absatzmenge**	**Deckungsbeitrag je Stück**	**Absatzmenge**
Handbohrmaschinen	44,00	50	20,00	90
Bohrständer	22,00	20	22,00	40
Zubehör	8,00	40	8,00	60

Die fixen Kosten betragen in beiden Monaten je 1.800,00 DM.

1. *Berechnen Sie den Deckungsbeitrag für jede Ware in beiden Monaten.*
2. *Worauf führen Sie die Verbesserung des Betriebsergebnisses zurück?*
3. Für den Monat März will der Großhändler erreichen, dass der Artikel „Zubehör" einen Beitrag zur Deckung der fixen Kosten von 576,00 DM leistet. *Wie viel Stück müssten verkauft werden (Gewinnschwellenmenge)?*

5 Controlling als Führungsinstrument im Handelsbetrieb

5.1 Ausgangssituation

Mit den nachfolgenden Ausführungen wollen wir Ihnen einen kurzen Einblick in den Tätigkeitsbereich des Controllers in einem mittelständischen Handelsbetrieb geben und dabei die Bedeutung des Controllings in modern organisierten Unternehmen herausstellen.

Situation Unser Controller – nennen wir ihn Kai Schubert – hat sich bei der Papiergroßhandlung Katja Kern auf die ausgeschriebene Stelle „Kaufmännische Leitung/Finanzbereich, Controlling" erfolgreich beworben und findet folgende **Stellenbeschreibung für seinen Arbeitsbereich** vor:

Name:	Kai Schubert
Stellenbezeichnung:	Kaufmännische Leitung/Finanzbereich und Controlling
Zeichnungsberechtigung/Einordnung in die Unternehmensorganisation:	Prokura Linienstelle, die der Geschäftsleitung direkt untersteht. Finanzbereich, Betriebliches Rechnungswesen und Controlling im engeren Sinn sind dieser Stelle unmittelbar untergeordnet.
Zielsetzung:	Der Stelleninhaber plant, kontrolliert und regt Änderungen der kurz-/langfristigen wirtschaftlichen, sozialen und ökologischen Unternehmensziele an.
Aufgaben:	Mitwirkung bei der Formulierung lang- und kurzfristiger Unternehmensziele. Aufbau eines aussagefähigen Informations- und Berichtssystems, um der Geschäftsführung eine zielorientierte Unternehmenssteuerung zu ermöglichen. Aufstellung und Koordination von Einzelplänen (Umsatz-, Kosten-, Gewinn-, Liquiditäts-, Finanzbudgets. Beratung und Überwachung der nachgeordneten Abteilungen. Erstellung von Plan-Ist-Vergleichen und von Abweichungsanalysen. Ausarbeitung von Vorschlägen zur Gegensteuerung bei Planabweichungen im Hinblick auf Zielvariablen, Plan- und Istdaten. Unverzügliche Berichterstattung an die Geschäftsleitung bei gravierenden Abweichungen und Besprechung mit der Geschäftsleitung über zu treffende Entscheidungen. Einführung innovativer Techniken und Programme. Erfahrungsaustausch mit internen und externen Stellen.
Entscheidungsbefugnis:	Der Stelleninhaber entscheidet über Zeitraum und Umfang der Informationen an die Geschäftsführung sowie an die gleich geordneten Linienabteilungen und über Maßnahmen zur Plankorrektur in seinem Arbeitsbereich. Er hat das Recht zur Mitentscheidung bei allen Planänderungen.
Fachliche und persönliche Anforderungen:	Abgeschlossene Berufsausbildung, Fachhochschulstudium mit dem Schwerpunkt Rechnungswesen/Finanzen/Controlling, gute DV-Kenntnisse, mehrjährige Berufserfahrung im Controlling. Entscheidungsfreudigkeit, Flexibilität, Kreativität, Durchsetzungsvermögen, Fähigkeit zur Mitarbeiterführung.

Aus der umseitigen Stellenbeschreibung lassen sich alle wesentlichen Aspekte des Controllings entwickeln. Wir wollen im Folgenden auf die nachstehenden Aspekte näher eingehen:

- wichtige **Aufgaben des Controllers,**
- Stellung der Controllingabteilung in der **Aufbauorganisation** des Unternehmens,
- Bedeutung des **strategischen Controllings** und des **operativen Controllings** im Unternehmen sowie deren Beziehung zueinander,
- Organisation des **Ablaufs der Controllingaufgaben.**

5.2 Controlling ist mehr als „Kontrolle"

Zielsetzung des Controllings und Aufgaben des Controllers in der vorstehenden Stellenbeschreibung sollen verdeutlichen, dass mit „Controlling" im Wesentlichen das gemeint ist, was sich aus dem Wortstamm „to control" im Sinne von „Steuern" oder „Regeln" herauslesen lässt. Es geht um Kontrollen im Sinne von „Überprüfung des Istzustandes mit einem zuvor festgelegten Planzustand". Der Controller hat im modern organisierten Unternehmen bildhaft gesprochen die Funktion eines Beifahrers im Rallyesport, der nicht selbst am Steuer sitzt, der aber an der Festlegung des Ziels mitwirkt, die optimale „Route" für die Zielerreichung beschreibt, das jeweilige Abweichen vom Kurs ausmacht und Vorschläge für die Kurskorrektur unterbreitet.

Der Controller liefert im Hinblick auf langfristige Unternehmensziele (z. B. Gewinnmaximierung) **der Geschäftsführung das gesamte Instrumentarium an abgestimmten Plänen, Budgets, Abweichungsanalysen und -interpretationen sowie Vorschläge zur Korrektur, damit die Geschäftsführung in die Lage versetzt ist die zuvor festgelegten Ziele ohne größere Störungen anzusteuern.**

Controller-Tätigkeit im Großhandelsunternehmen

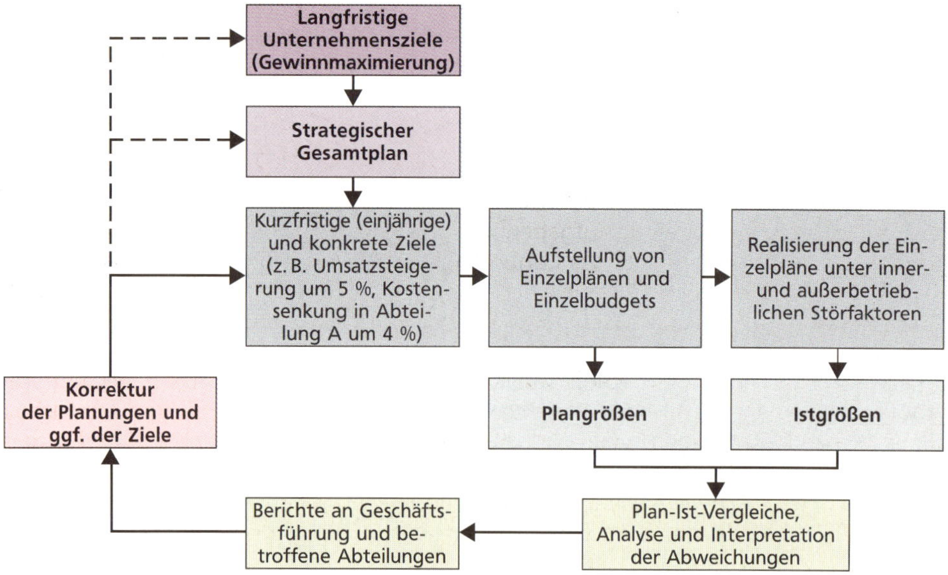

5.3 Controlling organisatorisch in das Unternehmen einbauen

Aus der vorstehenden Stellenbeschreibung geht hervor, dass der Finanzbereich, das Betriebliche Rechnungswesen und das Controlling in der Papiergroßhandlung Kern von einem kaufmännischen Leiter verantwortet werden. Die kaufmännischen Leitungen sind unmittelbar der Geschäftsführung unterstellt und als Linienstellen organisiert. Das nachfolgende Organigramm zeigt die entsprechende Aufbauorganisation für das Unternehmen Katja Kern.

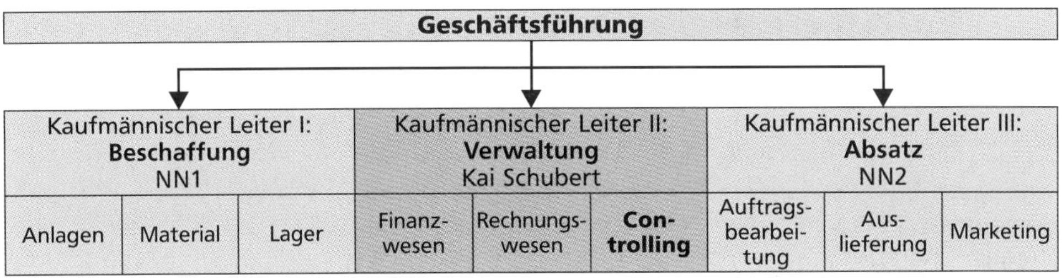

Damit hat der Kaufmännische Leiter II als Controller eine große Machtfülle: Er ist nicht nur Informator und Berater der über- und untergeordneten Stellen, sondern er hat gegenüber dem Finanzbereich und dem Betrieblichen Rechnungswesen Anweisungsbefugnis und er kann unmittelbar auf das Zahlenmaterial dieser Abteilungen zugreifen. Darüber hinaus wirkt er bei der Realisierung von Unternehmenszielen z. B. über die Erstellung von Absatz- und Beschaffungsplänen auch in die Beschaffungs- und Absatzbereiche hinein.

Eine solche Organisationsform erscheint für ein mittelständisches Unternehmen durchaus zweckmäßig, da sich ein solches Unternehmen nicht hoch qualifizierte Fachkräfte sowohl für den Finanzbereich als auch für das Rechnungswesen und das Controlling leisten kann. In diesem Fall hat sich die Geschäftsführung entschlossen bei der Stellenausschreibung das Schwergewicht auf die Controllertätigkeit zu legen. In den Fähigkeiten des Stelleninhabers werden die für den Finanzbereich und das Rechnungswesen erforderlichen Kompetenzen mit abgedeckt.

Selbstverständlich sind je nach Unternehmensgröße, je nach gewachsenen Unternehmensstrukturen, je nach dem Aufgabenbereich des Controllers andere Organisationsformen denkbar, so kann z. B. das Controlling als **eigenständige Linienstelle** (Hauptabteilung) direkt der Geschäftsführung unterstellt sein oder das Controlling kann als **Stabsstelle** unmittelbar der Geschäftsführung zugeordnet sein. In größeren Unternehmen hat sich die letztgenannte Möglichkeit durchgesetzt, weil sich hier der Controller voll auf seine eigentlichen Tätigkeiten der Budgetierung, der Erstellung von Abweichungsanalysen und des Berichtswesens konzentrieren kann. Von Nachteil ist diese Konstruktion wegen der recht schwachen Stellung des Controllers gegenüber den Linienabteilungen im oberen Management. Für die Arbeit des Controllers kann es auch nachteilig sein, dass er keinen unmittelbaren Zugriff auf die Daten des Rechnungswesens hat. Es empfiehlt sich daher unbedingt, das betriebliche Rechnungswesen dem Controlling zuzuordnen.

5.4 „Strategisch planen" vor „operativ budgetieren"

Die Controllertätigkeit kann begrifflich mit **strategischem** und **operativem Controlling** umschrieben werden. Wir wollen Ihnen die Bedeutung der Begriffe und die zwischen ihnen bestehende Beziehung an einem Beispiel verdeutlichen, aus dem auch hervorgeht, dass operatives Controlling niemals ohne die dahinter wirkenden strategischen Entscheidungen zu sinnvollen Ergebnissen kommen kann.

Situation Im Unternehmen Kern werden die Artikelgruppen Druckpapier, Kopierpapier, Umschlagkarton und Saugpapier vertrieben. Aufgabe der Geschäftsführung ist es nun, diese Artikelgruppen am Markt so zu platzieren, dass deren Stärken zum Tragen kommen, dass also z. B. die Absatzchancen der einzelnen Artikel oder des Sortiments genutzt werden und dass auf ein ausgewogenes Wachstum der einzelnen Artikel geachtet wird, sodass insgesamt ein optimaler Gewinn erwirtschaftet wird. **Unternehmerische Planungen und Entscheidungen, die die Existenz des Unternehmens sichern, gehören zur strategischen Planung.** Diese Bestrebungen unterstützt der Controller durch geeignete Methoden, z. B. die **Portfolio-Analyse.** In dieser Analyse verbindet er zwei für die **strategische (langfristige) Planung** wesentliche Aspekte der einzelnen Artikel – nämlich deren **Marktanteile** und deren **Umsätze** (oder **Deckungsbeiträge**) – zu einer **aussagefähigen Anleitung zur Marktpflege** der einzelnen Artikel. Über die Artikel der Unternehmung Kern sollen folgende Zahlen oder Schätzungen vorliegen:

Artikel	**Deckungsbeitrag** für den Abrechnungsmonat September (vgl. S. 248)	**Deckungsbeitrag in Prozent**	**Relativer Marktanteil** im Vergleich zum stärksten Mitanbieter (geschätzt)	**Wachstumschancen** am Markt in Prozent (geschätzt)	**Einordnung in die Marktfelder** „Baby", „Star", „Cash-Cow", „Dying-Dog"
Druckpapier	102.000,00 DM	50,2 %	1,0	0 %	**Cash-Cow**
Kopierpapier	68.000,00 DM	33,5 %	1,5	+ 10 %	**Star**
Umschlagkarton	32.000,00 DM	15,8 %	0,5	– 10 %	**Dying-Dog**
Saugpapier	1.000,00 DM	0,5 %	0,2	+ 30 %	**Baby**
	203.000,00 DM	**100,0 %**			

Erläuterungen zur obigen Tabelle:

Aus der obigen Tabelle ist abzulesen, welche Stellung die einzelnen Artikel(gruppen) derzeit **betriebsintern** in der laufenden Erfolgsrechnung und **betriebsextern** auf dem Markt haben. Daraus ergeben sich Rückschlüsse für die **langfristige Sortimentpolitik:**

Druckpapier hat betriebsintern einen DB-Anteil von 50,2 %. Dieser Artikel hält damit innerhalb der vier Artikel eine herausragende Position. Im Vergleich mit dem regional stärksten Konkurrenten hat er einen ebenso hohen Umsatz, was sich in der Zahl **1,0** für den Marktanteil ausdrückt. Dieser Artikel hat also auf dem Markt derzeit eine recht stabile Stellung. Die Geschäftsführung gibt diesem Artikel auf dem Markt aber keine weiteren Wachstumschancen. Er befindet sich innerhalb seines Lebenszyklus' in der Reife- oder Auslaufphase. Er bringt dem Unternehmen gute Überschüsse, ohne besonderer „Pflege" zu bedürfen. Im Sinne der Portfolio-Analyse ist er ein **Cash-Cow-Artikel;** also ein Artikel, mit dem der Markt „gemolken" wird, sodass dem Unternehmen die für innovative Investitionen erforderlichen Mittel zufließen. Es handelt sich um einen ausgereiften Artikel, bei dem das Bestreben sein wird ihn so lange wie möglich in dieser Phase zu halten.

Kopierpapier ist mit 33,5 % am Deckungsbeitrag beteiligt. Für den Kostenrechner ist dies sicherlich eine erfreuliche Erscheinung. Betrachtet man zudem den Marktanteil und die erwarteten Wachstumschancen, so sieht die Stellung dieses Artikels viel versprechend aus: Dieser Artikel erreicht im Vergleich mit dem regional stärksten Konkurrenten das 1,5fache des Konkurrenzumsatzes; er hat also eine **starke Marktstellung** und die Geschäftsführung rechnet mit einem jährlichen Wachstum von + 10 %. In der Sprache der Portfolio-Analyse ist er ein **Star:** Dieser Artikel ist offensichtlich derzeit der „Renner", der umhegt und gepflegt wird, damit er irgendwann zum Cash-Cow-Artikel wird. Er hat die Anlaufschwierigkeiten mit hohen Kosten der Markteinführung hinter sich und befindet sich in der **Wachstumsphase** mit wachsendem Umsatz, sinkenden Stückkosten und hohen positiven Deckungsbeiträgen.

Die Artikelgruppe **„Umschlagkarton"** hat betriebsintern mit einem DB-Anteil von 15,8 % eine schwache Stellung. Ihr Marktanteil ist mit 0,5 sehr niedrig und die Geschäftsführung rechnet mit einem negativen Wachstum von – 10 %/Jahr. Diese Artikelgruppe befindet sich in der Sprache der Portfolio-Analyse in der **Dying-Dog-Phase** mit sinkenden Umsätzen bei relativ steigendem Kostenanteil und rückläufigen Deckungsbeiträgen; sie hat den Cash-Cow-Bereich verlassen. Der Controller könnte hier vorschlagen den Artikel wegen seiner für das Unternehmen noch recht bedeutsamen Deckungsbeiträge ohne aufwändige Pflege weiterlaufen zu lassen.

Saugpapier hat derzeit nach der Portfolio-Analyse im Reigen der Artikel die **Baby**rolle inne. Seine Deckungsbeiträge sind zwar positiv, aber ungewöhnlich niedrig, was auf hohe Kosten der Markteinführung mit knapp kostendeckenden Preisen schließen lässt. Der Marktanteil ist mit 0,2 noch sehr niedrig; dafür wird mit einem Marktwachstum von 30 %/Jahr gerechnet. Der Artikel befindet sich in der **Anlaufphase;** der Portfolio-Analyst spricht von **Baby-Artikel.** Dieser Artikel soll demnächst der Star sein.

Die bildhafte Sprache der Portfolio-Analyse lässt sich sinnvoll durch die **grafische Darstellung** im Koordinatensystem ergänzen:

Zwischen den beiden Achsen „Marktwachstum" und „relativer Marktanteil" werden mithilfe der Begrenzungslinien „durchschnittliches Wachstum" und „Marktanteil 1,0" **vier Felder** abgesteckt. Das linke untere Feld IV ist dann durch niedrigen Marktanteil und niedriges Wachstum eines Artikels gekennzeichnet. In dieses Feld werden die Dying-Dog-Artikel platziert, usw. Im Idealfall durchläuft ein Artikel während seines Lebenszyklus' alle vier Felder in der Reihenfolge I bis IV.

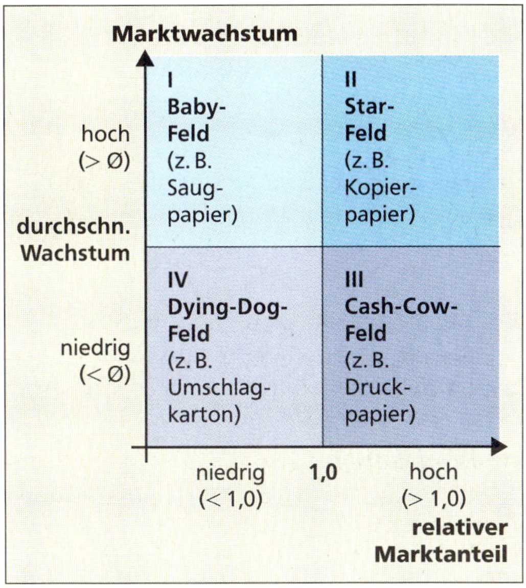

Für die **langfristige Gewinn optimierende Sortimentpolitik** ist es wichtig, dass das Unternehmen in jedem Feld eine ausreichende Anzahl von Artikeln platzieren kann, um das Leistungs- und Gewinnpotenzial zu erhalten und/oder zu verbessern. In unserem

Beispiel ist die Situation des Unternehmens Kern zz. ausgewogen: Je ein Artikel befindet sich im Baby-, Star-, Cash-Cow- und Dying-Dog-Feld. Die Artikel im Star- und Cash-Cow-Feld sorgen für kräftige Mittelzuflüsse.

Die Kenntnis dieser **strategischen Planung** ist für den Controller deshalb bedeutsam, weil er nur auf der Grundlage dieses Wissens sachgerechte Prognosen und Analysen erstellen kann. Seine Hauptaufgabe – auf die wir uns in den nachfolgenden Kapiteln konzentrieren werden – ist die **Erstellung kurzfristig** (für maximal ein Jahr) **geltender konkreter Pläne,** die er aus den Istzahlen der Vergangenheit und den prognostizierten Zielwerten aufstellt. Werden diese Pläne in **Geldwerten** ausgedrückt und von der Geschäftsführung vorgegeben, so sprechen wir von **Budgets** (vgl. S. 266).

Situation Der Controller weiß aus den Daten des Rechnungswesens, dass der Artikel „Saugpapier" im zurückliegenden Monat einen **ungewöhnlich niedrigen Deckungsbeitrag** von (+) 1.000,00 DM erwirtschaftet hat. Nach den Regeln der Kostenrechnung führt diese Situation zu der Überlegung, **ob dieser Artikel aus dem Sortiment herausgenommen werden soll,** um frei werdende Kapazitäten auf ertragsstärkere Artikel zu verlagern und so den Betriebserfolg zu erhöhen.

Eine solche Empfehlung wäre typisch für das **operative Controlling,** das auf die konkrete, kurzfristig realisierbare Ausnutzung von Gewinnchancen aus der Zusammenschau von Einzelplänen ausgerichtet ist. Erst im **Zusammenwirken von strategischer Planung und operativer Budgetierung** kann im obigen Beispiel folgende **sinnvolle Empfehlung** formuliert werden:

Der Artikel „Saugpapier" verbleibt trotz des zurzeit äußerst geringen Deckungsbeitrags im Sortiment, da er sich in der Anlaufphase befindet und nach Überwindung der hohen Markteinführungskosten (und des u. U. niedrigen Markteinführungspreises) **zu einem Leistungsträger im Sortiment mit niedrigen Stückkosten und hohen positiven Deckungsbeiträgen werden soll.**

Zusammenfassung

- Unter der Bezeichnung **„Controlling"** werden im Unternehmen alle Tätigkeiten zusammengefasst, die die Managemententscheidungen zur **kurz- und langfristigen Steuerung** des Unternehmens unter Ausrichtung auf **bestimmte Unternehmensziele** unterstützen.
- Der Controller liefert der Geschäftsführung die für die Steuerung erforderlichen **Zahlen, Analysen und Interpretationen** und unterbreitet **Vorschläge zur Plan- oder Zielkorrektur.**
- Um diese Aufgaben erfüllen zu können, wirkt der Controller bei der Formulierung **lang wirkender Unternehmensziele** sowie **kurzfristiger Erfolgsziele** mit, sammelt die für die Erstellung von Plänen und Budgets erforderlichen Daten aus unterschiedlichen Bereichen und Abteilungen des Unternehmens, **erstellt Pläne und Budgets, analysiert Abweichungen, arbeitet Vorschläge zur Plan- und/oder Zielkorrektur** aus und **berichtet der Geschäftsführung.**

6464264

298 1. *Beschreiben Sie die wesentlichen Aufgaben eines Controllers im Großhandelsunternehmen.*

2. *Beschreiben Sie mehrere Möglichkeiten die Controllingabteilung organisatorisch in die Unternehmensstruktur einzubauen. Geben Sie dabei Vor- und Nachteile der unterschiedlichen Möglichkeiten an. Nehmen Sie ggf. auch Bezug auf die in Ihrem Ausbildungsbetrieb bestehende Organisationsstruktur.*
3. *Unterscheiden Sie die strategische Planung von der operativen Planung, indem Sie deren unterschiedliche Zielsetzungen herausstellen.*
4. *Begründen Sie, warum der Geschäftsleitung eines Unternehmens daran gelegen ist, dass der Controller an der strategischen Planung des Unternehmens (z. B. Formulierung der Unternehmensziele, Festlegung des Sortiments) beteiligt wird.*

299 Ein Großhandelsunternehmen für Sanitärbedarf führt sechs Artikelgruppen in seinem Sortiment. In der nachfolgenden Tabelle sind für diese Artikelgruppen die Deckungsbeiträge des letzten Abrechnungsmonats sowie die von der Unternehmensleitung eingeschätzten relativen Marktanteile und Wachstumschancen angegeben.

Artikelgruppe	Deckungsbeiträge	relativer Marktanteil im Vergleich zum stärksten Mitanbieter	Wachstumschancen am Markt in Prozent
Waschbecken	82.000,00 DM	0,8	0 %
Badewannen	124.000,00 DM	0,6	(–) 4 %
Duschkabinen	230.000,00 DM	1,2	(+) 5 %
Toiletten/Spülkästen	24.000,00 DM	1,4	(–) 6 %
Badmöbel	(–) 14.000,00 DM	0,4	(+) 10 %
Installationsmaterial	36.000,00 DM	1,0	(+) 2 %

1. *Erstellen Sie eine Portfolio-Analyse über die Marktstellung eines jeden Artikels, indem Sie seine Platzierung auf dem Markt beschreiben und auch eine grafische Darstellung anfertigen.*
2. *Beurteilen Sie die derzeitige Platzierung des Sortiments auf dem Markt.*

300 In einer Großhandlung für Bodenbeläge wird die Marktstellung von fünf Artikelgruppen für den Abrechnungsmonat Juni wie folgt eingeschätzt:

Artikelgruppe	Deckungsbeiträge	relativer Marktanteil im Vergleich zum stärksten Mitanbieter	Wachstumschancen am Markt in Prozent
Teppichfliesen	62.000,00 DM	0,3	(–) 10 %
Auslegeware	216.000,00 DM	0,6	(–) 4 %
Parkett (Schiffsboden)	410.000,00 DM	1,8	(+) 5 %
Parkett (Riemchen)	174.000,00 DM	1,2	(–) 6 %
Laminatboden	(–) 52.000,00 DM	0,4	(+) 20 %

1. *Erstellen Sie eine Portfolio-Analyse über die Marktstellung eines jeden Artikels, indem Sie seine Platzierung auf dem Markt beschreiben und auch eine grafische Darstellung anfertigen.*
2. *Beurteilen Sie die derzeitige Platzierung des Sortiments auf dem Markt.*

5.5 Vom operativen Plan zum Budget

Bevor wir den Vorgang der Budgetierung darstellen, unterscheiden wir **Plan und Budget** voneinander, so wie dies im vorhergehenden Kapitel bereits angeklungen ist.

Unter einem **Plan** verstehen wir jede auf ein bestimmtes Ziel gerichtete gedankliche Tätigkeit. Betriebliche Einzelpläne (z. B. Einkaufs-, Absatz-, Lagerplan) sind stets **operative** (= durchführende, eingreifende) **Pläne.** Sie gehen in der Regel von bestimmten Mengen- und/oder Wertvorstellungen aus, die erreicht werden sollen, und sie zeigen die Methoden und Verzweigungen auf, wie das Ziel erreicht werden kann.

Unter einem **Budget** verstehen wir solche Pläne, deren Ziel- und Verfahrensgrößen in **Geldwerten** ausgedrückt sind und die von der Geschäftsführung freigegeben werden. Sie erhalten dadurch für die jeweiligen Abteilungen **Vorgabe- und Verbindlichkeitscharakter.**

Die **Gültigkeitsdauer** eines Planes/Budgets ist von dem mit ihm verfolgten Zweck abhängig. **Operative Pläne/Budgets gelten für maximal ein Jahr.** Es kann auch sein, dass **vierteljährliche** oder **monatliche Pläne/Budgets** erstellt werden, weil kurzfristige Informationen, Rückkopplungen und Korrekturen erforderlich sind; dies ist z. B. bei Umsatz- oder Liquiditätsplänen der Fall. Mit dem zunehmenden DV-Einsatz sind auch **tagesgenaue Planungen** und **Plan-Ist-Vergleiche** möglich oder sogar erforderlich, z. B. bei der Überwachung der Umsätze.

Situation Controller Schubert stellt für das kommende Geschäftsjahr die wichtigsten Einzelpläne und -budgets, wie **Umsatz-, Beschaffungs-, Absatz-, Kostenplan bzw. -budget,** auf. Er geht dabei folgendermaßen vor:

Zunächst spricht er die **Budgetziele** mit der Geschäftsleitung ab und legt danach den **Planungs- und Budgetprozess** fest.

Als **vorrangiges Budgetziel** gilt im Unternehmen Katja Kern eine **Eigenkapitalverzinsung von mindestens 12 %/Jahr und eine Umsatzrendite von 3,5 %/Jahr.** Controller Schubert hat zu prüfen, ob dieses Ziel mit den budgetierten Umsätzen (vgl. Kapitel 5.5.1) erreicht werden kann.

Den **Planungs- und Budgetprozess** legt Controller Schubert wie folgt fest:

1. Die aufzustellenden Pläne und Budgets sollen grundsätzlich eine maximale **Laufzeit von einem Jahr** haben.
2. Controller Schubert erstellt aus den ihm vorliegenden Ist-Zahlen und den Zukunftsprognosen die **Einzelbudgets,** z. B. Umsatz- und Rohgewinnbudget, Beschaffungsbudget, Personalkosten- und Gemeinkostenbudgets, Erfolgsrechnung. **Das Umsatzbudget stellt er hierbei bewusst an den Anfang, da eine Gewinn- und/oder Rentabilitätssteuerung nur möglich ist, wenn zu Beginn der Planung über die Höhe der zufließenden Erlöse Klarheit herrscht.** Die Budgetierung wird Controller Schubert in folgenden Schritten vornehmen:

❶ **Umsatzbudget** →	❷ **Beschaffungsbudget,** Rohgewinnbudget →	❸ **Personalkostenbudget** →	❹ **Gemeinkostenbudget** →	❺ **Gewinnbudget,** Rentabilitätsbudget

3. Die **Gesamtplanung** ist mit den eingangs genannten Zielen abzustimmen und ggf. zu korrigieren. Mit der Budgetrealisierung beginnt die **Plan-Ist-Analyse** (vgl. Kapitel 5.6). Über Budgetierung und Plan-Ist-Analyse **berichtet** der Controller regelmäßig an die Geschäftsleitung (vgl. Kapitel 5.7).

6464266

5.5.1 Das Umsatzbudget erstellen

Situation Controller Schubert budgetiert die Umsätze der einzelnen Artikelgruppen für das kommende Jahr auf der Grundlage der Artikelumsätze des laufenden Jahres sowie aufgrund der Wachstumsprognose von Seite 262. Für das im laufenden Jahr eingeführte Saugpapier liegt aus den letzten vier Monaten des Berichtsjahres ein Umsatz von 150.000,00 DM vor; Wachstumsprognose 30 %.

Ist-Umsätze nach Artikelgruppen in DM

Jahr \ Ist-Umsatz	Druckpapier	Kopierpapier	Umschlag-karton	Saugpapier
Berichtsjahr	7.250.000,00	4.640.000,00	2.610.000,00	150.000,00
Prognose für Planungsjahr	0 %	+ 10 %	– 10 %	+ 30 %

Aus den Basiszahlen ermittelt Herr Schubert folgende gerundete Umsatzbudgets für die einzelnen Artikelgruppen:

Budget-Umsätze nach Artikelgruppen und insgesamt in DM

Planungs-jahr	Druckpapier	Kopier-papier	Umschlag-karton	Saugpapier	Umsatz-budget insgesamt
	7.250.000,00	5.100.000,00	2.350.000,00	780.000,00	15.480.000,00

Den Budgetumsatz für Saugpapier ermittelt der Controller nach folgender Rechnung, wobei er mit einem kontinuierlichen Anstieg der Monatsumsätze – ausgehend vom Dezember-Umsatz – um insgesamt 30 %/Jahr rechnet:

$$\frac{50.000{,}00\ \text{DM} \cdot 12\ \text{Monate} \cdot (100\ \% + 30\ \%)}{100\ \%} = \mathbf{780.000{,}00\ DM.}$$

Für die **zeitnahe Überwachung der Umsätze** ist es hilfreich, wenn nicht nur die Jahresumsätze budgetiert werden, sondern auch die **Monatsumsätze.** Um dies zu erreichen, legt der Controller eine Tabelle der Monatsumsätze aus den von der Buchhaltung gemeldeten Istumsätzen an und rechnet die monatlichen Istumsätze mithilfe der Wachstumsprognose in monatliche Budgetumsätze um.

Ist-Monatsumsätze des Vorjahres und Budget-Monatsumsätze des Planjahres in TDM

Monat	Druckpapier Wachstum 0 %		Kopierpapier Wachstum + 10 %		Umschlagkarton Wachstum – 10 %		Saugpapier Wachstum + 30 %		Budget-Umsatz insges.
	Ist-Umsatz	Budget-Umsatz	Ist-Umsatz	Budget-Umsatz	Ist-Umsatz	Budget-Umsatz	Ist-Umsatz	Budget-Umsatz	
Januar	585	585	385	423	225	203		48	1.259
Februar	595	595	390	429	230	207		52	1.283
März	610	610	380	418	227	205		55	1.288
April	605	605	395	435	228	205		60	1.305
Mai	605	605	390	429	215	194		60	1.288
Juni	610	610	385	423	220	198		65	1.296
Juli	590	590	375	412	225	202		65	1.269
August	610	610	390	429	220	198		70	1.307
Sept.	620	620	380	418	225	202	25	70	1.310
Oktober	610	610	390	429	205	185	34	75	1.299
Nov.	610	610	395	435	200	180	41	80	1.305
Dez.	600	600	385	420	190	171	50	80	1.271
gesamt	**7.250**	**7.250**	**4.640**	**5.100**	**2.610**	**2.350**	**150**	**780**	**15.480**

Es ist denkbar, dass der Controller seinem Umsatzbudget folgende Erläuterung (= Bericht) beifügt:

„Dem Ist-Umsatz des Vorjahres in Höhe von insgesamt 14.650.000,00 DM steht ein Budget-Umsatz von insgesamt 15.480.000,00 DM gegenüber; das entspricht einer geplanten Umsatzsteigerung um 5,67 %. Diese Steigerungsrate halte ich auf einem Markt mit gut eingeführten Konkurrenzprodukten und einer relativ geringen Neuheit der Produkte für angemessen, zumal es uns in diesem Markt sehr schwer fallen wird, die Marktführerschaft in einem Segment zu erobern, wenn doch, so wird das nur vorübergehend der Fall sein, bis Nachahmerprodukte auf dem Markt erscheinen. Letztlich wird jede Umsatzsteigerung, die wir erzielen, zu Umsatzeinbußen bei anderen Anbietern führen und umgekehrt. Wir werden also sehr auf Veränderungen des Sortiments achten müssen."

Das oben gezeigte Verfahren einer Umsatzbudgetierung hat zwei „kritische Stellen", auf die wir hier aufmerksam machen, ohne sie näher zu besprechen.

Zum einen ist das **der Zeitraum, der der Berechnung des Budgets zugrunde gelegt wird.** Im Beispiel haben wir ausschließlich die Zahlen des vergangenen Jahres zugrunde gelegt. Das erleichtert zwar die Arbeit, kann aber nicht verhindern, dass die Zufälligkeiten und Besonderheiten des Basisjahres in die Berechnung einfließen und über das Budget in die Zukunft transportiert werden, ohne dass sie dort wieder auftreten werden. Um die Zufälligkeiten und Besonderheiten eines einzelnen Jahres auszugleichen, ist es in der Praxis üblich, die **arithmetischen Mittelwerte mehrerer Jahre** zur Grundlage des Budgets zu machen.

Zum anderen setzt die Erstellung des Budgets schon zu einem Zeitpunkt an, zu dem die Zahlen der laufenden Abrechnungsperiode noch nicht vollständig vorliegen. So wird der Controller das Umsatzbudget des kommenden Jahres spätestens zwei Monate vor dem Ende des laufenden Jahres aufstellen. Hier stellt sich ihm das Problem die Lücke zum noch nicht bekannten Ist-Gesamtumsatz zu schließen. Er wird dieses Problem durch **Fortschreibung der Vorjahreszahlen** unter Berücksichtigung der Umsatzveränderung lösen.

Aufgaben

301 *Erstellen Sie für den Sanitärgroßhandel (vgl. Aufgabe 299) das Jahresumsatzbudget aufgrund folgender Zahlen des Vorjahres und der Wachstumsprognosen:*

Ist-Umsätze nach Artikelgruppen

	Waschbecken	Badewannen	Duschkabinen	Toiletten/ Spülkästen	Badmöbel	Installat.-Material
Umsätze d. Vorjahres	520.000	835.000	1.240.000	660.000	284.000	315.000

302 *Das Jahresumsatzbudget für Bodenbeläge ist aufgrund der Ist-Umsätze des Vorjahres und aus den Wachstumsprognosen von Aufgabe 300 zu erstellen:*

	Teppichfliesen	Auslegeware	Parkett (Schiffsboden)	Parkett (Riemchen)	Laminatboden
Umsätze d. Vorjahres	850.000	3.240.000	5.900.000	2.300.000	580.000,00

5.5.2 Das Beschaffungsbudget erstellen und den Rohgewinn ermitteln

Nachstehend zeigen wir Ihnen am Beispiel der Beschaffungsplanung, wie der Controller bei der Budgetierung der zu beschaffenden Waren vorgehen kann. Dieses Beispiel ist auf das Wareneinkaufsbudget beschränkt. Weitere Beschaffungsbudgets - wie z. B. das Betriebsmittelbudget – sollen hier unberücksichtigt bleiben.

Situation Controller Schubert plant die Beschaffungsmengen und budgetiert die Beschaffungswerte der einzelnen Artikelgruppen im Unternehmen Katja Kern für das kommende Jahr auf der Basis der auf den Beginn des Jahres fortgeschriebenen Anfangsbestände (vgl. S. 268), der geplanten Endbestände sowie des erwarteten und geplanten Lagerumschlags.

Beschaffungsbudget nach Artikelgruppen und insgesamt für das Planjahr 01

Artikel	Anfangsbestände (geschätzt)	Endbestände (geplant)	durchschnittl. Lagerbestand	Lagerumschlag (geplant)	Absatzmenge (geplant)	Bezugspreise je Mengeneinheit	Beschaffungsbudget (geplant)
Druckpapier	180 Pal.	170 Pal.	175 Pal.	12	2 100 Pal.	2.800 DM	**5.880.000 DM**
Kopierpapier	246 Pal.	214 Pal.	230 Pal.	11	2 530 Pal.	1.600 DM	**4.048.000 DM**
Umschlagkarton	79 Pal.	73 Pal.	76 Pal.	9	684 Pal.	2.625 DM	**1.795.500 DM**
Saugpapier	198 Großp.	220 Großp.	209 Großp.	14	2 926 Großp.	210 DM	**614.460 DM**
gesamt							**12.337.960 DM**

Erläuterungen und Auswertungen: Im obigen Beschaffungsplan und –budget sind die geplanten Beschaffungsmengen und die Netto-Warenbezugswerte enthalten. Die Warennebenkosten, ein evtl. einzuplanender „eiserner Bestand“ und die Bestandsveränderungen blieben unberücksichtigt. In den Plan wurden die aufgrund der Portfolio-Analyse (vgl. S. 262/263) ausgewiesenen Wachstumschancen aufgenommen; sie finden sich in der geplanten Lagerumschlagshäufigkeit wieder. Die Warenanfangsbestände für das Planjahr lagen zum Zeitpunkt der Planerstellung noch nicht vor; sie wurden aufgrund der sich bis dahin abzeichnenden Entwicklung fortgeschrieben. Die geplanten Warenendbestände berücksichtigen die aus dem Absatzplan abgeleiteten Beschaffungsziele; so ist der Controller bestrebt die Endbestände zu reduzieren. Insbesondere bei der Artikelgruppe „Umschlagkarton“ hält er wegen der nachlassenden Marktchancen eine Reduzierung des Endbestandes für erforderlich. Bei der Artikelgruppe „Saugpapier“ plant er eine Erhöhung des Endbestandes, um bei steigender Nachfrage (und weniger stark steigender Umschlagshäufigkeit) die Lieferbereitschaft zu erhalten. Die geplanten Absatzmengen ergeben sich aus der Multiplikation von durchschnittlichem Lagerbestand und geplanter Umschlagshäufigkeit. Im letzten Schritt werden die geplanten Beschaffungsmengen mit den durchschnittlichen (und erwarteten) Bezugspreisen bewertet; das Ergebnis sind die Beschaffungsbudgets für die einzelnen Artikelgruppen.

Die Aussagefähigkeit dieses Jahresplanes lässt sich durch eine daraus entwickelte **Monatsplanung** erhöhen, aus der die für die einzelnen Monate angestrebten Beschaffungsmengen und Beschaffungswerte ersichtlich sind. An dieser Stelle verzichten wir auf die Angabe der Monatsbudgets (vgl. hierzu das Beispiel der Budget-Monatsumsätze von Seite 267).

Aus der Verbindung von Umsatzbudget (= Erlöse) und Beschaffungsbudget (= Kosten) lassen sich die **Kalkulationszuschläge** berechnen und mit den IST-Zuschlägen abgleichen:

Berechnung	Druckpapier	Kopierpapier	Umschlagkarton	Saugpapier
Umsatzbudget / Beschaffungsbudget	7.250.000 DM / 5.880.000 DM = 1,233 ~ **23,3 %**	5.100.000 DM / 4.048.000 DM = 1,26 ~ **26,0 %**	2.350.000 DM / 1.795.500 DM = 1,31 ~ **31,0 %**	780.000 DM / 614.460 DM = 1,269 ~ **26,9 %**

Aus dem BAB von Seite 239 ergeben sich für die Warengruppe „Druckpapier" ein Handlungskostenzuschlag von 20 % und ein Gewinnzuschlag von 3,3 %. Das entspricht einem Gesamtzuschlag von 23,96 %, der mit dem oben geplanten Zuschlag annähernd übereinstimmt.

Aufgabe

303 *Vergleichen Sie die übrigen Ist-Gesamtzuschläge aus dem BAB von Seite 239 mit den obigen Kalkulationszuschlägen und ziehen Sie bei Abweichungen mögliche Schlussfolgerungen.*

Rohgewinnbudget. Eine weitere wichtige Aussage lässt sich aus dem Umsatzbudget und dem Beschaffungsbudget hinsichtlich des Rohgewinnbudgets ableiten. Der Warengewinn oder Rohgewinn ergibt sich, wenn man die Verkaufserlöse um die Warenbezugswerte vermindert.

Berechnung	Druckpapier	Kopierpapier	Umschlag-karton	Saugpapier	insgesamt
Umsatz-budget	7.250.000 DM	5.100.000 DM	2.350.000 DM	780.000 DM	15.480.000 DM
Beschaffungs-budget	5.880.000 DM	4.048.000 DM	1.795.500 DM	614.460 DM	12.337.960 DM
Rohgewinn-budget	**1.370.000 DM**	**1.052.000 DM**	**554.500 DM**	**165.540 DM**	**3.142.040 DM**
Rohgewinn in Prozent	**23,3 %**	**26,0 %**	**30,9 %**	**26,9 %**	**25,5 %**

Erläuterung: Auffallend an den obigen Zahlen ist, dass die Warengruppe Umschlagkarton trotz ihrer schwachen Marktstellung einen hohen prozentualen Rohgewinn erwirtschaftet, während die Warengruppe Druckpapier zwar den absolut höchsten Rohgewinn beisteuert, im prozentualen Anteil aber die schwächste Warengruppe ist. Die übrigen Warengruppen liegen relativ nahe am Durchschnitt, ihnen werden in der Zukunft sowohl absolut als auch relativ Gewinnsteigerungen zugetraut.

Die in der Aufstellung ausgewiesenen Rohgewinne dienen zur Deckung der anfallenden Einzel- und Gemeinkosten und zur Erwirtschaftung eines angemessenen Gewinns, mit dem das festgelegte Planungsziel von mindestens 12 %/Jahr Eigenkapitalverzinsung und 3,5 %/Jahr Umsatzrendite (vgl. Seite 266) erreicht werden kann.

Vergleichen wir den durchschnittlichen (geplanten) Rohgewinn von 25,5 % mit den im BAB, Seite 239, ausgewiesenen Ist-Zahlen für den Monat September, so ergibt sich:

	Nettoverkaufserlöse für Monat September	1.250.000,00 DM
–	Warenaufwendungen insgesamt	1.000.000,00 DM
	Rohgewinn insgesamt	250.000,00 DM
	Rohgewinn in %	**25 %**

Der budgetierte Rohgewinn liegt also im Vergleich mit der Septemberabrechnung des laufenden Jahres geringfügig höher.

6464270

304 Für die Sanitärgroßhandlung (vgl. Aufgaben 299/301) sind die Beschaffungsbudgets nach folgenden Angaben zu erstellen. Die Mengen- und Preisangaben sind Durchschnittswerte für die jeweilige Artikelgruppe.

Beschaffungsbudget nach Artikelgruppen für das Planjahr 01

Artikel	Anfangsbestände	Endbestände	Lagerumschlagshäufigkeit	Bezugspreise je Mengeneinheit
Waschbecken	160 Stück	140 Stück	5	480,00 DM
Badewannen	125 Stück	135 Stück	4	1.140,00 DM
Duschkabinen	75 Stück	81 Stück	4	2.650,00 DM
Toiletten/ Spülkästen	106 Stück	110 Stück	6	720,00 DM
Badmöbel	70 Stück	60 Stück	3	940,00 DM
Installationsmaterial	170 Pack.	160 Pack.	8	165,00 DM

1. *Erstellen Sie das Beschaffungsbudget je Artikelgruppe und insgesamt für das Planjahr.*
2. *Ermitteln Sie aus Umsatzbudget (vgl. Aufgabe 301) und Beschaffungsbudget die geplanten Kalkulationszuschläge je Artikelgruppe.*
3. *Erstellen Sie das Rohgewinnbudget in DM und Prozent für jede Artikelgruppe und insgesamt.* In der Sanitärgroßhandlung ist im laufenden Jahr mit einem durchschnittlichen Rohgewinnzuschlag von 43,5 % kalkuliert worden. *Vergleichen Sie diesen Ist-Zuschlagssatz mit den budgetierten Zuschlagssätzen.*

305 Die Beschaffungsbudgets für Bodenbeläge (vgl. Aufgaben 300/302) sind nach folgenden Angaben zu erstellen:

Beschaffungsbudget nach Artikelgruppen für das Planjahr 01

Artikel	Anfangsbestände	Endbestände	Lagerumschlagshäufigkeit	Bezugspreise je Mengeneinheit
Teppichfliesen	1 660 m^2	1 620 m^2	6	54,00 DM/m^2
Auslegeware	3 480 m^2	3 440 m^2	8	65,00 DM/m^2
Parkett (Schiffsboden)	2 765 m^2	2 695 m^2	10	120,00 DM/m^2
Parkett (Riemchen)	1 455 m^2	1 505 m^2	12	72,00 DM/m^2
Laminatboden	870 m^2	720 m^2	9	45,00 DM/m^2

1. *Erstellen Sie das Beschaffungsbudget je Artikelgruppe und insgesamt für das Planjahr.*
2. *Ermitteln Sie aus Umsatzbudget (vgl. Aufgabe 302) und Beschaffungsbudget die geplanten Kalkulationszuschläge je Artikelgruppe.*
3. *Erstellen Sie das Rohgewinnbudget in DM und Prozent für jede Artikelgruppe und insgesamt.* In der Großhandlung ist im laufenden Jahr mit einem durchschnittlichen Rohgewinnzuschlag von 75 % kalkuliert worden. *Vergleichen Sie diesen Ist-Zuschlagssatz mit den budgetierten Zuschlagssätzen.*

5.5.3 Die Kostenbudgets aufstellen

Erst anhand der Kostenbudgets kann der Controller prüfen, ob das ausgewiesene Rohgewinnbudget hinsichtlich der Zielvorgaben angemessen ist oder nicht. Art und Anzahl der zu erstellenden Kostenbudgets richten sich nach der im jeweiligen Unternehmen vorliegenden **Kostenstruktur** und nach dem **Kostenartenplan.** Wir können in der Regel davon ausgehen, dass im Handelsbetrieb die folgenden drei Kostenblöcke – hinter denen sich jeweils eine Reihe von Gemeinkostenarten verbergen – Gewicht haben und deshalb bei der Budgetierung zu berücksichtigen sind:

- **Personalkosten**
- **Raum-/Gebäudekosten**
- **Sonstige Handlungskosten**

Die Budgetierung geht auch hier von den **Istzahlen der vergangenen Abrechnungsperioden** aus und zieht zusätzlich **Branchenvergleichszahlen** der Industrie- und Handelskammern oder des Instituts für Handelsforschung der Universität zu Köln heran. Für unsere Zwecke soll es ausreichen, wenn wir **prozentuale Anteile der einzelnen Kostenblöcke an den gesamten Handlungskosten** für die Jahresplanung zugrunde legen.

Beispiel Aus der Ergebnistabelle vom September .. liegen folgende Istzahlen vor (vgl. Seite 211):

Kostenart	Istkosten des Monats September	
1 Personalkosten:	**106.000,00 DM**	
1.1 Löhne (Einzelkosten)		49.000,00 DM
1.2 Kalk. Unternehmerlohn		10.000,00 DM
1.3 Gehälter (Gemeinkosten)		33.000,00 DM
1.4 Soziale Abgaben (Gemeinkosten)		14.000,00 DM
2 Raum-/Gebäudekosten:	**33.500,00 DM**	
2.1 Kalk. Abschreibg. auf Gebäude		6.000,00 DM
2.2 Mieten		15.000,00 DM
2.3 Kalk. Zinsen auf Gebäude		12.500,00 DM
3 Sonstige Handlungskosten	**78.000,00 DM**	
3.1 Ausgangsfrachten		10.000,00 DM
3.2 Reise-/Werbekosten		16.000,00 DM
3.3 Steuern		17.000,00 DM
3.4 Übrige kalkulatorische Kosten		35.000,00 DM
Istkosten insgesamt	**217.500,00 DM**	

Für die Budgetierung der **Jahreskosten** geht Controller Schubert von folgenden Erwartungen aus:

- Die Zahlen des Monats September sind repräsentativ für den Jahresdurchschnitt.
- Veränderungen werden sich bei folgenden Kostenarten ergeben:
  Löhne .... + 2,5 %
  Gehälter .... + 2,0 %
  Gesetzliche Lohnnebenkosten .... + 2,25 %
  Ausgangsfrachten .... – 4,4 %
  Reise-/Werbekosten .... – 3,2 %
  Steuern .... + 1,5 %

6464272

Aufgrund der vorstehenden Annahmen ergibt sich folgendes **Kostenbudget für das Planjahr:**

Kostenbudget für das Planjahr 01

Kostenart	Budgetkosten für das Jahr 01	
1 Personalkosten:	**1.298.400,00 DM**	
1.1 Löhne (Einzelkosten)		602.700,00 DM
1.2 Kalk. Unternehmerlohn		120.000,00 DM
1.3 Gehälter (Gemeinkosten)		403.920,00 DM
1.4 Soziale Abgaben (Gemeinkosten)		171.780,00 DM
2 Raum-/Gebäudekosten:	**402.000,00 DM**	
2.1 Kalk. Abschreibg. auf Gebäude		72.000,00 DM
2.2 Mieten		180.000,00 DM
2.3 Kalk. Zinsen auf Gebäude		150.000,00 DM
3 Sonstige Handlungskosten	**927.636,00 DM**	
3.1 Ausgangsfrachten		114.720,00 DM
3.2 Reise-/Werbekosten		185.856,00 DM
3.3 Steuern		207.060,00 DM
3.4 Übrige kalkulatorische Kosten		420.000,00 DM
Handlungskostenbudget insgesamt	**2.628.036,00 DM**	

Erläuterungen zum Kostenbudget:

Die veranschlagten Kosten berechnen sich wie folgt:

Lohnbudget	= 49.000,00 DM	· 12	· 1,025	=	602.700,00 DM
Gehaltsbudget	= 33.000,00 DM	· 12	· 1,020	=	403.920,00 DM
Soziale Abgaben	= 14.000,00 DM	· 12	· 1,0225	=	171.780,00 DM
Ausgangsfrachten	= 10.000,00 DM	· 12	· 0,956	=	114.720,00 DM
Reise-/Werbekosten	= 16.000,00 DM	· 12	· 0,968	=	185.856,00 DM
Steuern	= 17.000,00 DM	· 12	· 1,015	=	207.060,00 DM

Einen herausragenden Platz unter den obigen Kostenblöcken nehmen die Personalkosten ein. Ihnen ist besondere Aufmerksamkeit zu schenken. In der Praxis wird sich der Controller nicht mit einer so groben Budgetierung zufrieden geben, sondern eine **Aufschlüsselung nach Abteilungen/Kostenstellen** einerseits sowie nach **Personalkostenarten** andererseits (z. B. Lohn/Gehalt, Überstundenzuschläge, Aushilfen, Urlaubsgeld, Weihnachtsgeld, Prämien, Sozialversicherung, Berufsgenossenschaft, freiwillige Sozialabgaben usw.) vornehmen. Für unsere Zwecke ist es wichtig, dass ein **Vergleichsmaßstab für die Personalkosten** herangezogen wird; dies könnte ein am **Nettoumsatz orientierter Prozentzuschlag für die Personalkosten** sein:

$$\textbf{Prozentanteil der Personalkosten am Nettoumsatz} = \frac{1.298.400,00 \text{ DM}}{15.480.000,00 \text{ DM}} = \textbf{8,4 \%}$$

Im Vergleich mehrerer Planungsperioden zeigt sich anhand dieses Zuschlagssatzes, welche Veränderungen eintreten, nach deren Ursachen dann zu forschen ist.

5.5.4 Das Gewinnbudget aufstellen

Situation In die Gewinnbudgetrechnung bringt Controller Schubert alle budgetierten Leistungen und Kosten ein und prüft, ob der budgetierte Betriebsgewinn das geplante Renditeziel (vgl. S. 266) erreicht. Sollte das nicht der Fall sein, so müsste der Controller nach Kosteneinsparungen suchen oder das Budgetziel verändern.

Betriebsergebnisrechnung	DM-Beträge
Umsatzbudget	15.480.000,00 DM
– Beschaffungsbudget (Waren)	12.337.960,00 DM
– Handlungskostenbudget	2.628.036,00 DM
= Gewinnbudget	**514.004,00 DM**

$$\textbf{Eigenkapitalverzinsung} = \frac{514.004{,}00\ \text{DM}}{3.000.000{,}00\ \text{DM}} = \textbf{17,1 \%}$$

$$\textbf{Umsatzrendite} = \frac{514.004{,}00\ \text{DM}}{15.480.000{,}00\ \text{DM}} = \textbf{3,3 \%}$$

Bei einem (angenommenen) Eigenkapital (vgl. S. 21) von 3.000.000,00 DM wird die gewünschte Verzinsung von 12 %/Jahr mit budgetierten 17,1 % bei weitem überschritten. In der Umsatzrendite wird das gesteckte Ziel mit 3,3 % nicht erreicht; dieser Wert liegt geringfügig unter dem angestrebten Unternehmensziel von 3,5 %/Jahr. Controller Schubert hat unter diesen Bedingungen keinen Anlass zur Budgetrevision, wohl aber zur sorgfältigen Kontrolle der Entwicklung in den nächsten Monaten.

5.5.5 Das Finanzbudget aufstellen

Situation Aus den bisherigen Budgets (Umsatzbudget, Beschaffungsbudget, Kostenbudget) leitet Controller Schubert nicht nur das **Gewinnbudget,** sondern auch das **Finanzbudget** ab. Hierbei hat er zu beachten, dass aus den Kosten die Anteile ausgesondert werden, die **nicht zu Ausgaben in der Budgetperiode** führen. Das wären bei den Personalkosten z. B. die **Pensionsrückstellungen** und der **kalkulatorische Unternehmerlohn,** bei den Gebäudekosten und den sonstigen Handlungskosten wären die **kalkulatorischen Kosten** auszugliedern.

Finanzbudget	DM-Beträge	
Anfangsbestand der liquiden Mittel	(aus Bilanz entn.)	250.000,00 DM
+ Warenverkaufserlöse		15.480.000,00 DM
– Wareneinkäufe		12.337.960,00 DM
– Personalkosten ohne kalk. Unternehmerlohn ohne Zuführung zu Pensionsrückstellungen (angenommen 2 % der Personalkosten, aufgerundet)	1.298.400,00 DM 120.000,00 DM 26.000,00 DM	1.152.400,00 DM
– Raum-/Gebäudekosten ohne kalkulatorische Kosten	402.000,00 DM 222.000,00 DM	180.000,00 DM
– Sonstige Handlungskosten ohne kalkulatorische Kosten	927.636,00 DM 420.000,00 DM	507.636,00 DM
Endbestand der liquiden Mittel		**1.552.004,00 DM**

Der Endbestand an liquiden Mitteln erscheint ausreichend hoch. Hierbei ist zu beachten, dass in dem obigen Finanzbudget noch keine **Investitionen** eingeplant wurden. Im Umfang der geplanten Investitionen verringern sich die liquiden Mittel.

6464274

306 Zur Aufstellung des Kostenbudgets stehen dem Controller in der Sanitärgroßhandlung (vgl. Aufgaben 299, 301 und 304) folgende Angaben aus der Ergebnistabelle zur Verfügung:

Istkosten des Abrechnungsjahres

Pos.	Kostenart	Istkosten
1.1	Löhne	237.650,00 DM
1.2	Kalkulatorischer Unternehmerlohn	100.000,00 DM
1.3	Gehälter	160.000,00 DM
1.4	Soziale Aufwendungen	68.000,00 DM
1	**Personalkosten**	**565.650,00 DM**
2.1	Mieten/Pachten	72.750,00 DM
2.2	Kalkulatorische Abschreibung auf Gebäude	36.000,00 DM
2	**Gebäude-/Raumkosten**	**108.750,00 DM**
3.1	Steuern/Beiträge/Versicherungen	184.800,00 DM
3.2	Werbe-/Reisekosten	77.600,00 DM
3.3	Ausgangsfrachten	48.500,00 DM
3.4	Kalkulatorische Kosten	97.000,00 DM
3	**Sonstige Handlungskosten**	**407.900,00 DM**
4	**Handlungskosten insgesamt**	**1.082.300,00 DM**

Der Controller rechnet mit folgenden Kostenveränderungen im Planjahr:

Löhne	(–) 4,5 %	Soz. Aufwendg.	(–) 2,0 %	Werbe-/Reisekosten	(+) 7,5 %
Gehälter	(+) 1,5 %	Steuern/Beitr./Vers.	(+) 3,4 %	Ausgangsfrachten	(–) 3,3 %

Die übrigen Kosten werden als unverändert angesehen.

1. *Erstellen Sie das Kostenbudget, das Gewinnbudget sowie das Finanzbudget bei einem angenommenen Anfangsbestand an liquiden Mitteln von 165.000,00 DM.*
2. *Bestimmen Sie den Prozentanteil der Personalkosten am Budgetumsatz und vergleichen Sie diese Maßzahl mit der Istzahl des Vorjahres.*

307 In der Großhandlung für Bodenbeläge (vgl. Aufgaben 300, 302 und 305) sind lt. Ergebnistabelle im vergangenen Jahr folgende Kosten angefallen, die zur Erstellung des Kostenbudgets herangezogen werden sollen:

Istkosten des Abrechnungsjahres

Pos.	Kostenart	Istkosten
1.1	Löhne	980.200,00 DM
1.2	Kalkulatorischer Unternehmerlohn	280.000,00 DM
1.3	Gehälter	664.000,00 DM
1.4	Soziale Aufwendungen	282.200,00 DM
1	**Personalkosten**	**2.206.400,00 DM**
2.1	Mieten/Pachten	302.000,00 DM
2	**Gebäude-/Raumkosten**	**302.000,00 DM**
3.1	Steuern/Beiträge/Versicherungen	766.000,00 DM
3.2	Werbe-/Reisekosten	322.000,00 DM
3.3	Ausgangsfrachten	201.500,00 DM
3.4	Kalkulatorische Kosten	451.500,00 DM
3	**Sonstige Handlungskosten**	**1.741.000,00 DM**
4	**Handlungskosten insgesamt**	**4.249.400,00 DM**

Der Controller rechnet mit folgenden Kostenveränderungen im Planjahr:

Löhne	(–) 2,5 %	Soz. Aufwendg.	(–) 3,0 %	Werbe-/Reisekosten	(+) 6,5 %
Gehälter	(–) 3,5 %	Steuern/Beitr./Vers.	(+) 4,5 %	Ausgangsfrachten	(+) 3,0 %

Erstellen Sie das Kosten-, Gewinn- und Finanzbudget für das Planjahr (Anfangsbestand an liquiden Mitteln: 230.000,00 DM).

5.6 Die Budgetkontrolle als Soll-Ist-Vergleich durchführen

5.6.1 Die Umsatzabweichungsanalyse erstellen

Situation Controller Schubert hat für das kommende Jahr die wichtigsten Einzelbudgets aufgestellt, für deren anschließende Überwachung er nun zuständig ist. Diese Überwachung konzentriert er auf den **Soll-Ist-Vergleich,** d. h.,

- er ermittelt aus den ihm zur Verfügung stehenden Ist-Zahlen und den Budgetzahlen **Abweichungen,**
- er analysiert die ausgewiesenen Abweichungen auf ihre **Ursachen** hin und
- er schlägt der Geschäftsleitung ggf. **Korrekturmaßnahmen** vor.

Damit Korrekturen Wirkung zeigen können, ist eine **zeitnahe Kontrolle** erforderlich. Bei der im Vertriebsbereich wichtigen **Umsatzabweichungsanalyse** ist z. B. die **monatliche Kontrolle** unbedingtes MUSS. Im Folgenden zeigen wir eine solche Umsatzabweichungsanalyse aus den Budgetzahlen von Seite 267, den geplanten Absatzmengen von Seite 269 und den angenommenen Ist-Werten. Dabei machen wir auf zwei wichtige Elemente dieser Analyse aufmerksam: die **Mengenabweichung** und die **Preisabweichung.**

Umsatzabweichungsanalyse für den Monat Januar 01

Artikelgruppe	Planwerte			Istwerte			Abweichungen				
	Menge	Preis in DM	Umsatz in DM	Menge (angen.)	Preis in DM (angen.)	Umsatz in DM	Menge	Preis in DM	Umsatz in DM	Preisabweichung	Mengenabwechun
Druckpapier	169 Pal.	3.464,00	585.416	172 Pal.	3.464,00	595.808	(+) 3	0	(+) 10.392	0	(+) 10.3
Kopierpapier	210 Pal.	2.010,60	422.226	210 Pal.	2.012,90	422.709	0	(+) 2,30	(+) 483	(+) 483	
Umschl.-Karton	60 Pal.	3.409,00	204.540	58 Pal.	3.409,25	197.737	(–) 2	(+) 0,25	(–) 6.803	(+) 15	(–) 6.8
Saugpapier	180 GP[1]	266,00	47.880	184 GP[1]	264,75	48.714	(+) 4	(–) 1,25	(+) 834	(–) 230	(+) 1.0
Gesamtabweichung									**(+) 4.906**	**(+) 268**	**(+) 4.6**

1 Großpackungen

Erläuterungen: Aus dem obigen Soll-Ist-Vergleich lässt sich ablesen, inwieweit die geplanten Absatzmengen und Umsätze realisiert werden konnten. Bei den **Druckpapieren** z. B. konnte der geplante Preis von 3.464,00 DM/Palette genau eingehalten werden. Es konnten statt der geplanten 169 Paletten deutlich mehr abgesetzt werden, nämlich 172 Mengeneinheiten. Insgesamt führt diese Situation zu einem um 10.392,00 DM (~ 1,8 %) höheren Ist-Umsatz gegenüber dem budgetierten Umsatz. Dieses Ergebnis ist sehr zufriedenstellend. Widersprüchlich erscheint die Umsatzentwicklung bei der Artikelgruppe Saugpapier: Einem deutlichen Anstieg der Absatzmenge um 4 Großpackungen stehen Preiszugeständnisse von 1,25 DM/Großpackung gegenüber. Insgesamt führt diese Entwicklung noch zu einem Umsatzplus von 834,00 DM. Der Controller wird diese Entwicklung sorgfältig im Auge behalten.

Mengen- und Preisabweichung. Der Vergleich budgetierter und realisierter Preise, Mengen und Umsätze sagt noch nichts darüber aus, wie groß jeweils der **Einfluss veränderter Preise und Mengen** auf die Gesamtabweichung gewesen ist. Dies herauszufinden ist jedoch für eine wirksame interne Kontrolle wichtig: **Grundsätzlich gilt, dass die zuständigen Mitarbeiter Preisabweichungen nicht zu verantworten haben, wohl aber bei Mengenabweichungen nach den Ursachen forschen müssen.**

Preisabweichung. Im obigen Beispiel ergab sich bei den Saugpapieren eine Umsatzabweichung von insgesamt (+) 834,00 DM. Um die hieran beteiligte **Preisabweichung** zu berechnen, **multipliziert man die Preisdifferenz (– 1,25 DM/Großpackung) mit der Ist-Menge (184 Großpackungen).**

Preisabweichung = 1,25 DM/Großpackung · 184 Packungen = **(-) 230,00 DM**

Für den Fall, dass über die Preisdifferenz keine Aussage gemacht werden kann (weil z. B. die durchschnittlichen Ist-Preise nicht vorliegen oder ihre Berechnung zu umständlich wäre), erhält man die Preisabweichung auch, indem man den **Ist-Umsatz um die mit dem budgetierten Preis bewertete Ist-Menge vermindert,** also

Preisabweichung = Ist-Umsatz – Ist-Menge · Budgetpreis

Preisabweichung = 48.714,00 DM – 184 Packungen · 266,00 DM
48.714,00 DM – 48.944,00 DM = **(-) 230,00 DM**

Der tatsächliche Absatz hätte zu einem Umsatz von 48.944,00 DM führen sollen; es sind tatsächlich aber nur Verkaufserlöse von 48.714,00 DM erzielt worden, also 230,00 DM weniger als budgetiert. Dieser Minderumsatz geht zulasten des Preises.

Mengenabweichung. Die in der Gesamtabweichung von 834,00 DM enthaltene **Mengenabweichung** wird berechnet, indem man den **Budgetpreis mit der Mengendifferenz multipliziert:**

Mengenabweichung = 266,00 DM/Großpackung · 4 Pack. = (+) **1.064,00 DM**

Mit einer **allgemeineren Rechenformel** kommt man zum gleichen Ergebnis:

Mengenabweichung = Ist-Menge · Budgetpreis – Budgetumsatz

Mengenabweichung = 184 Großpack. · 266,00 DM/Großpack. – 47.880,00 DM
= 48.944,00 DM – 47.880,00 DM = **(+) 1.064,00 DM**

Nach dem Umsatzbudget hätte ein Umsatz von 47.880,00 DM erzielt werden sollen; tatsächlich wurde ein Budgetumsatz von 48.944,00 DM erreicht. Der erzielte Budgetumsatz überstieg also den geplanten Umsatz um 1.064,00 DM. Die Entwicklung ist demnach sehr positiv zu beurteilen.

Anders ist die Situation in der Warengruppe „Umschlagkarton" zu sehen: Hier haben Vorgänge zu einem Minderumsatz geführt; diese Vorgänge sind aufzudecken. Mögliche Ursachen sind: verschlechterte Wachstums- und Absatzchancen auf dem Markt, jahreszeitlich bedingte Umsatzschwankung, Veränderungen in der Kundenstruktur usw. Die vorliegende Situation ist – auch im Hinblick auf die Wachstumsprognose von (–) 10 %, vgl. S. 267 – nicht alarmierend. Der Controller wird die Entwicklung in den nächsten Monaten sorgfältig beobachten.

Aufgabe

308 *Analysieren Sie die Preis- und Mengenabweichungen bei den übrigen Artikelgruppen und insgesamt. Berücksichtigen Sie in Ihren Überlegungen, dass die Gesamtabweichung fast ausschließlich auf das positive Absatzvolumen zurückzuführen ist.*

5.6.2 Die Beschaffungs- und Kostenbudgets kontrollieren

Situation 1 So wie Controller Schubert eine Umsatzabweichungsanalyse erstellt, wird er auch die Beschaffungs- und Kostenbudgets auf ihre Realisierung hin kontrollieren. Bei der **Analyse der Beschaffungsmengen und -preise** wird er das Augenmerk vor allem auf die Situation der Beschaffungspreise (Bezugspreise) legen, denn hier wirkt sich die Zuständigkeit der Einkaufsabteilung besonders aus. Abweichungen in den Beschaffungsmengen sind ursächlich nicht der Einkaufsabteilung anzulasten; sie gehen letztlich auf die veränderte Absatzsituation zurück.

Für den Monat Januar des Planungsjahres 01 nehmen wir folgende Lage an und greifen dabei auch auf das Beschaffungsbudget von Seite 269 sowie auf die mathematischen Grundlagen aus Kapitel 5.6.1 zurück:

Abweichungsanalyse der Beschaffungsmengen und -preise für den Monat Januar (

Artikelgruppe	Planwerte			Istwerte			Abweichungen				
	Besch.-Menge	Preis in DM	Besch.-Budget in DM	Besch.-Menge (angen.)	Preis in DM (angen.)	Besch.-Budget in DM	Besch.-Menge	Preis in DM	Besch.-Budget in DM	Preisabweichung	Men- gen- abwe- chun
Druckpapier	170 Pal.	2.800,00	476.000	170 Pal.	2.796,00	475.320	0	(–) 4,00	(–) 680	(–) 680	0
Kopierpapier	210 Pal.	1.600,00	336.000	204 Pal.	1.602,50	326.910	(–) 6	(+) 2,50	(–) 9.090	(+) 510	(–) 9.
Umschl.-Karton	60 Pal.	2.625,00	157.500	58 Pal.	2.622,00	152.076	(+) 2	(–) 3,00	(–) 5.424	(–) 174	(–) 5.
Saugpapier	200 GP	210,00	42.000	210 GP	212,00	44.520	(+) 10	(+) 2,00	(+) 2.520	(+) 420	(+) 2.
Gesamtabweichung									**(–) 12.674**	**(+) 76**	**(–) 12.**

Erläuterungen: Analysieren wir die Gesamtabweichung, so fällt auf, dass die **Preisabweichung** insgesamt mit (+) 76,00 DM verschwindend gering ausfällt; entweder ist es also der Einkaufsabteilung sehr gut gelungen, die budgetierten Preise bei den Lieferern durchzusetzen oder die budgetierten Preise haben sehr genau das tatsächliche Preisniveau getroffen. Die Betrachtung der einzelnen Artikelgruppen liefert ein differenzierteres Bild: Die Warengruppen „Druckpapier" und „Umschlagkarton" zeigen preisbezogene Einsparungen von 854,00 DM; bei den Warengruppen „Kopierpapier" und „Saugpapier" liegt eine preisbezogene Mehrausgabe von 930,00 DM vor. Insgesamt sind die Preisabweichungen so geringfügig, dass sie keine Korrekturmaßnahmen erfordern.

Fast die gesamte Abweichung entfällt auf die **Mengenabweichung,** was auf die offensichtlich nicht korrekt eingeschätzte Absatzsituation zurückzuführen ist. Ausgenommen davon ist die Warengruppe „Druckpapier", bei der die geplante mit der tatsächlich beschafften Menge übereinstimmt.

Bei den Warengruppen „Kopierpapier" und „Umschlagkarton" zeigen sich deutliche negative Abweichungen vom Budget (insgesamt um 14.850,00 DM). Hier liegt u. U. eine vorsichtige Einschätzung der Absatzlage vor, die zu einer entsprechend geringer disponierten Menge geführt hat.

Die positive Abweichung von (+) 2.100,00 DM bei der Warengruppe „Saugpapier" verweist auf eine gegenüber dem Beschaffungsbudget positive Einschätzung der Absatzentwicklung, obgleich die Preisentwicklung hier gegensteuert. Insgesamt kann gesagt werden: Während die Absatzlage der Kopierpapiere und der Umschlagskartons schlechter erscheint als budgetiert, verläuft die Absatzentwicklung bei Saugpapieren besser als geplant.

6464278

Situation 2 Zur Kontrolle der Kostenbudgets für den Monat Januar 01 zieht Herr Schubert das auf den Monat umgerechnete Jahresbudget (vgl. S. 273) sowie die aus den Abteilungen gemeldeten Ist-Zahlen heran. Neben der Aufdeckung von Soll-Ist-Abweichungen ist es ihm wichtig, die Ursachen der Abweichungen herauszufinden, um ggf. Korrekturmaßnahmen einleiten zu können.

Abweichungsanalyse der Kosten für den Monat Januar 01

Kostenart	Budgetkosten	Istkosten	Abweichungen
Löhne	50.225,00 DM	51.360,00 DM	(+) 1.135,00 DM
Unternehmerlohn	10.000,00 DM	10.000,00 DM	0,00 DM
Gehälter	33.660,00 DM	35.100,00 DM	(+) 1.440,00 DM
Soziale Abgaben	14.315,00 DM	14.830,00 DM	(+) 515,00 DM
Personalkosten	**108.200,00 DM**	**111.290,00 DM**	**(+) 3.090,00 DM**
Kalkulat. Abschreib.	6.000,00 DM	6.000,00 DM	0,00 DM
Mieten	15.000,00 DM	15.000,00 DM	0,00 DM
Kalkulat. Zinsen	12.500,00 DM	12.500,00 DM	0,00 DM
Raum-/Gebäudekost.	**33.500,00 DM**	**33.500,00 DM**	**0,00 DM**
Ausgangsfrachten	9.560,00 DM	8.920,00 DM	(–) 640,00 DM
Reise-/Werbekosten	15.480,00 DM	16.210,00 DM	(+) 730,00 DM
Steuern	17.250,00 DM	16.800,00 DM	(–) 450,00 DM
Kalkulat. Kosten	35.000,00 DM	35.000,00 DM	0,00 DM
Sonst. Handlungsk.	**77.290,00 DM**	**76.930,00 DM**	**(–) 360,00 DM**
Gesamtabweichung	**218.990,00 DM**	**221.720,00 DM**	**(+) 2.730,00 DM**

Erläuterungen: Der obige Soll-Ist-Vergleich zeigt in einzelnen Kostenarten deutliche Abweichungen (z. B. bei Löhnen und Gehältern). Andere Kostenarten – insbesondere die kalkulatorischen Kosten – weisen nur geringfügige oder gar keine Abweichungen auf. Wichtige Aufgabe des Controllers ist es, die Abweichungen auf ihre Ursachen hin zu analysieren, um herausstellen zu können, wer für die Abweichungen verantwortlich ist.

Grundsätzlich gilt, dass die Abteilungsleiter Verbrauchsabweichungen begründen müssen, ihnen aber Preis- und Beschäftigungsabweichungen nicht zugerechnet werden können.

In der obigen Situation liegt Folgendes vor: Bei den Personalkosten ist es zu einer Überschreitung der budgetierten Kosten um 3.090,00 DM gekommen. Die Ursachenerforschung ergab, dass im Lohnbereich zwei Teilzeitkräfte und im Gehaltsbereich eine Teilzeitkraft außerplanmäßig bereits im Januar eingestellt wurden; ursprünglich war die Neueinstellung von Arbeitskräften erst für das Frühjahr vorgesehen gewesen. Der Controller wird die Budgets der Folgemonate entsprechend korrigieren müssen. Bei den Sonstigen Handlungskosten fällt auf, dass die Ausgaben für Ausgangsfrachten um 640,00 DM unter dem budgetierten Ansatz bleiben; dies ist zum einen auf veränderte (günstigere) Lieferungsbedingungen, zum anderen auf bessere Ausnutzung der Ladekapazitäten und Anlieferungen, aber auch auf rückläufige Absatzzahlen zurückzuführen. Reise- und Werbekosten zeigen eine Überschreitung der Budgetzahl um 730,00 DM. Hier haben die Abteilungsleiter eine intensivere Kundenbetreuung und eine stärkere Präsenz in den Medien für ratsam gehalten und ihr Budget überzogen. Angesichts des drohenden Absinkens der Umsätze (vgl. auch Umsatzabweichungsanalyse auf Seite 276) erscheint diese Maßnahme angemessen. Eine Nachsteuerung und Korrektur der Budgets wird der Controller nur für den Bereich „Ausgangsfrachten" vornehmen.

Personalkostenquote. Abschließend vergleicht Controller Schubert den geplanten Prozentsatz der Personalkosten am Nettoumsatz (= 8,4 %, vgl. S. 273) mit dem tatsächlich eingetretenen:

$$\textbf{Ist-Prozentsatz der Personalkosten am Nettoumsatz} = \frac{111.290{,}00 \text{ DM} \cdot 100\,\%}{1.264.968{,}00 \text{ DM}} = \textbf{8,8 \%}$$

Die vorgesehene Maßzahl von 8,4 % wird geringfügig überschritten. Der Istwert liegt um 0,4 Prozentpunkte über dem geplanten Wert, was auf ein verschlechtertes Verhältnis von Personalkosten zu Warenverkaufserlösen schließen lässt. Für die nächsten Monate wird der Controller hier auf die Auswirkung der vorgezogenen Personaleinstellung (vgl. Seite 279) auf die Personalkostenquote achten. Es ist zu erwarten, dass sich diese Quote in den nächsten Monaten senken wird.

Umsatzrendite. Den Controller interessiert besonders, wie hoch der **Monatsgewinn** und die **Umsatzrendite** sind:

Betriebsergebnisrechnung für den Monat Januar 01

	Budgetwerte	**Istwerte**
Warenverkaufserlöse	1.260.062,00 DM	1.264.968,00 DM
– Wareneinkäufe	1.011.500,00 DM	998.826,00 DM
– Handlungskosten	218.990,00 DM	221.720,00 DM
= Gewinn	**29.572,00 DM**	**44.422,00 DM**

Der tatsächlich erzielte Gewinn liegt wegen der höheren Ist-Umsätze gegenüber den budgetierten Umsätzen, wegen der niedrigeren Ist-Einkäufe gegenüber den budgetierten Einkäufen und trotz der höheren Ist-Handlungskosten gegenüber den budgetierten Handlungskosten deutlich um 14.850,00 DM über dem budgetierten Gewinn. Die Ursache für den höheren Gewinn liegt vor allem in den niedrigen Wareneinkäufen, die aus den zuvor genannten Gründen (vgl. S. 278) um 12.674,00 DM unter den budgetierten Beschaffungswerten liegen. Es ist damit zu rechnen, dass sich in den nächsten Monaten die Ist-Gewinne den budgetierten Gewinnen annähern werden. Die obige Gewinnsituation ist also keineswegs ein Ausdruck für besonders wirtschaftliches Handeln.

$$\textbf{Umsatzrentabilität} = \frac{44.422{,}00 \text{ DM} \cdot 100\,\%}{1.264.968{,}00 \text{ DM}} = \textbf{3,5 \%}$$

Es überrascht nicht, dass aufgrund der oben geschilderten Gewinnsituation die Umsatzrendite mit 3,5 % genau das Budgetziel von 3,5 % erreicht (vgl. S. 266). In den nächsten Monaten wird der Controller durch Aufsummierung der Monatsgewinne und Monatsumsätze die Entwicklung der Rendite beobachten und ggf. eine Korrektur der Planungsansätze vorschlagen.

Zusammenfassung

- Eine zentrale Aufgabe erfüllt der Controller, indem er **monatliche Soll-Ist-Vergleiche** für die einzelnen Teilpläne und für die monatliche Erfolgsrechnung durchführt. Abweichungen hat er hierbei aufzudecken und zu analysieren.
- In der Abweichungsanalyse ist insbesondere herauszustellen, wie hoch die **Preis- und Mengenabweichungen** sind. Preisabweichungen haben die Abteilungsleiter nicht zu vertreten. Bei Mengenabweichungen sind die jeweiligen Ursachen zu erforschen; das trifft besonders dann zu, wenn die Mengenabweichungen negative Tendenzen aufweisen.

309 Zur Erstellung der Umsatzabweichungen liegen in der Sanitärgroßhandlung (vgl. Aufgaben 299, 301, 304 und 306) aus dem Planjahr folgende Zahlen vor:

Artikelgruppe	geplante Absatzmenge	geplanter Verkaufspreis	tatsächliche Absatzmenge	erzielter Durchschnittspreis
Waschbecken	750 Stück	693,33 DM	740 Stück	694,20 DM
Badewannen	520 Stück	1.541,50 DM	512 Stück	1.538,75 DM
Duschkabinen	312 Stück	4.170,00 DM	318 Stück	4.173,00 DM
Toiletten/Spülk.	650 Stück	957,00 DM	635 Stück	953,50 DM
Badmöbel	195 Stück	1.600,00 DM	204 Stück	1.604,50 DM
Inst.-Material	1 320 Pack.	243,50 DM	1 310 Pack.	244,20 DM

1. *Erstellen Sie die Umsatzabweichungsanalyse einschließlich der Preis- und Mengenabweichungen und gehen Sie in einem kurzen Bericht insbesondere auf die Mengenabweichungen ein.*

Für die Abweichungsanalyse der Beschaffungsmengen und –werte stehen folgende Zahlen zur Verfügung:

Artikelgruppe	geplante Beschaff.-Menge	geplanter Beschaff.-Preis	tatsächliche Beschaff.-Menge	Durchschnittl. Beschaff.-Preis
Waschbecken	745 Stück	480,00 DM	755 Stück	478,50 DM
Badewannen	520 Stück	1.140,00 DM	500 Stück	1.141,30 DM
Duschkabinen	310 Stück	2.650,00 DM	315 Stück	2.647,50 DM
Toiletten/Spülk.	645 Stück	720,00 DM	640 Stück	724,40 DM
Badmöbel	195 Stück	940,00 DM	202 Stück	935,60 DM
Inst.-Material	1 300 Pack.	165,00 DM	1 320 Pack.	165,00 DM

2. *Analysieren Sie die sich aus den obigen Zahlen ergebenden Preis- und Mengenabweichungen in tabellarischer und grafischer Form (vgl. Seite 293 f.). Ergänzen Sie die Tabelle durch einen erläuternden Bericht.*

Zur Ermittlung der Kostenabweichungen verwendet der Controller das Jahreskostenbudget (vgl. Aufgabe 306) sowie die aus den Abteilungen gemeldeten Istkosten nach folgender Übersicht:

Pos.	Kostenart	Budgetkosten des Planjahres	Istkosten des Planjahres
1.1	Löhne		227.156,50 DM
1.2	Kalkulatorischer Unternehmerlohn		100.000,00 DM
1.3	Gehälter		161.800,00 DM
1.4	Soziale Aufwendungen		66.980,00 DM
1	**Personalkosten**		**555.936,50 DM**
2.1	Mieten/Pachten		72.750,00 DM
2.2	Kalk. Abschreibung auf Gebäude		36.000,00 DM
2	**Gebäude-/Raumkosten**		**108.750,00 DM**
3.1	Steuern/Beiträge/Versicherungen		190.235,00 DM
3.2	Werbe-/Reisekosten		83.730,00 DM
3.3	Ausgangsfrachten		46.495,00 DM
3.4	Kalkulatorische Kosten		97.000,00 DM
3	**Sonstige Handlungskosten**		**417.460,00 DM**
4	**Handlungskosten insgesamt**		**1.082.146,50 DM**

3. *Analysieren Sie die Abweichungen und geben Sie mögliche Gründe an.*
4. *Stellen Sie die Betriebsergebnisrechnung für den Monat Januar auf und ermitteln Sie die Umsatzrentabilität.*

310 Zur Erstellung der Umsatzabweichungen liegen in der Großhandlung für Bodenbeläge (vgl. Aufgaben 300, 302, 305 und 307) aus dem Planjahr folgende Zahlen vor:

Artikelgruppe	geplante Absatzmenge	geplanter Verkaufspreis	tatsächliche Absatzmenge	erzielter Durchschnittspreis
Teppichfliesen	9 840 m²	77,75 DM/m²	9 765 m²	76,95 DM/m²
Auslegeware	27 650 m²	112,30 DM/m²	27 580 m²	113,40 DM/m²
Parkett (Schiffsb.)	27 300 m²	226,75 DM/m²	27 350 m²	225,25 DM/m²
Parkett (Riemchen)	17 750 m²	121,75 DM/m²	17 620 m²	122,30 DM/m²
Laminatboden	7 150 m²	97,20 DM/m²	7 220 m²	97,20 DM/m²

1. *Erstellen Sie die Umsatzabweichungsanalyse einschließlich der Preis- und Mengenabweichungen und gehen Sie in einem kurzen Bericht insbesondere auf die Mengenabweichungen ein.*

Für die Abweichungsanalyse der Beschaffungsmengen und -werte stehen folgende Zahlen zur Verfügung:

Artikelgruppe	geplante Beschaff.-Menge	geplanter Beschaff.-Preis	tatsächliche Beschaff.-Menge	Durchschnittl. Beschaff.-Preis
Teppichfliesen	9 800 m²	54,00 DM/m²	9 750 m²	54,00 DM/m²
Auslegeware	27 480 m²	65,00 DM/m²	27 520 m²	64,80 DM/m²
Parkett (Schiffsb.)	27 300 m²	120,00 DM/m²	27 340 m²	122,40 DM/m²
Parkett (Riemchen)	17 700 m²	72,00 DM/m²	17 650 m²	70,50 DM/m²
Laminatboden	7 200 m²	45,00 DM/m²	7 250 m²	48,30 DM/m²

2. *Analysieren Sie die sich aus den obigen Zahlen ergebenden Preis- und Mengenabweichungen in tabellarischer und grafischer Form (vgl. Seite 293 f.). Ergänzen Sie die Tabelle durch einen erläuternden Bericht.*

Zur Ermittlung der Kostenabweichungen verwendet der Controller das Jahreskostenbudget (vgl. Aufgabe 307) sowie die aus den Abteilungen gemeldeten Istkosten nach folgender Übersicht:

Pos.	Kostenart	Budgetkosten des Planjahres	Istkosten des Planjahres
1.1	Löhne		955.460,00 DM
1.2	Kalkulatorischer Unternehmerlohn		280.000,00 DM
1.3	Gehälter		641.760,00 DM
1.4	Soziale Aufwendungen		272.830,00 DM
1	**Personalkosten**		**2.150.050,00 DM**
2.1	Mieten/Pachten		302.000,00 DM
2	**Gebäude-/Raumkosten**		**302.000,00 DM**
3.1	Steuern/Beiträge/Versicherungen		795.470,00 DM
3.2	Werbe-/Reisekosten		344.875,00 DM
3.3	Ausgangsfrachten		204.680,00 DM
3.4	Kalkulatorische Kosten		451.500,00 DM
3	**Sonstige Handlungskosten**		**1.796.525,00 DM**
4	**Handlungskosten insgesamt**		**4.248.575,00 DM**

3. *Analysieren Sie die Abweichungen und geben Sie mögliche Gründe an.*
4. *Stellen Sie die Betriebsergebnisrechnung für den Monat Januar auf und ermitteln Sie die Umsatzrentabilität.*
5. *Kontrollieren Sie den Prozentanteil der Personalkosten am Umsatz im Vergleich mit der geplanten Maßzahl.*

6464282

5.7 Informativ, zielgerichtet und schnell berichten

Zu den wichtigsten Aufgaben des Controllers gehört es, ein funktionierendes **internes Berichtswesen** aufzubauen bzw. sinnvoll zu handhaben, das die Entscheidungsträger im mittleren und oberen Management schnell und zielsicher informiert. Dabei hat der Controller folgende Fragen zu klären:

Fragen	Mögliche Inhalte
Zu welchem **Zweck** soll berichtet werden?	○ Information über besondere **Ereignisse,** die u. U. ein schnelles Eingreifen erfordern, ○ Vorschlag von **Korrekturmaßnahmen** bei deutlichen Abweichungen gegenüber dem Budget, ○ Vorbereitung von Entscheidungen
Über welche **Inhalte** soll berichtet werden?	○ Standardberichte zu Ergebnissen des Rechnungswesens, ○ Abweichungsanalysen, ○ Bedarfsberichte zu besonderen Anlässen
An welche **Personen** soll berichtet werden?	Berichtsempfänger sind grundsätzlich die Entscheidungsträger im mittleren und oberen Management; evtl. sind die betroffenen Abteilungen zu informieren.
Zu welchem **Zeitpunkt** soll berichtet werden?	Die Berichtstermine hängen von der Bedeutung der Berichte für die Steuerungsmaßnahmen ab. Grundsatz: **Schnelligkeit vor Genauigkeit!** In der Regel sind monatliche Berichte anzufertigen.
Welche **Form** soll der Bericht haben?	○ Tabellen, ○ Kennzahlen, ○ Schaubilder, ○ Texte

Situation Controller Schubert berichtet der ihm übergeordneten Geschäftsführung (vgl. Organigramm Seite 261) **routinemäßig** bis zum 5. Arbeitstag eines jeden Monats über die Umsatz-, Beschaffungs-, Kosten-, Gewinn- und Finanzsituation des abgelaufenen Monats in der Form von **Abweichungsanalysen.** Zusätzlich ergänzt Controller Schubert seine Berichte um aussagekräftige **Kennzahlen** (Verhältniszahlen, Gliederungszahlen, Beziehungszahlen, Indexzahlen) und **Schaubilder** (Piktogramme, Diagramme).

So gesehen können alle Analysen im vorhergehenden Kapitel 5.6 – also die Tabellen, die Kennzahlen und die Erläuterungen – **zu Gegenständen solcher Standardberichte** werden. Wir verzichten im Folgenden darauf, diese Inhalte hier nochmals als „Bericht" zu wiederholen und geben Ihnen stattdessen eine knappe Darstellung von Kennzahlen und Schaubildern, die sinnvoll in Berichten verwendet werden können. Hierbei kommt es uns nicht auf eine vollständige Wiedergabe von Kennzahlensystemen und grafischen Darstellungsmöglichkeiten an, sondern auf die Herausstellung der Bedeutung dieser Informationen für die Unternehmenssteuerung.

5.7.1 Kennzahlen

Aufbereitung statistischer Größen. Statistische Tabellen geben das Urmaterial in verdichteter Form wieder. Sie schaffen Ordnung und Übersicht, lassen aber keine gezielte und vertiefte Auswertung zu. Erst durch die **Verknüpfung statistischer Größen** gewinnt man aussagefähige Zahlen.

Beispiele ❶ Der Betriebsabrechnungsbogen (vgl. S. 239) gibt zunächst nur die auf die einzelnen Kostenstellen verteilten Gemeinkosten an. Die für die Kalkulation wichtigen **Zuschlagssätze** sind statistische Zahlen, die aus der Verknüpfung von jeweils zwei unterschiedlichen statistischen Größen berechnet werden.

❷ Der Unternehmer ist nicht nur an einer Umsatzstatistik (vgl. S. 267) interessiert. Er möchte auch etwas über die durchschnittlichen Umsätze, die Prozentanteile der einzelnen Artikelgruppen am Gesamtumsatz, die Umsatzentwicklung u. Ä. wissen.

Diese Zusatzinformationen gewinnt man aus statistischen Zahlen.

5.7.1.1 Mittelwerte

Eine wichtige Gruppe statistischer Zahlen stellen die Mittelwerte dar. Mittelwerte werden als **charakteristische Stellvertreter** für viele gleiche Einzelerscheinungen verwendet.

Beispiel Soll eine Aussage über die monatliche Umsatzhöhe getroffen werden, so ist es in der Regel nicht erforderlich, die einzelnen Monatsumsätze aufzuzählen. Es genügt, stellvertretend für 12 Einzelumsätze den „mittleren" Umsatz zu bestimmen.

Zusammenfassung

- ▶ **Statistische Zahlen** ergeben sich aus der **mathematischen Verknüpfung** geeigneter statistischer Größen. Sie sind die Grundlage für Auswertungen.
- ▶ **Mittelwerte** sind charakteristische Stellvertreter für mehrere gleichartige statistische Größen.

5.7.1.1.1 Arithmetisches Mittel (Einfacher Durchschnitt)

Beispiel Um den **Lagerumschlag** der Warenbestände beurteilen zu können, benötigt man u. a. den **durchschnittlichen Lagerbestand.** Die Lagerkartei weist folgende Warenbestände aus:

Datum	Warenbestand in DM	Datum	Warenbestand in DM
1. Januar ..	1.940.000,00	30. Juni ..	1.710.000,00
31. Januar ..	2.050.000,00	31. Juli ..	1.380.000,00
28. Februar ..	2.030.000,00	31. August ..	1.450.000,00
31. März ..	1.960.000,00	30. September ..	1.520.000,00
30. April ..	1.850.000,00	31. Oktober ..	1.280.000,00
31. Mai ..	1.620.000,00	30. November ..	1.490.000,00
		31. Dezember ..	1.300.000,00

❶ Ein **Mittelwert,** der die **Schwankungen des Warenbestandes während des ganzen Jahres** berücksichtigt, ergibt sich, wenn der Inventurbestand vom 1. Januar und die 12 Monatsendbestände addiert und durch die Anzahl der Posten (= 13) dividiert werden:

durchschnittlicher Lagerbestand $\bar{x} = \frac{1.940.000 \text{ DM} + 2.050.000 \text{ DM} + \ldots + 1.300.000 \text{ DM}}{13}$

$$\bar{x} = \frac{21.580.000 \text{ DM}}{13} = \mathbf{1.660.000{,}00\ DM}$$

❷ Sofern nur **die Inventurwerte am 1. Januar und am 31. Dezember** vorliegen, lässt sich der durchschnittliche Lagerbestand vereinfacht so berechnen:

durchschnittl. Lagerbestand $\bar{x} = \frac{1.940.000 \text{ DM} + 1.300.000 \text{ DM}}{2} = \frac{3.240.000 \text{ DM}}{2} = \mathbf{1.620.000{,}00\ DM}$

In diesem Mittelwert sind die während des Jahres auftretenden Schwankungen der Lagerbestände nicht berücksichtigt. Er weicht deshalb vom zuvor berechneten Wert ab.

5.7.1.1.2 Gewogenes arithmetisches Mittel (Gewogener Durchschnitt)

Beispiel Der Lagerbestand an Umschlagkartons beträgt am 1. Januar .. 50 Paletten zu 2.625,00 DM je Palette (Bezugspreis). Am 15. März .. werden 12 Paletten zum Bezugspreis von 2.622,50 DM je Palette auf Lager genommen.

Für die Kalkulation ist der durchschnittliche Bezugspreis der gelagerten Umschlagkartons zu berechnen.

Bestand in Stück		Wert in DM	
50 Paletten zu je 2.625,00 DM		131.250,00	
+ 12 Paletten zu je 2.622,50 DM		31.470,00	
62 Paletten	~	162.720,00	
1 Palette	~	$\frac{162.720{,}00}{62 \text{ Paletten}}$	= **2.624,52 DM/Palette**

Zusammenfassung

▶ Das **arithmetische Mittel** (einfacher Durchschnitt) ergibt sich aus der Gleichung:

$$\bar{x} = \frac{\textbf{Summe der Einzelgrößen}}{\textbf{Anzahl der Einzelgrößen}} \quad \textbf{oder} \quad \bar{x} = \frac{a_1 + a_2 + a_3 + \ldots + a_n}{n}$$

▶ Das **gewogene arithmetische Mittel** (gewogener Durchschnitt) ergibt sich aus der Gleichung

$$\bar{x} = \frac{\textbf{gewogene Summe der Einzelgrößen}}{\textbf{Anzahl der Einzelgrößen}} \quad \textbf{oder}$$

$$\bar{x} = \frac{a_1 \cdot b_1 + a_2 \cdot b_2 + \ldots + a_n \cdot b_n}{a_1 + a_2 + \ldots + a_n}$$

311

1. *Worauf ist bei informativen Berichten zu achten?*
2. *Nennen Sie die wichtigsten Aufgaben des internen Berichtswesens.*
3. *Welche Funktion haben Mittelwerte in der Statistik?*

312

Ein Großhandelsunternehmen hatte in den ersten sechs Monaten des vergangenen Jahres folgenden Personalbestand in den Bereichen Verwaltung, Verkauf und Lager:

	Verwaltung	Verkauf	Lager
Januar	12	40	8
Februar	12	38	8
März	10	35	7
April	10	36	7
Mai	14	41	8
Juni	14	44	10

1. *Erstellen Sie eine aussagefähige Tabelle.*
2. *Berechnen Sie, wie viel Arbeitnehmer durchschnittlich in den einzelnen Abteilungen und insgesamt beschäftigt waren.*

313

Nachstehend sind die durchschnittlichen Bruttomonatsverdienste von Arbeitnehmern in ausgewählten Wirtschaftsbereichen dargestellt:

Wirtschaftsbereiche	Durchschnittlicher Bruttoverdienst
Energiewirtschaft	4.041,00 DM
Bergbau	4.033,00 DM
Produktionsgüterindustrie	4.004,00 DM
Baugewerbe	3.630,00 DM
Banken/Versicherungen	3.555,00 DM
Handel	3.054,00 DM
Land- und Forstwirtschaft	2.579,00 DM

1. *Berechnen Sie den Durchschnittsverdienst der Arbeitnehmer.*
2. *Wie viel Prozent liegt der Verdienst im Handel unter dem Durchschnitt?*

314

Eine Textilgroßhandlung will ihren Kunden folgende Restposten zu einem einheitlichen Preis anbieten:

250 Damenblusen, bisheriger Verkaufspreis 22,00 DM je Bluse,
300 Damenblusen, bisheriger Verkaufspreis 26,00 DM je Bluse,
180 Damenblusen, bisheriger Verkaufspreis 28,00 DM je Bluse,
120 Damenblusen, bisheriger Verkaufspreis 32,00 DM je Bluse.

Berechnen Sie den einheitlichen Verkaufspreis.

315

Eine Baustoffgroßhandlung erteilte im 2. Quartal .. für Fugenzement folgende Bestellungen:

3. April: 3 500 kg zu 4,80 DM/kg,
2. Mai: 3 800 kg zu 4,90 DM/kg,
28. Mai: 4 200 kg zu 4,60 DM/kg,
17. Juni: 3 200 kg zu 4,75 DM/kg.

Berechnen Sie den durchschnittlichen Einkaufspreis je kg.

5.7.1.2 Verhältniszahlen

Verhältniszahlen entstehen, wenn zwei **gleich benannte** oder **ungleiche Größen** zu **Quotienten** verbunden werden. Vielfach drückt man die Quotienten als **Prozentzahlen** aus. Durch dieses Vorgehen werden statistische Größen **vergleichbar** gemacht. Sie lassen somit **Entwicklungen erkennen** und **ermöglichen Beurteilungen**.

Beispiele ❶ Die auf den Seiten 348 f. dargestellten **Bilanzkennzahlen** sind Verhältniszahlen, durch die die Struktur der Bilanz verdeutlicht wird (= **Gliederungszahlen**).

❷ Auf der Seite 214 werden **Kennzahlen zur Rentabilität und Wirtschaftlichkeit** aufgeführt. Durch sie lässt sich der Betriebsprozess kontrollieren. Sie entstehen aus dem Verhältnis von jeweils zwei unterschiedlichen Größen (= **Beziehungszahlen**).

❸ Soll die **Umsatzentwicklung** über mehrere Jahre verdeutlicht werden, so bildet man Verhältniszahlen aus den Umsätzen der einzelnen Jahre in Bezug auf den Umsatz des ersten Jahres (= **Indexzahlen**, vgl. S. 290).

Zusammenfassung

- Durch **Verhältniszahlen** werden statistische Größen aufgegliedert **(= Gliederungszahlen)**, zueinander in Beziehung gesetzt **(= Beziehungszahlen)** oder in ihrer Entwicklung durchschaubar gemacht **(= Indexzahlen)**.
- Die in der **Analyse und Kritik des Jahresabschlusses** verwendeten Kennzahlen sind üblicherweise Verhältniszahlen.

5.7.1.2.1 Gliederungszahlen

Gliederungszahlen sind **Bruchzahlen aus gleichartigen Größen.** Die Aufteilung einer Gesamtgröße in mehrere Teilgrößen ist in der Regel wenig aussagekräftig. Erst durch die Berechnung der Brüche, die die Teilgrößen mit der Gesamtgröße bilden, werden die Größen vergleichbar. Es ist üblich, die Gliederungszahlen als **Prozentzahlen** anzugeben.

Beispiel Die Papiergroßhandlung Katja Kern, Köln (vgl. S. 267), hat im Jahr .. in den einzelnen Artikelgruppen folgende auf 1.000,00 DM gerundete Monatsumsätze erzielt:

Umsätze nach Artikelgruppen und Monaten für das Jahr ..

Monat	Druckpapier	Kopierpapier	Umschlagkarton	Saugpapier
Januar	585.000 DM	385.000 DM	225.000 DM	
Februar	595.000 DM	390.000 DM	230.000 DM	
März	610.000 DM	380.000 DM	227.000 DM	
April	605.000 DM	395.000 DM	228.000 DM	
Mai	605.000 DM	390.000 DM	215.000 DM	
Juni	610.000 DM	385.000 DM	220.000 DM	
Juli	590.000 DM	375.000 DM	225.000 DM	
August	610.000 DM	390.000 DM	220.000 DM	
September	620.000 DM	380.000 DM	225.000 DM	25.000 DM
Oktober	610.000 DM	390.000 DM	205.000 DM	32.000 DM
November	610.000 DM	395.000 DM	200.000 DM	41.000 DM
Dezember	600.000 DM	385.000 DM	190.000 DM	52.000 DM
gesamt	**7.250.000 DM**	**4.640.000 DM**	**2.610.000 DM**	**150.000 DM**

Beispiel Aus den Zahlen dieser Tabelle soll berechnet werden, mit wie viel Prozent die Umsätze der einzelnen Artikelgruppen am gesamten Jahresumsatz (~ 100 %) beteiligt sind.

Artikelgruppe	Prozentanteil am Jahresumsatz
Druckpapier	$\frac{7.250.000{,}00 \text{ DM} \cdot 100\ \%}{14.650.000{,}00 \text{ DM}} = 49{,}5\ \%$
Kopierpapier	$\frac{4.640.000{,}00 \text{ DM} \cdot 100\ \%}{14.650.000{,}00 \text{ DM}} = 31{,}7\ \%$
Umschlagkarton	$\frac{2.610.000{,}00 \text{ DM} \cdot 100\ \%}{14.650.000{,}00 \text{ DM}} = 17{,}8\ \%$
Saugpapier	$\frac{150.000{,}00 \text{ DM} \cdot 100\ \%}{14.650.000{,}00 \text{ DM}} = 1{,}0\ \%$

Statische Betrachtung. Die ermittelten Prozentzahlen zeigen, dass zum Jahresende die Umsatzanteile der einzelnen Artikelgruppen in einem bestimmten Umfang voneinander abweichen. So liegen z. B. zwischen der umsatzschwächsten und der umsatzstärksten Artikelgruppe 48,5 Prozentpunkte Unterschied. Auf die Ursachen haben wir im Rahmen der Portfolio-Analyse hingewiesen (vgl. S. 262 f.).

Prozentanteile in dynamischer Betrachtung. Aus der umseitigen Tabelle lässt sich zusätzlich zu der vorherigen statischen Betrachtung der Umsatzanteile einzelner Artikelgruppen am Gesamtumsatz auch eine dynamische Betrachtung ableiten, wenn man die **Umsatzanteile einzelner Monate am Jahresumsatz** berechnet. Dies kann sowohl für einzelne Artikelgruppen als auch für den Gesamtumsatz geschehen. Weiterhin lassen sich die **Prozentanteile von Monat zu Monat „fortschreiben"**, d. h., man summiert die Prozentanteile von Monat zu Monat.

Zusammenfassung

- **Gliederungszahlen** sind **Bruchzahlen.** Sie geben die Anteile mehrerer Teilgrößen an einer Gesamtgröße an und werden vielfach als **Prozentzahlen** geschrieben.
- **Gliederungszahl** $= \frac{\textbf{Teilgröße}}{\textbf{Gesamtgröße}}$ oder **Gliederungszahl** $= \frac{\textbf{Teilgröße} \cdot \textbf{100 \%}}{\textbf{Gesamtgröße}}$

Aufgabe

316

Aktiva **Aufbereitete Bilanz** Passiva

Anlagevermögen Umlaufvermögen	24.500.000,00 39.400.000,00	? % ? %	Eigenkapital Fremdkapital	29.200.000,00 34.700.000,00	? % ? %
Gesamtvermögen	63.900.000,00	100 %	Gesamtkapital	63.900.000,00	100 %

1. *Wie hoch sind die prozentualen Anteile des Anlage- und Umlaufvermögens am Gesamtvermögen und des Eigen- und Fremdkapitals am Gesamtkapital?*
2. *Welche Schlussfolgerungen ziehen Sie daraus?*

5.7.1.2.2 Beziehungszahlen

Beziehungszahlen sind **Bruchzahlen,** die aus der **sinnvollen Verknüpfung unterschiedlicher Größen** entstehen. Beziehungszahlen helfen Betriebsabläufe und Arbeitsweisen zu kontrollieren und die Ergebnisse betrieblicher Tätigkeiten zu vergleichen. Typische Beispiele für Beziehungszahlen sind **Kennzahlen zur Wirtschaftlichkeit und Produktivität** (vgl. S. 214) sowie **Kalkulationszuschlagssätze.**

Beispiel Im Großhandelsunternehmen Katja Kern wird über mehrere Jahre die Produktivität der Mitarbeiter anhand folgender Zahlen kontrolliert:

	1. Jahr	2. Jahr	3. Jahr	4. Jahr
Warenumsatz in TDM	4.620	4.850	4.980	5.190
Anzahl der Mitarbeiter	20	20	19	21

	1. Jahr	2. Jahr	3. Jahr	4. Jahr
Produktivität in DM je Mitarbeiter:	$\frac{4.620.000}{20}$ **= 231.000,00**	$\frac{4.850.000}{20}$ **= 242.500,00**	$\frac{4.980.000}{19}$ **≈ 262.105,00**	$\frac{5.190.000}{21}$ **≈ 247.143,00**

Auswertung: Die Produktivität nimmt in den ersten 3 Jahren stetig zu. Es gelingt dem Unternehmen sogar, im 3. Jahr bei verringertem Personalbestand den Umsatz zu erhöhen. Im 4. Jahr wird die Einstellung von 2 weiteren Mitarbeitern erforderlich, was im Vergleich mit dem 3. Jahr zu einem (vorübergehenden) Rückgang der Produktivität führt. Verglichen mit dem 2. Jahr ist dennoch eine Steigerung der Produktivität feststellbar.

Zusammenfassung

- **Beziehungszahlen** sind **Bruchzahlen,** die aus der sinnvollen Verknüpfung unterschiedlicher wirtschaftlicher Größen entstehen.
- Beziehungszahlen finden insbesondere als **betriebliche Kennzahlen** Verwendung.

Aufgaben

317 In einer Großhandlung werden für 3 Warengruppen folgende Zahlen ermittelt:

	Warengruppe I	Warengruppe II	Warengruppe III	gesamt
Wareneinsatz in DM	2.400.000,00	3.550.000,00	1.600.000,00	?
Handlungskosten in DM	1.020.000,00	1.633.000,00	816.000,00	?
Warenverkaufserlöse in DM	3.847.500,00	5.908.620,00	2.319.360,00	?
Personalbestand	–	–	–	45

1. *Bestimmen Sie folgende Kennzahlen:*
   Handlungskostenzuschläge, Gewinnzuschläge, Umsatzrentabilität der einzelnen Warengruppen und insgesamt, Wirtschaftlichkeit der einzelnen Warengruppen und insgesamt sowie die Produktivität.
2. *Erläutern Sie die Ergebnisse.*

318 In einer Großhandlung wird die Wirtschaftlichkeit von Kleinaufträgen unter 500,00 DM untersucht. Folgende Zahlen liegen vor:

	1. Quartal	2. Quartal	3. Quartal	4. Quartal	gesamt
Waren- u. Handlungskosten	420.000,00	445.000,00	470.000,00	430.000,00	?
Warenverkaufserlöse	430.500,00	456.125,00	441.800,00	421.400,00	?

1. *Berechnen Sie die Wirtschaftlichkeit in den einzelnen Quartalen und insgesamt.*
2. *Erläutern Sie die Ergebnisse.*

5.7.1.2.3 Indexzahlen

Vergangenheitsorientierte Entwicklung. Die Veränderung einer Größe im Verlauf mehrerer Monate oder Jahre wird durch Indexzahlen ausgedrückt.

Eine Möglichkeit, die Entwicklung einer Größe zu veranschaulichen, geht von der Überlegung aus **das erste Jahr als Basisjahr** (≙ 100 %) **zu setzen** und die Größen der folgenden Jahre auf das Basisjahr zu beziehen.

Indexzahlen erleichtern die **Interpretation,** z. B. der Umsatzentwicklung: Ein Index **größer als 100 %** bedeutet immer eine **Umsatzsteigerung,** ein Index **kleiner als 100 %** einen **Umsatzrückgang** – jeweils bezogen auf das Basisjahr. Zudem gibt der Index eine **vergleichbare Zahl** für die Umsatzsteigerung oder den Umsatzrückgang an. Der Index **150 % nach 7 Jahren** (vgl. Beispiel) lässt auf eine **Umsatzsteigerung um 50 % innerhalb von 7 Jahren** schließen.

Indexzahlen finden in **volkswirtschaftlichen Statistiken** sehr häufig Anwendung, so z. B. als Index der Lebenshaltungskosten, als Index der industriellen Erzeugerpreise, der Großhandelsverkaufspreise, als Index der Wertpapierkurse u. a.

Beispiel Aus den nachfolgenden Umsatzzahlen ist die Entwicklung des Gesamtumsatzes über 7 Jahre mithilfe von Indexzahlen darzustellen.

Indexzahlen zur Umsatzentwicklung für die Jahre .. bis ..

Jahr	Jahresumsatz in DM	Indexzahlen (1. Jahr = Basisjahr)	Berechnung der Indexzahlen
1	19.020.000,00	**100 %**	$\frac{\text{Umsatz des jeweiligen Jahres} \cdot 100\ \%}{\text{Umsatz des Basisjahres}}$
2	18.790.000,00	**98,8 %**	
3	20.020.000,00	**105,3 %**	
4	22.260.000,00	**117,0 %**	
5	24.450.000,00	**128,5 %**	
6	26.415.000,00	**138,9 %**	
7	28.540.000,00	**150,0 %**	

Auswertung: Gegenüber dem Basisjahr zeigt sich nach anfänglicher Schwankung eine von Jahr zu Jahr recht gleichmäßige Umsatzzunahme.

Beachten Sie, dass die hier gezeigte Indexberechnung stark vereinfacht wurde; sie berücksichtigt keine Preis- und Mengenänderungen.

Zusammenfassung

- Indexzahlen geben die **Entwicklung von Preisen, Mengen, Umsätzen** u. a. **im Zeitablauf** bezüglich eines Basisjahres an.

Aufgabe

319 *Stellen Sie für vier Geschäftsjahre die Indexzahlen der Umsatzentwicklung in den drei Filialen fest (Basisjahr 01; auf volle Zahlen runden).*

Umsätze der Filialen in DM

Jahr	Köln	Bonn	Düsseldorf
01	3.400.000,00	3.200 000,00	1.900 000,00
02	3.600.000,00	2.900 000,00	2.100 000,00
03	3.900.000,00	3.000 000,00	2.300 000,00
04	3.750.000,00	3.050 000,00	2.420 000,00

5.7.2 Kennzahlensysteme

Die nachfolgend aufgeführten Kennzahlen stellen in ihren jeweiligen **begrifflichen Zusammenhängen** Kennzahlensysteme dar, die für Controllingzwecke besonders geeignet sind. Von den insgesamt möglichen geben wir die folgenden drei Systeme an:

- **Erfolgskennzahlen,**
- **Bilanzkennzahlen,**
- **Personalkennzahlen.**

Auf die darüber hinaus wichtigen **Lagerkennzahlen** gehen wir hier nicht ein. Sie sind im Kapitel **„7.2.2.1 Lagerumschlag der Warenbestände"** ausführlich dargestellt.

5.7.2.1 Erfolgskennzahlen

Die Erfolgskennzahlen bilden eine Gesamtheit von Kennzahlen, deren zentrales Anliegen **die Berechnung von Rentabilitäten** ist (vgl. auch Kapitel **„7.2 Die Auswertung der Gewinn- und Verlustrechnung"**). Mit „Rentabilität" wird eine Maßzahl bezeichnet, die eine **Aussage zur Ertragskraft** des Unternehmens macht. Zu den Erfolgskennzahlen gehören:

Erfolgskennzahl	Berechnung
● Eigenkapitalrentabilität	$\frac{\text{Jahresüberschuss} \cdot 100\ \%}{\text{Eigenkapital}}$
● Gesamtkapitalrentabilität	$\frac{\text{Gewinn} \cdot 100\ \%}{\text{Eigenkapital} + \text{Fremdkapital}}$
● Umsatzrentabilität	$\frac{\text{Betriebsergebnis} \cdot 100\ \%}{\text{Verkaufserlöse}}$
● Cashflow-Rendite	❶ Betriebsergebnis + betriebliche Abschreibungen + Zuweisung zu Rückstellungen = Cashflow ❷ $\frac{\text{Cashflow} \cdot 100\ \%}{\text{Verkaufserlöse}}$

5.7.2.2 Bilanzkennzahlen

Bilanzkennzahlen werden aus den Zahlen einer **aufbereiteten Bilanz** gewonnen (vgl. auch Kapitel **„7.1 Die Auswertung der Bilanz"** und **„7.1.2 Die Beurteilung der Bilanz".** Sie geben an, wie hoch das Unternehmen mit **Risiken** belastet ist. Zu ihnen gehören **die Kennzahlen der Finanzierung** (z. B. Eigenkapitalquote), **die Kennzahlen der Investierung** (z. B. Anlagenintensität) und die **Kennzahlen der Liquidität.** Im Folgenden geben wir einen **Auszug aus den Bilanzkennzahlen** wieder, sofern sie für Controllingzwecke besonders geeignet sind.

Um die **Höhe des Risikos** einschätzen zu können, werden die Bilanzkennzahlen in der Regel mit folgenden **allgemein gültigen Richtlinien** verglichen:

- **Das Anlagevermögen sollte zu $^2/_3$ durch Eigenkapital gedeckt sein.** Die Finanzierungslücke darf nur durch langfristiges Fremdkapital geschlossen werden.
- Darüber hinaus sollte **ein Teil des Umlaufvermögens** (Warenvorräte) **durch langfristiges Fremdkapital gedeckt sein.**
- **Das kurzfristig in liquide Mittel auflösbare Umlaufvermögen sollte mindestens 50 % des kurzfristigen Fremdkapitals betragen.**

Bilanzkennzahl	Berechnung
● Eigenkapitalquote	$\frac{\text{Eigenkapital} \cdot 100\,\%}{\text{Gesamtkapital}}$
● Verschuldungsgrad	$\frac{\text{Fremdkapital} \cdot 100\,\%}{\text{Gesamtkapital}}$
● Anlagendeckungsgrad I	$\frac{\text{Eigenkapital} \cdot 100\,\%}{\text{Anlagevermögen}}$
● Anlagendeckungsgrad II	$\frac{(\text{Eigenkap. + langfr. Fremdkap.}) \cdot 100\,\%}{\text{Anlagevermögen}}$
● Investitionsquote	$\frac{(\text{Zugänge AV} - \text{Abgänge AV}) \cdot 100\,\%}{\text{Anlagevermögen}}$
● Liquidität I	$\frac{\text{flüssige Mittel} \cdot 100\,\%}{\text{kurzfristiges Fremdkapital}}$
● Liquidität II	$\frac{(\text{flüssige Mittel + Forderungen}) \cdot 100\,\%}{\text{kurzfristiges Fremdkapital}}$

5.7.2.3 Personalkennzahlen

Personalkennzahlen dienen der Überprüfung der **Arbeitsproduktivität** und der **Personalkostenintensität.** Sie haben für das Unternehmen im Vergleich mit Branchenkennzahlen oder im Vergleich zwischen geplantem und tatsächlichem Personaleinsatz große Bedeutung.

Personalkennzahl	Berechnung
● **Personalkostenintensität** (vgl. hierzu auch S. 273)	$\frac{\text{Personalkosten} \cdot 100\,\%}{\text{Gesamtkosten}}$
● **Arbeitsproduktivität**	$\frac{\text{Verkaufserlöse}}{\text{Anzahl der Mitarbeiter}}$

5.7.3 Schaubilder

Schaubilder unterstützen die Verständlichkeit und Anschaulichkeit von statistischen Daten, die in **numerischen Werten als Tabellen** oder in **Prozentwerten als Kennzahlen** vorliegen. **Diagramme** in Form von **Säulen-, Block-, Linien- oder Kreisdiagrammen** stellen die wichtigste Gruppe der Schaubilder dar.

Diagramme haben gegenüber Tabellen den Vorteil anschaulich und schnell zu informieren. Ihr Nachteil besteht darin, dass die genauen Daten nicht abgelesen werden können. Es ist daher sinnvoll, in einem Bericht alle Informationsformen (Tabellen, Schaubilder, Kennzahlen und verbindende Texte) in sinnvoller Kombination nebeneinander zu nutzen.

5.7.3.1 Kurvendiagramm

Beispiel Die Umsatzentwicklung für die Artikelgruppe „Druckpapier" und die Artikelgruppe „Kopierpapier" soll in je einem Kurvendiagramm dargestellt werden. Aus den Zahlen der Tabelle (S. 287) ergibt sich das folgende Bild:

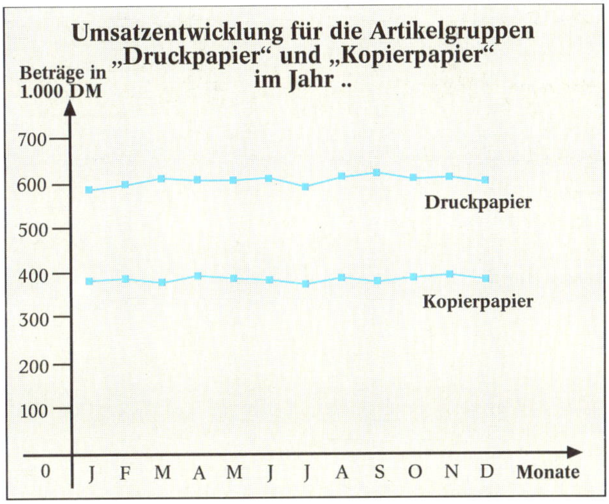

Kurvendiagramme werden aus zwei senkrecht zueinander stehenden Achsen (= Koordinatensystem) entwickelt. Üblicherweise teilt man die waagerechte Achse in Zeitabschnitte ein (hier: Monate des Jahres), die senkrechte Achse in passende Mengen- oder Werteinheiten (hier: Umsätze in DM). In den Schnittpunkten der senkrecht verlängerten Zeitabstände mit den jeweils zugehörigen waagerecht verlängerten Werteinheiten liegen die Punkte der zu entwickelnden Kurve. Bei der Festlegung der Punkte ist zu beachten, dass die Monatsumsätze jeweils **über die Mitte der ihnen zugeordneten Zeitintervalle** zu zeichnen sind: Der Januarumsatz bei Artikelgruppe „Druckpapier" in Höhe von 585.000,00 DM ist also in die Mitte des für den Monat Januar festgelegten Abschnittes bei „585.000" zu zeichnen. Im Kurvendiagramm ist es üblich, die einzelnen Punkte **gradlinig** zu verbinden.

Aufgabe

320 In den vergangenen sechs Jahren konnten von einer Ware folgende Mengen abgesetzt werden:

Jahr	01	02	03	04	05	06
Stück	5 000	10 000	22 000	20 000	15 000	12 000

Die Entwicklung des Absatzes ist in einem Kurvendiagramm darzustellen.

5.7.3.2 Balkendiagramm (Histogramm)

Beispiel Die Umsatzentwicklung für die Artikelgruppe „Druckpapier" soll in einem Balkendiagramm dargestellt werden. Grundlage hierfür sind die Umsatzzahlen aus der Tabelle von Seite 287.

Balkendiagramm. Die Umsatzentwicklung lässt sich außer im Kurvendiagramm auch in einem aus Rechtecken gebildeten Balkendiagramm darstellen. Ein Balkendiagramm wird **Histogramm** genannt, wenn die einzelnen Rechtecke **unmittelbar aneinander anschließen** und die Rechteckflächen **proportional** zu den darzustellenden Größen (hier: Monatsumsätze in DM) stehen. Hierzu wird die Balkenbreite gleich 1 gesetzt. Die Balkenhöhe entspricht der darzustellenden Größe.

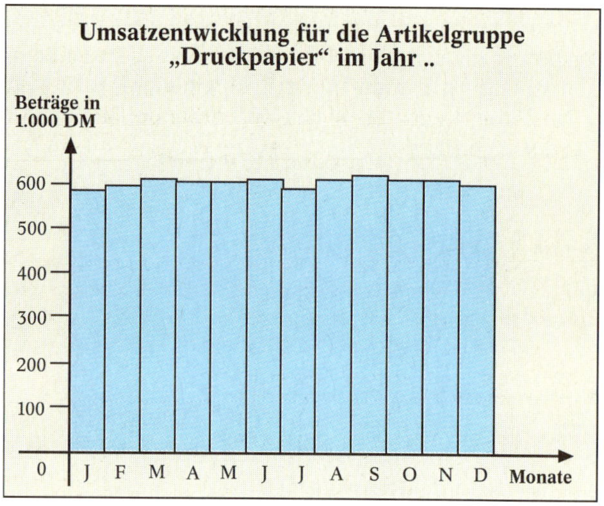

Aufgaben

321
1. *Erstellen Sie ein Histogramm für die Umsatzentwicklung der Artikelgruppe „Kopierpapier" aus der Tabelle von Seite 287.*
2. *Stellen Sie die Monatsumsätze der Artikelgruppe „Umschlagkarton" für das Jahr .. im Histogramm dar und interpretieren Sie die Umsatzentwicklung (vgl. Tabelle S. 287).*

322 Aus der Buchhaltung einer Großhandlung sind für das zweite Halbjahr .. die Wareneinsätze und die Nettoverkaufserlöse für eine Warengruppe entnommen worden:

	Wareneinsätze	Nettoverkaufserlöse
Juli	150.000,00 DM	240.000,00 DM
August	165.000,00 DM	254.000,00 DM
September	150.000,00 DM	225.000,00 DM
Oktober	170.000,00 DM	238.000,00 DM
November	175.000,00 DM	280.000,00 DM
Dezember	160.000,00 DM	248.000,00 DM

1. *Stellen Sie die Wareneinsätze und die Verkaufserlöse in einem gemeinsamen Histogramm dar und interpretieren Sie die Ergebnisse.*
2. *Errechnen Sie die prozentualen Veränderungen der Wareneinsätze und der Verkaufserlöse und stellen Sie beide Zahlenreihen in getrennten Histogrammen dar.*
3. *Berechnen Sie die Wirtschaftlichkeitskennzahlen.*

5.7.3.3 Kreisdiagramm

Das **Kreisdiagramm** wird zur Darstellung von **Gliederungszahlen** eingesetzt. Jede Teilgröße wird durch einen **Kreissektor** (Kreisausschnitt) dargestellt. Die gesamte Kreisfläche (≙ 360°) entspricht der Gesamtgröße. Für die Teilgrößen sind über die Winkelgrade die entsprechenden Kreissektoren zu ermitteln. Grundsätzlich werden die statistischen Zahlen in die jeweiligen Sektoren eingetragen.

Beispiel Ein Großhandelsunternehmen hat folgende Kundenstruktur:

Einzelhandel .... 1 000 Kunden, Handwerk .... 300 Kunden,
Industrie .... 500 Kunden, Sonstige .... 200 Kunden.

Das Kreisdiagramm ist zu erstellen.

Berechnung der Winkelgrade:

2 000 Kunden ≙ 360°
1 Kunde ≙ 360° : 2 000 = 0,18°

1 000 Kunden ≙ 0,18° · 1 000 = 180°
500 Kunden ≙ 0,18° · 500 = 90°
300 Kunden ≙ 0,18° · 300 = 54°
200 Kunden ≙ 0,18° · 200 = 36°

Kundenstruktur

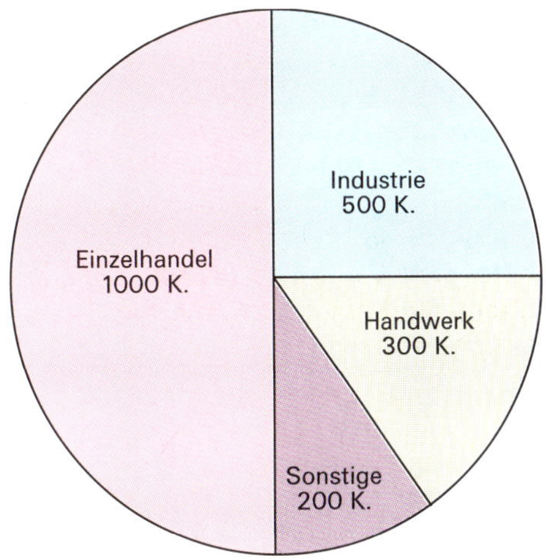

Aufgaben

323 Der Gesamtumsatz von 20 Mio. DM setzte sich im letzten Geschäftsjahr wie folgt zusammen: Artikelgruppe I: 4 Mio. DM, Artikelgruppe II: 6 Mio. DM, Artikelgruppe III: 3 Mio. DM, Artikelgruppe IV: 7 Mio. DM.

Stellen Sie das Kreisdiagramm auf.

324 Im Monat Dezember hat eine Großhandlung in den fünf Warengruppen A bis E folgende Verkaufserlöse erzielt:

Warengruppe A:	144.000,00 DM
Warengruppe B:	108.000,00 DM
Warengruppe C:	216.000,00 DM
Warengruppe D:	90.000,00 DM
Warengruppe E:	162.000,00 DM
insgesamt	720.000,00 DM

1. *Rechnen Sie die Umsatzzahlen in Prozentzahlen um (Gesamtumsatz ≙ 100 %).*
2. *Erstellen Sie mithilfe der Prozentzahlen ein Kreisdiagramm. Es gilt die Beziehung 360° ≙ 100 %.*
3. *Stellen Sie die Umsätze in einem Histogramm dar.*
   (Maßstab für die senkrechte Achse: 1 cm ≙ 10.000,00 DM.)
4. *Erläutern Sie, warum das Kreisdiagramm in diesem Fall eine höhere Aussagekraft besitzt als das Histogramm.*

Zusammenfassende Aufgabe zum Controlling

325 Das Unternehmen Berghoff GmbH, Papiergroßhandel, Düsseldorf, führt in seinem Sortiment fünf Artikelgruppen: Spezialpapiere, Hygienepapiere, Verpackungsfolien, Einschlagpapiere und Küchenrollen. Die Artikelgruppe „Küchenrollen" ist erst im Monat September des laufenden Jahres neu in das Sortiment aufgenommen worden. Zum Ende des laufenden Jahres hat Unternehmer Berghoff im Zuge einer Neuorganisation des Unternehmens den Leiter des Rechnungswesens mit Controllingaufgaben betraut. Der Controller hat nun die Aufgabe für das kommende Jahr Beschaffungs-, Umsatz-, Kosten-, Gewinn- und Finanzbudgets aufzustellen, sie fortlaufend mit den Istzahlen zu vergleichen und der Geschäftsleitung über Abweichungen und denkbare Korrekturen zu berichten. Mit der Unternehmensleitung sind als Budgetziele festgesetzt worden: Eigenkapitalverzinsung 12 %/Jahr (Eigenkapital 16.000.000,00 DM); Umsatzrendite 10 %/Jahr.

Als erste Aufgabe verschafft sich der Controller ein Bild über die Marktposition der einzelnen Artikelgruppen; er wendet dafür die Methode der Portfolio-Analyse an. Folgende Angaben stehen ihm zur Verfügung. Die Betriebsabrechnung liegt ihm auszugsweise in Form der Deckungsbeitragsrechnung für den Monat September vor. Der Monat September wird als „jahrestypisch" für die Umsatz- und Kostensituation eingeschätzt.

Artikel	**Deckungsbeitrag** (gerundet)	**Deckungsbeitrag in Prozent**	**Relativer Marktanteil** im Vergleich zum stärksten Mitanbieter	**Wachstumschancen** am Markt in % (geschätzt)
Spezialpapiere	220.000,00 DM	21,3 %	2,0	0 %
Hygienepapiere	247.000,00 DM	24,0 %	0,5	– 10 %
Verpackungsfolien	292.000,00 DM	28,3 %	1,8	+ 10 %
Einschlagpapiere	294.000,00 DM	28,5 %	1,2	– 5 %
Küchenrollen	– 22.000,00 DM	– 2,1 %	0,2	+ 30 %
	1.031.000,00 DM	100,0 %		

1. *Erstellen Sie auf der Basis der obigen Daten eine Portfolio-Analyse und einen aussagefähigen Bericht über die Marktposition der einzelnen Artikelgruppen.*

Der Controller budgetiert die Jahresumsätze der einzelnen Artikelgruppen für das kommende Jahr auf der Grundlage der bisher (Monat Januar bis September) festgestellten Ist-Umsätze und der bis Dezember fortgeschriebenen Umsätze sowie der Wachstumsprognosen. Für die neue Artikelgruppe „Küchenrollen" wird aus dem September-Umsatz und den fortgeschriebenen Umsätzen bis Dezember ein Gesamtumsatz für vier Monate (September bis Dezember) in Höhe von 450.000,00 DM errechnet. Vereinfacht soll angenommen werden, dass sich die Monatsumsätze jeweils als $^1/_{12}$ der budgetierten Jahresumsätze ergeben.

Istumsätze nach Artikelgruppen in DM

Istumsatz / **Jahr**	**Spezialpapiere**	**Hygienepapiere**	**Verpackungsfolien**	**Einschlagpapiere**
Berichtsjahr	6.463.000,00	6.642.000,00	7.570.000,00	7.865.000,00
Prognose für Planungsjahr	0 %	– 10 %	+ 10 %	– 5 %

2. *Vollziehen Sie die Erstellung der Umsatzbudgets als Jahres- und Monatsbudgets nach.*

6464296

Für die anschließende Planung der Beschaffungsmengen und die Budgetierung der Beschaffungswerte für das Planjahr stehen dem Controller folgende Angaben aus der Einkaufsabteilung und dem Lager zur Verfügung:

Artikel	Anfangsbestände (geschätzt)	Endbestände (geplant)	Lagerumschlagshäufigkeit (geplant)	Bezugspreise je Mengeneinheit
Spezialpapiere	470 Rollen	486 Rollen	12	625,00 DM
Hygienepapiere	1 120 Paletten	1 240 Paletten	9	325,00 DM
Verpackungsfolien	620 Rollen	600 Rollen	13	500,00 DM
Einschlagpapiere	480 Rollen	400 Rollen	11	700,00 DM
Küchenrollen	175 Packungen	225 Packungen	15	315,00 DM

3. *Erstellen Sie das Beschaffungsbudget für das Planjahr.*
4. *Ermitteln Sie aus Umsatz- und Beschaffungsbudget die geplanten Kalkulationszuschläge je Artikelgruppe und vergleichen Sie diese mit den bisherigen Ist-Zuschlägen von 80 % für Spezialpapiere, 72,5 % für Hygienepapiere, 109 % für Verpackungsfolien, 115,5 % für Einschlagpapiere und 82 % für Küchenrollen.*
5. *Erstellen Sie das Rohgewinnbudget in DM und Prozent für jede Artikelgruppe und insgesamt.* Im Unternehmen Berghoff ist im laufenden Jahr mit einem durchschnittlichen Rohgewinnzuschlag von 92,5 % kalkuliert worden. *Vergleichen Sie diesen Ist-Zuschlagssatz mit den budgetierten Zuschlagssätzen.*

Für das Kostenbudget verwendet der Controller die Zahlen aus dem Betriebsabrechnungsbogen für den Monat September. Diese Zahlen gelten als repräsentativ für das ganze Jahr.

	Kostenart	Istkosten des Monats September	
1	**Personalkosten:**	**538.000,00 DM**	
1.1	Löhne (Einzelkosten)		180.000,00 DM
1.2	Kalkulatorischer Unternehmerlohn		8.000,00 DM
1.3	Gehälter (Gemeinkosten)		300.000,00 DM
1.4	Soziale Aufwendungen (Gemeinkosten)		50.000,00 DM
2	**Raum-/Gebäudekosten:**	**165.000,00 DM**	
2.1	Instandhaltung		60.000,00 DM
2.2	Kalkulatorische Abschreibungen auf Gebäude		25.000,00 DM
2.3	Mieten		60.000,00 DM
2.4	Kalkulatorische Zinsen auf Gebäude		20.000,00 DM
3	**Sonstige Handlungskosten:**	**227.000,00 DM**	
3.1	Frachten/Provisionen		100.000,00 DM
3.2	Reise-/Werbekosten/Versicherungen		45.000,00 DM
3.3	Steuern		25.000,00 DM
3.4	Sonstige kalkulatorische Kosten		57.000,00 DM

Für das Planjahr werden folgende Veränderungen erwartet:

Löhne	(+) 2,5 %	Frachten/Provisionen	(–) 4,4 %
Gehälter	(+) 2,0 %	Werbe-/Reisekosten/Vers.	(–) 3,2 %
Soziale Aufwendungen	(+) 2,25 %	Steuern	(+) 1,5 %

Die Kosten für Instandhaltung, die Mieten und die kalkulatorischen Kosten werden sich nicht verändern.

6. *Erstellen Sie das Kostenbudget, das Gewinnbudget sowie das Finanzbudget bei einem angenommenen Anfangsbestand an liquiden Mitteln von 335.000,00 DM.*
7. *Bestimmen Sie den Prozentanteil der Personalkosten am Budgetumsatz und vergleichen Sie diese Maßzahl mit der Istzahl des Monats September in Höhe von 21,5 %.*
8. *Über welche Finanzmittel verfügt das Unternehmen im Planjahr für Investitionen?*
9. *Prüfen Sie, ob die geplante Eigenkapitalverzinsung und Umsatzrendite eingehalten werden.*

Nachdem der Abschluss für den Monat Januar des Planjahres vorliegt, analysiert der Controller die Abweichungen der einzelnen Budgets. Zur Erstellung der Umsatzabweichungen liegen ihm folgende Zahlen vor:

Artikelgruppe	geplante Absatzmenge	geplanter Verkaufspreis	tatsächliche Absatzmenge	erzielter Durchschnittspreis
Spezialpapiere	568 Rollen	1.126,25 DM	565 Rollen	1.126,20 DM
Hygienepapiere	690 Paletten	564,00 DM	685 Paletten	564,40 DM
Verpackungsfolien	674 Rollen	1.050,45 DM	680 Rollen	1.050,50 DM
Einschlagpapiere	435 Rollen	1.543,40 DM	432 Rollen	1.543,00 DM
Küchenrollen	250 Packungen	583,30 DM	255 Packungen	583,50 DM

10. *Erstellen Sie die Umsatzabweichungsanalyse einschliesslich der Preis- und Mengenabweichungen und gehen Sie in einem kurzen Bericht insbesondere auf die Mengenabweichungen und deren mögliche Ursachen ein.*

Für die Abweichungsanalyse der Beschaffungsmengen und –werte stehen folgende Zahlen zur Verfügung:

Artikelgruppe	geplante Besch.-Menge	geplante Besch.-Preise	tatsächliche Besch.-Mengen	durchschnittl. Besch.-Preise
Spezialpapiere	520 Rollen	625,00 DM	510 Rollen	624,80 DM
Hygienepapiere	870 Paletten	325,00 DM	820 Paletten	325,00 DM
Verpackungsfolien	660 Rollen	500,00 DM	680 Rollen	501,50 DM
Einschlagpapiere	410 Rollen	700,00 DM	430 Rollen	698,00 DM
Küchenrollen	250 Packungen	315,00 DM	260 Packungen	315,00 DM

11. *Analysieren Sie die sich aus den obigen Zahlen ergebenden Preis- und Mengenabweichungen in tabellarischer Form. Ergänzen Sie die Tabelle durch einen erläuternden Bericht mit grafischen Darstellungen.*

Zur Ermittlung der Kostenabweichungen für den Monat Januar verwendet der Controller das Monatskostenbudget sowie die folgenden aus den Abteilungen gemeldeten Istkosten:

Kostenart	Budgetkosten (Januar)	Istkosten (Januar)
Löhne	184.500,00 DM	186.360,00 DM
Kalkulatorischer Unternehmerlohn	8.000,00 DM	8.000,00 DM
Gehälter	306.000,00 DM	310.400,00 DM
Soziale Aufwendungen	51.125,00 DM	51.750,00 DM
Personalkosten	**549.625,00 DM**	**556.510,00 DM**
Instandhaltung	60.000,00 DM	24.000,00 DM
Kalkulatorische Abschreibungen	25.000,00 DM	25.000,00 DM
Mieten	60.000,00 DM	60.000,00 DM
Kalkulatorische Zinsen	20.000,00 DM	20.000,00 DM
Raum-/Gebäudekosten	**165.000,00 DM**	**129.000,00 DM**
Frachten/Provisionen	95.600,00 DM	93.700,00 DM
Reise-/Werbekosten/Versich.	43.560,00 DM	45.120,00 DM
Steuern	26.400,00 DM	25.900,00 DM
Sonstige kalkulatorische Kosten	57.000,00 DM	57.000,00 DM
Sonstige Handlungskosten	**222.560,00 DM**	**221.720,00 DM**
Handlungskosten insgesamt	**937.185,00 DM**	**907.230,00 DM**

12. *Analysieren Sie die Abweichungen und geben Sie mögliche Gründe an.*
13. *Kontrollieren Sie den Prozentanteil der Personalkosten am Umsatz im Vergleich mit der vorgegebenen Maßzahl.*
14. *Stellen Sie die Betriebsergebnisrechnung für den Monat Januar auf und ermitteln Sie die Umsatzrentabilität. Inwieweit ist das vorgegebene Planziel von 10 % erreicht worden?*

---

6 Jahresabschluss

6.1 Jahresabschlussarbeiten im Überblick

Situation Die **Erstellung des Jahresabschlusses** im Einzelunternehmen Katja Kern **bedarf** einer sorgfältigen **Planung und Organisation,** denn die **rechnerischen Sollwerte** der Bestands- und Erfolgskonten dürfen nicht ohne **Prüfung und Inventur** in die **Schlussbilanz und Gewinn- und Verlustrechnung** übernommen werden.

Glieder des Jahresabschlusses. Zum Schluss eines jeden Geschäftsjahres ist der **Jahresabschluss** zu erstellen, der bei **Einzelunternehmen** und **Personengesellschaften** (OHG, KG) aus der **Jahresbilanz und Gewinn- und Verlustrechnung** besteht (§ 242 Abs. 3 HGB). Bei **Kapitalgesellschaften** (AG, GmbH) sind Jahresbilanz und Gewinn- und Verlustrechnung noch um einen **Anhang** (Erläuterungsbericht) zu ergänzen (§ 264 HGB).

Aufgaben des Jahresabschlusses. Im Jahresabschluss sind sämtliche Vermögensgegenstände, Schulden, Rückstellungen (siehe S. 311 f.), Rechnungsabgrenzungsposten (siehe S. 301 f.) sowie Aufwendungen und Erträge auszuweisen, wobei **keine Saldierungen zwischen Aktiv- und Passivposten sowie Aufwendungen und Erträgen** vorgenommen werden dürfen (§ 246 HGB). Der Jahresabschluss soll die Unternehmenseigner und gegebenenfalls Behörden, Gläubiger u. a. **über die tatsächliche Vermögens-, Finanz- und Ertragslage informieren.** Darüber hinaus ist der Jahresabschluss **Grundlage der Gewinnverwendung und Steuerermittlung** und soll durch **Dokumentation und Aufbewahrung** ein wichtiges **Beweismittel** für mögliche Interessenkonflikte sein.

Gliederung des Jahresabschlusses. Der Jahresabschluss kann die genannten Aufgaben nur erfüllen, wenn er **klar und übersichtlich gegliedert ist.** In der **Bilanz** sind die Gegenstände des Anlage- und Umlaufvermögens, die Schulden und Rückstellungen sowie die aktiven und passiven Rechnungsabgrenzungsposten und als Saldo das Eigenkapital **gesondert auszuweisen und hinreichend aufzugliedern** (§ 247 HGB). In der **Gewinn- und Verlustrechnung** sind die **Quellen des Jahreserfolgs** aufzuzeigen. Die meisten **Finanzbuchhaltungsprogramme** entsprechen diesen Anforderungen, indem sie die **Gliederung der Bilanz und Gewinn- und Verlustrechnung** grundsätzlich **nach den** für Kapitalgesellschaften verbindlichen **Gliederungsvorschriften der §§ 266, 275 HGB** (siehe S. 340 f., 344 f. und Anhang) ausrichten.

Die Vorbereitung des Jahresabschlusses muss gründlich geplant und organisiert werden, damit er – wie üblich – **in den ersten drei Monaten des Folgejahres** fertiggestellt ist. **Sach-, Arbeits- und Terminpläne** weisen im Einzelnen aus, **was, wo, wann und von wem zu leisten ist,** um die auf den Bestandskonten ausgewiesenen **Sollbestände** mit den durch **körperliche und buchmäßige Inventur** (siehe S. 15 f.) ermittelten **Istbeständen zu vergleichen.**

Der Abgleich zwischen Soll- und Istwerten kann beispielsweise beim Kassenbestand und vor allem bei den vielfältigen Artikeln des Warenbestandes **Differenzen aufdecken,** deren **Ursachen** (z. B. ausgelassene Buchungen, Fehlbuchungen, Schwund, Diebstahl, nicht ordnungsgemäße Lagerung u. a.) **erforscht und beseitigt** werden müssen, um Fehlentwicklungen für die Zukunft zu vermeiden. Die durch **Inventurlisten und Berichte** belegten **Abweichungen** bedingen entsprechende **Berichtigungsbuchungen,** um die rechnerischen Sollwerte der Bestandskonten den durch Inventur ermittelten tatsächlichen Werten anzupassen.

Beispiel Im Kassenkonto der Papiergroßhandlung Kern errechnete sich zum 31. Dez. ein Sollbestand von 3.450,00 DM. Lt. Kassenprotokoll ergab die Inventur zum gleichen Zeitpunkt einen Istbestand von ❶ 3.360,00 DM bzw. ❷ 3.500,00 DM. *Wie lautet der Buchungssatz für die Erfassung des Kassenfehlbetrages bzw. des Kassenüberschusses?*

Kassenberichtigungsbuch. zum 31. Dez.	Soll	Haben
❶ **2050 Verluste aus dem Abgang von Umlaufvermögen**	90,00	
an **1510 Kasse**		90,00
❷ **1510 Kasse**	50,00	
an **2460 Sonstige Erträge**		50,00

Zu den wichtigsten Vorarbeiten zur Aufstellung des Jahresabschlusses zählen:

- **Inventur aller Vermögensposten und Schulden zum Abgleich zwischen Soll- und Istwerten.** Buchhalterisch zu erfassen sind Inventurdifferenzen (z. B. in den Warenlagerbeständen, im Kassenbestand) und die Abschreibungen auf die Gegenstände des Anlagevermögens. Außerdem sind die Debitoren auf ihre Bonität zu prüfen, um gegebenenfalls Abschreibungen vornehmen zu müssen (siehe S. 331 f.). Ebenso bedürfen die Verbindlichkeiten und Rückstellungen (siehe S. 332 f.) einer genauen Prüfung auf Vollständigkeit.
- **Prüfung der Gewinn- und Verlustrechnung,** ob auch sämtliche Aufwendungen und Erträge, die das Abschlussjahr betreffen, unabhängig von ihren Ausgaben und Einnahmen „periodengerecht" erfasst worden sind (siehe S. 301 f.).
- **Abschluss der Unterkonten über die entsprechenden Hauptkonten.** Umbuchung der Bezugskosten, Rücksendungen, Nachlässe, Boni, Vorsteuer/Umsatzsteuer.
- **Ordnungsmäßige Gliederung der Bilanz und Gewinn- und Verlustrechnung** (siehe S. 340 f., S. 344 f. und Anhang).

Zusammenfassung

- Der **Jahresabschluss** bedarf einer sorgfältigen **Planung und Organisation** und sollte in der Regel in den ersten **drei Monaten** des Folgejahres erstellt werden.
- Der Jahresabschluss soll die **tatsächlichen Verhältnisse der Vermögens-, Schulden- und Ertragslage** zum Abschluss-Stichtag widerspiegeln.
- Der **Abgleich** zwischen den rechnerischen Sollwerten der Finanzbuchhaltung und den durch Inventur ermittelten Istwerten muss dazu führen, dass die **Ursachen der Abweichungen** aufgedeckt und beseitigt werden.

Aufgaben

326 Das Kassenkonto weist zum 31. Dezember im Soll eine Summe von 22.850,00 DM und im Haben von 22.560,00 DM aus. Die Inventur ergibt einen Kassenbestand von a) 232,00 DM und b) 406,00 DM.

1. *Ermitteln Sie den rechnerischen Kassensollbestand zum 31. Dezember.*
2. *Wie lauten die Buchungen aufgrund der Inventur in den Fällen a) und b)?*
3. *Richten Sie für die Fälle a) und b) jeweils das Kassen- und Schlussbilanzkonto sowie das erforderliche Berichtigungskonto ein und buchen Sie auf Konten.*

327

1. *Nennen Sie mögliche Ursachen für Kassendifferenzen zum 31. Dezember.*
2. *Welche Ursachen können für Abweichungen zwischen Soll- und Istbeständen im Warenlager verantwortlich sein?*
3. *Welche Vorteile bietet die permanente Inventur im Warenwirtschaftssystem?*

6464300

6.2 Periodengerechte Abgrenzung der Aufwendungen und Erträge

Situation Die Papiergroßhandlung Katja Kern erstellt regelmäßig zum 31. Dezember eines Geschäftsjahres den Jahresabschluss gemäß § 242 HGB (siehe Anhang), also die Bilanz und die Gewinn- und Verlustrechnung. Bevor jedoch die Bestands- und Erfolgskonten abgeschlossen werden können, sind zunächst wichtige Vorarbeiten zu leisten. So muss vorab von allen Vermögens- und Schuldenposten **Inventur** gemacht und ein **Inventar** erstellt werden. Sodann sind die **Buchwerte** der Bestandskonten **mit den Inventurwerten abzustimmen.** Schließlich sind die **Erfolgskonten** daraufhin zu **überprüfen,**

ob auch alle Aufwendungen und Erträge, die wirtschaftlich das abzuschließende Geschäftsjahr betreffen, bisher erfasst worden sind.

6.2.1 Sonstige Forderungen

Beispiel Die Papiergroßhandlung Kern hat einem Kunden einen Lagerraum für monatlich 2.000,00 DM vermietet. Die Dezembermiete erscheint aber erst am 10. Januar nächsten Jahres als Gutschrift auf dem Bankkonto.

Wie ist zum 31. Dezember des Abschlussjahres zu buchen?

Die Miete für Dezember ist ein **Ertrag des abzuschließenden Geschäftsjahres,** der **erst im neuen Jahr** zu einer **Einnahme** auf dem Bankkonto führt. Der Mietertrag muss noch – **unabhängig von der Zahlung** – in der Gewinn- und Verlustrechnung des alten Jahres berücksichtigt werden, um den **Jahreserfolg zeitraumrichtig** (periodengerecht) ermitteln zu können. Die noch ausstehende Mieteinnahme ist zum Bilanzstichtag als „Sonstige Forderung" auf dem gleichnamigen Konto zu erfassen:

1130 Sonstige Forderungen

Buchungen zum 31. Dez. des alten Jahres	Soll	Haben
❶ **1130 Sonstige Forderungen**	2.000,00	
an **2421 Mieterträge**		2.000,00
❷ **2421 Mieterträge**	2.000,00	
an **9300 GuV-Konto**		2.000,00
❸ **9400 Schlussbilanzkonto**	2.000,00	
an **1130 Sonstige Forderungen** ..		2.000,00

S	**1130 Sonstige Forderungen**		H
❶ 2421	2.000,00	❸ SBK	2.000,00

S	**2421 Mieterträge**		H
❷ GuV	2.000,00	❶ 1130	2.000,00

S	**9400 Schlussbilanzkonto**		H
❸ 1130	2.000,00		

S	**9300 Gewinn- und Verlustkonto**		H
		❷ 2421	2.000,00

Buchung bei Zahlungseingang der Miete am 10. Jan. des neuen Jahres	Soll	Haben
1310 Bank	2.000,00	
an **1130 Sonstige Forderungen**		2.000,00

S	**1310 Bank**		H
1130	2.000,00		

S	**1130 Sonstige Forderungen**		H
AB	2.000,00	1310	2.000,00

6.2.2 Sonstige Verbindlichkeiten

Beispiel Die Papiergroßhandlung Kern hat am 1. Oktober ein Darlehen aufgenommen, für das am 30. September des nächsten Geschäftsjahres 1.200,00 DM Zinsen zu zahlen sind.

Wie lautet die Buchung zum 31. Dezember des Abschlussjahres?

Von den Jahreszinsen in Höhe von 1.200,00 DM, die erst am 30. September des nächsten Jahres gezahlt werden müssen, entfallen **als Aufwand 300,00 DM auf das alte** und 900,00 DM auf das neue Jahr. Um den Erfolg des abzuschließenden Geschäftsjahres periodengerecht ermitteln zu können, muss der **Zinsaufwand des alten Jahres** noch zum 31. Dezember gebucht werden. Die noch **ausstehende Zahlung** ist dann zugleich als Schuld auf dem folgenden Konto auszuweisen:

1940 Sonstige Verbindlichkeiten

Buchungen zum 31. Dez. des alten Jahres	Soll	Haben
❶ 2110 Zinsaufwendungen	300,00	
an 1940 Sonstige Verbindlichk. .		300,00
❷ 9300 Gewinn- und Verlustkonto ...	300,00	
an 2110 Zinsaufwendungen		300,00
❸ 1940 Sonstige Verbindlichkeiten ...	300,00	
an 9400 Schlussbilanzkonto		300,00

S	2110 Zinsaufwendungen		H
❶ 1940	300,00	❷ GuV	300,00

S	1940 Sonstige Verbindlichkeiten		H
❸ SBK	300,00	❶ 2110	300,00

S	9300 Gewinn- und Verlustkonto		H
❷ 2110	300,00		

S	9400 Schlussbilanzkonto		H
		❸ 1940	300,00

Buchung bei Zahlung der Jahreszinsen am 30. September des neuen Jahres	Soll	Haben
1940 Sonstige Verbindlichkeiten	300,00	
2110 Zinsaufwendungen	900,00	
an 1310 Bank		1.200,00

S	1940 Sonstige Verbindlichkeiten		H
1310	300,00	AB	300,00

S	1310 Bank		H
AB	250.000,00	1940/2110	1.200,00

S	2110 Zinsaufwendungen		H
1310	900,00		

Zusammenfassung

- **Der Gewinn oder Verlust** eines Geschäftsjahres wird nur durch Gegenüberstellung der **Aufwendungen und Erträge** dieses Jahres ermittelt, und zwar **unabhängig von ihrer Zahlung,** also der Ausgabe bzw. Einnahme.
- Aufwendungen und Erträge sind stets **dem** Geschäftsjahr zuzurechnen, zu dem sie **wirtschaftlich** gehören. Nur so lässt sich der **Erfolg** eines Geschäftsjahres **zeitraumrichtig** (periodengerecht) ermitteln.

- **Erträge des Abschlussjahres,** die erst **im neuen Jahr** zu einer **Einnahme** führen, stellen zugleich Forderungen dar, die auf dem Konto **„1130 Sonstige Forderungen"** gebucht werden. **Zum Bilanzstichtag** wird der Ertrag gebucht:

Sonstige Forderungen	an	**Ertragskonto**

  Beispiele: Noch zu erhaltende Zinsen, Mieten, Provisionen u. a.

  Im neuen Jahr wird die **Einnahme gebucht:**

Bank	an	**Sonstige Forderungen**

- **Aufwendungen des abzuschließenden Geschäftsjahres,** die **erst im Folgejahr** zu einer **Ausgabe** führen, sind zugleich Schulden, die auf dem Konto **„1940 Sonstige Verbindlichkeiten"** ausgewiesen werden. **Zum Jahresschluss** wird der Aufwand gebucht:

Aufwandskonto	an	**Sonstige Verbindlichkeiten**

  Beispiele: Noch zu zahlende Zinsen, Mieten, Provisionen, Betriebssteuern u. a.

  Im neuen Jahr wird die **Ausgabe gebucht:**

Sonstige Verbindlichkeiten	an	**Bank**

Aufgaben

328 *Wie lauten die Buchungssätze zu folgenden Geschäftsfällen*
a) *zum Bilanzstichtag (31. Dezember),*
b) *nach Eröffnung der Konten bei Zahlungseingang bzw. -ausgang (Bank) im neuen Jahr?*

1. Die Dezembermiete für einen Lagerraum in Höhe von 6.500,00 DM überweisen wir erst Anfang Januar des Folgejahres.
2. Wir haben von unserem Kunden die fälligen Darlehenszinsen für die Zeit vom 1. Oktober bis 31. Dezember bis zum Bilanzstichtag noch nicht erhalten. Die Bankgutschrift erfolgt erst am 10. Januar des neuen Geschäftsjahres: 1.500,00 DM.
3. Der Handelskammerbeitrag für das vierte Quartal wird erst am 2. Januar n. J. überwiesen: 890,00 DM.
4. Die Dezembermiete für eine vermietete Garage geht erst Anfang Januar n. J. ein: 150,00 DM.
5. Die Telefonrechnung für Dezember wird erst am 2. Januar n. J. vom Bankkonto abgebucht: 860,00 DM netto.
6. Wir überweisen die Zinsen nachträglich jeweils für sechs Monate am 1. März und 1. September: 4.800,00 DM.
7. Die Provision unseres Handelsvertreters für Dezember wird erst im Januar überwiesen. Die Rechnung weist aus: 5.600,00 DM Nettoprovision + 896,00 DM Umsatzsteuer = 6.496,00 DM.
8. Die Zinsen für die Zeit vom 1. November bis 31. Januar n. J. in Höhe von 1.200,00 DM werden von uns nachträglich am 31. Januar n. J. überwiesen.

329 *Was gehört Ihrer Meinung nach zusammen?*

Einnahme im neuen Jahr, Aufwand im alten Jahr, Sonstige Forderungen, Sonstige Verbindlichkeiten, Ertrag im alten Jahr, Ausgabe im neuen Jahr.

6.2.3 Aktive Rechnungsabgrenzung

Beispiel Die Papiergroßhandlung Kern hat am 1. Oktober die Kraftfahrzeugversicherung für den Lastkraftwagen in Höhe von 2.400,00 DM für ein Jahr im Voraus durch Banküberweisung bezahlt.

❶ Buchung der geleisteten Vorauszahlung am 1. Okt. des Abschlussjahres	Soll	Haben
4260 Versicherungsbeiträge	2.400,00	
an **1310 Bank**		2.400,00

S	4260 Versicherungsbeiträge		H
❶ 1310	2.400,00		

S	1310 Bank		H
		❶ 4260	2.400,00

Die am 1. Oktober für ein Jahr **im Voraus gezahlte** Kfz-Versicherung **berührt zwei Geschäftsjahre.** Deshalb muss zum 31. Dezember des Abschlussjahres eine genaue **periodengerechte Abgrenzung** des auf dem Konto 4260 gebuchten gesamten Versicherungsaufwands von 2.400,00 DM vorgenommen werden: **600,00 DM** (= $^{3}/_{12}$ von 2.400,00 DM) entfallen auf drei Monate des Abschlussjahres, **1.800,00 DM** (= $^{9}/_{12}$ von 2.400,00 DM) auf neun Monate des folgenden Geschäftsjahres. Der auf das neue Geschäftsjahr entfallende Anteil der Kfz-Versicherung muss aus dem Konto „4260 Versicherungsbeiträge" herausgebucht und **in die Erfolgsrechnung des neuen Jahres hinübergeführt** werden. Dazu benötigt man zum 31. Dezember das **Hilfskonto**

0910 Aktive Rechnungsabgrenzung (kurz: ARA).

❷ Buchung der zeitlichen Abgrenzung zum 31. Dez. des Abschlussjahres	Soll	Haben
0910 Aktive Rechnungsabgrenzung ..	1.800,00	
an **4260 Versicherungsbeiträge**		1.800,00

Das Konto **„0910 Aktive Rechnungsabgrenzung"** beinhaltet in diesem Beispiel einen Anspruch auf Versicherungsschutz für neun Monate des neuen Jahres, also einen Vermögenswert in Form einer **Leistungsforderung,** da die Versicherung bereits im alten Jahr im Voraus für das neue Jahr gezahlt wurde. Es ist deshalb als **aktives Bestandskonto** zum Schlussbilanzkonto abzuschließen. Das Konto „4260 Versicherungsbeiträge" weist nun den periodengerechten Versicherungsaufwand des Abschlussjahres in Höhe von 600,00 DM aus und ist zum Gewinn- und Verlustkonto abzuschließen.

Abschlussbuchungen zum 31. Dez.	Soll	Haben
9400 Schlussbilanzkonto	1.800,00	
an **0910 Aktive Rechnungsabgr.** ...		1.800,00
9300 Gewinn- und Verlustkonto	600,00	
an **4260 Versicherungsbeiträge**.....		600,00

S	4260 Versicherungsbeiträge		H
❶ 1310	2.400,00	❷ 0910	1.800,00 →
		GuV	600,00

S	0910 ARA		H
❷ 4260	1.800,00	SBK	1.800,00

S	9300 Gewinn- und Verlustkonto		H
4260	600,00		

S	9400 Schlussbilanzkonto		H
0910 ARA	1.800,00		

6464304

Buchungen im neuen Jahr. Zu Beginn des neuen Jahres wird das Konto „0910 Aktive Rechnungsabgrenzung“ mit dem Betrag von 1.800,00 DM eröffnet. Danach wird dieser Betrag auf das Konto „4260 Versicherungsbeiträge“ **umgebucht.** Damit hat das Konto „0910 Aktive Rechnungsabgrenzung“ seine eigentliche Aufgabe erfüllt die im alten Geschäftsjahr getätigten Ausgaben als Aufwand in die Erfolgsrechnung des neuen Geschäftsjahres hinüberzuführen. Die auf dem Konto 0910 gebuchten Beträge stellen somit „transitorische“ Posten dar.

Eröffnungsbuchung	Soll	Haben
0910 Aktive Rechnungsabgrenzung ..	1.800,00	
an **9100 Eröffnungsbilanzkonto** ...		1.800,00

Umbuchung	Soll	Haben
4260 Versicherungsbeiträge	1.800,00	
an **0910 Aktive Rechnungsabgr.** ...		1.800,00

S	**0910 ARA**		H
EBK	1.800,00	4260	1.800,00

S	**4260 Versicherungsbeiträge**		H
0910 ARA	1.800,00		

Das Versicherungskonto weist nun **periodengerecht** den anteiligen Aufwand des neuen Jahres in Höhe von 1.800,00 DM aus.

Sofortige Rechnungsabgrenzung bei Zahlung. Die aktive Rechnungsabgrenzung kann auch sogleich bei Buchung der Ausgabe vorgenommen werden. Dadurch erübrigt sich zum Bilanzstichtag eine Überprüfung aller Ausgaben auf ihre Periodenzugehörigkeit. Im o. g. Beispiel soll nun die zeitliche Abgrenzung direkt bei Zahlung der Versicherungsprämie erfolgen:

Buchung bei Zahlung der Versicherungsprämie am 1. Okt.	Soll	Haben
4260 Versicherungsbeiträge	600,00	
0910 Aktive Rechnungsabgrenzung ..	1.800,00	
an **1310 Bank**		2.400,00

S	**4260 Versicherungsbeiträge**		H
1310	600,00		

S	**1310 Bank**		H
		4260/0910	2.400,00

S	**0910 ARA**		H
1310	1.800,00		

6.2.4 Passive Rechnungsabgrenzung

Beispiel Für einen vermieteten Büroraum erhält die Papiergroßhandlung Kern die Miete in Höhe von 6.000,00 DM für die Zeit vom 1. Nov. des laufenden Jahres bis zum 30. April des folgenden Jahres im Voraus. Die Bankgutschrift erfolgt zum 1. Nov.

❶ Buchung der Einnahme am 1. Nov. des Abschlussjahres	Soll	Haben
1310 Bank	6.000,00	
an **2421 Mieterträge**		6.000,00

S	**1310 Bank**		H
❶ 2421	6.000,00		

S	**2421 Mieterträge**		H
		❶ 1310	6.000,00

Die am 1. November für sechs Monate im Voraus erhaltene Miete **berührt zwei Geschäftsjahre.** Zum 31. Dezember des Abschlussjahres muss eine zeitliche **Abgrenzung** der auf dem Konto 2421 gebuchten Mieteinnahme von 6.000,00 DM vorgenommen werden: **2.000,00 DM** (= $^2/_6$ von 6.000,00 DM) entfallen auf zwei Monate des Abschlussjahres, **4.000,00 DM** (= $^4/_6$ von 6.000,00 DM) auf vier Monate des Folgejahres. Der auf das neue Geschäftsjahr entfallende Mietanteil muss auf der Sollseite des Mietertragskontos korrigiert und **in die Erfolgsrechnung des neuen Jahres hinübergeführt** werden. Dazu benötigt man zum 31. Dezember das **Hilfskonto**

0930 Passive Rechnungsabgrenzung (kurz: PRA).

❷ Buchung der zeitlichen Abgrenzung zum 31. Dez. des Abschlussjahres	Soll	Haben
2421 Mieterträge	4.000,00	
an **0930 Passive Rechnungsabgr.**		4.000,00

Das Konto **„0930 Passive Rechnungsabgrenzung"** beinhaltet im vorliegenden Fall eine Verpflichtung zur Überlassung des Büroraumes für vier Monate des neuen Jahres, also eine Schuld in Form einer **Leistungsverbindlichkeit,** da die Miete bereits im alten Jahr im Voraus für das neue Jahr vereinnahmt wurde. Es ist deshalb als **passives Bestandskonto** zum Schlussbilanzkonto abzuschließen. Das Konto „2421 Mieterträge", das den periodengerechten Mietertrag des Abschlussjahres in Höhe von 2.000,00 DM ausweist, wird zum GuV-Konto abgeschlossen.

Abschlussbuchungen zum 31. Dez.	Soll	Haben
0930 Passive Rechnungsabgrenzung ..	4.000,00	
an **9400 Schlussbilanzkonto**		4.000,00
2421 Mieterträge	2.000,00	
an **9300 GuV-Konto**		2.000,00

S	**0930 Passive Rechnungsabgrenzung**		H
SBK	4.000,00	❷ 2421	4.000,00

S	**2421 Mieterträge**		H
❷ 0930 PRA	4.000,00	❶ 1310	6.000,00
GuV	2.000,00		

S	**9400 Schlussbilanzkonto**		H
		0930 PRA	4.000,00

S	**9300 Gewinn- und Verlustkonto**		H
		2421	2.000,00

Buchungen im neuen Jahr. Zu Beginn des neuen Jahres wird das Konto „0930 Passive Rechnungsabgrenzung" mit dem Betrag von 4.000,00 DM eröffnet. Anschließend wird dieser Betrag auf das Konto „2421 Mieterträge" **umgebucht.** Damit hat das Konto „0930 Passive Rechnungsabgrenzung" seine eigentliche Aufgabe erfüllt die im alten Geschäftsjahr gebuchte Mieteinnahme als Ertrag in die Erfolgsrechnung des neuen Geschäftsjahres hinüberzuführen.

Eröffnungsbuchung	Soll	Haben
9100 Eröffnungsbilanzkonto	4.000,00	
an **0930 Passive Rechnungsabgr.**		4.000,00

Umbuchung	Soll	Haben
0930 Passive Rechnungsabgrenzung ..	4.000,00	
an **2421 Mieterträge**		4.000,00

6464306

S	2421 Mieterträge		H
		0930	4.000,00

S	0930 Passive Rechnungsabgrenzung		H
2421	4.000,00	EBK	4.000,00

Das Konto 2421 weist nun im neuen Jahr den anteiligen im Voraus bezahlten Mietertrag aus.

Sofortige passive Rechnungsabgrenzung bei Zahlung. Auch die passive Rechnungsabgrenzung lässt sich direkt bei Buchung der Einnahme vornehmen:

Buchung bei Eingang der Mietvorauszahlung am 1. Nov.	Soll	Haben
1310 Bank	6.000,00	
an **2421 Mieterträge**		2.000,00
an **0930 Passive Rechnungsabgr.**		4.000,00

S	1310 Bank		H
2421/0930	6.000,00		

S	2421 Mieterträge		H
		1310	2.000,00

S	0930 Passive Rechnungsabgrenzung		H
		1310	4.000,00

Zusammenfassung

- Das Konto **„0910 Aktive Rechnungsabgrenzung"** erfasst alle Ausgaben vor dem Abschluss-Stichtag, soweit sie Aufwand des Folgejahres darstellen (§ 250 HGB). Der Buchungssatz lautet
  - bei Abgrenzung zum 31. Dez.: **ARA** an **Aufwandskonto**
  - bei direkter Abgrenzung: **ARA** an **Zahlungsmittelkonto**
- Das Konto **„0930 Passive Rechnungsabgrenzung"** erfasst alle Einnahmen vor dem Abschluss-Stichtag, soweit sie Ertrag des Folgejahres darstellen (§ 250 HGB). Der Buchungssatz lautet
  - bei Abgrenzung zum 31. Dez.: **Ertragskonto** an **PRA**
  - bei direkter Abgrenzung: **Zahlungsmittelkonto** an **PRA**
- Aktive und passive **Rechnungsabgrenzungsposten werden zu Beginn des folgenden Geschäftsjahres aufgelöst,** indem sie auf das entsprechende Erfolgskonto **umgebucht** werden:
  - **Aufwandskonto** an **ARA**
  - **PRA** an **Ertragskonto**
- **Die zeitliche Abgrenzung** der Aufwendungen und Erträge **bezweckt** eine **periodengerechte Ermittlung des Jahreserfolgs.** Man unterscheidet **vier Fälle:**

Geschäftsfall	Vorgang		Buchung zum 31. Dezember:
	im **alten** Jahr	im **neuen** Jahr	
Von uns noch zu zahlender Aufwand	**Aufwand**	Ausgabe	**Aufwandskonto an Sonstige Verbindlichkeiten**
Noch zu vereinnahmender Ertrag	**Ertrag**	Einnahme	**Sonstige Forderungen an Ertragskonto**
Von uns im Voraus bezahlter Aufwand	Ausgabe	**Aufwand**	**Aktive Rechnungsabgrenzung an Aufwandskonto**
Im Voraus vereinnahmter Ertrag	Einnahme	**Ertrag**	**Ertragskonto an Passive Rechnungsabgrenzung**

330 a) *Buchen Sie den Zahlungsvorgang der folgenden Geschäftsfälle zunächst auf Konten oder im Grundbuch.*

b) *Buchen Sie die erforderliche zeitliche Abgrenzung zum Bilanzstichtag 31. Dezember . .*

c) *Buchen Sie die Auflösung der aktiven und passiven Rechnungsabgrenzung im neuen Jahr.*

1. Die Kraftfahrzeugsteuer für den Geschäftswagen wird am 1. Juli für ein Jahr im Voraus vom Bankkonto überwiesen: 600,00 DM.
2. Am 1. Dezember erhalten wir die Miete für vermietete Geschäftsräume für Dezember, Januar und Februar im Voraus durch Banküberweisung: 4.500,00 DM.
3. Für die EDV-Anlage besteht mit dem Lieferanten ein Wartungsvertrag. Am 1. Mai wird der Jahresbetrag lt. Rechnung ER 345 überwiesen: 1.200,00 DM + 192,00 DM Umsatzsteuer = 1.392,00 DM.
4. Am 1. Oktober werden die Jahreszinsen für ein von uns gewährtes Darlehen im Voraus auf das Bankkonto überwiesen: 960,00 DM.
5. Die Gebäudeversicherung für Geschäftsgebäude wird am 1. November durch die Bank für ein Jahr im Voraus überwiesen: 3.600,00 DM.
6. Bankgutschrift der Januarmiete für vermieteten Lagerraum am 22. Dezember: 2.500,00 DM.

---

331 Bei den Geschäftsfällen 1 bis 6 der vorhergehenden Aufgabe soll die zeitliche Abgrenzung direkt bei Buchung der Zahlung vorgenommen werden.

Nennen Sie die Buchungssätze.

---

332 *Bilden Sie zu den nachfolgenden Geschäftsfällen die Buchungssätze* ***zum Bilanzstichtag:***

1. Die Dezembermiete für angemietete Garagen wird erst am 3. Januar des folgenden Geschäftsjahres durch Banküberweisung beglichen: 300,00 DM.
2. Die Vierteljahreszinsen (November–Januar) für ein aufgenommenes Darlehen werden von uns vereinbarungsgemäß nachträglich Ende Januar gezahlt: 900,00 DM.
3. Unser Darlehensnehmer hat die Zinsen für das erste Quartal des neuen Geschäftsjahres bereits am 15. Dezember des Abschlussjahres überwiesen: 850,00 DM.
4. Wir haben am 1. Dezember für Dezember bis einschließlich Februar des nächsten Jahres eine Mietvorauszahlung von 3.600,00 DM erhalten.
5. Am 1. November wurde die Kraftfahrzeugsteuer für den Geschäftswagen für ein Jahr im Voraus überwiesen: 600,00 DM.
6. Der Handelskammerbeitrag für das letzte Quartal des Abschlussjahres wird erst Anfang Januar überwiesen: 2.400,00 DM.
7. Die Zinsgutschrift der Bank für die Zeit vom 1. Oktober bis 31. Dezember steht zum Bilanzstichtag noch aus: 450,00 DM.
8. Die Halbjahresmiete (Oktober bis März) für einen vermieteten Lagerraum erhielten wir im Voraus: 9.000,00 DM.
9. Die Haftpflichtversicherung für das Betriebsgebäude wurde am 1. November für ein Jahr im Voraus bezahlt: 2.400,00 DM.
10. Unserem Handelsvertreter wird die Dezemberprovision erst Anfang Januar überwiesen. Die bereits erstellte Provisionsabrechnung weist aus: 4.000,00 DM Provision + 640,00 DM Umsatzsteuer = 4.640,00 DM.

6464308

333 *Vervollständigen Sie folgende Aussagen:*

1. Sonstige Verbindlichkeiten werden für Aufwendungen des ••• Geschäftsjahres gebucht, die Ausgaben des ••• Geschäftsjahres darstellen.
2. Aktive Rechnungsabgrenzungsposten werden für Ausgaben im ••• Jahr gebildet, die Aufwand des ••• Geschäftsjahres darstellen.
3. Sonstige Forderungen werden für Erträge des ••• Jahres gebildet, die Einnahmen des ••• Jahres darstellen.
4. Passive Rechnungsabgrenzungsposten werden für Einnahmen des ••• Jahres gebildet, die Ertrag des ••• Geschäftsjahres darstellen.

334

1. *Begründen Sie die Notwendigkeit einer zeitlichen Abgrenzung der Aufwendungen und Erträge.*
2. *Nennen Sie die vier Möglichkeiten einer zeitlichen Abgrenzung.*
3. *Bei welcher Art der zeitlichen Abgrenzung liegt der Zahlungsvorgang a) im alten und b) im neuen Jahr?*
4. *Warum werden aktive und passive Rechnungsabgrenzungsposten auch als „Transitorische Posten" bezeichnet?*

---

335 In der Papiergroßhandlung Kern liegen Ihnen folgende Belege zur Buchung vor. Die zeitliche (periodengerechte) Abgrenzung ist mit der Buchung der Zahlung vorzunehmen.

Nennen Sie die Buchungssätze.

Beleg 1

Kontoauszug — Stadtsparkasse Köln

Konto-Nr.	Datum	Ausz.-Nr.	Blatt	Buchungstag	PN-Nr.	Wert	Umsatz
723 544 32	..-11-01	358	1				
GUTSCHRIFT				11-01	8364	11-01	4.500,00 H

ELEKTRO-VERTRIEBS-GMBH, KÖLN
LAGERRAUMMIETE FÜR NOV., DEZ., JAN.

KATJA KERN
PAPIERGROSSHANDLUNG
BONNER WALL 45 - 55

50677 KÖLN

Alter Saldo: H 237.650,00

Neuer Saldo: H 242.150,00

Beleg 2

Durchschrift 370 501 98
Stadtsparkasse Köln

Empfänger: Finanzamt Köln-Ost
Konto-Nr. des Empfängers: 644 520 80 — Bankleitzahl: 370 501 98
bei (Kreditinstitut): Stadtsparkasse Köln
* Bis zur Einführung des Euro (= EUR) nur DM; danach DM oder EUR. — DM od. EUR*: DM — Betrag: 2.400,00----------------
Kunden-Referenznummer – noch Verwendungszweck, ggf. Name und Anschrift des Auftraggebers – (nur für Empfänger)
Kfz-Steuer für LKW K-UM 500
1. Nov. .. - 31. Okt. ..
Kontoinhaber: Katja Kern, Papiergroßhandlung, 50677 Köln
Konto-Nr. des Kontoinhabers: 723 544 32

Datum: ..-11-01 — Unterschrift: *Katja Kern*

336

Auszug aus der vorläufigen Summenbilanz zum 31. Dezember	Soll	Haben
0910 Aktive Rechnungsabgrenzung	–	–
0930 Passive Rechnungsabgrenzung	–	–
1130 Sonstige Forderungen	6.600,00	–
1410 Vorsteuer	134.400,00	127.200,00
1810 Umsatzsteuer	130.720,00	182.500,00
1940 Sonstige Verbindlichkeiten	–	5.700,00
2110 Zinsaufwendungen	12.000,00	–
2421 Mieterträge	–	29.400,00
2610 Zinserträge	–	11.150,00
4100 Mieten	35.800,00	–
4220 Kfz-Steuer	3.300,00	–
4260 Versicherungen	18.600,00	–
4270 Beiträge	11.700,00	–
4500 Provisionen	18.000,00	–
4810 Bürobedarf	15.600,00	–

Zum 31. Dezember .. (Bilanzstichtag) sind noch folgende zeitliche Abgrenzungen vorzunehmen:

1. Die Feuerversicherungsprämie (Gebäude) für das kommende Kalenderjahr wurde am 27. Dezember durch Banküberweisung beglichen: 850,00 DM.
2. Die Bezugskosten für eine Fachzeitschrift wurden am 28. Dezember mit 260,00 DM netto im Voraus für das folgende Geschäftsjahr bezahlt.
3. Die Kraftfahrzeugsteuer für den LKW wurde am 1. Dezember für ein Jahr im Voraus durch Banküberweisung mit 1.200,00 DM beglichen.
4. Der Handelskammerbeitrag für das letzte Quartal beträgt 750,00 DM.
5. Vertreterprovision für Dezember über 1.700,00 DM netto wird von uns erst im Januar bei Rechnungserteilung überwiesen.
6. Die Dezember-Lagermiete über 2.850,00 DM überweisen wir erst Anfang Januar.
7. Unser Mieter begleicht die Miete für Büroräume in unserem Gebäude für Dezember in Höhe von 1.850,00 DM erst im neuen Jahr.
8. Am 28. Dezember gingen 1.900,00 DM Vierteljahresmiete in unserem Betrieb für das neue Kalenderjahr auf unserem Bankkonto ein.
9. Wir haben die fälligen Darlehenszinsen von 450,00 DM für die Zeit vom 1. Oktober bis 31. Dezember am Jahresende noch nicht erhalten.
10. Hypothekenzinsen in Höhe von 12.000,00 DM für das Halbjahr 1. Juli bis 31. Dezember werden von uns erst im Januar beglichen.

Bilden Sie die Buchungssätze für den Abschluss dieser Konten.

337

Ordnen Sie in Ihrem Arbeitsheft den vier Arten der zeitlichen Abgrenzung jeweils für das alte und das neue Geschäftsjahr die folgenden Begriffe entsprechend zu:

a) Aufwand,
b) Ertrag,
c) Ausgabe und
d) Einnahme.

Altes Jahr	Neues Jahr	Abgrenzungsposten
?	?	Sonstige Forderungen
?	?	Sonstige Verbindlichkeiten
?	?	Aktive Rechnungsabgrenzung
?	?	Passive Rechnungsabgrenzung

6.2.5 Rückstellungen

Situation Die Verpackungsanlage der Papiergroßhandlung Kern wurde am 20. Dezember des Abschlussjahres durch Brand stark beschädigt. Die Lieferfirma schätzt die Instandsetzungskosten lt. Kostenvoranschlag auf 36.000,00 DM. Die Reparatur soll im Laufe des Monats Januar des nächsten Geschäftsjahres erfolgen.

Wie ist zum Bilanzstichtag zu buchen?

Die Instandsetzung der Verpackungsanlage ist **wirtschaftlich dem Abschlussjahr zuzuordnen,** da sie in diesem Zeitraum verursacht wurde. Für eine periodengerechte Ermittlung des Jahreserfolgs muss daher der **geschätzte Betrag** von 36.000,00 DM noch als **Aufwand des alten Jahres** und **zugleich als Verbindlichkeit erfasst** werden. Diese Verbindlichkeit unterscheidet sich von den Verbindlichkeiten aus Lieferungen und Leistungen darin, dass ihre **Höhe und/oder ihr Fälligkeitstermin** am Bilanzstichtag **noch nicht feststehen.** Verbindlichkeiten dieser Art werden als **Rückstellungen** bezeichnet und auf einem besonderen Rückstellungskonto gebucht.

Der Kontenrahmen sieht für die Bildung von Rückstellungen **drei Konten vor:**

0721 Pensionsrückstellungen,
0722 Steuerrückstellungen,
0724 Sonstige Rückstellungen.

Beispiel Zum 31. Dezember .. ist für die Instandsetzung der Verpackungsanlage eine Rückstellung in Höhe des geschätzten Betrages von 36.000,00 DM zu bilden.

Buchung zur Bildung der Rückstellung zum Bilanzstichtag	Soll	Haben
❶ 4710 Instandhaltung	36.000,00	
an 0724 Sonstige Rückstellungen		36.000,00

Abschlussbuchungen	Soll	Haben
❷ 9300 Gewinn- und Verlustkonto ...	36.000,00	
an 4710 Instandhaltung		36.000,00
❸ 0724 Sonstige Rückstellungen	36.000,00	
an 9400 Schlussbilanzkonto		36.000,00

S	4710 Instandhaltung		H
❶ 0724	36.000,00	❷ GuV	36.000,00

S	0724 Sonstige Rückstellungen		H
❸ SBK	36.000,00	❶ 4710	36.000,00

S	9300 Gewinn- und Verlustkonto		H
Diverse Aufwend.	400.000,00	Diverse Erträge	500.000,00
❷ 4710	36.000,00		
Gewinn	**?**		

S	9400 Schlussbilanzkonto		H
		❸ 0724	36.000,00

Der Vorteil der Rückstellungen liegt darin, dass sie für **Aufwendungen** gebildet werden, die erst im nächsten Geschäftsjahr zu einer Ausgabe führen. Sie **mindern** somit noch im Abschlussjahr den **Gewinn** und zugleich die **Gewinnsteuern** (z. B. Einkommensteuer) sowie die **Gewinnausschüttung** (Dividende). **Die geringere Zahlung von Steuern und Dividende** hat außerdem positive Auswirkungen auf die **Zahlungsfähigkeit** (Liquidität) des Unternehmens. In der Erfolgsrechnung der Papiergroßhandlung Kern wird der Gewinn des Abschlussjahres durch die Bildung einer Rückstellung für die zu erwartenden Instandsetzungskosten um 36.000,00 DM gemindert.

Die Auflösung der Rückstellung erfolgt im Folgejahr bei Zahlung des endgültigen Betrages. Vorab ist aber zu Beginn des neuen Geschäftsjahres das Konto „0724 Sonstige Rückstellungen“ mit der geschätzten Verbindlichkeit von 36.000,00 DM zu eröffnen.

Eröffnungsbuchung zum 1. Januar des Folgejahres	Soll	Haben
9100 Eröffnungsbilanzkonto	36.000,00	
an **0724 Sonstige Rückstellungen** ..		36.000,00

Wie das folgende Beispiel zeigt, sind bei der **Auflösung** der Rückstellung **drei Fälle** zu unterscheiden.

Beispiel Die Instandsetzung der o.g. Verpackungsanlage ist Ende Januar erfolgt. Die Rechnung lautet:

1.	2.	3.
36.000,00 DM netto	32.000,00 DM netto	38.000,00 DM netto
+ 5.760,00 DM USt	+ 5.120,00 DM USt	+ 6.080,00 DM USt
41.760,00 DM	37.120,00 DM	44.080,00 DM

Fall 1:

Buchung: Rückstellung = Nettozahlung: 36.000,00 DM	Soll	Haben
0724 Sonstige Rückstellungen	36.000,00	
1410 Vorsteuer	5.760,00	
an **1310 Bank**		41.760,00

S	0724 Sonstige Rückstellungen		H
1310	36.000,00	EBK	36.000,00

S	1310 Bank		H
		0724/1410	41.760,00

S	1410 Vorsteuer		H
1310	5.760,00		

Fall 2: Die **Rückstellung** (36.000,00 DM) war im Vorjahr **zu hoch** gebildet worden. Deshalb entsteht nunmehr bei Zahlung von 32.000,00 DM ein **periodenfremder Ertrag** in Höhe von 4.000,00 DM.

Buchung: Rückstellung > Nettozahlung: 32.000,00 DM	Soll	Haben
❶ **0724 Sonstige Rückstellungen**	32.000,00	
1410 Vorsteuer	5.120,00	
an **1310 Bank**		37.120,00
❷ **0724 Sonstige Rückstellungen**	4.000,00	
an **2430 Periodenfremde Erträge**		4.000,00

S	0724 Sonstige Rückstellungen		H
❶ 1310	32.000,00	EBK	36.000,00
❷ 2430	4.000,00		

S	1310 Bank		H
		❶ 0724/1410	37.120,00

S	1410 Vorsteuer		H
❶ 1310	5.120,00		

S	2430 Periodenfremde Erträge		H
		❷ 0724	4.000,00

Die beiden Buchungen können auch zusammengefasst werden.
Nennen Sie diesen Buchungssatz.

Fall 3: Die **Rückstellung** (36.000,00 DM) wurde im Vorjahr **zu niedrig** bemessen. Durch die Nettozahlung von 38.000,00 DM im neuen Jahr entsteht ein **periodenfremder Aufwand** von 2.000,00 DM.

Buchung: Rückstellung < Nettozahlung: 38.000,00 DM	Soll	Haben
0724 Sonstige Rückstellungen	36.000,00	
2030 Periodenfremde Aufwendungen	2.000,00	
1410 Vorsteuer	6.080,00	
an **1310 Bank**		44.080,00

S	0724 Sonstige Rückstellungen		H
1310	36.000,00	EBK	36.000,00

S	1310 Bank		H
		0724/2030/1410	44.080,00

S	2030 Periodenfremde Aufwendungen		H
1310	2.000,00		

S	1410 Vorsteuer		H
1310	6.080,00		

Verpflichtung zur Bildung von Rückstellungen. Nach § 249 (1) HGB müssen Rückstellungen für bestimmte Fälle auf der Passivseite der Bilanz ausgewiesen werden. Diese **Passivierungspflicht** besteht für

- **ungewisse Verbindlichkeiten,** wie z. B. zu erwartende Steuernachzahlungen, Prozesskosten, Pensionsverpflichtungen u. a.,
- **drohende Verluste aus schwebenden Geschäften,** wenn z. B. der Einkaufspreis der bestellten (noch nicht gelieferten) Waren (480,00 DM je Stück) am Bilanzstichtag über dem aktuellen Preis (400,00 DM je Stück) liegt,
- **im Abschlussjahr unterlassener Instandhaltungsaufwand,** der innerhalb der ersten **drei Monate** des neuen Geschäftsjahres nachgeholt wird,
- **Gewährleistungen,** die ohne rechtliche Verpflichtung **(aus Kulanz)** erbracht werden.

Nach § 253 (1) HGB sind Rückstellungen nur in **Höhe** des Betrages anzusetzen, der **nach vernünftiger kaufmännischer Beurteilung** erforderlich ist.

Zusammenfassung

- **Rückstellungen** sind **Verbindlichkeiten für Aufwendungen,** die zum Bilanzstichtag dem Grund nach feststehen, deren **Höhe und/oder Fälligkeit** jedoch **noch ungewiss** sind **(= ungewisse Verbindlichkeiten).**
- **Für Rückstellungen** besteht nach § 249 (1) HGB in bestimmten Fällen **Passivierungspflicht.**
- Rückstellungen dienen der **periodengerechten Ermittlung des Jahreserfolgs.**

  Buchung: **Aufwandskonto** an **Rückstellungen**
- Die **Bildung** von Rückstellungen **mindert den Gewinn, die Gewinnsteuern** sowie die **Gewinnausschüttung** (Dividende) und **erhöht** somit die **Liquidität** des Unternehmens.
- Bei **Auflösung von Rückstellungen** entstehen oft **periodenfremde Aufwendungen und Erträge.**

Aufgaben

338 Die Papiergroßhandlung Kern rechnet zum 31. Dezember des Abschlussjahres mit einer Gewerbesteuernachzahlung von 12.000,00 DM.

1. *Bilden Sie den Buchungssatz zum 31. Dezember.*
2. *Wie wirkt sich die Bildung der Rückstellung auf a) den Gewinn bzw. b) den Verlust des Unternehmens aus?*
3. *Wie ist zu buchen, wenn das Großhandelsunternehmen am 15. März des Folgejahres an das Finanzamt folgende Beträge überweist?*
   a) 12.000,00 DM, b) 10.000,00 DM, c) 15.000,00 DM.

339 Eine notwendige Gebäudereparatur konnte im Dezember nicht mehr durchgeführt werden. Der Kostenvoranschlag für die Instandsetzungsarbeiten, die im Laufe des Monats Januar des nächsten Jahres durchgeführt werden sollen, liegt zum 31. Dezember vor: 25.000,00 DM.

1. *Begründen Sie die Notwendigkeit einer Buchung und nennen Sie den Buchungssatz.*
2. *Nennen Sie die Abschlussbuchungen.*
3. *Nennen Sie für das Rückstellungskonto den Eröffnungsbuchungssatz zum 1. Januar.*
4. *Wie lautet der Buchungssatz, wenn Ende Januar n. J. nach erfolgter Instandsetzung des Gebäudes die folgende Rechnung durch Banküberweisung beglichen wird?*
   a) 28.000,00 DM + Umsatzsteuer, b) 24.000,00 DM + Umsatzsteuer.

---

340 Für einen schwebenden Prozess rechnen wir zum Bilanzstichtag mit Gerichtskosten in Höhe von 12.000,00 DM. Der Gebührenbescheid des Gerichts am 20. April n. J. lautet über
a) 12.000,00 DM, b) 15.000,00 DM, c) 10.000,00 DM.

Die Zahlung erfolgt durch Postbanküberweisung.

Nennen Sie den Buchungssatz zum Bilanzstichtag und am 20. April.

---

341 *Vervollständigen Sie in Ihrem Arbeitsheft folgende Sätze:*

1. Rückstellungen sind •••, die ihrem Grunde nach •••, nicht aber nach ••• und/oder •••.
2. Der Betrag der Rückstellung muss ••• werden.
3. Rückstellungen dienen der ••• Ermittlung des Jahreserfolgs.

---

342 Die Baustoff-GmbH bestellt am 2. Dezember 1 500 t Zement XR 304 zu 120,00 DM je t + Umsatzsteuer. Lieferungstermin 15. Februar n. J. Am Bilanzstichtag (31. Dezember) beträgt der Tagespreis 110,00 DM je t.

1. *Begründen Sie, dass es sich hierbei um ein schwebendes Geschäft handelt.*
2. *In welchem Fall sind schwebende Geschäfte im Jahresabschluss zu berücksichtigen?*
3. *Buchen Sie a) zum 31. Dez. und b) nach Rechnungseingang im Februar n. J.*

---

343 Zum Bilanzstichtag rechnen wir mit Steuerberatungskosten in Höhe von 3.200,00 DM netto. Im April n. J. erhalten wir die Rechnung des Steuerberaters über a) 3.500,00 DM + Umsatzsteuer und b) 2.900,00 DM + Umsatzsteuer.

1. Buchen Sie zum Bilanzstichtag und geben Sie die Abschlussbuchungen an.
2. Nennen Sie die Eröffnungsbuchung für das Rückstellungskonto.
3. Wie lautet jeweils die Buchung nach Rechnungseingang?

344

1. *Was ist unter dem Begriff „Rückstellungen" zu verstehen?*
2. *Worin unterscheiden sich Rückstellungen und Sonstige Verbindlichkeiten?*
3. *Haben Rückstellungen und Sonstige Verbindlichkeiten einen gemeinsamen Zweck?*
4. *Für welche Sachverhalte müssen nach § 249 (1) HGB Rückstellungen gebildet werden?*
5. *Kann man durch Bildung von Rückstellungen den Gewinn beeinflussen?*
6. *Zu welchem Zeitpunkt sind Rückstellungen aufzulösen?*
7. *Wozu führt a) eine zu hohe und b) eine zu niedrige Schätzung der Rückstellung bei Zahlung?*

345

Kontenplan und vorläufige Saldenbilanz	Soll	Haben
0310 Technische Anlagen und Maschinen	1.260.000,00	–
0330 Betriebs- und Geschäftsausstattung	400.000,00	–
0370 Geringwertige Wirtschaftsgüter	8.600,00	–
0610 Eigenkapital	–	900.000,00
0724 Sonstige Rückstellungen	–	10.000,00
0820 Darlehensschulden	–	380.000,00
1010 Forderungen a. LL	437.160,00	–
1310 Bank	348.500,00	–
1410 Vorsteuer	85.800,00	–
1510 Kasse	7.400,00	–
1610 Privatentnahmen	88.700,00	–
1710 Verbindlichkeiten a. LL	–	170.000,00
1810 Umsatzsteuer	–	316.160,00
1940 Sonstige Verbindlichkeiten	–	110.000,00
2110 Zinsaufwendungen	46.400,00	–
2610 Zinserträge	–	4.000,00
3010 Wareneingang	626.000,00	–
3910 Warenbestände	95.000,00	–
4100 Mietaufwendungen	145.300,00	–
4710 Instandhaltung	8.000,00	–
4840 Rechts- und Beratungskosten	14.000,00	–
4890 Diverse Aufwendungen	295.300,00	–
8010 Warenverkauf	–	1.976.000,00
Weitere Konten: 0910, 0930, 2050, 4910, 8710, 9300, 9400	3.866.160,00	3.866.160,00

Abschlussangaben zum Bilanzstichtag

1. Außerplanmäßige Abschreibungen: a) Vollabschreibung der GWG; b) Eine EDV-Anlage, Buchwert 8.500,00 DM, hat nur noch einen Wert von 500,00 DM.
2. Planmäßige Abschreibungen: TA und Maschinen: 30 % degressiv
   BGA: 20 % linear von 500.000,00 DM Anschaffungskosten.
3. Private Warenentnahme im Wert von 1.200,00 DM netto.
4. Bildung einer Prozesskostenrückstellung in Höhe von 32.800,00 DM und einer Rückstellung für unterlassene Instandsetzungen über 68.000,00 DM.
5. Die Dezembermiete für die Lagerhalle wird von uns Anfang n. J. mit 15.000,00 DM gezahlt.
6. Ein Kunde hatte uns für einen kurzfristigen Kredit die Halbjahreszinsen in Höhe von 600,00 DM am 1. November im Voraus überwiesen.
7. Kassenfehlbetrag lt. Inventur 400,00 DM.
8. Am 1. Okt. zahlten wir 17.100,00 DM Halbjahres-Darlehenszinsen im Voraus.
9. Der Tageswert des Inventurbestandes der Waren beträgt 92.000,00 DM. Die durchschnittlichen Anschaffungskosten betragen 80.000,00 DM.[1]

1. *Erstellen Sie den Jahresabschluss. Gliedern Sie die Bilanz nach § 266 HGB (siehe Anhang).*
2. *Ermitteln Sie in % die Rentabilität des Eigenkapitals, indem Sie vom Jahresgewinn für die Arbeitsleistung des Geschäftsinhabers zunächst einen Unternehmerlohn von 96.000,00 DM abziehen und den Restgewinn zum Eigenkapital vom 1. Januar des Geschäftsjahres in Beziehung setzen. Hat sich der Kapitaleinsatz gelohnt?*

1 **Beachten Sie:** Nach dem **Prinzip der kaufmännischen Vorsicht** sind **Vermögensgegenstände** des Umlaufvermögens in der Jahresbilanz zum **niedrigsten** Wert **(Niederstwertprinzip)** auszuweisen (siehe auch S. 330).

6.3 Ermittlung der Wertansätze in der Jahresbilanz

6.3.1 Zweck der handels- und steuerrechtlichen Bewertung

Situation Die Papiergroßhandlung Kern hatte zu Beginn des Geschäftsjahres eine Verpackungsanlage erworben. Die Anschaffungskosten betrugen 200.000,00 DM. Ohne Berücksichtigung der Abschreibung dieser Maschine, die eine Nutzungsdauer von 10 Jahren hat, beträgt der Unternehmensgewinn 240.000,00 DM. Zum Schluss des ersten Geschäftsjahres ergibt sich für Frau Kern das folgende Problem:

„Mit welchem Wert soll die Maschine in das Inventar und die Bilanz eingesetzt werden?"

Frau Kern möchte einen möglichst niedrigen Gewinn ausweisen, um weniger Steuern (z. B. Einkommensteuer) zahlen zu müssen. Sie entscheidet sich deshalb nicht für die **lineare** Abschreibung der Maschine (= 10 %), sondern für die **degressive Abschreibung,** die das **Dreifache der linearen AfA, höchstens jedoch 30 %,** beträgt (siehe Seite 321). Das führt zugleich zu einem niedrigeren Wertansatz der Maschine in der Bilanz:

Ermittlung des Wertansatzes	bei linearer AfA	bei degressiver AfA
Anschaffungskosten	200.000,00 DM	200.000,00 DM
– Abschreibung	20.000,00 DM	60.000,00 DM
Bilanzansatz zum 31. Dezember	**180.000,00 DM**	**140.000,00 DM**

Der niedrigere Wertansatz der Maschine **bei degressiver Abschreibung** führt wegen des höheren Abschreibungsbetrags zu einer **zusätzlichen Gewinnminderung von 40.000,00 DM.** Unterstellt man einen Einkommensteuersatz von 50 %, so beträgt die **Steuerersparnis** bei Wahl des niedrigeren Wertansatzes **20.000,00 DM:**

Ermittlung d. Gewinnsteuer (ESt)	bei linearer AfA	bei degressiver AfA
Vorläufiger Gewinn	240.000,00 DM	240.000,00 DM
– Abschreibung	20.000,00 DM	60.000,00 DM
Endgültiger Jahresgewinn	220.000,00 DM	180.000,00 DM
hiervon **50 % Einkommensteuer**	**110.000,00 DM**	**90.000,00 DM**

Die geschilderte Situation macht deutlich, dass die **Bestimmung des Wertansatzes** zugleich den **Gewinn und die Steuerlast** des Unternehmens **beeinflusst. Ein Mehr oder Weniger im Wertansatz** der einzelnen Vermögens- und Schuldposten hat ein **gleiches Mehr oder Weniger an Gewinn (Verlust)** zur Folge.

Falsche Bewertung, wie z. B. eine überhöhte, zu niedrige oder gar unterlassene Abschreibung oder Rückstellung u. a., **führt zu einer falschen Darstellung der Vermögens-, Schulden- und Erfolgslage des Unternehmens. Vor Täuschungen sind** aber insbesondere die **Gläubiger** des Unternehmens **zu schützen.** Deshalb hat der Gesetzgeber Bewertungsvorschriften erlassen, die eine willkürliche Über- und Unterbewertung der Vermögensteile und Schulden untersagen. Es gibt **handels- und besondere steuerrechtliche Bewertungsvorschriften,** die jedoch **unterschiedliche Zielsetzungen haben:**

- **Die handelsrechtliche Bewertung** richtet sich nach §§ 252–256 HGB. Die Vorschriften gelten für **alle Unternehmen,** gleich welcher Rechtsform. Sie dienen der **Erhaltung des Eigenkapitals** als Haftungssubstanz und damit insbesondere dem **Schutz der Gläubiger.** Deshalb müssen Vermögen, Schulden und Erfolg des Unternehmens **vorsichtig** ermittelt werden. So sind z. B. Vermögensteile stets zu ihrem niedrigsten Wert und nicht mit ihrem höheren Marktwert anzusetzen. Das **Prinzip der Vorsicht** ist der **wichtigste Grundsatz** handelsrechtlicher Bewertung.

- **Die steuerliche Bewertung** richtet sich nach **§§ 5–7 Einkommensteuergesetz.** Die Vorschriften sollen die **Ermittlung des Gewinns nach einheitlichen Grundsätzen** sicherstellen und damit für mehr **Steuergerechtigkeit** sorgen. So weisen z. B. die **amtlichen AfA-Tabellen** die Nutzungsdauer der Sachanlagen mit den entsprechenden Abschreibungssätzen aus.

Die nach den handelsrechtlichen Bewertungsvorschriften erstellte Bilanz heißt **„Handelsbilanz".** Ihre **Wertansätze** sind zugleich **verbindlich für** die dem Finanzamt einzureichende **„Steuerbilanz",** sofern die steuerlichen Bewertungsvorschriften keine andere Bewertung zwingend vorschreiben. Man spricht deshalb auch vom **„Grundsatz der Maßgeblichkeit der Handelsbilanz für die Steuerbilanz".** Wurde beispielsweise in der Handelsbilanz linear abgeschrieben, so gilt das zwangsläufig auch für die Steuerbilanz. Nur bei **Kapitalgesellschaften** (AG, GmbH) gibt es **getrennte** Bilanzen, da diese Unternehmen ihren handelsrechtlichen Jahresabschluss veröffentlichen müssen **(Publizitätspflicht). Einzelunternehmen und Personengesellschaften** (OHG, KG) stellen in der Regel nur **eine** Bilanz auf, die zugleich Handels- und Steuerbilanz ist.

6.3.2 Allgemeine Bewertungsgrundsätze

§ 252 Abs. 1 HGB enthält die folgenden allgemeinen Bewertungsgrundsätze:

- **Grundssatz der Bilanzidentität.** Die Wertansätze in der Eröffnungsbilanz eines Geschäftsjahres müssen mit denen der Schlussbilanz des vorangegangenen Geschäftsjahres übereinstimmen.
- **Grundsatz der Unternehmensfortführung.** Bei der Bewertung ist von der **Fortführung der Unternehmenstätigkeit** auszugehen und nicht von Werten, die bei der Auflösung des Unternehmens (Liquidation, Konkurs) erzielt werden.
- **Grundsatz der Einzelbewertung.** Jeder Vermögens- und Schuldposten ist grundsätzlich **einzeln** zu bewerten. **Bewertungsvereinfachungsverfahren,** wie z. B. die Bewertung gleichartiger Waren nach Durchschnittswerten, sind nach § 240 Abs. 4 HGB **erlaubt** (siehe S. 330).
- **Grundsatz der Vorsicht.** Die Bewertung der Aktiv- und Passivposten muss vorsichtig erfolgen und **alle vorhersehbaren Risiken und Verluste,** die bis zum Abschluss-Stichtag entstanden sind, **berücksichtigen.** Gewinne aufgrund von Wertsteigerungen dürfen erst dann ausgewiesen werden, wenn sie tatsächlich, also z. B. durch Verkauf eines Vermögensgegenstandes, erzielt wurden **(Realisationsprinzip).** Drohende Verluste (z. B. aus einem schwebenden Geschäft, siehe S. 313) sind dagegen zu berücksichtigen, obwohl sie noch nicht tatsächlich entstanden sind. Das Prinzip der Vorsicht verhindert somit überhöhte Gewinnausschüttungen und trägt damit zur **Erhaltung des Eigenkapitals als Haftungssubstanz** gegenüber den Gläubigern bei **(Gläubigerschutz).**
- **Grundsatz der Periodenabgrenzung.** Aufwendungen und Erträge sind **unabhängig vom Zeitpunkt ihrer Ausgabe oder Einnahme** dem Geschäftsjahr zuzuordnen, in dem sie wirtschaftlich entstanden sind.
- **Grundsatz der Bewertungsstetigkeit.** Die einmal gewählte **Bewertungsmethode** (z. B. lineare oder degressive Abschreibungsmethode) **soll grundsätzlich beibehalten werden,** um die **Vergleichbarkeit** der Jahresabschlüsse zu ermöglichen.

6.3.3 Besondere Bewertungsgrundsätze

Zum Bilanzstichtag sind im Rahmen der Inventur alle **Vermögens- und Schuldposten** nach § 252 HGB **einzeln und vorsichtig zu bewerten.** Bei der Bewertung jedes Einzelpostens müssen, wie bereits erwähnt, **vorhersehbare Risiken und Verluste** berücksichtigt werden. Dabei sind **Vermögensgegenstände** grundsätzlich zum niedrigsten Wert **(Niederstwertprinzip)** und **Schulden** jeweils mit ihrem höchsten Wert **(Höchstwertprinzip)** anzusetzen. Die Bewertungsgrundsätze sollen **Gläubiger** vor falschen Entscheidungen und damit Schaden bewahren.

Das Prinzip der Vorsicht findet Anwendung in **speziellen Bewertungsprinzipien:**

Anschaffungswertprinzip | **Niederstwertprinzip** | **Höchstwertprinzip**

6.3.3.1 Das Anschaffungswertprinzip

Die ursprünglichen **Anschaffungskosten** eines Vermögensgegenstandes bilden die absolute **Bewertungsobergrenze,** die **nicht überschritten werden darf.**

Beispiel Der Wert eines vor 10 Jahren erworbenen Grundstücks ist inzwischen auf 300.000,00 DM gestiegen. Das Konto „0210 Grundstücke" weist die Anschaffungskosten des Grundstücks in Höhe von 250.000,00 DM aus.

Da das Grundstück noch nicht für 300.000,00 DM verkauft worden ist, ist auch der Gewinn von 50.000,00 DM **noch nicht tatsächlich entstanden (realisiert). Nicht realisierte Gewinne** sind lediglich **„stille Reserven".** Aus Gründen kaufmännischer Vorsicht **dürfen** sie **nicht ausgewiesen** und somit auch **nicht ausgeschüttet werden.** Das Eigenkapital soll in Höhe der stillen Reserve als **Haftungssubstanz** gegenüber den **Gläubigern** erhalten bleiben. Deshalb darf das Grundstück höchstens mit 250.000,00 DM Anschaffungskosten in die Bilanz eingesetzt werden.

6.3.3.2 Das Niederstwertprinzip

Für die Bewertung der Güter **des Anlage- und Umlaufvermögens** gilt das **Niederstwertprinzip:** Von zwei möglichen Werten, nämlich dem **Tageswert** (Börsen- oder Marktwert) **am Bilanzstichtag** und den **Anschaffungskosten,** ist grundsätzlich der **niedrigste anzusetzen.**

Beispiel Ein Grundstück, das vor 8 Jahren für 230.000,00 DM Anschaffungskosten erworben wurde, hat wegen giftiger Ablagerungen lt. Gutachten nur noch einen Marktwert von 100.000,00 DM.

Da eine dauernde Wertminderung vorliegt, ist das Grundstück mit dem **niedrigeren Wertansatz** von 100.000,00 DM im Inventar und in der Bilanz anzusetzen. Dadurch ergibt sich ein **nicht realisierter Verlust** von 130.000,00 DM, der durch eine entsprechende **außerplanmäßige Abschreibung** erfasst und ausgewiesen werden muss (vgl. S. 320 f.).

Nennen Sie den Buchungssatz.

S	0210 Grundstücke		H
EBK	230.000,00	2010	130.000,00
		SBK	100.000,00

S	2010 Außerordentliche Aufwendungen		H
0210	130.000,00	GuV	130.000,00

S	9400 Schlussbilanzkonto		H
0210	100.000,00		

S	9300 Gewinn- und Verlustkonto		H
2010	130.000,00		

6.3.3.3 Das Höchstwertprinzip

Aus Gründen kaufmännischer Vorsicht (Gläubigerschutz) sind die **Schulden** des Unternehmens stets **zu ihrem höchsten Wert** in der Bilanz auszuweisen (zu passivieren): Von zwei möglichen Werten ist jeweils der höhere in die Bilanz einzusetzen.

Beispiel Ein Textilgroßhandelsunternehmen importierte am 15. Dezember .. Waren aus den USA für 10.000,00 Dollar mit einem Zahlungsziel von 30 Tagen. Am 15. Dezember hatte der Dollar einen Kurs von 1,70. Zum 31. Dezember beträgt der Kurs 1,80.

Wie lauten die Buchungen zum 15. Dezember und zum 31. Dezember?

Die Eingangsrechnung lautet auf Dollar und ist zum **Tageskurs** umzurechnen.

Buchung der Eingangsrechnung zum 15. Dezember	Soll	Haben
3010 Wareneingang	17.000,00	
an **1710 Verbindlichkeiten a. LL**		17.000,00

S	3010 Wareneingang		H
1710	17.000,00		

S	1710 Verbindlichkeiten a. LL		H
		3010	17.000,00

Zum Bilanzstichtag ist die Währungsverbindlichkeit **aus Gründen kaufmännischer Vorsicht** mit dem **höheren Kurswert** von 18.000,00 DM zu bewerten und in die Bilanz einzusetzen. Das **Höchstwertprinzip** führt somit zum Ausweis eines **nicht realisierten Verlustes** von 1.000,00 DM.

Buchung zum Bilanzstichtag 31. Dez.	Soll	Haben
3010 Wareneingang	1.000,00	
an **1710 Verbindlichkeiten a. LL**		1.000,00

S	3010 Wareneingang		H
1710	17.000,00		
1710	1.000,00		

S	1710 Verbindlichkeiten a. LL		H
		3010	17.000,00
		3010	1.000,00

Würde der Dollarkurs zum Bilanzstichtag von 1,70 auf 1,65 fallen, muss die Währungsverbindlichkeit zum Anschaffungskurs von 1,70 passiviert werden, da sonst ein Gewinn von 500,00 DM ausgewiesen würde, der jedoch noch nicht durch Zahlung realisiert ist. Nicht realisierte Gewinne dürfen aus Vorsichtsgründen nicht ausgewiesen werden!

Anschaffungswert-, Niederstwert- und Höchstwertprinzip bewirken, dass im Jahresabschluss nicht realisierte Verluste ausgewiesen werden, nicht aber nicht realisierte Gewinne. Diese **ungleiche** Behandlung von nicht realisierten Gewinnen und Verlusten wird auch als

„Imparitätsprinzip"

bezeichnet. Es ist **Ausdruck kaufmännischer Vorsicht** als dem **wichtigsten allgemeinen Bewertungsgrundsatz.**

6.3.4 Die Bewertung des Anlagevermögens

Das Anlagevermögen gliedert sich in folgende **Gruppen:**[1]

I. Immaterielle Vermögensgegenstände	II. Sachanlagen	III. Finanzanlagen
z. B. Konzessionen, Lizenzen, Geschäfts- oder Firmenwert u. a.	z. B. Grundstücke u. Gebäude, BGA, Technische Anlagen/ Maschinen u. a.	z. B. Beteiligungen an Unternehmen, Wertpapiere des Anlagevermögens u. a.

Im Hinblick auf die Bewertung der Anlagegegenstände ist zwischen abnutzbaren und nicht abnutzbaren Anlagen zu unterscheiden. Während **abnutzbare** Sachanlagen **planmäßig nach ihrer betriebsgewöhnlichen Nutzungsdauer** abgeschrieben werden, können **nicht abnutzbare Anlagegüter** wegen fehlender Nutzungsdauer **nur außerplanmäßig** abgeschrieben werden, wenn sich eine Wertminderung einstellt.[2]

Abnutzbare Anlagegüter sind zum Bilanzstichtag mit ihren **fortgeführten** Anschaffungskosten (Herstellungskosten) anzusetzen. Sie müssen nach § 253 (2) HGB **planmäßig abgeschrieben** werden, also **linear, degressiv** oder nach **Leistungseinheiten.**

Beispiel Am 10. Januar .. wurde ein Papierschneideautomat angeschafft. Die Anschaffungskosten betragen 400.000,00 DM. Die Anlage hat eine betriebsgewöhnliche Nutzungsdauer von 10 Jahren und soll linear abgeschrieben werden.

Wie hoch sind die fortgeführten Anschaffungskosten?

	Anschaffungskosten	400.000,00 DM
–	planmäßige (lineare) Abschreibung	40.000,00 DM
	fortgeführte Anschaffungskosten	**360.000,00 DM**

Nennen Sie den Buchungssatz für die planmäßige Abschreibung der Anlage.

Sollte während der Nutzungsdauer des Anlagegutes eine **außerordentliche** und **dauerhafte Wertminderung** durch Schadensfall oder Unwirtschaftlichkeit der Anlage eintreten, muss nach § 253 (2) HGB neben der planmäßigen **zusätzlich** noch eine **außerplanmäßige Abschreibung** über das Konto **„2010 Außerordentliche Aufwendungen"** im Sinne des § 277 HGB vorgenommen werden.

Nicht abnutzbare Anlagegüter (z. B. Grundstücke, als Daueranlage angeschaffte Wertpapiere u. a.) werden in der Regel zu **Anschaffungskosten** ausgewiesen. Im Falle einer **dauerhaften Wertminderung** muss allerdings eine **Abschreibung** auf den niedrigeren Tageswert erfolgen (Strenges Niederstwertprinzip).

Beispiel Zur langfristigen Kapitalanlage erwarb die Papiergroßhandlung Kern am 10. Februar .. Aktien zum Anschaffungswert von 85.000,00 DM. Zum 31. Dezember .. ist der Kurswert nachhaltig auf 80.000,00 DM gesunken.

	Anschaffungskosten der Wertpapiere des Anlagevermögens	85.000,00 DM
–	außerplanmäßige Abschreibung zum 31. Dezember	5.000,00 DM
	Bilanzansatz zum 31. Dezember	**80.000,00 DM**

Buchungssatz	Soll	Haben
4930 Abschreibungen auf Finanzanlagen des Anlagevermögens .	5.000,00	
an **0450 Wertpapiere d. Anl.-Verm.** .		5.000,00

1 siehe Bilanzgliederung gemäß § 266 HGB, S. 340 f., Anhang (Rückseite des Kontenrahmens)
2 siehe Kapitel 1.12 und 6.3.4.1

S	0450 Wertpapiere des AV		H
...	85.000,00	4930	5.000,00
		SBK	80.000,00

S	4930 Abschreibungen a. Fin.-Anl. d. AV		H
0450	5.000,00	GuV	5.000,00

S	9400 Schlussbilanzkonto		H
0450	80.000,00		

S	9300 Gewinn- und Verlustkonto		H
4930	5.000,00		

Außergewöhnliche Wertminderungen werden bei abnutzbaren und nicht abnutzbaren Anlagegütern „außerplanmäßig" auf dem **Konto „2010 Außerordentliche Aufwendungen"** erfasst.

6.3.4.1 Exkurs: Methoden der planmäßigen Abschreibung

Für die planmäßige Abschreibung abnutzbarer Sachanlagen gibt es neben der bereits auf den Seiten 78 f. behandelten **linearen** auch noch die **degressive** Abschreibungsmethode sowie die **Abschreibung nach Leistungseinheiten.**[1]

Situation Die Papiergroßhandlung Kern hat am 5. Januar eine Verpackungsanlage erworben. Die Anschaffungskosten betragen 200.000,00 DM. Die Maschine hat eine betriebsgewöhnliche Nutzungsdauer von 10 Jahren.

Welche Abschreibungsmethode würden Sie dem Unternehmen empfehlen, wenn auch in Zukunft hohe Jahresgewinne zu erwarten sind?

6.3.4.1.1 Lineare und degressive Abschreibung

Bei linearer Abschreibung wird in allen Nutzungsjahren jeweils mit einem gleichen Abschreibungssatz (%) von den **Anschaffungskosten** abgeschrieben, wodurch der **Abschreibungsbetrag in jedem Jahr gleich** (linear) ist:

$$\textbf{Abschreibungsbetrag in DM} = \frac{\text{Anschaffungskosten}}{\text{Nutzungsdauer}} = \frac{200.000{,}00}{10} = 20.000{,}00 \text{ DM}$$

$$\textbf{Abschreibungssatz in \%} = \frac{100}{\text{Nutzungsdauer}} = \frac{100}{10} = 10\ \%$$

Am Ende der zehnjährigen Nutzungsdauer wird bei linearer Abschreibung der **Nullwert** erreicht (siehe die unten stehende Gegenüberstellung der linearen und degressiven Abschreibung der Verpackungsmaschine). **In jedem Nutzungsjahr** wird der **Jahresgewinn um 20.000,00 DM gemindert.**

Bei degressiver Abschreibungsmethode wird die **Abschreibung** nur im ersten Jahr der Nutzung von den Anschaffungskosten des Anlagegutes vorgenommen, in den folgenden Jahren dagegen **vom jeweiligen Buch- oder Restwert.** Es ergeben sich dadurch jährlich **fallende (degressive) Abschreibungsbeträge.**

Bei degressiver Abschreibung kann der **Nullwert** am Ende der Nutzungsdauer zwangsläufig **nie erreicht** werden, da jeweils **vom Buchwert abgeschrieben** wird. Um aber nach Ablauf der Nutzungsdauer einen möglichst niedrigen Restwert zu erhalten, muss der Abschreibungssatz bei degressiver Abschreibung höher sein als bei linearer Abschreibung. Der verbleibende Restwert am Ende der Nutzungsdauer ist dann auf den Nullwert bzw. Erinnerungswert abzuschreiben.

Steuerrechtlich darf der degressive Abschreibungssatz das **Dreifache** des linearen Abschreibungssatzes betragen, jedoch **nicht höher als 30 % sein** (§ 7 Abs. 2 EStG).

1 siehe S. 323

Gegenüberstellung der linearen und degressiven Abschreibung (AfA)

Ermittlung des Buchwertes	10 % lineare AfA v. Anschaffungskosten	30 % degressive AfA v. jeweiligen Buchwert
Anschaffungskosten	200.000,00 DM	200.000,00 DM
– **Abschreibung für das 1. Jahr**	**20.000,00 DM**	**60.000,00 DM**
Buchwert am Ende des 1. Jahres	180.000,00 DM	140.000,00 DM
– **Abschreibung für das 2. Jahr**	**20.000,00 DM**	**42.000,00 DM**
Buchwert am Ende des 2. Jahres	160.000,00 DM	98.000,00 DM
– **Abschreibung für das 3. Jahr**	**20.000,00 DM**	**29.400,00 DM**
Buchwert am Ende des 3. Jahres	140.000,00 DM	68.600,00 DM
– **Abschreibung für das 4. Jahr**	**20.000,00 DM**	**20.580,00 DM**
Buchwert am Ende des 4. Jahres	120.000,00 DM	48.020,00 DM
– **Abschreibung für das 5. Jahr**	**20.000,00 DM**	**14.406,00 DM**
Buchwert am Ende des 5. Jahres	100.000,00 DM	33.614,00 DM
– **Abschreibung für das 6. Jahr**	**20.000,00 DM**	**10.084,20 DM**
Buchwert am Ende des 6. Jahres	80.000,00 DM	23.529,80 DM
– **Abschreibung für das 7. Jahr**	**20.000,00 DM**	**7.058,94 DM**
Buchwert am Ende des 7. Jahres	60.000,00 DM	16.470,86 DM
– **Abschreibung für das 8. Jahr**	**20.000,00 DM**	**4.941.26 DM**
Buchwert am Ende des 8. Jahres	40.000,00 DM	11.529,60 DM
– **Abschreibung für das 9. Jahr**	**20.000,00 DM**	**3.458,88 DM**
Buchwert am Ende des 9. Jahres	20.000,00 DM	8.070,72 DM
– **Abschreibung für das 10. Jahr**	**20.000,00 DM**	**2.421,22 DM**
Buchwert am Ende des 10. Jahres	**0,00 DM**	**5.649,50 DM**

Vorteil der degressiven AfA. Wertminderungen ergeben sich bei Anlagegütern oft in den ersten Nutzungsjahren – verursacht durch **technischen Fortschritt** (Modellwechsel). Dieser Tatsache trägt die degressive Abschreibungsmethode Rechnung, da bei ihr **in den ersten Nutzungsjahren die Abschreibungsbeträge wesentlich höher** sind als bei linearer Abschreibung. Außerdem **mindert** sich dadurch der **Gewinn** des Unternehmens bedeutend **stärker** und damit zugleich die Steuerbelastung.

Wie hoch ist der Gewinn bei linearer und degressiver AfA?

S	**9300 GuV-Konto** (bei **linearer** AfA)		H
...	300.000,00	...	400.000,00
AfA	**20.000,00**		
Gewinn	**?**		

S	**9300 GuV-Konto** (bei **degressiver** AfA)		H
...	300.000,00	...	400.000,00
AfA	**60.000,00**		
Gewinn	**?**		

6.3.4.1.2 Der Wechsel von der degressiven zur linearen Abschreibung

Der Restwert ist bei degressiver Abschreibung am Ende der Nutzungsdauer sehr hoch. Um auch bei dieser Abschreibungsmethode den Nullwert zu erreichen, erlaubt das Einkommensteuerrecht den Wechsel von der degressiven zur linearen Abschreibung, nicht aber umgekehrt (§ 7 Abs. 3 EStG). Der **Übergang** von der degressiven zur linearen Abschreibung ist bei einer Nutzungsdauer von 10 Jahren **im 8. Jahr** sinnvoll, weil dann der lineare **Abschreibungsbetrag/-satz höher** ist **als bei degressiver Abschreibung:**

$$\textbf{AfA-Betrag bei linearer AfA} = \frac{\text{Restbuchwert zum Zeitpunkt des Wechsels}}{\text{Restnutzungsdauer}} = \frac{16.470{,}86}{3} = \textbf{5.490,29 DM}$$

$$\textbf{Linearer AfA-Satz} = \frac{100}{\text{Restnutzungsdauer}} = \frac{100}{3} = \textbf{33,33 \%}$$

Übergang von der degressiven zur linearen Abschreibung im 8. Nutzungsjahr

Ermittlung des Buchwertes	30 % degressive AfA	Übergang zur linearen AfA
Anschaffungskosten – **Abschreibung für das 1. Jahr**	200.000,00 DM **60.000,00 DM**	
Buchwert am Ende des 1. Jahres – **Abschreibung für das 2. Jahr**	140.000,00 DM **42.000,00 DM**	
Buchwert am Ende des 2. Jahres – **Abschreibung für das 3. Jahr**	98.000,00 DM **29.400,00 DM**	
Buchwert am Ende des 3. Jahres – **Abschreibung für das 4. Jahr**	68.600,00 DM **20.580,00 DM**	
Buchwert am Ende des 4. Jahres – **Abschreibung für das 5. Jahr**	48.020,00 DM **14.406,00 DM**	
Buchwert am Ende des 5. Jahres – **Abschreibung für das 6. Jahr**	33.614,00 DM **10.084,20 DM**	
Buchwert am Ende des 6. Jahres – **Abschreibung für das 7. Jahr**	23.529,80 DM **7.058,94 DM**	
Buchwert am Ende des 7. Jahres – **Abschreibung für das 8. Jahr**	16.470,86 DM → **4.941,26 DM**	16.470,86 DM **5.490,29 DM**
Buchwert am Ende des 8. Jahres – **Abschreibung für das 9. Jahr**	11.529,60 DM **3.458,88 DM**	10.980,57 DM **5.490,29 DM**
Buchwert am Ende des 9. Jahres – **Abschreibung für das 10. Jahr**	8.070,72 DM **2.421,22 DM**	5.490,28 DM **5.490,28 DM**
Buchwert am Ende des 10. Jahres	**5.649,50 DM**	**0,00 DM**

6.3.4.1.3 Die Abschreibung nach der Leistung des Anlagegutes

Situation Betragen die Anschaffungskosten eines Lieferwagens 80.000,00 DM und die voraussichtliche Gesamtleistung 200 000 km, so ergibt sich daraus ein Abschreibungsbetrag je Leistungseinheit (km) von: 80.000 : 200 000 = 0,40 DM/km.

Neben der linearen und degressiven Abschreibung kann ein Anlagegut auch nach der im Jahr **erbrachten Leistung** (Kilometer, Maschinenstunden, Produktionsmenge u. a.) abgeschrieben werden. Diese Abschreibungsmethode ist sinnvoll, wenn das betreffende Anlagegut (z. B. LKW) in den einzelnen Nutzungsjahren in seiner Leistung **sehr unterschiedlich beansprucht** wird, wodurch auch der technische Verschleiß zwangsläufig stark schwankt. Diese steuerlich zulässige Abschreibungsmethode **kommt der technisch bedingten Wertminderung am nächsten.** Die auf das einzelne Nutzungsjahr entfallende **Leistung muss** natürlich **nachweisbar sein.**

Den Jahresabschreibungsbetrag erhält man, indem man die jährliche Fahrtleistung, **nachzuweisen durch Fahrtenbuch,** mit dem AfA-Betrag von 0,40 DM je km multipliziert:

1. Jahr: 40 000 km · 0,40 DM = **16.000,00 DM AfA**
2. Jahr: 60 000 km · 0,40 DM = **24.000,00 DM AfA**
3. Jahr: 35 000 km · 0,40 DM = **14.000,00 DM AfA**
4. Jahr: 65 000 km · 0,40 DM = **26.000,00 DM AfA**

6.3.4.2 Exkurs: Die Abschreibung Geringwertiger Wirtschaftsgüter

Bewegliche Anlagegüter **dürfen** nach § 6 Abs. 2 EStG bereits im Jahr der Anschaffung **voll abgeschrieben werden,** wenn sie

- **selbstständig nutzbar** sind,
- der **Abnutzung unterliegen** und
- ihre Anschaffungskosten **800,00 DM** nicht übersteigen.

Für diese **„Geringwertigen Wirtschaftsgüter“,** kurz **GWG** genannt, besteht also steuerrechtlich ein **Abschreibungswahlrecht:**

- Vollabschreibung im Anschaffungsjahr oder
- Abschreibung nach der Nutzungsdauer.

Die während des Geschäftsjahres angeschafften Geringwertigen Wirtschaftsgüter (z. B. Tische, Schränke, Stühle, Werkzeuge u. a.) werden gesondert auf dem Anlagekonto

0370 Geringwertige Wirtschaftsgüter

erfasst. Zum Bilanzstichtag können sie dann **in einer Summe abgeschrieben** werden. Das hängt natürlich auch von der jeweiligen **Gewinnsituation** des Unternehmens ab. Ist der Gewinn hoch, wird der Unternehmer die GWG in voller Höhe abschreiben, um seinen Gewinn und damit seine Steuern zu senken. Bei einem zu erwartenden Verlust wird man die GWG nach der Nutzungsdauer abschreiben, da eine Erhöhung des Verlustes keine steuerlichen Vorteile bringt.

Geringwertige Wirtschaftsgüter **bis 100,00 DM** Anschaffungskosten können bei Erwerb **sofort als Aufwand** auf dem entsprechenden Aufwandskonto (z. B. Büromaterial) gebucht werden.

Beispiel In der Papiergroßhandlung Kern sind folgende Anschaffungen zu buchen:

1. Kauf eines Schreibtisches gegen Bankscheck für 800,00 DM + 128,00 DM USt.
2. Barkauf einer Briefwaage für 100,00 DM + 16,00 DM USt.

Buchungen bei Anschaffung	Soll	Haben
1. 0370 Geringwert. Wirtschaftsgüter	800,00	
1410 Vorsteuer	128,00	
an **1310 Bank**		928,00
2. 4810 Bürobedarf	100,00	
1410 Vorsteuer	16,00	
an **1510 Kasse**		116,00

Vollabschreibung der GWG zum 31. Dez.	Soll	Haben
4910 Abschreibungen auf Sachanlagen	800,00	
an **0370 GWG**		800,00

S	0370 GWG		H
1310	800,00	4910	800,00

S	4910 Abschreibungen auf SA		H
0370	800,00	GuV	800,00

S	9400 Schlussbilanzkonto		H
0370	0,00		

S	9300 Gewinn- und Verlustkonto		H
4910	800,00		

Zusammenfassung

- **Abnutzbare Anlagegüter** werden **planmäßig** nach ihrer **Nutzungsdauer** (linear bzw. degressiv) oder nach **Leistungseinheiten** abgeschrieben.
- Zu den **planmäßigen Abschreibungen** zählen folgende Methoden:

lineare Abschreibung	degressive Abschreibung	Leistungsabschreibung
↓	↓	↓
gleich bleibende Abschreibungsbeträge	**fallende** Abschreibungsbeträge	**schwankende** Abschreibungsbeträge

- Die **lineare** AfA-Methode erreicht nach Ablauf der Nutzungsdauer den **Nullwert,** nicht aber die degressive. Deshalb ist ein **Wechsel** von der degressiven zur linearen Abschreibung steuerlich **möglich,** nicht aber umgekehrt.
- Neben der planmäßigen Abschreibung ist bei **außergewöhnlichen Wertminderungen** (z. B. Brandschaden u. a.) eine **außerplanmäßige** Abschreibung über das Konto **„2010 Außerordentliche Aufwendungen"** vorzunehmen.
- Bei **geringwertigen Wirtschaftsgütern** (GWG) besteht ein **Abschreibungswahlrecht.**

Zusatzinformation

- **Bei Anschaffung** von Anlagegütern **während** des Geschäftsjahres wird die **Abschreibung zeitanteilig nach Monaten** berechnet, und zwar **ab dem Monat der Anschaffung.** Erfolgt der Zugang des Anlagegutes am 20. März, so ist es noch 10 Monate abzuschreiben.

  Aus Vereinfachungsgründen dürfen **bewegliche** Anlagegüter mit dem **vollen Jahresbetrag** abgeschrieben werden, wenn sie in der **ersten** Hälfte des Geschäftsjahres angeschafft wurden. Bei Anschaffung in der **zweiten** Jahreshälfte gilt entsprechend der **halbe AfA-Betrag.**

- **Bei Abgang** von Anlagegütern durch Veräußerung wird die Abschreibung **zeitanteilig** vorgenommen, und zwar in der Regel **bis auf den vorhergehenden Monat.** Eine steuerliche Vereinfachungsregel wie beim Zugang von Anlagegütern gibt es nicht.

Aufgaben

346 Die Anschaffungskosten eines Tresors für die Geschäftskasse u. a. betragen 50.000,00 DM. Die betriebsgewöhnliche Nutzungsdauer beträgt 10 Jahre.

1. *Ermitteln Sie für die lineare Abschreibung jeweils a) den Abschreibungsbetrag und b) den Abschreibungssatz.*
2. *Wie hoch ist der degressive Abschreibungssatz bei höchstmöglicher steuerlicher Abschreibung?*
3. *Stellen Sie in einer tabellarischen Übersicht die lineare und degressive Abschreibung mit dem steuerlich zulässigen Höchstsatz gegenüber.*
4. *Nennen Sie die Vorteile der a) linearen und b) degressiven Abschreibung.*
5. *Nennen Sie den Buchungssatz für die degressive AfA des Tresors im ersten Nutzungsjahr.*
6. *Zeichnen Sie in einem Koordinatenkreuz die lineare und die degressive Abschreibungskurve.*

347 1. *Worin liegt der Nachteil der degressiven Abschreibungsmethode gegenüber der linearen?*
2. *Inwiefern ist es von Vorteil, in einem bestimmten Nutzungsjahr von der degressiven zur linearen Abschreibung überzugehen?*
3. *In welchem Jahr sollte Ihrer Meinung nach ein Wechsel bei der degressiven Abschreibung der vorhergehenden Aufgabe stattfinden? Ermitteln und begründen Sie das Übergangsjahr.*
4. *Nennen Sie die linearen Abschreibungsbeträge für die restliche Nutzungsdauer.*

---

348 *Ermitteln Sie den Abschreibungssatz für die lineare und höchstmögliche degressive Abschreibung bei folgender Nutzungsdauer:*

a) 5 Jahre, b) 8 Jahre, c) 10 Jahre, d) 12 Jahre und e) 15 Jahre.

---

349 *Wie hoch sind die Höchstsätze der degressiven Abschreibung bei den folgenden linearen Abschreibungssätzen:*

a) 5 %, b) 8 %, c) 10 %, d) 12 %, e) 15 %, f) 20 % und g) 25 %?

---

350 Anschaffung einer EDV-Anlage für 12.000,00 DM am 10. September eines Geschäftsjahres. Betriebsgewöhnliche Nutzungsdauer: 5 Jahre. Lineare AfA.

1. *Welche Abschreibungsmöglichkeiten bestehen für das Anschaffungsjahr?*
2. *Ermitteln Sie die möglichen Abschreibungsbeträge.*
3. *Welchen Abschreibungsbetrag würden Sie ansetzen, wenn das Unternehmen das Geschäftsjahr voraussichtlich mit hohem Verlust abschließen wird? Begründen Sie.*
4. *Nennen Sie den Abschreibungsbuchungssatz.*

---

351 Die Anschaffungskosten eines Lastkraftwagens betragen 300.000,00 DM. Betriebsgewöhnliche Nutzungsdauer: 5 Jahre.

1. *Ermitteln Sie den linearen AfA-Satz und den Höchstsatz der degressiven AfA.*
2. *Was bedeutet die Abkürzung „AfA"?*
3. *Erstellen Sie eine Abschreibungstabelle mit der linearen und der degressiven AfA.*
4. *Wie lautet der Buchungssatz für die a) lineare und b) degressive AfA am Ende des ersten Nutzungsjahres?*
5. *Erstellen Sie das Fuhrparkkonto für das erste Nutzungsjahr zum 31. Dez. a) bei linearer AfA und b) bei degressiver AfA.*
6. *Wie lautet der Buchungssatz zur linearen AfA am Ende des fünften Nutzungsjahres, wenn der LKW weiterhin betrieblich genutzt wird?*

---

352 *Ordnen Sie die folgenden Aussagen der linearen und der degressiven AfA zu:*

1. Der Höchstsatz der AfA ist 30 %.
2. Die AfA wird jedes Jahr von den Anschaffungskosten berechnet.
3. Am Ende der Nutzungsdauer ergibt sich stets ein Restwert.
4. Der Nullwert wird am Ende der Nutzungsdauer stets erreicht.
5. Die Abschreibung wird – bis auf das erste Nutzungsjahr – stets vom verminderten Buchwert berechnet.
6. Der Abschreibungsbetrag ist in jedem Nutzungsjahr gleich.
7. Es handelt sich um fallende Abschreibungsbeträge.
8. Die Abschreibungsmethode berücksichtigt insbesondere die Wertminderungen, die sich in den ersten Nutzungsjahren durch den technischen Fortschritt ergeben.

353 Die Anschaffungskosten eines Lastkraftwagens der Baustoffgroßhandlung Wette betragen 240.000,00 DM. Die Gesamtleistung wird auf 250 000 km geschätzt. Die betriebsgewöhnliche Nutzungsdauer beträgt fünf Jahre.

1. *Worin sehen Sie den Vorteil einer Abschreibung nach Leistungseinheiten?*
2. *Ermitteln Sie die jährlichen AfA-Beträge bei linearer Abschreibung.*
3. *Berechnen Sie die Abschreibung nach der Leistung:*
   1. Jahr: 70 000 km, 2. Jahr: 45 000 km, 3. Jahr: 75 000 km, 4. Jahr: 25 000 km, 5. Jahr: 35 000 km.
4. *Stellen Sie im Koordinatenkreuz den Verlauf der linearen und der Leistungsabschreibung dar.*

---

354 Die Anschaffungskosten eines Transportwagens betragen in der Papiergroßhandlung Kern 75.000,00 DM. Das Fahrzeug wurde am 1. April angeschafft und soll in fünf Jahren linear abgeschrieben werden.

1. *Ermitteln Sie für das erste Nutzungsjahr die genaue zeitanteilige Abschreibung.*
2. *Wie hoch wäre für das erste Nutzungsjahr die Abschreibung nach der steuerlichen Vereinfachungsregel?*
3. *Für welche Möglichkeit der Abschreibung im ersten Nutzungsjahr würden Sie sich entscheiden? Begründen Sie.*

355

1. Die Abschreibung nach der Nutzungsdauer wird auch als planmäßige Abschreibung bezeichnet. *Nennen Sie die planmäßigen AfA-Methoden.*
2. Neben der planmäßigen Abschreibung ist auch eine außerplanmäßige möglich. *Nennen Sie Beispiele für eine außerplanmäßige Abschreibung.*

---

356 Ein Grundstück wurde vor fünf Jahren für 200.000,00 DM erworben. Aufgrund eines Gutachtens wurde festgestellt, dass das Grundstück mit Schadstoffen belastet ist und deshalb nur noch einen Verkehrswert von 120.000,00 DM hat.

1. *Mit welchem Wert ist das Grundstück zum 31. Dezember zu bewerten?*
2. *Nennen Sie die Buchung zum 31. Dezember.*

---

357 *Begründen und entscheiden Sie, ob die folgenden Anlagegüter, die in diesem Geschäftsjahr angeschafft wurden, bei der Abschreibung als Geringwertige Wirtschaftsgüter behandelt werden dürfen. Die Preise stellen die Anschaffungskosten dar:*

Schreibtisch 790,00 DM, Stuhl 670,00 DM, PC-Drucker 800,00 DM, Schreibtischlampe 250,00 DM, Kugelschreiber 60,00 DM, Software für Textverarbeitung 450,00 DM, Büroschrank 790,00 DM.

---

358 Die Papiergroßhandlung Kern erwirbt einen Schreibtischsessel für 790,00 DM + Umsatzsteuer.

1. *Begründen Sie, dass es sich hierbei um ein Geringwertiges Wirtschaftsgut handelt.*
2. *Nennen Sie die Buchung bei Anschaffung des Sessels.*
3. *Wovon machen Sie es abhängig, ob Sie das GWG nach der Nutzungsdauer (10 Jahre) oder voll abschreiben?*
4. *Sie entscheiden sich für die Vollabschreibung. Wie lautet der Buchungssatz?*

---

359 Barkauf eines elektronischen Notizbuches für 100,00 DM + Umsatzsteuer.

Begründen Sie Ihre Buchung.

---

360 Anschaffung eines Aktenschranks für 750,00 DM netto + Umsatzsteuer. Der Spediteur berechnet 65,00 DM + Umsatzsteuer. Die Rechnung für den Aktenschrank wird unter Abzug von 2 % Skonto durch die Bank beglichen.

1. *Ermitteln Sie die Anschaffungskosten des Anlagegutes.*
2. *Nennen Sie die Buchungen bei Anschaffung des Anlagegutes.*
3. *Begründen Sie Ihre Abschreibungsentscheidung zum 31. Dezember.*
4. *Wie lautet die Buchung zum 31. Dezember?*

---

361 *Welche Antwort ist a) falsch oder b) richtig?*

1. Ein Übergang von der linearen zur degressiven Abschreibung ist erlaubt.
2. Am Ende der Nutzungsdauer wird nur bei degressiver Abschreibung der Nullwert erreicht.
3. Abschreibungen vermindern als Aufwand den steuerpflichtigen Gewinn.
4. Die degressive AfA ist nur bei beweglichen Anlagegütern erlaubt.
5. Skonti mindern nicht die Anschaffungskosten.
6. Die Vorsteuer zählt zu den Anschaffungskosten eines Anlagegutes.
7. Die Abschreibungen werden als Kosten in die Verkaufspreise einkalkuliert.
8. Aus Abschreibungserlösen lassen sich keine Neuinvestitionen finanzieren.
9. Eine EDV-Tastatur im Anschaffungswert von 250,00 DM ist ein Geringwertiges Wirtschaftsgut.
10. Geringwertige Wirtschaftsgüter bis 100,00 DM können sofort als Aufwand gebucht werden.

362

1. *Ordnen Sie die Begriffe „gleich bleibend", „fallend" und „schwankend" den Ihnen bekannten Abschreibungsmethoden zu.*
2. *Welche Bedeutung hat die Anlagenkartei? Begründen Sie.*

---

363 *Überprüfen Sie, ob folgende Aussagen falsch oder richtig sind:*

1. Bei einem unbebauten Grundstück kann wegen des Wegfalls der Verkehrsanbindung eine außerplanmäßige Abschreibung vorgenommen werden.
2. Fortgeführte Anschaffungskosten ergeben sich nur nach einer degressiven Abschreibung.
3. Nicht abnutzbare Anlagegüter dürfen nur außerplanmäßig abgeschrieben werden.
4. Bei Ausscheiden eines abnutzbaren Anlagegutes durch Verkauf oder Entnahme muss zur genauen Ermittlung des Buchwertes noch die zeitanteilige AfA berechnet und gebucht werden.
5. Für jeden einzelnen Sachanlagegegenstand ist eine Anlagenkarte zu führen.
6. Der spätere Übergang von der degressiven zur linearen Abschreibung ist steuerlich möglich.
7. Lastkraftwagen können nur linear oder degressiv abgeschrieben werden.
8. Ein nachträglich gewährter Preisnachlass darf bei der Ermittlung der Anschaffungskosten eines Anlagegutes nicht berücksichtigt werden.
9. Nicht realisierte Gewinne müssen buchhalterisch erfasst und ausgewiesen werden.
10. Verbindlichkeiten sind nach dem Niederstwertprinzip zu bewerten.
11. Die Bewertung des Anlagevermögens erfolgt nach dem Höchstwertprinzip.
12. Für die Bewertung aller Vermögensteile gilt das strenge Niederstwertprinzip.
13. Zum Anlagevermögen zählen nicht nur Sachanlagen, sondern auch Finanzanlagen und immaterielle Anlagegüter.
14. Anzahlungen auf Sachanlagen müssen in der Bilanz im Sachanlagevermögen gesondert ausgewiesen werden.

6464328

364

Kontenplan und vorläufige Saldenbilanz	Soll	Haben
0210 Grundstücke	280.000,00	–
0230 Gebäude	780.000,00	–
0310 Technische Anlagen und Maschinen	675.000,00	–
0330 Betriebs- und Geschäftsausstattung	280.000,00	–
0370 Geringwertige Wirtschaftsgüter	6.000,00	–
0610 Eigenkapital	–	1.300.000,00
0820 Hypothekenschulden	–	680.000,00
1010 Forderungen a. LL	309.160,00	–
1310 Bank	370.000,00	–
1410 Vorsteuer	86.000,00	–
1510 Kasse	3.000,00	–
1610 Privatentnahmen	62.000,00	–
1710 Verbindlichkeiten a. LL	–	230.200,00
1810 Umsatzsteuer	–	218.160,00
2010 Außerordentliche Aufwendungen	–	–
2770 Sonstige Erträge	–	37.400,00
2780 Sonstiger Eigenverbrauch	–	–
3010 Wareneingang	420.000,00	–
3020 Warenbezugskosten	3.000,00	–
3060 Nachlässe von Lieferern	–	–
3070 Liefererboni	–	15.380,00
3080 Liefererskonti	–	3.120,00
3910 Warenbestände	155.600,00	–
4890 Diverse Aufwendungen	418.000,00	–
4910 Abschreibungen auf Sachanlagen	–	–
8010 Warenverkauf	–	1.350.000,00
8070 Kundenboni	3.220,00	–
8080 Kundenskonti	8.780,00	–
8710 Eigenverbrauch von Waren	–	25.500,00
Zusätzliche Konten: 9300 GuV und 9400 SBK.	3.859.760,00	3.859.760,00

Abschlussangaben zum Bilanzstichtag (31. Dezember)

1. Die Anschaffung einer Heftmaschine, Anschaffungskosten 800,00 DM, wurde irrtümlich über das Konto „0310 TA und Maschinen" gebucht.
2. Die Steuerberichtigungen sind noch zu ermitteln und zu buchen:
   a) Liefererskonti, brutto: 928,00 DM;
   b) Kundenskonti, brutto: 1.392,00 DM.
3. Die Gutschriftsanzeige unseres Lieferers für fehlerhafte Waren ist noch zu buchen: 986,00 DM brutto.
4. Ein Kunde erhält noch eine Bonus-Gutschriftsanzeige über 1.740,00 DM brutto.
5. Kassenüberschuss lt. Inventur 300,00 DM.
6. Reparaturen im Haus des Unternehmers durch eigenen Betrieb: netto 1.500,00 DM.
7. Planmäßige Abschreibungen: Gebäude: 2 % von 900.000,00 DM Herstellungskosten. TA u. Maschinen: 30 % degressiv; BGA: 10 % von 320.000,00 DM Anschaffungskosten.
8. Außerplanmäßige Abschreibungen:
   a) Vollabschreibung der GWG;
   b) Das mit 280.000,00 DM bilanzierte unbebaute Grundstück hat lt. Gutachten nur noch einen Wert von 220.000,00 DM.
9. Schlussbestände lt. Inventur: Waren 180.000,00 DM.
   Im Übrigen entsprechen die Buchwerte der Inventur.

Ermitteln Sie die Rentabilität des Eigenkapitals.

6.3.5 Die Bewertung des Umlaufvermögens

Die Wirtschaftsgüter des Umlaufvermögens sind nach dem **strengen Niederstwertprinzip** zu bewerten. Von zwei Werten, nämlich den Anschaffungskosten (AK) und dem Tageswert (TW) am Bilanzstichtag, ist jeweils der niedrigere anzusetzen:

AK > TW ⟶ Bewertung zum Tageswert
AK < TW ⟶ Bewertung zu Anschaffungskosten

6.3.5.1 Die Bewertung der Warenvorräte

Situation Der Elektrogroßhandel Blitz hat zum Bilanzstichtag lt. Inventur noch 2 000 Schalter ZX23 auf Lager. Da die Schalter zu unterschiedlichen Preisen und Zeitpunkten angeschafft wurden, ist nicht feststellbar, aus welcher Lieferung der Schlussbestand stammt.

*Mit welchem Wert ist der Vorrat an Schaltern anzusetzen, wenn der **Tageswert** am 31. Dezember **7,50 DM** je Schalter beträgt?*

Warenvorräte sind durch körperliche Inventur zu erfassen und mit dem niedrigsten Wert anzusetzen. Für **gleichartige Waren,** die **zu verschiedenen Zeitpunkten und unterschiedlichen Preisen** während des Geschäftsjahres angeschafft wurden, darf nach § 240 (4) HGB ein **Durchschnittswert** ermittelt werden, der **mit dem Tageswert** am Bilanzstichtag zu **vergleichen** ist.

		Stückzahl	Anschaffungskosten je Stück	Anschaffungskosten insgesamt
Anfangsbestand	1. Jan.	1 400	6,00 DM	8.400,00 DM
Zugang	15. April	800	6,50 DM	5.200,00 DM
Zugang	12. Juli	1 050	6,50 DM	6.825,00 DM
Zugang	18. Okt.	1 200	6,80 DM	8.160,00 DM
Zugang	28. Nov.	1 600	7,00 DM	11.200,00 DM
Summe		**6 050**		**39.785,00 DM**

$$\textbf{Durchschnittliche Anschaffungskosten je Stück} = \frac{39.785,00}{6\,050} = \textbf{6,58 DM}$$

Die durchschnittlichen Anschaffungskosten je Stück (6,58 DM) sind **niedriger** als der Tageswert des Schalters (7,50 DM). Der Schlussbestand der 2 000 Schalter ist nach dem **strengen Niederstwertprinzip** mit 6,58 DM zu bewerten:

Inventurmenge	·	Wert je Stück	=	Bilanzansatz
2 000	·	6,58	=	13.160,00 DM

Der Warenschlussbestand ist mit 13.160,00 DM in der Bilanz auszuweisen. Würde der Tageswert am Bilanzstichtag je Schalter nur 6,20 DM betragen, müsste der Bestand gemäß Niederstwertprinzip mit 6,20 DM angesetzt werden: 2 000 · 6,20 = 12.400,00 DM. Somit würde zugleich ein **nicht durch Umsatz realisierter Verlust** in Höhe von 13.160,00 DM – 12.400,00 DM = **760,00 DM** entstehen. In diesem Fall lauten die Buchungen:

❶ **9400 Schlussbilanzkonto**	an	**3910 Warenbestände**	**12.400,00 DM**
❷ **3010 Wareneingang** ...	an	**3910 Warenbestände**	**760,00 DM**

6464330

6.3.5.2 Die Einzelbewertung von Forderungen a. LL

Situation 1

Zum 31. Dezember 01 beträgt der Forderungsbestand in der Papiergroßhandlung Kern 243.600,00 DM. Bei der Überprüfung der einzelnen Forderungen wurde festgestellt, dass über das Vermögen des Kunden Thomas Haas, an den noch eine bereits überfällige Forderung in Höhe von 15.000,00 DM Warenwert + 2.400,00 DM USt = 17.400,00 DM besteht, das Konkursverfahren eröffnet worden ist. Auf Anfrage teilt der Konkursverwalter mit, dass **voraussichtlich** nur mit einer **Konkursdividende von 20 %** zu rechnen sei.

*Wie muss der **wahrscheinliche Verlust von 12.000,00 DM** (80 % von 15.000,00 DM Warenwert) zum 31. Dezember buchhalterisch erfasst werden?*

Zum Jahresschluss sind im Rahmen der Inventur alle **Forderungen** aus Lieferungen und Leistungen **einzeln** auf ihre **Einbringlichkeit (Bonität)** zu überprüfen und mit ihrem **wahrscheinlichen Wert** anzusetzen. Diese **Einzelbewertung** der Forderungen soll das **spezielle Ausfallrisiko** erfassen, das bei Kunden beispielsweise im Falle eines Konkurs- oder Vergleichsverfahrens besteht. Das Risiko eines Zahlungsausfalls muss bei der Bewertung der Forderungen zum Jahresschluss stets berücksichtigt werden.

Mit einem Ausfallrisiko behaftete Forderungen sind aus Gründen der Klarheit buchhalterisch von den **einwandfreien Forderungen** zu **trennen.** Das geschieht durch **Umbuchung** auf das Konto

„1020 Zweifelhafte Forderungen“.

Buchungssatz	Soll	Haben
❶ **1020 Zweifelhafte Forderungen** ...	17.400,00	
an **1010 Forderungen a. LL**		17.400,00

Der Ausfall der zweifelhaften Forderung ist zu schätzen. Anhaltspunkt kann – wie im vorliegenden Fall – die vom Konkursverwalter eingeholte Auskunft über die zu erwartende Konkursdividende oder eine eigene Schätzung des Zahlungsausfalls sein.

Der geschätzte Nettoausfall der zweifelhaften Forderung wird gebucht auf dem Konto

„2310 Übliche Abschreibungen auf Forderungen“.

Da der Ausfall der Forderung in seiner **Höhe** noch **nicht effektiv feststeht,** darf die darauf entfallende **Umsatzsteuer** noch **nicht berichtigt,** also vom Finanzamt zurückgefordert werden.

Buchungssatz	Soll	Haben
❷ **2310 Übliche Abschreibungen a. F.** .	12.000,00	
an **1020 Zweifelh. Forderungen** .		12.000,00

Nach Durchführung der Buchungen weist das **Schlussbilanzkonto** den Bestand der **einwandfreien und zweifelhaften** Forderungen **getrennt** aus.

S — 1010 Forderungen a. LL — H

Soll		Haben	
...	243.600,00	❶ 1020	17.400,00
		SBK	226.200,00

S — 1020 Zweifelhafte Forderungen — H

Soll		Haben	
❶ 1010	17.400,00	❷ 2310	12.000,00
		SBK	5.400,00

S — 2310 Übliche Abschreibungen a. F. — H

Soll		Haben	
❷ 1020	12.000,00	GuV	12.000,00

S — 9300 Gewinn- und Verlustkonto — H

Soll		Haben	
2310	12.000,00		

Soll — 9400 Schlussbilanzkonto — Haben

Soll		Haben
1010 Forderungen a. LL	226.200,00	
1020 Zweifelhafte Ford.	5.400,00	

Situation 2 Im Folgejahr kommt das o. g. Konkursverfahren zum Abschluss. Der Konkursverwalter überweist am 15. April 02 die im Vorjahr geschätzte Dividende in Höhe von 20 % von 17.400,00 DM = 3.480,00 DM. Damit ist der **geschätzte Verlust** von 80 % von 17.400,00 DM = 13.920,00 DM **tatsächlich eingetreten.** Nunmehr kann erst die darauf entfallende Umsatzsteuer berichtigt und somit vom Finanzamt zurückgefordert werden.

Wie lauten die Buchungen nach Abschluss des Konkursverfahrens für
1. *die Eröffnung des Kontos „1020 Zweifelhafte Forderungen",*
2. *den Zahlungseingang auf Bankkonto und*
3. *die Steuerberichtigung?*

❶ Eröffnungsbuchung	Soll	Haben
1020 Zweifelhafte Forderungen	5.400,00	
an **9100 Eröffnungsbilanzkonto** ...		5.400,00

❷ Zahlungseingang	Soll	Haben
1310 Bank	3.480,00	
an **1020 Zweifelhafte Forderungen**		3.480,00

Die Umsatzsteuerrückforderung für den tatsächlichen Ausfall der Forderung wird wie folgt berechnet:

siehe „Prozentrechnung", Kap. 9.4

116 % Forderungsausfall = 13.920,00 DM
16 % Umsatzsteuer = x DM

$$x \text{ DM} = \frac{13.920,00 \text{ DM} \cdot 16 \%}{116 \%} = \mathbf{1.920,00 \text{ DM}}$$

❸ Umsatzsteuerberichtigung	Soll	Haben
1810 Umsatzsteuer	1.920,00	
an **1020 Zweifelhafte Forderungen**		1.920,00

S	1020 Zweifelhafte Forderungen		H
❶	5.400,00	❷	3.480,00
		❸	1.920,00

S	1310 Bank		H
❷	3.480,00		

S	9100 Eröffnungsbilanzkonto		H
		❶	5.400,00

S	1810 Umsatzsteuer		H
❸	1.920,00		

Ist der Zahlungseingang nach Abschluss des Konkursverfahrens **höher oder niedriger** als erwartet, so ist die Differenz jeweils auf den folgenden Konten zu buchen:

2740 Erträge aus abgeschriebenen Forderungen
2310 Übliche Abschreibungen auf Forderungen

Die Berichtigung der Umsatzsteuer ist dann in entsprechender Höhe zu buchen.

6.3.6 Die Bewertung der Schulden

Verbindlichkeiten sind gemäß § 253 (1) HGB zu ihrem **höheren Rückzahlungsbetrag** zu passivieren. Dieses **Höchstwertprinzip** kommt wegen der Kursschwankungen meist bei Verbindlichkeiten in ausländischer Währung zur Anwendung (siehe S. 319).

Rückstellungen sind Verbindlichkeiten, die dem Grunde nach feststehen, jedoch nicht nach Höhe und/oder Fälligkeit. Sie sind nach § 253 (1) HGB nur in **Höhe** des Betrages anzusetzen, der **nach vernünftiger kaufmännischer Beurteilung** erforderlich ist.

Zusammenfassung

- **Zum Schluss des Geschäftsjahres** ist für jeden einzelnen Vermögens- und Schuldposten der richtige **Wertansatz in Inventar und Bilanz** zu ermitteln.
- **Abnutzbare Anlagegüter** werden **planmäßig** (z.B. linear) abgeschrieben. Außergewöhnliche Wertminderungen bedingen bei **allen** Anlagegütern **außerplanmäßige** Abschreibungen.
- Bei der Bewertung von **gleichartigen Waren** darf ein **Durchschnittswert** angesetzt werden, der mit dem Tageswert zum Bilanzstichtag zu vergleichen ist (Strenges Niederstwertprinzip).
- **Forderungen** sind mit ihrem **wahrscheinlichen Wert** anzusetzen. Bei **zweifelhaften** Forderungen ist der **Verlust** der Nettoforderung zu **schätzen** und zu buchen. Uneinbringliche Forderungen sind **abzuschreiben.** Die **Umsatzsteuer** darf nur bei **tatsächlichem** Forderungsausfall **berichtigt** werden.
- **Schulden** sind in Inventar und Bilanz mit ihrem **höchsten Wert** anzusetzen.
- **Handelsrechtliche Bewertungsvorschriften** bewirken **zum Schutz der Unternehmenseigner und Gläubiger** eine **vorsichtige Bewertung** des Vermögens und der Schulden. Sie tragen zur **Erhaltung des Eigenkapitals als Haftungssubstanz** gegenüber den Gläubigern bei.
- Das **Prinzip der Vorsicht** findet seinen **Ausdruck im Anschaffungswert-, Niederstwert- und Höchstwertprinzip.** Diese Bewertungsgrundsätze sorgen dafür, dass einerseits **nicht realisierte Gewinne** nicht ausgewiesen werden und somit im Unternehmen als **stille Reserven** verbleiben, andererseits aber **nicht realisierte Verluste** ausgewiesen werden müssen.
- Die **ungleiche** Behandlung von nicht realisierten Gewinnen und Verlusten wird auch als **Imparitätsprinzip** bezeichnet.
- Die **steuerrechtlichen Bewertungsvorschriften** sollen eine **einheitliche Gewinnermittlung** sicherstellen.
- Der **Grundsatz der Maßgeblichkeit** besagt, dass die **handelsrechtlichen** Bewertungsvorschriften **für** die **steuerliche** Gewinnermittlung **maßgebend (verbindlich)** sind, sofern das Steuerrecht nicht zwingend eine andere Bewertung vorschreibt.

Prinzip der Vorsicht
als oberster handelsrechtlicher Bewertungsgrundsatz

bezweckt

Ausweis nicht realisierter Verluste
Nichtausweis von nicht realisierten Gewinnen
= Imparitätsprinzip

bewirkt durch

Anschaffungswertprinzip	Niederstwertprinzip	Höchstwertprinzip
Bei Bewertung der Vermögensposten dürfen die Anschaffungskosten **nicht** überschritten werden.	Bei Bewertung der Vermögensposten ist jeweils der **niedrigere** Wert anzusetzen: AK > TW = TW AK < TW = AK	Bei Bewertung der Verbindlichkeiten ist jeweils der **höchste** Wert anzusetzen: AK > TW = AK AK < TW = TW

365 Die Anschaffungskosten einer im Oktober gekauften Ware betrugen 150,00 DM je Stück. Am Bilanzstichtag beträgt der Markt- bzw. Tageswert 170,00 DM. Der Lagerbestand beträgt zum 31. Dezember 100 Stück.

1. *Ermitteln Sie den Wertansatz des Warenbestandes im Inventar und in der Bilanz.*
2. *Begründen Sie Ihre Bewertung.*

366 Die Anschaffungskosten einer Ware betragen 220,00 DM je Stück. Am Bilanzstichtag beträgt der Wiederbeschaffungswert 180,00 DM. Von dieser Ware sind am 31. Dezember lt. Inventur noch 150 Stück vorhanden.

1. *Ermitteln Sie zum Bilanzstichtag den Wertansatz für Inventar und Bilanz.*
2. *Begründen Sie Ihre Bewertungsentscheidung.*

367 Das Textilgroßhandelsunternehmen L. Lang erwarb ein Grundstück im Wert von 120.000,00 DM gegen Bankscheck. An das Finanzamt wurden 3,5 % Grunderwerbsteuer durch Bank überwiesen. Die Rechnung des Notars lautet über 1.500,00 DM + Umsatzsteuer und wird durch Banküberweisung beglichen. Die Kosten für die Eintragung in das Grundbuch betragen 800,00 DM. Die Zahlung erfolgt durch Banküberweisung.

Fünf Jahre nach Anschaffung hat das Grundstück einen Marktwert von 150.000,00 DM.

1. *Ermitteln Sie die Anschaffungskosten des Grundstücks.*
2. *Wie lautet Ihre Bewertungsentscheidung im fünften Jahr nach Anschaffung des Grundstücks? Begründen Sie diese.*

368 Das Elektrogroßhandelsunternehmen Blitz erwarb vor 10 Jahren ein Grundstück zu 180.000,00 DM Anschaffungskosten. Wegen Schadstoffbelastung hat das Grundstück lt. Gutachten heute nur noch einen Verkehrswert von 120.000,00 DM.

Entscheiden Sie über die Bewertung des Grundstücks und begründen Sie diese.

369 Die Papiergroßhandlung Kern hat am 10. Januar .. einen LKW erworben. Die Anschaffungskosten betragen 200.000,00 DM. Betriebsgewöhnliche Nutzungsdauer: fünf Jahre. Der LKW wird zum 31. Dezember linear abgeschrieben.

Wie hoch sind die fortgeführten Anschaffungskosten am Ende des dritten Nutzungsjahres?

370 Am 15. Januar des vierten Nutzungsjahres hat der LKW (siehe vorhergehende Aufgabe) durch Unfall einen Totalschaden. Der Schrottwert beträgt 12.000,00 DM.

1. *Begründen Sie Ihre Bewertung zum 15. Januar.*
2. *Nennen Sie den Buchungssatz.*

371 Ein Großhandelsunternehmen importiert am 10. Dez. .. Waren aus den USA. Die Rechnung lautet über 15.000,00 US-$. Zahlungsziel vier Wochen. Der Kurs beträgt am 10. Dez. 1,70 je US-$. Am Bilanzstichtag ist der Umrechnungskurs 1,80.

1. *Nennen und begründen Sie den Wertansatz der Währungsverbindlichkeit zum 31. Dezember.*
2. *Nennen Sie die erforderliche Buchung zum 31. Dezember.*

372 In einem Großhandelsunternehmen beträgt der Lagerbestand einer bestimmten Handelsware 400 Stück. Die Anschaffungskosten wurden mit 60,00 DM je Stück ermittelt. Zum Bilanzstichtag lautet der Wiederbeschaffungswert 70,00 DM je Stück. Der Buchhalter bewertet den Schlussbestand mit 400 · 70,00 = 28.000,00 DM Bilanzansatz.

1. *Nehmen Sie zur Bewertungsentscheidung des Buchhalters Stellung.*
2. *Ermitteln Sie den Bilanzansatz.*

---

373 In einem Baustoffgroßhandel ergab die körperliche Inventur der Warengruppe Kleber f 12 einen Bestand von 2 000 kg zum Bilanzstichtag. Da der Bestand aus verschiedenen Lieferungen mit unterschiedlichen Preisen stammt, müssen für die Bewertung die durchschnittlichen Anschaffungskosten ermittelt werden:

1. Jan.	Anfangsbestand	800 kg zu je 8,00 DM
10. April	Zugang	500 kg zu je 7,50 DM
15. Aug.	Zugang	900 kg zu je 7,30 DM
12. Okt.	Zugang	1 200 kg zu je 7,00 DM

1. *Ermitteln Sie die durchschnittlichen Anschaffungskosten des Schlussbestandes lt. Inventur.*
2. *Bewerten Sie den Schlussbestand, wenn der Wiederbeschaffungswert am 31. Dezember a) 8,20 DM je kg und b) 6,00 DM je kg beträgt.*
3. *Begründen Sie Ihre Bewertungsentscheidung in den Fällen 2. a) und 2. b).*

---

374 Zur kurzfristigen Anlage wurden am 20. Februar .. 10 Ulrica-Aktien zu je 780,00 DM Anschaffungskosten erworben. Zum 31. Dezember beträgt der Stückkurs der Aktien a) 650,00 DM und b) 840,00 DM.

Begründen Sie Ihre Bewertungsentscheidung zum 31. Dezember.

---

375 Die Textilvertriebs-GmbH hat zu Beginn des Geschäftsjahres eine Maschine zu 200.000,00 DM Anschaffungskosten erworben. In ihrer Handelsbilanz zum 31. Dezember wurde die Maschine linear mit 10 % abgeschrieben. In der dem Finanzamt eingereichten Steuerbilanz wurde die Maschine mit dem steuerlichen Höchstsatz degressiv abgeschrieben.

1. *Ermitteln Sie den Wertansatz der Maschine für die Handelsbilanz und die Steuerbilanz.*
2. *Begründen Sie, warum das Finanzamt den niedrigeren Wertansatz der Maschine in der Steuerbilanz nicht anerkennt, obwohl er steuerrechtlich zulässig ist.*

---

376 Im Konto „1710 Verbindlichkeiten a. LL" ist eine Währungsverbindlichkeit von 20.000,00 US-$ zum Anschaffungskurs von 1,70 enthalten. Zum Bilanzstichtag beträgt der Tageskurs a) 1,60 und b) 1,75.

1. *Ermitteln und begründen Sie den Bilanzansatz in den Fällen a) und b).*
2. *Nennen Sie gegebenenfalls auch die Buchung zum 31. Dezember und die Auswirkung auf den Jahresgewinn.*

---

377 *Vervollständigen Sie folgende Aussagen:*

1. Nicht durch Umsatz realisierte Gewinne entstehen, wenn der ••• am Bilanzstichtag ••• ist als die Anschaffungskosten.
2. Nicht durch Umsatz realisierte Verluste ergeben sich, wenn der Tageswert am Bilanzstichtag ••• ist als die •••.
3. Die handelsrechtlichen Bewertungsprinzipien sorgen dafür, dass keine nicht realisierten ••• ausgewiesen werden, wohl aber nicht realisierte •••.

4. Wenn keine nicht realisierten Gewinne gebucht werden dürfen, können sie auch nicht an die Unternehmenseigner ••• werden. Dadurch bleibt das Eigenkapital zum Schutz der ••• •••.
5. Die handelsrechtlichen Bewertungsvorschriften bezwecken also eine ••• Bewertung der Vermögens- und Schuldposten. Man spricht deshalb auch vom Prinzip der •••.
6. Die handelsrechtliche Bewertung ist ••• für die steuerliche Gewinnermittlung, es sei denn, dass steuerliche Vorschriften etwas anderes •••.
7. Die steuerlichen Bewertungsvorschriften sollen aus Gründen der Steuer••• eine ••• Gewinnermittlung sicherstellen.
8. Die ungleiche Behandlung von nicht realisierten Gewinnen und Verlusten wird auch als •••prinzip bezeichnet.

---

378 Kauf eines Betriebsgrundstücks für 300.000,00 DM. Die Grunderwerbsteuer beträgt 3,5 %. Der Makler stellt 9.000,00 DM + USt in Rechnung. Für ein Entwässerungsgutachten für das Grundstück wurden 2.000,00 DM + USt gezahlt. Der Anschluss des Grundstücks an den Kanal verursachte Kosten in Höhe von 3.000,00 DM + USt.

Der Notar berechnet 1.500,00 DM + USt. Die Grundbuchkosten belaufen sich auf 450,00 DM.

Alle Zahlungen erfolgen durch Banküberweisung.

Zur Finanzierung des Grundstücks musste bei der Sparkasse eine Hypothek über 200.000,00 DM bei 100%iger Auszahlung und 10 % Zinsen aufgenommen werden. Die Zinsen sind halbjährlich im Voraus zu zahlen.

1. *Ermitteln Sie die Anschaffungskosten des Grundstücks (siehe S. 78).*
2. *Begründen Sie, welche Kosten im vorliegenden Fall nicht zu den Anschaffungskosten rechnen.*
3. *Buchen Sie die Anschaffung des Grundstücks aufgrund der vorliegenden Rechnungen.*
4. *Nennen Sie den Buchungssatz zur Aufnahme der Hypothek.*
5. *Buchen Sie die Hypothekenzinsen bei Zahlung am 1. Oktober. Welche Buchung ist zum 31. Dezember erforderlich?*
6. *Zu welchem Wert dürfen nicht abnutzbare Anlagegüter zum Bilanzstichtag höchstens angesetzt werden?*

---

379 Die Anschaffungskosten einer Maschine betrugen im Februar 50.000,00 DM. Nutzungsdauer 10 Jahre; Jahres-AfA linear 5.000,00 DM. Somit beträgt der Buchwert der Maschine zum 31. Dezember des zweiten Nutzungsjahres 40.000,00 DM. Durch technischen Fortschritt ist der Wert der Maschine am Ende des dritten Jahres nachhaltig auf 30.000,00 DM gesunken.

1. *Ermitteln und begründen Sie den Wertansatz der Maschine zum 31. Dezember des dritten Jahres.*
2. *Wie errechnet sich die Abschreibung für die Restnutzungsdauer?*

380

1. *Nennen Sie die Zielsetzung der handels- und steuerrechtlichen Bewertungsvorschriften.*
2. *Was beinhaltet das Prinzip der Einzelbewertung?*
3. *In welchen Bewertungsprinzipien findet das Prinzip der Vorsicht seinen Ausdruck?*
4. § 252 HGB (siehe Anhang) enthält die allgemeinen Bewertungsgrundsätze. *Welcher Bewertungsgrundsatz ist Ihrer Meinung nach der wichtigste? Begründen Sie.*

---

381 Am 10. Februar .. wird über das Vermögen unseres Kunden Jörg Käfer das Konkursverfahren beantragt. Unsere Forderung beträgt 9.280,00 DM (8.000,00 DM netto + 1.280,00 DM USt). Am 12. März .. wird der Antrag auf Eröffnung des Konkursverfahrens mangels Masse abgelehnt.

1. *Wie lautet die Buchung zum 10. Februar ..?*
2. *Nennen und begründen Sie die Buchung zum 12. März ..*

---

382 Am 24. Mai .. erfahren wir, dass unser Kunde Christian Schmelz den Antrag auf Eröffnung des Konkursverfahrens beim zuständigen Amtsgericht gestellt hat. Unsere Forderung beträgt einschließlich Umsatzsteuer 26.100,00 DM. Am 20. Juni .. wurde der Konkursantrag mangels Masse abgelehnt.

1. *Nennen Sie die Buchung zum 24. Mai .. Begründen Sie Ihre Buchung.*
2. *Ermitteln Sie die im Bruttoforderungsbetrag enthaltene Umsatzsteuer.*
3. *Wie lautet die Buchung zum 20. Juni ..?*

---

383 Am 18. Juni .. wird über das Vermögen unseres Kunden Andreas Heider das gerichtliche Vergleichsverfahren beantragt. Unsere Forderung beträgt 18.560,00 DM einschließlich Umsatzsteuer. In der Gläubigerversammlung wird am 28. Juli .. eine Vergleichsquote von 65 % vereinbart. Die Zahlung erfolgt durch Banküberweisung am 20. August ..

1. *Buchen Sie zum 18. Juni ..*
2. *Ermitteln Sie a) den Überweisungsbetrag, b) den endgültigen Forderungsausfall und c) die Umsatzsteuerberichtigung.*
3. *Buchen Sie den Teilausfall der Forderung.*

---

384 Unser Kunde Ehrlich zahlt auf eine im Vorjahr voll abgeschriebene Forderung unerwartet 3.712,00 DM durch Banküberweisung.

Nennen und begründen Sie die Buchung.

---

385 *Nennen Sie die Buchungssätze zu folgenden Geschäftsfällen:*

1. Über das Vermögen unseres Kunden Dreilich wird das Konkursverfahren eröffnet. Unsere Forderung beträgt einschließlich Umsatzsteuer 32.944,00 DM.
2. Die Konkursdividende im Fall 1 beträgt nach Abschluss des Konkursverfahrens 20 %. Die Zahlung erfolgt durch Banküberweisung.
3. Auf eine im Vorjahr voll abgeschriebene Forderung gehen wider Erwarten 672,80 DM ein.
4. Bei den Jahresabschlussarbeiten wird festgestellt, dass die Forderung an den Kunden Rainer Dirksen in Höhe von 11.600,00 DM brutto voraussichtlich zu 50 % als verloren anzusehen ist.
5. Eine zweifelhafte Forderung in Höhe von 17.400,00 DM ist uneinbringlich.

386

1. *Die Forderungen lassen sich in drei Gruppen einteilen. Nennen Sie diese.*
2. *Begründen Sie die Notwendigkeit einer buchhalterischen Trennung der zweifelhaften von den einwandfreien Forderungen.*
3. *Warum darf bei einem geschätzten Forderungsausfall zum 31. Dezember noch nicht die Umsatzsteuer berichtigt werden? Begründen Sie.*
4. *Wann gilt eine Forderung als uneinbringlich?*
5. *Was versteht man unter einem „speziellen Ausfall- bzw. Kreditrisiko"?*
6. *Was versteht man unter der Einzelbewertung der Forderungen aus Lieferungen und Leistungen zum Jahresschluss?*

---

387 Kauf eines Geschäfts-PKWs am 1. Oktober. Die Lieferfirma stellt in Rechnung:

Listenpreis 30.000,00 DM, 5 % Sonderrabatt auf den Listenpreis, Sonderzubehör 800,00 DM, Überführungskosten 500,00 DM, Nummernschilder 80,00 DM, Zulassungskosten 120,00 DM, + Umsatzsteuer.

Außerdem werden gezahlt: Kfz-Steuer für ein Jahr 440,00 DM,
Kfz-Versicherung für sechs Monate 660,00 DM.

Alle Zahlungen erfolgen durch Banküberweisung.

1. *Ermitteln Sie die Anschaffungskosten.*
2. *Erstellen Sie die Rechnung der Lieferfirma.*
3. *Buchen Sie aufgrund der Eingangsrechnung.*
4. *Buchen Sie den Rechnungsausgleich und die Überweisung der Kfz-Steuer und der Kfz-Versicherung zum 1. Oktober.*
5. *Die Nutzungsdauer des PKWs beträgt fünf Jahre. Wie hoch ist der Abschreibungsbetrag zum 31. Dezember? Beachten Sie den Anschaffungszeitpunkt.*
6. *Ermitteln Sie den Wertansatz zum 31. Dezember. Wie bezeichnet man den Wert, der sich bei abnutzbaren Anlagegütern nach Vornahme der Abschreibungen ergibt?*
7. *Wie lauten die Buchungen zum Jahresabschluss*
   a) *für die planmäßige Abschreibung und*
   b) *für die zeitliche Abgrenzung der Kfz-Steuer und Kfz-Versicherung?*

388 Ein Baustoffgroßhandelsbetrieb hat am 15. Januar eine Förderanlage erworben. Der Listenpreis beträgt 80.000,00 DM. Die Lieferfirma gewährt hierauf 10 % Rabatt.

In Rechnung gestellt werden ferner: Transportkosten 2.000,00 DM, Fundamentierungskosten 2.500,00 DM, Montagekosten 3.500,00 DM, + Umsatzsteuer.

Der Rechnungsbetrag wird mit 2 % Skonto durch Banküberweisung beglichen.

Zur Finanzierung der Anlage wurde ein Darlehen von 60.000,00 DM aufgenommen. Die Zinsen für das laufende Geschäftsjahr wurden mit 5.600,00 DM im Voraus überwiesen.

1. *Ermitteln Sie die Anschaffungskosten der Förderanlage.*
2. *Erstellen Sie die Rechnung der Lieferfirma.*
3. *Buchen Sie den Eingang der Rechnung.*
4. *Nennen Sie die Buchung für den Rechnungsausgleich.*
5. *Die Förderanlage hat eine Nutzungsdauer von 10 Jahren. Ermitteln Sie*
   a) *den niedrigsten und*
   b) *den höchstmöglichen Abschreibungsbetrag*
   zum 31. Dezember.
6. *Nennen Sie den Wertansatz für den Fall 5. a) und 5. b).*
7. *Für welchen Wertansatz würden Sie sich entscheiden, wenn das Unternehmen zum 31. Dezember.*
   a) *mit Verlust und*
   b) *mit hohem Gewinn*
   abschließt? Begründen Sie.

6464338

6.4 Jahresabschluss der Kapitalgesellschaften

6.4.1 Publizitäts- und Prüfungspflicht

Der Jahresabschluss der Kapitalgesellschaften (GmbH, AG, KGaA) besteht aus **drei Teilen,** die nach § 264 HGB eine **Einheit** bilden (→ Faltblatt im Anhang):

- **Bilanz** (§ 266 HGB)
- **Gewinn- und Verlustrechnung** (§ 275 HGB)
- **Anhang** (§ 284 HGB)

Der Anhang ist gleichwertiger **Bestandteil des Jahresabschlusses** und soll die **Bilanz und die Gewinn- und Verlustrechnung** in den einzelnen Positionen **näher erläutern.** Die **Bewertungs- und Abschreibungsmethoden** sind dabei ebenso darzustellen wie die **Beteiligungen** an anderen Unternehmen, die **Verbindlichkeiten** mit einer **Restlaufzeit von über fünf Jahren,** die Bezüge der Geschäftsführer und Mitglieder des Vorstandes sowie des Aufsichtsrates, die **Zahl der Arbeitnehmer** u. a. m.

Lagebericht. Außer dem Jahresabschluss ist auch noch ein Lagebericht gemäß § 289 HGB zu erstellen. Der Lagebericht ist **kein Bestandteil** des Jahresabschlusses. Er soll lediglich zusätzliche **Informationen über den Geschäftsverlauf** im Abschlussjahr und die wirtschaftliche und finanzielle Lage der Gesellschaft am Bilanzstichtag darstellen, wie z. B. **Höhe des Absatzes** im Inland und Ausland, **Personalentwicklung, Liquiditätslage** u. a. Außerdem muss die **voraussichtliche Entwicklung** des Unternehmens erörtert werden.

Kapitalgesellschaften sind grundsätzlich verpflichtet den Jahresabschluss und den Lagebericht zu veröffentlichen und vorher durch **unabhängige Abschlussprüfer** prüfen zu lassen. Zum Schutz kleiner und mittelständischer Unternehmen vor Konkurrenzeinblick richten sich jedoch **Art und Umfang der Veröffentlichung** sowie die **Prüfungspflicht** nach der **Größe der Kapitalgesellschaft. Für die Zuordnung** der Unternehmen zu einer Größenklasse **müssen zwei der drei Größenmerkmale** an zwei aufeinander folgenden Bilanzstichtagen **zutreffen:**[1]

Merkmale	Kleine Gesellschaften	Mittelgroße Gesellschaften	Große Gesellschaften
❶ **Bilanzsumme** (DM)	bis 5.310.000,00	bis 21.240.000,00	über 21.240.000,00
❷ **Umsatz** (DM)	bis 10.620.000,00	bis 42.480.000,00	über 42.480.000,00
❸ **Beschäftigte**	bis 50	bis 250	über 250

Veröffentlichung und Prüfung des Jahresabschlusses und des Lageberichts ergeben sich aus der nachfolgenden Tabelle. Sie zeigt, was und an welcher Stelle (HR: Einreichung beim Handelsregister; BA: Vollständige Veröffentlichung im Bundesanzeiger) offen zu legen ist und ob eine Prüfungspflicht besteht.

Kapitalgesellschaften	Offenlegung (§ 325 HGB)					Prüfung (§ 316 HGB)
	Jahresabschluss			Lagebericht	Publizität	
	Bilanz	GuV	Anhang			
kleine	x	–	x	–	HR[2]	–
mittelgroße	x	x	x	x	HR[2]	x
große	x	x	x	x	HR + BA	x

1 AG mit **börsengängigen** Aktien gilt stets als **große** Kapitalgesellschaft (§ 267 [3] HGB).
2 Im Bundesanzeiger wird lediglich auf die erfolgte Einreichung beim HR hingewiesen.

6.4.2 Gliederung der Bilanz nach § 266 HGB

Kapitalgesellschaften haben die Jahresbilanz, die veröffentlicht wird, nach § 266 HGB zu gliedern. Zum Schutz kleiner und mittelgroßer Unternehmen richtet sich jedoch der **Umfang der Gliederung nach der Größe** der Kapitalgesellschaft.

- **Große Kapitalgesellschaften** müssen ihre Bilanzen unter Berücksichtigung des in § 266 Abs. 2 und 3 HGB ausgewiesenen **vollständigen Gliederungsschemas** aufstellen und veröffentlichen (siehe nebenstehende Seite und im Anhang auf der Rückseite des Kontenrahmens). Die Bilanz wird hierbei in ihren Einzelpositionen sehr detailliert dargestellt und ermöglicht somit einen **tiefen Einblick in die Vermögens- und Finanzlage** eines Unternehmens.
- **Kleine Kapitalgesellschaften** brauchen nur eine **verkürzte Bilanz** (siehe unten) zu veröffentlichen, in der die mit **Buchstaben und römischen Zahlen** bezeichneten Posten des vollständigen Gliederungsschemas aufgeführt sind (§ 266 [1] HGB). Durch die starke Straffung der Bilanzpositionen sind diese Bilanzen natürlich für Außenstehende nur **von geringem Aussagewert**.
- **Mittelgroße Kapitalgesellschaften** müssen ihre Bilanzen zwar **nach dem vollständigen Gliederungsschema erstellen,** brauchen sie aber nur in der für kleine Kapitalgesellschaften vorgeschriebenen **Kurzform** zu **veröffentlichen.** Sie müssen dann allerdings wahlweise in der Bilanz oder im Anhang bestimmte Posten zusätzlich gesondert angeben, wie z. B. Gebäude, Technische Anlagen und Maschinen, Beteiligungen, Verbindlichkeiten gegenüber Kreditinstituten u. a. m. (§ 327 HGB).

Aktiva	**Bilanzschema kleiner Kapitalgesellschaften** Passiva
A. Anlagevermögen	**A. Eigenkapital**
I. Immaterielle Vermögensgegenstände	I. Gezeichnetes Kapital
II. Sachanlagen	II. Kapitalrücklage
III. Finanzanlagen	III. Gewinnrücklagen
	IV. Gewinn-/Verlustvortrag
	V. Jahresüberschuss/Jahresfehlbetrag
B. Umlaufvermögen	**B. Rückstellungen**
I. Vorräte	**C. Verbindlichkeiten**
II. Forderungen und sonstige Vermögensgegenstände	**D. Rechnungsabgrenzungsposten**
III. Wertpapiere	
IV. Flüssige Mittel	
C. Rechnungsabgrenzungsposten	

Zur Erhöhung der Bilanzklarheit ist bei Bilanzen, die **veröffentlicht** werden, zusätzlich noch Folgendes zu beachten:

- Zu jedem Bilanzposten ist der entsprechende **Vorjahresbetrag** anzugeben.
- In der Bilanz oder im Anhang ist die Entwicklung des Anlagevermögens durch einen Anlagenspiegel darzustellen (siehe Anhang).
- In der Bilanz muss der Betrag der **Forderungen mit einer Restlaufzeit** von **über einem Jahr** sowie der **Verbindlichkeiten** mit einer Restlaufzeit **bis zu einem Jahr** angegeben werden. Das verschafft Außenstehenden mehr **Einblick in die Liquiditätslage** des Unternehmens.
- Unter der Bilanz oder im Anhang sind **Eventualverbindlichkeiten** aus weitergegebenen Wechseln sowie aus Bürgschaftsverpflichtungen und aus Gewährleistungsverträgen anzugeben. Sie dürfen in einem Betrag angegeben werden (§ 251 HGB)[1].

1 Auch Bilanzen nicht offenlegungspflichtiger Unternehmen müssen diesen Vermerk nach § 251 HGB enthalten.

Gliederung der Jahresbilanz
nach § 266 Abs. 2 und 3 Handelsgesetzbuch

Aktiva

A. Anlagevermögen

I. Immaterielle Vermögensgegenstände
1. Konzessionen, gewerbliche Schutzrechte und ähnliche Rechte und Werte sowie Lizenzen an solchen Rechten und Werten
2. Geschäfts- oder Firmenwert
3. geleistete Anzahlungen

II. Sachanlagen
1. Grundstücke, grundstücksgleiche Rechte und Bauten einschließlich der Bauten auf fremden Grundstücken
2. technische Anlagen und Maschinen
3. andere Anlagen, Betriebs- und Geschäftsausstattung
4. geleistete Anzahlungen und Anlagen im Bau

III. Finanzanlagen
1. Anteile an verbundenen Unternehmen
2. Ausleihungen an verbundene Unternehmen
3. Beteiligungen
4. Ausleihungen an Unternehmen, mit denen ein Beteiligungsverhältnis besteht
5. Wertpapiere des Anlagevermögens
6. sonstige Ausleihungen

B. Umlaufvermögen

I. Vorräte
1. Roh-, Hilfs- und Betriebsstoffe
2. unfertige Erzeugnisse
3. fertige Erzeugnisse und Waren
4. geleistete Anzahlungen

II. Forderungen und sonstige Vermögensgegenstände
1. Forderungen aus Lieferungen und Leistungen
2. Forderungen gegen verbundene Unternehmen
3. Forderungen gegen Unternehmen, mit denen ein Beteiligungsverhältnis besteht
4. sonstige Vermögensgegenstände

III. Wertpapiere
1. Anteile an verbundenen Unternehmen
2. eigene Anteile
3. sonstige Wertpapiere

IV. Schecks, Kassenbestand, Bundesbank- und Postbankguthaben, Guthaben bei Kreditinstituten

C. Rechnungsabgrenzungsposten

Passiva

A. Eigenkapital

I. Gezeichnetes Kapital

II. Kapitalrücklage

III. Gewinnrücklagen
1. gesetzliche Rücklage
2. Rücklage für eigene Anteile
3. satzungsmäßige Rücklagen
4. andere Gewinnrücklagen

IV. Gewinnvortrag/Verlustvortrag

V. Jahresüberschuss/Jahresfehlbetrag

B. Rückstellungen
1. Rückstellungen für Pensionen und ähnliche Verpflichtungen
2. Steuerrückstellungen
3. sonstige Rückstellungen

C. Verbindlichkeiten
1. Anleihen,
   davon konvertibel
2. Verbindlichkeiten gegenüber Kreditinstituten
3. erhaltene Anzahlungen auf Bestellungen
4. Verbindlichkeiten aus Lieferungen und Leistungen
5. Verbindlichkeiten aus der Annahme gezogener Wechsel und der Ausstellung eigener Wechsel
6. Verbindlichkeiten gegenüber verbundenen Unternehmen
7. Verbindlichkeiten gegenüber Unternehmen, mit denen ein Beteiligungsverhältnis besteht
8. sonstige Verbindlichkeiten,
   davon aus Steuern
   davon im Rahmen der sozialen Sicherheit

D. Rechnungsabgrenzungsposten

6464341

6.4.3 Ausweis des Eigenkapitals in der Bilanz

Alle Posten des Eigenkapitals einer Kapitalgesellschaft werden in der Bilanz zu einer Gruppe **„A. Eigenkapital"** zusammengefasst.

Beispiel **Darstellung des Eigenkapitals in der Bilanz der X-GmbH** für das
Berichtsjahr: Verlustvortrag und Jahresüberschuss (Jahresgewinn)
Vorjahr: Gewinnvortrag und Jahresfehlbetrag (Jahresverlust)

Bilanz X-GmbH Passiva

A. Eigenkapital	Berichtsjahr		Vorjahr	
I. Gezeichnetes Kapital	800.000,00		800.000,00	
II. Kapitalrücklage	100.000,00		100.000,00	
III. Gewinnrücklage	250.000,00		250.000,00	
IV. Verlust-/Gewinnvortrag	150.000,00[1]		50.000,00	
V. Jahresüberschuss/-fehlbetrag .	300.000,00	1.300.000,00	200.000,00	1.000.000,00

Gezeichnetes Kapital ist das im Handelsregister eingetragene Kapital, auf das die **Haftung der Gesellschafter** beschränkt ist. Bei der **GmbH** ist es das **Stammkapital** (mindestens 50.000,00 DM), bei der **AG** das **Grundkapital** (mindestens 100.000,00 DM. Es ist **stets zum Nennwert auszuweisen. Ausstehende Einlagen** auf das gezeichnete Kapital werden **in der Regel auf der Aktivseite** vor dem Anlagevermögen als Forderung des Unternehmens an die Gesellschafter und somit als Korrekturposten zum „Gezeichneten Kapital" ausgewiesen. Sie dürfen nach § 272 (1) HGB auch auf der Passivseite offen vom „Gezeichneten Kapital" abgesetzt werden.

Beispiel Bilanzausweis der „Ausstehenden Einlagen" **(Regelfall)**

Aktiva	Bilanz der Y-GmbH		Passiva
A. Ausstehende Einlagen auf das gezeichnete Kapital	400.000,00	A. Eigenkapital I. Gezeichnetes Kapital	2.000.000,00
B. Anlagevermögen			

Der Gewinn-/Verlustvortrag ist der Gewinn- bzw. Verlust**rest des Vorjahres.**
Der Jahresüberschuss/Jahresfehlbetrag ist das in der Gewinn- und Verlustrechnung ermittelte **Ergebnis des Geschäftsjahres,** das in die Jahresbilanz einzustellen ist, sofern die Bilanz vor Verwendung des Jahresergebnisses (Gewinnverwendung bzw. Verlustdeckung) aufgestellt wird, was bei der GmbH die Regel ist.
Rücklagen sind getrennt ausgewiesenes Eigenkapital, die es in der Regel nur bei Kapitalgesellschaften wegen des **konstanten** „Gezeichneten Kapitals" gibt. Nach § 272 Abs. 2 und 3 HGB unterscheidet man **Kapital- und Gewinnrücklagen.**
Kapitalrücklagen entstehen durch ein **Aufgeld (Agio),** das bei der Ausgabe von Anteilen (Stammanteile, Aktien) über den Nennwert erzielt wird oder durch **Zuzahlungen** von Gesellschaftern für die Gewährung einer Vorzugsdividende.

Beispiel Eine Aktiengesellschaft erhöht ihr „Gezeichnetes Kapital" durch Ausgabe junger Aktien: Nennwert 10.000.000,00 DM, Ausgabekurs 150 % = 15.000.000,00 DM (Bank). Das Agio ist der Kapitalrücklage zuzuführen.

Buchung	Soll	Haben
1310 Bank	15.000.000,00	
an **0610 Gezeichnetes Kapital**		10.000.000,00
an **0620 Kapitalrücklage**		5.000.000,00

1 200.000,00 DM Jahresfehlbetrag des Vorjahres – 50.000,00 DM Gewinnvortrag des Vorjahres = **150.000,00 DM Verlustvortrag des Berichtsjahres**

6464342

Gewinnrücklagen werden **aus dem bereits versteuerten Jahresgewinn** (45 % Körperschaftsteuer) durch Einbehaltung bzw. Nichtausschüttung von Gewinnanteilen gebildet (§ 272 [3] HGB). Man unterscheidet vor allem zwischen **gesetzlichen, satzungsmäßigen und anderen (freien) Gewinnrücklagen:**

- **Gesetzliche Rücklagen** müssen **Aktiengesellschaften zur Deckung von Verlusten** bilden. Nach § 150 AktG sind jährlich 5 % des um einen Verlustvortrag geminderten Jahresüberschusses in die gesetzliche Rücklage einzustellen, bis die **gesetzliche Rücklage und die Kapitalrücklage zusammen mindestens 10 %** oder den in der Satzung bestimmten höheren Anteil **des Grundkapitals** erreichen. Solange die gesetzliche und die Kapitalrücklage die **Mindesthöhe** nicht übersteigen, müssen ein Gewinnvortrag aus dem Vorjahr und freie Rücklagen zur Verlustdeckung herangezogen werden. Bei der GmbH gibt es keine gesetzlich vorgeschriebenen, sondern nur freie (freiwillige) Rücklagen.
- **Satzungsmäßige oder auf Gesellschaftsvertrag beruhende Rücklagen.**
- **Andere Gewinnrücklagen (Freie Rücklagen).** Über die gesetzliche Verpflichtung hinaus können bei Aktiengesellschaften **bis zur Hälfte des Jahresüberschusses** in die andere (freie) Gewinnrücklage eingestellt werden (§ 58 AktG). **Freie Rücklagen** können **für beliebige Zwecke verwendet** werden, z. B. zur Finanzierung von Ersatz- und Erweiterungsinvestitionen. Da Rücklagen aus nicht ausgeschütteten Gewinnen gebildet werden, dienen sie zugleich der **Selbstfinanzierung** des Unternehmens und ganz allgemein der **Stärkung der Eigenkapitalbasis** der Unternehmen.

Beispiel In einer Aktiengesellschaft werden aus dem Jahresüberschuss u. a. 60.000,00 DM der gesetzlichen und 140.000,00 DM der freien Rücklage zugeführt.

Buchung (vereinfacht)	**Soll**	**Haben**
9300 Gewinn- und Verlustkonto	200.000,00	
an **0631 Gesetzliche Rücklage**		60.000,00
an **0634 Andere Gewinnrücklagen** .		140.000,00

Offene Rücklagen. Kapital- und Gewinnrücklagen werden in der Bilanz **offen** als **gesonderte** Eigenkapitalposten **ausgewiesen.** Man spricht von „offenen" Rücklagen.

Stille Rücklagen (stille Reserven) sind im Gegensatz zu den offenen Rücklagen aus der Bilanz nicht zu ersehen. Sie **entstehen** in der Regel **durch Unterbewertung der Vermögenswerte** (z. B. durch überhöhte Abschreibungen) oder durch **Überbewertung von Rückstellungen.** Stille Reserven sind auch stets in den Erinnerungswerten von 1,00 DM enthalten. Die gesetzlichen Bewertungsvorschriften engen allerdings den Spielraum zur Bildung stiller Reserven ein. Die **Vollabschreibung geringwertiger Wirtschaftsgüter** im Jahr ihrer Anschaffung oder Herstellung ist z. B. eine gesetzlich erlaubte Möglichkeit zur Bildung von stillen Reserven. Da Wirtschaftsgüter höchstens zu ihren Anschaffungs- bzw. Herstellungskosten aktiviert werden dürfen, entstehen zwangsläufig stille Reserven, wenn die **Preise am Markt (Tageswert) steigen.** Beträgt z. B. der Wiederbeschaffungspreis eines Grundstücks 280,00 DM je m^2, das 1950 mit 10,00 DM je m^2 angeschafft und bilanziert worden ist, so ist die stille Reserve 270,00 DM je m^2. Auch **Währungsverbindlichkeiten** enthalten oft stille Reserven.

6.4.4 Gliederung der Gewinn- und Verlustrechnung nach § 275 HGB

Nur mittelgroße und große Kapitalgesellschaften müssen ihre Gewinn- und Verlustrechnung **veröffentlichen,** und zwar nach § 275 HGB **in Staffelform.** Wie bei der Bilanz ist auch hier zu jedem Posten der **Vorjahresbetrag** anzugeben. Die Staffelform ermöglicht auch dem Buchführungslaien einen schnellen **Überblick über Entstehung und Zusammensetzung des Jahresergebnisses.**

Für ein Großhandelsunternehmen ergibt sich aus dem nebenstehenden Gliederungsschema des § 275 (2) HGB folgender kurz gefasster Aufbau der Erfolgsrechnung:

1	Umsatzerlöse (Warenverkauf)
2	+ Aktivierte Eigenleistungen
3	+ sonstige betriebliche Erträge
4	− Aufwendungen für Waren
	= Rohergebnis
5–7	− übrige betriebliche Aufwendungen
8–10	+ Erträge aus dem Finanzbereich
11–12	− Aufwendungen aus dem Finanzbereich
13	**= Ergebnis der gewöhnlichen Geschäftstätigkeit**
14	+ außerordentliche Erträge
15	− außerordentliche Aufwendungen
16	**± außerordentliches Ergebnis**
17–18	− Personen- und Betriebssteuern
19	**= Jahresüberschuss/Jahresfehlbetrag**

Mittelgroße Kapitalgesellschaften dürfen in der zu veröffentlichenden Erfolgsrechnung die **Posten 1 bis 5 als Rohergebnis zusammenfassen.** Damit bleibt der Konkurrenz die **Umsatzhöhe verborgen.**

Zusammenfassung

- Der **Jahresabschluss einer Kapitalgesellschaft** besteht aus **drei Teilen,** nämlich der **Bilanz,** der **Gewinn- und Verlustrechnung** und dem **Anhang. Zusätzlich** ist ein **Lagebericht** zu erstellen.
- Art und Umfang der **Prüfung, Gliederung und Offenlegung** des Jahresabschlusses **richten sich nach der Größe** des Unternehmens. Nur **große und mittelgroße** Kapitalgesellschaften müssen ihre Gewinn- und Verlustrechnung in **Staffelform** veröffentlichen.
- Kapitalgesellschaften müssen das **gezeichnete Kapital** in der Bilanz zum **Nennwert** ausweisen. **Rücklagen, Gewinne und Verluste** sind in der Bilanz **offen** auszuweisen.
- **Kapitalrücklagen** entstehen durch Zuzahlungen der Gesellschafter bzw. Aktionäre. **Gewinnrücklagen** werden aus dem versteuerten Gewinn gebildet.
- **Stille Rücklagen** (Reserven) entstehen durch Unterbewertung von Aktivposten und Überbewertung bestimmter Passivposten. Sie sind aus der Bilanz nicht zu ersehen.
- **Rücklagen** stellen **Eigenkapital** dar, **Rückstellungen** dagegen **Fremdkapital.**

6464344

Gliederung der Gewinn- und Verlustrechnung in Staffelform (§ 275 [2] HGB)

1. Umsatzerlöse (Warenverkauf)
2. Andere aktivierte Eigenleistungen (z. B. selbst erstellte Anlagen)
3. Sonstige betriebliche Erträge (z. B. Mieterträge, Buchgewinne u. a.)
4. Aufwendungen für Waren
5. Personalaufwand
   a) Löhne und Gehälter
   b) Soziale Abgaben und Aufwendungen für Altersversorgung und für Unterstützung
6. Abschreibungen
   a) auf immaterielle Anlagewerte und Sachanlagen
   b) auf Vermögensgegenstände des Umlaufvermögens, soweit diese die in der Kapitalgesellschaft üblichen Abschreibungen überschreiten
7. Sonstige betriebliche Aufwendungen (z. B. Raumkosten, Buchverluste u. a.)
8. Erträge aus Beteiligungen[1]
9. Erträge aus anderen Wertpapieren und Ausleihungen des Finanzanlagevermögens[1]
10. Sonstige Zinsen und ähnliche Erträge[1]
11. Abschreibungen auf Finanzanlagen und auf Wertpapiere des Umlaufvermögens
12. Zinsen und ähnliche Aufwendungen[1]

13. Ergebnis der gewöhnlichen Geschäftstätigkeit (= Saldo aus 1–12)

14. Außerordentliche Erträge
15. Außerordentliche Aufwendungen

16. Außerordentliches Ergebnis (= Saldo)

17. Steuern vom Einkommen und vom Ertrag (Körperschaft-, Gewerbesteuer)
18. Sonstige Steuern (z. B. Grund-, Kfz-Steuer u. a.)

19. Jahresüberschuss/Jahresfehlbetrag

Erläuterungen (siehe auch Rückseite des Kontenrahmens):

Die Posten **1–3** stellen **betriebsgewöhnliche Erträge** und die Posten **4–7 betriebsgewöhnliche Aufwendungen** der Kapitalgesellschaft dar.

Die Posten **3/7** sind **Sammelposten** für alle nicht im Gliederungsschema gesondert auszuweisenden Erträge und Aufwendungen aus der gewöhnlichen Geschäftstätigkeit (siehe nebenstehende Beispiele).

Die Posten **8–12** sind Erträge und Aufwendungen des **Finanzbereiches.**

Die Posten **14–15** erfassen lediglich **ungewöhnliche (seltene) Aufwendungen** (z. B. Verluste aus sehr großen Schadensfällen und Enteignungen, Verlust aus dem Verkauf eines Teilbetriebs u. a.) und **Erträge** (z. B. Steuererlass, Gewinne aus dem Verkauf eines Teilbetriebs, Erträge aus Gläubigerverzicht u. a.).

In der Regel weisen Bilanz und Gewinn- und Verlustrechnung als Jahresergebnis einen Jahresüberschuss oder Jahresfehlbetrag aus. Die Verwendung des Jahresergebnisses erfolgt dann im nächsten Geschäftsjahr. Wird jedoch die **Bilanz nach teilweiser Verwendung des Jahresüberschusses** durch Einstellung in die Gewinnrücklagen aufgestellt, so tritt an die Stelle der Posten „Jahresüberschuss" und „Gewinn-/Verlustvortrag" der Posten **„Bilanzgewinn":**

Beispiel

Jahresüberschuss	420.000,00 DM
+ Gewinnvortrag des Vorjahres	30.000,00 DM
– Einstellung in Gewinnrücklage	300.000,00 DM
Bilanzgewinn	150.000,00 DM

1 In der **Vorspalte** ist jeweils anzugeben: ... davon aus (an) **verbundene(n) Unternehmen** ...

389 Das Schlussbilanzkonto der Stahlhandels GmbH weist zum 31. Dez. aus:

Soll		9400 Schlussbilanzkonto			Haben
0210	Bebaute Grundst.	210.000,00	0610	Gezeichn. Kapital ..	2.800.000,00
0230	Geschäftsgebäude .	1.200.000,00	0630	Gewinnrücklagen ..	250.000,00
0310	Technische Anlagen und Maschinen	1.280.000,00	0650	Jahresüberschuss ...	360.000,00
0330	Geschäftsausstattg.	290.000,00	0724	Sonst. Rückstell. ...	70.000,00
0450	Wertpapiere des Anlagevermögens .	120.000,00	0820	Langfristige Bankverbindlichkeiten ..	1.730.000,00
0910	Akt. Rechnungsabgr.	15.000,00	0930	Pass. Rechnungsabgr.	10.000,00
1010	Forderungen a. LL .	207.000,00	1710	Verbindlichk. a. LL ..	230.000,00
1310	Bankguthaben	243.000,00	1810	Umsatzsteuer	50.000,00
1320	Postbankguthaben	90.000,00			
1510	Kasse	45.000,00			
3900	Warenbestände ...	1.800.000,00			
		5.500.000,00			5.500.000,00

1. *Erstellen Sie die Bilanz nach dem Gliederungsschema auf Seite 341.*
2. *Wie hoch ist das Eigenkapital zum 31. Dezember?*
3. *Inwieweit deckt das Eigenkapital das Anlagevermögen?*

390 Das Gewinn- und Verlustkonto der o. g. Stahlhandels GmbH weist zum 31. Dez. folgende Zahlen aus:

Soll		9300 Gewinn- und Verlustkonto			Haben
2110	Zinsaufwendungen	86.000,00	2610	Zinserträge	78.000,00
2210	Körperschaftsteuer	294.000,00	2770	Sonst. Erträge	566.000,00
3010	Aufw. für Waren ..	2.360.000,00	8010	Warenverkauf	4.800.000,00
4010	Löhne	940.000,00			
4020	Gehälter	456.000,00			
4040	Arbeitgeberant. z. SV	224.000,00			
4100	Mieten	16.000,00			
4200	Betriebliche Steuern	174.000,00			
4400	Werbung	126.000,00			
4710	Instandhaltung	140.000,00			
4810	Bürobedarf	20.000,00			
4820	Porto – Telefon – Telefax	64.000,00			
4910	Abschreib. auf SA .	184.000,00			
0650	Jahresüberschuss ..	360.000,00			
		5.444.000,00			5.444.000,00

1. *Erstellen Sie die Gewinn- und Verlustrechnung in Staffelform nach dem Schema auf Seite 344 und ermitteln Sie das Rohergebnis, das Ergebnis der gewöhnlichen Geschäftstätigkeit und den Jahresüberschuss.*
2. *Richten Sie für den Abschluss des Gewinn- und Verlustkontos das Konto „0650 Jahresüberschuss/Jahresfehlbetrag" ein. Wie lautet im vorliegenden Fall die Abschlussbuchung des Gewinn- und Verlustkontos?*
3. *Nennen Sie die Abschlussbuchung für das Konto „0650 Jahresüberschuss/Jahresfehlbetrag".*
4. *Ermitteln Sie die Rentabilität des Anfangseigenkapitals.*

6464346

7 Auswertung des Jahresabschlusses

Aus dem Jahresabschluss lassen sich wertvolle **Erkenntnisse über die Vermögens-, Finanz- und Erfolgslage** des Unternehmens gewinnen, wenn man die Abschlusszahlen entsprechend auswertet. Ein Vergleich mit den Jahresabschlüssen der Vorjahre **(Zeitvergleich)** gibt außerdem Auskunft über die betriebseigene **Entwicklung.** Wie das Unternehmen innerhalb seiner Branche zu beurteilen ist, zeigt ein Vergleich mit den Zahlen branchengleicher Unternehmen **(Betriebsvergleich).**

Die betriebswirtschaftliche Auswertung des Jahresabschlusses umfasst die

- **Aufbereitung (Analyse)** und die
- **Beurteilung (Kritik)** des Zahlenmaterials.

Allgemein spricht man auch von **„Bilanzanalyse und Bilanzkritik".**

7.1 Die Auswertung der Bilanz

7.1.1 Die Aufbereitung der Bilanz (Bilanzanalyse)

Umgliederung der Bilanzposten. Die Bilanzen müssen zunächst für eine kritische Beurteilung entsprechend aufbereitet werden. Die zahlreichen Bilanzposten sind daher nach bestimmten Gesichtspunkten umzugliedern und gruppenmäßig zusammenzufassen. Die Vermögensseite umfasst die beiden Hauptgruppen **„Anlagevermögen"** und **„Umlaufvermögen"**, die Kapitalseite **„Eigenkapital"** und **„Fremdkapital"**. Das Umlaufvermögen ist nach der **Flüssigkeit** in die Gruppen **„Vorräte", „Forderungen"** und **„Flüssige Mittel"** zu gliedern. Die Positionen des Fremdkapitals sind nach der **Fälligkeit** in **„Langfristiges Fremdkapital"** und **„Kurzfristiges Fremdkapital"** zu ordnen. Wertberichtigungen sind vorab mit dem entsprechenden Aktivposten zu saldieren. Aktive Rechnungsabgrenzungssammelposten werden den Forderungen, passive Rechnungsabgrenzungsposten den kurzfristigen Verbindlichkeiten zugeordnet.

Die Bilanzstruktur ist das **Ergebnis der Aufbereitung** der Bilanzposten. Sie lässt bereits deutlich den **Vermögens- und Kapitalaufbau** des Unternehmens erkennen:

Vermögen — **BILANZSTRUKTUR** — **Kapital**

I. Anlagevermögen	**I. Eigenkapital**
II. Umlaufvermögen 1. Vorräte 2. Forderungen 3. Flüssige Mittel	**II. Fremdkapital** 1. langfristig 2. kurzfristig
Wie ist das Kapital angelegt?	Woher stammt das Kapital?

Zur besseren Vergleichbarkeit und Überschaubarkeit stellt man die **Bilanzstruktur** nicht nur in absoluten Zahlen, sondern auch in **Prozentzahlen** dar, wobei die **Bilanzsumme die Basis (≙ 100 %)** bildet. Damit wird auf einen Blick erkennbar, welches Gewicht die einzelnen Hauptgruppen innerhalb des Gesamtvermögens (Aktiva) und Gesamtkapitals (Passiva) haben. Vermögens- und Kapitalstruktur werden dadurch noch anschaulicher dargestellt.

Beispiel Die Bilanzen der **Papiergroßhandlung Katja Kern,** Köln, lauten für die beiden letzten Geschäftsjahre:

Aktiva	Berichtsjahr TDM	Vorjahr TDM	Passiva	Berichtsjahr TDM	Vorjahr TDM
Gebäude	1.200	850	Eigenkapital 1. Jan.	1.710	1.600
Maschinen	290	240	– Entnahmen	106	60
BuG-Ausstattung	170	90		1.604	1.540
Fuhrpark	140	120	+ Einlagen	700	–
Waren	1.300	1.940		2.304	1.540
Forderungen a. LL	950	400	+ Gewinn	306	170
Kasse	15	10	Eigenkapital 31. Dez.	2.610	1.710
Postbankguthaben	55	20	Rückstellungen	200	400
Bankguthaben	380	130	Hypotheken	440	331
			Darlehen	520	305
			Verbindlichk. a. LL	680	769
			Schuldwechsel	–	160
			Sonstige Verbindl.	50	125
	4.500	3.800		4.500	3.800

Anmerkungen zur Bilanzaufbereitung: Die Rückstellungen sind je zur Hälfte als langfristig und kurzfristig zu behandeln. Der Gewinn verbleibt im Unternehmen.

siehe „Prozentrechnung", Kap. 9.4

Die Aufbereitung der Bilanzen wird nach folgendem Schema vorgenommen:

AKTIVA	Berichtsjahr		Vorjahr		Zu- oder Abnahme
	TDM	%	TDM	%	TDM
Anlagevermögen	1.800	40	1.300	34	+ 500
Vorräte	1.300	29	1.940	51	– 640
Forderungen a. LL	950	21	400	11	+ 550
Flüssige Mittel	450	10	160	4	+ 290
Umlaufvermögen	2.700	60	2.500	66	+ 200
Gesamtvermögen	4.500	100	3.800	100	+ 700

PASSIVA	Berichtsjahr		Vorjahr		Zu- oder Abnahme
	TDM	%	TDM	%	TDM
Eigenkapital	2.610	58	1.710	45	+ 900
50 % Rückstellungen	100	2	200	5	– 100
Hypotheken	440	10	331	9	+ 109
Darlehen	520	12	305	8	+ 215
Langfr. Fremdkapital	1.060	24	836	22	+ 224
50 % Rückstellungen	100	2	200	5	– 100
Verbindlichkeiten a. LL	680	15	769	21	– 89
Schuldwechsel	—	—	160	4	– 160
Sonstige Verbindlichk.	50	1	125	3	– 75
Kurzfr. Fremdkapital	830	18	1.254	33	– 424
Gesamtkapital	4.500	100	3.800	100	+ 700

7.1.2 Die Beurteilung der Bilanz (Bilanzkritik)

Die aufbereiteten Bilanzen enthalten bereits die wichtigsten Kennzahlen und Angaben zur **Beurteilung** der

- **Kapitalausstattung,**
- **Anlagenfinanzierung,**
- **Zahlungsfähigkeit** und des
- **Vermögensaufbaus**

des Unternehmens. Die nun einsetzende Bilanzbeurteilung stellt zwischen den durch die Aufbereitung gewonnenen Verhältniszahlen sinnvolle **Beziehungen** her und wertet diese im Hinblick auf die **Lage und Entwicklung** des Unternehmens.

7.1.2.1 Beurteilung der Kapitalausstattung (Finanzierung)

Grad der Unabhängigkeit. Bei der Beurteilung der **Kapitalausstattung oder Finanzierung** geht es vor allem um die Frage, ob das Unternehmen überwiegend mit **eigenem oder fremdem Kapital** arbeitet. In der Regel kann die Finanzierung eines Unternehmens als günstig bezeichnet werden, wenn das **Eigenkapital als Haftungs- bzw. Schutzkapital** das Fremdkapital überwiegt; denn je höher der Anteil des Eigenkapitals am Gesamtkapital, umso **sicherer** ist die Lage des Unternehmens in Krisenzeiten und umso **unabhängiger** ist das Unternehmen **gegenüber** seinen **Gläubigern.** Der Anteil des Eigenkapitals am Gesamtkapital ist daher zugleich Ausdruck des Grades der finanziellen Unabhängigkeit des Unternehmens.

Der Grad der Verschuldung kommt durch den Anteil des Fremdkapitals am Gesamtkapital zum Ausdruck. Ein im Verhältnis zum Eigenkapital zu hohes Fremdkapital bedeutet eine erhebliche **Einengung der Selbstständigkeit des Unternehmens,** da mit jeder weiteren Kreditaufnahme stets der Nachweis der Kreditverwendung und ständige Kontrollen durch Gläubiger verbunden sind. Ist der Anteil an kurzfristigen Schulden sehr hoch, so wird die **Liquidität (Zahlungsfähigkeit)** des Unternehmens stark eingeschränkt. Die **Zusammensetzung des Fremdkapitals** (lang- und kurzfristig) ist daher eine wichtige Frage bei der Beurteilung der Finanzierung eines Unternehmens.

Kennzahlen der Finanzierung (Kapitalstruktur)	B	V
❶ Grad der finanziellen Unabhängigkeit $= \frac{\text{Eigenkapital} \cdot 100\,\%}{\text{Gesamtkapital}}$	58 %	45 %
❷ Grad der Verschuldung $= \frac{\text{Fremdkapital} \cdot 100\,\%}{\text{Gesamtkapital}}$	42 %	55 %
❸ Anteil des langfristigen Fremdkapitals $= \frac{\text{lgfr. Fremdkapital} \cdot 100\,\%}{\text{Gesamtkapital}}$	24 %	22 %
❹ Anteil des kurzfristigen Fremdkapitals $= \frac{\text{kfr. Fremdkapital} \cdot 100\,\%}{\text{Gesamtkapital}}$	18 %	33 %

Die Kennzahlen zeigen deutlich, dass sich im Berichtsjahr der **Grad der finanziellen Unabhängigkeit von 45 % auf 58 %** und damit entsprechend der **Grad der Verschuldung von 55 % auf 42 %** entscheidend verbessert haben. Die beachtliche Steigerung des Eigenkapitals ist auf eine **Kapitaleinlage** der Unternehmerin in Höhe **von 700 TDM** sowie auf den im Berichtsjahr erwirtschafteten hohen **Jahresgewinn von 306 TDM** zurückzuführen. Erfreulicherweise konnte dadurch der Anteil des Fremdkapitals und somit der Einfluss der Gläubiger erheblich vermindert werden. Der **Rückgang des kurzfristigen Fremdkapitals von 33 % auf 18 %** ist im Hinblick auf die Liquidität des Unternehmens besonders positiv zu beurteilen. Der beachtliche Abbau der kurzfristigen Fremdmittel ist vor allem auf eine **Umschuldung** zurückzuführen, also auf eine Umwandlung kurzfristiger in langfristige Schulden. So steht einer Abnahme an kurzfristigen Fremdmitteln in Höhe von 424 TDM eine Zunahme der langfristigen Schulden in Höhe von 224 TDM gegenüber (vgl. aufbereitete Bilanzen auf Seite 348).

Die Unternehmensleitung hat im Berichtsjahr sinnvolle Maßnahmen durchgeführt, um die Finanzierung des Unternehmens noch krisenfester zu gestalten.

Zusammenfassung

- **Je größer das Eigenkapital** im Verhältnis zum Fremdkapital ist, desto solider und **krisenfester ist die Finanzierung** und desto geringer ist die Abhängigkeit gegenüber Gläubigern.

7.1.2.2 Beurteilung der Anlagendeckung (Investierung)

Die Finanzierung (Deckung) des Anlagevermögens durch

- **Eigenkapital → Deckungsgrad I**

  und durch

- **langfristiges Kapital** (Eigenkapital und langfr. Fremdkapital) → **Deckungsgrad II**

ist zugleich ein wichtiger **Maßstab zur Beurteilung der Kapitalausstattung** des Unternehmens schlechthin. Da **Anlagegegenstände** in der Regel langfristig gebundenes Vermögen darstellen, müssen sie durch **entsprechend langfristiges Kapital** finanziert werden. Damit wird sichergestellt, dass im Krisenfalle keine Anlagegüter veräußert werden müssen, um den Tilgungsverpflichtungen termingerecht nachzukommen. Deshalb sollen Wirtschaftsgüter des Anlagevermögens grundsätzlich **nicht kurzfristig** finanziert werden. Die Anlagenfinanzierung kann somit als sehr gut bezeichnet werden, wenn das Anlagevermögen voll durch Eigenkapital **(Deckungsgrad I)** gedeckt ist. Reicht das Eigenkapital jedoch nicht zur Finanzierung des Anlagevermögens aus, so darf zusätzlich nur langfristiges Fremdkapital herangezogen werden. Der **Deckungsgrad II** muss mindestens 100 % betragen, wenn eine volle Deckung durch langfristiges Kapital gegeben sein soll.

Kennzahlen der Anlagendeckung (Investierung)	Berichtsjahr	Vorjahr
Deckungsgrad I $= \frac{\text{Eigenkapital} \cdot 100\ \%}{\text{Anlagevermögen}}$	145 %	132 %
Deckungsgrad II $= \frac{\text{Langfristiges Kapital} \cdot 100\ \%}{\text{Anlagevermögen}}$	204 %	196 %

Die Anlagendeckung durch Eigenkapital (Deckungsgrad I) war bereits im Vorjahr sehr gut. Sie konnte im Berichtsjahr durch die bereits erwähnte **Erhöhung des Eigenkapitals** noch wesentlich verbessert werden. **Nicht nur das Anlagevermögen, sondern auch der größte Teil der Warenvorräte werden** nunmehr **durch eigene Mittel finanziert.** Besonders erfreulich ist auch die Tatsache, dass die erheblichen **Anschaffungen (Investitionen)** im Anlagevermögen in Höhe von 500 TDM **ebenfalls** in vollem Umfang **durch Eigenkapital finanziert** wurden.

Die Anlagendeckung durch langfristiges Kapital (Deckungsgrad II) ist in den beiden Vergleichsjahren ausgezeichnet. Besonders im Berichtsjahr wird der größte Teil des Umlaufvermögens **langfristig** finanziert, was sich auf die Liquidität des Unternehmens zwangsläufig günstig auswirken muss. Die für das Berichtsjahr als **sehr gut beurteilte Finanzierung wird durch die Anlagendeckung I und II voll bestätigt.**

Zusammenfassung

- **Die Anlagendeckung** ist zugleich **Maßstab** zur Beurteilung der Finanzierung (Kapitalausstattung) des Unternehmens.
- Das Anlagevermögen und der eiserne Bestand an Waren sollten stets durch entsprechend **langfristiges** Kapital (Eigen- + langfr. Fremdkapital) finanziert sein.

7.1.2.3 Beurteilung der Zahlungsfähigkeit (Liquidität)

Liquidität ist die Zahlungsfähigkeit eines Unternehmens, die sich aus dem **Verhältnis der flüssigen (liquiden) Mittel zu den fälligen kurzfristigen Verbindlichkeiten** erkennen lässt. Es muss deshalb untersucht werden, ob das Unternehmen in der Lage sein wird die **fälligen** Verbindlichkeiten **fristgerecht** zu begleichen.

Aufgrund der Bilanzzahlen kann die **Liquidität** eines Unternehmens natürlich **nur überschlägig** ermittelt werden, da wichtige Angaben aus den Bilanzen nicht hervorgehen, wie **Fälligkeiten** der Verbindlichkeiten und Forderungen, **laufende Zahlungen** für Steuern, Mieten u. a. m. Dennoch lassen sich verschiedene Stufen oder Grade der Zahlungsfähigkeit des Unternehmens aus den Abschlusszahlen errechnen.

Die Kennzahlen der Liquidität berücksichtigen jeweils den Grad der Zahlungsfähigkeit. Die **Liquidität I (1. Grades),** auch **Barliquidität** genannt, setzt die flüssigen Mittel (Kasse, Bank- und Postbankguthaben, diskontfähige Besitzwechsel, börsenfähige Wertpapiere des Umlaufvermögens) ins Verhältnis zu den kurzfristigen Fremdmitteln. Die **Liquidität II,** auch **einzugsbedingte Liquidität** genannt, berücksichtigt zusätzlich die Forderungen. Die **umsatzbedingte Liquidität III** setzt schließlich das gesamte Umlaufvermögen zum kurzfristigen Fremdkapital in Beziehung. Nach einer **Erfahrungsregel** sollte mindestens die Liquidität II bereits eine volle Deckung der kurzfristigen Schulden bringen. Die Liquidität III müsste nach einer amerikanischen Faustregel zu einer zweifachen Deckung (200 %) führen.

Liquiditätskennzahlen	Berichtsjahr	Vorjahr
Liquidität I $= \dfrac{\text{flüssige Mittel} \cdot 100\,\%}{\text{kurzfristiges Fremdkapital}}$	54 %	13 %
Liquidität II $= \dfrac{(\text{flüssige Mittel} + \text{Forderungen}) \cdot 100\,\%}{\text{kurzfristiges Fremdkapital}}$	169 %	45 %
Liquidität III $= \dfrac{\text{Umlaufvermögen} \cdot 100\,\%}{\text{kurzfristiges Fremdkapital}}$	325 %	199 %

Die Liquiditätslage des Unternehmens hat sich im Berichtsjahr gegenüber dem Vorjahr ganz entschieden verbessert. Selbst unter Berücksichtigung der Forderungen konnte im Vorjahr keine volle Deckung der kurzfristigen Verbindlichkeiten erreicht werden. Im Berichtsjahr führte dagegen die Liquidität II bereits zu einer erheblichen Überdeckung. Die Liquidität 3. Grades zeigt im Berichtsjahr deutlich die ausgezeichnete finanzielle Lage des Unternehmens. Das Umlaufvermögen ist über dreimal so groß wie die kurzfristigen Fremdmittel. Diese äußerst positive Entwicklung der Zahlungsfähigkeit ist einerseits auf die bereits erwähnte Kapitalerhöhung sowie Umschuldung und andererseits vor allem auch auf die erhebliche Absatzsteigerung zurückzuführen. Diese von der Unternehmensleitung getroffenen **Maßnahmen dienten** nicht zuletzt der **Stärkung der Liquidität.**

Zusammenfassung

- Je mehr die flüssigen Mittel 1., 2. und 3. Grades die kurzfristigen Verbindlichkeiten decken, desto **liquider** und damit **sicherer** ist das Unternehmen.
- Für die fälligen Schulden müssen stets Zahlungsmittel bereitstehen, denn Zahlungsunfähigkeit bedeutet in der Regel Konkurs.
- Nach einer **Erfahrungsregel** gilt die Zahlungsfähigkeit als gesichert, wenn das Umlaufvermögen doppelt so groß ist wie das kurzfristige Fremdkapital.

7.1.2.4 Beurteilung der Vermögensstruktur (Konstitution)

Die Vermögensstruktur zeigt sich im **Verhältnis zwischen Anlage- und Umlaufvermögen.** Dieses Verhältnis ist weitgehend abhängig von der Branche, der das Unternehmen angehört, sowie vom **Ausmaß der Ausstattung und Automatisierung.** So sind beispielsweise Unternehmen der Grundstoff- und Schwerindustrie mit einem Anlagenanteil von 60–70 % besonders anlagenintensiv, im Gegensatz zu Großhandelsunternehmen, in denen in der Regel das Umlaufvermögen deutlich überwiegt.

Das Anlagevermögen verursacht erhebliche **fixe (feste) Kosten,** wie Abschreibungen, Instandhaltungen u. a., **die unabhängig von der Beschäftigungs- und Absatzlage,** also **auch in Krisenzeiten, anfallen** und ständig die Erfolgsrechnung als Aufwand belasten. Je niedriger das Anlagevermögen im Verhältnis zum Umlaufvermögen ist, desto geringer ist die Belastung mit festen Kosten und desto besser kann sich ein Unternehmen **den veränderten Marktverhältnissen anpassen.**

Das Umlaufvermögen besteht in der Regel aus Warenvorräten, Forderungen sowie flüssigen Mitteln. Vergleicht man die Posten mit den **Warenverkaufserlösen,** lassen sich wertvolle **Erkenntnisse über die Absatzlage** des Unternehmens erzielen. Ein erhöhter Bestand an Forderungen bedeutet Absatzsteigerung, wenn zugleich die Warenverkaufserlöse entsprechend gestiegen sind. Eine Veränderung der Vorräte und flüssigen Mittel sollte daher auch im Zusammenhang mit den Warenverkaufserlösen gesehen werden.

Kennzahlen der Vermögensstruktur	Berichtsjahr	Vorjahr
❶ Anteil des Anlagevermögens $= \frac{\text{AV} \cdot 100\,\%}{\text{Gesamtvermögen}}$	40 %	34 %
❷ Anteil des Umlaufvermögens $= \frac{\text{UV} \cdot 100\,\%}{\text{Gesamtvermögen}}$	60 %	66 %
❸ Anteil der Vorräte $= \frac{\text{Vorräte} \cdot 100\,\%}{\text{Gesamtvermögen}}$	29 %	51 %
❹ Anteil der Forderungen $= \frac{\text{Forderungen} \cdot 100\,\%}{\text{Gesamtvermögen}}$	21 %	11 %
❺ Anteil der flüssigen Mittel $= \frac{\text{Flüssige Mittel} \cdot 100\,\%}{\text{Gesamtvermögen}}$	10 %	4 %

Angaben lt. GuV-Rechnung:	Berichtsjahr	Vorjahr
Warenverkaufserlöse	8.200 TDM	5.500 TDM

Die Kennzahlen der Vermögensstruktur zeigen deutlich die positive Entwicklung des Unternehmens im Vergleichszeitraum. Die Steigerung des Anlagevermögens ist auf **Neuanschaffungen** in Höhe von 500 TDM zurückzuführen, die zu einer **Kapazitätserweiterung** führten, worauf auch die gestiegenen Warenverkaufserlöse hinweisen. Auch der **Abbau der Vorräte** und die **Erhöhung der Forderungen** sowie der flüssigen Mittel stehen offensichtlich im Zusammenhang mit einer **erheblichen Absatzsteigerung.**

Zusammenfassung

- Das Verhältnis zwischen Anlage- und Umlaufvermögen wird weitgehend von der Branche und dem Grad der Ausstattung des Unternehmens bestimmt.
- Vorräte und Forderungen sind mit den Warenverkaufserlösen zu vergleichen.

6464352

391

1. *Welche Möglichkeiten hat der Unternehmer die Finanzierung (Kapitalausstattung des Unternehmens) zu verbessern?*
2. *Ein Unternehmer hat einen sehr großen Teil des Anlagevermögens mit einem kurzfristigen Bankkredit finanziert. Wie beurteilen Sie das?*
3. *Wodurch wird die Vermögensstruktur (AV : UV) bestimmt?*
4. *Welche Gefahr liegt in einem a) zu geringen und b) zu großen Anlagevermögen?*
5. *Welche Gefahr liegt in einem a) zu geringen und b) zu hohen Umlaufvermögen?*

392

1. *Welche Möglichkeiten hat der Unternehmer die Liquidität zu verbessern?*
2. *Der Bestand an sofort greifbaren flüssigen Mitteln ist im Verhältnis zu hoch. Was empfehlen Sie dem Unternehmen?*
3. *Vermittelt die Bilanz ein eindeutiges Bild der Zahlungsfähigkeit?*
4. *Beurteilen Sie die folgenden Bilanzstrukturen:*

Bilanz 1	
Anlagevermögen 40 %	Eigenkapital 50 %
Umlaufvermögen 60 %	Fremdkapital 50 %

Bilanz 2	
Anlagevermögen 40 %	Eigenkapital 30 %
Umlaufvermögen 60 %	langfristiges Fremdkapital 10 % kurzfristiges Fremdkapital 60 %

393

Nach der Aufbereitung zeigt die Bilanz eines Großhandelsunternehmens die folgende Vermögens- und Kapitalstruktur:

Vermögen	TDM	%	**Aufbereitete Bilanz** Kapital	TDM	%
I. Anlagevermögen .	2.400	**30**	**I. Eigenkapital**	4.800	**60**
II. Umlaufvermögen			**II. Fremdkapital**		
1. *nicht* flüssig .... (Vorräte)	3.300		1. *langfristig* ...... (Hyp. u. Darl.)	2.000	
2. *bedingt* flüssig.. (Ford. a. LL, Besitzwechsel)	1.700	**70**	2. *kurzfristig* ...... (Verbindlichk. a. LL., Schuldwechsel u. a.)	1.200	**40**
3. *sofort* flüssig ... (Kasse, Postbank, Bankguthaben)	600				
	8.000	**100**		8.000	**100**

1. *Beurteilen Sie auch unter Berücksichtigung von* ***Branchen-Richtwerten ( )***
   a) *die Finanzierung oder Kapitalausstattung (35 : 65),*
   b) *den Vermögensaufbau (25 : 75),*
   c) *die Anlagenfinanzierung bzw. -deckung (Deckung I: 80 %; II: 120 %) sowie*
   d) *die Zahlungsfähigkeit (Liquidität) des Unternehmens.*
2. *Inwiefern erübrigt sich im vorliegenden Fall die Ermittlung des Deckungsgrades II im Rahmen der Beurteilung der Anlagenfinanzierung?*
3. *Welchen entscheidenden Vorteil bietet die Auswertung bei einem Bilanzvergleich (Zeit- oder Betriebsvergleich)?*

394

Aktiva	Berichts-jahr	Vorjahr	Passiva	Berichts-jahr	Vorjahr
	TDM	TDM		TDM	TDM
I. Anlagevermögen			**I. Eigenkapital**	3.000	1.600
1. Gebäude	1.480	1.000	**II. Fremdkapital**		
2. BuG-Ausstattg.	500	200	1. Hypotheken	650	680
3. Fuhrpark	280	100	2. Darlehen	880	520
II. Umlaufvermögen			3. Lieferer-schulden	450	900
1. Vorräte	1.400	1.650	4. Schuldwechsel	20	300
2. Forderungen	800	600			
3. Besitzwechsel	100	150			
4. Kasse	20	10			
5. Postbankguth.	30	40			
6. Bankguthaben	390	250			
	5.000	4.000		5.000	4.000

1. *Bereiten Sie obige Bilanzen der Textilgroßhandlung J. Kolberg entsprechend dem Aufbereitungsschema auf Seite 348 auf und stellen Sie jeweils die Veränderungen der Vermögens- und Kapitalposten fest.*
2. *Ermitteln Sie die Kennzahlen zur Beurteilung der*
   a) Finanzierung, b) Anlagendeckung, c) Liquidität, d) Vermögensstruktur.
3. *Beurteilen Sie die Entwicklung des Unternehmens in den Vergleichsjahren aufgrund der Kennzahlen und versuchen Sie die Ursachen der Veränderungen offen zu legen. Stellen Sie sich dabei stets* ***folgende Fragen:***

> ▶ *Wie ist die Entwicklung in absoluten und relativen Zahlen?*
> ▶ *Worauf könnte die positive oder negative Entwicklung zurückzuführen sein?*
> ▶ *Welche Maßnahmen zur Verbesserung der Finanzierung, Anlagendeckung, Liquidität und Vermögensstruktur würden Sie der Unternehmensleitung empfehlen?*

395

Aktiva	Berichts-jahr	Vorjahr	Passiva	Berichts-jahr	Vorjahr
	TDM	TDM		TDM	TDM
Gebäude	960	710	Eigenkapital 1. Jan.	1.160	1.030
BuG-Ausstattung ..	610	390	– Entnahmen	80	60
Fuhrpark	130	160		1.080	970
Waren	1.200	1.850	+ Einlagen	400	–
Forderungen a. LL .	820	370		1.480	970
Kasse	20	15	+ Gewinn	320	190
Bank	260	105	Eigenkapital 31. Dez.	1.800	1.160
			Rückstellungen	80	60
			Hypotheken	670	480
			Darlehen	930	750
			Verbindlichk. a. LL .	520	1.150
	4.000	3.600		4.000	3.600

Anmerkungen: Die Rückstellungen sind je zur Hälfte lang- und kurzfristig. Die Verkaufserlöse betrugen im Berichtsjahr 7.800 TDM, im Vorjahr 5.800 TDM.

1. *Bereiten Sie oben stehende Bilanzen der Elektrogroßhandlung G. Heider auf.*
2. *Ermitteln und beurteilen Sie die Kennzahlen a) der Finanzierung, b) der Anlagendeckung, c) der Liquidität und d) der Vermögensstruktur.*
3. *Worauf führen Sie die hohen Vorräte im Vorjahr zurück?*
4. *Fassen Sie in einem Kurzbericht das Ergebnis Ihrer Auswertung zusammen.*

7.2 Die Auswertung der Gewinn- und Verlustrechnung

7.2.1 Beurteilung der Rentabilität

Die Rentabilität ist Maßstab für den Erfolg eines Unternehmens. Sie wird ermittelt, indem man den Gewinn zum **Eigenkapital** oder **Umsatz** in Beziehung setzt. Bei **Einzelunternehmen und Personengesellschaften** muss der Jahresgewinn vorab noch um einen **Unternehmerlohn** für den **mitarbeitenden Inhaber (Gesellschafter)** gekürzt werden. Nur so ist ein **Vergleich mit einer Kapitalgesellschaft** der gleichen Branche (z. B. GmbH) möglich, in der die Gehälter der geschäftsführenden Gesellschafter Aufwand (Betriebsausgabe) darstellen und somit den Gewinn schmälern. Die Höhe des Unternehmerlohns bemisst sich nach dem Gehalt eines leitenden Angestellten in vergleichbarer Position.

Beispiel: Papiergroßhandlung Kern	Berichtsjahr	Vorjahr
Jahresgewinn (vgl. Bilanz S. 348)[1]	306 TDM	170 TDM
– **Unternehmerlohn**	60 TDM	60 TDM
Unternehmergewinn	246 TDM	110 TDM

7.2.1.1 Eigenkapitalrentabilität (Unternehmerrentabilität)

Die Rentabilität des Eigenkapitals wird ermittelt, indem man den Unternehmergewinn (UG) zum Eigenkapital (Ø aus AB + SB: s. Bilanzen, S. 348) ins Verhältnis setzt.

siehe „Prozentrechnung", Kap. 9.4

Beispiel: Papiergroßhandlung Kern	Berichtsjahr	Vorjahr
Eigenkapitalrentabilität $= \frac{\text{UG} \cdot 100\ \%}{\text{Eigenkapital}}$	$\frac{246 \cdot 100}{2.160} = 11{,}4\ \%$	$\frac{110 \cdot 100}{1.655} = 6{,}7\ \%$

Risikoprämie. Vergleicht man die Eigenkapitalrendite mit dem landesüblichen Zinssatz für langfristig angelegte Gelder (im Beispiel 6 %), so ist der **Überschuss** der Eigenkapitalverzinsung eine Prämie für das allgemeine Risiko des Unternehmers.

Beispiel: Papiergroßhandlung Kern	Berichtsjahr	Vorjahr
Eigenkapitalrentabilität	11,4 %	6,7 %
– **landesüblicher Zinssatz für langfr. Kapital**	6,0 %	6,0 %
Risikoprämie für Unternehmerwagnis	5,4 %	0,7 %

Beurteilung der Erfolgslage. Der Jahresgewinn der Papiergroßhandlung Kern ist von absolut 170 TDM im Vorjahr auf 306 TDM im Berichtsjahr, also um 136 TDM oder 80 %, gestiegen. Diese beachtliche Gewinnsteigerung konnte sich bei der Eigenkapitalrentabilität nicht entsprechend auswirken, da sich im Berichtsjahr auch das Eigenkapital erheblich erhöht hatte. Dennoch zeigte die Rentabilität des Eigenkapitals eine erfreuliche Steigerung von 6,7 % auf 11,4 %. Im Berichtsjahr wurde außer der landesüblichen Verzinsung eine Risikoprämie von 5,4 % erwirtschaftet.

Zusammenfassung

- Der **Jahresgewinn** eines Personenunternehmens sollte Folgendes entgelten:
  1. einen angemessenen **Unternehmerlohn,**
  2. eine landesübliche **Verzinsung des Eigenkapitals** und
  3. zusätzlich eine branchenübliche **Prämie für das Unternehmerrisiko.**

1 Der Jahresgewinn enthält keine außerordentlichen Aufwendungen und Erträge.

7.2.1.2 Gesamtkapitalrentabilität (Unternehmungsrentabilität)

Der Gewinn wird mit dem Gesamtkapital der Unternehmung erzielt. Will man die Rentabilität des Gesamtkapitals **(Eigen- und Fremdkapital)** ermitteln, muss man die für das Fremdkapital gezahlten **Zinsen** dem Unternehmergewinn wieder hinzurechnen, da diese als **Aufwand** den Gewinn gemindert haben.

$$\textbf{Gesamtkapitalrentabilität} = \frac{(\text{Unternehmergewinn} + \text{Zinsen}) \cdot 100\ \%}{\text{Gesamtkapital}}$$

Beispiel: Papiergroßhandlung Kern	**Berichtsjahr**	**Vorjahr**
Gesamtkapital am 1. Januar	3.800 TDM	3.600 TDM
Gesamtkapital am 31. Dezember	4.500 TDM	3.800 TDM
Durchschnittliches Gesamtkapital (GK)	4.150 TDM	3.700 TDM
Unternehmergewinn (UG)	246 TDM	110 TDM
Zinsen lt. GuV-Rechnung (Z)	106 TDM	85 TDM
Gesamtkapitalrentabilität $= \frac{(UG + Z) \cdot 100\ \%}{GK}$	$\frac{(246 + 106) \cdot 100}{4.150}$ = 8,5 %	$\frac{(110 + 85) \cdot 100}{3.700}$ = 5,3 %
Eigenkapitalrentabilität	11,4 %	6,7 %

Beurteilung. Die Gesamtkapitalrentabilität gibt Aufschluss darüber, ob sich die Aufnahme von Fremdkapital gelohnt hat. Das ist stets der Fall, wenn der **Fremdkapitalzins niedriger ist als die Gesamtkapitalrentabilität** oder – anders ausgedrückt –, wenn die **Rentabilität des Eigenkapitals größer ist als die des Gesamtkapitals.** Das Unternehmen muss daher bestrebt sein **möglichst zinsniedriges Fremdkapital aufzunehmen.** In beiden Vergleichsjahren übersteigt die Eigenkapitalrentabilität die Gesamtkapitalrendite, wobei sich das Ergebnis im Berichtsjahr deutlich verbessert hat.

7.2.1.3 Umsatzrentabilität (Umsatzverdienstrate)

Umsatzverdienstrate. Setzt man den Unternehmergewinn zu den Warenverkaufserlösen in Beziehung, erfährt man, wie viel Prozent der Warenverkaufserlöse als Gewinn dem Unternehmen zugeflossen sind. Oder: wie viel DM je 100,00 DM Umsatz verdient wurden.

Beispiel: Papiergroßhandlung Kern	**Berichtsjahr**	**Vorjahr**
Umsatzrentabilität $= \frac{\text{Unternehmergewinn} \cdot 100\ \%}{\text{Warenverkaufserlöse}}$	$\frac{246 \cdot 100}{8.200} = 3\ \%$	$\frac{110 \cdot 100}{5.500} = 2\ \%$

Beurteilung. Die sehr positive Entwicklung des Unternehmens zeigt sich auch deutlich in der Umsatzrendite, die im Vergleichszeitraum von 2 % auf 3 %, also um 50 %, erhöht werden konnte. Im Berichtsjahr wurden somit 3,00 DM je 100,00 DM Umsatz gegenüber 2,00 DM im Vorjahr verdient. Das bedeutete eine erhebliche Steigerung der Ertragskraft des Unternehmens.

Zusammenfassung

- Aus Gründen der besseren Vergleichbarkeit der Ergebnisse sollte der Jahresgewinn vorab um einmalige und zufällige Posten bereinigt werden:

	Jahresgewinn
+	außergewöhnliche Aufwendungen
–	außergewöhnliche Erträge
	Bereinigter Jahresgewinn

6464356

396

Zahlen (TDM) des Baustoffgroßhandels Lang	Berichtsjahr	Vorjahr
Eigenkapital zum 1. Januar Eigenkapital zum 31. Dezember	1.260 1.800	1.130 1.260
Bereinigter Jahresgewinn	320	190
Unternehmerlohn	60	60
Warenverkaufserlöse	7.800	5.800

1. *Ermitteln Sie a) das durchschnittliche Eigenkapital und b) den Unternehmergewinn.*
2. *Berechnen Sie a) die Rentabilität des Eigenkapitals und b) die Risikoprämie bei landesüblichen Zinsen von 7 %.*
3. *Berechnen Sie die Umsatzrentabilität in Prozent.*
4. *Beurteilen Sie die Erfolgslage des Unternehmens im Vergleichszeitraum.*

397

Zahlen (TDM) der Textilgroßhandlung Hay	1. Jahr	2. Jahr	3. Jahr
Eigenkapital zum 1. Januar Eigenkapital zum 31. Dezember	2.400 2.600	2.600 3.400	3.400 4.600
Jahresgewinn	520	660	790
außergewöhnliche Aufwendungen	20	10	30
außergewöhnliche Erträge	50	30	–
Unternehmerlohn	72	72	72
Warenverkaufserlöse	12.880	15.200	18.100

1. *Ermitteln Sie den bereinigten Jahresgewinn.*
2. *Ermitteln Sie a) das Durchschnittskapital und b) den Unternehmergewinn.*
3. *Berechnen Sie a) die Eigenkapitalrendite und b) die Risikoprämie bei einer unterstellten landesüblichen Verzinsung von 7 %.*
4. *Wie viel DM je 100,00 DM Umsatz wurden jeweils verdient?*
5. *Fassen Sie die Ergebnisse Ihrer Auswertung in einem Kurzbericht zusammen.*

398 Den Jahresabschlüssen eines Großhandelsunternehmens entnehmen wir folgende Zahlen:

Jahresabschlusszahlen (TDM)	1. Jahr	2. Jahr	3. Jahr
Durchschnittliches Eigenkapital	2.500	3.000	4.000
Durchschnittliches Gesamtkapital	4.000	6.000	6.500
Jahresgewinn	550	750	880
außergewöhnliche Aufwendungen	40	60	120
außergewöhnliche Erträge	30	70	80
Unternehmerlohn	100	100	100
Zinsaufwendungen	90	200	180
Warenverkaufserlöse	13.860	16.200	19.100

1. *Ermitteln Sie den bereinigten Unternehmergewinn.*
2. *Berechnen Sie die Rentabilität des a) Eigenkapitals, b) Gesamtkapitals, c) Umsatzes.*
3. *Beurteilen Sie die Entwicklung der Rentabilitätskennzahlen.*
4. *Worüber gibt die Gesamtkapitalrentabilität Auskunft?*
5. *Inwiefern ist bei Rentabilitätsberechnungen vom bereinigten Jahresgewinn auszugehen?*
6. *Was sollte der Jahresgewinn eines Personenunternehmens im Einzelnen abdecken?*
7. *Welcher Zusammenhang besteht zwischen Wirtschaftszweig und Risikoprämie?*

7.2.2 Wie beurteilt man die Umschlagskennzahlen?

Maßstab der Wirtschaftlichkeit. Umschlagskennzahlen sind ein Maßstab zur Beurteilung und Kontrolle der Wirtschaftlichkeit des Betriebsprozesses, also des **Verhältnisses der betriebsbedingten Aufwendungen** (= Kosten) zu den **betriebsbedingten Erträgen** (= Leistungen). Sie werden ermittelt, indem man bestimmte Posten der Bilanz **(Waren, Forderungen a. LL, Kapital)** zum **Wareneinsatz** bzw. zu den **Verkaufserlösen** in Beziehung setzt.

7.2.2.1 Lagerumschlag der Warenbestände

Die Lagerumschlagshäufigkeit des Warenbestandes errechnet sich aus dem Verhältnis von **Wareneinsatz** zum **Durchschnittsbestand der Waren.** Sie gibt an, **wie oft** in einem Jahr der durchschnittliche Lagerbestand umgesetzt, d. h. verkauft und ersetzt wurde:

$$\textbf{Lagerumschlagshäufigkeit} = \frac{\text{Wareneinsatz}}{\varnothing\ \text{Lagerbestand an Waren}}$$

Die durchschnittliche Lagerdauer ergibt sich, indem man das Jahr mit 360 Tagen ansetzt und durch die Umschlagshäufigkeit dividiert:

$$\textbf{Durchschnittliche Lagerdauer} = \frac{360}{\text{Lagerumschlagshäufigkeit}}$$

Aus den Angaben der Papiergroßhandlung Kern ergeben sich folgende Ergebnisse. Für das Vorjahr wurde das entsprechende Vergleichsjahr vorgeschaltet:

Beispiel: Papiergroßhandlung Kern	Berichtsjahr	Vorjahr
Warenbestand zum 1. Januar	1.940 TDM	1.660 TDM[1]
Warenbestand zum 31. Dezember	1.300 TDM	1.940 TDM
Wareneinsatz lt. GuV-Rechnung	6.480 TDM	4.500 TDM
Durchschn. Lagerbestand an Waren	$\frac{1.940 + 1.300}{2} = 1.620$	$\frac{1.660 + 1.940}{2} = 1.800$
Lagerumschlagshäufigkeit	$\frac{6.480}{1.620} = 4$ mal	$\frac{4.500}{1.800} = 2{,}5$ mal
Durchschnittliche Lagerdauer	$\frac{360}{4} = 90$ Tage	$\frac{360}{2{,}5} = 144$ Tage

Lagerumschlagshäufigkeit und -dauer haben sich im Berichtsjahr ganz entscheidend verbessert. Die **hohe** Umschlagshäufigkeit trägt dazu bei, dass der **Kapitaleinsatz geringer** wird, da **in kürzeren Abständen** (90 statt 144 Tage) immer wieder **Kapital zurückfließt.** Dadurch werden **Zinsen und Lagerkosten geringer,** was sich positiv auf die Wirtschaftlichkeit, den Gewinn und die Rentabilität auswirkt.

Zusammenfassung

▶ **Je höher** die **Umschlagshäufigkeit des Lagerbestandes** ist, **desto**
- kürzer ist die Lagerdauer,
- geringer sind der Kapitaleinsatz und das Lagerrisiko,
- geringer sind die Kosten für die Lagerhaltung (Zinsen, Schwund, Verwaltungskosten),
- höher ist die Wirtschaftlichkeit und desto
- höher ist letztlich der Gewinn und damit die Rentabilität.

1 angenommener Bestand

7.2.2.2 Umschlag der Forderungen a. LL

Die Kennzahlen des Forderungsumschlags sind zugleich ein Maßstab zur Beurteilung der Liquidität eines Unternehmens:

$$\textbf{Umschlagshäufigkeit der Forderungen} = \frac{\text{Warenverkaufserlöse}}{\varnothing \text{ Forderungsbestand}}$$

Daraus ergibt sich die **Laufzeit** der Forderungen, d. h. die von den Kunden durchschnittlich in Anspruch genommene **Kreditdauer (Zahlungsziel):**

$$\textbf{Durchschnittliche Kreditdauer} = \frac{360}{\text{Umschlagshäufigkeit der Forderungen}}$$

Beispiel: Papiergroßhandlung Kern	**Berichtsjahr**	**Vorjahr**
Forderungsbestand zum 1. Januar	400 TDM	822 TDM[1]
Forderungsbestand zum 31. Dezember ..	950 TDM	400 TDM
Durchschnittlicher Forderungsbestand ...	$\frac{400 + 950}{2} = 675$	$\frac{822 + 400}{2} = 611$
Warenverkaufserlöse lt. GuV-Rechnung ..	8.200	5.500
Umschlagshäufigkeit	8.200 : 675 = 12,15mal	5.500 : 611 = 9mal
Durchschnittliche Kreditdauer	360 : 12,15 = 30 Tage	360 : 9 = 40 Tage

Im Berichtsjahr nahmen die Kunden durchschnittlich ein Zahlungsziel von 30 Tagen gegenüber 40 Tagen im Vorjahr in Anspruch. Unterstellt man ein übliches Zahlungsziel von 30 Tagen, so wird es im Berichtsjahr gerade erreicht.

Zusammenfassung

▶ **Je rascher** der **Forderungsumschlag, desto**
- kürzer ist die durchschnittliche Kreditdauer,
- besser ist die eigene Liquidität,
- geringer sind Zinsbelastung und Wagnis (Kosten),
- höher sind Wirtschaftlichkeit und Rentabilität.

7.2.2.3 Umschlag des Eigen- und Gesamtkapitals

Zur Ermittlung der Kapitalumschlagshäufigkeit wird der Umsatz mit dem Eigen- oder Gesamtkapital (Eigen- und Fremdkapital) in Beziehung gesetzt:

$$\textbf{Umschlagshäufigkeit des Eigenkapitals} = \frac{\text{Warenverkaufserlöse}}{\text{Eigenkapital}}$$

$$\textbf{Umschlagshäufigkeit des Gesamtkapitals} = \frac{\text{Warenverkaufserlöse}}{\text{Gesamtkapital}}$$

$$\textbf{Durchschnittliche Kapitalumschlagsdauer} = \frac{360}{\text{Kapitalumschlagshäufigkeit}}$$

Die Kapitalumschlagshäufigkeit gibt an, **wie oft** das **eingesetzte Kapital** in Form von Erlösen **zurückgeflossen** ist. Je rascher der Umschlagsprozess vor sich geht, desto geringer ist der erforderliche Kapitaleinsatz. **Bei hoher Kapitalumschlagshäufigkeit** kann man deshalb mit einem verhältnismäßig **niedrigen Kapitaleinsatz** zu einer entsprechend **hohen Rendite** und infolge des raschen Kapitalrückflusses zu einer **günstigen Liquidität** gelangen.

1 angenommener Bestand

Beispiel: Papiergroßhandlung Kern	Berichtsjahr	Vorjahr
Durchschnittliches Eigenkapital	2.160 TDM	1.655 TDM
Warenverkaufserlöse lt. GuV	8.200 TDM	5.500 TDM
EK-Umschlagshäufigkeit	8.200 : 2.160 = 3,8mal	5.500 : 1.655 = 3,3mal
EK-Umschlagsdauer	360 : 3,8 = 95 Tage	360 : 3,3 = 109 Tage

Die Kapitalumschlagszahlen der Papiergroßhandlung Kern kennzeichnen ebenfalls die positive Entwicklung des Unternehmens im Berichtsjahr.

Zusammenfassung

▶ **Je höher** die **Kapitalumschlagshäufigkeit** ist, **desto**
- rascher fließt das Kapital über die Erlöse zurück,
- geringer ist der erforderliche Kapitaleinsatz,
- höher ist die Rentabilität,
- günstiger ist die Liquidität des Unternehmens.

Aufgaben

399 Die Jahresabschlüsse einer Großhandlung weisen folgende Zahlen aus:

	1. Jahr	2. Jahr	3. Jahr
Warenbestand zum 1. Jan.	160.000,00	240.000,00	280.000,00
Warenbestand zum 31. Dez. ...	240.000,00	280.000,00	200.000,00
Wareneinsatz	1.600.000,00	2.340.000,00	2.880.000,00

1. *Berechnen Sie jeweils a) den Durchschnittsbestand, b) die Lagerumschlagshäufigkeit und c) die Lagerdauer. Beurteilen Sie die Entwicklung.*
2. *Begründen Sie, inwiefern die Lagerumschlagshäufigkeit Kapitalbedarf, Kosten und damit die Rentabilität des Unternehmens beeinflusst.*

400 Die Jahresabschlüsse einer Großhandlung weisen folgende Zahlen aus:

Forderungen	1. Jahr	2. Jahr	3. Jahr
Anfangsbestand	450.000,00	580.000,00	800.000,00
Schlussbestand	580.000,00	800.000,00	1.200.000,00
Warenverkaufserlöse	5.150.000,00	8.280.000,00	12.000.000,00

1. *Berechnen Sie für die einzelnen Jahre a) den durchschnittlichen Forderungsbestand, b) die Umschlagshäufigkeit der Forderungen, c) die durchschnittliche Laufzeit (Kreditdauer) der Außenstände.*
2. *Erklären Sie den Zusammenhang zwischen der Umschlagshäufigkeit der Außenstände und der Liquidität, Wirtschaftlichkeit und Rentabilität.*
3. *Wie beurteilen Sie die Entwicklung? Welche Schlüsse ziehen Sie daraus?*

401 Kapitalstruktur eines Großhandelsunternehmens (Durchschnittswerte):

Kapital (Mittelwerte)	1. Jahr	2. Jahr	3. Jahr
Eigenkapital	2.000 TDM	2.500 TDM	2.500 TDM
Fremdkapital	1.000 TDM	1.500 TDM	600 TDM
Warenverkaufserlöse	15.000 TDM	16.400 TDM	13.200 TDM

1. *Ermitteln Sie a) die Kapitalumschlagshäufigkeit des Eigen- und Gesamtkapitals und b) die Kapitalumschlagsdauer des Eigen- und Gesamtkapitals.*
2. *Wie beurteilen Sie die Entwicklung im Beispiel?*

6464360

8 Beleggeschäftsgang 2

EDV-gestützte und konventionelle Bearbeitung. Der Beleggeschäftsgang 2 kann wie der Beleggeschäftsgang 1 (s. S. 118 f.) sowohl konventionell im Arbeitsheft als auch computergestützt mit einem Fibu-Programm gebucht werden.

Aufgabe

402 **In der Finanzbuchhaltung der Elektrogroßhandlung Karl Wirtz,** Rheinstr. 44, 90451 Nürnberg, Bankverbindungen: Stadtsparkasse Nürnberg: Konto-Nr. 218 435 717 (BLZ 760 501 01); Postbank Nürnberg: Konto-Nr. 9987 96-850 (BLZ 760 100 85), werden folgende **Bücher** geführt:

- **Grundbuch** (Journal) für die laufenden Buchungen, die vorbereitenden Abschlussbuchungen und die Abschlussbuchungen.
- **Hauptbuch** für die Sachkonten: Bestandskonten, Erfolgskonten, Abschlusskonten.
- **Kontokorrentbuch** für die Personenkonten: Kundenkonten, Liefererkonten.
- **Bilanzbuch** für die Aufnahme des ordnungsmäßig gegliederten Jahresabschlusses: Jahresbilanz und Gewinn- und Verlustrechnung mit Unterschrift.

In der EDV-Fibu müssen die folgenden **Salden der Sach- und Personenkonten** über das **Hilfs- bzw. Gegenkonto „9150 Saldenvorträge“** gebucht werden.

Die Sachkonten weisen zum 27. Dezember .. im Soll und Haben folgende Salden aus:

Kontenplan und vorläufige Saldenbilanz	Soll	Haben
0330 Betriebs- und Geschäftsausstattung	240.000,00	–
0340 Fuhrpark	107.200,00	–
0610 Eigenkapital	–	625.000,00
0724 Sonstige Rückstellungen	–	–
0910 Aktive Rechnungsabgrenzung	–	–
1010 Forderungen a. LL	116.000,00	–
1310 Bank	272.600,00	–
1320 Postbank	28.100,00	–
1410 Vorsteuer	112.590,00	–
1510 Kasse	24.778,80	–
1610 Privatentnahmen	84.872,00	–
1710 Verbindlichkeiten a. LL	–	156.692,80
1810 Umsatzsteuer	–	192.448,00
3010 Wareneingang	775.600,00	–
3060 Nachlässe von Lieferern	–	8.200,00
3080 Liefererskonti	–	16.800,00
3910 Warenbestände	150.000,00	–
4020 Gehälter	143.400,00	–
4040 Gesetzliche soziale Aufwendungen	18.600,00	–
4100 Mieten	64.800,00	–
4200 Steuern, Beiträge, Versicherungen	16.100,00	–
4300 Energie, Betriebsstoffe	18.000,00	–
4400 Werbe- und Reisekosten	2.800,00	–
4710 Instandhaltung	20.100,00	–
4820 Porto – Telefon – Telefax	6.400,00	–
4910 Abschreibungen auf Sachanlagen	–	–
8010 Warenverkauf	–	1.220.000,00
8060 Nachlässe an Kunden	3.400,00	–
8080 Kundenskonti	21.600,00	–
8710 Eigenverbrauch von Waren	–	7.800,00
Abschlusskonten: 9300, 9400	2.226.940,80	2.226.940,80

Offene-Posten-Liste: Folgende Rechnungen an die Kunden und von den Lieferern stehen noch offen, sind also noch nicht bezahlt:

Kundenkonten (Debitoren)		Offene Posten – Kunden			
Konto	**Kunden**	**Datum**	**Rechnungs-Nr.**	**Betrag**	**Salden**
10001	Heinz Karls Hauptstraße 7 06132 Halle	..-12-10 ..-12-16 ..-12-18	4538 4552 4556	14.500,00 812,00 7.888,00	**23.200,00**
10002	Werner Gruppe Am Römerhof 8 52066 Aachen	..-12-04 ..-12-21	4535 4563	40.600,00 11.600,00	**52.200,00**
10003	Rolf Naumann Amselweg 14 67063 Ludwigshafen	..-12-21 ..-12-27	4565[1] 4567[1]	5.800,00 11.600,00	**17.400,00**
10004	Stadtwerke 90475 Nürnberg	..-12-12 ..-12-21	4541 4564	2.320,00 11.600,00	**13.920,00**
10005	Wolfgang Kunde 76646 Bruchsal	..-12-10 ..-12-27	4539 4566	2.088,00 7.192,00	**9.280,00**
Saldensumme der Kundenkonten (Abstimmung mit Konto 1010)					**116.000,00**

1 Firma Naumann werden 2 % Skonto gewährt.

Liefererkonten (Kreditoren)		Offene Posten – Lieferer			
Konto	**Lieferer**	**Datum**	**Rechnungs-Nr.**	**Betrag**	**Salden**
60001	Velox GmbH Postfach 65 11 20 22359 Hamburg	..-12-23	4567	29.208,80	**29.208,80**
60002	Hausgeräte GmbH Kantstraße 22 19063 Schwerin	..-12-09 ..-12-21	5500 5567	20.880,00 19.720,00	**40.600,00**
60003	Franz Schneider KG Saalestraße 16 39126 Magdeburg	..-12-15	8765	37.120,00	**37.120,00**
60004	Hausmann GmbH Am Wiesenrain 16 75181 Pforzheim	..-12-20 ..-12-23	7654[1] 7660[1]	17.400,00 12.644,00	**30.044,00**
60005	Sonstige Lieferer	–	–	19.720,00	**19.720,00**
Saldensumme der Liefererkonten (Abstimmung mit Konto 1710)					**156.692,80**

1 Rechnungen der Hausmann GmbH werden mit 2 % Skonto beglichen.

Geschäftsfälle

Die Belege 1–22 auf den folgenden Seiten stellen die Geschäftsfälle der Elektrogroßhandlung Karl Wirtz vom 27. Dezember .. bis zum 31. Dezember .. dar.

Abschlussangaben (→ siehe Belege 23-25)

1. Abschreibungen auf BGA 45.400,00 DM; auf Fuhrpark 24.000,00 DM.
2. Warenmehrbestand lt. Inventur .... 57.400,00 DM
3. Die Fahrzeugreparatur erfolgt erst im Januar n. J., Kostenvoranschlag . 3.200,00 DM
4. Das Konto 4100 enthält die Mietvorauszahlung für Januar n. J. .... 3.400,00 DM
5. Im Übrigen entsprechen die Buchbestände der Inventur.

Aufgaben

1. *Eröffnen Sie die Sach- und Personenkonten mit den Salden zum 27. Dezember ..*
2. *Vorkontierung der Belege auf einem besonderen Grundbuchblatt:*

Soll-konto	Beleg-nummer	Beleg-datum	Haben-konto	Betrag	Steuerart V bzw. M	Prozent-satz	OP-Nr.	B-Text

3. *Buchen Sie die Geschäftsfälle konventionell oder EDV-gestützt.*
4. *Erstellen Sie einen ordnungsmäßigen Jahresabschluss.*

6464362

Beleg 1

EBERHARD ZACK
Bezirks-Schornsteinfegermeister
90451 Nürnberg
Heidestr. 84 – Telefon (09 11) 5 28 09

QUITTUNG
RECHNUNG

Fachgerechte Reinigung spart Heizkosten.

Firma/Herrn/Frau *Elektrogroßhandlung Karl Wirtz*

Rauchgasanalyse	35,00
Reinigung der Zentralheizung	115,00
Nettobetrag	150,00
+ 16 % Umsatzsteuer	24,00
Bruttobetrag	174,00

Nürnberg *27. Dez. ..*

Betrag erhalten:

Zack
Bezirks-Schornsteinfegermeister

Konto | Soll | Haben
Gebucht:

Anlage: Bescheinigung über das Messergebnis
Bankkonto: Deutsche Bank, Nürnberg Konto-Nr. 104 000 700 (BLZ 760 700 12)

Beleg 2

Velox
Elektrovertriebsgesellschaft mbH

Velox GmbH, Postfach 65 11 20, 22359 Hamburg

Elektrogroßhandel
Karl Wirtz
Rheinstraße 44

90451 Nürnberg

Eingang: ..-12-28

Konto | Soll | Haben
Gebucht:

Ihre Bestellung Nr./ Tag/Zeich.	Unsere Auftrags-Nr./Zeich	Zeit der Leistung/ Liefertag	Datum
..-12-23	WR 10 012 y	..-12-26	..-12-27

Rechnung Nr.
4 589

Wir sandten für Ihre Rechnung und auf Ihre Gefahr:

Zeichen und Nr.	Gegenstand	Menge und Einheit	Preis je Einheit DM	Betrag DM
St 44	Staubsauger "Velox"	20	150,00	3.000,00
KM 27	Küchenmaschine "Royal"	10	225,00	2.250,00
EH 14	Elektroherd "Rekord"	10	480,00	4.800,00
				10.050,00
	+ 16 % Umsatzsteuer			1.608,00
				11.658,00

Telefon (040) 24 68 29 · Fax (040) 48 68 20 · Geschäftszeit 08:30–17:00 Uhr · Bankkonto Vereins- und Westbank Hamburg 6 091 123 (BLZ 200 300 00)

Beleg 3

Netto DM ____ Pf ____
DM ____ Pf ____
+ ____ % USt
Gesamt DM 280 Pf 00

Quittung
Nr.

Gesamtbetrag DM in Worten
zweihundertachtzig ____ Pfennige wie oben
(Im Gesamtbetrag sind ____ % Umsatzsteuer enthalten)
von Geschäftskasse
für Geschäftsreisespesenvorschuss

Konto | Soll | Haben
Gebucht:

richtig erhalten zu haben, bestätigt

Ort Nürnberg Datum 27. Dez. ..
Buchungsvermerke Stempel/Unterschrift des Empfängers
Karl Wirtz

Beleg 4

Deutsche Telekom
Ihre Rechnung

T · · ·

Deutsche Telekom AG, Niederlassung
90405 Nürnberg
15 1087918-065 ..-12 1,10

Elektrogroßhandel
Karl Wirtz
Rheinstraße 44

90451 Nürnberg

Rechnungsdatum **..-12-21**
Rechnungsmonat **Dezember ..**
Kundennummer **6734236539**
Bitte immer angeben
Buchungskonto **3117822503**
Seite **1**
Bei Rückfragen Telefon **(0911)3802-1**
Telefax **(0911)3802-31**

Artikel-/ Leistungs-Nr.	Artikel oder Leistung	Menge bzw. Einheiten	Nettoeinzel-betrag (DM)	Nettogesamt-betrag (DM)	USt (%)
	Monatliche Beträge				
10110	Telefonanschluss	1	24,60	24,60	16
11191	Standardtelefone	3	3,53	10,59	16
	Beträge für Verbindungen vom 21. Nov. - 20. Dez. Rufnummer 911 000 056 356				
17110	Tarifeinheiten	4681	0,1043	488,23	16
	Sonstige Beträge				
	Zusammenstellung der Beträge				
	Zwischensumme			523,42	
	Umsatzsteuer 16 %			83,75	
	Rechnungsbetrag			607,17	

Konto-auszug zu Beleg 4

Buchungs-tag	Wert	PN-Nr.	Konto-Nr.	Datum	Ausz.-Nr.	Blatt	KONTOAUSZUG	Umsatz
			0998796850	..-12-27	213	1	Kontostand vom 23. Dez.	***28.100,00
12-27	12-28	0114	FERNMELDERECHNUNG LASTSCHRIFT					607,17 -

Konto | Soll | Haben
Gebucht:

ELEKTROGROSSHANDEL
KARL WIRTZ
RHEINSTRASSE 44

90451 NÜRNBERG

SUMME ZAHLUNGSAUSGÄNGE	607,17
SUMME ZAHLUNGSEINGÄNGE	
NEUER KONTOSTAND	****27.492,83

AKTUELLER SOLLZINSSATZ 14,000 % ANLAGEN: 1

Anschrift Postfach 9999 90426 Nürnberg | Büroräume Eckernförder Str. 242 90426 Nürnberg | Öffnungszeiten Mo.–Di. und Do.–Fr. 09:00–15:00 Uhr | Kundenservice Tel. (09 11) 15 62-0 | BTX-Kontoführung *28000 160 | Postbank

6464364

Beleg 5

Karl Wirtz ELEKTROGROSSHANDEL

Elektrogroßhandel K. Wirtz, Rheinstr. 44, 90451 Nürnberg

Elektrofachgeschäft
Werner Gruppe
Am Römerhof 8

52066 Aachen

Unsere Auftrags-Nr. 20 336
Lieferschein-Nr. 20 586
Versanddatum: ..-12-28
Versandart: LKW
Verpackungsart: Kartons

Konto | Soll | Haben
Gebucht:

Bitte bei Zahlung angeben:
Rechnungs-Nr. 4 586
Rechnungsdatum: ..-12-28

Ihr Zeichen/Bestellung Nr. vom: WA/4 896/..-12-18
Kunden-Nr.: 10 002

Rechnung

Position	Sachnummer	Bezeichnung der Lieferung/ Leistung	Menge und Einheit	Preis je Einheit	Betrag DM
L	4 842	Kaiser-Leuchte	4	260,00	1.040,00
K	2 245	Küchenmaschine "Royal"	3	290,00	870,00
H	3 451	Elektroherd "Rekord"	2	580,00	1.160,00
					3.070,00
		+ 16 % Umsatzsteuer			491,20
					3.561,20

Zahlbar rein netto innerhalb von 20 Tagen. Skontoabzug ist nicht zulässig.

Geschäftsräume
Rheinstraße 44
90451 Nürnberg

Telefon (09 11) 5 63 56
Telefax (09 11) 4 44 81

Stadtsparkasse Nürnberg
Konto-Nr. 218 435 717
(BLZ 760 501 01)

Postbank Nürnberg
Konto-Nr. 9987 96-850
(BLZ 760 100 85)

Beleg 6

Entnahmebeleg (EB)
Nr. 1

Netto DM ____ Pf ____
+ ____ % USt DM ____ Pf ____
Gesamt DM 500 Pf 00

Gesamtbetrag DM in Worten: fünfhundert — Pfennige wie oben

(Im Gesamtbetrag sind ____ % Umsatzsteuer enthalten)

von Geschäftskasse

für private Zwecke

Konto | Soll | Haben
Gebucht:

richtig erhalten zu haben, bestätigt

Ort Nürnberg — Datum 29. Dez. ..

Buchungsvermerke

Stempel/Unterschrift des Empfängers: Karl Wirtz

Beleg 7

Deutsche Post AG
90403 Nuernberg
82531081 1037
..-12-29

*340,00 DM

Postwertzeichen
ohne Zuschlag

Konto | Soll | Haben
Gebucht:

Beleg 8

Kontoauszug — Stadtsparkasse Nürnberg

Konto-Nr.	Datum	Ausz.-Nr.	Blatt	Buchungstag	PN-Nr.	Wert	Umsatz
218 435 717	..-12-28	66	1				

GUTSCHRIFT 12-28 8744 12-28 5.684,00 H
R. NAUMANN, LUDWIGSHAFEN
RE 4 565 VOM 21. DEZ. .. 5.800,00
- 2 % SKONTO 116,00
(KONTO 10 003)

Konto | Soll | Haben
Gebucht:

KARL WIRTZ
ELEKTROGROSSHANDEL
RHEINSTR. 44

90451 NÜRNBERG

Alter Saldo: H 272.600,00
Neuer Saldo: H 278.284,00

Beleg 9

Durchschrift
760 501 01
Stadtsparkasse Nürnberg

Empfänger: Hausmann GmbH, Am Wiesenrain 16, 75181 Pforzheim
Konto-Nr. des Empfängers: 1 759 312
Bankleitzahl: 666 400 35
bei (Kreditinstitut): Commerzbank Pforzheim
* Bis zur Einführung des Euro (= EUR) nur DM; danach DM oder EUR.
DM od. EUR*: DM
Betrag: 17.052,00--------------
Kunden-Referenznummer – noch Verwendungszweck, ggf. Name und Anschrift des Auftraggebers – (nur für Empfänger)
Rechnung-Nr. 7 654 vom 20. Dez. 17.400,00
abzüglich 2 % Skonto 348,00
Konto 60 004
Kontoinhaber: Karl Wirtz, Rheinstr. 44, 90451 Nürnberg
Konto-Nr. des Kontoinhabers: 218 435 717

..-12-27 *Karl Wirtz*
Datum Unterschrift

Beleg 10

Zahlschein
Einzahler-Quittung
760 501 01
Stadtsparkasse Nürnberg

Empfänger: Elektrogroßhandel Karl Wirtz
Konto-Nr. des Empfängers: 218 435 717
Bankleitzahl: 760 501 01
bei (Kreditinstitut): Stadtsparkasse Nürnberg
* Bis zur Einführung des Euro (= EUR) nur DM; danach DM oder EUR.
DM od. EUR*: DM
Betrag: 6.500,00----------
Kunden-Referenznummer – noch Verwendungszweck (nur für Empfänger)
Einzahlung aus der Geschäftskasse
Auftraggeber/Einzahler: Karl Wirtz, 90451 Nürnberg
(Empfangsbestätigung der annehmenden Kasse)
..-12-27 6.500,00
Stadtsparkasse Nürnberg
Kurz
(Bei maschineller Buchung ist für die Quittung der Maschinendruck maßgebend)

6464366

Kontoauszug zu den Belegen 9 und 10

Kontoauszug — Stadtsparkasse Nürnberg

Konto-Nr.	Datum	Ausz.-Nr.	Blatt	Buchungstag	PN-Nr.	Wert	Umsatz
218 435 717	..-12-29	67	1				

	Buchungstag	PN-Nr.	Wert	Umsatz
ÜBERWEISUNG HAUSMANN GMBH, PFORZHEIM RE 7 654 VOM 20. DEZ. .. 17.400,00 - 2 % SKONTO 348,00 (KONTO 60 004)	12-29	0677	12-27	17.052,00 S
EINZAHLUNG	12-29	0679	12-27	6.500,00 H

Konto | Soll | Haben — Gebucht:

KARL WIRTZ
ELEKTROGROSSHANDEL
RHEINSTR. 44

90451 NÜRNBERG

Alter Saldo: H 278.284,00

Neuer Saldo: H 267.732,00

Beleg 11

Ernst Offermann & Sohn OHG

Transporte — Heizöle — Kohlen

Ernst Offermann & Sohn OHG, Industriestr. 200, 90765 Fürth

Eingang: ..-12-30

Elektrogroßhandel
Karl Wirtz
Rheinstraße 44

90451 Nürnberg

Konto | Soll | Haben — Gebucht:

Bankverbindungen:
Vereinigte Sparkasse Fürth Nr. 218 211 936 (BLZ 762 501 10)
Volksbank Fürth Nr. 724 320 (BLZ 762 900 00)
Commerzbank Fürth Nr. 6 105 672 (BLZ 762 400 11)

Industriestraße 200 · Telefon (09 11) 5 17 99 · Telefax (09 11) 5 35 29
90765 Fürth

Rechnungs-Nr.	Rechnungsdatum
12 954	..-12-29

Rechnung

Lieferdatum	Bezeichnung	Menge	ME	E-Preis	Betrag
..-12-27	Heizöl EL	9 150	l	0,40	3.660,00

Warenwert	Bruttobetrag	USt	USt DM	Rechnungsbetrag
3.660,00		16 %	585,60	4.245,60

Zahlbar innerhalb 14 Tagen nach Rechnungseingang ohne Skontoabzug. Die gelieferte Ware bleibt bis zur vollständigen Bezahlung unser Eigentum. Gerichtsstand für beide Teile ist Fürth.

Beleg 12

Netto	DM 370	Pf 00	**Quittung**
+ 16 % USt	DM 59	Pf 20	
Gesamt	DM 429	Pf 20	Nr.

Gesamtbetrag DM in Worten

vierhundertneunundzwanzig —— Pfennige wie oben

(Im Gesamtbetrag sind 16 % Umsatzsteuer enthalten)

von Elektrogroßhandel K. Wirtz

für Reparaturarbeiten an der Heizungsanlage

richtig erhalten zu haben, bestätigt

Ort Erlangen Datum 30. Dez. ..

Buchungsvermerke

Stempel/Unterschrift des Empfängers

Hartmut Götz
Sanitär und Heizung
Sonnenweg 15
91058 Erlangen

Götz

Konto | Soll | Haben

Gebucht:

Beleg 13

Überweisungsauftrag an 760 100 85

Postbank
90425 Nürnberg
9987 96-850

Empfänger: Hausgeräte GmbH, Kantstr. 22, 19063 Schwerin

Konto-Nr. des Empfängers	Auftr.-Nr.	Bankleitzahl
3549 82-203	0030	200 100 20

bei (Kreditinstitut): Postbank Hamburg

* Bis zur Einführung des Euro (= EUR) nur DM; danach DM oder EUR.

DM od. EUR*: DM — Betrag: 20.880,00--------------

Verwendungszweck:
Rechnung-Nr. 5 500 vom 9. Dez. ..

Konto-Nr. 60 002

Kontinhaber: Name, Vorname/Firma, Ort: Karl Wirtz, Rheinstr. 44, 90451 Nürnberg

Konto-Nr. des Kontoinhabers: 9987 96-850 — A — B — C

Kontoauszug zu Beleg 13

Buchungstag	Wert	PN-Nr.	Konto-Nr.	Datum	Ausz.-Nr.	Blatt	KONTOAUSZUG	Umsatz
			0998796850	..-12-29	214	1	Kontostand vom 27. Dez.	**27.492,83
12-29	12-29	0114	ÜBERWEISUNG HAUSGERÄTE GMBH, SCHWERIN RE 5 500 VOM 9. DEZ. .. (KONTO 60 002)					20.880,00 -

Konto | Haben

Gebucht:

ELEKTROGROSSHANDEL
KARL WIRTZ
RHEINSTRASSE 44

90451 NÜRNBERG

SUMME ZAHLUNGSAUSGÄNGE	20.880,00
SUMME ZAHLUNGSEINGÄNGE	
NEUER KONTOSTAND	****6.612,83
AKTUELLER SOLLZINSSATZ 14,000 %	ANLAGEN: 1

Anschrift: Postfach 9999, 90426 Nürnberg — Büroräume: Eckernförder Str. 242, 90426 Nürnberg — Öffnungszeiten: Mo.–Di. und Do.–Fr. 09:00–15:00 Uhr — Kundenservice: Tel. (09 11) 15 62-0 — BTX-Kontoführung: *28000 160 — Postbank

6464368

Kontoauszug zu den Belegen 14 und 15

Buchungstag	Wert	PN-Nr.	Konto-Nr.	Datum	Ausz.-Nr.	Blatt	KONTOAUSZUG	Umsatz
			0998796850	..-12-30	215	1	Kontostand vom 29. Dez.	**6.612,83

12-30 12-30 0114 GUTSCHRIFT **(BELEG 14)**
HEINZ KARLS, HALLE
RE 4 538 VOM 10. DEZ. .. (KONTO 10 001) 14.500,00 +
12-30 12-30 0114 GUTSCHRIFT **(BELEG 15)**
WERNER GRUPPE, AACHEN
RE 4 535 VOM 4. DEZ. .. (KONTO 10 002) 40.600,00 +

Konto | Soll | Haben
Gebucht:

Konto | Soll | Haben
Gebucht:

ELEKTROGROSSHANDEL
KARL WIRTZ
RHEINSTRASSE 44

90451 NÜRNBERG

SUMME ZAHLUNGSAUSGÄNGE	
SUMME ZAHLUNGSEINGÄNGE	55.100,00
NEUER KONTOSTAND	****61.712,83

AKTUELLER SOLLZINSSATZ 14,000 % ANLAGEN: 1

Anschrift Postfach 9999 90426 Nürnberg · Büroräume Eckernförder Str. 242 90426 Nürnberg · Öffnungszeiten Mo.–Di. und Do.–Fr. 09:00–15:00 Uhr · Kundenservice Tel. (09 11) 15 62-0 · BTX-Kontoführung *28000 160 · Postbank

Beleg 16

Walter Schreiber · Büroeinrichtungen

Walter Schreiber, Büroeinrichtungen, Ring 12, 65779 Kelkheim

Eingang: ..-12-31

Elektrogroßhandel
Karl Wirtz
Rheinstraße 44

90451 Nürnberg

Konto | Soll | Haben
Gebucht:

Rechnung Nr. 679

Ihr Zeichen/Ihre Bestell.-Nr. vom	Unser Auftrag Nr./Zeich.	Zeit der Leistung	Datum
..-12-21	US 8 012	..-12-27	..-12-30

Wir sandten für Ihre Rechnung und auf Ihre Gefahr:

Zeichen/Nr.	Gegenstand	Menge/Einheit	Preis je Einheit DM	Betrag DM
ST 43	Schreibtisch, Eiche 156/76 mit 6 Schubfächern	1	1.610,00	1.610,00
	+ 16 % Umsatzsteuer			257,60
				1.867,60

Telefon (0 61 95) 3 46 25 · Telefax (0 61 95) 3 21 58 · Geschäftszeit 08:30 – 18:30 Uhr · Postbank Frankfurt/M. 401252-605 (BLZ 500 100 60)

Beleg 17

Herstellung von Elektrogeräten

Franz Schneider KG

Franz Schneider KG, Postfach 12 60, 39104 Magdeburg

Elektrogroßhandel
Karl Wirtz
Rheinstraße 44

90451 Nürnberg

Konto	Soll	Haben

Gebucht:

Eingang: ..-12-31

Ihre Bestellung vom	Unser Auftrag Nr.	Zeit der Leistung	Datum
..-12-21	K 4 789 IV	..-12-27	..-12-30

Rechnung Nr. 9 345

Wir sandten für Ihre Rechnung auf Ihre Gefahr:

Artikel Nr.	Gegenstand	Menge/Stück	Stückpreis DM	Gesamtpreis DM
TS 12	Warmwassergerät	10	80,00	800,00
W 26	Elektro-Warmluftofen	15	160,00	2.400,00
				3.200,00
	+ 16 % Umsatzsteuer			512,00
				3.712,00

Geschäftsräume:
Saalestraße 16
39126 Magdeburg

Telefon
(03 91) 48 69

Telefax
(03 91) 3 52 75

Bankkonto 486 222
Deutsche Bank, Magdeburg
(BLZ 810 700 00)

Postbank
Berlin 124 45-101
(BLZ 100 100 10)

Beleg 18

Netto	DM 450	Pf 00
+ 16 % USt	DM 72	Pf 00
Gesamt	DM 522	Pf 00

Entnahmebeleg (EB)

Nr. 2

Gesamtbetrag DM in Worten
fünfhundertzweiundzwanzig ——— Pfennige wie oben

(Im Gesamtbetrag sind 16 % Umsatzsteuer enthalten)

von Elektrogroßhandel Wirtz

für Kühlschrank KS 1608

private Zwecke (Eigenverbrauch)

Konto	Soll	Haben

Gebucht:

richtig erhalten zu haben, bestätigt

Ort Nürnberg Datum 30. Dez. ..

Buchungsvermerke

Stempel/Unterschrift des Empfängers
Karl Wirtz

Beleg 19

Karl Wirtz ELEKTROGROSSHANDEL

Elektrogroßhandel K. Wirtz, Rheinstr. 44, 90451 Nürnberg

Haushaltsgerätevertrieb
Rolf Naumann
Amselweg 14

67063 Ludwigshafen

Unsere Auftrags-Nr.	20 337
Lieferschein-Nr.	20 587
Versanddatum:	..-12-29
Versandart:	LKW
Verpackungsart:	Original

Konto | Soll | Haben
Gebucht:

Ihr Zeichen/Bestellung Nr. vom: LZ/2 112/..-12-27

Kunden-Nr.: 10 003

Bitte bei Zahlung angeben:
Rechnungs-Nr. 4 569
Rechnungsdatum: ..-12-30

Rechnung

Position	Sachnummer	Bezeichnung der Lieferung/ Leistung	Menge und Einheit	Preis je Einheit	Betrag DM
KS	5 634	Kühlschrank 150 l	6	480,00	2.880,00
GT	4 321	Geschirrspülmaschine	2	750,00	1.500,00
					4.380,00
		+ 16 % Umsatzsteuer			700,80
					5.080,80

Bei Zahlung innerhalb von 8 Tagen 2 % Skonto.

Geschäftsräume
Rheinstraße 44
90451 Nürnberg

Telefon (09 11) 5 63 56
Telefax (09 11) 4 44 81

Stadtsparkasse Nürnberg
Konto-Nr. 218 435 717
(BLZ 760 501 01)

Postbank Nürnberg
Konto-Nr. 9987 96-850
(BLZ 760 100 85)

Beleg 20

Kontoauszug

Stadtsparkasse Nürnberg

Konto-Nr.	Datum	Ausz.-Nr.	Blatt	Buchungstag	PN-Nr.	Wert	Umsatz
218 435 717	..-12-30	68	1				
GUTSCHRIFT				12-30	8744	12-30	2.320,00 H

STADTWERKE NÜRNBERG
RE 4 541 VOM 12. DEZ. ..
(KONTO 10 004)

KARL WIRTZ
ELEKTROGROSSHANDEL
RHEINSTR. 44

90451 NÜRNBERG

Konto | Soll | Haben
Gebucht:

Alter Saldo: H 267.732,00

Neuer Saldo: H 270.052,00

Beleg 21

Empfangsbestätigung

760 501 01

Stadtsparkasse Nürnberg

..-12-28 — Karl Wirtz

Datum — Unterschrift für nachstehenden Auftrag

Ziehen Sie zu Gunsten des unten angegebenen Kontos die beigefügten Schecks ein. Die Gutschrift erfolgt Eingang vorbehalten.

	Scheck-Nummer	Konto-Nummer des Ausstellers	Bankleitzahl bezogenes Institut	Betrag
1	3 460 413	104 983 (W. Kunde)	663 500 36	2.088,00
2	6 823 777	6 670 182 (H. Karls)	860 700 00	812,00
3				
4				
5				

Bitte alle Schecks mit dem Vermerk >Nur zur Verrechnung< versehen.

Stückzahl		DM od. EUR*	Gesamtbetrag
2	* Bis zur Einführung des EURO (=EUR) nur DM; danach DM oder EUR.	DM	2.900,00----------------

Kontoinhaber: Name, Vorname/Firma (max. 27 Stellen)
Elektrogroßhandel Karl Wirtz

Konto-Nr. des Inhabers
218 435 717

Stadtsparkasse Nürnberg
Klein
Stempel und Unterschriften der Sparkasse/Landesbank

– Durchschrift für den Einreicher –

Kontoauszug zu den Belegen 21 und 22[1]

Kontoauszug — **Stadtsparkasse Nürnberg**

Konto-Nr.	Datum	Ausz.-Nr.	Blatt	Buchungstag	PN-Nr.	Wert	Umsatz
218 435 717	..-12-31	69	1				
SCHECKEINLIEFERUNG				12-31	0685	12-28	2.900,00 H
DA MIETE[1]				12-31	0688	12-30	860,00 S

Konto | Soll | Haben
Gebucht

KARL WIRTZ
ELEKTROGROSSHANDEL
RHEINSTR. 44

90451 NÜRNBERG

Konto | Soll | Haben
Gebucht

Alter Saldo
H 270.052,00

Neuer Saldo
H 272.092,00

1 **Beleg 22: DA = Dauerauftrag für die Wohnungsmiete des Geschäftsinhabers.**

6464372

Beleg 23

Buchungsanweisung	Datum: ..-12-31		Beleg-Nr.:	
Betreff: Abschreibungen auf Sachanlagen lt. Anlagenkartei			Gebucht: Datum:	
Buchungstext	Soll		Haben	
	Konto	Betrag	Konto	Betrag
0330 Betriebs- und Geschäftsausstattung..				
0340 Fuhrpark..............				

Beleg 24

Buchungsanweisung	Datum: ..-12-31		Beleg-Nr.:	
Betreff: Umbuchungen			Gebucht: Datum:	
Buchungstext	Soll		Haben	
	Konto	Betrag	Konto	Betrag
1410 Vorsteuerübertragung.				
1610 Privatentnahmen......				
3060 Nachlässe von Lieferern				
3080 Liefererskonti.......				
3910 Warenmehrbestand.....				
8060 Nachlässe an Kunden..				
8080 Kundenskonti.........				

Beleg 25

Buchungsanweisung	Datum: ..-12-31		Beleg-Nr.:	
Betreff: Zeitliche Abgrenzungen			Gebucht: Datum:	
Buchungstext	Soll		Haben	
	Konto	Betrag	Konto	Betrag
1. Rückstellung für Fahrzeugreparatur lt. Kostenvoranschlag...........				
2. Unsere Mietvorauszahlung für Januar............				

9 Grundlagen des Wirtschaftsrechnens

Hinweise für den Einsatz der Rechengebiete. In diesem Lehr- und Lernbuch haben wir bewusst die wesentlichen Kapitel des kaufmännischen Rechnens zu einem eigenständigen Kapitel – am Ende des Buches – zusammengefasst. Wir wollen damit nicht der lehrgangsmäßigen Behandlung dieses Kapitels im Unterricht Vorschub leisten, sondern sehen den Sinn darin, Handreichungen für die Aufarbeitung von Vergessenem und für die Einarbeitung in Neues zu geben, und zwar immer dann, wenn im Rahmen der Buchführung oder der Kostenrechnung rechnerische Probleme auftreten, für deren Lösung eine didaktische Hilfe zweckmäßig ist. Wir sind uns sicher, dass die einfache, fachlich klar und gut strukturierte Darstellung ein Selbststudium ermöglicht, zumal wir darauf geachtet haben, dass mathematische Zusammenhänge auch sprachlich und grafisch erläutert werden.

Zusätzlich haben wir in jene Kapitel der Buchführung und der Kostenrechnung eigene Rechenabschnitte eingefügt, die ein spezielles, auf diesen Grundlagen aufbauendes Rechnen erforderlich machen (z. B. Währungsrechnen, Kalkulation, Effektivverzinsung). Dadurch wollen wir gewährleisten, dass Ihnen insbesondere der Zusammenhang zwischen Rechnen und Buchen im Rahmen komplexer Situationen erfahrbar wird.

9.1 Dreisatzrechnung

9.1.1 Einfacher Dreisatz

Schlussrechnung. Die Dreisatz- oder Schlussrechnung findet dort Anwendung, wo **zwei Größen in Beziehung** (= in einem **Verhältnis**) zueinander stehen und wo auf **eine andere Menge einer der beiden Größen** geschlossen werden soll. Im Beispiel auf der nachfolgenden Seite stehen die beiden Größen **„5 Paletten"** und **„280,00 DM"** in der Beziehung **„verursachen Frachtkosten":**

„5 Paletten Kopierpapier verursachen 280,00 DM Frachtkosten";

und es wird nach den Frachtkosten für eine andere Menge der Größe „Paletten", nämlich **„7 Paletten",** gesucht.

Anwendungsbereiche der Dreisatzrechnung sind u. a.:

- Preisberechnungen in Abhängigkeit von unterschiedlichen Warenmengen,
- Berechnung des Arbeits- oder Maschineneinsatzes in Abhängigkeit von unterschiedlichen Arbeitszeiten,
- Berechnung von Verbrauchsmengen in Abhängigkeit von Flächen- oder Raumgrößen,
- Umrechnung von DM-Beträgen in ausländische Währungsbeträge (und umgekehrt) in Abhängigkeit von Währungskursen (vgl. S. 382 f.).

9.1.1.1 Einfacher Dreisatz mit direkten Verhältnissen

Beispiel In der Preisberechnung (Kalkulation) für einen Kundenauftrag A wurden u. a. für 5 Paletten Kopierpapier 280,00 DM Frachtkosten angesetzt. Ein Kundenauftrag B über 7 Paletten Kopierpapier soll kalkuliert werden.
Für diesen Auftrag sind die entsprechenden Frachtkosten zu berechnen.

Entwicklung der Lösung über den Schluss auf die Einheit (hier „DM/Pal.")

❶ **Bedingungssatz:** **5 Pal.** verursachen **280,00 DM** Frachtkosten

❷ **Schluss auf Einheit:** **1 Pal.** verursacht $\frac{280{,}00 \text{ DM}}{5 \text{ Pal.}}$ = **56,00 DM/t** Frachtkosten
(Wert je Einheit)

❸ **Fragesatz:** **7 Pal.** verursachen $\frac{280{,}00 \text{ DM}}{5 \text{ Pal.}} \cdot 7 \text{ Pal.} = 56{,}00 \text{ DM/t} \cdot 7 \text{ Pal.}$ Frachtkosten

❹ **Antwortsatz:** **7 Pal.** verursachen **392,00 DM** Frachtkosten.

Verkürzte Darstellung der Lösung durch „Ansatz" und „Lösungsgleichung":

Lösungsschema	Lösung zur deutlichen Herausstellung des Schlusses auf die Einheit	Herkömmliche Lösung
Ansatz:	Frage: x DM ~ 7 Pal. Bedingung: 280,00 DM ~ 5 Pal.	Bedingung: 5 Pal. ~ 280,00 DM Frage: 7 Pal. ~ x DM
Lösungsgleichung:	$x \text{ DM} = \frac{280{,}00 \text{ DM}}{5 \text{ Pal.}} \cdot 7 \text{ Pal.} = 392{,}00 \text{ DM}$	$x \text{ DM} = \frac{280{,}00 \text{ DM}}{5 \text{ Pal.}} \cdot 7 \text{ Pal.} = 392{,}00 \text{ DM}$

Anmerkungen zur obigen Lösung:

❶ Für den Ansatz ist es zweckmäßig, wenn gleiche Größen (= gleich benannte Zahlen; hier „... DM" und „... Paletten") untereinander stehen.

❷ Die gesuchte Größe („x DM") kann dabei am Anfang des Ansatzes stehen. Das geschieht hier, um im Ansatz und in der Lösungsgleichung den Schluss auf die Einheit als entscheidendes Lösungsmerkmal hervorzuheben.

❸ Zwischen den beiden Größen im Ansatz (hier „... DM" und „... Paletten") besteht eine Beziehung, die durch das Zeichen „~" (= „... verhält sich zu ...") ausgedrückt wird.

Direkte Verhältnisse. Aus dem obigen Beispiel wird deutlich, dass ein **„Mehr"** an Tonnen auch ein **„Mehr"** an Frachtkosten bedingt, und zwar gilt:

- Werden **mehr** als die im Auftrag A genannten 5 Paletten geliefert, so entstehen **höhere (mehr)** Frachtkosten und
- werden **weniger** als die im Auftrag genannten 5 Paletten geliefert, so entstehen **niedrigere (weniger)** Frachtkosten.

je **mehr** Paletten	⋀	**5 Pal.** **7 Pal.**	umso **mehr** Frachtkosten	⋀	**280,00 DM** **392,00 DM**

Eine solche „gleichsinnige" Beziehung zwischen zwei Größen heißt direktes Verhältnis; es wird mathematisch durch das Zeichen „~" ausgedrückt.

Prüfschema. Die Lösung von Dreisatzaufgaben mit direkten Verhältnissen lässt sich nach folgendem Prüfschema durchführen:

❶ Stellen Sie den Ansatz in Form von Frage- und Bedingungssatz aus dem Text der Aufgabe auf:	**x DM ~ 7 Pal.** **280,00 DM ~ 5 Pal.**
❷ Prüfen Sie durch die Frage: „Verursacht die Menge im Fragesatz mehr oder weniger Kosten als die Menge im Bedingungssatz?", ob ein **direktes Verhältnis** vorliegt. Wenn ja, können Sie durch **Division** der Zahlen des Bedingungssatzes den Wert je Einheit bestimmen. **Multiplizieren** Sie diesen Wert mit der Menge im Fragesatz und Sie erhalten den Wert der gesuchten Größe.	$\mathbf{x\ DM = \frac{280{,}00\ DM}{5\ Pal.} \cdot 7\ Pal.}$ **x DM = 392,00 DM**

Verhältnisfaktor. In der vorhergehenden Lösung ist der auf **1 Palette** entfallende Frachtanteil **(280,00 DM : 5 Paletten = 56,00 DM/Pal.)** Grundlage zur Bestimmung der Frachtkosten für 7 Paletten. Auf dieser Grundlage lassen sich auch die Frachtkosten für beliebige andere Mengen (z. B. 3 Pal., 11 Pal. usw.) berechnen. Diese Grundlage heißt **Verhältnisfaktor.** Mit dem Verhältnisfaktor lässt sich der Zusammenhang zwischen Größen mit direktem Verhältnis tabellarisch und grafisch gut veranschaulichen:

Berechnungstabelle für Frachtkosten

Verhältnisfaktor „DM/Pal."	„mal"	Menge in Pal.	„ist gleich"	Gesuchte Frachtkosten in DM
$\frac{280{,}00\ DM}{5\ Pal.}$ = **56,00** DM/Pal.	•	1	=	56,00 DM
		2		112,00 DM
		3		168,00 DM
		4		224,00 DM
		5		280,00 DM
		6		336,00 DM
		7		392,00 DM
		⋮		⋮

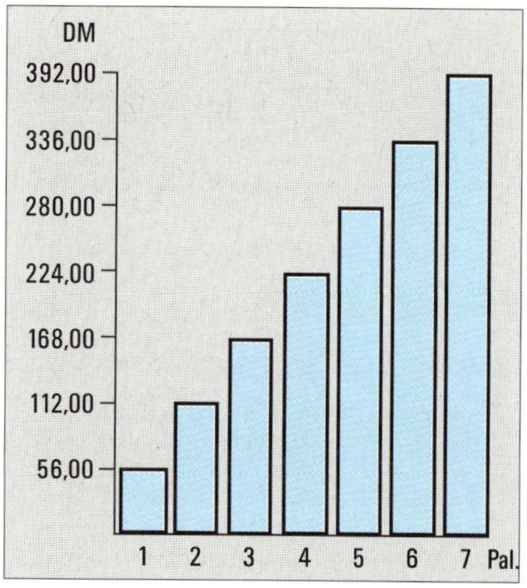

Zusammenfassung

- Die Dreisatzrechnung ist eine Schlussrechnung, bei der – ausgehend von der bekannten Beziehung zwischen zwei Größen – auf die entsprechende Beziehung einer veränderten Größe „geschlossen" wird.
- Bei einem Dreisatz mit direkten Verhältnissen sind die Beziehungen zwischen den beiden Größen „gleich gerichtet": **Mehr – Mehr** oder **Weniger – Weniger.**
- Für die Lösung von Dreisatzaufgaben mit direkten Verhältnissen ist der **Schluss auf die Einheit** der entscheidende Lösungsschritt.
- Bei einer solchen Dreisatzaufgabe werden zunächst die Zahlen des Bedingungssatzes **dividiert** und es ergibt sich der Wert je Einheit. Um an das gesuchte Ergebnis zu gelangen, wird dieser Wert danach mit der Größe im Fragesatz **multipliziert.**

6464376

9.1.1.2 Einfacher Dreisatz mit umgekehrten Verhältnissen

Beispiel Ein Bauunternehmer rechnet für das Ausheben und Abfahren des Erdreiches aus einer Baugrube beim Einsatz von 5 gleichartigen Fahrzeugen mit einer Arbeitszeit von 280 Arbeitsstunden. Der Auftraggeber möchte den Aushub beschleunigt durchführen lassen. Daraufhin sagt der Bauunternehmer den Einsatz von 7 Fahrzeugen zu.

Wie viel Arbeitsstunden sind nunmehr anzusetzen?

Entwicklung der Lösung über den Schluss auf die Gesamtleistung („Std. · Fahrz."):

❶ **Bedingungssatz:**	**5 F** benötigen	**280** Arb.-Stunden	
❷ **Schluss auf Gesamtleistung:**	**1 F** benötigt	**280 Std. · 5 Fahrz.**	= **1 400** Arbeitsstunden
❸ **Fragesatz:**	**7 F** benötigen	$\frac{\textbf{280 Std. · 5 Fahrz.}}{\textbf{7 Fahrz.}}$	= $\frac{\text{1 400 Arbeitsstunden}}{\text{7 Fahrz.}}$
❹ **Antwortsatz:**	**7 F** benötigen		**200 Arbeitsstunden**

Verkürzte Darstellung der Lösung durch „Ansatz" und „Lösungsgleichung":

Lösungsschema	Lösung zur deutlichen Herausstellung des Schlusses auf die Gesamtleistung	Herkömmliche Lösung
Ansatz:	**Frage:** x Arb.-Std. ~ 7 F **Bedingung:** 280 Arb.-Std. ~ 5 F	**Bedingung:** 5 F ~ 280 Arb.-Std. **Frage:** 7 F ~ x Arb.-Std.
Lösungsgleichung:	**x Std. =** $\frac{\textbf{280 Std. · 5 F}}{\textbf{7 F}}$ **= 200 Arb.-Std.**	**x Std. =** $\frac{\textbf{280 Std. · 5 F}}{\textbf{7 F}}$ **= 200 Arb.-Std.**

Umgekehrte Verhältnisse. Das obige Beispiel verdeutlicht, dass zwischen den Größen „Anzahl der Fahrzeuge" und „Anzahl der Arbeitsstunden" nicht die gleiche Beziehung herzustellen ist wie im vorhergehenden Abschnitt zwischen den Größen „Anzahl der Tonnen" und „Höhe der Frachtkosten" (vgl. Beispiel S. 375). Hier ist nicht der „Wert je Einheit" der entscheidende Lösungsschritt, sondern der **Einsatz einer Gesamtmenge oder Gesamtleistung.** Im obigen Beispiel wird eine Gesamtleistung an Arbeitsstunden von 5 Fahrzeugen zu je 280 Stunden, also 5 · 280 = **1 400 Arbeitsstunden,** erbracht. Verteilt sich diese Gesamtleistung auf 5 Fahrzeuge, so sind zur Bewältigung des Auftrags 280 Stunden erforderlich. Verteilt sich die Gesamtleistung auf mehr als 5 Fahrzeuge, so lässt sich der Auftrag in weniger Zeit erledigen. Also gilt:

- Werden **mehr** als die im Auftrag vorgesehenen Fahrzeuge eingesetzt, so werden **weniger** Arbeitsstunden verbraucht und
- werden **weniger** als die zunächst vorgesehenen Fahrzeuge eingesetzt, so werden **mehr** Arbeitsstunden benötigt.

je **mehr** Fahrzeuge	∧	**5 Fahrz.** **7 Fahrz.**	umso **weniger** Arbeitsstunden	∨	**280 Std.** **200 Std.**

Eine solche „gegenläufige" Beziehung zwischen zwei Größen heißt umgekehrtes Verhältnis.

Prüfschema. Die Lösung von Dreisatzaufgaben mit umgekehrten Verhältnissen lässt sich nach folgendem Prüfschema durchführen:

❶ Stellen Sie den Ansatz in Form von Frage- und Bedingungssatz aus dem Text der Aufgabe auf:	**x Arb.-Stunden ~ 7 Fahrz.** **280 Arb.-Stunden ~ 5 Fahrz.**
❷ Prüfen Sie durch die Frage: „Verursacht die Menge im Fragesatz mehr oder weniger Stunden als die Menge im Bedingungssatz?“, ob ein **umgekehrtes Verhältnis** vorliegt. Wenn ja, können Sie durch **Multiplikation** der Zahlen des Bedingungssatzes den **Gesamtwert** bestimmen. **Dividieren** Sie diesen Gesamtwert durch die Menge im Fragesatz und Sie erhalten den Wert der gesuchten Größe.	$\text{x Std.} = \frac{280 \text{ Std.} \cdot 5 \text{ Fahrz.}}{7 \text{ Fahrz.}}$ **x Std. = 200 Arb.-Stunden**

Verhältnisdividend. In der obigen Lösung sind die insgesamt für den Auftrag aufzuwendenden Arbeitsstunden (280 Std. · 5 Fahrz. = 1 400 Arbeitsstunden) die Grundlage zur Berechnung der Arbeitsstunden beim Einsatz von 7 Fahrzeugen. Auf dieser Grundlage (= Verhältnisdividend) lassen sich die Arbeitsstunden für einen beliebigen Fahrzeugeinsatz berechnen. Die nachfolgende Tabelle gibt einen Ausschnitt aus der Berechnung wieder; die Grafik veranschaulicht, wie mit zunehmendem Fahrzeugeinsatz der Arbeitsaufwand je Fahrzeug in Stunden geringer wird.

Berechnungstabelle für Arbeitsstunden

Verhältnisdividend „Std. · F“	„geteilt“	Fahrzeugeinsatz (Anzahl LKW)	„ist gleich“	Gesuchte Arbeitsstunden
280 Std. · 5 F = **1 400** Stunden	:	1	=	1 400 Std.
		2		700 Std.
		3		467 Std.
		4		350 Std.
		5		280 Std.
		6		233 Std.
		7		200 Std.
		. . .		. . .

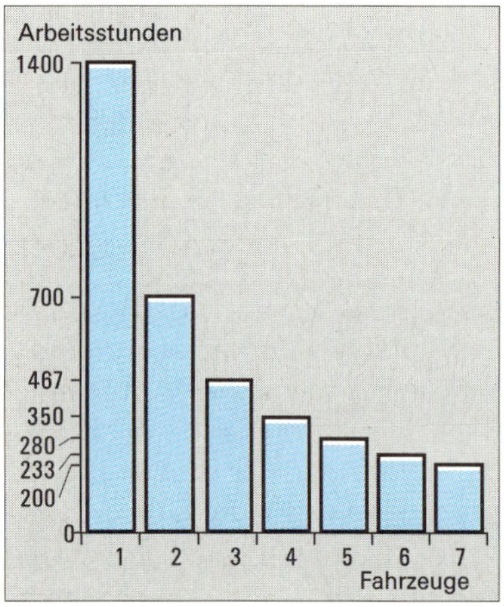

Zusammenfassung

- Bei einem Dreisatz mit umgekehrten Verhältnissen sind die Beziehungen zwischen den beiden Größen „gegenläufig“: **Mehr – Weniger** oder **Weniger – Mehr.**
- Für die Lösung von Dreisatzaufgaben mit umgekehrten Verhältnissen ist die **Berechnung des Gesamtwertes** der entscheidende Lösungsschritt.
- Bei einer solchen Dreisatzaufgabe werden zunächst die Zahlen des Bedingungssatzes **multipliziert** und es ergibt sich der Gesamtwert. Um an das gesuchte Ergebnis zu gelangen, wird dieser Wert danach durch die Größe im Fragesatz **dividiert.**

Aufgaben

403 Im Unternehmen Kern werden die Mietkosten als Bestandteil der Preiskalkulation berücksichtigt. Für das Lager mit 350 m^2 setzt Frau Kern 2.625,00 DM an.

Wie viel Mietkosten sind für die Verwaltung mit 120 m^2 anzusetzen?

---

404 Ein Papiergroßhändler versendet an einen Großkunden mehrere Paletten Kopierpapier 80 g/m^2 im Gesamtgewicht von 3 250 kg und belastet den Kunden mit einem Frachtkostenanteil von 156,00 DM.

Mit welchem Frachtkostenanteil müsste ein anderer Kunde belastet werden, der Kopierpapier im Gesamtgewicht von 1 775 kg bezieht?

---

405 Ein Verpackungsautomat kann je nach Bedarf in zwei Geschwindigkeitsstufen arbeiten. In der niedrigeren Stufe schafft die Maschine 3 200 Verpackungen in der Stunde, in der höheren Stufe 4 000 Verpackungen in der Stunde.

Für einen Kundenauftrag würde die Maschine in der niedrigeren Stufe 15 Stunden benötigen.

In wie viel Stunden könnte der Auftrag in der höheren Stufe erledigt werden?

---

406 In einer Teppichgroßhandlung reicht der Vorrat an einer bestimmten Sorte Teppichboden in der Breite von 450 cm bei einem Verkauf von durchschnittlich 175 m täglich für insgesamt 12 Verkaufstage.

Wie lange würde der Vorrat reichen, wenn nach einer Werbeaktion mit einem Verkauf von 210 m je Tag gerechnet wird?

---

407 Ein Großhändler zahlt für die gemieteten Büro- und Lagerräume mit einer Fläche von 220 m^2 monatlich insgesamt 3.190,00 DM Miete. Für die betriebsinterne Kostenrechnung möchte er die Gesamtmiete anteilig auf Büro- und Lagerräume aufteilen.

Wie viel DM Miete entfallen auf die Büroräume mit 75 m^2 Fläche?

---

408 In der Verkaufsabteilung einer Großhandlung steigt die Anzahl der Kopiervorgänge proportional zur Anzahl der Auftragsabwicklungen. Im vergangenen Monat wurden für 750 Auftragsabwicklungen 360 Kopiervorgänge gezählt. Im laufenden Monat rechnet der Großhändler mit 800 Auftragsabwicklungen.

1. *Wie viele Kopiervorgänge werden voraussichtlich anfallen?*
2. Jeder Kopiervorgang erfordert Kopierkosten in Höhe von 0,45 DM.
   Mit wie viel DM Kostensteigerung ist zu rechnen?

---

409 Für eine Sendung von 300 000 Blatt (= 150 Kartons) Tabellierpapier zahlt ein Großhändler einschließlich Fracht und Verpackung 4.170,00 DM. In dieser Sendung waren versehentlich 14 Kartons einer schlechteren Qualität enthalten. Diese Kartons sollen vereinbarungsgemäß zurückgeschickt werden.

Mit welcher Gutschrift kann der Großhändler rechnen?

---

410 Durch Tarifvereinbarung wird eine Verkürzung der wöchentlichen Arbeitszeit, die derzeit 38,5 Stunden beträgt, vereinbart. Aufgrund dieser Vereinbarung steigt der Stundenlohn eines Facharbeiters von 19,50 DM auf 20,15 DM.

Um wie viel Minuten je Woche wurde die Arbeitszeit verkürzt?

9.1.2 Zusammengesetzter Dreisatz

Verknüpfung mehrerer Größen. In der Praxis sind die Situationen in der Regel so kompliziert, dass eine Größe zugleich von mehreren anderen abhängt. Um hier zu Lösungen zu gelangen, ist der aufgestellte Ansatz schrittweise „abzuarbeiten".

Beispiel Ein Bauunternehmer kalkuliert für einen Auftrag zum Abfahren von 3 150 m^3 Erdaushub zur Deponie A mit 5 Fahrzeugen bei täglich 9 Fahrten je Fahrzeug eine Dauer von 7 Arbeitstagen.

Nachträglich wird der Auftrag dahin gehend geändert, dass 4 800 m^3 abzufahren sind. Der Unternehmer möchte den Auftrag dennoch kurzfristig ausführen und will 8 Fahrzeuge einsetzen, die eine näher gelegene Deponie B anfahren, sodass je Fahrzeug pro Tag 10 Fahrten durchgeführt werden können.

In welcher Zeit ist der Auftrag durchführbar?

Ansatz:

x Tage ~ **4 800** m^3 ~ **8** Fahrz. ~ **10** Fahrten/Tag
7 Tage ~ **3 150** m^3 ~ **5** Fahrz. ~ **9** Fahrten/Tag

❶ dir. Verhältn.
❷ umgekehrtes Verhältn.
❸ umgekehrtes Verhältnis

Lösungsgleichung:

$$\text{x Tage} = \frac{\overset{❶}{7 \text{ Tage} \cdot 4\,800 \text{ m}^3} \cdot \overset{❷}{5 \text{ Fahrz.}} \cdot \overset{❸}{9 \text{ Fahrten}}}{3\,150 \text{ m}^3 \cdot 8 \text{ Fahrz.} \cdot 10 \text{ Fahrten}} = \textbf{6 Tage}$$

Erläuterung zur Lösung:

Der Ansatz wird aus den Größen des Beispiels nach den zuvor aufgestellten Regeln (vgl. S. 375) übersichtlich gebildet.

Die Aufstellung der Lösungsgleichung erfolgt hier in 3 Schritten, wobei jeweils die **Beziehung der gesuchten Größe zu je einer anderen** untersucht wird:

❶ Zwischen den Größen „m^3" und „Tage" besteht ein **direktes Verhältnis; je mehr** Erdreich abgefahren wird, **umso mehr** Zeit ist dafür erforderlich. Der Zeitbedarf für **1 m^3** beträgt also **7 Tage : 3 150 m^3**. Für 4 800 m^3 ist dann der Zeitbedarf **4 800-mal so hoch.**

❷ Danach wird die Beziehung zwischen den Größen „Fahrzeuge" und „Tage" bestimmt, von der die Lösung ja auch abhängt. Zwischen diesen beiden Größen besteht ein **umgekehrtes Verhältnis; je mehr** Fahrzeuge im Einsatz sind, **umso weniger** Arbeitszeit je Fahrzeug ist erforderlich. Der gesamte Zeitbedarf (= Gesamtleistung) beträgt also **7 Tage · 5 Fahrzeuge;** und der Einsatz von 8 Fahrzeugen verringert den Zeitbedarf auf den **8. Teil.**

❸ Auch die Beziehung zwischen den Größen „Fahrten/Tag" und „Tage" ist ein **umgekehrtes Verhältnis; je mehr** Fahrten/Tag erfolgen, **umso weniger** Arbeitstage sind erforderlich. Der gesamte Zeitbedarf beträgt also **7 Tage · 9 Fahrten/Tag;** entsprechend sinkt der Zeitbedarf bei 10 Fahrten/Tag auf den **10. Teil.**

Zusammenfassung

▶ Bei zusammengesetzten Dreisätzen hängt die gesuchte Größe gleichzeitig von mehreren anderen Größen ab. Schrittweise wird die gesuchte Größe mit jeder anderen Größe auf direkte oder umgekehrte Verhältnisse untersucht und danach die Lösungsgleichung aufgestellt.

6464380

Aufgaben

411 In einer Getränkegroßhandlung wird ein Erfrischungsgetränk auf 5 Abfüllanlagen in Flaschen gefüllt. Bei einer täglichen Arbeitszeit von 8 Stunden beträgt die Kapazität 60 000 Flaschen. Wegen steigender Nachfrage möchte das Unternehmen die Kapazität auf 80 000 Flaschen erhöhen. Zugleich wird aufgrund einer Tarifvereinbarung die tägliche Arbeitszeit auf 7,5 Stunden gekürzt.

Wie viele Abfüllautomaten müssten zusätzlich angeschafft werden, um die Bedingungen zu erfüllen?

412 Für die Montage von Computern stehen in einem Unternehmen 8 Arbeitskräfte zur Verfügung, die bei einer täglichen Arbeitszeit von 8 Stunden einen Auftrag über 60 Computer in 4 Tagen bearbeiten können. Kurzfristig wird der Auftrag auf 80 Computer erhöht; die Auslieferung soll nach 5 Tagen erfolgen.

Lässt sich der Auftrag ohne zusätzliche Arbeitskräfte oder ohne Überstunden durchführen?

413 Bei 8-stündiger Arbeitszeit je Arbeitstag benötigen 6 Näherinnen für einen Auftrag über die Anfertigung von 500 Oberhemden 5 Arbeitstage.

In welcher Zeit lässt sich ein ähnlicher Auftrag über 750 Hemden ausführen, wenn eine Näherin wegen Erkrankung ausfällt und die übrigen dafür eine Überstunde pro Tag leisten?

414 Ein Unternehmen stellt Pressteile aus Blech her. Insgesamt stehen 8 Pressen zur Verfügung. Die Tagesleistung hängt von der Größe der Pressteile ab. Für einen Auftrag über 20 000 Pressteile setzt der Unternehmer 5 Pressen bei einer täglichen Laufzeit von 7,5 Stunden ein. Der Auftrag kann so in 5 Tagen erledigt werden. Ein ähnlicher Auftrag über 30 000 Pressteile soll in 6 Tagen ausgeführt werden.

Kann dieser Auftrag in der Zeit erledigt werden, wenn alle Pressen zum Einsatz kommen, die tägliche Laufzeit auf 8 Stunden erhöht wird, die Leistungsfähigkeit der Pressen wegen veränderter Form und Größe der Pressteile nur 9/10 gegenüber dem vorhergehenden Auftrag beträgt?

415 Für die Elektroinstallation in einer Lagerhalle würden nach den Berechnungen des Unternehmers 6 Handwerker bei einer Arbeitszeit von täglich 8 Stunden insgesamt 12 Tage benötigen. Der Kunde wünscht eine schnellere Erledigung.

In wie viel Tagen kann die Installation beendet sein, wenn die Arbeitszeit um 1 Stunde je Tag verlängert und 2 Handwerker zusätzlich eingesetzt werden?

416 Die Entladung von Tankschiffen kann an dem Anleger eines Chemiewerkes wahlweise an zwei Anlegestellen A und B erfolgen. An der Anlegestelle A würde die Entladung mit 5 Pumpen bei einer Stundenleistung von 220 t je Pumpe in 18 Stunden erfolgen, an der Anlegestelle B in 22 Stunden, da die Pumpen hier nur eine Leistung von 150 t je Pumpe haben.

Wie viele Pumpen sind an der Anlegestelle B im Einsatz?

417 Für die Füllung eines Schwimmbeckens stehen insgesamt 5 Zuflüsse zur Verfügung, die folgendermaßen geschaltet werden können:

3 Zuflüsse zu je 4 000 l/Std. oder 2 Zuflüsse zu je 7 500 l/Std. Wird das Becken nur über 3 Zuflüsse zu je 4 000 l gefüllt, dauert das Füllen 30 Stunden.

Wie viele Stunden dauert die Füllung über die 2 Zuflüsse zu je 7 500 l?

9.2 Währungsrechnung

9.2.1 Grundlagen der Währungsrechnung

Anwendung. Eine moderne Volkswirtschaft, wie sie z. B. in der Bundesrepublik Deutschland besteht, kann nur in enger Verflechtung mit den Volkswirtschaften anderer Länder existieren: Fehlende Rohstoffe und fertige Erzeugnisse werden importiert, landwirtschaftliche und hochwertige industrielle Erzeugnisse werden exportiert. Die Freizügigkeit führt zu zahlreichen grenzüberschreitenden Reisen. Der deutsche Arbeitsmarkt ist auch für ausländische Arbeitnehmer weitgehend offen.

Diese vielfältigen Beziehungen bedingen Zahlungsvorgänge zwischen deutschen und ausländischen Partnern, also den Umtausch des deutschen Geldes in ausländisches Geld und umgekehrt. Bei allen diesen Vorgängen treten die Banken als „Mittler" auf:

Wer ausländisches Geld benötigt,

- weil er Einfuhrwaren in ausländischem Geld bezahlen muss,
- weil er eine Auslandsreise antreten und ausländisches Geld mitnehmen will,
- weil er als ausländischer Arbeitnehmer einen Teil seines Lohnes nach Hause überweisen will,

tritt als **Nachfrager** von ausländischem Geld bei den Banken auf. Die Banken „verkaufen" also das ausländische Geld und nehmen deutsches Geld an.

Wer ausländisches Geld in deutsches umtauschen will,

- weil er aus einem Ausfuhrgeschäft ausländisches Geld erhalten hat,
- weil er von einer Auslandsreise ausländisches Geld mitgebracht hat,

tritt als **Anbieter** von ausländischem Geld bei den Banken auf. Die Banken „kaufen" also das ausländische Geld und geben deutsches Geld ab.

Währung. Unter Währung ist zum einen **die vom Staat gesetzlich verankerte Geldordnung** zu verstehen; so heißt es in § 14 des Gesetzes über die Deutsche Bundesbank: „Die Deutsche Bundesbank hat das ausschließliche Recht, Banknoten im Geltungsbereich dieses Gesetzes auszugeben. Ihre Noten lauten auf Deutsche Mark. Sie sind das einzige unbeschränkte gesetzliche Zahlungsmittel."

Zum anderen wird unter „Währung" auch der **„Name" des Geldes** verstanden, so heißt z. B. die deutsche Währung „Deutsche Mark" (abgekürzt „DM"), die britische Währung „Pfund Sterling" (abgekürzt „£"), die Währung der Vereinigten Staaten von Amerika „US-Dollar" (abgekürzt „US-$").

Sorten und Devisen. Das ausländische Geld kann entweder in Noten (Geldscheinen) oder Münzen gekauft oder verkauft werden; wir sprechen dann von Sorten. Es kann auch in Zahlungsanweisungen, Schecks oder Wechseln bestehen, die im Ausland fällig sind; wir sprechen dann von Devisen.

Kurs. Die Währungen aller bedeutenden Industriestaaten sind frei untereinander austauschbar (= konvertierbar). Auf die Deutsche Mark bezogen bedeutet das: Jeder kann in der Bundesrepublik Deutschland mit DM nach Belieben (konvertierbares) ausländisches Geld kaufen oder verkaufen. Der Preis, den er beim Kauf für eine bestimmte Menge ausländischen Geldes in DM bezahlen muss oder den er beim Verkauf bekommt, heißt Kurs (Währungskurs). Der Kurs bezieht sich auf folgende „Mengen" (Währungseinheiten):

▶ In der Regel gilt der Kurs für **100** ausländische Währungseinheiten.

Beispiel Der Kurs für niederländische Gulden (abgekürzt „hfl") wurde am 3. Sept. .. an der deutschen Devisenbörse mit 89,50 notiert. Das bedeutet: 100 hfl kosten in der Bundesrepublik Deutschland 89,50 DM.

▶ Ausnahmen bilden die Pfund- und Dollarwährungen. Bei ihnen gilt die Kursnotierung immer für **1** ausländische Währungseinheit.
- Länder mit Pfundwährungen sind z. B. Großbritannien und Irland.
- Länder mit Dollarwährungen sind z. B. die USA, Kanada und Australien.

Beispiel Der Kurs für den US-amerikanischen Dollar (US-$) wurde am 3. Sept. .. an der deutschen Devisenbörse mit 1,77 notiert. Das bedeutet: 1 US-$ kostet in der Bundesrepublik Deutschland 1,77 DM.

▶ Eine weitere Ausnahme bildet die Kursnotierung für die italienische Währung (Lira). Der Kurs wird für **1.000** Lire (abgekürzt „Lit") angegeben. Die Kursnotierung 1,01 bedeutet also: Der Preis für 1.000 Lit beträgt 1,01 DM.

Geldkurs, Briefkurs. Je nachdem, ob Banken als **Käufer oder Verkäufer** von ausländischem Geld (Sorten, Devisen) auftreten, rechnen sie mit unterschiedlichen Kursen.

Beispiel Einer Tageszeitung ist folgender Auszug aus der Sortenkurstabelle entnommen:

Land	Währungseinheit	Kurse für Sorten	
		Geld (Ankauf)	Brief (Verkauf)
USA	1 US-$	1,73	1,84
Großbritannien	1 £	2,80	3,00
Niederlande	100 hfl	87,15	90,45
Schweiz	100 sfr	118,65	122,25
Frankreich	100 FF	28,60	31,00
Italien	1.000 Lit	0,95	1,07

Wenn die Bank ausländisches Geld **ankauft** (also der Bankkunde ausländisches Geld verkaufen will), legt sie den **niedrigeren Geldkurs** zugrunde; sie gibt **„Geld"** (= DM).

Wenn die Bank ausländisches Geld **verkauft** (also der Bankkunde ausländisches Geld kauft), legt sie den **höheren Briefkurs** zugrunde; sie gibt **„Brief"** (= ausländ. Geld).

Die Spanne zwischen den beiden Kursen dient den Banken zur Abdeckung der mit dem Devisen- und Sortengeschäft zusammenhängenden Aufwendungen.

Zusammenfassung

▶ Zahlungsvorgänge mit dem Ausland werden über Banken abgewickelt. Banken kaufen ausländisches Geld an oder verkaufen es.

▶ Die Währung eines Landes ist die vom Staat gesetzlich verankerte Geldordnung.

▶ **Sorten** sind ausländisches Geld in Form von Geldscheinen und Münzen. Bei Zahlungsanweisungen, Schecks oder Wechseln handelt es sich um **Devisen.**

▶ **Kurs** ist der Preis für 1, 100 oder 1 000 ausländische Währungseinheiten.

▶ **„Geld"** bedeutet **Ankauf** von ausländischem Geld durch die Bank,
„Brief" bedeutet **Verkauf** von ausländischem Geld durch die Bank.

Aufgabe

418 *Entnehmen Sie einer Tageszeitung die aktuellen Sorten- oder Devisenkurse und erläutern Sie an Beispielen die darin enthaltenen Informationen.*

9.2.2 Umrechnung von Währungsbeträgen

9.2.2.1 Umrechnung im Inland

Mathematische Grundlage für die Umrechnung eines Geldbetrages über ausländische Währung in einen DM-Betrag oder eines DM-Betrages in einen Geldbetrag über ausländische Währung ist die **Dreisatzrechnung mit direkten Verhältnissen.** Es kann der Fall eintreten, dass eine Währungsaufgabe nacheinander über mehrere Dreisätze gelöst werden muss.

9.2.2.1.1 Umrechnung eines DM-Betrages in einen ausländischen Währungsbetrag

Beispiel 1 Der Kaufmann E. Weigel will zum Besuch einer Fachmesse in Paris französisches Geld (FF) mitnehmen. Bei seiner inländischen Bank tauscht er 1.500,00 DM in FF um.

Der Bank liegen die Sortennotierungen für den französischen Franc aus der Tabelle (vgl. S. 383) vor.

Für den **Verkauf** von Sorten legt die Bank den **höheren Briefkurs** zugrunde; sie rechnet also:

Ansatz:

x FF ~ 1.500,00 DM
100,00 FF ~ 31,00 DM

Lösungsgleichung:

$$x \text{ FF} = \frac{100{,}00 \text{ FF} \cdot 1.500{,}00 \text{ DM}}{31{,}00 \text{ DM}} = \mathbf{4.838{,}71 \text{ FF}}$$

Wenn der **Kurs für 100 ausländische Währungseinheiten** angegeben ist, dann gilt allgemein:

x ausl. Währung ~ DM-Betrag
100 ausl. Währung ~ DM-Kurs

$$x = \frac{100 \cdot \text{DM-Betrag}}{\text{Kurs}} = \text{ausländ. Währungsbetrag}$$

Beispiel 2 Ein deutscher Exporteur will seinem britischen Geschäftspartner den Angebotspreis einer in der Bundesrepublik Deutschland hergestellten Ware in £ mitteilen. Der Angebotspreis lautet auf 3.450,00 DM. Für die Umrechnung wird ein Kurs von 2,90 zugrunde gelegt.

Ansatz:

x £ ~ 3.450,00 DM
1 £ ~ 2,90 DM

Lösungsgleichung:

$$x \text{ £} = \frac{1 \text{ £} \cdot 3.450{,}00 \text{ DM}}{2{,}90 \text{ DM}} = \mathbf{1.189{,}66 \text{ £}}$$

Weil der **Kurs** in diesem Fall **für 1 ausländische Währungseinheit** gilt, lässt sich die Lösung kürzer so bestimmen:

$$x \text{ ausländische Währung} = \frac{\text{DM-Betrag}}{\text{DM-Kurs}} \rightarrow x \text{ £} = \frac{3.450{,}00 \text{ DM}}{2{,}90 \text{ DM/£}} = 1.189{,}66 \text{ £}$$

Beispiel 3 Ein deutscher Großhändler hat von seinem Lieferanten aus Solingen 280 Kaffeemaschinen zum Gesamtpreis von 24.920,00 DM für den Export nach Italien bezogen. Von einem italienischen Kunden liegt ihm ein Auftrag zur Lieferung von 80 Kaffeemaschinen vor.

Welchen Lirebetrag muss der Großhändler seinem Angebot zugrunde legen? Der Kurs für die Umrechnung beträgt 1,01.

In diesem Fall kann die Aufgabe **schrittweise über zwei Dreisätze** gelöst werden.

1. Dreisatz: x DM ~ 80 K.-Maschinen
24.920,00 DM ~ 280 K.-Maschinen

$$x\ \text{DM} = \frac{24.920{,}00\ \text{DM} \cdot 80\ \text{Masch.}}{280\ \text{Masch.}} = 7.120{,}00\ \text{DM}$$

2. Dreisatz: x Lit ~ 7.120,00 DM
1.000,00 Lit ~ 1,01 DM

$$\mathbf{x\ Lit} = \frac{1.000{,}00\ \text{Lit} \cdot 7.120{,}00\ \text{DM}}{1{,}01\ \text{DM}} = \mathbf{7.049.504{,}95\ Lit}$$

Zusammenfassung

- Die Umrechnung von DM-Beträgen in ausländische Währungsbeträge geschieht mithilfe der Dreisatzrechnung.

9.2.2.1.2 Umrechnung eines ausländischen Währungsbetrages in einen DM-Betrag

Beispiel 1 Aus einem Exportgeschäft mit einem niederländischen Kunden erhält der deutsche Lieferant einen Erlös von 20.450,00 hfl.

Wie viel DM schreibt ihm die Bank gut, wenn die in der Tabelle auf Seite 383 genannten Kurse für die Umrechnung herangezogen werden?

Da die Bank das ausländische Geld **ankauft,** wird der **niedrigere Geldkurs** von 87,15 DM je 100 hfl zugrunde gelegt.

Ansatz:
x DM ~ **20.450,00** hfl
87,15 DM ~ **100,00** hfl

Lösungsgleichung:

$$x\ \text{DM} = \frac{87{,}15\ \text{DM} \cdot 20.450{,}00\ \text{hfl}}{100\ \text{hfl}} = \mathbf{17.822{,}18\ DM}$$

Wenn der **Kurs für 100 ausländische Währungseinheiten** angegeben wird, gilt für die Umrechnung allgemein:

Ansatz:
x DM ~ ausl. Währungsbetrag
Kurs ~ 100 ausländische Währung

Lösungsgleichung:

$$\mathbf{x\ DM} = \frac{\textbf{Kurs} \cdot \textbf{ausl. Währungsbetrag}}{\textbf{100 ausl. Währung}}$$

Beispiel 2 Ein deutscher Importeur lässt die Rechnung seines amerikanischen Lieferanten über 7.520,00 US-$ über die Außenhandelsbank begleichen.

Mit wie viel DM wird sein Konto bei einem Devisenkurs von 1,78 belastet?

Ansatz:
x DM ~ **7.520,00** US-$
1,78 DM ~ **1,00** US-$

Lösungsgleichung:

$$x\ \text{DM} = \frac{1{,}78\ \text{DM} \cdot 7.520{,}00\ \text{US-\$}}{1\ \text{US-\$}} = \mathbf{13.385{,}60\ DM}$$

Weil in diesem Beispiel der **Kurs für 1 ausländische Währungseinheit** gilt, lässt sich die Rechnung wie folgt vereinfachen:

x DM = Kurs · ausländischer Währungsbetrag
x DM = 1,78 DM/US-$ · **7.520,00** US-$ = **13.385,60 DM**

Aufgaben

Beachten Sie: Sofern die Aufgaben keine Kursangaben enthalten, gelten die in der Tabelle auf Seite 383 genannten Kurse.

419 Ein deutscher Weinhändler kauft in Frankreich Wein für 45.000,00 FF ein. Geldkurs 29,76; Briefkurs 29,88.

Mit wie viel DM belastet die Bank das Konto des Händlers?

420 Ein Großhändler bringt von einer Geschäftsreise nach Italien einen Restbetrag von 150.000,00 Lit mit, den er bei seiner deutschen Bank umtauschen will.

Wie viel DM schreibt die Bank ihm gut?

421 Für eine Geschäftsreise tauscht ein Großhändler 7.500,00 DM um.

Wie viel £ erhält er?

422 Für eine Urlaubsreise in die USA werden 4.600,00 DM umgetauscht. Der Urlauber erhält dafür 2.628,57 US-$.

Zu welchem Kurs erfolgte der Umtausch?

423 Ein Großhändler reicht seiner Bank folgende Überweisungen an seine ausländischen Lieferanten ein:
1. Überweisung über 9.420,00 FF,
2. Überweisung über 2.580,00 sfr,
3. Überweisung über 4.275,00 hfl.

Mit wie viel DM belastet die Bank das Konto des Großhändlers?

424 Ein Uhrengroßhändler bezieht 1 000 Armbanduhren aus der Schweiz zum Stückpreis von 48,00 sfr. Für Fracht hat er 275,00 DM zu zahlen.

1. *Mit wie viel DM belastet die Bank das Konto des Großhändlers beim Rechnungsausgleich?*
2. *Zu welchem DM-Preis je Stück (einschließlich anteiliger Fracht) hat der Großhändler die Uhren eingekauft?*

425 Einem Textilgroßhändler liegen zwei Angebote über Wollstoffe vergleichbarer Qualität vor:
1. Angebot aus London: 100 m zu £ 9,50 je m,
2. Angebot aus Brüssel: 100 m zu 590,00 bfrs je m.

Welches Angebot ist auf der Basis folgender Briefkurse günstiger: bfrs notieren mit 4,88, £ notiert mit 2,91?

426 Einem deutschen Exporteur liegt eine Anfrage aus Spanien über 50 Kopiergeräte vor. Der Händler kalkuliert den Stückpreis mit 2.100,00 DM ab Lager.

Welchen Preis in Ptas wird er seinem Kunden im Angebot nennen (Geldkurs 1,16; Briefkurs 1,18)?

427 Ein deutscher Importeur kann japanische Camcorder zum Stückpreis von 105.600,00 Yen beziehen. Für Fracht, Versicherung und Zoll rechnet er mit einem Zuschlag von $^1/_4$ des Stückpreises. Ein vergleichbares Gerät aus heimischer Produktion würde er für 1.675,00 DM erhalten.

1. *Lohnt sich der Import aus Japan, wenn für den Yen ein Umrechnungskurs von 1,28 zugrunde gelegt wird?*
2. *Wie wäre zu entscheiden, wenn der Kurs auf 1,20 sinkt?*

9.2.2.2 Umrechnung im Ausland

Kursnotierungen im Ausland. Bei der Währungsumrechnung im Ausland ist die Deutsche Mark Fremdwährung. Grundsätzlich gelten für diese Währungsumrechnung die gleichen Überlegungen, die wir zuvor bei der Währungsumrechnung aus deutscher Sicht angestellt haben:

Der Kurs der jeweiligen Landeswährung ist der Preis, der beim An- oder Verkauf von DM-Beträgen für jeweils 100,00 DM zu zahlen ist. Diese Regelung gilt entsprechend für fast alle anderen Fremdwährungen.

Ausnahmen. Von dieser Regelung sind die $- und £-Währungen ausgenommen. Im jeweiligen $- oder £-Währungsland werden alle ausländischen Währungen (also auch die DM) auf 1 Einheit der Inlandswährung (1 $; 1 £) bezogen. Bei Kursnotierung 1,78 für DM in New York sind für 1 US-$ 1,78 DM zu zahlen.

Beispiel 1 Einer französischen Tageszeitung ist folgender Auszug aus der Sortenkurstabelle entnommen:

Land	Währungseinheit	Kurse für Sorten Geld (Ankauf)	Brief (Verkauf)
USA	1 US-$	5,98	6,12
Großbritannien	1 £	9,74	9,88
Niederlande	100 hfl	292,84	294,15
Schweiz	100 sfr	398,70	402,50
Bundesrepublik Deutschland	100 DM	336,00	338,00
Belgien	100 bfrs	15,70	16,90

Aufgabe

428 *Erläutern Sie aus französischer Sicht die Kursangaben für $ und DM.*

Beispiel 2 Ein französischer Maschinenhersteller erhält von einem deutschen Händler einen Auftrag zur Lieferung einer Fräsmaschine. Vereinbarungsgemäß leistet der Kunde eine Anzahlung in Höhe von 20.000,00 DM.

Wie viel FF schreibt die französische Bank gut (siehe obige Tabelle)?

Die französische Bank legt beim **Ankauf** von ausländischem Geld den **niedrigeren Ankaufskurs (= Geldkurs)** zugrunde.

Ansatz:

$$\begin{array}{rl} x \text{ FF} \sim & \mathbf{20.000{,}00}\text{ DM} \\ \mathbf{336{,}00}\text{ FF} \sim & \mathbf{100{,}00}\text{ DM} \end{array}$$

Lösungsgleichung:

$$x\text{ FF} = \frac{\mathbf{336{,}00}\text{ FF} \cdot \mathbf{20.000{,}00}\text{ DM}}{\mathbf{100{,}00}\text{ DM}} = \mathbf{67.200{,}00\ FF}$$

Beispiel 3 Ein britischer Aussteller überweist die Messegebühren in Höhe von 420,00 £ an die Pariser Messegesellschaft.

Wie viel FF werden ihr gutgeschrieben?

Nach der obigen Kurstabelle ist für die Umrechnung der **Geldkurs von 9,74 FF für 1 £** maßgeblich, also ist (ohne Ansatz) zu rechnen:

$$\mathbf{x\ FF = 9{,}74\ FF/£ \cdot 420{,}00\ £ = 4.090{,}80\ FF}$$

Zusammenfassung

- Im Ausland wird grundsätzlich der Kurs als Preis für 100 Fremdwährungseinheiten angegeben. Ausgenommen sind $- und £-Kurse; sie geben an, welchem Gegenwert in einer Fremdwährung 1 $ oder 1 £ entsprechen.

Aufgaben

429 Die Ausgaben auf einer Geschäftsreise nach Schweden sind höher als erwartet. Deshalb tauscht der Kaufmann 1.500,00 DM bei einer schwedischen Bank in skr um. Die Kursnotierungen für DM lauten: „Ankauf 470,20"; „Verkauf 522,50".

Wie viel skr erhält der Kaufmann?

430 Anlässlich der Modemesse in Mailand tauscht ein deutscher Importeur 12.500,00 DM in Lit um. Die Kursnotierungen für DM in Italien lauten für jeweils 100,00 DM: „Ankauf 102.040"; „Verkauf 117.640".

Welchen Gegenwert in Lit erhält der Importeur?

431 Die Importabteilung eines deutschen Handelsbetriebes informiert sich über die spanischen Wechselkurse im Inland und in Madrid:

	Ankauf	Verkauf
Frankfurt notiert für Ptas	1,17	1,18
Madrid notiert für DM	8.475,00	8.546,00

1. *Berechnen Sie den Ptas-Betrag, den ein Reisender des Unternehmens erhält, wenn er 5.000,00 DM in der Bundesrepublik Deutschland umtauscht.*
2. *Wie viel Ptas bekäme er in Spanien für 5.000,00 DM?*
3. *Wie viel Ptas erhält er also mehr, wenn er zum günstigeren Kurs umtauscht?*
4. *Welche Kursnotierungen in Frankfurt würden den Madrider Kursen entsprechen (Paritätskurse)?*
5. Das Importunternehmen hat die Rechnung eines Madrider Lieferanten über 475.000,00 Ptas zu begleichen. *Welche der folgenden Zahlungsmöglichkeiten ist günstiger?*
   a) Der deutsche Importeur überweist 475.000,00 Ptas nach Madrid; die hiesige Bank belastet sein Konto mit dem Gegenwert.
   b) Er überweist einen so hohen DM-Betrag auf das Valutakonto des Madrider Lieferanten, dass dieser in Madrid 475.000,00 Ptas erhält.

432 Ein deutscher Exporteur plant den Besuch einer Messe in Paris. Er möchte die Kursvorteile nutzen und lässt sich die Sortenkurse von Frankfurt und Paris nennen:

Frankfurt notiert den FF mit „Ankauf 28,60" und „Verkauf 31,00",
Paris notiert die DM mit „Ankauf 336,00" und „Verkauf 338,00".

Für die Reise will der Exporteur 8.000,00 DM umtauschen.

1. *Ist der Umtausch in Paris günstiger als in Frankfurt?*
2. *Wie hoch ist der Vorteil in FF bei der Ausnutzung des günstigeren Kurses?*

433 Ein deutscher Lebensmittelgroßhändler hat eine Rechnung seines niederländischen Käselieferanten in Höhe von 8.250,00 hfl zu begleichen. Ihm stehen folgende Zahlungsmöglichkeiten offen:

a) Überweisung des hfl-Betrages durch die deutsche Bank und Belastung seines Kontos mit dem entsprechenden Gegenwert bei Kursnotierungen von „Geld 87,22" und „Brief 89,45".
b) Kauf von US-$ bei seiner deutschen Bank zum Kurs 1,82 und Transferierung des US-$-Betrages auf das Valutakonto des niederländischen Lieferanten; der Umtausch von US-$ in hfl erfolgt zum Kurs von 1,98.

1. *Welche Zahlungsart ist für den Schuldner günstiger?*
2. *Wie viel DM spart er bei Ausnutzung der günstigeren Kurse ein?*

6464388

9.3 Verteilungsrechnung

Anwendung. Gegenstand der Verteilungsrechnung ist die Aufteilung einer gegebenen Größe in gleiche oder ungleiche Teilgrößen. Es kann Schwierigkeiten oder unangemessen hohen Aufwand bereiten, geeignete Verteilungsschlüssel zu finden. In diesem Fall sollte die gerechte oder wirtschaftlich vernünftige Aufteilung angestrebt werden. Anwendungsbereiche der Verteilungsrechnung sind vor allem:

- Aufteilung eines Geldbetrages auf mehrere Personen, z. B. Prämienverteilung unter mehrere Verkäufer oder Vertreter, Gewinnverteilung in einer Personengesellschaft, Umlegung von Haus- und Grundstücksaufwendungen auf Mieter.
- Aufteilung von Kosten auf Waren oder Kostenstellen, z. B. Aufteilung von Bezugskosten auf mehrere Waren oder Warengruppen zur Ermittlung des Bezugspreises, Aufteilung von Kosten zur Kostenkontrolle auf die Stellen im Betrieb, in denen die Kosten verursacht wurden.

Mathematische Grundlage zur Lösung von Verteilungsaufgaben ist der **Dreisatz mit direktem Verhältnis.** Die Lösung kann auch über lineare Gleichungen mit einer Variablen erfolgen.

9.3.1 Verteilung mit unterschiedlichen Verteilungsschlüsseln

Beispiel 1 Die Papiergroßhandlung Kern bezieht von dem Papierhersteller Krögel KG in einer Sendung 5 Paletten Druckpapier 80 g/m², 7 Paletten Kopierpapier 70 g/m² und 9 Paletten Kopierpapier 80 g/m². Die dabei anfallenden Frachtkosten in Höhe von insgesamt 714,00 DM sollen den einzelnen Papiersorten **nach der Anzahl der Paletten** zugeordnet werden.

Der Lösungsweg lässt sich in folgenden Schritten beschreiben:

❶ *Tragen Sie die in der Aufgabe enthaltenen Größen zunächst in das (unten stehende) Lösungsschema ein (vgl.* ***grün unterlegte Fläche****).*

❷ *Ermitteln Sie die Gesamtanzahl (vgl.* ***rot unterlegte Fläche****). Zwischen dieser Größe (21 Pal.) und den gesamten Frachtkosten (714,00 DM) besteht ein* ***direktes Verhältnis.***

❸ *Berechnen Sie mithilfe des Dreisatzes die Frachtkostenanteile der einzelnen Papiersorten. Die Ergebnisse sind zur Vervollständigung in das Lösungsschema eingetragen worden.*

Lösung

Papiersorte	Paletten		Frachtkosten
D 80 g/m²	5 Pal.	~	170,00 DM
K 70 g/m²	7 Pal.	~	238,00 DM
K 80 g/m²	9 Pal.	~	306,00 DM
	21 Pal.	~	714,00 DM

$$\text{Frachtkostenanteil D 80 g/m}^2 = \frac{714{,}00\ \text{DM} \cdot 5\ \text{Pal.}}{21\ \text{Pal.}} = \mathbf{170{,}00\ DM}$$

$$\text{Frachtkostenanteil K 70 g/m}^2 = \frac{714{,}00\ \text{DM} \cdot 7\ \text{Pal.}}{21\ \text{Pal.}} = \mathbf{238{,}00\ DM}$$

$$\text{Frachtkostenanteil K 80 g/m}^2 = \frac{714{,}00\ \text{DM} \cdot 9\ \text{Pal.}}{21\ \text{Pal.}} = \mathbf{306{,}00\ DM}$$

Anmerkung: Beim Einsatz von **Taschenrechnern** empfiehlt es sich, zur Vereinfachung der Lösung den **Wert je Einheit** (714,00 DM : 21 Pal. = **34,00 DM/Pal.**) auszurechnen und **abzuspeichern,** sodass anschließend nur noch nacheinander mit den **Größen 5 Pal., 7 Pal. und 9 Pal. multipliziert** werden muss, um die jeweiligen Frachtkostenanteile zu erhalten. Die **mehrfache Aufstellung von Dreisätzen entfällt** damit.

Beispiel 2 Die Papiergroßhandlung bezieht in einer nachfolgenden Sendung Papiere unterschiedlicher Qualität. Wegen der dadurch bedingten Preisunterschiede sollen die Frachtkosten in Höhe von 987,00 DM nicht nach der Anzahl der Paletten, sondern **nach dem Wert der Papiersorten** (Einkaufspreise) verteilt werden. Der Rechnung des Lieferanten sind folgende Einkaufspreise entnommen:

Druckpapier	Einkaufspreis	45.000,00 DM,
Kopierpapier	Einkaufspreis	60.000,00 DM,
Umschlagkarton	Einkaufspreis	36.000,00 DM.

Lösungsweg

❶ Für die Lösung empfiehlt es sich, die Größen aus der Aufgabe wiederum in ein Lösungsschema einzutragen.

❷ Zwischen den Einkaufspreisen und den Frachtkosten bestehen **direkte Verhältnisse.**

❸ Die Rechnung lässt sich dadurch vereinfachen, dass nicht die Einkaufspreise selbst zu den Frachtkosten in Beziehung gesetzt werden, **sondern die** – so weit wie möglich – **gekürzten Einkaufspreise:** Im Beispiel lassen sich die Einkaufspreise durch 3 000 kürzen; das schafft übersichtliche Zahlen, verändert aber nicht die Verhältnisse.

Lösung

Papiersorten	Einkaufspreise	Kürzung	gekürzte Einkaufspreise		Frachtkosten
Druckpapier	45.000,00 DM	(: 3 000 =)	15 (DM)	~	**315,00 DM**
Kopierpapier	60.000,00 DM	(: 3 000 =)	20 (DM)	~	**420,00 DM**
Umschlagkart.	36.000,00 DM	(: 3 000 =)	12 (DM)	~	**252,00 DM**
			47 (DM)	~	**987,00 DM**

$$\text{Frachtkostenanteil Druckpapier} = \frac{987{,}00\text{ DM} \cdot 15\text{ (DM)}}{47\text{ (DM)}} = \mathbf{315{,}00\text{ DM}}$$

$$\text{Frachtkostenanteil Kopierpapier} = \frac{987{,}00\text{ DM} \cdot 20\text{ (DM)}}{47\text{ (DM)}} = \mathbf{420{,}00\text{ DM}}$$

$$\text{Frachtkostenanteil Umschlagkarton} = \frac{987{,}00\text{ DM} \cdot 12\text{ (DM)}}{47\text{ (DM)}} = \mathbf{252{,}00\text{ DM}}$$

Beispiel 3 Die Papiergroßhandlung Kern beschäftigt u.a. die vier Mitarbeiter Arnold, Bertram, Christ und Dommer im Außendienst, die zusätzlich zu ihrem Gehalt eine jährliche Umsatzprämie erhalten. Unter Berücksichtigung der im Geschäftsjahr vermittelten Umsätze und des zu betreuenden Kundenkreises soll die Prämie so verteilt werden, dass Arnold $^3/_8$, Bertram $^1/_4$, Christ $^1/_5$ und Dommer den Rest (= **x**) erhalten. Zum Ende des laufenden Jahres soll eine Prämie von 15.000,00 DM verteilt werden.

Wie viel DM Prämie erhält jeder Mitarbeiter?

Lösungsweg

❶ Die **Verteilungsschlüssel** sind in dieser Aufgabe durch die **Bruchzahlen** vorgegeben. Zu bestimmen ist noch die Bruchzahl für den Mitarbeiter Dommer. Sie ist genau so groß, dass die **Summe aller Bruchzahlen 1** ergibt, und wird mithilfe des **Hauptnenners** ermittelt:

$$\frac{3}{8} + \frac{1}{4} + \frac{1}{5} + x = 1.$$

Hauptnenner 40

$$\frac{15}{40} + \frac{10}{40} + \frac{8}{40} + \mathbf{\frac{7}{40}} = \frac{40}{40} = 1 \quad \Rightarrow \quad x = \frac{7}{40}$$

❷ Multipliziert man die obige Bruchgleichung mit dem Hauptnenner 40, so erhält man einen **ganzzahligen Verteilungsschlüssel,** der die Rechnung vereinfacht, ohne die Verhältnisse zu verändern:

15 + 10 + 8 + 7 = 40.

Lösung

Mitarbeiter	Bruchteile	gleichnamige Brüche (HN 40)	Verteilungs-schlüssel		Prämie
Arnold	$\frac{3}{8}$	$\frac{15}{40}$ · 40 =	15	~	**5.625,00 DM**
Bertram	$\frac{1}{4}$	$\frac{10}{40}$ · 40 =	10	~	**3.750,00 DM**
Christ	$\frac{1}{5}$	$\frac{8}{40}$ · 40 =	8	~	**3.000,00 DM**
Dommer	x	$\frac{7}{40}$ · 40 =	7	~	**2.625,00 DM**
		$\frac{40}{40}$ · 40 =	**40**	~	**15.000,00 DM**

$$\text{Prämienanteil Arnold} = \frac{15.000,00 \text{ DM} \cdot 15}{40} = \mathbf{5.625,00 \text{ DM}}$$

Anmerkung: Die Anteile der übrigen Mitarbeiter lassen sich entsprechend berechnen. Beachten Sie auch hier, dass Sie die Rechnung ohne einzelne Dreisätze durchführen können, wenn Sie den **Wert je Einheit** (15.000,00 DM : 40 = **375,00 DM)** im Taschenrechner **abspeichern** und nacheinander **mit den Zahlen des Verteilungsschlüssels (15, 10, 8, 7) multiplizieren.**

Beispiel 4 Der Inhalt des 3. Beispiels soll wie folgt abgewandelt werden: Aufgrund einer Veränderung der Betreuungsgebiete im darauf folgenden Jahr erhalten Arnold $\frac{3}{10}$, Bertram $\frac{1}{4}$, Christ $\frac{1}{5}$ und Dommer den Prämienrest in Höhe von 4.000,00 DM.

Wie viel DM Prämie erhalten die übrigen Mitarbeiter?

Lösungsweg

In diesem Beispiel ist über das **Gleichnamigmachen der Brüche** (Hauptnenner 20) und das **Ergänzen zu 1** (= $\frac{20}{20}$) der **Anteil von Dommer** zu berechnen. Dieser Anteil steht **in direktem Verhältnis zu 4.000,00 DM.**

Lösung

Mitarbeiter	Bruchteile	gleichnamige Brüche	Verteilungs-schlüssel		Prämie
Arnold	$\frac{3}{10}$	$\frac{6}{20}$ · 20 =	6	~	**4.800,00 DM**
Bertram	$\frac{1}{4}$	$\frac{5}{20}$ · 20 =	5	~	**4.000,00 DM**
Christ	$\frac{1}{5}$	$\frac{4}{20}$ · 20 =	4	~	**3.200,00 DM**
Dommer	x	$\frac{5}{20}$ · 20 =	**5**	~	**4.000,00 DM**
		$\frac{20}{20}$ · 20 =	**20**	~	**16.000,00 DM**

Zusammenfassung

- Die Verteilungsrechnung beinhaltet die Aufteilung einer gegebenen Größe in gleiche oder ungleiche Teilgrößen nach einem Verteilungsschlüssel.
- Bei der Verteilung eines DM-Betrages auf mehrere Teilgrößen (z. B. Mengengrößen) stellen die Teilgrößen die zu verwendenden Verteilungsschlüssel dar. Es ist zu prüfen, ob durch Kürzung der Teilgrößen die Lösung der Aufgabe vereinfacht werden kann.

9.3.2 Verteilung unter Berücksichtigung von Sondervergütungen

Gewinnverteilung. Bei Personengesellschaften (z. B. Kommanditgesellschaften) steht der erwirtschaftete Gewinn den Gesellschaftern zu. Den **Teilhaftern** einer Kommanditgesellschaft wird der Gewinnanteil **ausgezahlt;** der Gewinnanteil des **Vollhafters** wird seiner **Kapitaleinlage zugeschrieben.**

Sondervergütungen. In der Kommanditgesellschaft erbringt der Vollhafter in der Regel eine größere Arbeitsleistung als der Teilhafter, zudem trägt er das höhere unternehmerische Risiko. Hierfür steht ihm eine besondere Vergütung zu.

Beispiel

An einer Kommanditgesellschaft (KG) sind drei Gesellschafter beteiligt, und zwar der Vollhafter Albrecht mit 120.000,00 DM, der Teilhafter Becker mit 100.000,00 DM und der Teilhafter Dunker mit 80.000,00 DM. **Vereinbarungsgemäß** soll der erwirtschaftete Jahresgewinn **im Verhältnis der Kapitalanteile** auf die Gesellschafter verteilt werden. Zum Jahresende betrug der Gewinn 210.000,00 DM. Bei der Gewinnverteilung ist zu beachten, dass der Vollhafter Albrecht eine **Sondervergütung für geleistete Mehrarbeit** in Höhe von 15.000,00 DM aus dem Jahresgewinn erhalten soll.

Wie viel DM Gewinn stehen jedem Gesellschafter zu?

Lösungsweg

❶ Die Lösung lässt sich übersichtlich in einem Lösungsschema darstellen, in das zunächst die in der Aufgabe enthaltenen Größen eingetragen werden.

❷ Die Sondervergütung steht dem Gesellschafter Albrecht zu; sie ist **vorab vom zu verteilenden Gesamtgewinn zu subtrahieren** und wird **dem Gewinnanteil des Gesellschafters Albrecht zugerechnet.**

❸ Zur Verteilung im Verhältnis der Kapitaleinlagen gelangt nur **der um die Sondervergütung verminderte Gewinn.**

Lösung

Gesellschafter	Kapitaleinlage	gekürzte Kapitaleinl.	Sondervergütung	vorläufiger Gewinnanteil	Gewinnanteil insgesamt
Albrecht Becker Dunker	120.000,00 DM 100.000,00 DM 80.000,00 DM	**6** **5** **4**	15.000,00 DM 0 0	78.000,00 DM 65.000,00 DM 52.000,00 DM	**93.000,00 DM** **65.000,00 DM** **52.000,00 DM**
			15.000,00 DM +	195.000,00 DM =	**210.000,00 DM**
		15	~	**195.000,00 DM**	

$$\text{vorläufiger Gewinnanteil Albrecht} = \frac{195.000,00\ \text{DM} \cdot 6}{15} = \mathbf{78.000,00\ DM}$$

$$\text{Gewinnanteil Becker} = \frac{195.000,00\ \text{DM} \cdot 5}{15} = \mathbf{65.000,00\ DM}$$

$$\text{Gewinnanteil Dunker} = \frac{195.000,00\ \text{DM} \cdot 4}{15} = \mathbf{52.000,00\ DM}$$

Zusammenfassung

▶ Bei Gewinnverteilungen in Personengesellschaften sind unter Umständen Sondervergütungen zu berücksichtigen. Sie werden vom zu verteilenden Gewinn subtrahiert und dem Gewinnanteil des betreffenden Gesellschafters zugerechnet.

6464392

Aufgaben

434 Eine Großhandlung verteilt eine Umsatzprämie von 42.750,00 DM an vier Außendienstmitarbeiter Abel, Berger, Czernik und Dick im Verhältnis 3 : 7 : 4 : 5.

Wie viel DM Prämie erhält jeder Mitarbeiter?

---

435 Die in Aufgabe 434 genannte Umsatzprämie soll im Verhältnis der vermittelten Umsätze verteilt werden. Abel erzielte einen Umsatz in Höhe von 297.500,00 DM, Berger in Höhe von 382.500,00 DM, Czernik in Höhe von 255.000,00 DM und Dick in Höhe von 510.000,00 DM.

Wie viel DM Prämie erhält jeder Mitarbeiter?

---

436 Eine Holzgroßhandlung in Köln erhält eine Schiffsladung Bretter unterschiedlicher Qualität:

1 000 m^2 Schaltafeln, Kiefer, Einkaufswert	10.500,00 DM,
1 500 m^2 Profilbretter, Tanne, Einkaufswert	16.500,00 DM,
800 m^2 Dielenbretter, Buche, Einkaufswert	25.200,00 DM.

Die anfallenden Nebenkosten für Transport und Versicherung sollen wie folgt verteilt werden: Die Transportkosten in Höhe von 2.145,00 DM werden entsprechend der gelieferten Mengen verteilt, die Transportversicherung von 1.305,00 DM ist dem Wert nach zu verteilen.

Wie hoch ist der Bezugspreis (= Einkaufspreis einschließlich Nebenkosten) für je 1 m^2 der gelieferten Bretter?

---

437 Die in einem Monat insgesamt angefallenen Energieaufwendungen (Strom, Heizung) in Höhe von 6.175,00 DM sollen im Verhältnis 2 : 8 : 3 : 6 auf die vier Hauptabteilungen eines Großhandelsbetriebes (Einkauf, Lagerhaltung, Verwaltung, Verkauf) verteilt werden.

Wie viel DM Kosten hat jede Abteilung zu übernehmen?

---

438 Anlässlich eines Stadtfestes beteiligen sich fünf Einzelhändler an einer gemeinsamen Werbeaktion, deren Kosten insgesamt 5.520,00 DM betragen. Die Einzelhändler vereinbaren die Kosten nach folgenden Bruchteilen zu verteilen: A zahlt $\frac{1}{6}$, B $\frac{1}{5}$, C $\frac{1}{4}$, D $\frac{3}{10}$ und E den Rest.

Wie viel DM hat jeder Einzelhändler zu tragen?

---

439 An der Erstellung einer Lagerhalle sind drei Unternehmen maßgeblich beteiligt: Unternehmen A ist zuständig für den Rohbau, Unternehmen B für den Innenausbau, Unternehmen C für die Installation. Der Bauherr verspricht für die vorzeitige Fertigstellung eine „Erfolgsprämie" in Höhe von 48.000,00 DM. Die drei Unternehmen vereinbaren eine Verteilung nach dem vermutlichen Arbeitsvolumen. A legt 240 Stunden zugrunde, B 185 Stunden und C 215 Stunden.

Wie viel DM der Prämie entfallen auf jedes Unternehmen?

---

440 Aus einem Gelegenheitsgeschäft, an dem drei Unternehmer beteiligt sind, ergaben sich Aufwendungen in Höhe von 360.000,00 DM und Erträge in Höhe von 524.000,00 DM. Der Überschuss soll im Verhältnis der Kapitalbeteiligungen verteilt werden, wobei zu berücksichtigen ist, dass der Unternehmer A aufgrund seiner Geschäftsführung vorab eine Zuwendung in Höhe von 28.000,00 DM erhalten soll.

Wie hoch sind die Gewinnanteile der einzelnen Unternehmer, wenn A eine Kapitaleinlage von 52.000,00 DM, B von 63.000,00 DM und C von 45.000,00 DM geleistet hatten?

9.4 Prozentrechnung

9.4.1 Grundlagen der Prozentrechnung

Bruchrechnung. Die Prozentrechnung ist eine **angewandte Bruchrechnung mit Dezimalbrüchen.**

Beispiel Die Zahlungsbedingungen auf einer Eingangsrechnung lauten: „Der Rechnungsbetrag ist zahlbar innerhalb von 10 Tagen mit **3 % Skonto** oder nach spätestens 30 Tagen ohne Abzug."

Diese Aussage bedeutet, dass bei Zahlung innerhalb der ersten 10 Tage nach Rechnungseingang ein **Bruchteil** von **3 %** = $^{3}/_{100}$ = **0,03 des Rechnungsbetrages** abgezogen werden kann.

Vergleichsrechnung. Die Prozentrechnung macht **Aussagen über Zahlengrößen** (z. B. über DM-Beträge, Gewichts- oder Längenmaße) **vergleichbar,** indem sie die Zahlengrößen **in Beziehung zur Zahl 100 % (= 1)** setzt.

Beispiel Im vergangenen Monat kaufte die Papiergroßhandlung Kern u. a. **Kopierpapier** im Gesamtwert von **125.000,00 DM** ein. Hierauf entfielen **Rücksendungen** in Höhe von **17.500,00 DM.** In der Warengruppe **Druckpapier** betrugen die Einkäufe **184.000,00 DM** und die Rücksendungen **20.240,00 DM.**

Bei welcher Warengruppe waren die Rücksendungen in Prozent höher?

Warengruppe Kopierpapier	Warengruppe Druckpapier	Begriffe der Prozentrechnung
17.500,00 DM Rücksendg.	20.240,00 DM Rücksendg.	→ **Prozentwert**
125.000,00 DM Eink.-Wert	184.000,00 DM Eink.-Wert	→ **Grundwert**
umgerechnet auf **100 % (= 1)** beträgt der Anteil der Rücksendungen		→ **Vergleichszahl 100 % = 1**
$\frac{17.500{,}00 \text{ DM}}{125.000{,}00 \text{ DM}}$	$\frac{20.240{,}00 \text{ DM}}{184.000{,}00 \text{ DM}}$	$\frac{\textbf{Prozentwert}}{\textbf{Grundwert}}$
= 0,14 = **14 %**	= 0,11 = **11 %**	→ **Prozentsatz**

Erläuterung: Aus den DM-Beträgen des obigen Beispiels kann zunächst nur festgestellt werden, dass die Rücksendungen bei der Warengruppe Druckpapier **höher sind** als bei der Warengruppe Kopierpapier. Erst der Schluss auf 100 % (= 1,00 DM Einkaufswert) zeigt, dass die Rücksendungen **prozentual bei der Warengruppe Kopierpapier höher ausfallen als bei der Warengruppe Druckpapier.**

Zusammenfassung

- Prozentaufgaben werden mithilfe der Bruchrechnung gelöst.
- Das Zeichen „%" steht für den Bruchteil $^{1}/_{100}$.
- Die Prozentrechnung ist eine **Vergleichsrechnung,** mit deren Hilfe unübersichtliche Zahlengrößen durch den **Bezug zur Zahl 100 %** (= 1) vergleichbar gemacht werden.
- Die Prozentrechnung verwendet die Begriffe:

  „Grundwert" für die Zahlengröße, von der ein Bruchteil zu bestimmen ist,
  „Prozentwert" für die Zahlengröße, die Teilgröße des Grundwertes ist,
  „Prozentsatz" für die Zahl, die den Bruchteil (von 100 %) darstellt.

Direkte Verhältnisse. Zwischen den Größen „Grundwert" und „Prozentwert" einerseits sowie den Zahlen „100 %" und „Prozentsatz" andererseits bestehen **direkte Verhältnisse** (vgl. S. 375), die sich folgendermaßen darstellen lassen:

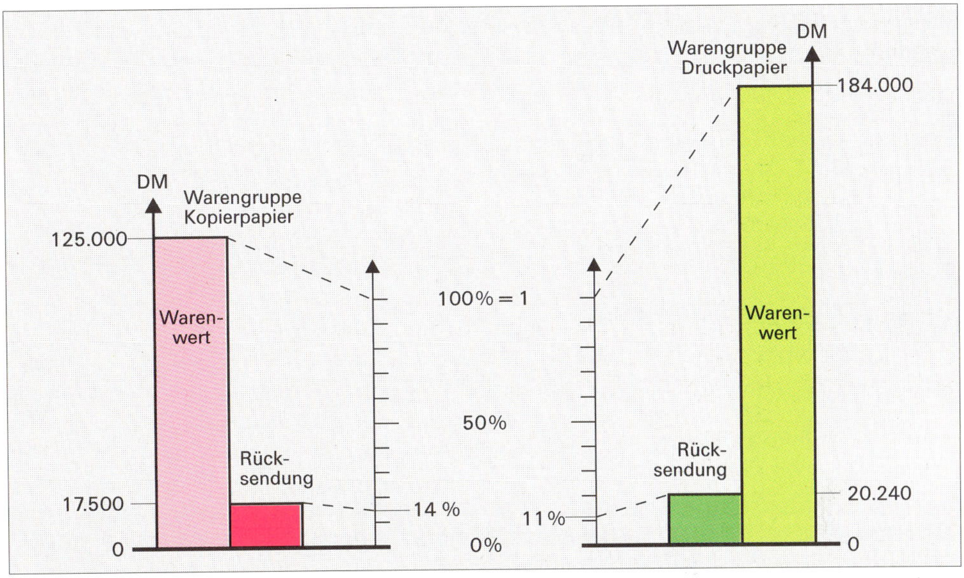

Die grafische Darstellung verdeutlicht, dass die (unterschiedlichen) Warenwerte der Warengruppen Kopierpapier und Druckpapier jeweils 100 % entsprechen. Der Anteil der Rücksendungen steht dann in direktem Verhältnis zum Prozentsatz, und es gilt:

Je **höher** die Rücksendungen **im Verhältnis** zum Warenwert,
umso **höher** ist der Prozentsatz **im Verhältnis** zu 100 %.

Promillerechnung. In den Fällen, in denen der Prozentsatz nur einen sehr kleinen Dezimalbruch darstellt, verwendet man statt der Prozentangabe die **Promilleangabe:**

100 % = 1 000 ‰

Anwendungen des Promillesatzes finden sich häufig in naturwissenschaftlichen Aufgaben (z. B. schwache Konzentrationen in Flüssigkeiten), kommen aber auch im kaufmännischen Rechnen vor.

Beispiel Für einen bestimmten Warentransport berechnet die Versicherungsgesellschaft eine Versicherungsprämie von **0,75 % = 7,5 ‰** des Versicherungswertes.

Abkürzungen in der Prozentrechnung. In den nachstehenden Ausführungen werden für die Zahlengrößen der Prozentrechnung folgende Abkürzungen verwendet:

- Grundwert = **G,**
- Prozentwert = **P,**
- Prozentsatz = **p % = p/100.**

Zusammenfassung

- Die in der Prozentrechnung vorkommenden Größen G und P bzw. 100 % und p % stehen in direktem Verhältnis zueinander.
- 100 % = 1 000 ‰ = 1
- Die Abkürzung „p" steht nur für den Ausdruck „Prozentsatz · 100".

9.4.2 Berechnung des Prozentsatzes

Anwendungsbereiche. Bei der Prozentsatzberechnung wird eine **Teilgröße** in eine prozentuale Beziehung zu einer **Gesamtgröße** gesetzt. Dies ist **im Rechnungswesen bei Auswertungsfragen** der Fall, z. B. bei der Aufbereitung der Bilanz, bei der Berechnung von Bilanz- und Erfolgskennziffern, bei der Berechnung von Kalkulationszuschlagssätzen im Betriebsabrechnungsbogen.

Beispiel 1 In der Bilanz der Papiergroßhandlung Kern zum 31. Dezember 01 (vgl. S. 28) ist das Gesamtvermögen mit 5.000.000,00 DM ausgewiesen; es teilt sich auf in das Anlagevermögen mit 1.750.000,00 DM und in das Umlaufvermögen mit 3.250.000,00 DM.

Wie hoch ist der Prozentanteil des Anlagevermögens am Gesamtvermögen?

Lösung mithilfe des Dreisatzes

Ansatz:

$$\begin{array}{rcl} p\ \% & \sim & 1.750.000{,}00\ \text{DM} \\ 100\ \% & \sim & 5.000.000{,}00\ \text{DM} \end{array}$$

Lösungsgleichung: $$p\ \% = \frac{100\ \% \cdot 1.750.000{,}00\ \text{DM}}{5.000.000{,}00\ \text{DM}} = \frac{1.750.000}{5.000.000} = 0{,}35 = \mathbf{35\ \%}$$

Der Prozentanteil des Anlagevermögens am Gesamtvermögen beträgt **35 %,** der Prozentanteil des Umlaufvermögens am Gesamtvermögen dementsprechend **65 %.**

Über eine entsprechende Branchenvergleichszahl oder über Vergleichszahlen aus zurückliegenden Bilanzen lässt sich eine Aussage treffen, ob dieses Verhältnis angemessen ist.

Die Vergleichszahl 100 % (= 1) bleibt im Zähler des obigen Bruches unberücksichtigt (sie beträgt ja 1). Der sich ergebende Dezimalbruch (im Beispiel **0,35**) wird um 100 erweitert **und** mit der Bezeichnung % versehen **(0,35 = 35 %).**

Beispiel 2 Für einen Papiertransport im Wert von 145.000,00 DM berechnet die Versicherungsgesellschaft eine Versicherungsprämie von 1.087,50 DM.

Wie viel Promille beträgt der Prämiensatz?

$$p\ ‰ = \frac{1.087{,}50\ \text{DM}}{145.000{,}00\ \text{DM}} = 0{,}0075 = \mathbf{7{,}5\ ‰}$$

In diesem Fall wird der Dezimalbruch 0,0075 mit 1 000 multipliziert und ergibt den Promillesatz von 7,5 ‰.

Zusammenfassung

- Die Vergleichszahl 100 % (= 1) bleibt bei der Berechnung des Prozentsatzes unberücksichtigt.
- Der **Prozentsatz** wird mithilfe folgender Gleichung bestimmt:

$$p\ \% = \frac{P}{G}$$

- Für die Promillerechnung gelten die gleichen Rechenregeln wie für die Prozentrechnung.

6464396

Aufgaben

441 Der Großhändler berechnet den in der Kalkulation anzusetzenden Gewinnzuschlagssatz aus folgender Division:

$$\frac{\text{Gewinn der Periode}}{\text{Selbstkosten der Periode}} = \text{Gewinnzuschlagssatz in \%.}$$

Für die vergangenen Monate hat er folgende Zahlen ermittelt (in DM):

	Mai	Juni	Juli	August	September
Gewinn des Monats	45.000,00	52.000,00	39.000,00	63.000,00	58.000,00
Selbstkosten des Monats	310.345,00	342.105,00	309.524,00	360.000,00	350.000,00

1. *Berechnen Sie die Gewinnzuschlagssätze für die jeweiligen Monate.*
2. *Bestimmen Sie den durchschnittlichen Gewinnzuschlagssatz.*

442 Ein Großhandelsunternehmen führt in den beiden Filialen München und Düsseldorf folgende Artikel und erzielte die nachfolgend aufgeführten Umsätze:

Artikel	Filiale München	Filiale Düsseldorf
Goldschmuck	284.000,00 DM	335.000,00 DM
Silberschmuck	122.000,00 DM	145.000,00 DM
Bestecke	136.000,00 DM	152.000,00 DM
Armbanduhren	124.500,00 DM	156.400,00 DM

1. *Berechnen Sie für jede Filiale den prozentualen Umsatzanteil der Warengruppen am Filialumsatz.*
2. *Mit wie viel Prozent sind die einzelnen Filialen am Gesamtumsatz beteiligt?*

443 In einer Weinkellerei werden beim Abfüllen des Weins auf 0,75-l-Flaschen Stichproben gemacht, um festzustellen, ob die Abfüllanlage fehlerfrei arbeitet. Eine Abweichung bis zu 5 ‰ soll als fehlerfrei gelten. Die Stichproben erbrachten folgende Ergebnisse:

Flaschen-Nr.	I	II	III	IV	V	VI	VII	VIII	IX
Füllmenge in ml	748	742	751	750	744	745	746	749	743

1. *Wie hoch ist die Abweichung von der Sollgröße 750 ml in den einzelnen Stichproben in ‰?*
2. *Wie groß sind die jeweiligen Abweichungen von der Richtmarke 5 ‰?*

444 Ein Großhändler vergleicht Wareneingänge und Skontoabzüge des letzten Vierteljahres:

Wareneingänge .... 234.500,00 DM; Skontoabzüge .... 5.510,75 DM

Wie viel Prozent Skonto wurden durchschnittlich in Anspruch genommen?

445 Eine Großhandlung erstellt folgende verkürzte Bilanz:

Aktiva	**Bilanz der Holthoff KG**		Passiva
Anlagevermögen	620.000,00	Eigenkapital	835.450,00
Umlaufvermögen	899.000,00	Fremdkapital	683.550,00
	1.519.000,00		1.519.000,00

1. *Wie hoch ist der Prozentanteil der Vermögens- und Kapitalposten an der Bilanzsumme?*
2. Als Branchendurchschnitt gilt, dass das Umlaufvermögen das Anlagevermögen um 40 % übersteigt. *Erreicht die Großhandlung diesen Durchschnitt?*

9.4.3 Berechnung des Prozentwertes

Anwendung. Bei der Prozentwertberechnung wird aus dem vorgegebenen Grundwert und dem vorgegebenen Prozentsatz der Prozentwert als **Teilgröße des Grundwertes** berechnet. Diese Rechnung findet bei einer Vielzahl kaufmännischer Tätigkeiten Anwendung, z. B. sind bei der Erstellung von Ausgangsrechnungen Rabattabzüge und Umsatzsteuerbeträge zu berechnen, beim Ausgleich von Rechnungen sind Skonti in Abzug zu bringen, bei der Kalkulation sind Kalkulationszuschläge zu bestimmen.

9.4.3.1 Berechnung des Prozentwertes vom Grundwert

Beispiel 1 Die Großhändlerin Kern hat von einem ihrer Lieferanten Papiere bezogen. Die Rechnung lautet über 20.880,00 DM. Folgende Zahlungsbedingung ist vereinbart: „Zahlbar innerhalb von 10 Tagen mit 3 % Skonto oder nach spätestens 30 Tagen ohne Abzug."

Welchen Betrag überweist Frau Kern, wenn sie Skonto in Anspruch nimmt?

Lösung mithilfe des Dreisatzes

Ansatz:

$$\frac{\text{P DM} \sim 3\,\%}{20.880{,}00 \text{ DM} \sim 100\,\%}$$

Lösungsgleichung: $\text{P DM} = \dfrac{20.880{,}00 \text{ DM} \cdot 3\,\%}{100\,\%}$,

da **100 % = 1** und **3 % = 0,03** folgt

P DM = 20.880,00 DM · 0,03 = **626,40 DM**

Der Skontoabzug beträgt 626,40 DM; es sind also **20.253,60 DM** zu überweisen.

Beispiel 2 In ihrer Kalkulation berücksichtigt Frau Kern unter anderem einen Zuschlag für die Transportversicherung in Höhe von 8 ‰ des Warenwertes.

Wie hoch ist dieser Zuschlag bei einer Ware im Wert von 14.500,00 DM?

P DM = 14.500,00 DM · 0,008 = **116,00 DM** Transportversicherung

Zusammenfassung

▶ Bei gegebenem Grundwert G und gegebenem Prozentsatz p % (oder Promillesatz p ‰) wird der Prozent-/Promillewert P durch Multiplikation berechnet:

$P = G \cdot p\,\%$ oder $P = G \cdot p$ ‰

Aufgaben

446 Ein Großhändler kauft einen Gabelstapler zum Preis von 85.000,00 DM. Die Maschine wird mit 12,5 %/Jahr linear vom Anschaffungspreis abgeschrieben.

Wie hoch sind Abschreibungsbetrag und Restwert am Ende des ersten Jahres?

447 Ein Hersteller von Damenbekleidung erhöht die Listenpreise einheitlich um 4,5 %.

Wie hoch ist der neue Listenpreis für ein Kleid, das zuvor 374,00 DM kostete?

448 Großhändler Hartmann liefert fünf Handbohrmaschinen unter folgenden Bedingungen an den Einzelhändler Klein: Der Angebotspreis für eine Bohrmaschine beträgt 325,00 DM; auf diesen Preis erhält Klein bei der Abnahme von fünf Stück einen Mengenrabatt von 20 %. Die vereinbarten Zahlungsbedingungen lauten: „Die Rechnung ist innerhalb von 10 Tagen mit 2,5 % Skonto oder nach spätestens 45 Tagen ohne Abzug zahlbar."

1. *Über welchen Betrag ist die Rechnung unter Berücksichtigung des Rabattes und der Umsatzsteuer (16 %) auszustellen?*
2. *Welchen Betrag hat Klein zu überweisen, wenn er den Skontoabzug ausnutzt?*

---

449 Der Großhändler Graumann lässt den Transport hochwertiger elektronischer Geräte versichern und zahlt dafür eine Prämie von 9,5 ‰ des Warenwertes.

Wie hoch ist die Versicherungsprämie bei einem Warenwert von 48.250,00 DM?

---

450 Nach statistischen Untersuchungen stiegen die durchschnittlichen Arbeitnehmerverdienste von 1970 bis 1997 um 303,5 %. 1970 betrug der durchschnittliche Verdienst monatlich 1.153,00 DM brutto.

1. *Wie hoch waren die durchschnittlichen Bruttoverdienste 1997?*

Aufgrund der Preissteigerung konnte man für den gleichen DM-Betrag 1997 deutlich weniger kaufen als 1970. Die Kaufkraft der Nettoverdienste stieg von 1970 bis 1997 nur um 130,2 %; sie betrug 894,00 DM im Jahr 1970.

2. *Wie hoch ist im Vergleich dazu die Kaufkraft 1997 gewesen?*

---

451 Ein Steuerpflichtiger (ledig, Steuerklasse I) unterliegt der Einkommensteuer mit einem Steuersatz von 32 %. Zusätzlich zahlt er 9 % Kirchensteuer von seiner Einkommensteuer.

1. *Wie hoch ist sein Steuersatz aus Einkommen- und Kirchensteuer insgesamt?*
2. *Wie hoch sind die von ihm zu zahlende Einkommensteuer und Kirchensteuer bei einem Monatseinkommen von 4.720,90 DM?*

---

452 In einer Großhandlung wurde der Bezugspreis einer Ware mit 364,00 DM kalkuliert. Auf diesen Preis rechnet der Großhändler einen Zuschlag für eigene Kosten und Gewinn von 53,5 %, um den Verkaufspreis zu erhalten. Aufgrund von Lohnerhöhungen und Preissteigerungen beim Material verteuert sich der Bezugspreis auf 373,10 DM.

1. *Zu welchem Verkaufspreis hat der Großhändler die Ware zunächst anbieten können?*
2. *Wie hoch wird der Verkaufspreis in Zukunft sein, wenn der Großhändler seinen Zuschlag nicht verändert?*
3. *Aus Konkurrenzgründen kann der Verkaufspreis nicht erhöht werden. Um wie viel Prozent müsste der Großhändler seinen Zuschlag herabsetzen?*

---

453 Aufgrund eines Angebotes bestellt ein Kunde:

10 000 Blatt Kopierpapier zu 3,25 DM je 100 Blatt,
20 000 Blatt Tabellierpapier zu 28,40 DM je 1 000 Blatt.

Auf den ersten Artikel wird ein Mengenrabatt von 8 % gewährt, auf den zweiten Artikel ein Rabatt von 12 %.

1. *Erstellen Sie die Rechnung einschließlich 16 % Umsatzsteuer.*
2. *Welchen Betrag überweist der Kunde, wenn er aufgrund der vereinbarten Zahlungsbedingungen 1,5 % Skonto abzieht?*

9.4.3.2 Berechnung des Prozentwertes vom vermehrten Grundwert

Anwendung. Eine besondere Form der Prozentwertberechnung liegt vor, wenn nicht der Grundwert gegeben ist, sondern der um den **Prozentwert erhöhte Grundwert** und es soll von diesem „vermehrten Grundwert" mithilfe des Prozentsatzes der Prozentwert (oder der Grundwert) berechnet werden. Im kaufmännischen Rechnen sind solche Aufgaben in Verbindung mit der Umsatzsteuer und der Kalkulation zu lösen.

Beispiel Frau Kern kauft beim Schreibwareneinzelhandel Büromaterial. Sie erhält einen Kassenbeleg über 174,00 DM. Auf dem Kassenbeleg ist vermerkt: „Im Endpreis sind 16 % Umsatzsteuer enthalten." Beim Buchen muss Frau Kern die Umsatzsteuer und den Wert des Büromaterials jeweils gesondert ausweisen.

*Wie viel DM betragen die **Umsatzsteuer** und der **Warenwert?***

Lösungsschema

	Wert des Büromaterials	(150,00 DM)	~	**100 %** ↑
(+)	**16 % Umsatzsteuer**	(24,00 DM)	~	**16 %**
	Betrag des Kassenbelegs	**174,00 DM**	~	**116 %**

Aus dem Lösungsschema werden die Beziehungen zwischen den DM-Beträgen und den Prozentzahlen deutlich, die zum Lösungsansatz führen.

Lösung mithilfe des Dreisatzes

a) Gesucht ist der **Prozentwert** (Umsatzsteuer):

Ansatz:

$$\begin{array}{rcl} P \ \text{DM} & \sim & 16\ \% \\ 174{,}00\ \text{DM} & \sim & 116\ \% \end{array}$$

Lösungsgleichung: $$\mathbf{P\ DM} = \frac{174{,}00\ \text{DM} \cdot 16\ \%}{116\ \%}$$

$$\mathbf{P\ DM} = \frac{174{,}00\ \text{DM} \cdot 0{,}16}{1{,}16} = \mathbf{24{,}00\ DM}\ \text{Umsatzsteuer}$$

Der Grundwert ergibt sich dann aus der Rechnung:

	Betrag des Kassenbelegs	174,00 DM
–	Umsatzsteuer	24,00 DM
	Büromaterial	150,00 DM

b) Gesucht ist der **Grundwert** (Warenwert):

Ansatz:

$$\begin{array}{rcl} G \ \text{DM} & \sim & 100\ \% \\ 174{,}00\ \text{DM} & \sim & 116\ \% \end{array}$$

Lösungsgleichung: $$\mathbf{G\ DM} = \frac{174{,}00\ \text{DM} \cdot 100\ \%}{116\ \%}$$

$$\mathbf{G\ DM} = \frac{174{,}00\ \text{DM}}{1{,}16} = \mathbf{150{,}00\ DM}\ \text{Warenwert}$$

Zusammenfassung

- Sind der vermehrte Grundwert und der Prozentsatz gegeben und es wird nach dem **Prozentwert** gesucht, so ist zu rechnen:

$$P = \frac{\text{Vermehrter Grundwert} \cdot p\ \%}{(1 + p\ \%)}$$

- Ist nach dem **Grundwert** gefragt, so wird gerechnet:

$$G = \frac{\text{Vermehrter Grundwert}}{(1 + p\ \%)}$$

9.4.3.3 Berechnung des Prozentwertes vom verminderten Grundwert

Anwendung. Bei der Prozentwertberechnung vom verminderten Grundwert ist der um den **Prozentwert verringerte Grundwert** gegeben und es soll von diesem „verminderten Grundwert" mithilfe des Prozentsatzes der Prozentwert (oder der Grundwert) berechnet werden. In der Kalkulation kommen Aufgaben dieser Art vor.

Beispiel Frau Kern bietet einem Kunden einen Restposten Verpackungsfolie zu folgenden Konditionen an: „Nach Abzug von 30 % Sonderrabatt erhalten Sie den Restposten für 875,00 DM."

*Wie hoch waren der **Rabattabzug** und der **reguläre Verkaufspreis** dieser Ware?*

Lösungsschema

	Regulärer Verkaufspreis	(1.250,00 DM)	~	**100 %** ↑
(–)	**30 % Sonderrabatt**	(375,00 DM)	~	**30 %**
	Sonderpreis	**875,00 DM**	~	**70 %**

Aus dem Lösungsschema werden die Beziehungen zwischen den DM-Beträgen und den Prozentzahlen deutlich, die zum Lösungsansatz führen.

Lösung mithilfe des Dreisatzes

a) Gesucht ist der **Prozentwert** (Rabattabzug):

Ansatz:

$$\begin{array}{rcl} P\ \text{DM} & \sim & 30\ \% \\ 875{,}00\ \text{DM} & \sim & 70\ \% \end{array}$$

Lösungsgleichung: $$\textbf{P DM} = \frac{875{,}00\ \text{DM} \cdot 30\ \%}{70\ \%}$$

$$\textbf{P DM} = \frac{875{,}00\ \text{DM} \cdot 0{,}3}{0{,}7} = \textbf{375,00 DM}\ \text{Rabatt}$$

Der Grundwert ergibt sich dann aus der Rechnung:

	Sonderpreis	875,00 DM
+	Sonderrabatt	375,00 DM
	Regulärer Verkaufspreis	1.250,00 DM

b) Gesucht ist der **Grundwert** (regulärer Verkaufspreis):

Ansatz:

$$\begin{array}{rcl} G\ \text{DM} & \sim & 100\ \% \\ 875{,}00\ \text{DM} & \sim & 70\ \% \end{array}$$

Lösungsgleichung: $$\textbf{G DM} = \frac{875{,}00\ \text{DM} \cdot 100\ \%}{70\ \%}$$

$$\textbf{G DM} = \frac{875{,}00\ \text{DM}}{0{,}7} = \textbf{1.250,00 DM}\ \text{Verkaufspreis}$$

Zusammenfassung

- Sind der verminderte Grundwert und der Prozentsatz gegeben und es wird nach dem **Prozentwert** gesucht, so ist zu rechnen:

$$P = \frac{\text{Verminderter Grundwert} \cdot p\ \%}{(1 - p\ \%)}$$

- Ist nach dem **Grundwert** gefragt, so wird gerechnet:

$$G = \frac{\text{Verminderter Grundwert}}{(1 - p\ \%)}$$

Aufgaben

454 Nach einer Gehaltserhöhung um 5,4 % erhält ein Angestellter ein Bruttogehalt von 4.880,00 DM.

Wie viel DM betrug sein ursprüngliches Gehalt?

455 Im Schlussverkauf wird eine Lederjacke 15 % billiger angeboten und kostet nun 1.529,00 DM.

Wie viel DM beträgt der Preisnachlass?

456 Ein Großhandelsunternehmen hat in seinem letzten Jahresabschluss einen Verlust von 15,4 % des Eigenkapitals ausgewiesen. Nach Abzug des Verlustes betrug das Eigenkapital 357.012,00 DM.

Mit wie viel DM stand das Eigenkapital zu Beginn des Geschäftsjahres in der Bilanz?

457 Ein Büromaschinengroßhändler setzt den Preis eines Kopiergerätes, das als Vorführgerät benutzt wurde, um 35 % auf nunmehr 2.470,00 DM herab.

Um wie viel DM sinkt dadurch der Verkaufserlös für dieses Gerät?

458 Von einem Kunden erhalten wir eine Zahlung durch Banküberweisung. Auf der Gutschrift hat der Kunde vermerkt: „Zum Ausgleich Ihrer Rechnung Nr. 4432 überweise ich nach Abzug von 2,5 % Skonto 7.690,80 DM."

Über welchen Betrag war die Rechnung ausgestellt?

459 Durch Verbesserung der Wärmedämmung an den Außenwänden und am Dach einer Lagerhalle gelingt es, die Heizkosten um 27 % zu senken. Die Heizkosten belaufen sich in der darauf folgenden Periode auf 4.526,00 DM.

Wie hoch waren die Heizkosten zuvor?

460 In einer Großhandlung hat die Umsatzentwicklung in den letzten drei Jahren folgende Entwicklung genommen: Ende des Geschäftsjahres 02 lag der Umsatz um 8,3 % über dem des Geschäftsjahres 01, Ende des Geschäftsjahres 03 lag der Umsatz mit 644.385,00 DM um 4,8 % unter dem des Jahres 02.

Wie hoch war der Umsatz Ende des Geschäftsjahres 01?

461 Beim Barkauf eines Taschenrechners erhalten wir folgenden Kassenzettel:

Bürobedarf Hallberger,
40215 Düsseldorf

1 Taschenrechner „Ticitron plus" ..... 60,32 DM

Im Rechnungspreis sind 16 % Umsatzsteuer enthalten.

Für die buchungsmäßige Erfassung sind Warenwert und Umsatzsteuer zu berechnen.

462 *Wie viel DM betrug der Listenpreis, wenn ein Kunde beim Einkauf einer Ware nach Abzug von 8 % Rabatt 2.231,00 DM (ohne Umsatzsteuer) zu zahlen hatte?*

6464402

9.4.4 Berechnung des Grundwertes

Anwendung. Sind in einer Prozentaufgabe der Prozentwert und der Prozentsatz gegeben, so kann der **Grundwert** berechnet werden. Aufgaben dieser Art kommen in Verbindung mit der Umsatzsteuer und in der Kalkulation vor.

Beispiel 1 Frau Kern hat für den Monat April auf dem Umsatzsteuerkonto eine Umsatzsteuer von 77.600,00 DM gebucht (16 % Umsatzsteuer).

Wie hoch waren die steuerpflichtigen Umsätze im Monat April?

Lösung mithilfe des Dreisatzes

Ansatz:

$$\begin{array}{rcl} G\ \text{DM} & \sim & 100\ \% \\ 77.600{,}00\ \text{DM} & \sim & 16\ \% \end{array}$$

Lösungsgleichung: $\textbf{G DM} = \dfrac{77.600{,}00\ \text{DM} \cdot 100\ \%}{16\ \%} = \dfrac{77.600{,}00\ \text{DM}}{0{,}16}$

$= \textbf{485.000,00 DM}$ Umsatz

Ist nach dem **Bruttoumsatz** (einschließlich Umsatzsteuer) gefragt, so wird gerechnet:

$$\textbf{G DM} = \frac{77.600{,}00\ \text{DM} \cdot 116\ \%}{16\ \%}$$

$$\textbf{G DM} = \frac{77.600{,}00\ \text{DM} \cdot 1{,}16}{0{,}16} = \textbf{562.600,00 DM}$$

Beispiel 2 Im Frühjahr .. wurde eine Verpackungsmaschine angeschafft. Zum Jahresende ist die Abschreibung für diese Maschine auf dem Abschreibungskonto mit einem Betrag von 15.625,00 DM gebucht worden. Aus dem Anlagenverzeichnis geht hervor, dass die Maschine linear mit 12,5 %/Jahr abgeschrieben wird.

Wie hoch ist der Buchwert dieser Maschine zum Jahresende?

Ansatz:

$$\begin{array}{rcl} x\ \text{DM} & \sim & 87{,}5\ \% \\ 15.625{,}00\ \text{DM} & \sim & 12{,}5\ \% \end{array}$$

Lösungsgleichung: $\textbf{x DM} = \dfrac{15.625{,}00\ \text{DM} \cdot 87{,}5\ \%}{12{,}5\ \%} = \dfrac{15.625{,}00\ \text{DM} \cdot 0{,}875}{0{,}125}$

$= \textbf{109.375,00 DM}$ Buchwert

Zusammenfassung

- Sind in einer Prozentaufgabe Prozentwert und Prozentsatz gegeben und es wird nach dem **Grundwert** gesucht, so ist zu rechnen:

$$G = \frac{\text{Prozentwert} \cdot 100\ \%}{p\ \%}$$

- Sind Prozentwert und Prozentsatz gegeben und es wird nach dem **vermehrten Grundwert** gefragt, so ist zu rechnen:

$$\text{Vermehrter Grundwert} = \frac{\text{Prozentwert} \cdot (1 + p\ \%)}{p\ \%}$$

- Sind Prozentwert und Prozentsatz gegeben und es wird nach dem **verminderten Grundwert** gefragt, so ist zu rechnen:

$$\text{Verminderter Grundwert} = \frac{\text{Prozentwert} \cdot (1 - p\ \%)}{p\ \%}$$

Aufgaben

463 In einem Konkursverfahren werden die Forderungen aus Warenlieferungen mit einer Konkursquote von 24,5 % bedient. Der Großhändler Acker erhält eine Abschlusszahlung in Höhe von 2.366,70 DM.

Wie viel DM betrug seine ursprüngliche Forderung und wie hoch ist der Forderungsausfall?

464 Beim Ausgleich einer Rechnung zieht der Kunde 2,5 % Skonto, das sind 162,40 DM, ab.

Über welchen Betrag wurde die Rechnung ausgestellt?

465 Ein Handelsvertreter erhält ein monatliches Fixum (= Gehalt) von 2.500,00 DM und zusätzlich 2,5 % der von ihm vermittelten Umsätze als Provision. Er strebt ein monatliches Einkommen von 7.500,00 DM an.

Wie viel DM Umsatz muss der Vertreter monatlich tätigen, um das gewünschte Einkommen zu erzielen?

466 Auf dem Konto „Umsatzsteuer" hat der Großhändler Mergler im Monat Mai 29.840,00 DM Umsatzsteuer zu einem Steuersatz von 16 % gebucht.

Wie hoch ist sein Umsatz im Monat Mai?

467 Für eine Glasbruchversicherung zahlt ein Großhändler eine Prämie von 64,50 DM/Jahr, das entspricht einem Prämiensatz von 12 ‰.

Mit welchem Versicherungswert sind die Glasscheiben versichert?

468 Beim Rösten von Kaffee entsteht ein Röstverlust von 28 %. Es soll eine Charge von 25 000 kg Röstkaffee produziert werden.

Wie viel Rohkaffee ist hierfür einzusetzen?

469 Vier Kaufleute beschließen für die Durchführung eines Gelegenheitsgeschäftes eine BGB-Gesellschaft zu gründen. Sie vereinbaren folgendes Beteiligungsverhältnis für ihre Kapitaleinlagen:

A beteiligt sich mit 20 %, B mit 30 %, C mit 35 % und D mit 42.600,00 DM.

1. *Wie hoch sind die Kapitaleinlagen der übrigen Gesellschafter und wie hoch ist das insgesamt eingebrachte Eigenkapital?*

Der erwirtschaftete Überschuss soll im Verhältnis der Kapitaleinlagen verteilt werden, wobei zu berücksichtigen ist, dass C für die Geschäftsführung eine Sondervergütung von 25.000,00 DM erhält; insgesamt erhält C damit einen Anteil von 41.725,00 DM.

2. *Wie hoch sind die Überschussanteile der anderen Gesellschafter und der Überschuss insgesamt?*

470 Die Bilanz der Großhandlung Stammer weist die flüssigen Mittel mit 84.550,00 DM aus. Sie haben damit einen Anteil am gesamten Vermögen von 9,5 % und im Verhältnis zu den kurzfristigen Verbindlichkeiten machen sie 95 % aus.

1. *Wie hoch ist das in der Bilanz ausgewiesene Vermögen?*
2. *Wie hoch sind die kurzfristigen Schulden?*

471 Eine Abfüllanlage wurde zwei Jahre lang mit 30 % vom Buchwert abgeschrieben. Sie hat nach Ablauf von zwei Jahren einen Buchwert von 39.200,00 DM.

Wie hoch war der Anschaffungspreis der Anlage?

6464404

9.5 Zinsrechnung

9.5.1 Grundlagen der Zinsrechnung

Kreditgewährung. In modernen Volkswirtschaften treten aufgrund der Arbeitsteilung vielfältige **Zahlungsverpflichtungen** auf, die nicht immer „Zug um Zug" – Geld im Tausch gegen Ware oder Dienstleistung – erfüllt werden, also die Inanspruchnahme eines **Zahlungszieles** erforderlich machen. Es kann auch sein, dass der Zahlungspflichtige zur sofortigen Zahlung **fremdes Geld** in Anspruch nimmt. In diesen Fällen

- stellen die Kreditinstitute (Banken, Sparkassen) das für die Zahlung erforderliche Geld in Form eines **Kredits** zur Verfügung,
- gewähren Lieferanten durch Einräumung eines Zahlungszieles einen **Zahlungsaufschub.**

Zins. Der Schuldner hat für die Inanspruchnahme des Kredits oder des Zahlungsaufschubs ein Entgelt zu zahlen. Nimmt er **Kredit** bei der Bank auf, so zahlt er **Zinsen.** Gewährt ihm der Lieferant **Zahlungsaufschub,** so zahlt er einen **Skontoaufschlag.**

Zinssatz. Der Zins wird mithilfe eines Zinssatzes aus dem Kreditbetrag berechnet. **Der Zinssatz ist ein Prozentsatz, der für jeweils 1 Jahr** (oder 1 Monat) **festgesetzt ist.**

Beispiel In einer Mitteilung eines Kreditinstituts an einen Kunden heißt es: „Unser derzeitiger Zinssatz für Dispositionskredite beträgt 12 %."

Diese Aussage bedeutet, dass der Kunde bei Beanspruchung des Kredits
– für **1 Jahr 12 %,**
– für **$\frac{1}{2}$ Jahr 6 %,**
– für **1 Monat 1 % des Kreditbetrages als Zins zahlen muss.**

Die Höhe des Zinssatzes ist abhängig von der **Art und Laufzeit des Kredits** (langfristiger oder kurzfristiger Kredit, Dispositionskredit, Anschaffungsdarlehen).

Geldanlage. Neben dem Kreditgeschäft stellt das Anlagegeschäft einen wesentlichen Aufgabenbereich der Geldinstitute dar. Hierbei „deponiert" der Bankkunde nicht benötigte Geldbeträge bei seiner Bank, die ihm für die Überlassung des Geldes einen Zins zahlt, der sich aufgrund eines Zinssatzes berechnen lässt. Die Höhe dieses „Guthaben"-Zinssatzes hängt von der **Art und der Dauer der Geldanlage** ab.

Aufgabe

472 *Informieren Sie sich bei „Ihrem" Geldinstitut über die Höhe der Zinssätze für die gebräuchlichsten Kredit- und Geldanlageformen.*

Abkürzungen in der Zinsrechnung. Die Ähnlichkeit von Zinsrechnung und Prozentrechnung kommt in den verwendeten Abkürzungen zum Ausdruck:

Begriffe der Prozentrechnung	Abkürzungen	Begriffe der Zinsrechnung	Abkürzungen
Prozentwert	P	Zinsen	Z
Grundwert	G	Kapital	K
Prozentsatz	p %	Zinssatz	p % für 1 Jahr

Zusammenfassung

- Zins ist der Preis, den der Schuldner dem Gläubiger für die zeitweilige Überlassung von Kredit zu zahlen hat.
- Der Zinssatz ist ein **Prozentsatz,** der in der Regel für eine Kreditlaufzeit von **1 Jahr** angegeben wird (p % für 1 Jahr).
- Die Zinsrechnung ist eine angewandte Prozentrechnung.

9.5.2 Berechnung der Zinsen

Anwendung. Zinsberechnungen kommen in folgenden Aufgabenstellungen vor:

- Berechnung der Guthaben- und Kreditzinsen bei Banken,
- Berechnung des Diskonts bei Wechselgeschäften,
- Berechnung der Skonti bei Lieferantenkrediten.

9.5.2.1 Festlegung der Zeit in der Zinsrechnung

Kaufmännische Zinsrechnung. In der **kaufmännischen Zinsrechnung** wird die Zeit nach unterschiedlichen Methoden berechnet. Grundlegend ist die sog. „deutsche methode" (siehe unten). Parallel dazu verwenden die Geldinstitute für bestimmte Vorgänge auch die „französische Methode" (= EU-Methode).

Zinstageberechnung nach „deutscher Methode"	**Zinstageberechnung nach „französischer Methode"**
▶ **1 Zinsjahr = 12 Zinsmonate = 360 Zinstage** ▶ Jeder volle Zinsmonat = **30 Zinstage** **Ausnahme:** Endet die Verzinsung „Ende Februar", so wird der Februar mit 28 Zinstagen (Schaltjahr 29 Zinstage) berechnet.	▶ **1 Zinsjahr = 12 Zinsmonate = 360 Zinstage** ▶ Jeder Zinsmonat wird **nach dem Kalender genau** berechnet. – Der **Febr.** hat also – Schaltjahre ausgenommen – **28 Zinstage.** – Die Monate **Jan., März, Mai, Juli, Aug., Okt. und Dez.** werden mit **31 Zinstagen** gerechnet. – Die Monate **April, Juni, Sept. und Nov.** gehen mit **30 Zinstagen** in die Zinsrechnung ein.
▶ Der **erste Tag** einer in Kalenderdaten angegebenen Zinszeit gilt **nicht als Zinstag,** der **letzte Kalendertag ist ein voller Zinstag.**	

Beispiel 1 Aufgrund der obigen Festlegungen ergeben sich für folgende Zinszeiten die angegebenen Zinstage:

Zinszeit in Kalenderdaten	„deut. Methode"	„franz. Methode"
31. März – 30. September	180 Zinstage	183 Zinstage
28. Februar – 31. Mai	90 Zinstage	92 Zinstage
1. Januar – 31. Januar	29 Zinstage	30 Zinstage
1. Februar – Ende Februar	27 Zinstage	27 Zinstage
1. Februar – Ende Februar (Schaltjahr)	28 Zinstage	28 Zinstage
28. Februar – 1. März	3 Zinstage	1 Zinstag
1. Februar – 1. März (kein Schaltjahr)	30 Zinstage	28 Zinstage

Anmerkung: Im Folgenden verwenden wir nur die „deutsche Methode" zur Zeitberechnung.

6464406

Beispiel 2 Ein Kaufmann beansprucht einen Kredit für die Zeit vom 25. Januar bis zum 12. April.

Zinszeit in Kalenderdaten	Zinstage
❶ Zinstage vom 25. Jan. bis 31. Jan. (30 – 25) =	5
❷ zwei volle Zinsmonate =	60
❸ Zinstage v. 1. Apr. bis 12. Apr. (1. Apr. u. 12. Apr. sind Zinstage!) =	12
	77 Tage

9.5.2.2 Berechnung der Zinsen in Abhängigkeit von der Zeit

Bei der Berechnung von Zinsen sind folgende Grundsätze zu beachten:

- Die Zinsrechnung ist eine angewandte Prozentrechnung.
- Der Zinssatz wird in der Regel für eine Zinszeit von einem Jahr angegeben.

9.5.2.2.1 Berechnung der Zinsen für mehrere Jahre

Beispiel Vereinbarungsgemäß soll ein privat gegebenes Darlehen in Höhe von 150.000,00 DM nach Ablauf von vier Jahren einschließlich 8,5 %/Jahr Zinsen (ohne Zinseszins) zurückgezahlt werden.

Wie viel DM Zinsen fallen insgesamt an?

❶ **Zinsen für 1 Jahr[1] (= 360 Tage):** $Z\ DM = \frac{150.000 \cdot 8,5}{100} = 12.750,00\ DM$

❷ **Zinsen für 4 Jahre:** $\mathbf{Z\ DM} = \frac{150.000 \cdot 8,5 \cdot \mathbf{4}}{100} = \mathbf{51.000,00\ DM}$

9.5.2.2.2 Berechnung von Tageszinsen

Beispiel Frau Kern bezahlt eine Rechnung über 24.500,00 DM, fällig am 20. Juli, indem sie ihr Kontokorrentkonto überzieht. Erst mit einer Kundenzahlung am 8. September ist ihr Konto wieder ausgeglichen.

Wie viel DM Zinsen hat sie für den beanspruchten Kredit bei einem Zinssatz von 10,5 % zahlen müssen?

❶ **Zinstage** vom 20. Juli bis 6. September = **48 Tage**

im Einzelnen
- vom 20. Juli bis 31. Juli = 10 Tage
- August voller Zinsmonat = 30 Tage
- v. 1. September bis 8. September = 8 Tage

= 48 Tage

❷ **Zinsen für 1 Jahr (= 360 Tage):** $Z\ DM = \frac{24.500 \cdot 10,5}{100} = 2.572,50\ DM$

❸ **Zinsen für 1 Tag:** $Z\ DM = \frac{24.500 \cdot 10,5}{100 \cdot \mathbf{360}} = 7,15\ DM$

❹ **Zinsen für 48 Tage:** $\mathbf{Z\ DM} = \frac{24.500 \cdot 10,5 \cdot \mathbf{48}}{100 \cdot \mathbf{360}} = \mathbf{343,00\ DM}$

1 vgl. Kapitel Prozentrechnung, S. 394 f.

Zusammenfassung

- Es gibt unterschiedliche Methoden zur Berechnung der Zinstage. In Europa sind die „deutsche Methode" und die „französische Methode" verbreitet.
- In den USA und in Großbritannien werden die Zinstage nach dem Kalender genau berechnet.
- Zinsen für n Jahre (ohne Zinseszins) werden wie folgt berechnet:

$$Z_n = \frac{K \cdot p \cdot n}{100} \quad \text{mit } \mathbf{p}\ \% = \frac{p}{100} \text{ und } \mathbf{n} = \text{Anzahl der Jahre}$$

- In der Zinsrechnung wird die Zeit in Form eines Faktors berücksichtigt; bei n Jahren beträgt dieser Faktor $\boxed{n}$.
- Die Zinsen für t Tage werden wie folgt berechnet:

$$Z_t = \frac{K \cdot p \cdot t}{100 \cdot 360} \quad \text{mit } \mathbf{p}\ \% = \frac{p}{100} \text{ und } \mathbf{t} = \text{Anzahl der Zinstage}$$

- In der Zinsrechnung wird die Zeit in Form eines Faktors berücksichtigt; bei t Zinstagen beträgt dieser Faktor $\boxed{\frac{t}{360}}$.

Aufgaben

473 *Berechnen Sie die Zinstage für folgende Verzinsungszeiträume:*

	Erster Zinstag	Letzter Zinstag
1.	25. April	16. August
2.	1. Januar	31. Mai
3.	23. November	5. Januar n. J.
4.	31. Mai	12. September
5.	11. März	30. Juni
6.	4. Februar	31. Juli
7.	8. Oktober	31. Dezember
8.	15. Januar	Ende Februar n. J.
9.	27. April	8. August

474 Eine Rechnung, ausgestellt auf den 13. Juni, über 7.192,00 DM ist zahlbar innerhalb von 10 Tagen mit 3 % Skonto oder nach spätestens 30 Tagen ohne Abzug.

1. *Bis zu welchem Tag wird die Skontofrist gewahrt?*
2. Die Zahlung erfolgt verspätet am 27. August einschließlich 8 %/Jahr Verzugszinsen. *Wie viel DM Verzugszinsen sind fällig?*

475 Die Zahlungsbedingungen auf einer Rechnung lauten: „Zahlbar innerhalb von 15 Tagen mit 2 % Skonto oder nach spätestens 45 Tagen ohne Abzug."

Welchem Jahreszinssatz entspricht dieser Skontoabzug, wenn die Zeit ab dem 15. Tag bis zum 45. Tag als Kreditzeit zu betrachten ist (vgl. S. 413)?

6464408

476 Ein Großhändler nimmt einen Kontokorrentkredit zu 10,5 %/Jahr in Höhe von 14.500,00 DM für 150 Tage in Anspruch.

Wie viel DM Zinsen berechnet die Bank?

477 Für ein Darlehen in Höhe von 55.000,00 DM berechnet die Bank 11,5 % Zinsen/Jahr.

Wie viel DM Zinsen fallen an, wenn der Kreditnehmer das Darlehen für drei Jahre in Anspruch nimmt?

478 Ein Darlehen wird für die Zeit vom 1. März bis 16. August zu einem Jahreszinssatz von 10,5 % aufgenommen.

1. *Wie hoch ist der Zeitprozentsatz?*
2. *Wie viel Zinsen fallen an, wenn das Darlehen über 18.500,00 DM lautet?*

479 Ein Kaufmann will einen Teil des vorübergehend nicht benötigten Bankguthabens als Festgeld anlegen. Die Bank bietet ihm folgende Konditionen:

a) Festgeld mindestens 10.000,00 DM bis 20.000,00 DM zu 2,25 %/Jahr bei 30 Tagen Kündigungsfrist,
b) Festgeld mindestens 10.000,00 DM bis 20.000,00 DM zu 3,5 %/Jahr bei 90 Tagen Kündigungsfrist,
c) Festgeld mindestens 50.000,00 DM zu 3,75 % bei 30 Tagen Kündigungsfrist.

1. *Wie hoch ist der Zinsgewinn bei der Kondition b) gegenüber a), wenn der Kaufmann 15.000,00 DM für 90 Tage anlegt?*
2. *Wie viel DM Zinsen erhält der Kaufmann, wenn er 54.000,00 DM entsprechend der Kondition c) für 120 Tage anlegt?*

480 Der Verkaufspreis für ein Fernsehgerät beträgt 2.790,00 DM. Ein Kunde wünscht Ratenzahlung; es werden folgende Zahlungsvereinbarungen getroffen: 450,00 DM Anzahlung am Kauftag 16. Mai, der Rest soll in vier gleichen Raten am 16. Juni, 16. Juli, 16. August und 16. September beglichen werden.

1. *Wie viel DM Zinsen hat der Kunde zu zahlen, wenn die **jeweilige Restschuld** mit 9 % verzinst wird?*
2. *Um wie viel Prozent übersteigt der Teilzahlungspreis den Barzahlungspreis?*

481 Ein Kaufmann nimmt einen Kredit über 25.000,00 DM am 1. April zu 12,5 %/Jahr auf, den er einschließlich der Zinsen am 16. September zurückzahlt.

Wie hoch ist der Gesamtbetrag, der zurückzuzahlen ist?

482 Die Erstellung eines Wohnhauses mit fünf baugleichen Wohnungen kostet 620.000,00 DM. 30 % werden vom Eigentümer durch Eigenkapital, 70 % durch Hypotheken finanziert. Die Hypothekenzinsen betragen 9,5 %/Jahr. Weiterhin fallen folgende Aufwendungen an: 2 % Abschreibungen, 1.320,00 DM monatliche Gebäudeunterhaltung, 1.540,00 DM Steuern und Abgaben im Vierteljahr.

Wie hoch muss die zu fordernde (kostendeckende) Miete für eine Wohnung sein, wenn der Eigentümer eine Verzinsung von 10 % für sein Eigenkapital anstrebt?

483 Ein Sparer eröffnet am 21. März bei der Stadtsparkasse ein Sparkonto und zahlt 12.400,00 DM ein. Das Guthaben wird mit 1,5 %/Jahr verzinst.

Wie viel DM Zinsen hätte das Guthaben bis zum Jahresende mehr erbracht, wenn der Sparer es mit monatlicher Kündigung als Festgeld zu 2,25 % angelegt hätte?

9.5.3 Summarische Zinsrechnung

Anwendung. In der kaufmännischen Praxis kommt es häufig vor, dass mehrere Geldbeträge mit unterschiedlichen Fälligkeiten zu einheitlichem Zinssatz auf einen gemeinsamen Abschlusstag verzinst werden:

- Mehrere Rechnungen mit unterschiedlichen Fälligkeiten werden einschließlich Verzugszinsen in einem Betrag an einem vereinbarten Termin bezahlt.
- Ein Kaufmann reicht bei seiner Bank an einem bestimmten Tag mehrere Wechsel mit unterschiedlichen Fälligkeiten zum Diskont ein.
- Ein Sparer zahlt auf sein Sparkonto zu unterschiedlichen Terminen Geldbeträge ein. Die Guthabenzinsen zum 30. Juni oder 31. Dez. sind zu berechnen.

Beispiel Frau Kern hat ihrem Lieferanten vier Rechnungen noch nicht bezahlt:
Rechnung Nr. 467 über 2.875,40 DM, fällig am 19. April,
Rechnung Nr. 492 über 3.680,00 DM, fällig am 11. Mai,
Rechnung Nr. 533 über 4.968,00 DM, fällig am 26. Mai,
Rechnung Nr. 608 über 4.186,00 DM, fällig am 8. Juni.

Vereinbarungsgemäß soll Frau Kern den Gesamtbetrag der Rechnungen einschließlich 9 % Verzugszinsen am 8. Juni begleichen.

Wie viel DM Zinsen fallen an und welchen Gesamtbetrag muss Frau Kern zahlen?

Lösung

Rechnung	Betrag	Fälligkeit	Zinstage	Zinsen
Nr. 467	2.875,40 DM	19. April	49	$\frac{2.875,4 \cdot 49 \cdot 9}{100 \cdot 360} = 35,22$ DM
Nr. 492	3.680,00 DM	11. Mai	27	$\frac{3.680 \cdot 27 \cdot 9}{100 \cdot 360} = 24,84$ DM
Nr. 533	4.968,00 DM	26. Mai	12	$\frac{4.968 \cdot 12 \cdot 9}{100 \cdot 360} = 14,90$ DM
Nr. 608	4.186,00 DM	8. Juni	0	0
gesamt	15.709,40 DM			**74,96 DM**
+ Zinsen	74,96 DM			
Zahlung	**15.784,36 DM am 8. Juni**			

Im Beispiel sind **drei einzelne Zinsberechnungen** durchzuführen und die Zinsen anschließend zu addieren. Diese aufwändige Rechenarbeit lässt sich wie folgt **vereinfachen** (vgl. S. 411):

❶ Der in allen Berechnungen **gleiche Bruch** $^9/_{360}$ wird zunächst aus den Berechnungen **ausgeklammert** und zu einem **Stammbruch gekürzt:**

$$\frac{9}{360} = \frac{1}{\mathbf{40}}$$

Der **Nenner** dieses Stammbruches heißt **Zinsdivisor** (oder **Zinsteiler**). Im Beispiel lautet der Zinsdivisor **40.** Vereinfacht lässt er sich aus dem Kehrbruch $^{360}/_9 = 40$ berechnen.

❷ Die in der Zinsberechnung darüber hinaus vorkommenden Zahlen – und zwar die veränderlichen Zahlen für das **Kapital** und die **Zinstage** sowie die Zahl **100** – werden zu der für **jede Zinsberechnung typischen Zinszahl** (= #) zusammengefasst. So ergibt sich z. B. für die **1. Rechnung** die Zinszahl (Pfennigbeträge bleiben unberücksichtigt)

$$\# = \frac{2\,875 \cdot 49}{100} = \mathbf{1\,408{,}75,}\ \text{aufgerundet}\ \mathbf{1\,409.}$$

❸ Die insgesamt anfallenden Zinsen werden berechnet, indem man die **Summe der Zinszahlen durch den Zinsdivisor teilt.**

Beispiel Aus den Zahlen des Beispiels von Seite 410 wird die vereinfachte kaufmännische Zinsberechnung erstellt.

Rechnung	Betrag	Fälligkeit	Zinstage	❷ $\# = \frac{K \cdot t}{100}$
Nr. 467	2.875,40 DM	19. April	49	1 409 (aufgerundet)
Nr. 492	3.680,00 DM	11. Mai	27	994 (aufgerundet)
Nr. 533	4.968,00 DM	26. Mai	12	596 (abgerundet)
Nr. 608	4.186,00 DM	8. Juni	0	0
gesamt	15.709,40 DM	❶ Zinsdivisor $= \frac{360}{9} = $ **40**		❸ **2 999 : 40 = 74,98 DM**
+ Zinsen	**74,98 DM**			
Zahlung	**15.784,38 DM**			

Beachten Sie bei der Anwendung dieser vereinfachten Rechnung,

- dass bei der Berechnung der Zinszahlen die **Pfennigbeträge** der Kapitalien **unberücksichtigt bleiben**[1] und
- dass die **Zinszahlen kaufmännisch gerundet** werden.

Zusammenfassung

- In der summarischen Zinsrechnung wird die **Summe der Zinsen** wie folgt berechnet:

$$\text{Zinsen} = \frac{\text{Summe der Zinszahlen}}{\text{Zinsdivisor}}$$

- Die **Zinszahlen** (= #) ergeben sich aus:

$$\# = \frac{K \cdot t}{100}$$

- Bei der Berechnung der Zinszahlen bleiben Pfennigbeträge unberücksichtigt.[1]
- Die Zinszahlen werden kaufmännisch gerundet, sind also immer ganze Zahlen.
- Der **Zinsdivisor** ist der **Nenner des Stammbruches** aus $^{p}/_{360}$ und wird berechnet:

$$\text{Zinsdivisor} = 360 : p$$

Aufgaben

484 *Berechnen Sie das Bankguthaben zum 30. Juni bei 2,5 % Zinsen und folgenden Gutschriften:*

1.850,00 DM, Gutschrift am 27. Febr., 1.220,00 DM, Gutschrift am 18. Mai,
760,00 DM, Gutschrift am 24. April, 550,00 DM, Gutschrift am 20. Juni.

485 Ein Kaufmann schuldet seinem Lieferer folgende Beträge:

3.220,00 DM, Fälligkeit der Rechnung 26. April,
4.370,00 DM, Fälligkeit der Rechnung 12. Mai,
3.565,00 DM, Fälligkeit der Rechnung 23. Mai.

Vereinbarungsgemäß soll der Gesamtbetrag einschließlich 8,5 % Verzugszinsen am 15. Juni ausgeglichen werden.

Welchen Betrag hat der Schuldner zu überweisen?

1 Banken, Sparkassen usw. wenden diese vereinfachende Regelung nicht mehr einheitlich an, da sie durch den Einsatz der EDV inzwischen an Bedeutung verloren hat.

9.5.4 Berechnung des Zinssatzes

Anwendung. Die Berechnung des Zinssatzes kann sinnvoll sein, wenn die Bank in der (vierteljährlichen) Abrechnung eines Kontokorrentkontos die **Soll-Zinszahl** und die **belasteten Zinsen** angibt und der Kaufmann wissen will, wie viel Prozent Sollzinsen die Bank berechnet hat. Auch bei der Aufnahme eines Kredites interessiert den Bankkunden u. a. der so genannte „effektive Zinssatz", der einen Vergleich unterschiedlicher Kreditangebote ermöglicht. Schließlich kann jeder Kaufmann mit dieser Rechnung den effektiven Zinssatz beim Skontoabzug bestimmen und damit Zahlungsbedingungen der Lieferanten vergleichbar machen. Der Berechnung des Zinssatzes liegt die allgemeine Zinsformel zugrunde (vgl. S. 408).

9.5.4.1 Berechnung des Zinssatzes bei kurzen Zinszeiten

Beispiel Aufgrund fälliger Steuer- und Lohnzahlungen hat Frau Kern ihr Kontokorrentkonto für die Zeit vom 28. März bis 22. April mit 24.500,00 DM überzogen. Hierfür berechnet die Bank 196,00 DM Zinsen.

Wie hoch ist der Soll-Zinssatz, den die Bank zugrunde legt?

Lösung über den Dreisatz

1. Der Kredit hat eine Laufzeit von 24 Tagen.
2. Für diese Zeit verlangt die Bank bei einem Kredit von 24.500,00 DM Zinsen in Höhe von 196,00 DM.
3. Aus der Frage: „Wie viel DM Zinsen verlangt die Bank für 100,00 DM Kredit in einem Jahr?" ergibt sich folgender **Lösungsansatz** (zusammengesetzter Dreisatz):

$$\begin{array}{llll} x & \text{DM Z} \sim & 100{,}00 \text{ DM K} \sim & 360 \text{ Tage} \\ 196{,}00 & \text{DM Z} \sim & 24.500{,}00 \text{ DM K} \sim & 24 \text{ Tage} \end{array}$$

$$x \text{ DM} = \frac{196{,}00 \text{ DM} \cdot 100{,}00 \text{ DM} \cdot 360 \text{ Tage}}{24.500{,}00 \text{ DM} \cdot 24 \text{ Tage}} = 12{,}00 \text{ DM}$$

4. Die Umrechnung auf die Zinsen für 100,00 DM Kredit im Jahr kann interpretiert werden als **12 %. Die Bank legt also einen Zinssatz von 12 % zugrunde.**

Aufgaben

486 Auf ein Sparkonto wurden folgende Beträge eingezahlt:

1.200,00 DM am 18. Juli, 750,00 DM am 26. September,
1.450,00 DM am 22. August, 1.100,00 DM am 5. November.

Am 31. Dezember schreibt die Bank insgesamt 35,49 DM Zinsen gut.

Mit wie viel Prozent wurden die Guthaben verzinst?

487 Ein Kredit wurde von der Bank am 1. März in Höhe von 12.000,00 DM eingeräumt und nach 90 Tagen einschließlich Zinsen mit 12.345,00 DM zurückgezahlt.

Wie viel Prozent Zinsen berechnete die Bank?

6464412

9.5.4.2 Effektiver Zinssatz bei Liefererskonto

Anwendung. Bei Zahlungsbedingungen mit Skontoabzug **belastet** der Lieferer den Kunden mit einem **Zinszuschlag** für die Zeit des **Lieferantenkredites.**

Beispiel 1 Das Unternehmen Kern bezieht Saugpapier von der Papiermühle AG unter folgenden Zahlungsbedingungen: „Der Rechnungsbetrag ist innerhalb von 10 Tagen mit 2 % Skonto oder nach 40 Tagen ohne Abzug zu begleichen."

Wie hoch ist der effektive Zinssatz, der diesen Bedingungen zugrunde liegt?

❶ In diesem Beispiel gelten die ersten 10 Tage als sog. **Barzahlungszeitraum,** in dem der Kunde den vom Lieferer **in den Warenwert eingerechneten Zinszuschlag (= Skonto) nicht bezahlen muss.**

❷ Zahlt der Kunde erst nach Ablauf von 10 Tagen und bis spätestens 40 Tage nach Rechnungserhalt, so hat er den **vollen Rechnungsbetrag** (einschließlich des Zinszuschlags) zu begleichen.

❸ Der Lieferer räumt also ein **Zahlungsziel von 30 Tagen** ein (40 Tage – 10 Tage) und berechnet **für diese Zeit einen Skontozuschlag von 2 %.**

0. Tag	**10. Tag**	**40. Tag**
◀ Barzahlung **mit** Skontoabzug ▶	◀ Zahlung des vollen Rechnungsbetrags **ohne** Skontoabzug = **Kreditgewährung** des Lieferers ▶	

Näherungsweise Lösung. Bei der näherungsweisen Lösung werden die tatsächliche Zahlung und der Skontoabzug in DM nicht berücksichtigt, sondern nur der **Skontosatz und die Kreditzeit:**

Lösung über den Dreisatz

30 Tage ~ 2 % Skonto
360 Tage ~ p % Skonto

$$p\,\% = \frac{2\,\% \cdot 360 \text{ Tage}}{30 \text{ Tage}} = \mathbf{24\,\%}$$

Der auf **1 Jahr** umgerechnete Skontosatz beträgt **24 %.**

Die genaue Lösung berücksichtigt die tatsächliche Zahlung und den Skontoabzug in DM: Der Skontoabzug beträgt 12.412,00 DM · 0,02 = 248,24 DM; die Zahlung macht demnach (12.412,00 DM – 248,24 DM) = 12.163,76 DM aus (vgl. S. 148).

$$p\,\% = \frac{Z \cdot 360}{K \cdot t} = \frac{248{,}24 \text{ DM} \cdot 360 \text{ Tage}}{12.163{,}76 \text{ DM} \cdot 30 \text{ Tage}} = \mathbf{24{,}49\,\%}$$

Bei genauer Rechnung liegt der Skontosatz höher als bei Überschlagsrechnung.

Beispiel 2 Das Unternehmen Kern hat eine Warenrechnung über 27.840,00 DM zu begleichen. Die Zahlungsbedingung lautet: „Zahlbar innerhalb von 10 Tagen mit 1,5 % Skonto oder spätestens nach 50 Tagen ohne Abzug." Da das Unternehmen Kern zur Begleichung der Rechnung zurzeit über kein ausreichendes Bankguthaben verfügt, wird überlegt,

- ob sich die Inanspruchnahme eines Kontokorrentkredits zur Begleichung der Rechnung unter Skontoabzug lohnt oder
- ob es günstiger wäre, den vollen Rechnungsbetrag nach Ablauf der Zahlungsfrist zu begleichen, um die Zinsen des Kontokorrentkredits einzusparen.

Die Bank berechnet **12,5 % Zinsen/Jahr** für den Kontokorrentkredit.

Lösung: Berechnung des effektiven Zinssatzes bei Skonto

❶ 27.840,00 DM – 417,60 DM Skonto = 27.422,40 DM tatsächliche Zahlung

❷ Zeitraum des Lieferantenkredits = 50 Tage – 10 Tage = 40 Tage

❸ $p\ \% = \dfrac{417{,}60\ \text{DM} \cdot 360\ \text{Tage}}{27.422{,}40\ \text{DM} \cdot 40\ \text{Tage}} =$ **13,71 % effektiver Zinssatz**

Das Ergebnis besagt, dass das Unternehmen Kern **bei Skontoausnutzung einen Zinsvorteil von 13,71 %** hat, während die Bank nur einen Zins von 12,5 % verlangt. In diesem Fall ist es günstiger, den Kontokorrentkredit in Anspruch zu nehmen und die Rechnung unter Ausnutzung von Skonto innerhalb von 10 Tagen zu begleichen.

❹ **Berechnung des Finanzierungsvorteils:**

Skontoabzug (1,5 % von 27.840,00 DM) = ...	417,60 DM
– Kreditzinsen $\left(\dfrac{27.422{,}40\ \text{DM} \cdot 40\ \text{Tg.} \cdot 12{,}5\ \%}{100\ \% \cdot 360\ \text{Tg.}}\right)$ = ...	380,87 DM
Finanzierungsvorteil durch Skontoausnutzung	**36,73 DM**

Zusammenfassung

- Der effektive Zinssatz bei Skonto kann überschlagsmäßig bestimmt werden, indem man den für die Laufzeit des Lieferantenkredits geltenden Skontosatz (= Zeitprozentsatz) auf den Jahreszinssatz umrechnet.
- Für die genaue Bestimmung des effektiven Skontosatzes sind Skontobetrag und tatsächliche Zahlung zu berücksichtigen.
- Die Ausnutzung von Skonto lohnt sich auch dann, wenn der Rechnungsausgleich durch einen kurzfristigen Kredit finanziert werden muss, sofern **der effektive Skontosatz höher als der Kreditzinssatz ist.**

Aufgaben

488 Die Zahlungsbedingungen auf einer Rechnung lauten: „Zahlbar innerhalb von 15 Tagen mit 2,5 % Skonto oder nach spätestens 40 Tagen ohne Abzug."

1. *Bestimmen Sie – nach vereinfachter Rechnung – den effektiven Skontosatz.*
2. Die Rechnung lautet über brutto 18.096,00 DM. *Wie hoch ist der effektive Skontosatz?*
3. Für die Begleichung der Rechnung soll ein Kontokorrentkredit zu 13 %/Jahr aufgenommen werden. *Weisen Sie nach, dass sich die Kreditaufnahme zur Skontoausnutzung lohnt und berechnen Sie den Finanzierungsvorteil.*

489 Die Großhandlung Müller GmbH schuldet aus einer Warenlieferung 18.792,00 DM. Die Rechnung ist innerhalb von 10 Tagen mit 1 % Skonto oder nach 60 Tagen ohne Abzug zu begleichen.

Die Müller GmbH überlegt, ob zur Skontoausnutzung ein Kontokorrentkredit zu 11,5 %/Jahr aufgenommen werden soll oder ob es günstiger ist, auf den Skontoabzug zu verzichten und die Rechnung erst nach 60 Tagen zu begleichen.

Zeigen Sie, welche Zahlungsmöglichkeit günstiger ist.

6464414

9.5.5 Berechnung der Zinszeit

Beispiel Für ein Darlehen in Höhe von 24.000,00 DM, das die Papiergroßhandlung Kern zu 10,5 %/Jahr bei ihrer Bank aufgenommen hat, zahlt sie insgesamt 875,00 DM Zinsen.

Für wie viele Zinstage hatte sie das Darlehen beansprucht?

Lösung durch Äquivalenzumformung

Aus der Gleichung für die Zinsberechnung $Z = \frac{K \cdot p \cdot t}{100 \cdot 360}$ (vgl. S. 408)

folgt durch Umformung nach t: $\mathbf{t} = \frac{Z \cdot 100 \cdot 360}{K \cdot p}$

Auf das Beispiel übertragen ergibt sich: $\mathbf{t} = \frac{875{,}00\ \text{DM} \cdot 100 \cdot 360}{24.000{,}00\ \text{DM} \cdot 10{,}5}$

$= \mathbf{125\ Zinstage}$

Zusammenfassung

- Die Berechnung der Zinstage erfolgt nach der Gleichung:

$$t = \frac{Z \cdot 100 \cdot 360}{K \cdot p}$$

Hierfür müssen die Größen Kapital, Zinsen und Zinssatz gegeben sein.

9.5.6 Berechnung des Kapitals

Beispiel Aus der Vermietung eines Lagerhauses erzielt Frau Kern aufgrund der 90-tägigen Abrechnung einen Reinertrag von 10.125,00 DM; dies entspricht einer Verzinsung des im Lagerhaus investierten Eigenkapitals von 9 %.

Wie viel DM Eigenkapital wurden in dem Lagerhaus investiert?

Lösung durch Äquivalenzumformung

Aus der Gleichung für die Zinsberechnung $Z = \frac{K \cdot p \cdot t}{100 \cdot 360}$

folgt durch Umformung nach K: $K = \frac{Z \cdot 100 \cdot 360}{p \cdot t}$

Auf das Beispiel übertragen ergibt sich: $\mathbf{K} = \frac{10.125{,}00\ \text{DM} \cdot 100 \cdot 360}{90\ \text{Tage} \cdot 9}$

$= \mathbf{450.000{,}00\ DM\ Eigenkapital}$

Zusammenfassung

- Zur Berechnung des Kapitals müssen Zinssatz, Zinsen und Zinstage bekannt sein. Die Ausrechnung erfolgt nach der Gleichung:

$$K = \frac{Z \cdot 100 \cdot 360}{p \cdot t}$$

Aufgaben

490 Für einen Kontokorrentkredit zahlt ein Kaufmann 11,8 % Zinsen im Jahr. In der letzten Bankabrechnung wurden ihm für die Zeit vom 15. April bis 30. Juni Zinsen in Höhe von 860,43 DM belastet.

Wie hoch war der in Anspruch genommene Kredit?

491 Wir lieferten mit Rechnung vom 13. April an einen Kunden Waren im Wert von 5.336,00 DM (einschließlich 16 % Umsatzsteuer). Die Zahlungsbedingungen lauteten: „Zahlbar innerhalb 20 Tagen mit 1,5 % Skonto oder nach spätestens 40 Tagen ohne Abzug." Die Überweisung des Kunden lautet über 5.388,10 DM. Auf dem Überweisungsträger hat der Kunde vermerkt: „Ausgleich der Rechnung vom 13. April, zuzüglich 9,5 % Verzugszinsen."

Für welche Zeit wurden Verzugszinsen berechnet?

492 Unser Kunde Schnieder hat die Rechnung Nr. 3556, fällig am 27. Juni, über 3.248,00 DM noch nicht beglichen. Vereinbarungsgemäß leistet der Kunde eine Zahlung über 3.284,09 DM einschließlich 10 % Verzugszinsen.

Für wie viele Tage wurden Verzugszinsen berechnet?

493 Ein Kunde ist in Zahlungsverzug geraten. Für die Zeit vom 18. März (Fälligkeit der Rechnung) bis zum 24. Mai belasten wir ihn mit Verzugszinsen und senden ihm folgende Lastschrift:

> Lastschrift über Verzugszinsen:
>
> Für die Zeit vom 18. März bis 24. Mai belasten
> wir Sie mit 11,5 % Verzugszinsen .... 121,23 DM

Über welchen Betrag lautet die Rechnung?

494 Zur Finanzierung eines Autokaufs nimmt ein Bankkunde am 24. November einen kurzfristigen Kredit auf, den er vereinbarungsgemäß am 30. April nächsten Jahres einschließlich 12 %/Jahr Zinsen mit 12.098,00 DM zurückzahlt.

Wie hoch war der Kredit?

495 Ein Sparer nimmt eine Einzahlung in Höhe von 3.500,00 DM auf sein Sparkonto vor. Am Jahresende ist dieses Guthaben nach Einrechnung von 2,5 % Zinsen auf 3.553,47 DM angewachsen.

Wann wurde die Einzahlung vorgenommen?

496 Für den Ausbau der Geschäftsräume nimmt die Impex GmbH bei einer Bank einen Kredit auf. Nach Abzug von 8 %/Jahr Zinsen für die Zeit von 180 Tagen und 1 % des Darlehens für die Bearbeitung zahlt die Bank 23.750,00 DM aus.

Wie hoch sind das Darlehen, die Zinsen und die Bearbeitungsgebühr?

497 *Wann wurde ein Sparbetrag von 3.820,00 DM auf ein Sparkonto eingezahlt, wenn er bis zum 31. Dezember einschließlich der Zinsen von 3,5 % auf 3.879,42 DM angewachsen war?*

498 Zur Modernisierung der Geschäftsräume nimmt ein Händler am 29. Juli bei seiner Bank einen Kredit zu 8,5 %/Jahr auf. Am Jahresende erhält er eine Zinsabrechnung über 1.782,64 DM.

Wie hoch war der Kreditbetrag?

6464416

10 Aufgaben zur Wiederholung und Vertiefung

499 *Welcher der folgenden Geschäftsfälle führt zu 1. einem Aktivtausch, 2. einem Passivtausch, 3. einer Aktiv-Passivmehrung, 4. einer Aktiv-Passivminderung?*

a) Wareneinkauf auf Ziel
b) Warenverkauf auf Ziel
c) Banküberweisung an Lieferer zum Rechnungsausgleich
d) Unser Kunde überweist fällige Rechnung durch Banküberweisung.
e) Banküberweisung der Gehälter
f) Zinsgutschrift der Bank
g) Kauf eines PKW-Anhängers gegen Bankscheck
h) Kapitaleinlage des Geschäftsinhabers durch Bankeinzahlung
i) Abschreibung auf Betriebs- und Geschäftsausstattung
j) Banküberweisung der Umsatzsteuerzahllast
k) Umwandlung einer Liefererschuld in eine Darlehensschuld

500 *Welcher der in der vorstehenden Aufgabe genannten Geschäftsfälle bewirkt*

1. eine Erhöhung der Bilanzsumme,
2. eine Verminderung der Bilanzsumme,
3. keine Veränderung der Bilanzsumme?

501 *Was bedeutet der Buchungssatz „Warenbestand an Wareneingang"?*

1. Zum Jahresschluss ergibt sich ein Minderbestand an Waren.
2. Zum Jahresschluss ergibt sich ein Mehrbestand an Waren.
3. Zum Jahresschluss liegt keine Bestandsveränderung an Waren vor.

502 *Wie wirkt sich eine Warenbestandsminderung auf den Jahreserfolg aus?*

1. Sie erhöht den Jahresgewinn.
2. Sie vermindert den Jahresgewinn.
3. Sie erhöht den Jahresverlust.
4. Sie vermindert den Jahresverlust.
5. Sie hat keine Auswirkungen auf den Jahreserfolg.

503 Die Möbelgroßhandlung Peter Schreiner hat am 5. Januar .. beim Autohaus Theuer einen LKW gekauft und folgende Rechnung (verkürzt) erhalten:

ER 306:	LKW S 404	162.500,00 DM
	+ Werbeaufschrift	6.720,00 DM
	+ Zulassungskosten	280,00 DM
		169.500,00 DM
	+ 16 % Umsatzsteuer ..	27.120,00 DM
		196.620,00 DM

Die Anlagenkarteikarte des o. g. LKWs ist zu ergänzen:

Konto-Nr.: 0340/23		**Bezeichnung der Anlage:** LKW S 404		**Standort:** Fuhrpark
Lieferer: Autohaus Theuer		**Anschaffungskosten:** ?		
Nutzungsdauer: 5 Jahre		**AfA-Satz:** ?		**AfA-Methode:** linear
Datum	**Beleg**	**Zugang in DM**	**AfA/Abgang in DM**	**Bestand in DM**
..-01-05	ER 306	?	?	?

1. *Ermitteln Sie* a) die Anschaffungskosten des LKWs,
b) den Abschreibungsbetrag (AfA) für die Anlagenkartei,
c) den Buchwert am Ende des ersten Nutzungsjahres.

2. *Bilden Sie die Buchungssätze*
   a) zur Erfassung der Eingangsrechnung ER 306,
   b) zur Erfassung der Abschreibung,
   c) zum Abschluss des Kontos Abschreibungen auf Sachanlagen,
   d) zum Abschluss des Kontos Fuhrpark.

---

504 *Ergänzen Sie:*

a) Erträge > Aufwendungen = ?
b) Vorsteuer > Umsatzsteuer = ?
c) Warenverkaufserlöse > Warenaufwendungen = ?
d) Aufwendungen > Erträge = ?
e) Umsatzsteuer > Vorsteuer = ?
f) Warenaufwendungen > Warenverkaufserlöse = ?
g) Warenanfangsbestand > Warenschlussbestand = Gewinnauswirkung: + oder –?
h) Warenanfangsbestand < Warenschlussbestand = Gewinnauswirkung: + oder –?

---

505 *Bei den nachstehenden Geschäftsfällen ist zu prüfen, ob sie*

1. den Jahresgewinn erhöhen.
2. den Jahresgewinn vermindern.
3. den Jahresverlust erhöhen.
4. den Jahresverlust vermindern.
5. keinen Einfluss auf das Jahresergebnis haben.
6. eine Bilanzverkürzung bewirken.
7. eine Bilanzverlängerung bewirken.

Beachten Sie: Es können mehrere Ergebnisse zutreffen.

a) Kauf einer Verpackungsmaschine auf Ziel
b) Zahlung der Darlehenszinsen
c) Abschreibung auf Betriebs- und Geschäftsausstattung
d) Banküberweisung an den Lieferer abzüglich Skonto
e) Aufnahme eines Darlehens bei der Bank
f) Lastschrift der Bank für Zinsen
g) Zinsgutschrift der Bank
h) Barentnahme aus der Geschäftskasse für Privatzwecke

---

506 Der Möbelgroßhändler Peter Schreiner hat von einer Geschäftsreise folgende Belege zu buchen:

HOTEL HUBERTUS
Landhotel
26160 Bad Zwischenahn-Dreibergen
Tel. (0 44 03) 83 76
Fax (0 44 03) 83 77

Beleg Nr. 167

Rechnung 1 205 Datum: ..-06-28

2 Übernachtungen je 208,80 DM .... 417,60 DM

16 % Umsatzsteuer

Betrag durch Bankscheckkarte dankend erhalten.

TANK-STATION
ILKA PETZOLD
RAIFFEISENSTR. 52
26180 RASTEDE
TEL. (0 44 02) 8 25 45

Beleg Nr. 168

*SUPER BLEIFREI 84,75 DM *
* ZP 2 52,35 l *

ZWISCHENSUMME 84,75

UST-BRUTTOUMS. 84,75
16,00 % UST
BAR 84,75

VIELEN DANK FÜR IHREN EINKAUF.

BON	DATUM	BED	KASS
0282	..-06-29	0002	0001

507 In der Möbelgroßhandlung Peter Schreiner wurden Nachlässe, Boni und Skonti brutto gebucht:

Auszug aus der Summenbilanz	Soll	Haben
3010 Wareneingang	450.000,00	–
3020 Warenbezugskosten	25.000,00	–
3060 Nachlässe	–	23.200,00
3070 Liefererboni	–	17.400,00
3080 Liefererskonti	–	9.280,00
1410 Vorsteuer	18.000,00	–

1. *Ermitteln Sie die Vorsteuerberichtigungen.*
2. *Bilden Sie die entsprechenden Buchungssätze.*
3. *Ermitteln Sie die Anschaffungskosten der Waren.*

508 Anschaffung eines Verpackungsautomaten. Der Lieferer stellt Folgendes in Rechnung: Nettopreis 48.000,00 DM, Transportkosten 2.500,00 DM, Montagekosten 2.100,00 DM, 16 % Umsatzsteuer. Die Fundamentierungskosten einer ortsansässigen Bauunternehmung betragen 2.800,00 DM zuzüglich 16 % Umsatzsteuer. Alle Rechnungen werden unter Abzug von 2 % Skonto durch Banküberweisung beglichen. Die betriebsgewöhnliche Nutzungsdauer beträgt zehn Jahre. Lineare AfA-Methode.

1. *Ermitteln Sie die Anschaffungskosten.*
2. *Berechnen Sie den jährlichen Abschreibungsbetrag.*
3. *Ermitteln Sie den Abschreibungssatz.*
4. *Bilden Sie die Buchungssätze zur Erfassung der Eingangsrechnungen.*
5. *Bilden Sie den Buchungssatz für den Rechnungsausgleich durch Banküberweisung.*
6. *Nennen Sie den Buchungssatz für die Abschreibung.*
7. *Wie lautet der Abschlussbuchungssatz des Kontos Abschreibungen auf Sachanlagen?*
8. *Wie hoch ist der Buchwert des Automaten am Ende des achten Jahres?*

509 Der folgende Bankkontoauszug der Möbelgroßhandlung Peter Schreiner ist auszuwerten:

Kontoauszug — Stadtsparkasse Nürnberg

Konto-Nr.	Datum	Ausz.-Nr.	Blatt	Buchungstag	PN-Nr.	Wert	Umsatz
119 233 815	..-12-29	67	1				
ÜBERWEISUNG MÖBELWERKE GMBH, PFORZHEIM RE 7 654 VOM 20. DEZ. .. - 2 % SKONTO (KONTO 60 004)				12-29	0677	12-29	18.188,80 S

PETER SCHREINER
MÖBELGROSSHANDEL
HERZOGSTRASSE 56

90451 NÜRNBERG

Alter Saldo: H 277.208,60
Neuer Saldo: H 259.019,80

1. *Ermitteln Sie*
   a) den Rechnungsbetrag der Möbelwerke GmbH vom 20. Dezember, den Warenwert und die auf der Rechnung ausgewiesene Umsatzsteuer,
   b) den Bruttoskontobetrag,
   c) die Steuerkorrektur aufgrund der Skontoausnutzung,
   d) den Nettoskontobetrag.
2. *Bilden Sie den Buchungssatz*
   a) für die Erfassung der Eingangsrechnung,
   b) für die Banklastschrift bei Nettobuchung des Skontos.

510 Die Umsatzsteuerkonten der Möbelgroßhandlung Peter Schreiner weisen zum 31. Dezember folgende Summen aus:

Auszug aus der Summenbilanz	Soll	Haben
1410 Vorsteuer	120.500,00	88.300,00
1810 Umsatzsteuer	143.450,00	163.400,00
9400 Schlussbilanzkonto	–	–

1. *Übertragen Sie die Summen auf die entsprechenden Konten.*
2. *Führen Sie den kontenmäßigen Abschluss der Steuerkonten durch.*
3. *Bilden Sie den Abschlussbuchungssatz.*

511 *Woraus setzt sich der Jahresabschluss der Einzelunternehmen und Personengesellschaften zusammen? Welche Aussagen sind a) falsch und b) richtig?*

1. Der Jahresabschluss umfasst das Inventar, die Schlussbilanz und die Gewinn- und Verlustrechnung.
2. Die Schlussbilanz bildet den Jahresabschluss.
3. Der Jahresabschluss besteht aus Eröffnungsbilanz, Schlussbilanz und GuV-Rechnung.
4. Schlussbilanz und GuV-Rechnung bilden den Jahresabschluss.

512 In der Möbelgroßhandlung Peter Schreiner befinden sich zum 31. Dezember noch 100 Tische am Lager, die für 200,00 DM angeschafft wurden. Zum Bilanzstichtag beträgt der Tagespreis 240,00 DM je Tisch.

Mit welchem Wert sind die Tische in Inventar und Schlussbilanz einzusetzen?

1. Zum jetzigen Tageswert von 24.000,00 DM.
2. In Höhe der Anschaffungskosten von 20.000,00 DM.
3. Zum Durchschnittspreis von 22.000,00 DM.
4. Zum Anschaffungswert von 20.000,00 DM abzüglich einer üblichen Abschreibung.

513 Der folgende Kontoauszug der Möbelgroßhandlung Peter Schreiner ist auszuwerten:

Kontoauszug Stadtsparkasse Nürnberg

Konto-Nr.	Datum	Ausz.-Nr.	Blatt	Buchungstag	PN-Nr.	Wert	Umsatz
119 233 815	..-12-30	68	1				
GUTSCHRIFT				12-30	8744	12-30	9.378,60 H

GUTSCHRIFT
STADTWERKE NÜRNBERG
RE 4 541 VOM 22. DEZ. .. – 2 % SKONTO
(KONTO 10 004)

PETER SCHREINER
MÖBELGROSSHANDEL
HERZOGSTRASSE 56

90451 NÜRNBERG

Alter Saldo: H 259.019,80
Neuer Saldo: H 268.398,40

1. *Ermitteln Sie aus dem Überweisungsbetrag den Rechnungsbetrag der Ausgangsrechnung sowie den Warenwert und die Umsatzsteuer.*
2. *Bilden Sie den Buchungssatz zur Erfassung der Ausgangsrechnung.*
3. *Ermitteln Sie die Steuerkorrektur aufgrund der Skontoausnutzung.*
4. *Buchen Sie die Bankgutschrift bei Nettobuchung des Skontos.*

514 Die Zahlungsbedingungen in der Ausgangsrechnung an die Stadtwerke Nürnberg (siehe vorhergehende Aufgabe) lauteten: „Zahlbar innerhalb von 10 Tagen mit 2 % Skonto oder nach spätestens 30 Tagen ohne Abzug."

Ermitteln Sie den Jahreszinssatz, der dem gewährten Skonto entspricht.

---

515 *Auf welchen Konten werden die folgenden Geschäftsfälle im Haben gebucht?*

a) Zielverkauf von Waren.
b) Kunde erhält Preisnachlass wegen Mängelrüge.
c) Unser Kunde löst Barscheck für Umsatzbonus ein.
d) Lastschrift unseres Lieferers wegen unberechtigten Skontoabzugs.
e) Eigenverbrauch von Waren.
f) Wareneinkauf auf Ziel.
g) Zum 31. Dezember ergibt sich ein Vorsteuerüberhang.
h) Unser Lieferer gewährt Preisnachlass wegen Mängelrüge.
i) Wir erhalten Provision durch Banküberweisung.
j) Zum 31. Dezember ergibt sich eine Umsatzsteuerzahllast.

---

516 Man unterscheidet Ausgaben, Aufwendungen und Kosten.

Nennen Sie je ein Beispiel für

a) Kosten, die kein Aufwand sind,
b) Ausgaben, die keine Kosten sind,
c) Ausgaben, die sowohl Aufwendungen als auch Kosten sind.

---

517 Die Finanzbuchhaltung der Großhandlung P. Zechner OHG weist für das 1. Quartal .. folgende Aufwendungen und Erträge aus:

2040	Verluste aus dem Abgang von AV	2.200,00
2421	Mieterträge	30.000,00
2520	Erträge aus Wertpapieren	8.200,00
2610	Zinserträge	7.800,00
2710	Erträge aus dem Abgang von Vermögensgegenständen	24.800,00
2760	Erträge aus der Auflösung von Rückstellungen	22.500,00
2780	Sonstiger Eigenverbrauch	5.200,00
3010	Wareneingang, Warengruppe 1	225.000,00
3110	Wareneingang, Warengruppe 2	168.500,00
4010	Löhne	335.000,00
4020	Gehälter	310.000,00
4040	Gesetzliche Soziale Aufwendungen	165.000,00
4050	Freiwillige soziale Aufwendungen	13.200,00
4060	Aufwendungen für Altersversorgung	28.400,00
4100	Mieten, Pachten	21.200,00
4210	Gewerbesteuer	33.900,00
4220	Kfz-Steuer (Betrieb)	8.400,00
4400	Werbe- und Reisekosten	36.100,00
4710	Instandhaltung	39.600,00
4910	Abschreibungen auf Sachanlagen	42.800,00
8010	Umsatzerlöse (Warenverkauf), Warengruppe 1	981.500,00
8110	Umsatzerlöse (Warenverkauf), Warengruppe 2	414.200,00

Es sind keine Bestandsveränderungen bei Waren zu berücksichtigen.

1. *Erstellen Sie die Ergebnistabelle.*
2. *Beurteilen Sie die Erfolgssituation des Unternehmens.*

518 Die Gehaltsliste der Möbelgroßhandlung Peter Schreiner weist für Januar folgende Summen aus:

Bruttogehälter	Steuerabzüge	Sozialversicherung	Verrechnete Vorschüsse	Auszahlung (Bank)	Arbeitgeberanteil zur SV
17.897,00	2.467,89	3.245,67	800,00	11.383,44	3.245,67

Das Konto „1160 Forderungen an Mitarbeiter" weist einen Bestand von 4.800,00 DM aus.

1. *Bilden Sie die Buchungssätze*
   a) für die Zahlung der Gehälter durch Banküberweisung,
   b) für die Erfassung des Arbeitgeberanteils zur Sozialversicherung.
2. *Ermitteln Sie die gesamten Personalkosten des Monats Januar.*
3. *Buchen Sie aufgrund des folgenden Belegs die Überweisung*
   a) der einbehaltenen Lohnsteuer, Solidaritätszuschläge und Kirchensteuer,
   b) der noch nicht abgeführten Arbeitnehmer- und Arbeitgeberanteile zur Sozialversicherung (Kranken-, Pflege-, Renten- und Arbeitslosenversicherung).

Kontoauszug Stadtsparkasse Nürnberg

Konto-Nr.	Datum	Ausz.-Nr.	Blatt	Buchungstag	PN-Nr.	Wert	Umsatz
119 233 815	..-02-12	9	1				

```
FA NÜRNBERG, ST-NR 230-180-20 02-12   8744  02-12    2.467,89 S
LT. LST-ANMELDUNG JANUAR ..
AOK NÜRNBERG, VERS.-NR. 4876  02-13   8745  02-13    6.491,34 S
AN-/AG-ANTEILE JANUAR ..
```

PETER SCHREINER
MÖBELGROSSHANDEL
HERZOGSTRASSE 56

90451 NÜRNBERG

Alter Saldo: H 214.966,40
Neuer Saldo: H 206.007,17

519 Man unterscheidet Einnahmen, Erträge und Leistungen.
Nennen Sie je ein Beispiel für
a) *Einnahmen, die sowohl Erträge als auch Leistungen darstellen,*
b) *Einnahmen, die weder Erträge noch Leistungen sind,*
c) *Erträge, die keine Leistungen darstellen.*

520 *Stellen Sie fest, ob es sich bei den unten stehenden Sachverhalten zum 31. Dezember jeweils um eine Aktive Rechnungsabgrenzung (I), Passive Rechnungsabgrenzung (II), Sonstige Forderung (III) oder Sonstige Verbindlichkeit (IV) handelt. Nennen Sie auch den entsprechenden Buchungssatz.*
a) Die Miete für eine vermietete Lagerhalle steht am 31. Dezember noch aus: 2.500,00 DM.
b) Die Kfz-Steuer wurde am 1. Aug. von uns für ein Jahr überwiesen: 480,00 DM.
c) Die zugesicherte Provision haben wir noch nicht erhalten: 1.500,00 DM.
d) Die Löhne für die Lohnwoche vom 28. Dez. bis 31. Dez. werden am 3. Jan. nächsten Jahres überwiesen. Auf das alte Jahr entfallen 5.700,00 DM.
e) Darlehenszinsen in Höhe von 4.800,00 DM wurden von uns am 1. Dezember für drei Monate im Voraus überwiesen.
f) Die Dezembermiete für eine angemietete Lagerhalle wird von uns erst am 2. Januar nächsten Jahres überwiesen: 2.800,00 DM.
g) Der Mieter unserer Lagerhalle hatte mit der Dezembermiete am 1. Dezember auch bereits die Januarmiete überwiesen: insgesamt 6.000,00 DM.

6464422

521 *Wie wirkt sich eine „Passive Rechnungsabgrenzung" auf den Erfolg des Abschlussjahres aus?*

a) Der Jahresgewinn erhöht sich.
b) Der Jahresgewinn wird vermindert.
c) Der Jahresverlust erhöht sich.
d) Der Jahresverlust wird vermindert.

---

522 *Welche Aussage kennzeichnet zutreffend die Folge einer nicht durchgeführten zeitlichen Abgrenzung in Form der „Aktiven Rechnungsabgrenzung"?*

a) Die Erträge im alten Jahr sind zu niedrig.
b) Die Aufwendungen im alten Jahr sind zu niedrig.
c) Die Erträge im alten Jahr sind zu hoch.
d) Die Aufwendungen im alten Jahr sind zu hoch.

---

523 *Kennzeichnen Sie richtige Aussagen über die „Abschreibungen auf Sachanlagen" mit einer 1, falsche Aussagen mit einer 9:*

1. Die Bilanzsumme verringert sich.
2. Der Jahresgewinn wird beeinflusst.
3. Die Anschaffungskosten werden über die Nutzungsjahre verteilt.
4. Die Abschreibung bewirkt eine Aktiv-Passivminderung.
5. Stille Reserven werden aufgelöst.
6. Die Bilanzsumme erhöht sich.
7. Die Vermögenswerte in der Bilanz werden berichtigt.

---

524 *Bilden Sie die Buchungssätze für folgende Belege:*

1. Eingangsrechnung: Warenwert	50.000,00 DM
– 10 % Mengenrabatt	5.000,00 DM
	45.000,00 DM
+ Fracht	850,00 DM
+ Verpackung	450,00 DM
	46.300,00 DM
+ 16 % Umsatzsteuer	7.408,00 DM
	53.708,00 DM
2. Ausgangsrechnung: Warenwert	28.000,00 DM
– 5 % Mengenrabatt	1.400,00 DM
	26.600,00 DM
+ verauslagte Frachtkosten	2.450,00 DM
	29.050,00 DM
+ 16 % Umsatzsteuer	4.648,00 DM
	33.698,00 DM
3. Briefbeleg: Gutschrift des Lieferers (Fall 1) für Rücksendung beschädigter Waren, netto	1.200,00 DM
+ 16 % Umsatzsteuer	192,00 DM
	1.392,00 DM
4. Eingangsrechnung des Spediteurs: Warentransport an verschiedene Kunden	1.880,00 DM
+ 16 % Umsatzsteuer	300,80 DM
	2.180,80 DM
5. Briefbeleg: 5 % Preisnachlass an Kunden (Fall 2) wegen Mängelrüge, netto	1.330,00 DM
+ 16 % Umsatzsteuer	212,80 DM
	1.542,80 DM

525

Kontoauszug — Stadtsparkasse Nürnberg

Konto-Nr.	Datum	Ausz.-Nr.	Blatt	Buchungstag	PN-Nr.	Wert	Umsatz
119 233 815	..-02-15	10	1				

ÜBERWEISUNG — 02-15 — 8744 — 02-15 — 17.734,08 S
RE 4 541 VOM ..-02-10
- 2 % SKONTO
(KONTO 60 004)

PETER SCHREINER
MÖBELGROSSHANDEL
HERZOGSTRASSE 56

90451 NÜRNBERG

Alter Saldo: H 206.007,17

Neuer Saldo: H 188.273,09

1. *Ermitteln Sie aus dem vorstehenden Beleg den Warenwert, die Umsatzsteuer und den Rechnungsbetrag der Eingangsrechnung.*
2. *Bilden Sie den Buchungssatz für die Eingangsrechnung.*
3. *Ermitteln Sie die Steuerkorrektur aufgrund des Rechnungsausgleichs.*
4. *Bilden Sie den Buchungssatz für den Rechnungsausgleich (Nettobuchung).*

526

Ein Großhandelsunternehmen setzte im Januar 52 000 Stück eines Artikels zum Preis von 6,50 DM ab. Die variablen Kosten betrugen 119.600,00 DM, die fixen Kosten 130.000,00 DM.

Ermitteln Sie

1. den Deckungsbeitrag je Stück,
2. den Erfolg aus dem Verkauf dieses Artikels im Januar,
3. die Absatzmenge, bei der die Gewinnschwelle erreicht wird,
4. die Kosten an der Gewinnschwelle.

527

Das nachstehende Gewinn- und Verlustkonto einer Werkzeuggroßhandlung ist abzuschließen und auszuwerten.

1. *Ermitteln Sie*
   a) den Rohgewinn,
   b) das neutrale Ergebnis,
   c) das Betriebsergebnis,
   d) das Gesamtergebnis (Jahreserfolg),
   e) den durchschnittlichen Kalkulationszuschlagssatz,
   f) die Rentabilität des Eigenkapitals (12.000 TDM Eigenkapital zum 1. Jan.),
   g) das Eigenkapital zum Jahresschluss.
2. *Bilden Sie die Buchungssätze für den Abschluss der Konten*
   a) Gewinn und Verlust, b) Eigenkapital.

Gewinn- und Verlustkonto (in TDM)

Soll		Haben	
Wareneingang	13.400	Warenverkauf	29.560
Personalkosten	6.200	Zinserträge	110
Raumkosten	1.800		
Betriebliche Steuern	1.150		
Versicherungen	250		
Werbe- und Reisekosten	1.350		
Kosten der Warenabgabe	120		
Allgem. Verwaltungskosten	130		
Abschreibungen	280		
Außerordentlicher Aufwand	40		

6464424

528 *Ergänzen Sie:*

1. Deckungsbeitrag je Stück $> 0 = ?$
2. Deckungsbeitrag je Stück $= 0 = ?$
3. Deckungsbeitrag je Stück $< 0 = ?$
4. Summe der Deckungsbeiträge $>$ fixe Kosten $= ?$
5. Summe der Deckungsbeiträge $<$ fixe Kosten $= ?$

---

529 Ein Unternehmen hat aufgrund der angespannten Wirtschaftslage im abgelaufenen Jahr seine Waren unter Selbstkosten verkauft. Folgende Angaben aus der Finanzbuchhaltung und der Kosten- und Leistungsrechnung liegen vor:

Umsatzerlöse (Warenverkauf)	949.800,00
Kosten (ohne Abschreibungen und Zinsen)	864.700,00
Bilanzmäßige Abschreibungen	27.600,00
Gezahlte Fremdkapitalzinsen	32.700,00
Kalkulatorische Abschreibungen	75.000,00
Kalkulatorische Zinsen	46.800,00

1. *Erstellen Sie die Ergebnistabelle.*
2. *Begründen Sie, warum trotz eines Betriebsverlustes ein Unternehmungsgewinn entsteht.*

---

530 *Bilden Sie die Buchungssätze für die Umbuchungen zum Jahresschluss aufgrund der folgenden Buchungsanweisung.*

Buchungsanweisung	Datum: ..-12-31		Beleg-Nr.: 4932	
Betreff: Umbuchungen			Buchungsdatum:	
Buchungstext	Soll		Haben	
	Konto	Betrag	Konto	Betrag
1410 Vorsteuerübertragung... 1610 Privatentnahmen........ 3060 Nachlässe von Lieferern 3080 Liefererskonti......... 3910 Warenmehrbestand....... 8060 Nachlässe an Kunden.... 8080 Kundenskonti...........				

---

531 Die Möbelgroßhandlung Peter Schreiner hat von der Möbelfabrik Heider folgendes Angebot erhalten:

Esszimmertisch, rund, Ø 1,20 m, Eichefurnier. Listenpreis 1.420,00 DM. 10 % Mengenrabatt bei Abnahme von 20 Stück. Lieferpauschale 400,00 DM. 2 % Skonto bei Zahlung innerhalb von 14 Tagen.

1. *Ermitteln Sie für den Möbelgroßhandel Peter Schreiner*
   a) den Bezugspreis für einen Tisch,
   b) den Listenverkaufspreis bei 50 % Handlungskosten,
      20 % Gewinn,
      2 % Skonto,
      10 % Einführungsrabatt.
2. *Ermitteln Sie aus den obigen Angaben*
   a) den Kalkulationszuschlag,
   b) den Kalkulationsfaktor.

532 Die Möbelfabrik Heider verkaufte in einem Geschäftsjahr 8 450 Beistelltische Modell BT 404 zum Stückpreis von 254,00 DM. Die variablen Stückkosten betragen 164,00 DM. Die fixen Kosten im Geschäftsjahr betrugen 558.900,00 DM.

1. *Ermitteln Sie*
   a) den Stückdeckungsbeitrag,
   b) die Gewinnschwellenmenge,
   c) den Gewinn aus dem Verkauf der Tische insgesamt.
2. *Ermitteln Sie*
   a) die kurzfristige Preisuntergrenze,
   b) die langfristige Preisuntergrenze.

533

Auszug aus der Summenbilanz	Soll	Haben
3910 Warenbestände	980.000,00	–
3010 Wareneingang	15.200.000,00	350.000,00
3020 Warenbezugskosten	780.000,00	–
3060 Nachlässe von Lieferern	–	430.000,00
8010 Warenverkauf	210.000,00	22.800.000,00
8060 Nachlässe an Kunden	112.000,00	–

Der Warenschlussbestand lt. Inventur beträgt 540.000,00 DM.

1. *Bilden Sie die Buchungssätze*
   a) zum Abschluss der Konten
      aa) 3020 Warenbezugskosten,
      ab) 3060 Nachlässe von Lieferern,
      ac) 8060 Nachlässe an Kunden;
   b) zur Erfassung der Warenbestandsveränderung;
   c) zum Abschluss der Konten
      ca) 3010 Wareneingang,
      cb) 8010 Warenverkauf.
2. *Ermitteln Sie*
   a) den Wareneinsatz,
   b) die Nettoverkaufserlöse,
   c) den Rohgewinn,
   d) den durchschnittlichen Lagerbestand,
   e) die Umschlagshäufigkeit,
   f) die durchschnittliche Lagerdauer,
   g) die Rentabilität des Eigenkapitals, wenn der Unternehmerlohn 120.000,00 DM, der Unternehmungsgewinn 780.000,00 DM und das Anfangseigenkapital 3.500.000,00 DM betragen.

534

Buchungsanweisung Datum: ..-12-31 Beleg-Nr.: 4933

Betreff: Zeitliche Abgrenzungen Buchungsdatum:

Buchungstext	Soll Konto	Soll Betrag	Haben Konto	Haben Betrag
1. Geschätzte Kosten einer im Januar n. J. notwendigen Gebäudereparatur 56.000,00 DM.				
2. Unsere bereits für Januar n. J. gezahlte Lagermiete beträgt 7.500,00 DM.				
3. Für das dem Kunden Hax gewährte Darlehen von 20.000,00 DM werden die Zinsen (8 %) jeweils halbjährlich am 31. März und 30. September im Voraus gezahlt.				
4. Der Bonus eines Lieferers für das letzte Quartal steht noch aus: 5.800,00 DM.				

6464426

11 Rechnungslegungsvorschriften nach HGB

Erster Abschnitt: Vorschriften für alle Kaufleute

§ 238 Buchführungspflicht

(1) Jeder Kaufmann ist verpflichtet Bücher zu führen und in diesen seine Handelsgeschäfte und die Lage seines Vermögens nach den Grundsätzen ordnungsmäßiger Buchführung ersichtlich zu machen. Die Buchführung muss so beschaffen sein, dass sie einem sachverständigen Dritten innerhalb angemessener Zeit einen Überblick über die Geschäftsvorfälle und über die Lage des Unternehmens vermitteln kann. Die Geschäftsvorfälle müssen sich in ihrer Entstehung und Abwicklung verfolgen lassen.

(2) Der Kaufmann ist verpflichtet eine mit der Urschrift übereinstimmende Wiedergabe der abgesandten Handelsbriefe (Kopie, Abdruck, Abschrift oder sonstige Wiedergabe des Wortlauts auf einem Schrift-, Bild- oder anderen Datenträger) zurückzubehalten.

§ 239 Führung der Handelsbücher

(1) Bei der Führung der Handelsbücher und bei den sonst erforderlichen Aufzeichnungen hat sich der Kaufmann einer lebenden Sprache zu bedienen. Werden Abkürzungen, Ziffern, Buchstaben oder Symbole verwendet, muss deren Bedeutung eindeutig festliegen.

(2) Die Eintragungen in Büchern und die sonst erforderlichen Aufzeichnungen müssen vollständig, richtig, zeitgerecht und geordnet vorgenommen werden.

(3) Eine Eintragung oder eine Aufzeichnung darf nicht in einer Weise verändert werden, dass der ursprüngliche Inhalt nicht mehr feststellbar ist.

(4) Die Handelsbücher und die sonst erforderlichen Aufzeichnungen können auch in der geordneten Ablage von Belegen bestehen oder auf Datenträgern geführt werden. Es muss sichergestellt sein, dass die Daten während der Dauer der Aufbewahrungsfrist verfügbar sind und jederzeit innerhalb angemessener Frist lesbar gemacht werden können.

§ 240 Inventar

(1) Jeder Kaufmann hat zu Beginn seines Handelsgewerbes seine Grundstücke, seine Forderungen und Schulden, den Betrag seines baren Geldes sowie seine sonstigen Vermögensgegenstände genau zu verzeichnen und dabei den Wert der einzelnen Vermögensgegenstände und Schulden anzugeben.

(2) Er hat demnächst für den Schluss eines jeden Geschäftsjahrs ein solches Inventar aufzustellen. Die Dauer des Geschäftsjahrs darf zwölf Monate nicht überschreiten.

(4) Gleichartige Vermögensgegenstände des Vorratsvermögens sowie andere gleichartige oder annähernd gleichwertige bewegliche Vermögensgegenstände können jeweils zu einer Gruppe zusammengefasst und mit dem gewogenen Durchschnittswert angesetzt werden.

§ 241 Inventurvereinfachungsverfahren

(1) Bei der Aufstellung des Inventars darf der Bestand der Vermögensgegenstände nach Art, Menge und Wert auch mithilfe anerkannter mathematisch-statistischer Methoden aufgrund von Stichproben ermittelt werden.

(2) Bei der Aufstellung des Inventars für den Schluss eines Geschäftsjahrs bedarf es einer körperlichen Bestandsaufnahme der Vermögensgegenstände für diesen Zeitpunkt nicht, soweit durch Anwendung eines den Grundsätzen ordnungsmäßiger Buchführung entsprechenden anderen Verfahrens gesichert ist, dass der Bestand der Vermögensgegenstände nach Art, Menge und Wert auch ohne die körperliche Bestandsaufnahme für diesen Zeitpunkt festgestellt werden kann.

(3) In dem Inventar für den Schluss eines Geschäftsjahrs brauchen Vermögensgegenstände nicht verzeichnet zu werden, wenn

1. der Kaufmann ihren Bestand aufgrund einer körperlichen Bestandsaufnahme oder aufgrund eines nach Absatz 2 zulässigen anderen Verfahrens nach Art, Menge und Wert in einem besonderen Inventar verzeichnet hat, das für einen Tag innerhalb der letzten drei Monate vor oder der beiden ersten Monate nach dem Schluss des Geschäftsjahrs aufgestellt ist, und
2. aufgrund des besonderen Inventars durch Anwendung eines den Grundsätzen ordnungsmäßiger Buchführung entsprechenden Fortschreibungs- oder Rückrechnungsverfahrens gesichert ist, dass der am Schluss des Geschäftsjahrs vorhandene Bestand der Vermögensgegenstände für diesen Zeitpunkt ordnungsgemäß bewertet werden kann.

§ 242 Pflicht zur Aufstellung der Eröffnungsbilanz und des Jahresabschlusses

(1) Der Kaufmann hat zu Beginn seines Handelsgewerbes und für den Schluss eines jeden Geschäftsjahrs einen das Verhältnis seines Vermögens und seiner Schulden darstellenden Abschluss (Eröffnungsbilanz, Bilanz) aufzustellen.

(2) Er hat für den Schluss eines jeden Geschäftsjahrs eine Gegenüberstellung der Aufwendungen und Erträge des Geschäftsjahrs (Gewinn- und Verlustrechnung) aufzustellen.

(3) Die Bilanz und die Gewinn- und Verlustrechnung bilden den Jahresabschluss.

§ 243 Aufstellungsgrundsatz

(1) Der Jahresabschluss ist nach den Grundsätzen ordnungsmäßiger Buchführung aufzustellen.

(2) Er muss klar und übersichtlich sein.

(3) Der Jahresabschluss ist innerhalb der einem ordnungsmäßigen Geschäftsgang entsprechenden Zeit aufzustellen.

§ 244 Sprache. Währungseinheit

Der Jahresabschluss ist in deutscher Sprache und in Deutscher Mark aufzustellen.

§ 245 Unterzeichnung

Der Jahresabschluss ist vom Kaufmann unter Angabe des Datums zu unterzeichnen. Sind mehrere persönlich haftende Gesellschafter vorhanden, so haben sie alle zu unterzeichnen.

§ 246 Vollständigkeit. Verrechnungsverbot

(1) Der Jahresabschluss hat sämtliche Vermögensgegenstände, Schulden, Rechnungsabgrenzungsposten, Aufwendungen und Erträge zu enthalten.

(2) Posten der Aktivseite dürfen nicht mit Posten der Passivseite, Aufwendungen dürfen nicht mit Erträgen verrechnet werden.

§ 247 Inhalt der Bilanz

(1) In der Bilanz sind das Anlage- und das Umlaufvermögen, das Eigenkapital, die Schulden sowie die Rechnungsabgrenzungsposten gesondert auszuweisen und hinreichend aufzugliedern.

(2) Beim Anlagevermögen sind nur die Gegenstände auszuweisen, die bestimmt sind dauernd dem Geschäftsbetrieb zu dienen.

§ 249 Rückstellungen

(1) Rückstellungen sind für ungewisse Verbindlichkeiten und für drohende Verluste aus schwebenden Geschäften zu bilden. Ferner sind Rückstellungen zu bilden für

1. im Geschäftsjahr unterlassene Aufwendungen für Instandhaltung, die im folgenden Geschäftsjahr innerhalb von drei Monaten nachgeholt werden,
2. Gewährleistungen, die ohne rechtliche Verpflichtung erbracht werden.

(2) Rückstellungen dürfen außerdem für ihrer Eigenart nach genau umschriebene, dem Geschäftsjahr oder einem früheren Geschäftsjahr zuzuordnende Aufwendungen gebildet werden, die am Abschluss-Stichtag wahrscheinlich oder sicher, aber hinsichtlich ihrer Höhe oder des Zeitpunkts ihres Eintritts unbestimmt sind.

§ 250 Rechnungsabgrenzungsposten

(1) Als Rechnungsabgrenzungsposten sind auf der Aktivseite Ausgaben vor dem Abschluss-Stichtag auszuweisen, soweit sie Aufwand für eine bestimmte Zeit nach diesem Tag darstellen.

(2) Auf der Passivseite sind als Rechnungsabgrenzungsposten Einnahmen vor dem Abschluss-Stichtag auszuweisen, soweit sie Ertrag für eine bestimmte Zeit nach diesem Tag darstellen.

§ 251 Haftungsverhältnisse

Unter der Bilanz sind, sofern sie nicht auf der Passivseite auszuweisen sind, Verbindlichkeiten aus der Begebung und Übertragung von Wechseln, aus Bürgschaften, Wechsel- und Scheckbürgschaften und aus Gewährleistungsverträgen sowie Haftungsverhältnisse aus der Bestellung von Sicherheiten für fremde Verbindlichkeiten zu vermerken; sie dürfen in einem Betrag angegeben werden. Haftungsverhältnisse sind auch anzugeben, wenn ihnen gleichwertige Rückgriffsforderungen gegenüberstehen.

6464428

§ 252 Allgemeine Bewertungsgrundsätze

(1) Bei der Bewertung der im Jahresabschluss ausgewiesenen Vermögensgegenstände und Schulden gilt insbesondere Folgendes:

1. Die Wertansätze in der Eröffnungsbilanz des Geschäftsjahrs müssen mit denen der Schlussbilanz des vorhergehenden Geschäftsjahrs übereinstimmen.
2. Bei der Bewertung ist von der Fortführung der Unternehmenstätigkeit auszugehen, sofern dem nicht tatsächliche oder rechtliche Gegebenheiten entgegenstehen.
3. Die Vermögensgegenstände und Schulden sind zum Abschluss-Stichtag einzeln zu bewerten.
4. Es ist vorsichtig zu bewerten, namentlich sind alle vorhersehbaren Risiken und Verluste, die bis zum Abschluss-Stichtag entstanden sind, zu berücksichtigen, selbst wenn diese erst zwischen dem Abschluss-Stichtag und dem Tag der Aufstellung des Jahresabschlusses bekannt geworden sind; Gewinne sind nur zu berücksichtigen, wenn sie am Abschluss-Stichtag realisiert sind.
5. Aufwendungen und Erträge des Geschäftsjahrs sind unabhängig von den Zeitpunkten der entsprechenden Zahlungen im Jahresabschluss zu berücksichtigen.
6. Die auf den vorhergehenden Jahresabschluss angewandten Bewertungsmethoden sollen beibehalten werden.

(2) Von den Grundsätzen des Absatzes 1 darf nur in begründeten Ausnahmefällen abgewichen werden.

§ 253 Wertansätze der Vermögensgegenstände und Schulden

(1) Vermögensgegenstände sind höchstens mit den Anschaffungs- oder Herstellungskosten, vermindert um Abschreibungen nach den Absätzen 2 und 3, anzusetzen. Verbindlichkeiten sind zu ihrem Rückzahlungsbetrag und Rückstellungen nur in Höhe des Betrages anzusetzen, der nach vernünftiger kaufmännischer Beurteilung notwendig ist.

(2) Bei Vermögensgegenständen des Anlagevermögens, deren Nutzung zeitlich begrenzt ist, sind die Anschaffungs- oder Herstellungskosten um planmäßige Abschreibungen zu vermindern. Der Plan muss die Anschaffungs- oder Herstellungskosten auf die Geschäftsjahre verteilen, in denen der Vermögensgegenstand voraussichtlich genutzt werden kann. Ohne Rücksicht darauf, ob ihre Nutzung zeitlich begrenzt ist, können bei Vermögensgegenständen des Anlagevermögens außerplanmäßige Abschreibungen vorgenommen werden, um die Vermögensgegenstände mit dem niedrigeren Wert anzusetzen, der ihnen am Abschluss-Stichtag beizulegen ist; sie sind vorzunehmen bei einer voraussichtlich dauernden Wertminderung.

(3) Bei Vermögensgegenständen des Umlaufvermögens sind Abschreibungen vorzunehmen, um diese mit dem niedrigeren Wert anzusetzen, der sich aus einem Börsen- oder Marktpreis am Abschluss-Stichtag ergibt. Ist ein Börsen- oder Marktpreis nicht festzustellen und übersteigen die Anschaffungs- oder Herstellungskosten den Wert, der den Vermögensgegenständen am Abschluss-Stichtag beizulegen ist, so ist auf diesen Wert abzuschreiben. Außerdem dürfen Abschreibungen vorgenommen werden, soweit diese nach vernünftiger kaufmännischer Beurteilung notwendig sind, um zu verhindern, dass in der nächsten Zukunft der Wertansatz dieser Vermögensgegenstände aufgrund von Wertschwankungen geändert werden muss.

(4) Abschreibungen sind im Rahmen vernünftiger kaufmännischer Beurteilung zulässig.

(5) Ein niedrigerer Wertansatz nach Absatz 2 Satz 3, Absatz 3 oder 4 darf beibehalten werden, auch wenn die Gründe dafür nicht mehr bestehen.

§ 255 Anschaffungs- und Herstellungskosten

(1) Anschaffungskosten sind die Aufwendungen, die geleistet werden, um einen Vermögensgegenstand zu erwerben und ihn in einen betriebsbereiten Zustand zu versetzen, soweit sie dem Vermögensgegenstand einzeln zugeordnet werden können. Zu den Anschaffungskosten gehören auch die Nebenkosten sowie die nachträglichen Anschaffungskosten. Anschaffungspreisminderungen sind abzusetzen.

(2) Herstellungskosten sind die Aufwendungen, die durch den Verbrauch von Gütern und die Inanspruchnahme von Diensten für die Herstellung eines Vermögensgegenstandes, seine Erweiterung oder für eine über seinen ursprünglichen Zustand hinausgehende wesentliche Verbesserung entstehen. Dazu gehören die Materialkosten, die Fertigungskosten und die Sonderkosten der Fertigung. Bei der Berechnung der Herstellungskosten dürfen auch angemessene Teile der notwendigen Materialgemeinkosten, der notwendigen Fertigungsgemeinkosten und des Wertver-

zehrs des Anlagevermögens eingerechnet werden. Kosten der allgemeinen Verwaltung brauchen nicht eingerechnet zu werden. Vertriebskosten dürfen nicht in die Herstellungskosten einbezogen werden.

(3) Zinsen für Fremdkapital gehören nicht zu den Herstellungskosten.

§ 256 Bewertungsvereinfachungsverfahren

Soweit es den Grundsätzen ordnungsmäßiger Buchführung entspricht, kann für den Wertansatz gleichartiger Vermögensgegenstände des Vorratsvermögens unterstellt werden, dass die zuerst oder dass die zuletzt angeschafften oder hergestellten Vermögensgegenstände zuerst oder in einer sonstigen bestimmten Folge verbraucht oder veräußert worden sind.

§ 257 Aufbewahrung von Unterlagen. Aufbewahrungsfristen

(1) Jeder Kaufmann ist verpflichtet die folgenden Unterlagen geordnet aufzubewahren:

1. Handelsbücher, Inventare, Eröffnungsbilanzen, Jahresabschlüsse, Lageberichte, Konzernabschlüsse, Konzernlageberichte sowie die zu ihrem Verständnis erforderlichen Arbeitsanweisungen und sonstigen Organisationsunterlagen,
2. die empfangenen Handelsbriefe,
3. Wiedergaben der abgesandten Handelsbriefe,
4. Belege für Buchungen in den von ihm nach § 238 Abs. 1 zu führenden Büchern.

(2) Handelsbriefe sind nur Schriftstücke, die ein Handelsgeschäft betreffen.

(3) Mit Ausnahme der Eröffnungsbilanzen, Jahresabschlüsse und der Konzernabschlüsse können die in Absatz 1 aufgeführten Unterlagen auch als Wiedergabe auf einem Bildträger oder auf anderen Datenträgern aufbewahrt werden, wenn sichergestellt ist, dass die Wiedergabe oder die Daten jederzeit lesbar gemacht werden können.

(4) Die in Absatz 1 Nr. 1 aufgeführten Unterlagen sind zehn Jahre und die sonstigen in Absatz 1 aufgeführten Unterlagen sechs Jahre aufzubewahren.

(5) Die Aufbewahrungsfrist beginnt mit dem Schluss des Kalenderjahrs, in dem die letzte Eintragung in das Handelsbuch gemacht, das Inventar aufgestellt, die Eröffnungsbilanz oder der Jahresabschluss festgestellt, der Konzernabschluss aufgestellt, der Handelsbrief empfangen oder abgesandt worden oder der Buchungsbeleg entstanden ist.

§ 258 Vorlegung im Rechtsstreit

(1) Im Laufe eines Rechtsstreits kann das Gericht die Vorlegung der Handelsbücher einer Partei anordnen.

Zweiter Abschnitt: Ergänzende Vorschriften für Kapitalgesellschaften

§ 264 Pflicht zur Aufstellung des Jahresabschlusses und des Lageberichtes

(1) Die gesetzlichen Vertreter einer Kapitalgesellschaft haben den Jahresabschluss (§ 242) um einen Anhang zu erweitern, der mit der Bilanz und der Gewinn- und Verlustrechnung eine Einheit bildet, sowie einen Lagebericht aufzustellen. Der Jahresabschluss und der Lagebericht sind von den gesetzlichen Vertretern in den ersten drei Monaten des Geschäftsjahrs für das vergangene Geschäftsjahr aufzustellen.

(2) Der Jahresabschluss der Kapitalgesellschaft hat unter Beachtung der Grundsätze ordnungsmäßiger Buchführung ein den tatsächlichen Verhältnissen entsprechendes Bild der Vermögens-, Finanz- und Ertragslage der Kapitalgesellschaft zu vermitteln.

§ 265 Allgemeine Grundsätze für die Gliederung

(2) In der Bilanz sowie in der Gewinn- und Verlustrechnung ist zu jedem Posten der entsprechende Betrag des vorhergehenden Geschäftsjahrs anzugeben.

§ 266 Gliederung der Bilanz

(1) Die Bilanz ist in Kontoform aufzustellen. Dabei haben große und mittelgroße Kapitalgesellschaften auf der Aktivseite die in Absatz 2 und auf der Passivseite die in Absatz 3 bezeichneten Posten gesondert und in der vorgeschriebenen Reihenfolge auszuweisen.

Kleine Kapitalgesellschaften brauchen nur eine verkürzte Bilanz aufzustellen, in die nur die in den Absätzen 2 und 3 mit Buchstaben und römischen Zahlen bezeichneten Posten in der vorgeschriebenen Reihenfolge aufgenommen werden.

(2) Gliederung der **Aktivseite**

(3) Gliederung der **Passivseite**

siehe Rückseite des Kontenrahmens.

§ 268 Vorschriften zu einzelnen Posten der Bilanz. Bilanzvermerke

(1) Die Bilanz darf auch unter Berücksichtigung der vollständigen oder teilweisen Verwendung des Jahresergebnisses aufgestellt werden. Wird die Bilanz nach teilweiser Verwendung des Jahresergebnisses aufgestellt, so tritt an die Stelle des Postens „Jahresüberschuss/Jahresfehlbetrag" und „Gewinnvortrag/Verlustvortrag" der Posten „Bilanzgewinn/Bilanzverlust"; ein vorhandener Gewinn- oder Verlustvortrag ist in den Posten „Bilanzgewinn/Bilanzverlust" einzubeziehen und in der Bilanz oder im Anhang gesondert anzugeben.

(2) In der Bilanz oder im Anhang ist die Entwicklung der einzelnen Posten des Anlagevermögens darzustellen.

(4) Der Betrag der Forderungen mit einer Restlaufzeit von mehr als einem Jahr ist bei jedem Posten zu vermerken.

(5) Der Betrag der Verbindlichkeiten mit einer Restlaufzeit bis zu einem Jahr ist bei jedem Posten zu vermerken.

§ 272 Eigenkapital

(1) Gezeichnetes Kapital ist das Kapital, auf das die Haftung der Gesellschafter für die Verbindlichkeiten der Kapitalgesellschaft gegenüber den Gläubigern beschränkt ist. Die ausstehenden Einlagen auf das gezeichnete Kapital sind auf der Aktivseite vor dem Anlagevermögen gesondert auszuweisen und entsprechend zu bezeichnen; die davon eingeforderten Einlagen sind zu vermerken.

(2) Als Kapitalrücklage sind auszuweisen

1. der Betrag, der bei der Ausgabe von Anteilen über den Nennbetrag hinaus erzielt wird;
2. der Betrag von Zuzahlungen gegen Gewährung eines Vorzugs.

(3) Als Gewinnrücklagen dürfen nur Beträge ausgewiesen werden, die aus dem Ergebnis gebildet worden sind. Dazu gehören aus dem Ergebnis zu bildende gesetzliche oder auf Gesellschaftsvertrag oder Satzung beruhende Rücklagen und andere Gewinnrücklagen.

§ 275 Gliederung der Gewinn- und Verlustrechnung

(1) Die Gewinn- und Verlustrechnung ist in Staffelform nach dem Gesamtkostenverfahren oder dem Umsatzkostenverfahren aufzustellen.

Siehe Rückseite des Kontenrahmens.

§ 283 Wertansatz des Eigenkapitals

Das gezeichnete Kapital ist zum Nennbetrag anzusetzen.

§ 284 Anhang: Erläuterung der Bilanz und der Gewinn- und Verlustrechnung

(1) In den Anhang sind diejenigen Angaben aufzunehmen, die zu den einzelnen Posten der Bilanz oder der Gewinn- und Verlustrechnung vorgeschrieben oder die im Anhang zu machen sind, weil sie in Ausübung eines Wahlrechts nicht in die Bilanz oder in die Gewinn- und Verlustrechnung aufgenommen wurden.

§ 289 Lagebericht

(1) Im Lagebericht sind zumindest der Geschäftsverlauf und die Lage der Kapitalgesellschaft so darzustellen, dass ein den tatsächlichen Verhältnissen entsprechendes Bild vermittelt wird.

§ 316 Pflicht zur Prüfung

(1) Der Jahresabschluss und der Lagebericht von großen und mittelgroßen Kapitalgesellschaften sind durch einen Abschlussprüfer zu prüfen.

§ 325 Offenlegung

(1) Die gesetzlichen Vertreter von Kapitalgesellschaften haben den Jahresabschluss unverzüglich nach seiner Vorlage an die Gesellschafter, jedoch spätestens vor Ablauf des neunten Monats des dem Abschluss-Stichtag nachfolgenden Geschäftsjahrs, mit dem Bestätigungsvermerk oder dem Vermerk über dessen Versagung zum Handelsregister des Sitzes der Kapitalgesellschaft einzureichen; gleichzeitig sind der Lagebericht, der Bericht des Aufsichtsrats und der Vorschlag für die Verwendung des Ergebnisses und der Beschluss über seine Verwendung unter Angabe des Jahresüberschusses oder Jahresfehlbetrags einzureichen. Die gesetzlichen Vertreter haben im Bundesanzeiger bekannt zu machen, bei welchem Handelsregister und unter welcher Nummer diese Unterlagen eingereicht worden sind.

Sachregister

6464432 B→ UIII→